刑事判例研究

〔27〕

韓國刑事判例研究會 編

博 英 社

Korean Journal of Criminal Case Studies

〔27〕

Edited by
Korean Association of Criminal Case Studies

Parkyoung Publishing & Company
Seoul, Korea

머 리 말

형사판례에 대한 이론적·실천적 연구의 장인 한국형사판례연구회는 올해도 변함없이 지난 1년간의 연구성과를 모아 『형사판례연구』 제27권을 발간하게 되었습니다. 대내외 환경의 변화로 학문으로서의 법학이 위기를 맞이했다는 우려 섞인 시선에도 불구하고, 우리 연구회는 지난 26년의 역사와 전통에 걸맞게 지난 한 해 동안에도 학계와 실무계의 전문가들이 모여 중요한 형사판례에 대한 연구 결과를 발표하고 심도있는 토론이 이루어지도록 하는 장을 매월 마련해 왔습니다. 우리 연구회의 월례연구발표회는 이제 320회를 넘기고 있으며, 특히 형식적인 행사 위주의 학술회의가 적지 않은 세태에 신·구세대가 조화를 이루며 격의없이 이루어지는 자유로운 토론의 장이라는 월례연구발표회의 특징은 우리 연구회의 자랑이자, 우리나라 형사법학의 발전을 위한 중요한 기능을 하고 있다고 자부할 수 있습니다. 『형사판례연구』 제27권은 이러한 활동의 결실입니다. 너무나 당연하게도 이러한 결실은 매월 발표를 맡아 피땀어린 연구성과를 공유해준 발표자들과 이에 대해 적극적으로 토론에 참여한 회원 모두의 노력의 산물이라고 할 수 있습니다. 우리 연구회 전체를 대표하여 존경과 감사의 말씀을 드립니다.

우리 연구회는 '판례연구'라는 연구 영역의 특성에 부합하기 위하여 다양한 배경을 가진 연구자들의 실질적 토론과 협력이 가능한 모임을 지향하여 왔습니다. 아시는 바와 같이 우리 연구회는 창립 당시부터 법학자와 판사, 검사 등이 골고루 참여하여 활동하여왔고, 참여자들 간 판례를 매개로 내실있는 학문적·실무적 교류가 이루어져 왔습니다. 성문법을 근간으로 하는 실천학문인 법학의 발전에 있어서 이것은 굉장히 큰 의미를 가진다고 생각합니다. 학자와 실무가가 새로운 판례를 두고 머리를 맞대어 토론하고 이에 대한 완성된 형태의 성과물을 발간하고 공유하는 것은 비단 대상 판례에 국한된 학술적 평가에 그치는 것이 아니라, 판례를 통해 부각된 관련 이론의 정리와 발전이라는 형법학적 측면의 성과와 시의적절하면서도 법리적 정당성이 담보된 평석을 통한 형사실무적 측면의 성과를 동시에 얻을 수 있는 것입니다. 우리 연구회는 형사법학과 형사실무의 상생발전이라는 목표를 지속적으로 추구하기 위하여 연구회 자체의 활동뿐만 아니라 지속적으로 다양한 유관기관 및 학술단체와의 협력활동을 이어오고 있습니다. 지난 1년 동안에도 2018년 6월 대법원 형사법연구회와의 연례 공동학술대회를 비롯하여 2018년 11월 사법정책연구원, 2019년 2월 영남형사판례연구회, 2019년 5월 한국형사소송법학회 및 검찰 제도·기획 전문검사 커뮤니티 등과의 공동학술행사를 개최하였고, 앞으로도 이러한 협력과 교류는 계속될 것입니다.

『형사판례연구』는 역사와 전통을 자랑하는 권위 있는 학술지로서, 형사판례의 이론적 기초와 아울러 실천적 적용범위를 제시해 왔습니다. 새로운 판례와 학설을 적시에 반영하여 시의에 맞는 평석을 통해 형사법의 이론은 물론 형사실무에도 큰 보탬을 주고 있습니다. 법원, 검찰, 변호사 등 법조 실무자에게 형사판례연구는 판례 분석 및 법리 연구의 실무적 자료로서 그 가치를 더하고 있습니다. 뿐만 아니라 학문적 연구에 뜻을 두고 있는 법학 전공자 및 예비 법조인인 법학전문대학원생들에게 귀중한 학술적 자료로 이용되고 있습니다. 회원 여러분들의 소중한 연구성과물은 개인의 소중한 연구업적인 동시에 우리나라의 학문적 자산이 되고, 나아가 법률문화를 형성해 나가는 원동력이 되고 있으며 형법학의 발전에 기여하고 있는 것입니다.

우리 연구회는 그동안 이루어진 다양한 발표와 토론을 통해 질적·양적으로 꾸준히 성장하여 왔고 오늘날 명실상부한 형사판례연구와 형사법리연구의 중심지가 되었습니다. 그렇지만 우리 연구회가 이러한 위상과 역할을 앞으로도 충실히 유지하고 수행해나가기 위해서는 학계와 실무계의 지속적인 관심과 노력이 필요합니다. 사회의 빠른 변화와 다양화로 인하여 한 해 동안에도 학계에서 모두 다루기 어려운 수만큼의 새로운 판결이 선고되고 있으며, 특히 최근의 대법원은 종전의 법리를 과감히 변경하거나 종래 다루지 않았던 새로운 영역에 대한 판결을 많이 내어놓고 있습니다. 특히 과거와는 달라진 사회적 정서나 관념을 적극적으로 수용하거나 새로운 기술적 현상에 대한 법리적 판단의 결론을 선도적으로 내어놓는 경향을 보이기도 하고 있습니다. 이에 대한 다양한 학문적 관점과 실무적 관점이 조화롭게 반영된 연구와 그 결과물로서의 판례평석은 우리 연구회의 지속적인 과제로 남아 있습니다. 회원 여러분들의 활발한 연구와 성과를 기대합니다.

끝으로 우리 연구회에 애정을 담아 물심양면으로 지원을 아끼지 않으시는 한국형사정책연구원의 한인섭 원장님께 감사의 말씀을 드립니다. 우리나라 형사법 연구에서 대체불가능한 중추적 역할을 담당하고 있는 한국형사정책연구원의 지속적인 지원은 앞서 열거한 우리 연구회의 기능와 성과, 그리고 그 결실인『형사판례연구』가 세상의 빛을 볼 수 있도록 한 핵심적인 요소가 되어주었다고 해도 과언이 아닙니다. 그리고 이 책이 나오기까지 월례연구회 발표와 사회를 맡아주신 분들과 꾸준히 참여하여 주신 회원 여러분, 논문에 대한 심사와 편집을 맡아주신 많은 분들의 노고에도 다시 한번 깊은 감사를 드립니다. 앞으로도 회원 여러분의 변함없는 관심과 성원을 부탁드립니다. 그리고 연구회의 살림꾼으로 항상 수고하는 총무간사인 경찰대학의 류부곤 교수와 편집간사인 한국형사정책연구원의 허황 박사에게도 감사드립니다. 나아가 창간호부터 지금까지 이 책의 출판을 맡아주신 박영사의 안종만 회장님, 조성호 이사님 그리고 박영사 관계자 여러분께 감사의 말씀을 전합니다.

2019년 6월
한국형사판례연구회 회장
이 용 식

목　　차

Table of Contents

한국 형법학의 방법적 착안점에 대한 비판적 고찰: 개념법학적인 사유형태와 일반조항에로의 도피

김 영 환*

필자는 올해 6월 말 충북대에서 개최된 한국법철학대회에서 "법을 1) 무엇으로, 2) 그리고 어떻게 보는가?"라는 문제에 대해 고별강연을 한 바 있다.[1] 형사판례연구회 간사인 윤지영 박사로부터 발표를 해달라는 제안을 받고, 법철학회에서의 강연이, 비록 법의 기본적인 문제에 대한 추상적인 성격의 것일지라도, 형법의 해석과 적용과도 밀접하게 관련을 맺는다는 생각 하에 이 주제를 다시 한 번 다루기로 마음먹었다. 아래에서의 발표는 그 강연 중에서 법철학과 관련된 "법을 무엇으로 보았는가"라는 부분을 제외하고, "법을 어떻게 보았는가"라는 점과 관련된 설명을 형법학을 중심으로 보다 자세히 다루려고 한다.

Ⅰ.

법과 도덕이 명백히 구별되지 않아 도덕에 의해 법이 침식된다는 부정적인 현상[2] 이외에 또 다른 한국법학의 바람직하지 못한 특징은

* 한양대 법학전문대학원 명예교수

1) 이에 관해서는 김영환, 40년간의 나의 법철학, 법철학연구 제21권 제2호, 2018, 21면 이하 참조.

2) 김영환, 법과 도덕의 관계 특히 한국형법을 중심으로, 정성근박사고희기념논문집,

다음과 같은 이율배반적인 사유형식인 것 같다. 한편으로는 특정 개념을 체계의 한 구성부분으로 파악해서 연역적인 방법을 통해 법명제 간의 논리적인 관계를 밝히려는 법적 구성방법(juristische Konstruktion)[3]을 법학의 주된 임무로 보는 반면, 다른 한편으로는 "상당한 이유" 혹은 "기대가능성" 등의 가치충전을 필요로 하는 추상적인 개념에 관해서는 도덕적인 가치표상이 법체계 안에 무차별적으로 수용된다는 것이다.[4] 법실무에서도 이런 사정은 마찬가지이어서 한편으로는 — 문제가 된 법적 사태에 대해 해당 법규정이 있을 경우 — 지나칠 정도로 법조문의 문구에만 매달려서 소위 "형식주의"에 치우친 해석을 지향하지만, 다른 한편으로는 — 이와는 대조적으로 법조문이 없는 경우에는 — 불확정개념이나 혹은 일반조항을 통해 개괄적인 일상도덕의 관념들을 법영역 안으로 거침없이 받아들인다는 것이다. 요컨대 이러한 우리의 법적 사고의 특징은 "개념법학적인 사유형태와 일반조항에로의 도피"라고 묘사될 수 있다. 달리 말해 한편으로 법조문이 있는 경우에는 개념법학적인 사유형태가 지배적이지만, 다른 한편 해당 법조문이 존재하지 않거나 혹은 불명확한 경우에는 일반조항의 원용이 지나칠 정도로 빈번하게 이루어진다는 것이다.[5]

그러나 이와 같은 현상은, "법의 지배"를 그 이념으로 하는 오늘

2010, 1면 이하; Young Whan Kim, Das Verhaltnis von Recht und Moral – am Beispiel des koreanischen Strafrechts, in: Festschft für W. Heinz, 2012, S. 753 ff.

3) 이에 관해서는 Jhering, Theorie der juristischen Technik, in: Krawietz(Hrsg.), Theorie und Technik der Begriffsjurisprudenz, 1976, S. 66 ff. 그리고 법적 구성방법에 대한 간략한 평가에 대해서는 Krawietz, Einleitung, in: Krawietz(Hrsg.), Theorie und Technik(Fn. 3), S. 1 ff. 참조. 또한 법적 구성방법의 목적에 대해서는 Rümelin, Zur Lehre von der juristischen Konstruktion, in: Ellschied/Hassemer(Hrsg.), Interessenjurisprudenz, 1974, S. 79 f. 참조.

4) 형법 제20조 정당행위를 "사회상당성" 혹은 "사회상규"라는 일반조항적인 개념들을 통해 도덕적인 관점에서 내용적으로 구체화하려는 대표적인 예로 파악하는 입장에 대해서는 Young Whan Kim, §20 Strafgesetz als en Beispiel für eine Generalklausel, in: Festschrift für F. Streng, 2017, S. S. 49 ff. 참조.

5) 김영환, 개념법학적인 사유형태와 일반조항으로의 도피, 법철학연구 제4권 제1호, 2001, 149면 이하 참조. 또한 Young Whan Kim, Begriffsjursprudenz und die Flucht in die Generalklausel, in: Festschrift für U. Neumann, 2017, S. 199 ff. 참조.

날의 법학방법론 — 즉 법적 결정이 법률에 내재한 법원리의 구체화를 통해 이루어져야 한다는 생각 — 의 측면에서 본다면 대단히 문제의 소지가 많다. 그 이유는 무엇보다도 이러한 법의 적용 및 해석방식은 필히 다음과 같은 부정적인 결과들을 수반하기 때문이다. 즉 한편으로 법조문의 형식논리적인 해석에만 지향되어 있는 이론과 실무는 법적 판단의 실질적인 기초인 법현실을 도외시하게 된다. 다시 말해 판결의 정당성이 개별적인 사태 안에서 발견되는 구체적인 규범적 타당성 보다는, 오히려 형식논리적인 척도 — 즉 판결이 법조문에 부합한다든가 혹은 논리적인 체계가 내용적인 타당성보다 우선되어야 한다는 식의 기준 — 에만 의존하게 된다.[6] 다른 한편, 일반조항 등에 의한 판단방식은 실질적으로는 법적 결정의 성격을 도덕적인 판단 — 요컨대 여론재판 — 으로 변질시킨다. 즉 법적 분쟁의 해결이 세분화되고 구체화된 법해석학의 기준에 의해서가 아니라, 오히려 미분화되고 추상적인 일상도덕의 척도에 따라 개괄적으로 결정되고 만다는 것이다.[7]

이하에서는 우선 이 글의 첫번째 가정 — 즉 우리의 이론과 실무가 개념법학에 의해 특징지워진다는 견해 — 을 개념법학의 발전과정과 관련지워 검토한 후, 이에 대한 구체적인 예를 언급하려고 한다(이하의 Ⅱ). 그리고 난 후, 이 논문의 두 번째 가정 — 즉 일반조항적인 개념이 지배적이라는 생각 — 을 일반조항의 법학방법론적 의미를 밝힌 후, 형법에서의 사례를 중심으로 이 문제를 구체적으로 분석하려고 한다(Ⅲ). 마지막으로, 이 두 가지의 특징이 어떤 상호관계에 있는가를 그 역사적 연원과 논증이론적인 측면에서 밝히면서(Ⅳ), 이러한 부정적인 현상에 대한 대처방안을 간략히 언급하고자 한다(Ⅴ).

---

6) 이익법학의 개념법학에 대한 비판은 바로 이런 측면을 염두에 두고 있다. 이에 관해서는 특히 Ph. Heck, Was ist diejenige Wissenschaft, die wir bekämpfen, in: Ellscheid/Hassemer(Hrsg.), Interessenjurisprudenz, 1974, S. 45 f.

7) 형법 제20조를 예로 해서 전개된 이러한 비판에 대해 자세히는 김영환, 형법 제20조 정당행위에 관한 비판적 고찰, 김종원교수화갑기념논문집, 1991, 129면 이하 참조.

Ⅱ.

1. 먼저 개념법학(Begriffsjurisprudenz)의 이론적인 전개과정을 간단히 설명하면 다음과 같다.[8] 개념법학이라는 말 자체는 예링(Rudolf von Jhering)으로부터 유래한다고 한다.[9] 즉 그는 젊은 시절 자신의 모범이 되었던 푸흐타(G. F. Puchta)를 겨냥해서 그의 형식논리적인 법학방법론을 개념법학이라고 명명하고, 이러한 사유방식이 더 이상 법학을 지배하지 않기를 원한다. 그러나 개념법학적인 사고유형 자체는 그 개념보다는 훨씬 더 오래되었다고 한다. 즉 크리스티얀 볼프(Christian Wolff)는 이미 이와 같이 개념들 간의 형식논리적인 구조 및 연역적인 추론방식을 중시하는 논거제시방법(Demonstrationsmethode)을 주창하고, 이를 실정법에 응용한다.[10] 그 후 역사법학을 주창했던 사비니(F. C. v. Savigny)는 비록 민족정신이 법의 연원임을 강조했지만, 이를 체계화하기 위해 이와 같은 논리적인 방법을 사용한다. 그러나 이런 사유방식을 독자적인 법학방법론으로 발전시킨 법학자는 푸흐타이고, 바로 이런 이유에서 그를 "고전적인 개념법학"의 창시자라고 말한다.[11] 그 후 개념법학은 예링에 의해서 더욱 발전되었지만, 또한 그에 의해 많은 비판을 받기도 한다.[12] 이와 같은 비판에 합류해서 자유법 운동이나 이익법학도

---

8) 개념법학 일반에 대해서는 W. Krawietz(Hrsg.), Theorie und Technik der Begriffsjurisprudenz, 1976 참조. 또한 개념법학의 역사적 발전과정에 대해서는 K. Larenz, Methodenlehre der Rechtswissenschaft, 4. Aufl., 1979, S. 20 ff.; F. Wieacker, Privarrechsgeschichte der Neuzeit, 2. Aufl., 1967, S. 433 ff. 참조. 또한 Wilhelm, Zur Juristischen Methodenlehre im 19. Jahrhundert, 1958, S. 70 ff.; Röhl, Allgemeine Rechtslehre, 2. Aufl., 2001, S. 41 ff. 참조.

9) R. v. Jhering, Scherz und Ernst in der Jurisprudenz, 1884 (Nachdruck der 13. Aufl., 1980), S. 337 f.

10) W. Krawietz, Jurisprudenz als Begriffsjurisprudenz, in: ders.(Hrsg.), Theorie und Technik der Begriffsjurisprudenz(주 8), S. 435 ff.

11) Haferkampf, Georg Friedrich Puchta und die Begriffsjurisprudenz, 2004.

12) 물론 예링 자신이 얼마만큼 개념법학을 극복했는가는 또 다른 문제이다. 왜냐하면 예링은 법학을 "하위의 법학(eine niedere Jurisprudenz)"과 "상위의 법학(eine höhere Jurisprudenz)"으로 나누고, 법률의 해석과 체계화를 꾀하는 전자보다는 개념의 자발

개념법학의 형식주의를 비난하고, 그 대신 법적 결정에 대한 기준이 개념이 아니라, 오히려 그것의 전제가 되는 사회적 사실로부터 도출되어야 한다고 역설한다.[13)]

개념법학의 창시자로 일컬어지는 푸흐타가 파악했던 개념법학적인 사유방식은 다음과 같다. 즉 그는 법을 일종의 논리적인 체계 — 요컨대 "개념의 피라미드(Begriffspyramide)" — 로 간주하고, 이를 파악하는 방법으로서 형식·개념적인 사유형태를 강조한다. 사비니가 법의 연원을 민족정신에서 바라보았다면, 이와 같은 법의 통일적인 이념이 푸흐타에 가서는 논리적인 체계로 바뀐 셈이다. 어쨌든 이에 기초해서 푸흐타는 말하기를, "법학의 임무는 개별적인 법명제들을 그 체계적인 연관성하에서 ···· 파악하여, 그것들의 계보를 그 원칙에까지 거슬러 올라가 추적하고, 또한 반대로 그 원칙으로부터 그 밑에 있는 미세한 가지까지 내려갈 수 있도록 하는 것이다. 이런 작업을 통해 민족의 정신 속에 감추어져 있던 법명제들은 ···· 비로소 학문적인 연역의 산물로서 분명하게 성립한다. 또한 이렇게 해서 학문은 ···· 제3의 법원(法源)이 된다 ····."[14)]

이러한 푸흐타의 주장에서 드러나는 개념법학의 특징은 다음과 같이 정리될 수 있다. 첫째, 개념법학은 법을 일종의 체계, 그것도 폐쇄적인 개념의 체계로 상정한다는 것이다. 그리고 여기서 말하는 체계란 사비니나 기에르케(Otto v. Gierke)가 생각했던 바와 같은 어떤 유기적인 체계를 의미하는 것이 아니라, 단지 관념적인 사유의 체계를 의미

적인 생성능력을 중시하는—소위 "자연역사적인 방법"에 의한—후자를 훨씬 더 중요하게 여겼기 때문이다. 이에 대해 자세한 점은 무엇보다도 Ph. Heck, Begriffsjurisprudenz und Interessenjurisprudenz, in: Ellscheid/ Hassemer(Hrsg.), Interessenjurisprudenz, S. 93 ff. 참조.

13) 독일에서 전개된 개념법학의 형식주의에 대한 논의는 미국의 현실주의와는 다른 양상을 지니는 것 같다. 즉 이에 대한 독일의 비판론들은 대부분 법체계의 구성방법에 대한 것이었지, 구체적인 판결의 기준에 관한 것은 아니었다. 아마도 이것은 독일과 미국의 법체계의 차이점에 기인하는 것 같다.

14) G. F. Puchta, Cursus der Institutionen, Bd. 1, 9. Aufl., 1881, S. 36.

미한다.[15] 푸흐타는 이런 체계를 "개념의 피라미드(Begriffspyramide)"혹은 "개념의 계보(Genealogie der Begriffe)"라는 말로 묘사하고 있다. 그리고 이것이 의미하는 바는, 한 체계 안에서 상위의 개념은 그것보다 하위의 개념들을 모두 포괄하는 내용을 지닌다는 것이다. 그러므로 최상위에 있는 개념은, 순환논법에 빠지지 않기 위해서, 이미 고정된 내용을 가진 것으로 전제된다.[16] 또한 개별적인 법명제는 이러한 체계와의 연관성 없이는 존재할 수 없으므로, 그것의 정당성은 전적으로 체계 자체의 논리적인 진리가(眞理價)에 근거하게 된다.

둘째, 이렇듯 개념법학은 논리적인 체계개념으로부터 출발하기 때문에, 그 체계 안에 있는 개별적인 법명제를 파악하기 위해서는 반드시 형식논리적인 방법 — 정확히 말해 "연역적인 추론방식" — 을 적용해야 한다. 즉 하위의 법명제는 바로 상위의 법명제로 부터 도출되는 것이기 때문에, 연역적인 추론에 의해 법명제들간의 상호연관성을 밝힐 수 있다는 것이다. 또한 흥미로운 점은, 연역적인 방법에 의해 법명제간의 논리적인 구조를 밝히는 소위 "법적 구성방법(juristische Konstruktion)"을 개념법학은 법학의 일차적인 임무라고 보았으며, 그리고 이를 통해 사고가능한 모든 사태에 대한 법적 해결책을 찾을 수 있다고 믿었던 것이다.

---

15) 바로 이런 근거에서 개념법학적인 사유형태는 사유적으로는 이미 스콜라 철학의 "개념실재주의(Begriffsrealismus)"에까지 거슬러 올라가며, 또한 칸트와 헤겔의 관념철학에 의해 직접적인 영향을 받는다고 한다. 이에 대해서는 Larenz, Methodenlehre der Rechtswissenschaft(주 8), S. 21; Wieacker, Privatrechtsgeschichte der Neuzeit(주 8), S. 399 ff. 참조.

16) 이 개념의 피라미드의 구조는 "넓으면 넓을수록 그 깊이는 얕다"는 것이다. 여기서 넓이는 내용을, 깊이는 그 범위를 의미한다. 라렌츠에 의하면, 푸흐타의 개념체계의 정점에 자리 잡은 것은 바로 칸트의 자유개념이라고 한다. 여기에 기초해서 푸흐타는 그의 저서인 "Cursus der Institutionen"에서 법적 주체를 윤리적인 의미의 인격으로 파악할 뿐만 아니라, 주관적인 권리도 사물에 대한 인격의 권한이라고 추론한다고 말한다. 그리고 이렇듯 체계의 정점에 윤리적인 개념을 위치시킨다는 점에서 개념법학은－한스 켈젠의 근본규범과는 달리－법철학과 항상 연관을 맺어왔다고 말한다. Larenz, Methodenlehre der Rechtswissenschaft(주 8), S. 23 ff. 참조.

셋째, 개념법학의 중요한 특징 중의 하나는 개념의 생성적인 기능이다. 다시 말해, 개념법학에서 말하는 개념은 단지 법적으로 유의미한 사실을 반사적으로 재현하는 기능만을 지니는 것이 아니다. 왜냐하면 개념들은 — 외부사실과의 연관성에 의해서가 아니라 — 체계상의 맥락으로부터 그 의미를 부여받기 때문에, 이러한 개념간의 상호연관성을 통해 자발적으로 새로운 법명제가 창출될 수 있다는 것이다. 이 점은 특히 법의 흠결보충에 대해 중요한데, 개념법학의 소위 "역추론방식(Inversionsmethode)"[17]이 의미하는 바는 다음과 같다. A라는 사실에 대한 하위의 법명제로부터 X라는 상위의 법명제를 추론하고, 또한 이로부터 법이 상정하지 않은 — 그러나 A와 유사한 — B라는 사실에 대한 하위의 법명제를 다시 연역한다는 것이다. 바로 이러한 법개념의 창조적인 기능에 따라 법학자들이 발견하는 법명제는 제3의 법원(法源)이 된다.[18]

이러한 개념법학의 공적은 — 물론 이 점은 비단 개념법학 뿐만 아니라, "체계적인 사고 Systemdenken"일반이 지니는 본질적인 속성이기는 하지만 — 무엇보다도 법이라는 복잡한 제도를 손쉽게 개관시켜 준다는 데에 있다. 더 나아가 반드시 주목해야 할 것은, 바로 이와 같

17) 이에 따르면 개별적인 법명제로부터 일반적인 법적 표상이 귀납적으로 만들어진 후, 그것을 다시금 새로운 개념의 연원으로 사용하는 것이다. 즉 그것의 논증도식은 개별적인 규칙 - 원칙 - 연역이 된다. 헤크는 이 개념에 대해 다음과 같이 비판한다. 즉 이러한 방식에 따르면 새로운 법명제가 일반적인 원칙으로부터 자동적으로 추론되는 것인 양 보이지만 사실은 그러하지 않다는 것이다. 이에 대해서는 Ph. Heck, diejenige Begriffsjurisprudenz, die wir bekämpfen(주 6), S. 44. 개념법학을 비웃기 위해 이 익법학이 이 개념을 사용한 것이라는 점에 관해서는 Ph. Heck, Die Begriffskurisprudenz, in: W. Krawietz(Hrsg.), Theorie und Technik der Begriffsjurisprudenz(주 8), S. 191 ff. 참조.

18) 이에 대한 민법상의 예를 들면 이행불능, 이행지체로부터 채무불이행이라는 법원칙이 귀납된다면, 이제는 그러한 상위명제로부터 또 다른 형태의 채무불이행인 적극적 채권침해가 연역된다는 것이다. 이 경우 채무자는 채무 이행을 불완전하게 수행함으로써 자신의 의무를 침해한다. 적극적 채권침해는 Staub이라는 학자에게로 소급한다(Staub, Die positive Vertragsverletzung, 1904, 2. Auf. 1913). 이에 대해 자세히는 Larenz/Canaris, Methodenlehre der Rechtswissenschaft, 3.Aufl., 1995, S. 193 f. 참조.

은 개념법학에 의해 오늘날 우리가 접하고 있는 법해석학이 비로소 하나의 학문(Wissenschaft)으로 체계화되기 시작했다는 점이다. 사실상 “법학”이라는 말은 대략 1790년 때부터 널리 퍼지기 시작했다고 하며, 코사카(Paul Koschaker)라는 법사학자는 이 개념은 독일의 역사학파로부터 유래한다고 주장한다.[19] 그러나 개념법학은 이런 장점이외에도 다음과 같은 문제점들을 지니고 있다.

첫째, 개념법학은 법과 법적 사태와의 연관성을 은폐한다는 것이다.[20] 즉 법의 일차적인 임무가 올바른 분쟁해결에 있는데도 불구하고, 개념법학은 오로지 형식적인 체계만을 중시한 나머지 법적 분쟁의 현실을 제대로 파악하지 못한다는 것이다. 필립 헥크(Philipp Heck)가 적절히 지적한 바와 같이, 개념법학의 형식주의는 법명제와 법적 사태 간의 현실적인 연관성을 법체계의 논리적인 연관성으로 대체하는 것이다.[21] 그 결과 법적 판단의 결정적인 척도를 제공하는 법적 사태는 법체계라는 형식적인 구조를 통해 희석화되어, 결국에는 그것의 논리적인 틀만 남게 된다.

둘째, 개념법학은 법개념들의 정형화와 체계화가 곧 법인식의 문제라고 오해한다는 것이다. 그러므로 법률에 내재한 법원리를 탐구하는 것이 아니라, 단순히 개별적인 법개념을 정의하고 체계적으로 분류하는 것이 법학의 첫 번째 과제라고 역설한다. 그 결과 법해석학의 여러 개념들은 그것들의 실질적 근거가 되는 법원리로부터 벗어날 수 있게 되며, 이와 동시에 해석학적 개념들을 내용적으로 비판할 수 있는 토대들도 설 자리를 잃게 된다. 달리 말해 법해석학적 개념의 타당성은 그 개념들에 내재한 법원리가 아니라, 오히려 각 개념들 간의 체계적인 맥락이 될 뿐이다.

---

19) Paul Koschaker, Europa und das römische Recht, 4. Aufl., 1966, S. 210, 265, 337 ff.

20) 이 점은 이익법학과 자유법 운동에 의해 “은폐사회학(Kryptosoziologie)”이라는 말로 지칭되기도 하였다. 이 점에 대해서는 심헌섭(역), 카우프만/하스머, 현대법철학의 근본문제, 1991, 102면 이하 참조.

21) Ph. Heck, diejenige Begriffsjurisprudenz, die wir bekämpfen(주 6), S. 45 f.

셋째, 개념법학적인 이론구성들은 — 그것의 전제가 되는 법현실과 또한 그 개념들을 통제할 수 있는 법원리로부터 벗어나 있기 때문에 — 자유롭게 행해지며, 그 결과 법적 안정성에 저해가 된다는 것이다.[22] 즉 개념법학은 단지 연역적인 추론만을 요구할 뿐이지, 어떤 특정된 추론을 고집하는 것이 아니기 때문에, 법적 구성방법을 선택할 때 폭넓은 재량을 행사한다는 것이다. 왜냐하면 이론적으로 어떻게 구성하든 간에 그 법적효과는 별로 달라지지 않기 때문이다.

결론적으로 말해 개념법학의 문제점은 법을 현실로부터 분리시킨다는 — 소위 "비현실주의"이라는 — 의미에서의 형식주의뿐만이 아니다. 오히려 해석학적 개념들을 법적 원리로부터 차단시킨다는 — 소위 "체계주의"라는 — 의미에서의 형식주의가 더 큰 문제로 되어 있다.

2. 개념법학에 대한 이론적인 설명은 이 정도로 접어두고, 이제 이 논문의 주제로 넘어가서 우리의 형법이론과 실무가운데서 발견되는 개념법학적인 사유형태를 언급하기로 하자. 사실상 이에 대한 예들은 무수히 많기 때문에, 여기서는 — 위에서 언급한 개념법학의 특징들과 연관지워 — 그 중 대표적인 것만 열거해 보기로 하자.

첫째 개념법학적인 사유형태는 형법의 개념사용법에서부터 발견된다.[23] 예컨대 우리의 통설은 여태껏 범죄의 개별요건에 관한 이론을 범죄론 체계(Verbrechens-system)라고 부르고 있지, 이를 단순히 사례해결을 위한 도식(Schema)이라고 칭하지는 않는다. 그 결과 개별적인 범죄론체계들은 마치 형법적인 사태를 해결하기 위해 필수적으로 지켜할 법칙 — 즉 도그마(Dogma) — 인 것처럼 이해된다. 그러나 자세히 살펴 보면, 이 도식들은 올바른 해결책에 대한 하나의 보조수단에 불과

22) Ph. Heck, Die Begriffsjurisprudenz, in: W. Krawietz(Hhrsg.), Theorie und Technick der Begriffsjurisprudenz(主 8), S. 195 ff.

23) 개념법학적인 개념사용방식은 특히 형법각칙의 경우 - 예컨대 의사의 치료행위를 "상해"로 파악한다든지 혹은 폭행치상과 상해를 개념적으로 구별하려고 든다든지 등등 - 무수히 발견된다.

한 것이지, 그 자체가 이미 올바른 법적 결정에 대해 결정적인 척도를 내포하는 것이 결코 아니다. 다시 말해, 구체적인 법적 결정이 일정한 범죄론 체계를 따랐기 때문에 정당화되는 것이 아니라, 오히려 거꾸로 개별적인 사례를 제대로 파악할 수 있을 때만 해당 범죄론은 설득력을 지닌다. 이런 사정은 영미에서와 같이 범죄론을 굳이 — 독일과 같이 — 지나치게 세분화하지 않아도 법적분쟁이 제대로 해결된다는 것을 보면 잘 알 수 있다. 요컨대 범죄론이라는 체계론은 법적 해결의 길잡이에 지나지 않는 하나의 "논쟁도식(Argumentationschema)"에 불과할 뿐이다.[24)]

둘째, 개념법학적인 사유방식은 형법학의 일차적인 임무를 구체적인 결과와는 무관한 형식적인 개념정의에 둔다. 형법을 배우는 초학도들에게 가장 난해한 부분이 행위론인데, 어느 이론을 취하더라도 — 몇 개의 사례를 제외하고는 — 결론에서 별로 차이가 나지 않는다. 다시 말해 형법에서 행위론이 지니는 실천적인 기능이란 반사작용, 절대적 폭력, 수면행위 등의 극히 예외적인 경우들을 애당초 형법적인 고찰로부터 제거하는 데에 불과하다. 그럼에도 불구하고 형법상 행위론에 관한 논쟁이 그토록 난해한 이유는 바로 행위론의 체계로부터 모든 범죄현상을 연역적으로 체계화하려고 들었기 때문이다. 요컨대 이 논쟁의 핵심은 현학적인 개념들의 퍼즐맞추기이지, 현실적인 분쟁해결의 기준이 아니다.[25)] 개념적인 체계를 중시하는 또 다른 예는 형법

24) "법학교육의 한 방식"이라는 주장에 대해서는 W. Hassemer, "Juristische Argumentationstheorie und Juristische Didaktik", in: Jahrbuch für Rechtssoziologie und Rechtstheorie Bd. 2, 1972, S. 467 ff. 참조.

25) 바로 이런 관점에서 하세머는 형법의 행위론 논쟁에서 발견되는 불균형 현상－즉 이론적인 세분화 혹은 현학은 엄청난데도 불구하고 이에 비해 실천적인 성과는 거의 발견되지 않는다는 모순－을 비판한다. W. Hassemer, Einführung in die Grundlagen des Strafrechts, 2. Aufl., 1990, S. 226 ff. 참조. 한국에서의 형법상 행위론 논쟁에 대해서는 이형국, 행위론과 한국형법, 김종원교수화갑기념논문집, 1991, 1면 이하; 허일태, 형법에서의 행위개념의 재구성, 차용석교수화갑기념논문집, 1994, 3면 이하; 배종대, 형법총론, 제10판, 2011, 178면 이하; 김성돈, 형법총론, 제3판, 2014, 148면 이하 참조.

상 예비에서도 발견된다. 형법상 미수범의 경우, 범죄의 실현단계를 범의의 결행, 예비, 실행, 기수, 종료 등으로 나누는 것은 전적으로 행위의 현실적인 진행과정에 의거한 것이다. 그러나 이와 같은 개념들은 이제 — 행위의 현실과정과는 무관하게 — 체계적인 맥락에서 예비행위에도 적용되어 예비의 예비, 예비의 미수, 예비의 기수 등의 새로운 개념을 자발적으로 창조하기에 이른다. 그 결과, 형법상 미수는 예외적으로 그 행위의 위험성이 있을 때만 처벌된다는 자유주의 형법원리는 도외시된 채, "예비의 예비"라는 개념을 둘러 싼 개념법학적인 논쟁들이 시작된다. 물론 예비죄를 처벌하고 있는 현행법이 이런 논의를 부추기고 있다는 점은 부인할 수 없는 사실이기는 하다. 그럼에도 불구하고 이와 같은 개념법학적인 발상법은 대단히 문제가 많은데, 왜냐하면 "예비의 예비"를 행위의 실현과정으로부터 추려낸다는 것은 — 적어도 현실적으로는 — 불가능하며, 그러므로 이런 류의 논쟁은 필연적으로 공리공론에만 치우칠 수밖에 없기 때문이다.[26]

셋째, 개념법학에 의하면 개념은 현실을 재현할 뿐만 아니라, 오히려 다른 개념을 자발적으로 구성하는 능력이 있다고 한다(소위 개념법학의 역추론기능). 이에 대한 좋은 예는 예컨대 "방법의 착오"라는 영역에서 찾을 수 있다. 인식된 것과 실현된 것의 불일치를 "착오"로 파악한 후, 이러한 상위개념에 의해 행위자가 의욕한 것이 자신의 실수로 계획한 바와 달리 실현된 경우도 소위 "방법의 착오"로 파악한다. 그리고 자신이 의욕한 것(고의)이 얼마만큼 법적 구성요건과 일치하는 바에 따라 "추상적 부합설", "법정적 부합설", "구체적 부합설"이라는 기준에 따라 사례를 해결하려고 시도한다. 그러나 착오라는 상위개념이 아니라 행위의 구체적인 과정에 주목한다면 이 사례들은 단순히 행위자가 의욕한 것이 실현되지 않는 미수와 계획과 다른 결과실현이라는 과실이 서로 결합한 형태에 불과하다는 점이 밝혀진다.[27] 그

26) 이에 대해서는 특히 Stratenwerth/Kuhlen, Strafrecht AT, Die Straftat, 6. Aufl., 2011, S. 193 참조.

리고 일상용어를 따르더라도, 방법이 착오를 일으킨다는 것도 어불성설이다.[28]

넷째, 개념법학적인 사유방식은 우리 실무에서의 해석론과 입법론의 철저한 구별 및 이에 기초한 법률가들의 역할이해에서도 발견된다. 즉 대다수의 법관들은 자신의 임무를 법체계내의 개념기술자로 파악함으로써, 한편으론 법률자체의 문제를 입법자의 소관으로만 미루는가 하면, 다른 한편 판결이후의 사회적인 결과 — 예컨대 형의 집행 등 — 는 형법체계 밖의 문제로 여김으로써 결국 이 문제는 해당인 자신의 일로 떠맡긴다.

필자가 생각하기에, 이렇듯 개념법학적인 사유형태는 형법이론뿐만 아니라 형사실무의 곳곳에서 발견되며, 또한 이와 같은 사유형태는 법관의 법률에의 구속이라는 원칙을 초월해서 이미 독자적인 법의 구성원리로까지 고양되어 있는 것 같다.

Ⅲ.

1. 개념법학이 법이론에 관한 특정학파를 지칭하는 것이라면, 일반조항이라는 개념은 법학방법론의 특정된 문제영역을 지시한다. 특히 헤데만(J. W. Hedemann)의 "일반조항에로의 도피"[29]라는 저서를 통해 주위의 관심을 환기시켰던 이 문제는 아직까지도 법학방법론에서 속시원히 해결되지 못한 부분에 속한다. 그 이유는 무엇보다도 "일반

27) 이러한 문제점에 대해 자세히는 김영환, 형법상 방법의 착오의 문제점, 형사판례연구회(편), 형사판례연구(1), 1993, 13면 이하. 같은 견해로는 Stratenwerth/Kuhlen, Strafrecht (주 26), S. 95 참조.

28) "방법의 착오"로 번역되는 "aberatus ictus"는 "타격의 실패"를 의미한다.

29) Hedemann, Die Flucht in die Generalklauseln, Eine Gefahr für Recht und Staat, 1933. 이 조그만 논문은 일반조항이 법치국가에 대해 지니는 위험성을 여러 법 분야에 걸쳐 처음 본격적으로 설명하고 있다. 물론 그는 처음생각과 달리 추후에는 일반조항에 대해 법형성에 대한 적극적인 기능을 인정하기도 한다. 이에 대해서는 Wegerich, Die Flucht in die Grenzenlosigkeit, 2004, S. 154 f. 참조.

조항(Generalklauseln)"이라는 개념자체에 대해서조차 아직까지 상이한 견해들이 주장될 뿐만 아니라, 더 나아가 이에 대한 법적 평가도 서로 상반되기 때문이다[30].

일반조항의 개념은 무엇보다도 입법기술적인 측면에서 그 본래적인 의미가 드러난다.[31] 즉 이 개념을 사용하는 입법방식은 소위 "결의론(Kasuistik)"과 서로 대조되는 것인데, 전자가 주로 해당사례들을 추상적인 개념에 의해 포괄하는 것이라면, 이에 반해 후자는 개별적인 사례유형들을 낱낱이 조문화하는 방식을 의미한다. 그 결과 이 양자는 각각 다음과 같은 장점과 단점을 지닌다. 즉 일반조항이 높은 일반성을 가지고 있어 수많은 사례들에 대해 각 사례에 맞게 개별적인 법률효과를 귀속시키는 것을 가능하게 만들어 준다면, 이에 반해 결의론적인 방식은 법적용의 범위를 명확히 확정함으로써 법관의 자의적인 해석을 애당초 방지한다. 그러나 전자의 방식이 개념의 추상성, 모호성으로 인해 법적 안정성에 저해가 된다면, 이에 반해 후자의 방식은 개별적인 사례에 대한 구체적인 형평성을 도외시할 위험이 있다.[32]

---

30) 심헌섭, 일반조항 소고－분석적 소묘－, 서울대학교, 법학 제30권 1-2호, 1989, 107면 이하. 특히 심헌섭 교수의 논문은 여태까지의 일반조항의 개념들을 유형한 후 이에 합당한 개념 및 그 기능을 논리적으로 분석해내고 있다. 또한 형법상 일반조항의 문제점에 대해서는 F. Haft, Generalklauseln und unbestimmte Begriff im Strafrecht, in: JuS 1975, S. 477 ff.; Th. Lenckner, Wertausfüllungsbedrftige Begriffe im Strafrecht und der Satz nullum crimen sine lege", in: JuS 1968, S. 250, 304 f.; W. Naucke, Über Generalklauseln und Rechtsanwendung im Strafrecht, 1973 참조. 특히 나우케는 일반인의 생각과는 달리 이미 불특정 개념이 형법에서 일반화되어 있다는 점을 지적한 후 이를 자유주의적 법치국가의 관점에서 비판하고 있다.

31) 이에 대해 자세한 점은 특히 윤재왕(역), 칼 엥기쉬, 법학방법론, 2011, 209면 참조.

32) 하프트에 의하면, 결의론적인 방식이 일반조항에 의한 입법보다 훨씬 더 문제의 소지가 많다고 역설한다. F. Haft, JuS 1975, 481면 참조. 물론 대부분의 입법방식에서는 이 양자를 혼합하는 소위 예시적인 방법(exemplifizierende Methode)을 사용하고 있다. 이에 대해서는 윤재왕(역), 법학방법론(주 31), 207면 참조. 또한 형법상 일반조항의 문제점에 대해서는 F. Haft, Generalklauseln und unbestimmte Begriff im Strafrecht, in: JuS 1975, S. 477 ff.; Th. Lenckner, Wertausfüllungsbedrftige Begriffe im Strafrecht und der Satz nullum crimen sine lege", in: JuS 1968, S. 250, 304 f.; W. Naucke, Über Generalklauseln und Rechtsanwendung im Strafrecht, 1973 참조. 특히 나

이렇듯 일반조항은 대부분 특정개념으로 유형화될 수 없는 법적 사태들을 포괄하기 위해 사용되기 때문에, 일반조항이라고 불러워지는 개념들은 추상적이고 모호할 뿐만 아니라 또한 대부분 가치충전을 필요로 하게 된다. 그리고 일반조항의 적용범위는 비단 음란, 공서양속 등의 법개념뿐만 아니라, 예컨대 건전한 성도덕이라는 법익원칙이나 사회상규, 기대가능성 등의 법적 기준과 같은 법원리에까지 이른다. 특히 흥미로운 사실은 우리의 경우 형법의 도덕화가 일반조항을 통해 이루어진다는 것이다. 즉 일반조항적인 입법방식이 법외적인 규범들을 법체계 안에 수용함으로써 법의 유연성을 확보할 수 있다면, 이제는 이러한 개념의 폭이 법률해석을 통해 구체화되어야 한다는 것이다.

2. 특히 이러한 법률해석상의 문제가 눈에 두드러지게 나타나는 부분은 형법의 위법성 분야이다. 주지하듯이 우리 형법전은 개별적인 위법성 조각사유들과 관련해서 "사회상규", "상당한 이유"이라는 일반조항만으로 그 허용여부를 결정하는 대담성을 보인다. 물론 위법성 조각사유들이 일반조항을 원용하는 것 자체는 문제가 되지 않을 것이다. 왜냐하면 위법성 조각사유들은 다양해서 개념적으로 확정하기가 힘들뿐만 아니라, 죄형법정주의 원칙이 요구하는 명확성의 수준도 구성요건과 위법성 조각사유는 서로 다르기 때문이다. 즉 비교적 명확하게 서술될 수 있는 범죄유형이라는 구성요건 범주와는 달리 위법성 조각사유에서는 서로 상충되는 이해관계의 형량에 의해서만 파악될 수 있는 일회적인 사건의 구체적인 사회유해성이 관건이 되기 때문이다.[33] 그럼에도 불구하고 예컨대 형법 제20조 정당행위[34]를 정당방위, 긴급

우케는 일반인의 생각과는 달리 이미 불특정 개념이 형법에서 일반화되어 있다는 점을 지적한 후 이를 자유주의적 법치국가의 관점에서 비판하고 있다

33) 이에 관해서는 특히 Roxin, Strafrecht AT Bd. 1, 4. Aufl., 2006, S. 289 f.

34) 형법 제20조는 스위스 형법 제32조와 유사하다. 이 조문은 "공적 의무나 직업상의 의무가 명령하거나 혹은 법률이 허용되거나 처벌되지 않는 것으로 여기는 행위는

피난 등을 아우르는 초법률적 위법성 조각사유라고 해석하는 것은 문제의 소지가 많다.[35] 왜냐하면 형법 제20조는 그 정당성 근거에서 개별적인 요소들이 통일적이지 않기 때문이다.[36] 그러나 정당행위의 통일적인 원칙을 벨첼의 "사회상당성(soziale Adäquanz)"[37]의 도움을 받아 구체화하려는 노력이 좌절된 이후에도 통설은 여전히 형법 제20조의 사회상규를 포괄적인 법원칙으로 파악하려고 시도한다.[38] 그 결과 이

범죄가 아니다"라고 규정되어 있다. 이 조문의 폐지를 주장하는 입장에 대해서는 Stratenwerth, Schweizerisches Strafrecht, AT 1, Die Straftat, 2. Aufl., 1996, S. 240 f. 참조.

35) 같은 의견으로는 천진호, "사회상규에 위배되지 아니하는 행위"에 대한 비판적 고찰, 비교형사사법 제3권 제2호, 2001, 146면 이하.

36) 이에 대해 자세히는 김영환, 형법 제20조 정당행위에 관한 비판적 고찰(주 7), 131면 이하 참조.

37) 벨첼은 처음에는 구성요건을 "형법적인 불법의 유형화(Vertypung strafrechtlichen Unrechts)"로 파악했으며, 따라서 "역사적으로 생성된 사회윤리적 공동생활의 범주 안에 있는 행위(Handlungen, die sich innerhalb des Rahmens der geschichtlich gewordenen sozialethischen Ordnungen des Gemeinschaftslebens)", 즉 사회상당한 행위는 애당초 구성요건에서 배제된 것으로 파악했었다. 이런 의미에서 예컨대 우편배달원에게 신년선물을 건네주는 증뢰행위, 가벼운 돈을 건 도박행위, 대중교통수단의 운전자가 승객을 하차시키지 않고 다음 정류장까지 데리고 가는 감금행위 등은 "범죄유형(Deliktstypus)"에 해당되지 않으므로 애당초 구성요건에 해당하지 않는다고 한다.(Welzel, Das Deutsche Strafrecht, 1. Aufl., 1947, S. 35) 그러나 "개방적인 구성요건(offene Tatbestandsmerkmale)"을 인정하면서부터 벨첼의 구성요건개념은 가치중립화되었으며 이에 따라 "사회상당성"도 "구성요건의 한정사유"로부터 단순히 "관습법적인 정당화사유"로 전락했던 것이다. 벨첼이 대표적인 사례로 드는 것은 예컨대 오늘날의 기술분야 및 대중교통에 있어서의 평상적인 위험행위 등이다(ders., Das Deutsche Strafrecht, 4. Aufl. 1954에서 부터 8. Aufl., 1963까지). 물론 벨첼은 그 후에 다시금 "사회상당성"을 "일반적인 해석의 원칙(allgemeines Auslegungsprinzip)"으로 파악함으로서 처음의 입장으로 회귀했지만(ders. Das Deutsche Strafrecht, 11. Aufl., 1969), 여하튼 벨첼의 "사회상당성" 개념은 너무 포괄적이어서 구성요건의 한정뿐만 아니라 위법성의 조각도 가능하게 만들며 그 결과 그 범죄론적 체계가 명백하지 않게 된다. 이러한 문제점에도 불구하고 최근에 에저(Eser)는 형법에서 이 개념의 유용성에 대해 피력하고 있다. 이에 대해서는 Eser, Sozialadquanz: eine überflssige oder unverzichtbare Rechtsfigur, in: Festschrift für Roxin, 2011, S. 211 f.; Young Whan Kim, §20 Strafgesetz als en Beispiel für eine Generalklausel(주 4), S. 58, Fn. 50 참조.

38) 신동운 교수는 형법 제20조에 사회상규라는 개념을 입법화한 김병로 전대법원장의 업적을 뛰어난 입법례로 평가한다. 즉 그에 의하면, 형식적인 위법성 조각을

제는 사회상당성과 사회상규 간의 범죄론체계론상의 위치가 문제된다. 대부분의 학설은 사회상당성은 구성요건 영역에, 사회상규는 위법성 영역에 편성하지만,[39] 그러나 문제는 "사회상규"와 "사회상당성" 간의 구별이 실질적으로 가능한가이다. 왜냐하면 이 두 개념은 모두 형법 이전의 사회윤리적인 가치구조와 관련을 맺는 개념이고, 단지 서로 차이가 있다면, "사회상규"는 행위의 가치판단의 "척도(Maßstab)"인 반면에 "사회상당성"은 가치판단의 "결과(Ergebnis)"에 불과하기 때문이다. 달리 말해 이 두 개념의 구별이 가능하다면 그것은 단지 어휘상으로만, 즉 형식적인 차원에서만 가능하다. 자세히 살펴보면 이 두 개념의 구별은 마치 벨첼에 있어서의 두 가지의 서로 다른 "사회상당성" 개념 — 즉 하나는 "구성요건배제사유", 그리고 다른 하나는 "관습법상의 위법성조각사유" — 을 서로 다르게 이름붙이는 것이 아닌가 하는 인상만을 풍길 뿐이다.

이런 상황은 실무에서도 달라지지 않고 오히려 더 심화되는 것 같다. 왜냐하면 이제는 문제해결을 위법성조각사유의 개별요건을 해석하는 데서가 아니라, 오히려 위법성 조각사유의 형태를 바꾸는 데서 찾기 때문이다. 구체적으로 말해, 정당방위나 긴급피난 등의 허용요건이 어차피 일반조항이라면 오히려 그 요건이 단순화된 정당행위 등에 의해 위법성을 조각하는 것이다. 그 결과 유감스럽게도 정당방위는 항상 정당행위와 관련되어 좁게 인정되며[40], 또한 긴급피난이나 피해자의 승낙에 관한 우리의 판례는 극히 찾아보기 힘들게 된다.[41] 여기서

넘어서는 실질적인 불법배제는 바로 사회상규이며 이것은 공공의 질서 또는 선량한 풍속이라는 것이다. 이에 관해서는 신동운, 형법 제20조 사회상규 규정의 성립경위, 서울대 법학, 제47권 제2호, 2006, 189면 이하 참조.

39) 이재상, 형법총론, 6판, 2010, 287면; 김일수/서보학, 새로 쓴 형법총론, 제10판, 2004, 349면; 배종대, 형법총론(주 23), 327면 참조. 흥미로운 것은 배종대 교수는 형법 제20조가 초법규적 위법성 조각사유가 아니라고 주장하면서 사회상규라는 불투명한 개념을 유형비교를 통해 구체화할 수 있다고 주장한다.

40) 소위 "소극적 방어행위"라는 개념은 정당방위에 의해 해결될 수 있는 사례들이 형법 제20조 정당행위에 의해 해결되는 것에 대한 중요한 단서로 파악된다. 이에 대해서는 배종대, 정당방위의 이론과 현실, 고려법학, 제49권, 2007, 43면 이하.

반드시 짚고 넘어가야 할 점은, 이와 같은 일반조항에로의 도피가 — 그것이 입법자에 의해서이든 아니면 해석자나 법적용자에 의해 이루어지든 간에 — 법률의 명확성원칙, 법관의 재량의 한계, 그리고 헌법상의 삼권분립에 이르기까지 자유주의적 법치국가원리에 대해 많은 문제를 잉태시킨다는 것이다.

그러나 이와 같은 문제점 — 즉 법률자체가 일반조항을 조문화한 나머지, 이에 대한 해석과 적용이 자의적이 되는 것 — 은 범죄론의 영역에서는 그나마 심각하지 않은 편이다. 왜냐하면 이에 대한 길잡이로 다양한 해석론이 제시되어 있을 뿐만 아니라, 더 나아가 형법총론의 범죄론은 어차피 실무에서 큰 비중을 차지하지 않기 때문이다. 그러나 양형의 분야에서는 이와 사정이 전혀 다르다. 왜냐하면 형법상 양형은 법관의 고유한 영역일 뿐만 아니라, 더 나아가 양형의 결과는 비단 해당인에게뿐만 아니라 사회전반에 대해 막대한 영향을 미치기 때문이다.[42] 사안의 이러한 중대성에도 불구하고 우리 입법자는 법관의 양형에 대해 — 필자가 생각하기에는 범죄론보다 더 심한 정도로 — 일반조항을 사용하고 있다. 즉 양형의 원칙도 규정하지 않을 뿐만 아니라, 양형의 조건도 전형적인 것만 불완전하게 나열하고 있다. 또한 "행상의 양호", "개전의 정", "정상참작" 등 법개념이라기보다는 오히려 일상 도덕적인 개념을 그대로 옮겨 놓고 있다. 이런 현상에 직면해서 대다수의 해석론들이 양형을 애당초 법관의 재량으로 파악하는 것은 아마도 무리가 아닐지는 모른다.[43] 그러나 양형도 — 현실적으로는 가장

41) 배종대 교수에 의하면 긴급피난에 대한 판례는 지난 30년간 단지 한 사례만이 발견된다고 한다. 이에 관해서는 배종대, 정당방위의 이론과 현실(주 38), 35면 참조.

42) 헤데만은 일반조항이 양형에서 중요하다는 점을 강조하는 반면, 엥기쉬는 양형을 재량의 영역에 편성한다. 독일에서의 재량개념에 관한 논의에 대해서는 윤재왕(역), 법학방법론(주 31), 191면 주 22 참조. 또한 흥미로운 것은 엥기쉬는 일반조항을 법발견(해석)의 대상으로 보는 반면[윤재왕, 법학방법론(주 31), 209면], 크라머는 입법자에 의해 의식적으로 행해진 법흠결이고 그것의 보충인 법형성은 법관이 행하는 것으로 파악한다. Kramer, Juristische Methodenlehre, 4. Aufl., 2013, S. 275 f.

43) 이러한 입장에 대해서는 이재상, 형법총론(주 39), 576면: 김일수/서보학, 새로 쓴 형법총론(주 39), 574면; 오영근, 형법총론, 제3판, 2014, 524면; 김성돈, 형법총론(주

중요한 — 법적용의 한 과정이라면, 이 영역을 전적으로 법관의 재량에 떠맡긴다는 것은 곧 해석론의 포기를 의미할 것이다. 더 나아가 이런 해석론의 태도는 법관자신에게도 결코 도움이 되지 못한다. 왜냐하면 법관의 가장 큰 바람은 자신의 양형을 정당화할 수 있는 세분화된 기준을 — 법률에 기대할 수 없다면 — 적어도 해석론에서 발견하는 것이기 때문이다.

이상의 예를 통해 알 수 있는 점은, 일반조항적인 입법방식은 필히 해석의 자의성을 동반하며, 급기야는 법적용자의 재량권의 확대로 연결된다는 것이다. 다시 말해 일반조항에 의해 구획된 광범위한 개념의 폭은 해석자의 주관적인 가치판단의 폭과 상응할 뿐 아니라, 더 나아가 법관의 재량권의 행사범위와 일치한다. 이러한 일반조항을 그 척도로 삼는 사례해결방식이 과연 법적용에 불과한지 아니면 법관에 의한 입법에 해당하는지의 여부는 여기서 더 이상 논의하지 않겠다. 더 나아가 바로 이와 같은 일반조항을 통해 얼마만큼 일상도덕적인 관념들이 법개념으로 화하게 되고, 그 결과 법이 도덕의 이차적인 수단으로 전락하는지도 이 논문의 직접적인 관심사는 아니다. 그러나 다만 주목해야 될 점은, 이와 같은 현상이 법적용자나 해석자에게는 — 적어도 그가 법치주의의 진정한 의미를 실현시키려고 한다면 — 정신적으로 큰 부담이 될 뿐만 아니라, "법의 지배"라는 이념을 실현하는 데에 더없이 커다란 장애요인이 된다는 것이다.[44]

25), 780면 참조. 배종대 교수는 해석학적 관점에서 재량개념의 세분화를 꾀한다. 이에 대해서는 배종대, 형법총론(주 25), 806면 이하 참조. 또한 양형을 재량행위가 아니라 법적용의 일환으로 보는 것에 대해서는 김영환/최석윤, 양형의 형벌이론적인 기초 및 개별적인 양형단계에 관한 고찰, 형사정책연구원보고서, 1996, 39면 이하 참조.

44) 뤼터스는 이와 같은 개괄적인 사유방식이 나찌(Nazi)의 불법국가의 온상이 되었다는 주장을 한다. Bernd Rüthers, Unbegrenzte Auslegung, 2. Aufl. 1973, 216면 이하 참조.

Ⅳ.

그렇다면 이제 개념법학적인 사유형태와 일반조항에로의 도피가 어떤 상관관계에 있는가를 분석해 보기로 하자. 먼저 결론부터 말하자면, 이 양자는 그 역사적인 연원, 논증적인 구조, 그리고 사실적인 기능의 측면에서 대단히 유사한 속성을 지닌다는 것이다. 물론 얼핏 보기에 개념법학적인 사유형태는 일반조항적인 입법 내지 해석방식과 서로 대립되는 듯한 양상을 연출한다. 즉 방법론적인 관점에서 볼 때, 전자가 분석적인 시각을 요구한다면, 후자는 오히려 종합적인 판단을 지향한다. 또한 전자가 법개념의 체계적인 완결성을 전제로 한다면, 이에 반해 후자는 법외적인 규범에로 열려져 있다. 더 나아가 전자가 형식논리적인 추론을 중시해서 개념의 정의 등에 매달린다면, 반면 후자는 실질적인 내용을 전면에 내세워 직관적인 법감정에 호소한다. 그러나 이와 같이 서로 상반되는 것처럼 보이는 이 양자는 자세히 살펴보면 다음과 같은 특성을 공유하고 있다.

첫째, 개념법학적인 사유방식과 일반조항에로의 도피는 모두 그 역사적인 연원상 서구법의 계수와 연관된다는 것이다. 이미 필립 헥크가 밝힌 바와 같이, 개념법학적인 방법은 로마법의 계수라는 역사적 사실에 의해 조건지워진다.[45] 즉 역사법학과 달리 개념법학에 대해 부여된 임무는 로마법의 계수이후 법학을 학문적으로 체계화하는 것이었다. 그런데 로마의 법률가들은 자유롭게 법적 사태를 관념화했는가 하면, 또한 유스티니아 법전은 해석에 대해 유보적인 태도를 보였으며, 더 나아가 로마법은 대부분 개별적인 판결의 형태로 전수되었다. 그 결과 로마법을 실제로 적용하기 위해서는 필히 다음과 같은 두 가지 절차 — 즉 한편으로는 구체적인 사례로부터 일반적인 원칙을 귀납하고, 다른 한편 이러한 해석원칙으로부터 개별사태에 대한 법규칙을

45) Ph. Heck, Die Begirffsjurisprudenz(주 22), 196면 이하. 이에 대해서는 또한 F. Wieacker, Privatrechtsgeschichte der Neuzeit(주 8), 367면 이하 참조.

연역하는 방식 — 를 거쳐야 했다. 이에 따라 생겨난 이원주의 — 즉 귀납과 연역을 혼용한 소위 역추론방식(Inversionsmethode) — 와 법적 구성의 창조성은 단순히 법흠결의 보충을 넘어서서 결국에는 개념법학의 본질적인 속성으로 자리하게 된다.

이렇듯 독일에서의 개념법학적인 방법 자체가 로마법의 체계화라는 역사적인 필요성으로부터 발단된 것과 마찬가지로, 우리에 대해서도 개념법학적인 사유방식은 서구법의 계수라는 역사적 사실에 의해 지대한 영향을 받는다.[46] 그 이유는 무엇보다도 법이 전제로 하는 생활사실이 서로 다르기 때문이다. 다시 말해 애당초 상이한 법문화권으로부터 전래된 서구법을 해석하기 위해서는, 이해하기 어렵고 또한 접하기도 어려운 그들의 법문화보다는 오히려 법체계 자체의 형식논리적인 맥락으로부터 그 기준을 발견하는 것이 보다 더 손쉽다는 것이다.[47] 더 나아가 동일한 맥락에서 입법자가 일반조항적인 개념을 조문화하든가 혹은 법해석이 일반조항을 통해 사회규범에게 팔을 내미는 것도 쉽사리 설명될 수 있다. 즉 이미 언급한 바와 같이, 개별적인 법적 요건을 번역함에 있어서 — 예컨대 외국어에 꼭 들어 맞는 말이 없거나 혹은 구문론상의 차이점으로 인해 — 모호한 일반조항적인 개념

46) 흥미롭게도 Zweigert와 Kötz는 일본에서의 독일법 계수와 관련해서 다음과 같이 말한다. 즉 "왜 일본민법의 준비과정에서 결국에는 독일에로 입법의 방향이 기울어졌는지에 대해서는 확인하기 힘들다. 그러나 그 당시 독일민법이 대륙법계 가운데서 가장 훌륭한 업적으로 통용됐다는 점이 큰 역할을 했다는 것은 확실하다. … 독일법의 심오한 현학성과 개념주의는 일본인들에게는 놀라운 일이 아니었다. 오히려 반대이다. 왜냐하면 체계적이고 이론적인 사고로의 경향이 일본법학의 특징이었고 독일법은 바로 여기에 상응했기 때문이다. 거기에 더해 독일민법은 그 당시 보수적인 일본인들의 지도층에 호의적으로 보였던 독일황제의 작품이었다는 사실이다." 이에 관해서는 Zweigert/Kötz, Einführung in die Rechtsvergleichung auf dem Gebiet des Privatsrechts, 3. Aufl., 1996, S. 291 f. 참조.

47) 물론 여기에서 반드시 짚고 넘어가야 할 점은, 서구법을 직접 배우고 돌아온 소위 해외 유학파들의 역할이다. 즉 그들이 서구법을 그 문화적인 맥락에서 소개하려고 했는지, 아니면 소위 국적 없는 "수입법학"에 오히려 더 박차를 가하는 것은 아닌지가 문제가 된다. 이 점에 대해서는 – 적어도 법학의 분야에선 – 진지한 문제제기가 필요한 것 같다.

을 법조문화하거나 혹은 생활관계의 차이점으로 인해 규율대상을 정확히 기술하지 않음으로써 법외적인 규범이 유입될 수 있는 길을 터놓는다는 것이다. 구체적인 예를 든다면 독일형법은 정당방어에서의 방어행위를 "자기 또는 타인에 대한 현재의 위법한 공격을 방지하기 위하여 필요한"이라는 요건으로 세분화하는 반면, 우리나라 형법은 "상당한 이유"라고 매우 대단히 추상적으로 규정하고 있다.[48]

둘째, 논증구조적인 관점에서 볼 때도 개념법학적인 사유방식과 일반조항의 원용은 별로 다르지 않다. 즉 개념법학이 법을 생활관계로부터 유리시켜 그 논리적인 틀만 남겨 놓는다면, 이에 반해 일반조항들은 대부분 법개념을 법규칙으로부터 분리시켜 개념의 껍데기만 남겨놓는다. 또한 개념법학적인 사유방식이 판결의 기준을 형식적으로는 체계의 논리일관성에서 구하지만 실질적으로는 그 체계의 정점에 자리잡은 윤리적인 전제들로부터 획득하는 것이라면, 이에 반해 일반조항에 의한 분쟁해결은 판결의 척도를 표면적으로는 법조문에서 찾지만 내용적으로는 법외적인 도덕의 상당성으로부터 얻어내는 것이다. 더 나아가 법의 흠결에 대해서도 이 둘은 모두 체계의 완결성을 확보하려는 점에서 부정적인 역할을 담당한다. 그러므로 이 양자의 차이점은 다만 방법적인 수단 — 즉 개념법학에서는 연역적인 추론이라면, 일반조항에 있어서는 직관적인 법감정 — 에서만 차이를 보일 뿐이다. 그리고 바로 여기에서 이 둘 모두가 사유적으로는 형이상학적인 개념체계나 혹은 이에 근거한 윤리적인 질서체계와 밀접하게 연관되어 있다는 점을 발견하게 된다.[49]

48) 참고로 한국형법의 개정안을 검토한 독일 괴텡겐 대학의 형법 교수들은 한결같이 이 개정안에는 많은 일반조항적인 조문이 발견된다고 논평한다. 이에 대해서는 형사정책연구원, 한국형법개정안에 대한 학술세미나 참조.

49) 독일형법의 계수가 우리의 형이상학적 혹은 관념적인 성향과 밀접한 관계를 맺고 있다는 점에 대해 자세히는 Young-Whan Kim, Rezeption des deutschen Strafrechts, in: Festschrift für Arthur Kaufmann, 1993, S. 701 ff. 참조. 필자는 여기서 우리나라가 일본을 통해 받아들인 독일법학과 한국의 법문화의 이념적인 바탕이 매우 흡사하다고 주장한다. 즉 독일관념론의 다음과 같은 전제들 - 윤리적인 질서가 이미 개인의

셋째, 법해석자나 법적용자에게 부여된 판단의 폭 혹은 재량에 있어서도 이 둘은 거의 흡사하다. 즉 개념법학적인 사유방식이 — 대부분 그 법적 결과에서는 거의 차이가 나지 않는 — 법이론의 구성방법(juristische Konstruktion)들을 선택하는 데 있어서 자유롭다면, 이와 마찬가지로 일반조항을 내용적으로 구체화하는 데에도 법해석자의 재량의 폭이 지나치게 넓다. 또한 개념법학적인 사유방식이 형식적으로 파악된 개념의 내용을 법관의 주관적인 가치판단으로 채울 수 있다면, 일반조항의 소위 가치충전(Wertausfüllung)도 법해석자나 혹은 법적용자의 일상도덕적인 관념에 의해 이루어진다. 요컨대 이 둘 모두 법개념이라는 미명하에 은폐사회학(Kryptosoziologie)적인 사실들을 감추고 있는 셈이다. 특히 개념법학과 일반조항의 이런 특성이 가장 잘 어우러진 경우를 형법의 이론적인 체계와 그 운영방식에서 찾아볼 수 있는데, 왜냐하면 표면적으로는 형식적인 개념을 가지고 범죄의 개별요건들을 세분화하지만, 이런 이론적인 체계의 실질적인 운영은 대부분 일반조항에 의해 수행된다는 것이다. 즉 구성요건의 해당성 여부는 대부분 "사회상당성"에 의해 판단되며, 위법성은 "사회상규" 등에 의해 개괄적으로 조각될 수 있고, 책임은 행위자의 "기대가능성"에 따라 판단되며, 그리고 양형은 "정상참작"을 기준으로 정해진다는 것이다. 이런 상황에서 우리의 법실무가 합리적인 법적 논거보다는 오히려 일상적

자유 앞에 미리 주어져 있으며, 따라서 개인의 자유는 바로 이런 초월적인 윤리의 왕국에 귀의할 때 비로소 실현될 수 있다는 생각 - 은 독일법학의 중요한 이론적 기초인데, 이러한 사고방식은 법의 합리적인 근거를 따지지 말고 기존의 윤리적인 질서에 순응해야 한다는 우리의 문화와 매우 친근하다는 것이다. 일본을 통해 계수된 독일법 혹은 독일법학이 우리에게 찾아 들어온 길목은 바로 이 윤리를 등에 업은 보수적이고 권위적인 "국가후견주의"이므로 독일 형법과 형법학을 받아들이고 그 영향 하에 있다는 사실은 결코 달가운 것이 아니라는 것이다. 이런 관점에서 독일의 관념론에 입각한 독일법이 기존의 국가질서를 윤리의 총화인 것으로 합리화시켰던 것처럼, 윤리를 내세웠던 우리의 유교적인 사고방식은 항상 기존의 사회질서를 정당화시켰고 이에 따라 각자 스스로 기존의 윤리질서를 판단할 수 있는 가능성을 애당초 배제시킴으로써 개인의 자유와 권리보장이 소홀하게 되었지 않았는가 추측된다.

인 도덕을 중시한다는 비판은 전혀 근거가 없는 것이 아닐 것이다. 더 나아가 이와 같은 방식에 의해 형법해석에 길잡이가 되는 법치국가의 여러 원칙들이 침해된다는 지적도 결코 과장된 주장이 아닐 것이다.

V.

그렇다면 이런 류의 접근방법에 대해 어떻게 대처해야 하는 것이 바람직한가? 사실상 이 주제는 그 자체 별도의 논문을 요할 만큼 복잡하므로, 여기서는 다만 그 기본방향만을 간략하게 암시하는 것으로써 이 발표의 결론에 대신하고자 한다.

첫째, 현재의 해석방법이 지니는 문제점을 지양하기 위해서는 무엇보다도 개념법학적인 사유방식의 본질적인 징표가 되는 연결고리 — 즉 개념과 법체계와의 상관관계 — 를 지금의 상태로 방치해서는 안 된다. 달리 말해, 개념법학적인 발상법에 의해 서로 분리된 법개념과 생활사태를 다시금 연결지움으로써, 법개념 및 법적 결정의 정당성이 형식적인 개념의 체계성으로부터 확보되는 것이 아니라는 점이 밝혀져야 한다. 법적 사태를 개념과 무관하게 사실 그대로 받아들여야 한다는 것이다. 그렇게 되어야만 아무런 실천적인 의미도 가지지 않은 개념법학적인 논의의 허구성이 드러날 수 있으며, 이와 함께 법개념 혹은 법적 논거의 정당성이 체계적인 논리가 아니라 바로 개별적인 사태의 규범적인 타당성에 의해 주어진다는 점이 밝혀질 수 있다. 즉 판결의 정당성에 대한 충분조건은 개별사태가 지니는 규범적인 의미를 법원리적으로 구체화시킨 법적 논거에 의해 마련될 뿐이다.[50] 이런 의미에서 해석학적 개념 혹은 체계들이 정당한 판결을 이끌어 내기 위한 하나의 보조수단에 불과하다는 점은 아무리 강조를 해도 지나치

---

50) 이에 대해 자세히는 U. Neumann, Juristische Argumentationslehre, 1986, 3면 이하; 김영환, 법적 논증이론의 전개과정과 그 실천적 의의, 현대법철학의 흐름, 1996, 130면 이하 참조.

지 않는다. 그것은 특히 우리의 이론과 실무와 같이 해석학적 지식들 혹은 개별 판례를 마치 성서와 같이 떠받드는 풍토에서는 더더욱 그러하다.

둘째, 가능한 한 형법의 영역으로부터 일반조항적인 개념을 배제하는 것이 필요하며, 만약 그것이 불가능하다면 형법에 대해 일반조항적인 개념이 지니는 기능이 올바로 파악되어야 할 것이다. 다시 말해 일반조항적인 개념은 그 특성상 법적 판단을 도덕적인 판단으로 변질시킬 성향을 지니고 있기 때문에, 이러한 개념의 사용은 단지 세부화된 해석학적 규칙이 발견되지 않는 경우에만 보충적으로 적용되어야 한다. 사실상 그렇게 되면 일반조항적인 개념들은 법외적인 영역으로 편성될 것이며, 법적 판단은 개괄적인 도덕적인 판단과 서로 구별될 수 있을 뿐만 아니라, 또한 법관의 법률에의 구속이라는 법치국가의 원칙도 어느 정도 실현될 수 있을 것이다.[51] 물론 일반조항의 원용은 다양한 법적 사태를 개념화하기 어렵다는 점에서 수긍이 가며, 또한 사회상규 등의 법외적인 척도를 법적 체계안의 기준과 서로 연결시킨다는 점에서 형법해석에 대해 순기능도 지니기는 한다. 그러나 일반조항이 제시하는 기준들은 추상적이고, 모호하며, 그리고 세분화되기 힘들기 때문에, "일반조항에로의 도피"는 곧 법해석학의 포기로 귀결될 소지가 많다. 요컨대 "법원리"를 무시하는 형식주의적인 개념법학적 발상법도 문제이지만, 이와 마찬가지로 세분화된 "법규칙"대신 개괄적인 윤리기준만을 들이대는 일반조항의 원용도 방법론상 결코 바람직하지 않다. 그러므로 일반조항적인 개념들은 형법해석에 대해 단지 "최후 보충적인 원칙(ultima ratio)"으로서의 의미만을 지닌다고 보아야 한다.

이런 관점에서 바라볼 때, 개념법학적인 사유방식과 일반조항적

51) 이런 측면에서 예컨대 형법 제20조 정당행위는 정당방위, 긴급피난 등 개별적인 위법성 조각사유를 포괄하는 "초법규적 위법성 조각사유"가 아니라 그러한 개별적인 위법성 조각사유의 검토 후 비로소 적용되는 "법률외적인 위법성 조각사유"로 파악되어야 한다. 이에 관해서는 김영환, 형법 제20조 정당행위에 관한 비판적 고찰(주 7), 138면 이하 참조.

인 개념의 원용은 법치국가의 시험대라고 말할 수 있다. 요컨대 형법의 해석이 형법에 내재한 법원리로부터 획득되기 위해서는 이 양자 모두 형법의 영역에서 추출되면 될수록 한층 더 법치국가적인 형법학에 다다르게 될 것이다.

[주 제 어]
개념법학, 법적 구성방법, 방법의 착오, 일반조항으로의 도피, 한국형법 제20조, 독일형법계수

[Key Words]
Begriffsjurisprudenz, juristische Komstruktion, abertio ictus, Die Flucht in die Generelklausel, §20 des koreanischen Strafrechts, Rezeption des deutschen Strafrechts

접수일자: 2019. 5. 20. 심사일자: 2019. 6. 6. 게재확정일자: 2019. 6. 10.

[참고문헌]

1. 국 내

김성돈, 형법총론, 제3판, 2014.

김영환, 형법 제20조 정당행위에 관한 비판적 고찰, 김종원교수화갑기념논문집, 1991, 129면 이하.

김영환, 형법상 방법의 착오의 문제점, 형사판례연구회(편), 형사판례연구(1), 1993, 13면 이하.

김영환, 법과 도덕의 관계 — 특히 한국형법을 중심으로, 정성근박사고희기념논문집, 2010, 1면 이하.

김영환/최석윤, 양형의 형벌이론적인 기초 및 개별적인 양형단계에 관한 고찰, 형사정책연구원보고서, 1996.

김일수/서보학, 새로 쓴 형법총론, 제10판, 2004.

배종대, 형법총론, 제10판, 2011.

배종대, 정당방위의 이론과 현실, 고려법학, 제49권, 2007, 43면 이하.

신동운, 형법 제20조 사회상규 규정의 성립경위, 서울대 법학, 제47권 제2호, 2006, 189면 이하.

심헌섭, 일반조항 소고 — 분석적 소묘 —, 서울대학교 법학, 제30권 1-2호, 1989, 107면 이하.

윤재왕(역), 칼 엥기쉬, 법학방법론, 2011.

이재상, 형법총론, 제6판, 2010.

이형국, 행위론과 한국형법, 김종원교수화갑기념논문집, 1991, 1면 이하.

천진호, "사회상규에 위배되지 아니하는 행위"에 대한 비판적 고찰, 비교형사사법 제3권 제2호, 2001, 146면 이하.

허일태, 형법에서의 행위개념의 재구성, 차용석교수화갑기념논문집, 1994, 3면 이하.

2. 독 일

Eser, Sozialadäquanz: eine überflüssige oder unverzichtbare Rechtsfigur, in:

Festschrift für Roxin, 2011, S. 211 ff.
Haferkampf, Georg Friedrich Puchta und die Begriffsjurisprudenz, 2004.
Haft, Generalklauseln und unbestimmte Begriff im Strafrecht, in: JuS 1975, S. 477 ff.
Hassemer, "Juristische Argumentationstheorie und Juristische Didaktik", in: Jahrbuch für Rechtssoziologie und Rechtstheorie Bd. 2, 1972, S. 467 ff.
ders., Einführung in die Grundlagen des Strafrechts, 2. Aufl., 1990.
Heck, Was ist diejenige Wissenschaft, die wir bekämpfen, in: Ellscheid/ Hassemer(Hrsg.), Interessenjurisprudenz, 1974, S. 45 f.
ders., Begriffsjurisprudenz und Interessenjurisprudenz, in: Ellscheid/Hassemer(Hrsg.), Interessenjurisprudenz, S. 93 ff.
Hedemann, Die Flucht in die Generalklauseln, Eine Gefahr für Recht und Staat, 1933.
Jhering, Scherz und Ernst in der Jurisprudenz, 1884 (Nachdruck der 13. Aufl., 1980.
ders., Theorie der juristischen Technik, in: Krawietz(Hrsg.), Theorie und Technik der Begriffsjurisprudenz, 1976, S. 66 ff.
Young Whan Kim, §20 Strafgesetz als en Beispiel für eine Generalklausel, in: Festschrift für F. Streng, 2017, S. S. 49 ff.
ders., Begriffsjursprudenz und die Flucht in die Generalklausel, in: Festschrift für U. Neumann, 2017, S. 199 ff.
Koschaker, Europa und das römische Recht, 4. Aufl., 1966.
Kramer, Juristische Methodenlehre, 4. Aufl., 2013 .
Krawietz(Hrsg.), Theorie und Technik der Begriffsjurisprudenz, 1976.
Larenz, Methodenlehre der Rechtswissenschaft, 4. Aufl., 1979, S. 20 ff.
Lenckner, Wertausfüllungsbedürftige Begriffe im Strafrecht und der Satz nullum crimen sine lege", in: JuS 1968, S. 250, 304 f.
Naucke, Über Generalklauseln und Rechtsanwendung im Strafrecht, 1973 .
Puchta, Cursus der Institutionen, Bd. 1, 9. Aufl., 1881.
Röhl, Allgemeine Rechtslehre, 2. Aufl., 2001.

Roxin, Strafrecht AT Bd. 1, 4. Aufl., 2006.

Rümelin, Zur Lehre von der juristischen Konstruktion, in: Ellschied/Hassemer(Hrsg.), Interessenjurisprudenz, 1974, S. 79 ff.

Rüthers, Unbegrenzte Auslegung, 2. Aufl. 1973, 216 ff.

Stratenwerth/Kuhlen, Strafrecht AT, Die Straftat, 6. Aufl., 2011.

ders., Schweizerisches Strafrecht, AT 1, Die Straftat, 2. Aufl., 1996.

Wegerich, Die Flucht in die Grenzenlosigkeit, 2004.

Welzel, Das Deutsche Strafreht, 1. Aufl.(1947), 8. Aufl.(1963), 11. Aufl.(1969)

ders., Das neue Bild des Strafrechtssystems, 1961.

Wieacker, Privarrechsgeschichte der Neuzeit, 2. Aufl., 1967.

Wilhelm, Zur Juristischen Methodenlehre im 19. Jahrhundert, 1958, S. 70 ff.;

Zweigert/Kötz, Einführung in die Rechtsvergleichung auf dem Gebiet des Privatsrechts, 3. Aufl., 1996.

[Zusammenfassung]

Eine kritische Betrachtung über den methodischen Denkansatz in der koreanischen Strafrechtswissenschaft

Kim, Young-Whan*

1. Im folgenden geht es darum, Lehre un Praxis des koreanisdchen Strafrechts in methodischer Hinsicht kritisch zu untersuchen. Dabei fallen zwei Betrachtungsweisen in den Blick, die beide gleichmaßen fragwürdig erscheinen. Einerseits die Neigung zur Begriffsjurisprudenz, andererseits die Flucht in die Generalklausel.

2. Einerseits steht im Vordergrund die Hervorhebung der juristischen Konstrkuktion. Hier kommt es darauf an, die gegebenen Rechtssätze bezüglich ihrer tatsächlichen und rechtlichen Voraussetzungen in Begriffen zu fixieren, um aus diesen wiederum die weiteren Rechtssätze abzuleiten, indem sie als deren logische Folgen aufgefasst werden. Freilich wird dadurch der Blick auf den Zugang zur sachgerechten Entscheidung verstellt, denn von vornherein beiseite geschoben werden solche Fragen, wie die tatsächliche Interessenlage der Konflikte aussieht und auf welche Rechtsgrundsätze sich die gesetzliche Regelung stützt.

3. Anderseits ändert sich dieses Bild sehr rasch, wenn auf unbestimmte Begriffe, die im Gesetz selbst vorgeschrieben sind, Bezug genommen wird oder kein gesetzlicher Anhaltspunkt auffindbar ist, der das Urteil juristisch absichern soll. Hier genießt ein ganz anderes methodisches Prinzip seine unerwartete Konjunktur, indem jegliche Inhalte in Generalklauseln wie

* Honorary Professor, Hanyang University

„Sozialadäquanz", „Unzumutbarkeit" und „gesellschaftliche Sitte" überführt werden, um den in Frage kommenden Fall zu entscheiden.

4. Unter dem Gesichtspinkt der Rechtsstaatlichkeit besteht ein schwerwiegendes Bedenken gegen eine solche formalistische Sichtweise, weil sie häufig auf die endgültige Entfremdung der Rechtswissenschaft von der gesellschaftlichen, politischen und moralischen Wirklichkeit des Rechts hinausläuft. Allein die Tatsache, dass das Urteil aus dem Gesetz logisch deduziert ist, garantiert keinesfalls die sachliche Richtigkeit. Nicht weniger problematisch ist auch andererseits der Rückgriff auf die Generalklausel. Hier besteht die Gefahr, dass er häufig die rechtliche Entscheidung in die alltagsmoralische verwandeln lässt, indem schließlich die öffentliche Meinung zum einzigen Maßstab des Urteils erhoben wird. Darüber hinaus stellt sich heraus, dass die stille Flucht in die Generalklausel letztlich dem Richter die Funktion aufbürdet, die der Gesetzgeber eigentlich zu erfüllen hat. Kurz: Hier wie dort tritt der Verlust an Rechtsstaatlichkeit genauso zutage, nur die Art und Weise, in der es geschieht, ist verschieden.

5. Im folgenden soll es eben um dieses bedenkliche Phänomen gehen, das m. E. großenteils auf die Rezeption des fremden Rechts zurückgeht. Um diese These noch näher zu begründen, wird zunächst versucht, die Eigenschaften der Begriffsjurisprundz darzustellen, um dann aufzuzeigen, wie sich die Zuneigung zur technischen Begriffsjurisprudenz im Koreanischen Strafrecht ausgewirkt hat. Danach werden die methodischen Probleme beim Rekurs auf die Generalklausel an konkreten Beispielen in Korea illustriert. Aufgrund dieser Untersuchung wird analysiert, dass die oben dargelegten Tendenzen, obgleich sie äußerlich gegensätzlich erscheinen, dennoch auf einen gemeinsamen Nenner zu bringen wären, wenn man in die Tiefenstruktur der Argumentation eindringt. Schließlich werden Gegenmaßnahmen vorgeschlagen, die darauf abzielen, den beiden Tendenzen entgegenzutreten.

형사판례 평석에 관한 몇 가지 관견과 회고

장 영 민*

I. 서 언

필자는 1992년 한국형사정책연구원에 초빙연구위원으로 근무하면서 당시 부원장이셨던 고 이재상 교수님을 도와 형사판례연구회가 창설되는 데 나름의 기여를 한 바 있다.[1] 그리고 영광스럽게도 형사판례연구회의 첫 발표를 맡았었다. 어언 4반세기가 넘는 시간이 지나 정년을 맞으면서 다시금 형사판례연구회에서 발표를 하게 되어 또 하나의 영광을 얻게 되었다.[2]

이 글에서 하고자 하는 것은 형사판례 연구 내지 평석 자체에 관한 소략한 관견 그리고 그간 필자가 발표했던 글을 중심으로 한 몇 가지 소회이다. 이것은 형사판례 연구의 방법론적 성격과 그 이데올로

* 이화여자대학교 명예교수

1) 금년(2019년)은 본 회 전회장이신 강용현 변호사님께서 고희를 맞으시는 해이다. 강 변호사님은 형사판례연구회 창설멤버로서, 당시 판사의 직에 계셔서 실무에 바쁘신 중에도 적극적으로 회원모집, 판례평석 등 활동에 참여하시어 형사판례연구회가 태어나고 성장하는 데 결정적인 기여를 하셨다. 그리고 후일 형사판례연구회의 회장으로 재임하시면서 연구회의 발전에 크게 기여하신 바 있다. 이 자리를 빌어 강 변호사님의 고희를 축하드리며, 아직 청년의 모습을 간직하신 강 변호사님께서 더욱 건강하셔서 앞으로도 이 분야에서 정력적으로 활동하시면서 그 혜안을 보여주시기를 바라마지 않는다.

2) 이 기회를 주신 형사판례연구회 이용식 회장님, 사회를 맡아주신 전 회장 조균석 교수님, 그리고 간사로서 수고하시는 윤지영 박사께 감사드린다.

기적 성격을 음미하는 기회가 될 것으로 생각한다.

II. 서설적 고찰: 형법 해석의 지향점

형법해석학의 궁극적인 목적은 무엇일까? 그것은 형법의 구체화, 현실화일 것이다. 그렇다면 형법의 구체화, 현실화 그 자체의 궁극적인 지향점은 무엇인가? 상식적인 인식처럼, 형법 텍스트를 입법자와 해석자 사이의 '의사소통'의 매개물로 보고 이를 언어의 의미의 내포와 외연이라는 다소 평면적인 차원에서 작업을 해 나간다면(형법은 다른 어떤 법보다 이러한 요청을 강하게 받고 있는 것은 사실이지만), 형법의 국법질서 내에서의 위상, 나아가 헌법의 현실화로서의 형법의 위상은 시야에서 사라질 것이다. 형법의 텍스트의 해석은 대화의 해석과는 다른 것이다. 대화가 상대방 화자의 진의를 파악하는 것을 목표로 한다면, 형법 텍스트의 해석에는 화자가 사용한 언어의 의미이해를 뛰어넘는 차원이 존재한다. 그 차원이란 형법 내적 체계에서 비롯되는 체계성, 정합성[3] 그리고 형법 외적 위상, 즉 국법질서상 부여된 위계와 같은 것일 것이다.

라드브루흐는 법을 "법가치 실현에 봉사하는 현실태"(Wirklichkeit, reality)라고 정의하였다. 법은 현실태, 즉 현실세계에서 일정한 모습을 취하고 있는 (이른바 '존재'의 세계에 속하는) 것이지만 항상적으로 법가치('당위') 실현을 지향하고 있다는 것이다. 그렇다면 법이 지향하는 법가치란 무엇인가? 라드브루흐는 법가치를 일단 '정의'라고 규정하였다. 그런데 그는 이 정의가 균질(均質)의 가치의 성격을 갖는 것이 아니라, 상이한 부분적 법가치들의 길항(拮抗)을 통해서 달성되는 것으로 보았다. 그는 이 부분적 법가치를 (좁은 의미의) 정의('평등': "각자에게 그의 것을")와 함께 합목적성, 법적 안정성으로 정리하였다.

합목적성이란 — 형법의 시각에서 보면 — 형법이 실현해야 할 (형

3) 이에 관하여는 Rainer Zaczyk(필자/손미숙 역), "체계적 형법의 필요성과 '단편적' 형법의 개념," 형사법연구, 제25권 1호, 2013, 471~492면 참조.

법질서에 부여된) 목적에 형법은 충실해야 한다는 것이다. 그것은 두말할 필요가 없이 범죄에 대한 억제일 것이다(보호적 기능).[4] 합목적성의 이념은 이와 더불어 이를 효율적으로 달성하기를 원한다. 이러한 시각에서 볼 때, 현행 형법상 규정되어 있는 과중한 법정형은 합목적성의 이념에 반한다. 벤담 풍으로 말하자면 이는 효과는 별로 없는 사회적 자원의 지나친 낭비이기 때문이다.

형법만큼 법적 안정성의 요청을 강하게 받는 법은 없을 것이다. 형법은 최고의 국가폭력의 행사자이기 때문에 이 요청은 아무리 강조해도 지나치지 않는다. '죄형법정주의'의 요청 자체가 바로 법적 안정성의 요청이라고 할 수 있기 때문이다(라드브루흐 식으로 본다면 죄형법정주의가 형법에서는 왕좌를 차지하고 있는 원칙이지만 '법'의 최고의 이념의 지위에 있는 것이라고 말하기는 어려울 것이다).

그렇다면 형법이 구현하여야 할 법가치로서의 '정의'란 어떤 것일까? 라드브루흐는, 이를 경우에 따라서는 모순되기도 하는 가치표상의 집합으로 규정하고 있기 때문에 논의가 복잡해질 우려를 피하기 위하여 일반적인 논의의 수준에서 검토해 보기로 한다. 통상 정의를 평균적 정의와 배분적 정의로 나누지만, 형법과 관련하여 이에는 더 검토할 것이 있다. 일단 "같은 것은 같게, 다른 것은 다르게," "각자에게 그의 것을"이라는 정의의 고유의 내용을 단서로 하여 시작해 보자. 아리스토텔레스는 정의를 평균적 정의와 배분적 정의로 나누었다.[5] 형

4) 근대 이후의 형법에서 보장적 기능이 중요하다는 점은 두말할 필요가 없지만, 이에 관한 논의는 생략한다. '합목적성'이 갖는 다른 차원의 의미는 후술 III 참조.

5) Aristoteles, *Nicomachean Ethics*, Bk. 5 참조. 이 글에서는 Anton-Hermann Chroust & David L. Olson, "Aristotle's Conception of Justice," 17 *Notre Dame Law Review* 129(1942)가 참고가 되었다. 평균적 정의/배분적 정의의 구분을 담고 있는 특수적 정의 외에, 일반적 정의로서 '법의 준수' 내지 규범의 준수심을 들 수 있는데 이에 관하여는 후술 참조. 아리스토텔레스에 의하면 이는 인간의 덕성의 하나(플라톤은 정의를 덕성들 중의 주된 덕성(主德 sovereign virtue)이라고 보았다)이며, 특수적 정의가 인간의 덕성을 고려하지 않고 인간들 사이의 관계만을 파악하는데 비하여 일반적 정의는 인간의 덕성으로서, 정의를 중시하는 것 자체가 인간의 마음 속에서 작동하는 이 일반적 정의라는 인간의 덕

법이 추구하는 정의는 어느 쪽일까? 형법이 추구하는 가치는 배분적 정의라고 하는 것이 타당할 것이다. 민법이 추구하는 정의는 평균적 정의 그리고 교정적 정의라고 확실하게 말할 수 있다. 민법이 요구하는 정의는 평균적 정의에 터 잡아 달성된다. 예컨대 쌍무적 성격의 계약과 그 이행(평균적 정의), 손해에 대한 배상(교정적 정의) 등이 그 예이다. 그렇다면 형법이 세워야 하는 정의 즉 '각자에게 그의 것'을 주는 정의의 요청은 형법에서는 어떻게 달성될 것인가?[6)]

우리나라 형법학자들 사이에 이에 관한 명시적인 논의는 찾아보기 어렵다.[7)] 그러나 정의를 둘러싸고 '평균적' 정의를 우선시 하는 경향이 두드러지게 보인다. 형법학자들의 의식적인 태도가 그렇다는 말이 아니라, 별다른 의식 없이 형법의 해석이나 이론구성에 있어서 평균적 정의를 우선시 하는 태도가 보인다는 것이다. 그렇지만 평균적 정의는 배분적 정의의 토대 위에서만 가능하다.[8)] 우선 무엇인가가 배분되어 있어야만 이의 교환(평균적 정의), 이에 대한 손해의 야기(에 대한 광정(匡正): 교정적 정의)가 가능하기 때문이다. 이러한 의미의 상대적인 근원성을 갖는 배분적 정의는 오늘날 '사회적 정의'의 차원에서 다루어지고 있고, 이의 규명은 이 글의 주제를 넘어가는 것이기 때문에 여기서는 논의를 약한다.[9)] 배분적 정의의 사회적 정의의 측면을

성이 갖는 동력(동기화)에 의존하고 있다. 위의 글 passim. 드워킨은 정의에 관한 저서를, 플라톤 풍의 정의를 시사하는 '주덕'으로 이름하였다. Ronald Dworkin, *Sovereign Virtue. The Theory and Practice of Equality*, 2002.

6) Anton-Hermann Chroust & David L. Olson, 앞의 글, 137면. "법이 작동하는 형식을 평등(=정의)의 원리에 한정함으로써만 법과 정의는 인간오성의, 즉 과학적 연구의 이성적 대상이 될 수 있다. 이렇게 하여 법과 정의의 적용은 예측할 수 있는 것이 될 뿐 아니라, 그 존립 자체(=그 자체가 법과 정의라는 것)가 입증되는 것이다."

7) 드문 예로서는 유기천, 형법학 총론강의, 영인본, 2011, 3면.

8) Anton-Hermann Chroust & David L. Olson, 앞의 글, 136면.

9) 오늘날 정의를 둘러싼 논의는 주로 이를 대상으로 이루어지고 있다. 멀리는 Marx의 분배론이(Marx, *Critique of the Gotha Programme*, David McLellan(편), *Karl Marx. Selected Writings*, 2판, 2000. 615면), 가까이는 John Rawls, *A Theory of Justice*, 1971 참조.

제외한 둘째 측면은 비례(적 정의)의 측면이다. 이는 예컨대 상해죄와 문서위조죄에 대한 형벌(법정형)이 어떻게 균형을 잡아야 할 것인가라는 식의 문제에서 드러나는 것처럼, 평균적 정의의 시각에서는 접근하기가 불가능한 경우가 있다. 오늘날 유행하는 말처럼, 이들에게는 공통분모가 없어서 통분이 되지 않기 때문에(incommensurability) 이의 서열을 매기거나 통합을 하기가 어렵다.[10] 따라서 이에 관하여 '동일성'이 아니라 '비례적'인 궤도에서 접근해야 한다는 데에는 별다른 이론이 없을 것이다. 형법(해석학)은 이에 관하여 일단 입법자가 제시한 법정형의 테두리 내에서 나름의 기준을 세워 척도화 하려는 노력을 하고 있다.

배분적 정의의 셋째 측면은 위의 둘째 측면과도 연관되는 것으로서, 둘 이상의 받는 자간에 형성되어야 하는 정의라는 점이다. 아리스토텔레스는 이런 의미에서 배분적 정의를 '공법적'(=공법에서 실현되어야 할) 정의임을 시사하고 있다. 여기서 주는 자가 있다는 것에 주목할 필요가 있다. 국가가 주는 것(시혜든 부담이든)은 인간의 삶에 결정적인 영향을 미친다. 모든 범법자를 처벌하지 못하는 사실을 들어 이의 정의성(정당성)을 법전원 면접 시 수험생에게 물으면, 학생들은 "불법에는 평등이 없다"고 대답한다. 지혜의 말씀처럼 들리는 이 말은 그러나 형법의 이러한 배분적 정의의 성격을 고려하지 않은 대답이다. 형법 질서를 편성, 운용함에 있어서 동종의 범죄를 저지른 자에 대하여 보편적으로 적용되지 않고, 범죄자들을 선별적으로 처벌한다면, 오히려 형법은 베카리아가 그토록 비판했던 복수의 칼이 될 뿐이다. 이러한 공법 질서는 오래 존속할 수 없다. 모든 범죄자가 처벌될 수는 없지만, 그리고 모든 범죄자가 높은 정확도의 비례성을 가지고 처벌될 수는 없지만, 이는 '정의의 한계가 아니라 인간(내지 제도)의 한계'로 보아야 할 것이다.[11] '보편적 적용을 염두에 두고 제정된 법률'이 (의

10) John Finnis, *Natural Law and Natural Rights*, 1980, 92면.

11) 이와 같이 정의는 도처에서 한계에 봉착한다. 라드브루흐가 인간의 '현실적인' 제도로서의 법이 지향하는 가치를 3자간의 관계 속에서 형성되어 나오는 것으로 본 것은 이러한 의미에서 이해할 수 있다.

도적으로) 한 사안에만 적용되는 극단적인 경우를 생각해 본다면 이를 정의로운 법의 운용이라고 할 수 없다는 것은 명백하다. 이는 형사사법의 이성적 운용이 아니라, '원한의 복수'에 귀착된다.

아리스토텔레스는 정의는 일반적 정의와 특수적 정의로 나누었다. 그리고 일반적 정의는 "법을 지키는 것"으로 규정하였다. 이렇게 정의는 인간의 덕성으로(=의로운 사람)도 규정되었으며, 법을 지키는 것이 정의라는 명제는 오늘날 많이 퇴색하기는 했지만, 그렇다고 법을 지키지 않는 것이 정의라는 말을 (일반적으로) 할 수는 없다는 점에서 이는 여전히 의미를 갖는 명제이다. 형법은 정당성(=효력)을 주장하는 합법적인 폭력이다. 그렇다면 형법은 더더욱 이른바 '공정으로서의 정의' 위에 서야 하며, 배분적 정의의 척도를 충실하게 지켜야 한다.

이러한 시각에서 볼 때, 형법의 해석에서 배분적(=비례적) 정의의 실현은 간과할 수 없는 요구라고 하겠다. 형법 학자들이 곧잘 주장하는, 후술하는 개괄적 고의에서의 미수설과 같은 설은 '평균적 정의'의 수준에서 만족할 수는 있는 설이라고 할 수 있지만, 이러한 정의의 전 위상을 고려할 때 만족스러운 설이라고 하기는 어렵다. 배분적 정의에 의한 매개를 통해서만 법질서 내에서 평가모순[12]이 없는 정의의 궤도 위에 올라설 수 있기 때문이다. 형벌은 국가가 (독점하고) 이를 다수의 범죄자에게 나누어주는 구조를 가지고 있다. 형법은 국가가 범죄를 저지른 범죄자(의 범죄)와 1:1의 거래를 하는 것이 아니다. 형법은 여러 범죄 및 범죄자들을 시야에 넣고 있으며, 배분적 정의는 비례적이어야 한다는 요청을 받고 있는 만큼, 관련자에게 '각자에게 그의 것을 주어야' 할 (비례적) 평등의 고려도 요구받고 있는 것이다. 말하자면 (여러) 범죄들의 (길이 내지 면적)에 '비례'하는 형벌이 가해져야 한다는 것, 따라서 어느 한 범죄유형만을 시야에 넣을 것이 아니라, 인접 범죄들의 위계적 위상(=비례)도 고려해야 한다는 것이다.

---

12) 졸고, "법질서의 통일성," 전남대학교 법학논총, 안동준 교수 정년기념호, 2015 참조.

Ⅲ. 몇 가지 판례평석에서 남은 문제점들

이러한 시각에서 필자가 형사판례연구회에 발표한 글들 중에서 몇 개를 재검토하는 기회를 갖는 것은 나름의 의미가 있을 것이다. 특히 이재상 교수께서는 그의 마지막 저서[13]에서 여러 주제에 관한 학계의 견해를 검토하는 가운데 필자의 견해도 검토하고 의견을 표명하고 계시기 때문이다. 발표 당시 여러 이유로 미진하고 아쉬웠던 점을 간단히 다시 음미해 보고자 한다.

1. 부작위범의 성립요건[14]

이 글은 돌이켜 보면 다소 요령부득의 글이었다고 생각되지만, 하나의 요점은 있었다. 즉 이 사안은 작위와 부작위의 '동등성'의 문제와 부작위범의 '실행의 착수시기'의 문제가 함께 제기되는 사안으로서, 그간 학계에서는 이 문제에 관하여 별다른 검토가 이루어지지 못한 것으로 생각된다. 통상의 설명은, 살인죄와 같은 '단순한 결과범'은, 예컨대 사기죄에서의 '기망'과 같은 특별한 행위태양이 필요하지 않기 때문에, 이러한 행위태양의 (작위와의) 동등성을 담보할, 동등성에 관한 특별한 검토가 필요하지 않고, 부작위로 나아가고 결과가 발생하면 당해 범죄(살인죄)의 부작위범은 성립된다는 식의 설명이었다. 그러나 이 설명은 이 글이 대상으로 삼은 사안에서는 문제가 없지 않다. 행위자가 살인의 고의를 가지고 아이를 가파른 제방 위로 데리고 갔고, 아이는 뛰어 놀다가 제방 아래로 굴러 떨어져서 물에 빠졌다. 이때 행위자는 구조행위를 하지 않아서 아이는 사망(익사)하였다. 당연히 이 사안에서 행위자는 살인죄(기수)의 죄책을 져야 할 것이다. 이에 대한 통상의 설명은, 행위자가 가파른 제방 위로 아이를 데리고 간 행위는 예비

13) 이재상, 형법기본판례 총론, 2011. 이재상 교수의 이 마지막 저서는 이재상 교수의 화갑기념논문집에 기고한 여러 논문에 대한 응답의 목적으로 집필한 것이다.
14) 졸고, "부작위범의 성립요건," 형사판례연구 Ⅱ, 1994.

행위에 지나지 않고, 아이가 물에 빠진 후 구출하지 않은 시점에 부작위에 의한 살인죄의 실행의 착수가 있다는 것이다. 판례도 명확하지는 않지만 대체로 그러한 태도를 취하고 있는 것으로 보인다.

그런데 이렇게 보는 경우 다음과 같은 두 문제와 관련하여 약간의 의문이 생긴다. 첫째, 아이가 (높고 가파른) 제방에서 굴러 떨어지는 중에 또는 굴러 떨어져서 물에 빠진 후에 저수지 관리인이 아이를 구한 경우 행위자의 죄책은 무엇인가? 둘째, 행위자가 자신은 수영을 할 줄 몰랐기 때문에 구할 수 없었다고 항변하는 경우 행위자의 죄책은 무엇인가? 첫째 문제에서 피해자가 물에 빠진 경우에라야 (부작위범의) 실행의 착수가 있다고 보는 입장에서는, 행위자의 죄책은 살인의 예비죄에 그치게 될 것이다. 그러나 이러한 해석은 매우 어색한 해석이다. 왜냐하면 제방의 가파른 경사면에서 굴러 떨어지는 상태와 물에 빠진 상태 사이에 질적인 차이를 인정할 수는 없기 때문이다. 둘째 문제는 더욱 문제가 된다. 행위자가 (실제로) 수영을 전혀 할 줄 모르는 자였던 경우에는 부작위에 의한 살인죄의 실행의 착수시점에 행위자는 '행위(작위=구출행위) 불가능'이 된다. (부작위 행위자의) 개별적 '행위가능성'은 '부작위범의 구성요건해당성'의 전제가 된다는 점을 고려한다면, (그리고 외딴 저수지여서 구조를 위한 다른 보조적 수단을 강구할 수 없는 경우에는) 행위자는 '행위가능성 자체가 없었기 때문에' 부작위에 의한 살인죄가 성립할 수 없게 된다는 결론이 된다. 그러나 고의를 가지고 일련의 거동을 하여 결과를 발생시켰음에도 불구하고, 행위자가 (수영을 할 줄 몰라서) 구출행위가 불가능했다는 이유로 (부작위에 의한) 살인죄가 성립할 수 없다고 보는 것은 전혀 납득할 수 없는 일이다.

그렇다면 위의 두 경우에 문제는 어디에 있는 것일까? 생각건대 문제는 살인죄의 실행의 착수시점을 너무 늦게 잡은데 있는 것으로 보인다. 이 경우의 실행의 착수의 시점은 아이가 물에 빠진 시점(그리고 그 상황에서 구조를 하지 않은 시점)이 아니라, 아이가 굴러 떨어지기 시작하는 시점으로 보는 것이 타당할 것 같다. 아이가 제풀에 굴러 떨어진 것은 (부작위에 의하여) 아이를 제방에서 떠 민 것과 같은 의미를 갖는 것으로서, 이를 실행의 착수시점으로 보아야 한다는 것이다. 이렇게 보면 행위자는 첫째 문제의 경우에 굴러 떨어짐으로써 행위자는 이미 실행에 착수하였기 때문에, 언제 구출되었는가에 상관없이 행위자는 살인미수의 죄책을 지게 되며, 둘째 문제의 경우 구출이 요구되는 시점에서 구출능력(=수영능력)이 있는가의 여부는 문제되지 않고 살인죄가 성립할 수 있게 된다.[15)]

실행의 착수시점을 물에 빠진 시점으로 보는 경우에 행위자가 수영을 할 줄 몰랐다고 항변한다면, 행위자의 능력에 따라서 (책임이 문제되는 것이 아니라) 범죄 성립여부가 좌우되는 이상한 결과가 된다. 또 행위자의 인적 사정 때문에 실행의 착수 시점이 달라지는 결과도 될 수 있는데, 이 역시 타당하지 않다. 그렇다면 살인의 고의를 가지고 아이가 굴러 떨어지기를 기대하고 제방 위로 데리고 간 경우, 그 자체만으로는 살인의 예비행위로 성격규정 할 수 있다고 하더라도, 아이가 굴러 떨어지는 순간은, '고의'의 행위로서 아이를 저수지를 향하여 떠민('작위') 행위(와 동등한 행위)를 한 것으로 볼 수 있어야('살인의 실행의 착수') 할 것이다.

이재상 교수는 필자의 논문에 대하여 논평을 하셨다.[16)] 이 교수는 앞서 언급한 바와 같이 (부작위에 의한) 살인의 실행의 착수는 물에 빠진 후 구하지 않는 시점으로 보는 통상의 시각을 피력하시면서, 살인죄와 같이 특별한 행위태양이 필요하지 않은 단순한 결과범의 경우에는 사망의 방향으로 피해자를 방치하는 것으로서 살인의 실행행위가 된다고 주장하신다. 그러나 이 사안은 영아를 아사시키기 위하여 수

15) 일단 고의를 가지고 실행에 착수한 경우 결과발생으로 향하는 과정에서 구조의무가 발생할 수 있지만(예컨대 살인의 고의로 칼로 피해자의 흉부와 복부를 찔러서 대량의 출혈이 발생한 경우, 피해자에 대한 치료의무가 발생하고 이에 대한 부작위를 문제 삼을 수는 있으나), 이때의 부작위는 (살인을 향한) 고의의 작위행위(의 부분행위)로 평가됨으로써 정리되고 별도의 평가를 필요로 하지 않는다.

16) 이재상, 형법기본판례 총론, 2011, 55면.

유, 급식을 하지 않는 경우와는 다르다. 이 대상 사안에는 말하자면 적극적 작위와 동치할 수 있는 '현저성을 갖는' 부작위 행위가 있었고, 이로 인하여 결과가 발생한 경우라고 보아야 할 것이기 때문이다. 따라서 단순한 결과범이라고 하더라도 이 사안과 같은 경우는 통상적인 방치로 족하지 않고, 작위와 동치할 수 있는 '현저점'(특이점)이 존재하기 때문에 이 지점에서의 작위와의 동치가 문제되는 경우라고 할 수 있다. 이 사안과 같이 방치 자체가 어린이인 피해자의 경솔한 행동 때문에(굴러 떨어질 위험의 증대), ('작위적') 실행행위와 동등한 의의를 갖는 경우가 있을 수 있고, 이 경우 작위와의 동등성은 문제되는 것이다. 수유를 하지 않아서 영아를 아사시키는 경우 언제가 수유 중지의 끝이며 아사의 시작인가? 또 서서히 가라앉는 배의 경우 어느 시점이 배 밑창의 '누수'의 끝이고 '침몰'의 시작인가? 학설은 이를 구별하기 위한 기준점들을 제안하고는 있으나 대체로 일정한 규범적 기대를 전제로 하고 있어서 다소 자의적이며 설득력이 부족한 것이 사실이다. 그런데 이 사안의 경우는 이런 구별이 가능한 유의적인 시점이 존재한다. 그것은 바로 피해자가 스스로 굴러 떨어진 시점이다. 아이가 굴러 떨어지지 않고 제방 위를 산보한데 그치는 경우 — 그리고 고의가 밝혀졌다고 한다면 — 당연히 살인예비죄가 성립되고 실행의 착수는 인정되지 않을 것이다. 이러한 의미에서 이 사안은 부작위의 작위와의 동등성의 문제를 부작위범의 실행의 착수라는 시각에서 검토하게 해주는 의미를 갖는 사안이라고 하겠다.

2. 인과관계와 객관적 귀속[17]

인과관계(내지 객관적 귀속)의 문제는 그간 학계에서 상당한 이론

---

17) 필자가 학자로서 출발하고 초기(1983)에 쓴 글이 "인과관계와 객관적 귀속"이었다. 졸고, "인과관계와 객관적 귀속," 인하대학교 사회과학논문집, 1983. 또 "인과관계의 확정과 합법칙적 조건설," 형사판례연구 III, 1995. 그리고 "인과관계론에 관한 보완적 연구: 합법칙적 조건설과 중요설을 중심으로", 형사정책연구, 2007도 참조.

적 성과를 거두었음에도 불구하고 (필자가 보기에) 아직도 논란이 계속되고 있다. 학생들을 가르쳐 온 경험에 비추어 볼 때, 학생들은 무엇보다도 문제에 접근하는 각종 학설을 잘 이해하지 못하고 있다(따라서 그 학설의 문제점과 (설명력의) 한계도 인식하지 못한다). 왜 이런 결과가 빚어진 것일까? 그것은 인과관계를 검토하는 제 학설이 '상이한' 이론적 토대 위에서 형성된 것이라는 점이 해명되지 않고, 제 학설을 동일 평면에서 다루면서 학설들을 단지 인과관련 내지 귀속관련을 판정하는 '공식'에 불과한 것으로 다루는 태도에 있는 것으로 생각된다.

조건설부터 간단히 살펴보자. 조건설은 논리적 필요조건(conditio sine qua non) 관계를 (교묘하게) 인과관계 판정에 원용한 학설이다. 결과발생의 선행 조건들 가운데 논리적 필요조건은 무수히 많다. 이 설은 이 조건들을 등가적으로 본다. 그리고 이른바 이 조건들 중에서 '원인'을 찾기 위하여 필요조건들을 대상으로 필요조건을 찾는 '필요조건 공식'(conditio sine qua non 가설적 제거절차)을 '다시 한 번' 활용한다. 그러나 이 설은 이 과정에서 무수히 많은 학설상 명시하지 않은 전제들을 활용한다. 예컨대 자연법칙과 같은 조건들은 원인을 가려내기 위한 사고실험 과정에서 배제하며, 자연사태 또는 인간의 행동들 중에도 일정한 것(범인의 출산, 피해자의 출산 등)들은 배제한다.

더 근본적으로 조건설은 인과관계의 존재를 적극적으로 규명하지 못하는 설이라는 문제를 안고 있다. 이 설은 '기왕에 존재하는' 인과지식('경험법칙')을 통상의 인식으로부터 색출해내는 공식(die heuristische Formel)에 지나지 않는다. 형법적 귀속의 목적에 정확히 부합하지 않는 이러한 공식을 활용하여 인과관계를, 나아가 귀속관계를 판정하려고 하기 때문에, 한계적인 경우에 이 설의 문제점이 드러난다. 그런데 교과서상에는 (독일 학설의 영향인 것으로 보이지만[18]) '조건설'이 갖는 문제점이 인과관계 전반의 문제점으로 잘못 위상설정되고 있다. 이 때

18) 예컨대 Haft, *Strafrecht. Allgemeiner Teil*, 5판, 2004; Jescheck/Weigend, *Strafrecht. Allgemeiner Teil*, 5판, 1996.

문에 마치 (‘가설적’, ‘이중적’, ‘중첩적’, ‘추월적’ 인과관계 등) 인과관계가 여러 종류가 있는 것처럼 이해되고 있다.

상당(인과관계)설은 조건설과는 달리, 인과관계를 확률에 입각하여 검토하는 설이다. 즉 당해 행위가 (고의의) 결과를 발생시킬 확률이 상대적으로 높으면(이른바 ‘개연성’) 인과관계가 있고 귀속도 이루어지며, 확률이 낮으면 인과관계도 없고 귀속도 이루어지지 않는다는 것이다. 이 설은 많은 문제점을 안고 있지만, 무엇보다도 야기관련(인과관계)은 있으면 있고 없으면 없는 관계이지, 이를 확률에 따라 판단할 것은 아니라고 생각된다. 예컨대 유기천 교수께서 드신 이른바 엠파이어 스테이트 빌딩 사안은, 갑이 A를 살해하려고 위 빌딩 옥상에서 밀어서 A가 떨어지고 있는 중에 마침 A를 살해하려는 자객 을이 총을 손보고 있다가 떨어지는 A를 저격하여 바로 심장이 파열되어 사망케 한 경우(A의 사체는 그 5초 후 땅에 떨어졌다), A의 사망은 을이 야기한 것이고, 갑은 결과발생의 고도의 개연성을 갖는 행위를 하였지만, 결국 사망에 이르게 하지 못했으므로 (이 사실이 모두 밝혀졌다고 가정할 때) 갑은 살인미수의 죄책을 지는데 그친다. 이 경우를 을이 행위가 갑의 행위를 ‘추월하여’ 결과를 발생시켰다고 말하기도 하지만, (이른바 ‘추월적 인과관계’) 이런 종류의 인과관계가 있는 것이 아니라, 결과는 추월 여부를 떠나서 을이 야기한 것이고(바로 심장을 파열시켰으므로), 반면에 갑의 행위는 사망을 야기하지 못한 것이다. 상당설에 의하면 갑의 행위의 결과발생의 ‘개연성’을 검토하면 거의 100%의 확률로 결과가 발생하므로 갑의 행위는 A의 사망을 야기했고, 그 사망의 귀속도 이루어지므로, 갑의 행위는 살인기수가 된다고 보아야 할 것이다.

상당설의 판정방법은 ‘행위 시’에 판단한 결과발생가능성이다. 예컨대 살인을 위하여 칼을 휘둘렀는데 경상만을 입힌 경우, ‘경상과 사망 사이’의 확률을 검토하는 것이다. 이 경우 판정을 위한 검토대상이 되는 소재에 관하여는 견해차이가 있다. 이와 같이 인과관계의 존부가 시각에 따라 달라진다는 점도 문제이다. 이에 관한 상론은 피한다. 상당설의 결정적인 문제는 인과관계의 검토를 요하는 (비전형적인 결과발생의) 사안에서 대체로 인과관계를 부정하는 방향을 취하기 때문에 학설로서의 용도가 얼마나 될지는 알기 어렵다.

한편 합법칙적 조건설에 관하여도 여전히 많은 오해가 있다. 지금은 그 대부분이 대체로 해명되었다고 생각되지만, 여전히 남아 있는 오해의 핵에는 (조건과 결과 사이의 인과관계가 아니라) '조건들 간의 인과관계'라는 오해가 있다(학생들이 대체로 이런 오해를 하고 있다). 예컨대 위의 사례에서 피해자가 경상을 입고 병원으로 향하는 도중 교통사고를 일으켜(또는 교통사고를 당하여) 피해자가 사망한 경우, 경상을 입힌 행위와 사망 사이에는 인과관계가 있다고 합법칙적 조건설을 판단한다. 이때 경상으로 사람이 사망하는가 하는 상당설적(=확률적) 인식 때문에 이의 인과관계 판단을 주저하게 된다. 둘째 '경상을 입은 것'과 '교통사고로 인한 사망' 사이의 인과관계가 있는가에도 학생들은 의문을 제기한다. 경상을 입힌 행위와 교통사고 사이에 인과관계가 없다는 점에서 이 설이 이 경우 인과관계 판정의 학설로서 적절한가에 의문을 제기하는 것이다. 그러나 이는 합법칙적 조건설에 대한 이해부족으로 인하여 제기되는 문제이다. 합법칙적 조건설은 (자연과학 내지 사회과학, 특히 역사학의) '설명'(explanation)의 이론에서 차용한 설이라는 데 주목할 필요가 있다. 하나의 결과의 발생(예컨대 프랑스 혁명의 발발)에는 다양한 조건(이른바 전건(前件) antecedents)이 열거될 수 있을 것이다. 그리고 ('조건들'과 '결과' 사이가 아니라) 그 '조건들 사이의 관계'는 인과적일 수도 있고 아닐 수도 있다. 중요한 것은 그 조건들이 '종합적으로 존재할 때' 결과가 발생한다는 것이다. 따라서 그 전건들 가운데 하나가 결과에 대하여 인과관계 있는 조건으로 취해진다고 하더라도, 다른 조건 역시 결과에 대하여 인과관계 있는 조건이 될 수 있다. 따라서 합법칙적 조건설은 제 조건(=전건)이 병존함으로써 결과를 발생시킨다는 법칙적 관계를 규명함으로써 그 조건과 그 결과를 인과적으로 결합시켜주는 이론인 것이다.

합법칙적 조건설의 기능적 장점은 조건설로 판정할 때 인과관계가 (불필요하게) 부정되는 경우, 인과관계의 존재를 확인해 줄 수 있다는 점이다(예컨대 이른바 이중적 인과관계의 경우). 그리고 나아가 '법칙적' 인과관련성이 존재하는지 불분명한 경우(예컨대 가습기 살균제의 성분과 폐의 병변) 이를 과학적 방법을 통하여 '법칙의 확인' 내지 '법칙의 정립을 촉구'하는 설이 이 설이다. 이 경우 가습기살균제의 사용을 가상적으로 배제하고 생각하면 어떻게 될 것인가(그러한 결과가 발생한다는 경험적으로 입증된 사실이 없는데 어떻게 판단할 것인가?), 이러한 행위를 했을 때 결과가 발생할 확률은 경험법칙상 어느 정도인가(같은 이유로 판단불가이다)를 묻는 것은 무의미한 것이다.[19)]

3. 개괄적 고의의 사례의 해석

필자는 개괄적 과실의 사례에서 제1행위에 대한 결과귀속을 부정하는 글을 발표한 바 있다.[20)] 필자의 이 글을 지지하는 입장은 거의 없지만, 뜻밖에 자주 인용된다는 점에서 소수설의 묘미는 이런 것이 아닌가 생각해 보게 된다. 그런데 개괄적 '고의'의 문제는 어떻게 볼 것인가? 이에 관하여 필자는 이 경우는 개괄적 '과실'의 경우와는 다르게 보아야 할 것이라고 생각한다. 왜냐하면 여기에는 법질서상 평가모순이 존재한다는 것을 부정할 수 없기 때문이다.

다음과 같은 예를 들어 보자. (a) 갑은 A를 살해하려고 쇠막대기로 내리쳤는데 축 늘어지므로 사망한 것으로 오인하고 그대로 방치하고 가버렸다. 방치된 A는 뇌출혈로 6시간 후 사망하였다. (b) 갑은 A를 살해하려고 쇠막대기로 내리쳤는데 축 늘어지므로 사망한 것으로 오인하고 증거를 인멸하기 위하여 목재분쇄기에 넣고 갈아 버렸다(영화 파고(Fargo)의 사안. 영화에서는 어디까지 고의가 있는지는 불분명하지만

19) 귀속의 문제에 관한 상세한 논의는 지면관계상 생략한다. 상세는 졸고, "인과관계와 객관적 귀속", 앞의 주 16의 글 참조.

20) 졸고, "개괄적 과실?" 형사판례연구 Ⅵ, 1998.

가상의 예로서는 의미 있을 것이다). (a)의 경우는 갑은 살인의 기수로 보는데 이론이 없을 것이다. (b)의 경우는 미수설에 의하면 살인미수와 과실치사의 실체적 경합이 되고, 결국 살인미수의 범위에서 처벌될 것이다. 이것이 앞서 언급한 적절한 배분적 정의의 실현이라고 할 수 있을까?

여기서 제기되는 핵심 문제는 제2행위 시 고의가 없다는 점이다. 그러나 행위자는 제2행위 시에 제1행위보다 '더' 결과발생에 전형적인 위험을 수반하는 행위를 하였다. 그리고 행위자에게는 제1행위 시 결과발생에 대한 고의가 있었다. 이 문제를 인과관계의 착오의 문제로 해결하려는 시도가 있지만, 다소 납득할 수 없는 점이 있다. 왜냐하면 제1행위와 제2행위의 고의의 연속성이 없다는 점을 강조하는 이 학설이(그래서 개괄적 고의설을 부정한다), 제1행위와 제2행위를 '하나의' 행위로 보고 있기 때문이다. 착오의 문제로 이를 해결하려면 이 행위는 하나여야 한다. 둘 이상의 행위는 그 각각의 귀책을 문제 삼아야지 이를 통합하여 다룰 수는 없다. 따라서 인과관계의 착오설은 이 행위를 하나로 볼 수 있는 전제(적 이론)를 필요로 한다. 이를 어떻게 하나의 행위로 통합하여 볼 수 있을 것인가? 필자의 생각으로는 이른바 '객관적 귀속'설이 그 단서를 제공한다고 본다. 그러나 그 이론은 현재 썩 정교하게 구성되어 있지 못하다. 여기서 필자가 착안한 점은, 후행위가 (고의 있는) 전행위보다 더(또는 전행위와 대비하여 볼 때) 결과발생에 전형적인 경우에는 그 결과는 전행위에 귀속된다고 볼 수 있다는 것이다. 말하자면 결과귀속의 기준을 하나 추가하여야 한다는 것이다.

이는 결과적 가중범의 전도된 형태로 볼 수 있을 것이다. 즉 고의행위가 가진 전형적인 위험이 과실의 결과로서 실현된 것이 결과적 가중범임에 비하여, 이 경우에는 과실행위가 가진 전형적인 위험이 야기한 결과가 고의의(즉 고의행위가 목표로 했던) 결과로서 실현된 것이다.

이에 관해서 이재상 교수께서는 문제를 제기하신다. 귀속은 인과관계가 인정된 후에 제기되는 문제이기 때문에(인과관계와 객관적 귀속간의 상호관계) 인과관계의 존부를 따지기 전에 귀속을 거론할 수는 없다는 것이다. 그런데 이에 대하여는 다음과 같이 답할 수 있다고 생각된다. 이 경우 행위자의 (일련의) 행위가 결과를 발생시켰다는 점에 대해서는 의문이 없다. 말하자면 인과관계의 판정이 문제되지는 않는다는 것이다. 행위자의 일련의 행위에 의하여 결과는 발생하였고, 다만 그 결과를 행위자의 어느 행위에 귀속시킬 것인가를 둘러싸고 문제가 제기될 뿐이다. 필자의 견해를 비유적으로 표현해 보자면 제2행위가 앞서 언급한 성격을 갖는 경우에는 제2행위를 괄호치고 그 결과를 제1행위에 귀속시킬 수 있다는 것이다. 이렇게 함으로써 이를 제1행위의 결과로 볼 수 있게 된다. 왜냐하면 행위자는 고의를 가지고 있었고, 그 고의의 행위를 '전형적'으로 실현시킬 수 있는 제2행위를 하였기 때문이다(제2행위에 결과발생의 고의가 없지만!). 이렇게 보는 경우 이 문제를 둘러싸고 나타날 수 있는 평가모순은 제거될 수 있을 것이다.

이 문제와 개괄적 과실이 다른 점은 개괄적 과실의 경우는 '고의'가 없다는 점에서 결과를 귀속시킴에 있어서 고의의 실현여부를 문제삼을 수 없기 때문이다.

Ⅳ. 형법과 형법해석 — 하나의 시대착오적 고찰

앞서 언급한 바 있지만, 라드브루흐가 제시한 법가치 가운데 합목적성은 다소 복잡한 내용으로 되어 있다. 간단히 요약하자면 법은 그 사회의 합의된 가치에 대하여 헌신하여야 한다는 것이다(라드브루흐에 의하면 이것이 '정의'의 한 내용이다!). 따라서 통상의 의미인 합목적성(이른바 베버식의 '목적합리성')인 효율성만이 합목적성의 중심적 의미를 이루고 있는 것은 아니다. 그런데 우리 사회의 합의는 — 물론 시시각각 달라질 수 있는 것이기는 하지만, 그 핵심적 대강은 — 헌법에 규정되어 있으며, 그 가운데 중요한 내용은 인간의 (생명·신체를 포함한) 자유의 보장과 민법상의 소유권 질서에 대한 보장이다.

이렇게 본다면, 형법은 헌법의 수호법이다. 그리고 같은 말이지만 (그러한 헌법 질서 하에서 편성된) 민법 질서의 엄호법이기도 하다. 민법 질서의 핵은 소유권이고 형법은 그 보호를 사명으로 한다. 앞에서 언급한 바와 같이, 민법이 평균적 정의(교정적 정의) 실현에 만족하는 데 비하여 형법은 배분적 정의의 실현도 그 사명으로 한다. 그러나 형법이 배분적 정의의 실현을 지향한다고 하여, 형법을 통한(형벌권 행사를 통한=폭력의 독점을 통한) 배분적 정의('사회적 정의')를 구현하는 것이 형법의 사명인 것은 아니다.

오늘날 몇몇 법률에서 사소유 질서에 손을 대는 것처럼 보이는 입법을 하고 있다. 부동산실명법이 그 예이다. 나아가 사법부에서는 부동산실명법 위반행위의 경우 명의신탁자의 소유권 보호를 약화시키는 방향의 판결을 내고 있으며, 이러한 경향은 부동산 이중매매에 관한 불처벌론이 세를 얻어가고 있는 것과도 이어진다. 형법의 소유권 보호로부터의 이러한 후퇴를 어떻게 볼 것인가?

부동산실명법은 명의신탁에 대하여 매우 기교적으로 접근하고 있다. 무엇보다도 명의신탁의 경우 그 부동산을 둘러싸고 형성된 법률관계 전부를 무효화하고 있지 않다는 점에 유의할 필요가 있다. 그렇다면 이 법은 당해 부동산을 둘러싸고 이루어지는 거래는 유효하게 보면서도 아주 기교적으로 소유관계와 명의를 일치시키려고 하는 방향의 법으로 볼 수 있다. 따라서 정면으로 '공신의 원칙'을 채택하지 못하면서도 그 목적을 달성하기 위하여 우회하고 있는 이 법의 정신을 해석상 충분히 음미해 볼 필요가 있다. 남의 재산을 명의신(수)탁을 했다는 이유(이것이 그 자체 '부도덕한 행위'인가?)로 (결과적으로) 수탁자가 그 재산의 소유권을 취득하도록 하는 법률의 해석과, 수탁물의 처분을 통하여 소유자의 소유권 행사를 약화시키는 판례(의 경향)는 헌법이 보호하는 소유권 질서를 보호하는 것이라고 보기는 어렵다. 오히려 이는 소유권질서를 교란하는 것이라고 보는 것이 타당할 것이다. '불법(화 하고자 하는 행위)을 불법으로 막는 방법'을 구상하고 있기 때문이다. 단속규정은 단속규정으로 그쳐야 한다. 그에 대한 (소유권 상실이라는) 일종의 '보안처분'적 효과를 노리는 것은 민법의 특별법으로서의 부동산실명법의 위상과 맞지 않는다(이 부동산이 보안처분의 대상인 물건인가?). 이는 마치 교통법규 위반으로 범칙금을 자주 내는 사람에게 자동차를 몰수하는 식의 대응과 같은 것이다.

금지된 명의신탁은 불법원인급여와는 다르다. 불법원인급여의 경우에도 그 급여물의 영득을 '허용' 내지 '조장'하는 것이 불법원인급여제도의 일차적인 목적은 아니다. 다시 말하자면 수급자에게 불법원인급여의 원인에 따른 행위를 하지 않게 하는 것이 일차적인 목적인 것이다. 이의 영득을 방임하는 것은 문자 그대로 방임이다. 규범양상의 면에서 금지도 허용도 아닌 양상인 것이다. 따라서 이를 적극적 '허용'인 것처럼 오해하여, 국가가 그러한 형태의 불법적 재산권의 획득에 적극적으로 방조하는 모양새를 취하는 것은 적절하지 않다.

부동산이중매매에 관한 근자의 입장변화는 형법의 '엄격한' 해석이라는 외관을 갖추고 있지만, 이는 한국 사회의 현실을 도외시한 해석론의 시도라는 비판을 가할 수 있다. '법과 사회,' '법과 현실'을 추구하던 분들이 이러한 견해에 동참하는 것을 보면, 이러한 현상은 우리나라 국민들의 평균적인 재산이 부동산 소유로부터 자유로워졌다는 것을 반영하는 것인지도 모른다. 그러나 이것이 통계자료를 통해서 증명되었는지는 확실하지 않다. 형법학자가 헌법질서 그리고 민법적 소유질서 하에서 형법을 해석하면서, 기왕의 해석론을 뒤집으면서까지, 그리고 (악의의) 이중매매자를 보호하면서까지 형법을 통해서 '사회적 정의'를 실현하려는 지나친 열정을 갖는 것은 형법학자의 태도는 아닐 것이다(이중매매의 피해자가 무자력이 된 상태에서 재산을 되찾는 데 얼마나 시간이 걸릴 것인가?).

Ⅴ. 결 어

형사판례 평석에 전제는 의미 있는 형사판결이다. 우리나라의 형사판결이 과거 일제시대와 권위주의 시대의 틀에 박힌 판결문의 모습으로부터 탈피해 가고 있다는 점은 크게 환영할 일이다. 그러나 아직도 그 잔재가 남아 있음은 지적해 두지 않을 수 없다. 판결문에 부동문자처럼 통용되는 문구(cliché)가 여전히 아무런 성찰도 거치지 않고 등장하고 있기 때문이다. 또 판결문의 설득력은 그 구사된 논리의 화려함과는 달리 별로 크지 않은 경우가 많다.

법원이 형사사건에서 충실한 판결이유를 갖춘 판결문을 제시하는 것은 아직도 요원한 것으로 보인다. 그 이유는 무엇일까? 그 가장 큰 이유는 대법원이 페를만이 말하는 '보편적 청중'을 자신의 판결(재판)의 상대방(=청중)으로 보고 있지 않기 때문이다. 단지 법원(내지 법조) 내에서 현저한 담론에 몰두하고 있을 뿐이다. 미국의 경우와는 반대로[21] 한국의 경우에는 대법원의 이러한 행태는 타락한 형태의 법현실주의의 전형을 보이고 있다. 다시 말하자면 "법은 법관(내지 관련 공직자)이 말한 것"이라는 (법현실주의적) 단언을 통해서, 상위 심급이 없기 때문에 더 이상의 권위는 없다는 듯 권위의 최고봉으로 (대법원과 헌법재판소는) 군림하고 있는 것이다. 법이 갖추어야 할 공적 이성 구현의 요구[22]는 메아리 없는 공허한 허공의 외침에 그치고 있다. 요컨대 대법원을 포함한 법원은 판결의 청중에 하루 빨리 법학자들과 (나아

---

21) 필자는 보통법 common law 국가에서의 판례법과 제정법(법률)의 관계를 '벤담의 길'과 '홈즈의 길'로 분류하여 볼 것을 제안한다. 홈즈의 길은 (미국적 상황에서) '공적 이성'의 발현의 가능성을 열어 놓은 것인데 비하여, 벤담의 길은 보통법 국가임에도 불구하고 제정법(법률)의 우위(의회의 우위)를 확립함으로써 영국의 법리학을 실증주의적으로 고착시키는데 기여하였다). Gerald Postema, *Bentham and the Common Law Tradition*, 1986, 453면 이하; William Twining, *Karl Llewellyn and the Realist Movement*, 1973, 2012^2, 2판, 129면 이하 참조.

22) John Rawls, "The Idea of Public Reason Revisited," *University of Chicago Law Review*, vol. 67, no. 3, 1997, 765~807면 참조.

가) 국민을 포함시켜야 할 것이다. 학계에서도 더욱 예리한 판례비판을 통해서 법원의 이 면에서의 무감각과 무관심에 제동을 걸어야 할 것이다. 칸트가 "너의 행동의 격률이 '자유의 법칙'에 따라 보편적 법이 될 수 있도록 행동하라"고 말한 것은, 단순히 도덕적 태도를 정립하라는데 그치는 주장이 아니라, 타인의 자유의 '동등한' 보장이야말로 '자유사회'의 근본원리임을 천명한 것으로서 모두가 유념해야 할 것이다. 법원의 자의적 판단은 바로 자유에 대한 제약이며, 이는 한 사람의 자유를 다른 사람의 자유의 우위에 놓는 일로서, 자유사회에서는 법이 아니라 '불법'(Unrecht)에 해당하는 것이다.

[주 제 어]
배분적 정의, 인과관계와 객관적 귀속, 개괄적 고의, 부작위범, 동가치성(동등성)

[Key Words]
distributive justice, causation in criminal law, *dolus generalis*, omissive delicts, equivalence of omission and commission in omissive delicts

접수일자: 2019. 5. 29. 심사일자: 2019. 6. 7. 게재확정일자: 2019. 6. 10.

[참고문헌]

유기천, 형법학 총론강의, 영인본, 2011.

이재상, 형법기본판례 총론, 2011.

이재상 외, 형법총론, 9판, 2017.

장영민, "법질서의 통일성," 전남대학교 법학논총, 안동준 교수 정년기념호, 2015.

장영민, "인과관계와 객관적 귀속," 인하대학교 사회과학논문집, 1983.

장영민, "인과관계론에 관한 보완적 연구. 합법칙적 조건설과 중요설을 중심으로," 형사정책연구, 2007.

Aristoteles, *Nicomachean Ethics*, W. D Ross 역, Encyclopaedia Britannica 판, 1980.

Bien, Günther, "Gerechtigkeit bei Aristoteles," Otfried Höffe(편), *Die Nikomachische Ethik*, 1995, 135-164면.

Chroust/Olson, "Aristotle's Conception of Justice," 17 *Notre Dame Law Review*, 1942, 129면 이하.

Finnis, John, *Natural Law and Natural Rights*, 1980, 92면.

Haft, Fritjof, *Strafrecht. Allgemeiner Teil*, 9판, 2004.

Jescheck/Weigend, *Strafrecht. Allgemeiner Teil*, 5판, 1996.

Marx, Karl, *Critique of the Gotha Programme*, David McLellan(편), *Karl Marx. Selected Writings*, 2판, 2000.

Postema, Gerald, *Bentham and the Common Law Tradition*, 1986.

Rawls, John, *A Theory of Justice*, 1971.

Rawls, John, "The Idea of Public Reason Revisited," University of Chicago Law Review, vol. 67, no. 3, 1997, 765~807면.

Twining, William, *Karl Llewellyn and the Realist Movement*, 2판, 2012.

Zaczyk, Rainer, "체계적 형법의 필요성과 '단편적' 형법의 개념,"(장영민/손미숙 역), 형사법연구, 제25권 1호, 2013, 471-492면.

[Abstract]

Some Consideration on Reviewing Criminal Precedents

Chang, Young-Min*

In this article, which is prepared in honour of *Yong Hyun Kang*, Attorney at Law, the author tries to shed light on the nature of commenting criminal law cases. Scholars and practitioners of criminal law usually think of what the criminal law is for as realization of commutative or corrective justice. But criminal law pursues not only commutative(corrective) justice but also *distributive* one in its realization. Nowadays it is in vogue that distributive justice is regarded as *social* justice in a large scale of whole societal distribution, but it has its own proper meaning, that is, *proportional(geometrical)* justice.

The author reviews, on occasion of his retirement, his own comments he has strived during three decade which have been published in this Journal. Among them was a review on a case on murder by omission. He asserts that, even though in usual homicide cases the equivalence between commission and omission is not to be a question at issue, this case commented by him can be an example which raises exactly this question. The case is as follows: An uncle, who had an intention of killing his nephew, allured the child to take a walk on a levee with steep slope, and, while the child recklessly jumped and leaped on it, he rolled off to the reservoir to be drowned. The author proposed that his rolling off to the reservoir be regarded as the uncle's pushing him to the reservoir, that is, this time can be interpreted as the undertaking the criminal act(*commencement d'exécution*). Other opinion on this case is that only when the child is put to the water of the reservoir, the crime begins, and

* Honorary Professor, Ewha Womans University

taking a walk on the levee is characterized only at a preparatory stage. If this is right, and if the defendant pleas of his inability of swimming for rescuing the child, he is guilty only of preparation for murder even in such a case.

The other case re-reviewed in this article is about so-called *dolus generalis*, in which the first action with intention of murder failed to achieve the result, but only through the second action without intention thereof the death of the victim occurs as a result. Though it is a minority opinion that this case can be interpreted as an attempted murder *and* an accidental homicide, this interpretation, the author urges, misses to consider the proportionality between two similar cases. The one is as just mentioned, the other one is a case that an action is committed with intention of murder, but the victim does not die soon after the commission, he dies only after a little long time, without no further action by the criminal, while the victim's wound does not have been properly cared. The latter case may well be interpreted as a murder of the criminal.

The author proposes a solution to this question that the result occurred by second action without criminal intention can be *imputed to the first action only if* the second action is a typical one that can realize the intention of the criminal as a result of the first action with that intention.

Criminal law provides various punishments on various crimes, which have to be distributed proportionally according not only to the crime itself at issue but to other crimes as well. Some interpretations on the hard (criminal) cases taken by scholars and practioners appear to have missed this proportionality because of their ardour to do commutative(correctional) justice to each crime.

외국에서 집행된 형 이외 구금의 처리방안에 대한 소고

이 승 호*

Ⅰ. 들어가는 말

형법 제7조는 "죄를 지어 외국에서 형의 전부 또는 일부가 집행된 사람에 대해서는 그 집행된 형의 전부 또는 일부를 선고하는 형에 산입한다."고 규정한다. 동일한 죄로 외국에서 형의 집행을 받고 국내에서 다시 재판을 받게 될 때 형이 이중으로 집행되는 불이익을 해결하기 위한 규정이다.

형법 제57조 제1항은 "판결 선고 전의 구금일수는 그 전부를 유기징역, 유기금고, 벌금이나 과료에 관한 유치 또는 구류에 산입한다." 고 규정한다. 재판을 위한 구금은 실질적으로 형의 성격을 갖고 있으므로 형의 집행에 산입하여 구금의 불이익을 해결하기 위한 규정인데, 통상적으로는 국내에서의 미결구금이 적용대상인 것으로 설명된다.

여기서 다음의 문제가 제기된다. '외국'에서 집행된 '형 이외의 구금'은 국내에서 어떻게 처리되어야 할까? 외국이라는 점에 주목하면 형법 제7조의 적용여부가 논란될 수 있을 것 같다. 반면 형 이외의 구금이라는 점에 주목하면 형법 제57조 제1항의 적용여부도 논의될 수 있다. 어느 쪽으로 검토해야 할 논제일까? 그리고 그 결론은 산입인가

* 건국대학교 법학전문대학원 교수

아닌가? 이 글은 이에 대한 고찰의 결과물이다.

고찰의 발단은 2017년의 대법원 전원합의체 판결(대법원 2017도5977)이다. 이 판결의 주된 쟁점은 외국에서 무죄판결을 받은 자의 미결구금 일수를 국내에서 유죄판결로 선고된 형에 산입해야 하는지 여부이다(A). 결론은 산입되지 않는 것으로 판시되었지만, 5인의 대법관이 산입해야 한다는 소수의견을 제시하였다. 그만큼 논쟁적인 사안이다. 그런데 이 사안의 논제에는 선결과제가 있다. 외국에서 유죄판결을 받은 경우의 미결구금 처리가 그것이다(B). 이때는 대부분 외국에서 형이 집행되고, 그러면서 미결구금도 형의 집행기간에 포함된다. 따라서 이 경우에는 외국에서의 미결구금도 결과적으로 국내의 형 집행에 산입될 가능성이 생긴다. 덧붙여서, 추가적인 논제도 대두된다. 외국에서 구금은 되었지만 재판 전에 송환된 경우라면 외국의 구금기간을 어떻게 처리해야 하는가?(C) 이 경우는 무죄판결도 유죄판결도 선고되지 않았기 때문에 앞의 두 논제와는 사안이 달라진다.

이 글에서는 이러한 3개의 논제를 검토하게 될 것이다. A가 주논제, B가 선결 논제, C가 추가 논제이다. 따라서 검토 순서는 B→A→C의 순으로 진행하는 것이 적절하리라 판단된다(Ⅲ장과 Ⅳ장 및 Ⅴ장). 그리고 이러한 본격적인 논의를 위해 관련 법 규정을 먼저 정리한다. 형법 제7조와 제57조 제1항이 검토대상인데, Ⅱ장은 이를 위해 할애되어 있다.

Ⅱ. 관련 법 규정

1. 형법 제7조

(1) 종전의 규정과 헌법재판소의 결정

형법 제7조는 외국에서 집행된 형을 처리하는 규정이다. 2016년 말에 개정되었는데, 종전의 규정은 “범죄에 의하여 외국에서 형의 전부 또는 일부의 집행을 받은 자에 대하여는 형을 감경 또는 면제할 수 있다."로 되어 있었다. 핵심내용은 이렇게 정리된다. ① 대상자는 외국에서 형의 집행을 받은 자이다. 기간은 전부뿐 아니라 일부만 집행 받은 자도 포함된다. ② 처리의 단계는 형을 집행하는 단계이다. 따라서 선고형 자체는 외국의 형을 고려하지 않고 결정된다. 다만 감경 또는 면제하는 형이 판시될 뿐이다. ③ 가장 중요한 사항은 감면의 고려가 필요적이 아니라 임의적이라는 점이다. 형을 감경 또는 면제 "할 수 있는" 것이므로 사안에 따라 감면을 하지 않더라도 법위반이 아니다.

이 중에서 ③의 임의적 배제가 시비되었다. 문제를 제기한 청구인은 공문서위조 및 위조공문서행사의 죄로 홍콩 법원에서 징역 1년을 선고받고 8개월 정도 복역하다 대한민국으로 강제 추방된 자이다. 그런데 다시 우리나라 법원에서 징역 6월을 선고받으면서 형의 감경 또는 면제의 대상에서 제외되었다. 그러자 임의적 배제의 위헌성을 시비걸었고,[1] 헌법소원심판에서는 임의적 배제의 위헌성 여부에 대해 3가지 점이 검토되었다. 정리하면 다음과 같다.

첫째, 이중처벌금지원칙(헌법 제13조 1항)의 위반 여부이다. 외국에서 집행된 형을 감면의 대상에서 제외하고 다시 형을 집행하는 것은 이중처벌이라는 것이 청구인 측의 주장이었다. 하지만 헌법재판소는 이를 받아들이지 않았다. 헌법 제13조 제1항의 "모든 국민은 … 동일한 범죄에 대하여 거듭 처벌받지 아니한다."의 규정은 대한민국 사법체계 내에서의 이중처벌만을 금지하는 취지라는 것이 헌법재판소의 설명이다. 따라서 외국에서 집행된 형을 우리나라 사법이 형 감면의 대상에서 제외하더라도 이중처벌로 취급되지 않는다는 것이다.

둘째, 평등의 원칙(헌법 제11조 1항)에 위반되는지 여부도 논란되었

1) 청구인은 징역 6월 선고의 판결에 대한 상고심 재판 계속 중에 형법 제7조의 재량적 고려가 헌법에 위반된다며 위헌법률심판제청신청을 하였고, 동 신청이 기각되자(2013초기137) 헌법재판소에 헌법소원심판을 청구하였다(헌법재판소 2015. 5. 28. 선고 2013헌바129).

다. 외국에서 형의 집행을 받은 자와 국내에서 형의 집행을 받은 자에 대한 처우가 달라지면 평등원칙에 반한다는 것이 청구인 측의 주장이었는데, 이 점 역시 헌법재판소는 받아들이지 않았다. 양자는 본질적으로 동일한 비교집단이 아니므로 차별 취급 여부를 논할 수 없다는 것이 헌법재판소의 설명이다.

셋째, 가장 중요한 쟁점으로, 신체의 자유(헌법 제12조 1항)를 과도하게 침해하는지 여부가 다투어졌다. 주지하는 바와 같이, 신체의 자유는 최대한 보장되어야 하고,[2] 국가형벌권의 행사에서도 신체의 자유에 대한 침해는 최소화되어야 한다. 따라서 외국에서 형의 집행을 받았다면 이는 국내의 사법에서 필수적으로 고려해야 한다는 것이 청구인 측의 주장이었다. 이 점에 대해서는 헌법재판소도 청구인 측의 주장을 수용하였다. 외국에서 집행된 형의 고려를 국내 사법체계가 임의적으로 배제한다면 신체의 자유를 과도하게 침해하는 것으로서 과잉금지원칙에 위배된다는 것이 헌법재판소의 판시이다.

그러면서 헌법재판소는 형법 제7조의 개정을 명하였다. 핵심은 임의적 고려를 필요적 고려로 변경하라는 것이며,[3] 개정 시한은 2016년 12월 31일까지로 설정하였다.

(2) 개정의 방안

헌법재판소가 제시한 형법개정의 방안은 2가지였다. 첫째는 형을 필요적으로 감면하는 것이고(A), 둘째는 외국에서 집행된 형의 전부 또는 일부를 필요적으로 산입하는 것(B)이다. 전자(A)는 집행과정에서의 형 감면을 의미하는 것으로 이해된다. 따라서 당시 규정이 취하는

---

2) 헌법재판소 1992. 4. 14. 선고 90헌마82 참조.

3) 비교법적으로 살펴보면, 외국에서 집행된 형을 국내의 형에 '필요적'으로 산입하는 대표적인 국가는 독일과 일본이다. 다만, 독일 형법은 외국에서 집행된 형의 <전부>를 국내의 형에 '필요적'으로 산입하는 반면(독일 형법 제51조 제3항 참조), 일본 형법은 '필요적'으로 산입하기는 하되 산입의 범위는 외국에서 집행된 형의 <전부 또는 일부>라고 규정하고 있다(일본 형법 제5조 참조). 조문의 구체적인 내용은 각주 4)와 5) 참조.

집행단계에서 처리하는 방법은 유지하되, 다만 임의적 감면을 필요적 감면으로 변경하는 방안인 셈이다. 반면에 후자(B)는 고려의 단계 자체를 형의 선고단계로 앞당기고 있다. 외국에서 집행된 형의 전부 또는 일부를 필요적으로 고려하여 형을 선고하는 방안이다.

이에 따라 국회에서는 2가지의 개정안이 제출·심의되었다.[4] ① 김도읍 의원이 대표 발의한 개정안은 전자(A)의 방안을 기초로 하였다. 그러면서 필요적 감면에서 한 걸음 더 나아가 외국에서 집행된 구금의 기간을 국내의 형 집행에서 모두 면제하도록 기획하였다. 즉, 필요적 '감면'이 아니라 필요적 '면제'로까지 진전시킨 것이다. 그러면서 개정의 조문을 형법 제57조의2에 위치시킴과 동시에 고려의 대상을 '구금'으로 표현함으로써, 형만이 아니라 미결구금까지를 포함시켰다.[5] 반면에 ② 주광덕 의원이 대표 발의한 개정안은 후자(B)의 방안을 취하였다. 형을 선고하는 단계에서 외국의 형 집행 기간을 필요적으로 고려하도록 한 것이다. 하지만 산입의 범위에서는 법원의 재량을 인정하였다. 즉, 외국에서 집행된 형의 일부만을 산입하는 것도 가능하게 한 것이다.[6] 개정조문의 위치는 형법 제7조로 설정하였으며, 고려의

4) 본문에서 설명하는 2개의 개정안은 제20대 국회에 제출된 것이다. 참고로, 제19대 국회에서도 정청래 의원이 대표 발의한 개정안에 제출되었는데, 그 내용은 마지막 문구인 "면제할 수 있다."를 "면제하여야 한다."로 변경하여, 종래의 임의적 감면을 필요적 감면으로 바꾸는 것이었다(제7조(외국에서 받은 형의 집행) 범죄에 의하여 외국에서 형의 전부 또는 일부의 집행을 받은 자에 대하여는 형을 감경 또는 면제하여야 한다). 비교법적으로 살펴보면, 일본 형법 제5조와 유사한 내용으로 분석된다. 일본 형법 제5조의 내용은 다음과 같다. 제5조(외국판결의 효력) 외국에서 확정재판을 받은 자라도 동일한 행위에 대하여 다시 처벌하여도 무방하다. 단, 범인이 이미 외국에서 선고된 형의 전부 또는 일부의 집행을 받은 때에는 형의 집행을 감경 또는 면제한다.

5) 비교법적으로 살펴보면, 김도읍 의원이 대표 발의한 개정안은 독일 형법 제51조 제3항과 유사하다. 독일 형법 제51조(형의 산입) ③ 형의 선고를 받은 자가 이미 동일한 범죄로 인하여 국외에서 처벌받은 경우에는 국외에서 받은 형은 그것이 집행된 경우에 한하여 새로운 형에 산입된다. 국외에서 선고받은 기타의 자유박탈에 대해서도 제1문이 적용된다.

6) 비교법적으로 살펴보면, 주광덕 의원이 대표 발의한 개정안은 일본 형법 제5조를 바탕으로 하면서도 고려의 단계를 형의 선고단계로 앞당기고 있다는

대상을 '형'으로 제한함으로써 미결구금의 포함을 차단시켰다. 이렇게 보면 양 개정안은 필요적 고려라는 공통점을 지니면서도, 구체적인 내용에서는 차이를 나타낸다. 이를 표로 정리하면 다음과 같다.

		김도읍 개정안	주광덕 개정안
개정안		**제57조의2(외국에서 집행 받은 구금일수 및 금액의 산입)** ① 외국에서 구금의 전부 또는 일부가 집행된 경우 그 구금일수 전부를 유기징역 또는 유기금고나 벌금·과료에 관한 유치 또는 구류에 산입한다. 이 경우 구금일수의 1일은 유기징역 또는 유기금고나 벌금·과료에 관한 유치 또는 구류 기간의 1일로 계산한다. ② 외국에서 금액의 전부 또는 일부가 집행된 경우 그 금액 전부를 벌금·과료에 산입한다.	**제7조(외국에서 집행된 형의 산입)** 죄를 지어 외국에서 형의 전부 또는 일부가 집행된 사람에 대해서는 그 집행된 형의 전부 또는 일부를 선고하는 형에 산입한다.
공통점		필요적 고려	필요적 고려
차이점	고려단계	형의 집행단계	형의 선고단계
	산입범위	전부	전부 또는 일부
	조문위치	제57조의2	제7조
	미결구금	미결구금도 산입대상에 포함	미결구금은 산입대상에서 배제

특색을 지닌다.

(3) 검토보고서의 영향

국회는 2가지 개정안 중에서 주광덕 개정안을 채택하였다. 그런데 이러한 결정의 배경에는 당시 법제사법위원회에 제출된 검토보고서의 의견이 중요한 영향을 미친 것으로 확인된다.[7] 따라서 검토보고서의 분석과 제안이 합리적이었는지 살펴볼 필요가 있는데, 이 글은 다음의 2가지 점에서 검토보고서의 내용에 논란이 제기될 수 있을 것으로 판단한다.

첫째, 검토보고서는 헌법재판소가 제시한 개정의 방안을 앞에서 적시한 이 글의 이해와는 다르게 해석하였다. 특히 형을 필요적으로 감면하는 방안(A)을 처단형의 설정을 위한 '법률상 감경'으로 소개함으로써, 이 글이 적시한 '집행과정에서의 형 감면'의 방안을 논의의 테이블에서 치워버렸다. 그러면서 '법률상 감경'의 사유로 규정하면 다음의 문제점을 지니게 된다고 주장한다. "형법에 따라 법률상 감경을 하게 되는 경우, 외국에서 집행 받은 형의 종류나 형량·형기에 관계없이, 형법 제55조에 따라 형종 선택을 제한받거나 처단형의 상한을 일률적으로 1/2로 제한받게 된다."[8] 헌법재판소가 제안하는 형의 필요적 감면의 방안(A)을 형법 제55조가 규정하는 법률상 감경사유의 추가로 해석하면 당연히 이러한 문제점이 지적된다. 따라서 검토보고서의 위와 같은 해석은 헌법재판소가 이러한 본질적인 문제점을 간과하고 애당초 불합리한 개정 방안을 제시하였다는 설명이 된다.[9] 외국에서의 형

---

7) 심사보고서에는 대체토론 없이 검토보고서가 제안한 주광덕 개정안의 원안을 그대로 의결한 것으로 기재되어 있다(법제사법위원회, "형법 일부개정법률안 심사보고서 – 2016년 7월 29일 주광덕 의원 등 10인이 제안한 개정안 –", 2016년 11월, 13면 참조).

8) 남궁석, "형법 일부개정법률안 – 주광덕의원 대표발의 제1301호와 김도읍의원 대표발의 제1687호 – 검토보고", 2016년 11월, 8-9면 참조

9) 이 글이 형을 필요적으로 감면하는 방안(A)을 집행과정에서의 필요적 형 감면으로 해석하는 배경에는 이러한 이해가 깔려 있다. 참고로, 서효원 검사 역시 헌법재판소가 제시하는 (A)의 방안을 이 글의 각주 4)에서 소개한 정청래 의원 개정안과 동일한 것으로 설명하고 있는데, 정청래 의원의 개정안이 집

집행으로 인한 형의 감면은 형법 제55조의 법률상 감경 사유와 본질적으로 다르다. 그럼에도 불구하고 헌법재판소가 법률상 감경의 사유로 규정할 것을 제안하였다고 소개하는 것은 헌법재판소의 결정내용을 일방적으로 격하하는 해석이다. 그리고 이를 통해 '집행과정에서의 형 감면'이라는 매력적인 개정방안이 국회의 검토대상에서 배제되는 결과가 초래되었다.

둘째, 검토보고서는 김도읍 개정안의 내용을 정리함에 있어서도 오류를 범하였다. 앞에서 적시한 바와 같이, 김도읍 개정안은 형의 집행단계에서 외국의 형을 필요적으로 산입하는 방안이다. 따라서 주광덕 개정안과는 필요적 고려의 '단계'가 다르다. 그럼에도 불구하고, 검토보고서는 양 개정안을 모두 형 선고단계의 필요적 산입의 방안으로 정리하고 있다. 그럼으로써 김도읍 개정안이 지니고 있는 단계 면의 특징을 제대로 소개하지 못한 것으로 평가된다. 뿐만 아니라, 검토보고서에는 김도읍 개정안이 지니는 미결구금 처리의 장점에 대한 언급이 전혀 없다. 앞에서 정리한 바와 같이, 김도읍 개정안은 고려의 대상을 외국에서 집행된 '구금'으로 표현함으로써 미결구금의 포함 가능성을 열어놓고 있다. 따라서 김도읍 개정안이 채택되었다면 외국에서 집행된 미결구금의 처리문제는 입법적으로 해결되었을 것이다. 하지만 검토보고서는 김도읍 개정안의 이러한 장점을 놓쳐버림으로써 미결구금 처리의 입법적 해결의 방안을 차단한 것이다.

(4) 개정내용

검토보고서의 브리핑에 경도되어 국회는 주광덕 개정안을 그대로 수용하였다. 그리하여 형법 제7조는 다음과 같이 개정된다. "죄를 지어 외국에서 형의 전부 또는 일부가 집행된 사람에 대해서는 그 집행된 형의 전부 또는 일부를 선고하는 형에 산입한다." 개정 전의 규정

행과정에서의 필요적 형 감면이므로, 결국 이 글과 같은 이해로 파악된다(서효원, "외국에서 집행된 형 관련 「형법」 제7조 개정 검토", 형사법의 신동향 통권 제52호, 2016년 9월, 391면 참조).

과 내용을 비교하면 다음과 같다. ① 일단 적용 대상의 점에서는 개정 전과 내용의 차이가 없다. 단지 어구에 손질이 가해졌을 뿐이다. ② 하지만 외국에서 집행된 형을 고려하는 '단계'가 바뀜으로써 형법 제7조의 성격에 변경이 초래되었다.[10] 개정 전에는 형 집행의 방법에 관한 조문이었음에 반해, 개정 후의 형법 제7조는 형 선고의 방법에 관한 조문이 된 것이다. ③ 가장 중요한 변경 내용은 임의적 고려가 필요적 고려로 엄격해졌다는 점이다. 이는 헌법재판소가 명한 사항이기도 하다. ④ 하지만 그러면서도 고려의 범위에서는 개정 전과 마찬가지로 법원의 재량을 인정하는 융통성을 발휘하고 있다. 개정 전과 개정 후의 내용을 비교하면 다음의 표와 같이 정리된다.

	개정 전	개정 후	비교
조문	형법 제7조(외국에서 받은 형의 집행) 범죄에 의하여 외국에서 형의 전부 또는 일부의 집행을 받은 자에 대하여는 형을 감경 또는 면제할 수 있다.	형법 제7조(외국에서 집행된 형의 산입) 죄를 지어 외국에서 형의 전부 또는 일부가 집행된 사람에 대해서는 그 집행된 형의 전부 또는 일부를 선고하는 형에 산입한다.	
적용 대상	범죄에 의하여 외국에서 형의 전부 또는 일부의 집행을 받은 자	죄를 지어 외국에서 형의 전부 또는 일부가 집행된 사람	내용동일 (문구손질)
고려 단계	형을 감경 또는 면제할 수 있다.	선고하는 형에 산입한다.	집행단계 →선고단계

10) 이렇게 형의 선고 단계에서 산입하는 방식을 주장한 견해로는 전지연, "외국에서 집행 받은 형의 선고와 형법 제7조의 개정방향: 2013도2208, 2013헌바129", 형사판례연구 제24권, 2016년 6월, 49-50면 참조. 그러면서 전지연 교수는 외국에서 집행한 형 뿐 아니라 형 이외의 자유박탈 역시 동일하게 산입행 한다고 주장한다(전지연, "외국 형에 대한 형법 제7조의 구체적 개정방안", 연세대 법학연구 제26권 제3호, 2016년 9월, 109면 참조).

고려 부담	할 수 있다.	산입한다.	임의적 고려 → 필요적 고려
고려 범위	감경 또는 면제	전부 또는 일부	내용 동일 (문구 변경)

2. 형법 제57조 1항

(1) 종전의 규정과 헌법재판소의 결정

형법 제57조는 미결구금의 형기 산입에 관한 규정으로 알려진다. 제1항이 산입의 필요와 범위를 규정하고 있고, 제2항은 산입의 기준에 관한 조항이다. 2014년에 제1항이 개정되었는데, 종전의 규정은 "판결선고전의 구금일수는 그 전부 또는 일부를 유기징역, 유기금고, 벌금이나 과료에 관한 유치 또는 구류에 산입한다."로 되어 있었다. 필요적 산입이긴 하지만, 산입의 범위에서는 일부 산입을 가능하게 한 점에 특징이 있다. 즉, 판결선고전의 구금일수를 형기에 전부 산입할 것인지 일부 산입할 것인지에 대해 법원에 재량을 부여한 것이다. 이를 바탕으로 「소송촉진 등에 관한 특례법」은 상당한 이유 없이 상소를 제기한 피고인에 대하여 일정 범위에서 판결선고전 구금일수를 형기에 산입하지 않는 규정을 마련하기도 하였다.[11)]

여기서 과연 이러한 재량적 산입범위 결정에 위헌적 요소가 있는지 여부가 시비되었다. 문제 제기의 청구인은 특수강도강제추행죄로 구속되어 재판받은 자이다. 항소심 법원은 제1심의 유죄판결을 유지하면서, 항소심의 미결구금일수 58일 중 28일만을 본형에 산입하였다. 대법원 역시 유죄판결을 유지하면서, 상고심의 미결구금일수 105일 중 100일만을 본형에 산입하였다. 그러자 청구인이 형법 제57조 1항의 재

11) 당시 「소송촉진 등에 관한 특례법」 제24조는 "피고인 또는 피고인 아닌 자의 상소를 기각할 경우에 상당한 이유 없이 상고를 제기한 것으로 인정되는 때에는 상소제기 후의 판결선고 전 구금일수 중 상소제기기간 만료일로부터 상소이유서제출기간 만료일까지의 일수는 이를 본형에 산입하지 아니한다."고 규정하고 있었다.

량 산입 부분이 헌법에 위반된다고 주장하면서 대법원에 위헌법률심판제청신청을 하였고(2006초기478), 기각되자 헌법재판소에 헌법소원심판을 청구한 것이다(헌법재판소 2009. 6. 25. 선고 2007헌바25).

헌법재판소에서는 재량적 산입범위 결정이 피고인의 남상소를 방지하거나 고의로 재판을 지연시키는 부당한 소송행위를 방지하기 위해 상당한 수단인지 여부가 논란되었다. 합헌을 주장하는 법무부장관의 의견과 위헌법률심판제청신청을 기각한 대법원의 결정은 바로 이 점을 강조하였다. 헌법재판소의 결정에서 합헌을 주장한 소수의견 역시 피고인의 귀책사유 등을 참작하여 산입의 범위를 재량적으로 정할 필요가 있다는 점을 강조하였다. 하지만 헌법재판소의 다수의견은 이를 받아들이지 않았다. 재량적 산입범위 결정은 오히려 상소권의 적정한 행사를 저해하며, 피고인의 재판 지연에 형벌적 요소를 도입하여 제재를 가하는 것은 적법절차 원칙 및 무죄추정의 원칙에 반한다는 것이다. 이를 바탕으로 헌법재판소는 형법 제57조 1항의 재량적 산입범위 결정이 신체의 자유(헌법 제12조 1항)를 침해하여 위헌이라고 판단하였다.

(2) 개정내용

헌법재판소가 위헌 결정을 한 부분은 명확하기 때문에 개정과정에서 논란이 제기될 여지는 없었다. 판결선고전 구금일수를 본형에 산입함에 있어서 그 범위를 전부로 하라는 것이다. 따라서 종전 규정의 "전부 또는 일부"를 "전부"로 변경하는 개정이 행해졌다. 그리하여 형법 제57조 1항이 "판결선고전의 구금일수는 그 전부를 유기징역, 유기금고, 벌금이나 과료에 관한 유치 또는 구류에 산입한다."로 개정된 것이다.[12] 이를 통해, 판결선고전 구금일수는 본형에 ① 필요적으로 산입됨과 동시에 ② 전부 산입으로 정돈되었다.

---

12) 덧붙여서 「소송촉진 등에 관한 특례법」 제24조가 삭제된 것은 물론이다. 또한 형법 제57조 1항의 재량적 산입범위 결정을 바탕으로 하였던 형사소송법 제48조의 법정통산의 규정도 보다 간명하게 변경되었다.

Ⅲ. 외국에서 유죄판결을 받은 경우의 미결구금 — 선결 논제-

1. 「국제수형자이송법」이 적용되는 경우

외국에서 유죄판결을 받은 경우의 처리에서는 우선적으로 검토해야 할 사항이 있다. 형이 전부 집행된 단계가 아니라 집행 중인 수형자라면 「국제수형자이송법」이 적용될 수 있다는 점이다. 동 법의 적용은 외국과의 조약 체결을 전제로 한다(제3조).[13] 또한 수형자가 국내 이송에 동의해야 하는 등의 이송 요건이 충족되어야 하고(제11조 1항), 그에 덧붙여서 법무부장관이 이송의 필요성을 인정해야 한다(제12조 1항). 이러한 제반의 조건이 충족되어 국내로 이송된 수형자에 대해서는 외국 법원의 판결에 대한민국 법원의 판결과 동일한 효력이 인정된다(제15조). 그러면서 외국에서 집행된 형의 기간은 물론이고 외국에서 구금된 기간과 국내이송에 소요된 기간까지 국내에서의 형 집행에 모두 산입된다(제16조). 따라서 수형자에게는 모든 계산이 완벽하게 끝나는 셈이다. 수형기간 이외에 플러스알파로 구금 및 이송의 기간도 산입되므로 이 트랙에서는 수형자에게 불만이 있을 수 없다.[14] 하지만 「국제수형자이송법」의 적용은 이미 적시한 대로 제한적이다. 첫째, 조약이 체결된 외국이어야 한다. 둘째, 그 외국에서 유죄판결이 확정되어 형 집행의 과정에 있는 수형자여야 한다. 셋째, 수형자가 국내이송에 동의할 뿐 아니라 해당 수형자의 국내이송을 법무부장관이 승인해야 한다. 이렇게 볼 때 「국제수형자이송법」의 적용으로 해결되는 사안은 오히려 예외적이고, 일반적인 사안은 형법의 테두리 내에서 해결될

13) 현재 우리나라는 '유럽평의회 이송협약'에 가입된 미국, 일본, 영국, 독일 등의 65개 국가 뿐 아니라 중국, 베트남, 몽골 등의 국가와도 수형자 이송의 조약을 체결한 것으로 알려진다.

14) 수형자 이송제도가 발전된 배경에는 '형벌에서의 국가성의 원칙 붕괴'가 있는 것으로 설명된다(천진호, "수형자이송제도의 현황과 발전방향", 형사정책연구 제18권 제3호, 2007년 8월, 1405면 참조). 따라서 한 나라에서 집행된 형벌과 구금의 모든 기간을 다른 나라에서도 승인하도록 요청하는 것이다.

수밖에 없다. 항을 바꾸어 설명한다.

2. 일반적인 경우

(1) 외국에서 산입되었다면

미결구금일수의 형기산입 제도는 외국의 형사사법에서도 대체적으로 채택되고 있다. 그것의 취지가 무죄추정의 원칙과 불구속 수사의 원칙을 실현함에 있는 것이기 때문이다. 따라서 대부분의 국가에서는 유죄판결을 선고하면서 미결구금일수를 형기에 산입하게 된다. 이때 그렇게 산입된 미결구금일수는 국내의 형사사법에서 어떻게 처리해야 하는가? 이에 관한 판례는 발견되지 않는다. 따라서 이론적으로 해결해야 하는데, 비교적 쉽게 해결된다. 외국에서도 인정된 형기산입을 굳이 배제할 이유가 없기 때문이다. 문제는 근거조문인데, 형법 제7조의 적용이 자연스럽다. 형식이 미결구금이더라도 외국에서 형의 집행에 산정되었다면, 결국 실질은 형의 집행으로 취급된 셈이기 때문이다. 따라서 형법 제7조를 적용하기에 무리가 없다고 판단된다.

(2) 외국에서 산입되지 않았다면

현실적으로 가능성은 낮아 보이지만, 외국에서 유죄판결을 받았으면서도 미결구금일수가 형기에 산입되지 않은 경우가 있다면, 어떻게 해야 할까? 해결해야 할 논제는 2가지이다.

첫째, 외국에서는 산입되지 않았더라도 국내의 형기 산입에는 포함시켜야 하는가? 원칙적으로 긍정되어야 한다는 것이 이 글의 판단이다. 외국에서 산입되지 않았다면 그 이유는 대부분 산입규정의 미비 때문일 터인데, 그러한 외국의 중벌주의 입법정책이 국내의 형기 산입 정책에서 굳이 존중되어야 할 필요는 없기 때문이다. 다만, 산입규정이 구비되어 있음에도 구체적인 사안에서 형기에 산입되지 않은 사례라면, 그 이유를 고려하여 국내의 형기 산입 여부를 결정하면 된다.

둘째, 산입의 근거조문은 형법 제7조와 제57조 중 어디서 찾아야 할까? 미결구금일수라는 점에 주목하면 형법 제57조가 친해 보이지만, 이 경우는 유죄판결을 받은 사안이므로 형법 제7조의 유추 적용에서 답을 찾는 것이 타당하다고 판단된다. 즉, 형법 제7조의 산입대상인 '죄를 지어 외국에서 집행된 형'에 유죄판결을 받은 자의 미결구금일수를 포함시키면 된다. 이러한 유추 해석은 형의 집행에서 미결구금을 형과 동일하게 취급하는 우리의 법제를 감안할 때 어색하지 않다. 물론 미결구금의 내용이 형의 성격을 갖고 있다는 전제 하에 이러한 유추 해석이 가능할 것이므로, 외국에서 실행된 미결구금이 형과 질적으로 다른 경우에는 형법 제7조의 유추 적용이 불가능하고, 따라서 국내의 형기 산입에서도 배제하면 된다. 첫째 논제의 말미에서 언급한 사례(산입규정이 있음에도 구체적인 사안에서 형기에 산입되지 않은 사례)가 이에 해당될 수 있을 것이다.

Ⅳ. 외국에서 무죄판결을 받은 경우의 미결구금 -주 논제-

1. 전원합의체 판결(대법원 2017. 8. 24. 선고 2017도5977 전원합의체 판결)

(1) 사실관계와 쟁점

이 사건의 피고인은 살인죄의 혐의로 필리핀 경찰에 체포되어 약 5년 1개월 동안 구금상태에서 재판받았지만, 증거불충분으로 무죄판결을 선고받고 석방되었다. 그 후 우리나라에서 다시 기소되었고, 1심 법원과 항소심 법원은 피고인에게 징역 10년에 처하는 유죄판결을 선고하였다. 그런데 형의 양정에서 법원은 5년 1개월의 필리핀 구금기간을 산입하지 않았고, 이에 피고인이 산입배제의 위법을 주장하며 상고하였다.

따라서 상고심에서는 외국에서 무죄판결을 받은 경우에도 외국에서 집행된 미결구금의 일수를 국내의 형 선고에서 산입해야 하는지 여부가 쟁점이 되었다. 적용법조는 형법 제7조이다. 즉, 형법 제7조의 적용대상인 "죄를 지어 외국에서 형의 전부 또는 일부가 집행된 사람"에 '외국에서 미결구금되었다가 무죄판결을 받은 사람'도 포함되는지 여부이다.

(2) 다수의견

대법원의 다수의견은 형법 제7조의 적용을 부정하였다. 논거는 다음과 같다. ① 형법 제7조의 문구가 무죄판결을 받은 사람의 미결구금을 배제하고 있다. "죄를 지어 외국에서 형의 전부 또는 일부가 집행된 사람"이란 '외국 법원의 유죄판결에 의하여 자유형이나 벌금형 등 형의 전부 또는 일부가 실제로 집행된 사람'을 의미하므로, 무죄판결을 받은 사람의 미결구금은 형법 제7조의 산입 대상이 아니다. ② 미결구금은 국가별로 다양하게 행해질 수 있으므로 외국에서의 미결구금에 국내의 형 집행과 같은 효과를 인정할 필요가 없다. 따라서 우리나라에서 미결구금일수를 형의 집행에 산입한다고 해서(형법 제57조), 외국의 미결구금까지 동일하게 취급하여 형법 제7조를 유추 적용해야 하는 것은 아니다. ③ 외국에서 집행된 미결구금의 일수는 양형조건(형법 제51조)에 관한 사항으로 참작하면 족하다. 형법 제7조를 적용하지 않더라도 법원의 재량에 의해 양형에서 충분히 고려될 수 있다는 설명이다.

(3) 소수의견

이 판결에는 대법관 5인이 소수의견을 개진하였다. 그 내용은 형법 제7조를 유추 적용해야 한다는 것이다. 논거는 다음과 같다. ① 형법 제7조의 입법취지는 국내외에서의 실질적 이중처벌을 피하기 위한 것인 바, 이는 외국에서 미결구금되었다가 무죄판결을 받은 피고인에 대해서도 충분히 고려되어야 한다. ② 외국에서 유죄판결이 선고되어 형이 집행된 경우에는 형법 제7조를 적용하여 형기를 단축시켜주면서 외국에서 무죄판결이 선고된 경우에는 그러한 고려를 하지 않는다면 이는 불합리하다. ③ 형법 제57조는 국내에서의 미결구금일수를 형기에 산입하는 규정이어서 외국에서의 미결구금에는 적용될 수 없으므로, 형법 제7조의 유추 적용이 필요해 진다.

2. 평 석

(1) 산입의 필요성

해석론을 검토하기 전에, 가치론적으로 그리고 정책적으로 이 논제의 해결이 어떠해야 하는지 먼저 살펴보고자 한다. 외국에서 무죄판결을 받은 경우에 미결구금의 일수를 국내에서 어떻게 처리해야 할까? 위 판결의 소수의견은 실질적 이중처벌의 금지가 외국에서 무죄판결을 받은 경우에도 지켜져야 함을 강조한다. 따라서 외국에서 집행된 미결구금은 외국에서의 재판 결과에 구애받지 않고 국내의 형기에 산입되어야 한다는 것이다. 이러한 소수의견의 지향은 옳다. 다수의견이 미결구금의 다양성을 문제 삼는 것은 본질에 관한 지적이 되지 못한다. 미결구금이 국가별로 다양하게 집행될 수 있더라도, 이는 미결구금의 내용에 대한 평가로 해결하면 될 일이기 때문이다. 질문의 본질은 외국에서의 미결구금이 형 집행과 같은 효과를 갖고 있는 것일 때, 그것의 처리를 어떻게 해야 하는지 여부이다. 외국에서의 미결구금이라고 해서 국내의 형기에 산입하지 않는다면, 실질적 이중처벌이 된다.[15] 덧붙여서, 다수의견은 양형조건으로 참작하면 된다고 설명하지만, 양형조건은 철저하게 재량적이라는 점에서 형기 산입의 조치와는 궤를 달리한다. 따라서 외국에서의 미결구금은 외국에서의 재판이

15) 미결구금은 신체의 자유를 박탈한다는 점에서 자유형과 본질적인 차이를 갖지 않는다. 그래서 우리 법제는 「형의 집행 및 수용자의 처우에 관한 법률」에서 미결구금을 형의 집행과 같이 규율한다. 외국의 경우도 대부분 마찬가지이며, 따라서 형의 집행은 국내의 형기 산입에서 고려하면서 굳이 미결구금만 배제하는 입장은 받아들이기 어렵다. 참고로, 미결구금의 본질에 관하여 '선취된 형의 집행'으로 설명하는 견해도 있다(조성용, "미결구금일수 일부산입 위헌결정에 대한 평석", 형사정책연구 제20권 제4호, 2009년 겨울호, 253면). 이에 따르면 미결구금의 형기 산입에는 예외가 인정될 수 없어야 한다.

유죄판결이든 무죄판결이든 구별 없이 국내의 형기에 산입하는 것이 마땅하다. 근거 규정에 대한 해석론은 별개로 하고, 일단 지향은 형기 산입이어야 한다는 것이다.

외국에서의 미결구금을 외국 재판의 결과에 따라 달리 처리한다면 형평에 어긋난다는 점도 중요하게 고려해야 할 사항이다. 다수의견을 따르면, 외국에서의 미결구금은 외국에서의 재판이 유죄판결인지 무죄판결인지에 따라 국내에서 형기 산입의 결과가 달라진다. 유죄판결의 경우에는 「국제수형자이송법」의 적용 내지 형법 제7조의 적용을 통해 외국에서의 미결구금도 국내의 형기에 산입된다(이 글의 Ⅲ에서 설명). 그런데 외국에서 무죄판결을 받은 피고인은 그러한 고려에서 제외된다는 것이 다수 판결의 판시이다. 그렇다면 결국 유죄판결을 받은 경우보다 무죄판결을 받은 경우가 더 불리해 지는 결과가 초래되는 셈이다.[16]

이렇게 볼 때, 산입의 필요성을 주장하는 소수의견은 일단 옳은 노선을 택하고 있는 것으로 평가된다. 문제는 해석론이다. 현행 형법의 체계 내에서 형기 산입은 가능할까? 항을 바꾸어 설명한다.

(2) 근거규정

1) 기존의 견해

해석을 통한 산입을 위해 제시될 수 있는 규정으로는 형법 제7조와 제57조가 있다. 하지만 기존의 견해는 형법 제7조의 적용 가능성에만 천착된 경향을 보인다. 위 대법원 판결에서와 마찬가지 스탠스이다. 형법 제7조의 적용 가능성 여부에 관한 기존의 견해를 정리하면 다음과 같다.

---

16) 예를 들어, 5년의 미결구금을 거쳐서 유죄판결을 받았는데, 5년의 형이 선고된 경우를 생각해 보자. 그 경우에는 산입된다. 그런데 똑같이 5년의 미결구금을 거친 후에 무죄판결을 받은 경우에는 산입되지 않는다면, 무죄판결이 유죄판결보다 불리한 결과가 되는 셈이다. 이러한 결과가 불합리함은 자명하다.

(가) 형법 제7조의 직접적용 가능성설

외국에서 집행된 미결구금일수도 형법 제7조를 직접 적용하여 국내의 형기에 산입할 수 있다는 견해이다.[17] 형법 제7조가 적용대상을 외국에서 집행된 '형'으로 표현하고 있어서 문리해석만으로는 외국에서 집행된 '미결구금'을 포함시킬 수 없지만, 역사적 해석과 목적론적 해석 및 논리해석 등을 통하여 형법 제7조의 직접 적용이 가능하다고 설명한다. 역사적 해석은 형법 제7조의 입법취지를 고려한 해석이고, 목적론적 해석은 형법 제7조의 실제적 목적을 중시하는 해석이다. 형법 제7조는 입법자의 의사와 실제적 목적이 모두 외국과 국내의 이중처벌을 금지하는 것이므로, 이를 존중하면 외국에서 집행된 '형'에 외국에서 집행된 '미결구금'로 포함시킬 수 있다는 주장이다. 덧붙여서, 형법 제57조와의 논리적·체계적 연관성을 고려할 때, 형법 제7조의 적용대상에 '미결구금'을 포함시키는 것이 타당하다는 설명도 덧붙여진다. 형법 제57조가 국내의 미결구금을 형기에 산입하고 있으므로, 형법 제7조의 적용대상도 외국에서 집행된 미결구금으로까지 확대되어야 형평에 맞는다는 이야기이다.

(나) 형법 제7조의 유추적용 가능성설

형법 제7조는 외국에서 집행된 형을 대상으로 하므로 미결구금에 직접 적용하는 것은 불가하지만, 유추적용을 통하여 외국에서 집행된 미결구금도 국내의 형기에 산입할 수 있다는 것이 이 견해의 설명이다.[18] 주지하듯이, 유추해석은 직접적인 규정이 없는 경우에 동일한 취지의 가장 유사한 규정을 유추 적용하는 해석이다. 형법 제7조의 취지는 외국과의 관계에서 실질적인 이중처벌을 해소하려는 것이다. 그

17) 최석윤, "외국에서 집행된 형의 산입 - 대법원 2017. 8. 24. 선고 2017도5977 전원합의체 판결 -", 법조 통권 제726호, 2017년 12월, 492-493면

18) 권성국, "외국에서 집행된 미결구금일수의 선고형 산입에 관한 고찰 - 대상판결: 대법원 2017. 8. 24. 선고 2017도5977 전원합의체 판결 -", 인권과 정의 Vol. 474, 2018년 6월, 75-76면; 오영근, "외국에서 집행된 미결구금에 대한 형법 제7조의 적용 가부 - 대법원 2017. 8. 24. 선고 2017도5977 전원합의체 판결 -", 로앤비 천자평석(http://academy.lawnb.com/contents_view.asp).

런데 실질적 이중처벌은 외국에서 집행된 형에서만이 아니라 외국에서 집행된 미결구금에서도 동일하게 발생되므로, 이를 해소하기 위해서는 형법 제7조를 외국에서 집행된 미결구금에도 유추 적용해야 한다는 것이다. 위 대법원 판결의 소수의견도 이 견해와 입장을 같이 하는 것으로 독해된다.

(다) 형법 제7조의 적용 불가설

형법 제7조의 적용 불가설은 엄격한 법해석을 바탕으로 한다. 미결구금은 형의 집행이 아니기 때문에 외국에서 집행된 미결구금에는 형법 제7조를 적용할 수 없다는 것이다.[19] 미결구금이 자유박탈이라는 점에서 형의 집행과 유사하더라도 이것이 형법 제7조를 직접 내지 유추 적용할 근거가 되지 못한다는 설명도 덧붙여진다. 그러면서 필요하면 형법 제53조의 작량감경 규정에 의해 외국에서 집행된 미결구금의 일수를 양형에서 고려하면 된다고 제언한다.[20] 위 대법원 판결의 다수의견과 노선을 같이 하는 견해이다.

2) 검 토

기존의 견해는 형법 제7조의 적용 여부만을 논의하고 있다. 그러면서 형법 제7조의 직접 내지 유추 적용을 주장하는 견해와 형법 제7조의 적용 불가를 주장하는 견해가 대립하는 것이다. 하지만 이 글은 결론부터 이야기하면, 형법 제7조보다는 형법 제57조에 주목하는 것이 더 적절하다고 판단한다. 형법 제7조는 외국에서 유죄판결 받은 사안을 대상으로 하는 것이기 때문이다. 따라서 외국에서 무죄판결을 받은

---

19) 조성용, "외국에서의 미결구금일수를 국내 선고형에 산입해야 하는지 여부－대법원 2017. 8. 24.. 선고 2017도5977 판결－", 법조 제67권 제1호, 2018, 803면.

20) 형법 제7조의 적용이 불가하다고 하면서, 한 걸음 더 나아가, 작량감경의 사유로 처리하면 된다는 주장에 동의하지 않는 견해도 발견된다. 작량감경은 1회만 가능하기 때문에 다른 작량감경의 사유가 있으면 외국에서 집행된 미결구금의 작량감경이 불가능해진다는 것이다(조현욱, "외국에서 집행된 형의 산입 규정인 형법 제7조의 문제점과 개선방안", 법제 통권 제681호, 2018년 6월, 55면). 이 견해는 그러기 때문에 형법 제7조의 재개정을 통해 적용의 근거를 새롭게 만들어야 한다고 주장한다.

사안에까지 형법 제7조를 적용하는 것은 무리한 법해석이며, 외국에서 무죄판결을 받은 사안의 해결을 위해서는 형법 제57조에서 근거규정을 찾는 것이 더 설득력을 갖출 수 있다.[21] 구체적으로 설명하면 다음과 같다.

① 형법 제7조의 직접 내지 유추 적용이 가능하다는 견해는 형법 제7조의 '형'에 미결구금이 포함될 수 있다고 주장한다. 일단 이 주장은 옳다. '형'을 실질적으로 해석하여 형에 준하는 '미결구금'을 포함시키자는 주장이 배척될 이유는 없다. 형법 제7조의 취지가 실질적인 이중처벌의 금지인 이상, 형에 준하는 미결구금은 마땅히 형과 같이 취급해야 할 것이기 때문이다.

② 따라서 형법 제7조의 적용 불가설이 문리해석만을 고집하면서 외국에서 집행된 미결구금에는 형법 제7조를 적용할 수 없다고 주장하는 것은 타당하지 않다. 이 글은 이미 제Ⅲ장에서, 외국에서 유죄판결을 받은 경우, 형법 제7조를 적용하여 외국에서 집행된 미결구금도 국내의 형기에 산입할 수 있음을 설명한 바 있다. 이는 형법 제7조의 '형'에 미결구금이 포함될 수 있음을 전제로 한다.

③ 하지만 형법 제7조는 외국에서 유죄판결을 받은 경우를 적용대상으로 하는 것이고, 바로 이 점 때문에 외국에서 무죄판결을 받은 사안에는 적용할 수 없다는 것이 형법 제7조에 대한 이 글의 해석이다. 이는 형법 제7조가 "죄를 지어 외국에서 형의 전부 또는 일부가 집행된 사람"을 적용대상으로 한다고 명시하기 때문이다. 여기서 '죄를 지어'는 국내의 법체계 뿐 아니라 외국의 법체계에서도 유죄판결을 받은 자로 해석하는 것이 자연스럽다. 적용대상이 '외국에서 형의 전부 또는 일부가 집행된 사람'이므로, 그 자는 당연히 외국의 법체계에서도 '죄를 지은 사람'이어야 한다. 따라서 외국에서 무죄판결을 받은 자에 대해서는 형법 제7조의 적용이 어울리지 않는 것이다.

---

21) 유사한 견해로는 박찬걸, "미결구금일수의 법정통산에 따른 개선방안에 대한 검토", 교정연구 제56호, 2012, 152면 참조

④ 반면에, 형법 제57조는 미결구금일수의 형기 산입을 명시하고 있다. 즉, '판결 선고 전의 구금일수'를 유기징역, 유기금고, 벌금이나 과료에 관한 유치 또는 구류에 산입하는 것이다. 그것도 전부를 산입한다. 이 규정의 취지가 실질적 이중처벌을 금지하여 신체의 자유에 대한 과도한 침해를 방지하기 위한 것임은 앞에서 설명한 바 있다. 따라서 형법 제57조는 적어도 취지의 면에서 외국의 미결구금에도 적용할 여지를 충분히 지니고 있다.

⑤ 문제는 형법 제57조의 해석이다. 이 글의 대상판결은 형법 제57조가 국내의 미결구금만을 적용대상으로 한다고 판시한다. 이는 다수의견 뿐 아니라 소수의견도 마찬가지이다. 하지만 형법 제57조의 '판결 선고 전의 구금일수'가 굳이 국내의 미결구금에만 한정된다는 해석은 이해하기 어렵다. 이 문구의 '판결'은 당연히 국내의 판결을 의미한다. 그 판결로 국내에서 집행해야 할 유기징역이나 유기금고 등이 선고되었을 것이기 때문이다. 하지만 '구금일수'까지 국내에서 집행된 구금일수를 의미한다고 해석할 근거는 없다. 판결 선고 전의 구금은 국내에서 집행될 수도 있고 외국에서 집행될 수도 있다. 판결의 대상이 된 범죄가 동일한 것이라면, 구금의 장소는 문제되지 않는다는 것이 형법 제57조의 '구금일수'라는 문구에 대한 이 글의 해석이다.

⑥ 그리하여, 외국에서 무죄판결을 받은 경우에 외국에서 집행된 미결구금의 일수를 국내의 형기에 산입하고자 한다면, 그 근거규정은 형법 제57조에서 찾으면 된다는 것이 이 글의 최종적인 판단이다. 형법 제57조는 국내에서 유죄판결로 유기징역이나 유기금고 등을 집행해야 하는 사안에서 그 전에 집행된 미결구금의 일수를 형기에 산입해 주는 규정이다. 외국에서 무죄판결을 받은 경우에는, 외국의 미결구금과 국내의 미결구금이 연결되어 국내의 판결 선고를 위한 전 단계의 미결구금이 된다. 따라서 이를 모두 합산하여 형법 제57조의 '구금일수'로 처리하면 된다는 것이다.

Ⅴ. 구금 후 재판 전에 송환된 경우 — 추가 논제 —

1. 사안과 2개의 판결

(1) 사 안

지금까지 검토한 논제만으로는 해결되지 않는 사안이 남아 있다. 외국에서 유죄판결을 받은 경우에 미결구금의 처리는 제Ⅱ장에서 설명하였고, 외국에서 무죄판결을 받은 경우의 미결구금 처리문제는 제Ⅲ장에서 검토하였다. 하지만 실무에서는 외국에서 아예 재판을 받지 않고 국내로 송환되는 경우도 발생된다. 이때에도 외국에서 미결구금은 집행될 수 있다. 혹은 미결구금까지 가지 않더라도 국내 송환을 위한 임시구금이 집행될 수도 있다. 이러한 구금은 국내의 형기에 산입되어야 할까? 산입된다면 근거규정은 어디에서 찾아야 할까? 그런데 이와 관련하여 의미 있는 2개의 판결이 발견된다.[22] 항을 바꾸어 살펴보기로 한다.

(2) 2개의 판결

1) 특수강도 등 범인의 송환사건(대법원 2003. 2. 11. 선고 2002도6606 판결)

피고인은 필리핀에서 소각로사업을 하던 중 한국인을 대상으로 특수강도 및 합동감금의 죄를 범하였다. 그 후 피고인은 필리핀 당국에 의해 이민법위반의 혐의(체류자격 외 활동)로 체포되었고, 국내로 강제 출국되었다. 피고인은 국내에서 특수강도 및 합동감금의 죄로 재판받아 유죄판결을 선고받았다. 그런데 이 때, 필리핀에서 체포된 후 출

---

22) 각주 19)에서 소개한 조현욱 교수의 논문 47면은 2개의 판결이 외국에서 무죄판결을 받기 전까지의 미결구금일수가 형법 제7조의 적용대상이 될 수 없다고 판단한 것으로 소개하고 있다. 하지만 2가지 점에서 이러한 소개는 정확하지 못하다. 첫째, 2개의 판결에서 판단 대상이 된 것은 외국에서 집행된 미결구금이 아니라 강제출국 내지 인도를 위해 구금된 기간이다. 둘째, 형법 제7조의 적용여부가 검토된 것이 아니라 형법 제57조가 적용되는지 여부가 검토되었다. 구체적인 내용은 본문의 <검토> 부분에서 구체적으로 설명한다.

국되기까지의 구금기간을 국내의 형기에 산입해야 하는지 문제된 것이다. 대법원은 형법 제57조의 적용여부를 검토하였다. 결론은 동 규정을 적용할 수 없다는 것이었다. 그 이유가 중요하다. 필리핀에서 체포된 후 출국되기까지의 구금기간은 형법 제57조의 '미결구금'이 아니라는 판시이다. 미결구금이 아닌 임시구금에 불과하기 때문에 형법 제57조의 적용으로 국내의 형기에 산입할 수 없다는 설명이다.

2) **뇌물죄 범인의 송환사건(대법원** 2005. 10. 28. **선고** 2005**도** 5822 **판결)**

피고인은 경찰청 특수수사과장을 재직하던 중 3억 원 상당의 뇌물을 수수하였다. 그 후 피고인은 미국으로 도주하였고, 우리 정부는 미국에 범죄인 인도조약에 따라 피고인을 체포하여 인도할 것을 요청하였다. 피고인은 미국에서 체포되었고, 인도절차를 밟는 기간 동안 미국에서 구금되었다. 국내로 송환된 피고인은 뇌물죄로 재판받아 유죄판결을 선고받았는데, 미국에서 체포되어 인도되기까지의 구금기간을 국내의 형기에 산입해야 하는지가 문제되었다. 이 사안에서도 대법원은 형법 제57조의 적용여부를 검토하였다. 그러면서 앞의 사안에서와 마찬가지로 인도절차를 위한 구금기간은 형법 제57조의 '미결구금'이 아니기 때문에, 동 규정을 적용하여 국내의 형기에 산입할 수 없다고 판시하였다.

2. 검 토

외국에서 유죄판결을 받은 경우 외국에서 집행된 미결구금이 국내의 형기에 산입된다면, 외국에서 무죄판결을 받은 경우는 어떻게 해야 하나? 이 글은 산입이 마땅하다고 앞에서 설명한 바 있다(제Ⅳ장 2의 (1)). 그렇다면 외국에서 재판조차 받지 않고 국내로 송환된 경우에는 어떻게 해야 하나? 제Ⅴ장이 검토하는 논제는 바로 이것이다. 외국에서 재판(유죄판결이든 무죄판결이든)을 받고 국내로 송환된 경우 외국에서 집행된 미결구금이 국내의 형기에 산입된다면, 외국에서 재판을 받지 않고 국내로 송환된 경우라고 해서 국내의 형기 산입 원칙을 후퇴시킬 이유는 없다. 외국에서 집행된 미결구금이 지니는 '형에 준한 효력'이 외국에서 재판을 받았는지 여하에 따라 달라지지는 않기 때문이다. 그렇다면 한 걸음 더 나아가, 외국에서 집행된 임시구금은 어떤가? 미결구금과 임시구금은 법적 형식이 다를 뿐이지, 피구금자의 자유를 박탈한다는 점에서는 차이가 없다. 따라서 미결구금이 형기에 산입된다면, 임시구금도 '본안 범죄사건'의 재판을 위한 구금이라면 국내의 형기에 산입해야 한다는 것이 이 글의 판단이다. 그리고 그 근거규정은 형법 제57조가 적절하다고 생각되는데, 위 2개의 판결에서 그 실마리를 찾을 수 있다. 구체적으로 설명하면 다음과 같다.

① 우선, 위 2개의 판결은 외국에서 집행된 형 이외의 구금에 대해 형법 제57조의 적용여부를 '검토'하였다는 점에서 긍정적인 시사를 제공한다. 외국에서 집행되었다는 점에만 주목하여 형법 제7조의 테두리에서만 검토할 문제가 아니라는 것이다. 이는 이 글이 제Ⅳ장의 논제에서 설명한 내용과 궤를 같이 한다. 외국에서 집행되었더라도 형이 아닌 경우에는 형법 제57조의 적용이 검토될 수 있다는 것이다. 물론 대법원은 이 글 제Ⅳ장의 대상판결(2017도5977)에서 형법 제57조가 국내에서 집행된 미결구금에만 적용됨을 판시한 바 있다. 하지만 위 2개의 판결은 다른 접근을 하고 있고, 이 글은 이러한 다른 접근을 지지하고자 한다.

② 위 2개의 판결은 각기의 사안에서 형법 제57조의 적용을 부정하였지만, 그 이유가 '임시구금'이기 때문이라고 판시한 점에 주목할 필요가 있다. 즉, 외국에서 집행된 구금이어서 형법 제57조가 적용되지 않는 것이 아니라, 구금의 법적 성격이 판결 선고 전의 '미결구금'이 아니기 때문이라는 것이다. 그렇다면 구금의 형식이 미결구금이라면 형법 제57조의 적용이 가능하다는 해석이 도출될 수 있다. 이 글은 이러한 해석을 지지한다. 외국에서 재판을 받지 않고 국내로 송환된

경우에 외국에서 집행된 미결구금이 있다면, 형법 제57조가 적용되어 국내의 형기 산입이 가능해질 수 있다는 것이다.

③ 미결구금에 형법 제57조가 적용될 수 있다면, 굳이 임시구금을 배제할 이유가 없다는 것이 이 글의 판단이다. 임시구금도 본안 범죄사건의 재판을 위해 집행된 것이고, 실질에 있어서 미결구금 및 형과 다를 바 없기 때문이다. 형법 제57조의 '미결구금'을 본안 범죄사건의 재판을 위해 집행되는 일체의 구금으로 해석한다면, 본안 범죄사건의 재판을 위한 '임시구금'도 포함될 수 있다. 이것이 확장해석으로 취급되더라도, 피고인에게 유리한 확장해석이니 배척될 이유는 없다는 것이 이 글의 판단이다.

④ 하지만 위 2개의 판결 중에서 첫 번째 것과 두 번째 것은 임시구금의 성격이 다르다. 첫 번째는 본안 범죄사건을 사유로 국내로 송환하기 위해 행해진 구금이 아니다. 국내에서 재판받게 될 본안 범죄사건은 특수강도 등임에 반해 필리핀에서의 임시구금은 이민법위반을 사유로 한 것이기 때문이다. 따라서 이 경우는 국내의 형기에 산입할 수 없다는 주장도 가능하다. 그러나 두 번째는 사정이 다르다. 미국에서 본안 범죄사건인 뇌물죄로 체포되어 국내로 송환하기까지의 기간 동안 행해진 임시구금이기 때문이다. 따라서 두 번째 사안은 형법 제57조를 적용하여 미국에서 집행된 임시구금의 일수를 국내의 형기에 산입하는 것이 옳다고 이 글은 판단한다. 두 번째 판결이 그러한 결론을 내지 못한 것은 여전한 한계로서 아쉬운 판시이다.

⑤ 결론적으로, 외국에서 재판 전에 국내로 송환된 경우에도 외국에서 집행된 미결구금 및 임시구금에는 형법 제57조가 적용되어 국내의 형기에 산입하는 것이 바람직하다. 가치론적 내지 정책적인 차원에서만이 아니라 형법 제57조의 해석에서도 충분히 가능하다는 것이 이 글의 판단이다.

Ⅵ. 맺는 말

이 글은 외국에서 집행된 '형 이외의 구금'을 국내의 형기에 산입하는 것이 타당한지, 타당하다면 산입의 방안은 무엇인지 검토하기 위해 쓰여 졌다. 전자의 질문에 대한 대답은 '타당'이다. 사실, 이 점에 대해서는 유력한 이견이 발견되지도 않는다. 국내의 형기에 산입할 수 없다는 견해는 대부분 현행 형법의 해석론으로 힘들다는 주장이다. 가치론적 내지 정책적 차원에서까지 국내의 형기 산입을 반대하는 것은 아니다. 따라서 문제는 후자의 '방안'이다. 국내의 형기에 산입하기 위한 방안은 무엇인가?

가장 깔끔한 방안이 '입법적 해결'인 것은 당연하다. 하지만 입법적 해결은 만능의 보검이 아니다. '입법적 해결'만큼 쉬운 '말'은 없고, 또 그것만큼 어려운 '실행'도 없다. 따라서 가능하면 '해석을 통한 해결'을 찾아야 한다. 더욱이 앞에서 설명한 바 있듯이, 관련 규정은 이미 최근에 개정을 거쳤다. 물론 그 때 현명한 개정작업이 행해졌더라면 이 글의 논제는 입법적으로 해결되었을 가능성도 있었다.[23] 하지만 개정작업은 그렇게 진행되지 못했고, 우리에게 주어진 법규범은 현행 형법의 제7조와 제57조이다. 사정이 이렇다면, 일단 현행 형법의 규정 내에서 전향적 해석을 시도해 보는 것이 순서이다.

이 글이 공들인 작업은 바로 이러한 '해석을 통한 해결'이다. 그러면서 이 글은 형법 제7조 뿐 아니라 형법 제57조에도 주목할 필요가 있음을 강조하였다. 특히 외국에서 무죄판결을 받은 경우에 외국에서 집행된 미결구금을 국내의 형기에 산입하기 위한 근거규정은 형법 제57조에서 찾으면 된다는 것이 이 글의 주장이다. 이는 이 글의 주된 대상판결인 전원합의체 판결(2017도5977)에 대한 반론이기도 하다. 덧

---

23) 이러한 점에서 김도읍 의원의 개정안이 채택되지 못한 것은 아쉽다. 앞에서 설명한 바와 같이, 김도읍 의원의 개정안은 미결구금의 문제도 함께 해결하고 있다.

붙여서, 외국에서 아예 재판을 받지 않고 국내로 송환된 경우에도 외국에서 집행된 '형 이외의 구금'은 국내의 형기에 산입해야 하고, 이를 위한 근거규정 역시 형법 제57조에서 찾을 수 있다고 생각한다. 형법 제57조가 '국내의 미결구금'만을 대상으로 한다는 선입견만 버리면 된다. 그러한 제약은 형법 제57조의 문구 어디에도 없다. 형법 제57조의 전향적 해석을 통해 외국과 국내의 이중처벌을 선진적으로 해결해 보자는 것이 이 글의 취지이고 지향이다.

[주 제 어]

형법 제7조, 형법 제57조, 외국에서 집행된 구금, 판결선고 전 구금일수, 이중처벌금지

[Key Words]

Article 7 of the Criminal Act, Article 57 of the Criminal Act, Detention in a foreign country, Detention before sentencing, Prohibition of double punishment

접수일자: 2019. 5. 20. 심사일자: 2019. 6. 10. 게재확정일자: 2019. 6. 10.

[참고문헌]

김학성, "국제수형자 이송제도의 문제점 및 해결방안", 교정연구 제44호, 2009년 9월, 173-198면.

권성국, "외국에서 집행된 미결구금일수의 선고형 산입에 관한 고찰 — 대상판결: 대법원 2017. 8. 24. 선고 2017도5977 전원합의체 판결 —", 인권과 정의 Vol. 474, 2018년 6월, 64-80면.

박찬걸, "미결구금일수의 법정통산에 따른 개선방안에 대한 검토", 교정연구 제56호, 2012 9월, 135-160면.

서효원, "외국에서 집행된 형 관련 「형법」 제7조 개정 검토", 형사법의 신동향 통권 제52호, 2016년 9월, 373-398면.

오영근, "외국에서 집행된 미결구금에 대한 형법 제7조의 적용 가부 — 대법원 2017. 8. 24. 선고 2017도5977 전원합의체 판결 —", 로앤비 천자평석" (http://academy.lawnb.com/contents_view.asp).

전지연, "외국에서 집행 받은 형의 선고와 형법 제7조의 개정방향: 2013도2208, 2013헌바129", 형사판례연구 24, 2016년 6월, 1-54면.

전지연, "외국 형에 대한 형법 제7조의 구체적 개정방안", 연세대 법학연구 제26권 3호, 2016년 9월, 109-145면

조성용, "미결구금일수 일부산입 위헌결정에 대한 평석", 형사정책연구 제20권 제4호, 2009년 겨울호, 253-279면.

조성용, "외국에서의 미결구금일수를 국내 선고형에 산입해야 하는지 여부 — 대법원 2017. 8. 24. 선고 2017도5977 판결 —", 법조 제67권 제1호, 2018년 2월, 802-830면.

조현욱, "외국에서 집행된 형의 산입 규정인 형법 제7조의 문제점과 개선방안", 법제 통권 제681호, 2018년 6월, 44-67면.

천진호, "수형자이송제도의 현황과 발전방향", 형사정책연구 18권 3호, 2007년 8월, 1397-1434면.

최석윤, "외국에서 집행된 형의 산입 — 대법원 2017. 8. 24. 선고 2017도5977 전원합의체 판결 —", 법조 제66권 제6호, 2017년 12월, 471-502면.

[Abstract]

A Study on the Acceptance of non-penal Detention conducted in Foreign Countries

Lee, Seung-Ho*

How should the "non-penal detention" conducted in foreign countries be handled in Korea? To review this topic, this article divides matters into three categories. First, it is a case of conviction in a foreign country. In this case, pending detention in a foreign country is included in the sentence of the Korean justice under Article 7 of the Criminal Act. Second, there is a case where an innocent verdict is made in a foreign country. At this time, there is a conflict of opinion as to whether pending detention before the innocent verdict is included in the Korean sentence. The Supreme Court ruling in 2017 ruled that the application of Article 7 of the Criminal Act is excluded, and that it can be considered as the reason for the sentence of Article 51 of the Criminal Act. However, a minority opinion has accepted the application of Article 7 of the Criminal Act. This article critically examines both opinions and suggests that the application of Article 57 of the Criminal Act should include the pending detention held in a foreign country into domestic execution. The third issue is the case where no trial has been conducted in a foreign country. This article examines the two Supreme Court decisions related to this case and suggests the way of incorporating the term of detention in foreign countries into domestic execution through the application of Article 57 of the Criminal Act. In conclusion, this paper argues that "non-penal detention" executed in foreign countries should be incorporated into the domestic sentence in all cases.

* Professor, Konkuk University, Law School

주관적 고의의 객관적 구성
(대상판결: 대법원 2018. 8. 1. 선고 2017도20682 판결, 대법원 2014. 7. 10. 선고 2014도5173 판결)

류 부 곤*

◇ 대상판결 〈1〉: 대법원 2018. 8. 1. 선고 2017도20682 판결

[사실관계]

피고인은 인터넷 대출시스템을 통해 피해자 공소외 주식회사(이하 '피해자 은행'이라 한다)에 3,000만 원의 대출을 신청하였다.

피고인은 2016. 6. 16. 위 대출과 관련하여 피해자 은행의 담당 직원으로부터 전화로 대출심사를 받으면서 피해자 은행 이외 다른 금융회사에 대출을 신청한 사실이 있는지에 대하여 질문을 받고 '동시에 대출을 신청한 사실이 없다'고 거짓말하였다.

그러나 피고인은 2016. 6. 14. △△은행으로부터 5,400만 원을 대출받은 바 있으며, 이 사건 대출신청을 한 같은 날 ○○은행에 2,000만 원의 대출을 신청하였고, 당시 약 6,820만 원 상당의 기존 채무와 매월 원리금 180만 원을 부담하고 있었다.

피고인은 대출 당시 자신의 인적사항, 직장 등 주요사항은 사실대로 기재하였으며, 당시 성과급을 제외하고 월 230만 원의 소득이 있었고, 피해자 은행에 연리 27.7%, 원리금 균등상환으로 60개월 동안 매

* 경찰대학 법학과 교수

월 921,561원씩 납부하기로 약정하였다.

피고인의 위와 같은 대출신청에 대해 피해자 은행은 대출을 승인하여 2016. 6. 16. 피고인에게 대출금 명목으로 3,000만 원을 송금하였다.

이후 피고인은 이 사건 즈음 대출받은 합계 1억 400만 원(△△은행 5,400만 원, 피해자 은행 3,000만 원, ○○은행 2,000만 원) 중 2,700만 원은 기존 채무 변제에, 6,170만 원은 기존 채무를 우선 변제한 대출알선업자에 대한 수수로 등 지급에, 1,000만 원은 피고인의 기존 신용카드 사용대금 지급에 각각 사용하였고, 나머지 500만 원 정도를 피고인의 생활비 등에 사용하였다.

피고인은 피해자 은행으로부터 대출받은 지 약 6개월 후인 2017. 1.경 신용회복위원회에 대출 이후 증가한 채무를 포함하여 1억 1,500만 원에 대한 프리워크아웃을 신청하였다.

[판결요지]

[1] 사기죄의 요건인 기망은 널리 재산상의 거래관계에서 서로 지켜야 할 신의와 성실의 의무를 저버리는 모든 적극적, 소극적 행위를 말한다. 반드시 법률행위의 중요 부분에 관한 허위표시를 해야 하는 것은 아니고, 상대방을 착오에 빠뜨려 행위자가 희망하는 재산적 처분행위를 하도록 하기 위한 판단의 기초가 되는 사실에 관한 것이면 충분하다. 따라서 거래의 상대방이 일정한 사정에 관한 고지를 받았더라면 거래를 하지 않았을 것이라는 관계가 인정되는 경우에는, 그 거래로 재물을 받는 자에게는 신의성실의 원칙상 사전에 상대방에게 그와 같은 사정을 고지할 의무가 있다. 그런데도 이를 고지하지 않은 것은 고지할 사실을 묵비함으로써 상대방을 기망한 것이 되어 사기죄를 구성한다.

[2] <u>사기죄의 주관적 구성요건인 편취의 고의는 피고인이 자백하지 않는 한 범행 전후 피고인의 재력, 환경, 범행의 내용, 거래의 이행과정, 피해자와의 관계 등과 같은 객관적인 사정을 종합하여 판단하여</u>

야 한다. 민사상 금전대차관계에서 채무불이행 사실을 가지고 바로 차용금 편취의 고의를 인정할 수는 없으나 피고인이 확실한 변제의 의사가 없거나 또는 차용 시 약속한 변제기일 내에 변제할 능력이 없는데도 변제할 것처럼 가장하여 금원을 차용한 경우에는 편취의 고의를 인정할 수 있다.

[3] 피고인이 갑 저축은행에 대출을 신청하여 심사를 받을 당시 동시에 다른 저축은행에 대출을 신청한 상태였는데도 갑 저축은행으로부터 다른 금융회사에 동시에 진행 중인 대출이 있는지에 대하여 질문을 받자 '없다'고 답변하였고, 갑 저축은행으로부터 대출을 받은 지 약 6개월 후에 신용회복위원회에 대출 이후 증가한 채무를 포함하여 프리워크아웃을 신청한 경우, 피고인은 갑 저축은행에 대하여 다른 금융회사에 동시에 진행 중인 대출이 있는지를 허위로 고지하였고, 갑 저축은행이 제대로 된 고지를 받았더라면 대출을 해주지 않았을 것으로 판단되며, 그 밖에 피고인의 재력, 채무액, 대출금의 사용처, 대출일부터 약 6개월 후 프리워크아웃을 신청한 점과 그 경위 등의 사정을 종합하면, 기망행위, 기망행위와 처분행위 사이의 인과관계와 편취의 고의가 인정된다고 볼 여지가 있으므로, 이와 달리 보아 피고인에 대한 사기 공소사실을 무죄라고 판단한 원심판결은 사기죄에서 기망행위, 기망행위와 처분행위 사이의 인과관계와 편취의 고의에 관한 법리를 오해한 잘못이 있다.

[원심 판결]

원심(부산지법 2017. 11. 24. 선고 2017노3337 판결)은, 다음과 같은 이유로 피고인이 피해자 은행을 기망하였다거나 편취의 고의를 가지고 있었다거나 피고인의 행위와 피해자 은행의 처분행위 사이에 인과관계가 있다고 보기 어렵다고 보아, 이 사건 공소사실을 무죄로 판단한 제1심판결을 그대로 유지하였다.

가. 피고인은 대출 당시 자신의 인적 사항, 직장 등 주요사항을

사실대로 기재하였다. 피고인은 당시 성과급을 제외하고 월 230만 원의 소득이 있었고, 피해자 은행에 원리금 균등상환으로 60개월 동안 매월 921,561원씩 납부하기로 하였으므로, 피고인이 대출금을 상당 부분 변제할 수 있었을 것으로 보인다.

나. 여신거래약정이나 여신거래기본약관에는 차주가 신용상태에 대한 고지의무를 부담한다는 내용을 정하고 있지 않다. 피해자 은행은 '대출금 송금 이후에 다른 금융권 대출이 확인되면 법적으로 불이익을 받을 수 있다'는 안내를 하였는데, 이러한 안내가 있다고 하여 피고인이 피해자 은행에 자신의 장래 대출계획을 적극적으로 알릴 의무가 있다고 해석되지 않는다.

다. 피해자 은행은 상호저축은행법에 따라 설립된 상호저축은행으로 여신심사위원회, 여신심사기준 등을 마련하여야 할 법규상 의무가 있으므로, 고객이 자신의 신용상태나 대출계획을 사실대로 알리지 않더라도, 이를 검증할 수 있는 시스템을 갖추어야 한다. 금융기관은 대출 희망자의 신용정보를 조회할 수 있고, 피해자 은행 역시 피고인의 신용정보를 정상적으로 조회하여 대출 실행 여부를 결정한 것으로 보인다.

◇ 대상판결 〈2〉: 대법원 2014. 7. 10. 선고 2014도5173 판결

[사실관계]

피고인은 피고인 운영의 성매매알선업소의 종업원으로 백○○, 최○○가 미성년자라는 사실을 알지 못하고 이들을 고용하여 아동·청소년의 성보호에 관한 법률 위반(알선영업행위 등)으로 기소되었다. 미성년자를 고용하게 된 과정에 대해 피고인은 그들로부터 나이가 21세라고 소개받았다고 진술하면서도, 구인광고를 보고 찾아온 백○○, 최○○를 처음 보았을 때 20세 가량으로 보였고, 이에 백○○의 신분증을 확인하였으나 신분증상의 사진이 흐릿하고 실물과 다른 것 같기도 하여 본인이 맞느냐고 물어보았더니 백○○으로부터 화장을 하였다거나 살이 쪄서 그렇다면서 본인이 틀림없다는 답변을 듣고는 더 이상 확인하지 않았다고 진술하였다. 또한 피고인은 최○○에게도 신분증 제시를 요구하였으나 신분증을 가지고 오지 않았으니 다음에 올 때 가져다 주겠다는 말을 듣고는 잊어버렸다고 진술하였다.

[판결요지]

청소년 보호법의 입법목적 등에 비추어 볼 때, 유흥주점과 같은 청소년유해업소의 업주에게는 청소년 보호를 위하여 청소년을 당해 업소에 고용하여서는 아니 될 매우 엄중한 책임이 부여되어 있으므로, 유흥주점의 업주가 당해 유흥업소에 종업원을 고용하는 경우에는 주민등록증이나 이에 유사한 정도로 연령에 관한 공적 증명력이 있는 증거에 의하여 대상자의 연령을 확인하여야 한다. 만일 대상자가 제시한 주민등록증상의 사진과 실물이 다르다는 의심이 들면 청소년이 자신의 신분과 연령을 감추고 유흥업소 취업을 감행하는 사례가 적지 않은 유흥업계의 취약한 고용실태 등에 비추어 볼 때, 업주로서는 주민등록증상의 사진과 실물을 자세히 대조하거나 주민등록증상의 주소 또는 주민등록번호를 외워보도록 하는 등 추가적인 연령확인조치를 취하여야 하고, 대상자가 신분증을 분실하였다는 사유로 연령 확인에 응하지 아니하는 등 고용대상자의 연령확인이 당장 용이하지 아니한 경우라면 대상자의 연령을 공적 증명에 의하여 확실히 확인할 수 있는 때까지 채용을 보류하거나 거부하여야 할 의무가 있다. 이러한 법리는, 성매매와 성폭력행위의 대상이 된 아동·청소년의 보호·구제를 목적으로 하는 아동·청소년의 성보호에 관한 법률의 입법취지 등에 비추어 볼 때, 성을 사는 행위를 알선하는 행위를 업으로 하는 자가 알선영업행위를 위하여 아동·청소년인 종업원을 고용하는 경우에도 마찬가지로 적용된다고 보아야 한다. 따라서 성을 사는 행위를 알선하는 행위를 업으로 하는 자가 성매매알선을 위한 종업원을 고용하면서 고용대상자에 대하여 아동·청소년의 보호를 위한 위와 같은 연령확인 의무의 이행을 다하지 아니한 채 아동·청소년을 고용하였다면, 특별한 사정이 없는 한 적어도 아동·청소년의 성을 사는 행위의 알선에 관한 미필적 고의는 인정된다고 봄이 타당하다.

◇ 참조판결 〈1〉 (대법원 2017. 1. 12. 선고 2016도15470 판결)

[1] 피고인이 범죄구성요건의 주관적 요소인 고의를 부인하는 경우, 범의 자체를 객관적으로 증명할 수는 없으므로 사물의 성질상 범의와 관련성이 있는 간접사실 또는 정황사실을 증명하는 방법으로 이를 증명할 수밖에 없다. 이때 무엇이 관련성이 있는 간접사실 또는 정황사실에 해당하는지는 정상적인 경험칙에 바탕을 두고 치밀한 관찰력이나 분석력으로 사실의 연결상태를 합리적으로 판단하는 방법에 의하여 판단하여야 한다.

[2] 고의의 일종인 미필적 고의는 중대한 과실과는 달리 범죄사실의 발생 가능성에 대한 인식이 있고 나아가 범죄사실이 발생할 위험을 용인하는 내심의 의사가 있어야 한다. 행위자가 범죄사실이 발생할 가능성을 용인하고 있었는지는 행위자의 진술에 의존하지 않고 외부에 나타난 행위의 형태와 행위의 상황 등 구체적인 사정을 기초로 일반인이라면 범죄사실이 발생할 가능성을 어떻게 평가할 것인지를 고려하면서 행위자의 입장에서 그 심리상태를 추인하여야 한다.

(사립대학교의 이사장, 총장, 입학관리자 등이 공모하여 정상적인 학사운영이 이루어질 수 없는 장애인체육특기생을 모집하여 실제로 부실하게 운영하고 그러한 장애인체육특기생들의 신청으로 한국장학재단으로부터 국가장학금을 수업료로 지급받은 사안에 대해 국가장학금에 대한 편취의 고의를 인정한 사례)

◇참조판결 〈2〉 (대법원 2012. 8. 30. 선고 2012도7377 판결)

[1] 형사재판에서 공소가 제기된 범죄의 구성요건을 이루는 사실은 그것이 주관적 요건이든 객관적 요건이든 그 입증책임이 검사에게 있으므로, 구 성폭력범죄의 처벌 및 피해자보호 등에 관한 법률 제8조의2 제1항에서 정하는 범죄의 성립이 인정되려면, 피고인이 피해자가 13세 미만의 여자임을 알면서 그를 강간하였다는 사실이 검사에 의하여 입증되어야 한다. 물론 피고인이 일정한 사정의 인식 여부와 같은 내심의 사실에 관하여 이를 부인하는 경우에는 이러한 주관적 요소로 되는 사실은 사물의 성질상 그 내심과 상당한 관련이 있는 간접사실 또는 정황사실을 증명하는 방법에 의하여 이를 입증할 수밖에 없고, 이 때 무엇이 상당한 관련성이 있는 간접사실에 해당할 것인가는 정상적인 경험칙에 바탕을 두고 사실의 연결상태를 합리적으로 분석·판단하는 방법에 의하여야 한다. 그러나 피해자가 13세 미만의 여자라는 객관적 사실로부터 피고인이 그 사실을 알고 있었다는 점이 추단된다고 볼 만한 경험칙 기타 사실상 또는 법적 근거는 이를 어디서도 찾을 수 없다.

[2] 피고인이 13세 미만 미성년자인 피해자(여, 12세)를 강간하였다고 하여 구 성폭력범죄의 처벌 및 피해자보호 등에 관한 법률 위반으로 기소된 사안에서, 13세 미만의 여자에 대한 강간죄에서 피해자가 13세 미만이라고 하더라도 피고인이 피해자가 13세 미만인 사실을 몰랐다고 범의를 부인하는 경우에는 다른 범죄와 마찬가지로 상당한 관련성이 있는 간접사실 또는 정황사실에 의하여 증명 여부가 판단되어야 하는데, 제반 사정에 비추어 피고인이 범행 당시 이를 미필적으로라도 인식하고 있었다는 것이 합리적 의심의 여지 없이 증명되었다고 단정할 수 없는데도, “피해자가 13세 미만의 여자인 이상 그 당시의 객관적인 정황에 비추어 피고인이 피해자가 13세 미만의 여자라는 사실을 인식하였더라면 강간행위로 나아가지 아니하였으리라고 인정할

<u>만한 합리적인 근거를 찾을 수 없다면" 같은 법 제8조의2 제1항에서 정하는 강간죄에 관한 미필적 고의가 인정될 수 있다는 법리에 따라 유죄를 인정한 원심판결은 형사재판의 증명책임에 관한 법리를 오해하는 등의 위법이 있다.</u>

[연 구]

Ⅰ. 형사판결에서 고의의 존재와 증명

"피고인이 범죄구성요건의 주관적 요건인 고의를 부인하는 경우 범의자체를 객관적으로 증명할 수는 없다."[1] 이 문장은 옳은 문장인가? 이에 대한 답을 하기 위해서는 우선 형법상의 고의라는 것이 사실의 세계에서 '존재(sein)'하는 것인가 하는 물음에 '그렇다'고 답을 하는 것이 전제되어야 한다. 고의가 구성요건요소이고 증명의 대상이라는 점은 그것이 주관의 세계에 있든 객관의 세계에 있든 사실의 세계에 존재하고 있다는 점을 전제로 하는 것이다. 즉 일정한 규범적 가치판단의 결과인 위법성과는 다르게 적어도 구성요건요소인 고의는 그것이 존재하냐 존재하지 않느냐의 문제만이 있을 뿐 고의의 존재여부가 일정한 가치판단에 의하여 결정될 수 있는 성질의 것이 아니다. 다만 고의는 인간의 의식이라는 주관적 세계에 존재하는 것이기에 이를 그러한 주관적 세계의 주체가 아닌 타인이 오감으로 인지할 수 있는 객관적 세계로 끌어낼 수는 없는 성질의 것이고, 위 지문에서 '범의자체를 객관적으로 증명할 수는 없다'는 것이 이러한 의미를 가지는 표현이라고 할 수 있다. 좀 더 쉽게 표현하면 인간의 의식에 존재하는 고의는 볼 수도 만질 수도 없는 존재이다. 그러므로 만약 고의가 사실의 차원에서 존재하지 않는데도 불구하고 어떠한 다른 행태적 태도로 인하여 이를 존재하는 것과 같이 법적으로 '의제'하는 경우에는 행위자를 비난할 만하다는 행태를 가벌성의 근거로 삼는 행위자형법

1) 2018년도 국가직 5급 일반승진 필기시험 형법 문17 ③번 지문.

(Täterstrafrecht)이 되는 것이고 행위책임형법(Tatschuldstrafrecht)에는 맞지 않게 된다.[2]

그렇다면 이렇듯 행위자의 의식이라는 주관적 세계에 존재하는 고의를 어떻게 증명할 것인가에 관한 문제 즉, 고의의 구체적인 내용을 오늘날 형법학계의 통설과 같이 죄의 성립요소인 사실에 대한 인식과 의사라고 할 때 행위자가 그러한 사실을 인식하였고 일정한 수준[3]의 의사를 가졌다고 하는 그 사실 자체는 어떠한 방법으로 확인할 수 있는 것인가의 문제가 행위자가 행한 행위의 범죄구성요건해당성을 충족하는지 여부를 판단함에 중요한 과제가 된다. 우선 그러한 의식의 주체인 행위자가 자신의 의식 내용을 법적 절차에서 진술하여 표현하는 것이 전형적인 방법이 될 것이다. 이 경우에는 형사증거법의 일반 원칙에 따라 그 진술을 받아들일 수 있는지의 여부[4]만이 문제될 것이고 자유심증주의에 기반한 법관의 심증형성에 대한 순수한 증명력의 문제만이 남게 된다. 그러나 행위자가 고의를 가지지 않았다고 즉, 객관적 구성요건에 대해 인식이 없었다거나 혹은 의사를 가지지 않았다고 부인하는 진술을 하는 경우에는 문제가 간단치 않게 된다. 이 경우 다른 이의 진술이나 기타 객관적인 기록 등의 자료를 통하여 행위자가 그러한 인식을 하였거나 의사를 가졌다는 사실을 외부로 표현한 사실[5]을 확인할 수 있다면 그러한 부인 진술에도 불구하고 고의

---

2) 사실의 착오 중 방법(타격)의 착오 사례에 대해 법정적 부합설의 입장에서 고의기수를 인정하는 것에 대한 비판적 논거로 사용되는 설명이다. 김영환, "형법상 방법의 착오의 문제점", 형사판례연구 제1권, 박영사, 1993, 21면 참조.

3) 고의의 내용을 객관적 구성요건 사실에 대한 인식과 의사라고 할 때, 인식은 그 대상이 되는 것을 말 그대로 행위자가 인지하였는지의 여부이기 때문에 일차적으로 인식 혹은 불인식이라는 양단간의 문제가 된다. 그러나 의사는 일정한 대상을 지향하는 의지적인 문제이기 때문에 단순히 의사가 있냐 없냐의 문제가 아니라 지향성에 대한 강도를 따질 수 있는 '정도'의 문제라고 할 수 있다.

4) 이를테면 형사소송법의 자백배제법칙에 위배되는지의 여부를 들 수 있다.

5) 과거에 행위자가 타인에게 그러한 내용을 진술하였거나 자신의 의식내용을 스스로 기록한 사실이 있거나, 기타 법적 절차 등에서 행위자의 의사표현 등

의 존재 자체는 증명될 수 있을 것이다. 그런데 그러한 의사표현을 인정할 사실자료 조차도 없는 경우에는 더 이상 고의 자체는 법정에서 증명될 수 없다. '범의 자체를 객관적으로 증명할 수는 없다'라는 표현이 이러한 의미이다.

이 문제에 대해 대법원은 "사물의 성질상 범의와 관련성이 있는 간접사실 또는 정황사실을 증명하는 방법으로 이를 증명할 수밖에 없다."[6]라고 표현한다. 이는 사람이 가지는 의식은 그 사람의 여러가지 행동이나 태도 등에 영향을 주어 일정한 행태로 나타날 수 있을 것이고, 그러므로 일정한 행동이나 태도 등에서 그 사람이 행위 당시에 가졌던 의식의 내용을 합리적으로 추론해 볼 수 있을 것이라는 논리에 따른 설명이라고 이해된다. 그런데 이러한 논리나 추론은 그러한 의식, 즉 고의가 존재한다는 것을 전제로 하는 것이다. 만약 형법상 고의로 인정될 수 있는 의식 자체가 행위자에게 존재하지 않는다면 이마저도 가능하지 않는 것이다. 즉 행위자가 순수하게 고의의 인식대상에 대한 인식이 없거나 형법상 고의의 하한선을 충족하는 의지가 존재하지 않는다면 이러한 논리나 추론은 더 이상 의미가 없다. 그야말로 사실의 차원에서 '불인식'인 경우에는 고의가 조각되어 불가벌이 되는 것이 우리 형법의 원칙이다.[7]

그러나 현실적으로는 사실상의 의미에서 불인식인지 여부가 분명치 않은 경우가 대부분일 것이다. 그 경우에 대법원의 설명과 같이 간접사실 또는 정황사실을 통한 증명이 어느 정도의 수준에 이르러야 사실상의 의미에서의 불인식/인식 여부가 확인될 수 있을 것인지가 우선 문제가 될 수 있다. 직접적으로 고의 자체를 증명하는 것이 아니

을 종합하여 볼 때 그러한 고의에 해당하는 내용이 표현되었다고 볼 수 있는 경우를 말한다.

6) 참조판결 <1>의 판시사항.

7) 형법 제13조(범의) "죄의 성립요소인 사실을 인식하지 못한 행위는 벌하지 아니한다."
이러한 점을 분명히 하고 문제의 출발점으로 삼고 있는 문헌으로 김성돈, "불인식(不認識)과 형법", 형사법연구 제16호, 2001, 39면 이하.

라 간접사실 등 고의의 존재에서 (2차적으로) 파생되는 외부적 상태를 통하여 고의의 존재를 간접적으로 증명하는 방식인 만큼, 이러한 방식은 얼마나 증명되어야 충분히 인정할 만한 것인가의 문제를 필연적으로 동반한다. 즉 이러한 증명방식은 증명대상을 직접적으로 다투어 '예/아니오'에 대한 답을 구하는 것이 아니라 일정한 사실관계를 통해 눈에 보이지 않는 사실을 추론하는 것이므로 추론의 결과가 법적으로 증명으로서의 의미를 가지기 위한 별도의 요건이 요구되는 것이다(2차적 사실의 증명을 위한 1차적 사실의 증명력). 그런데 이 요건 혹은 수준을 결정하는 문제는 두 가지의 측면에서 그 자체로 난관에 부딪힌다. 첫째는 이러한 과정을 통한 증명의 대상이 범죄의 구성요건요소이므로 '추정'이나 '간주'의 대상이 될 수 없다는 것이 원칙이라는 점이다. 형법적으로 범죄구성요건요소는 원칙적으로 일정한 사실관계나 정황에 의하여 간주되거나 추정될 수는 없는 것이다. 그러므로 2차적 사실에 의한 1차적 사실의 추론이라는 방법론 자체의 정당성이 문제될 수 있다. 두 번째는 이러한 추론의 결과가 증명의 대상이 되는 사실이 존재할 가능성이 충분히 더 높은 것으로 나온다고 하더라도 형사소송법상 무죄추정의 원칙에 따라 쉽사리 받아들여질 수 없다는 것이다. 직접적인 증거자료가 불충분하여 추론의 결과가 법관이 합리적인 의심을 할 여지가 없을 정도의 확신을 가지게 하는 정도에 충분히 이르지 못한 경우에는 피고인의 주장에 석연치 않은 면이 있어서 유죄의 의심이 간다고 하더라도 피고인의 이익으로 판단해야 하는 것이 원칙이다.[8]

이러한 문제에 대해 대법원은 간접사실 혹은 정황사실에 의한 추론의 결과로 증명대상의 법적 증명을 인정하는 방법론 자체를 부정하

8) 대법원 2012. 6. 28. 선고 2012도231 판결(만삭 의사부인 살해사건)
"형사재판에서 범죄사실의 인정은 법관으로 하여금 합리적인 의심을 할 여지가 없을 정도의 확신을 가지게 하는 증명력을 가진 엄격한 증거에 의하여야 하므로, 검사의 증명이 위와 같은 확신을 가지게 하는 정도에 충분히 이르지 못한 경우에는 비록 피고인의 주장이나 변명이 모순되거나 석연치 않은 면이 있는 등 유죄의 의심이 간다고 하더라도 피고인의 이익으로 판단하여야 한다."

고 있지는 않다. 직접적인 증명자료가 존재하지 않는 예외적인 사건의 경우 "직접증거 없이 간접증거만으로도 유죄를 인정할 수 있다"고 하면서, "그 경우에도 주요사실의 전제가 되는 간접사실의 인정은 합리적 의심을 허용하지 않을 정도의 증명이 있어야 하고, 그 하나하나의 간접사실이 상호 모순, 저촉이 없어야 함은 물론 논리와 경험칙, 과학법칙에 의하여 뒷받침되어야 한다."[9]고 설시하여 2차적 증거에 의하여도 증명의 대상이 되는 사실을 증명할 수 있다는 점을 인정한다. 그러면서도 형사소송법상 무죄추정의 원칙을 고려하여 "그러므로 유죄의 인정은 범행 동기, 범행수단의 선택, 범행에 이르는 과정, 범행 전후 피고인의 태도 등 여러 간접사실로 보아 피고인이 범행한 것으로 보기에 충분할 만큼 압도적으로 우월한 증명이 있어야 한다."[10]고 하여 그 증명의 수준은 합리적인 의심을 배제하는 정도를 넘어서서 확신을 가지게 할 정도의 '우월한' 수준에 이를 것을 요구하고 있다.

Ⅱ. 대상판결의 분석: 고의개념에 대한 접근법

1. 불명확한 고의의 입증

대상판결 <1>의 경우 피고인에게 해당 범죄행위에 대한 고의(사기죄에서 편취의 고의)가 있었는지 여부가 쟁점이 되고 있다.

그런데 대상판결 <1>의 경우 해당 판결의 판시사항만을 놓고 보았을 때 대법원은 피고인의 고의 여부에 대해 위와 같은 의심의 여지를 배제하는 확신을 가질 정도에 이르도록 하는 판단의 과정을 충실히 다하지 않은 것으로 보인다. 피고인이 편취의 고의에 대해서 자백

9) 대법원 2017. 5. 30. 선고 2017도1549 판결(이 사건은 거액의 보험금을 지급받을 목적으로 임신 중인 부인을 자신의 승합차 조수석에 태우고 고속도로를 주행하던 중 갓길 우측에 정차되어 있던 화물차량의 후미 좌측 부분에 승합차의 전면 우측 부분을 고의로 추돌시키는 방법으로 교통사고를 위장하여 부인을 살해하였다는 내용으로 기소된 사건이다).

10) 대법원 2017. 5. 30. 선고 2017도1549 판결.

을 하지 않는 경우 "범행 전후 피고인의 재력, 환경, 범행의 내용, 거래의 이행과정, 피해자와의 관계 등과 같은 객관적인 사정을 종합하여 판단하여야 한다."고 판시하여 해당 재산거래와 관련한 객관적 정황자료를 통하여 주관적 요소인 편취의 고의를 추론할 수 있다는 원론적인 입장을 설시하고 있을 뿐, 행위자가 주관적으로 편취의 고의를 가진 경우 어떠한 행태를 이에 대한 간접사실 혹은 정황사실로 인정할 수 있는 것인지에 대한 논증의 과정이 결여되어 있다. 피고인이 고의를 부인하는 경우 고의와 관련성이 있는 간접사실 또는 정황사실을 증명하는 방법으로 이를 증명할 수밖에 없다는 점을 인정하면서도 어떠한 사실이 그러한 간접사실 또는 정황사실에 해당하는지에 대해서는 정상적인 경험칙에 기반하여 치밀한 관찰력, 분석력으로 사실의 연결상태를 합리적으로 판단해야 한다고 하여 보다 강화된 논증방법의 필요성을 제시하고 있는 참조판결 <1>의 경우와 비교를 해보면 더욱 그러하다.

특히 "민사상 금전대차관계에서 채무불이행의 사실을 가지고 바로 차용금 편취의 고의를 인정할 수 없"다고 하면서도 "피고인이 확실한 변제의 의사가 없거나 또는 차용 시 약속한 변제기일 내에 변제할 능력이 없는데도 변제할 것처럼 가장하여 금원을 차용하는 경우에는 편취의 고의를 인정할 수 있다."고 하는 것은 주관적 구성요건인 편취의 고의에 대해 확신의 수준으로 그 존재가 추론되어야 한다는 측면에서 몇 가지 문제를 내포하고 있다. 우선 '확실한 변제의 의사가 없는' 경우 편취의 고의가 인정된다라고 설명한 것으로 볼 수 있는데, 변제의사의 확실성과 편취의 고의의 관계에 대한 논란[11]은 별론으로

11) 이러한 설명은 변제의 의사가 확실하지 않은 경우 적어도 편취의 미필적 고의는 인정된다는 취지라고 볼 수 있는데, 변제의사의 '확실성'이라는 것이 구체적으로 무엇을 의미하는 것인지 의문이기도 하고, 또한 만약 확실성을 변제의사에 대한 확정적 의지로 보아 "변제일에 반드시 변제를 하겠다"는 의사를 가진 경우가 아니라 "변제일에 능력이 닿는 한 가급적 변제를 하고자 한다"는 불확정적인 의지를 가진 경우에는 편취의 고의를 인정할 수 있다는 것이라면 이러한 결론이 타당한지는 의문이다.

하더라도, 변제의 의사라는 것도 편취의 고의와 마찬가지로 그 자체로 주관적인 것이어서 직접적인 증명의 대상이 되지 못한다는 점에서 편취의 고의를 입증하는 수단으로 의미를 가지기는 어렵다고 할 수 있다.[12] 다음으로, 변제기일 내에 변제할 능력이 없는데도 '변제할 것처럼 가장'한 경우가 편취의 고의가 인정되는 경우라고 하고 있는데 여기서는 변제능력이라는 객관적인 정황이 고의판단의 간접사실로 제시되고 있다고 할 수 있다. 그런데 금전대차거래를 하는 상황에서 변제기일 내에 변제할 능력이 있는지의 여부는 행위자의 재정상태 등을 가지고 객관적으로 확인할 수 있는 사안이기는 하지만 이 역시 평가적인 개념이어서 평가자의 시각에 따라 달리 판단될 수 있는 여지가 있다. 대상판결 <1>의 원심이 편취의 고의를 인정하지 않은 주요 요인에는 피고인의 재정상태에 대해 변제능력이 상당부분 있었다는 평가가 있었는데 대상판결은 이 부분에서 다른 평가를 하고 있는 것으로 보인다. 보다 근본적으로는 변제능력의 상태 자체가 편취의 고의를 곧바로 추론할 수 있도록 하는 것이 아니라는 점이다. 편취의 고의를 인정하기 위해서는 변제능력이 없음에도 변제할 것처럼 가장하는 행위를 하였다는 점이 입증되어야 하고 '변제의사의 가장'은 자신의 변제능력이 없다는 평가의 결과를 인식하고 이를 수용하였음을 전제로 하는 것이다. 그러므로 행위자가 '변제의사를 가장하였다'는 점을 입증하기 위해서는 행위자가 대상판결 <1>에서 대법원의 판단과 같이 금전대차거래 당시에 자신의 재정상태에 대해 차용금에 대한 변제기일에서의 상환능력이 없었다는 점을 인식하고 이를 인정하고 있었다는 점을 입증해야 한다. 이 부분 역시 주관적인 것이고 법원은 이 점을 규명하기 위하여 피고인이 금전대차거래 당시에 자신의 재정상태에 대해 어떻게 인식하고 있었는지에 대해 구체적으로 확인하는 과정을 거쳤어야 한다. 그러나 대상판결 <1>은 이에 대해 피고인의 재정상태에 대한 객관적인 자료들의 확인만을 통해 나름의 평가를 내린 후 이

12) 생각을 생각으로 증명하려는 것으로, 순환논법의 오류에 빠질 수 있다.

를 통해 곧바로 피고인의 편취의 고의를 긍정하는 결론을 내리고 있다. 이러한 방식은 존재론적인 고의개념이 구성요건요소라는 것을 전제로, 고의의 주관적 존재가 그 자체로 증명되기 어려운 경우 간접사실에 의한 추론에 의하더라도 법관에게 의심의 여지없는 확신을 가지게 하기 위해 고의와 간접사실의 연결성 여부에 대해 보다 치밀한 논증이 요구된다는 측면에서 매우 부족해 보인다.

간접사실 혹은 정황사실과 주관적 고의의 연결성을 보다 강화된 논증방법으로 입증하여야 함을 제시하고 있는 참조판결 <1>의 경우에도 사실 피고인(들)의 범행 경과에 대해서만 상세히 설시하고 있을 뿐 피고인(들)의 구체적인 심리상태와 고의와 연결된 간접사실, 정황사실에 대해 자세히 분석하고 그로 인한 추론의 결과를 제시하는 과정은 판결문에서 제시되고 있지 않다.

이러한 모습은 고의는 범죄구성요건이고 고의의 존재 여부가 피고인의 진술 등으로 직접적으로(객관적으로) 증명되지 못하는 경우에는 간접사실 혹은 정황사실이라는 2차적 증거자료에 의하여 추론될 수는 있으나 고의는 어디까지나 엄격한 증명의 대상으로 추정되거나 간주될 수 없는 것이므로 추정이나 간주의 차원이 아닌 증명의 차원으로 추론의 결과를 인정하고 입증해야 하는 것이라는 점에 대하여 그 과정이 충분하지 못했다는 의심과 비난의 여지를 내포하고 있는 것으로 볼 수 있고, 더하여 무죄추정의 원칙상 이러한 간접사실에 의한 증명은 합리적인 의심배제의 수준을 넘어 확신에 이를 정도여야 하는 것인데 대상판결 <1>과 참조판결 <1>은 그러한 점에 대한 입증과정이 결여되어 있다는 인상을 주고 있다.

2. 불인식을 넘어선 고의

대상판결 <2>와 참조판결 <2>의 경우, 피고인이 고의의 인식대상이 되는 사실(피해자가 일정한 연령에 미달하였다는 사실)에 대해 인식하였는지 여부가 문제되었는데, 이 사안의 경우 인식을 하였다는 사실 자체를 인정하기 위한 입증자료가 부족하여 인식을 하였다는 사실 자체는 부정되고 있는 경우이다. 그런데 이러한 사안에 대해 두 판결은 서로 다른 방식의 판단을 하고 있다. 대상판결 <2>의 경우에는 행위자의 고의를 구성하는 사실을 인식하기 위한 사전적인 절차가 법익보호를 위한 의무의 성격을 가지고 있는 만큼 그러한 의무를 다하지 않았다는 자체는 적어도 그러한 의무위반으로 야기될 수 있는 불법한 상황에 대해 이를 인용하는 (미필적) 고의가 있는 것이라는 논리를 성립시키고 있다. 즉 해당 판례의 사안에서 보다시피 아동·청소년을 고용하지 말아야 할 업을 영위하는 자는 종업원을 고용할 때 피고용자가 아동·청소년인지 여부를 확인하는 절차를 수행해야 할 의무를 가지게 되고, 또한 이러한 업을 영위하는 자는 그러한 연령확인절차를 제대로 수행하지 않는 경우 아동·청소년이 연령을 속이고 취업을 감행할 가능성이 있다는 점을 충분히 예측할 수 있는 것이므로 연령 확인절차를 제대로 하지 않고 고용하는 행위는 아동·청소년을 해당 금지업종에 종사케 하도록 하는 것(해당 판결에서는 성매매알선행위)에 대한 미필적 고의가 인정된다는 것이다.

그러나 참조판결 <2>의 경우에는 강간범행의 대상인 피해자의 연령에 대해 범죄구성요건이 달라지는 기준인 13세 미만이라는 사실에 대해 피고인이 인식하였다는 사실을 입증할 자료가 없어서 피고인이 피해자가 13세 미만이었다는 사실을 인식하였다고 인정할 수 없다면 고의의 인식대상에 대해 인식이 없는 경우이므로 해당 범죄구성요건에 대해 고의를 인정할 수 없다는 취지로 판단하고 있다. 그러면서 이 판결의 원심이 피고인의 고의를 인정한 논리인 "피고인이 피해자가 13세 미만의 여자라는 사실을 인식하였더라면 강간행위로 나아가지 아니하였으리라고 인정할 만한 합리적인 근거를 찾을 수 없다면 같은 법 제8조의2 제1항에서 정하는 강간죄에 관한 미필적 고의가 인정될 수 있다."는 것에 대해 이것은 명백히 위법한 논리라는 점을 확인하고 있다.

두 사례 모두 피고인이 범죄구성요건인 일정한 사실을 결과적으로 인식하지 못하였다는 점은 '사실'로 받아들이고 있다. 그런데 그러한 '불인식'을 사실로 받아들였음에도 불구하고 결과적으로 고의의 인정여부에 대해서는 달리 판단하는 이유는 무엇인가.

대상판결 <2>가 피고인의 고의를 인정하는 구조는 다음과 같다.

- 우선 사안에서 문제된 행위(청소년 고용행위)와 관련한 범죄구성요건은 특정한(취약한) 대상자를 보호하기 위한 취지를 가지고 있다.
- 그럼에도 그 특정한 대상자들은 법을 준수하지 않는 경우가 많기 때문에 해당 법률의 수범자에게는 일정한 확인의무(연령확인의무)가 부여된다.
- 따라서 그러한 확인의무를 다하지 아니한 행위자에게는 확인의무의 미준수로 인하여 법이 보호의 대상으로 삼는 대상자들이 법을 준수하지 않게 되어 결과적으로 행위자에게 발생하게 되는 상황(청소년의 성을 사는 행위의 알선)에 대해 미필적 고의가 인정된다.

이 판결에서 행위자가 자신이 고용한 사람들이 청소년임을 사실의 차원에서 인지하지 못하였음에도 불구하고 청소년을 고용하여 성매매를 알선한 행위에 대한 미필적 고의가 인정되는 중심에는 고용 전 연령확인을 위한 적절한 조치를 취할 의무가 부여되어 있다는 점이 있다. 즉 이때의 의무는 청소년의 불법고용을 막기 위한 취지의 의무이므로 그 의무를 다하지 않는 경우 의무를 이행하지 않은 점에 대한 고의뿐만 아니라 청소년의 불법고용이라는 이후의 예상되는 상황에 대해서까지 용인한다는 내심의 의사가 인정된다는 것이다. 그러나 의무위반의 고의가 의무의 위반으로 2차적으로 야기될 가능성이 있는

—그러나 행위자는 그 사실을 구체적으로는 인식하지 못한—불법행위에 대한 (미필적) 고의까지 당연히 포함한다는 논리는 적어도 존재론적인 고의개념에 의하면 받아들이기 어려운 면이 있다. 고용의 대상이 된 청소년들의 연령에 대하여 엄격하게 확인하지 않는다는 점에 대해서 행위자의 의식에는 이에 대한 인식과 의사가 분명히 존재할 것이지만 이후 그들을 고용한 상태에서는 '내가 혹시 청소년을 고용했을지도 모르지만 할 수 없다'가 아니라 '내가 고용한 사람이 청소년은 아니다' 혹은 '나는 청소년이 아닌 사람을 고용했다'라는 명확한 인식을 가지고 있다고 보아야 한다(피고인이 이 사건 청소년들이 청소년임을 알았거나 청소년이라도 무방하다라고 인식하였다는 사정은 어디에도 보이지 않는다). 존재론적 고의개념을 구성요건요소로 인정한다면 아동·청소년에 대한 성매매알선의 죄를 성립시키기 위해서는 성매매알선의 대상이 아동·청소년이라는 점에 대한 적어도 미필적 고의(아동·청소년임을 인지하거나 아동·청소년일 가능성이 있다는 인식과 아동·청소년이어도 무방하다는 점에 대한 의사)가 인정되어야 한다. 의무위반의 고의가 의무위반으로 인해 야기될 수 있는 모종의 사태에 대한 미필적 고의까지 포함된다는 논리는 고의의 성립에 대한 별도 차원의 논의라고 할 수 있다.

이러한 의미에서 참조판결 <2>는 존재론적 고의개념을 충실히 반영하고 있는 사례라고 할 수 있다. 피고인에게 13세 미만의 피해자를 강간하였다는 범죄구성요건을 성립시키기 위해서는 피해자가 13세 미만이라는 객관적 사실에 대해 피고인이 주관적으로 인식하고 있었어야 하며 피고인이 주관적으로 이를 인식하였는지 여부는 앞서 참조판결 <1> 등에서 설시하고 있는 인식/불인식의 여부를 구별하기 위하여 사용되는 논증수단, 즉 주관적 인식과 상당한 관련이 있는 간접사실 또는 정황사실을 증명하는 방법에 의하여 판단하여야 한다. 그런데 그러한 증명과정을 통해서 피고인이 주관적으로 피해자가 13세 미만이라는 사실을 인식하였다고 확신할 만한 근거를 찾을 수가 없다면 최종적으로 고의는 인식의 부재로 결여되었다고 보아야 한다는 것이다. 고의의 존재를 입증하는 데 실패하였다면 고의는 존재하지 않는 것으로 취급되어야 한다는 단순명확한 원칙이다. 그런데 이 판결의 원심[13]에서는 대상판결 <2>에서 전개하고 있는 논리와 유사하게, 13세 미만에 대한 강간죄를 가중하여 처벌하는 규정의 취지는 13세 미만 미성년자의 정상적인 성적 발달을 특별히 보호하기 위한 것이므로 피고인이 피해자가 13세 미만인지 여부를 분명히 구별하여 인식하지 않고 그냥 강간행위로 나아갔다면, 13세 미만임을 알았다면 강간행위로 나아가지 않았으리라고 인정할 만한 합리적인 근거가 없는 한, 13세 미만 미성년자에 대한 강간행위에 대한 미필적 고의가 인정된다고 판시하였다. 피해자가 13세 미만인지 여부를 인식하는 것을 일종의 의무와 같이 취급하고 대상판결 <2>의 논리와 마찬가지로 피해자를 보호하기 위한 의무를 위반한 경우에는 그로 인한 2차적 상황에 대한 미필적 고의가 인정되는 것으로 보는 것이고, 역시나 존재하지 않는 고의를 특별한 목적취지 하에 '설정'하는 태도로 보여진다. 참조판결 <2>의 대법원은 이러한 원심의 논리에 대해 "범죄의 주관적 구성요건사실 역시 객관적 구성요건사실과 마찬가지로 검사에 의하여 입증되어야 한다는 형사소송법상의 중요한 원칙을 정당한 이유 없이 광범위한 범위에서 훼손하는 것으로서 쉽사리 용납될 수 없"다[14]고 하면서, "설사 이 사건 법조항이 원심이 이해하는 대로 신체적 또는 정신적으로 미숙한 단계인 13세 미만 미성년자의 정상적인 성적 발달을 특별히 보호하기 위한 규정이라고 하더라도, 그것이 13세 미만의 여자라는 사실에 대한 피고인의 인식에 관한 검사의 입증책임을 완화하기에 충분한 이유가 되지 아니하는 것이다."[15]라고 비판하며 배척하고 있다. 해당 법의 목적과 취지만으로 존재론적인 증명의 대상인 고의가

13) 서울고등법원 2012. 6. 7. 선고 2012노1013, 2012전노86(병합) 판결.
14) 대법원 2012. 8. 30. 선고 2012도7377 판결이유 中.
15) 대법원 2012. 8. 30. 선고 2012도7377 판결이유 中.

설정되거나 간주되어서는 안된다는 취지라고 생각된다. 결국 이러한 참조판결 <2>의 취지를 고려하면 대상판결 <2>는 그와 다르게 고의의 존재여부는 사실의 세계에 근거를 두고 있는 증명의 대상이라는 점을 (어떤 의도를 가지고) 넘어서는 결정을 한 것이라고 볼 수 있다.

Ⅲ. 고의개념의 전환을 통한 대상판결의 이해

앞서 검토한 바와 같이 대상판결 <1>과 <2>는 각각 고의의 증명과 관련하여 뭔가 연결되지 않는 부분을 건너뛰어 연결해버리거나, 사실의 차원에서 없는 것으로 판명된 고의의 빈 공간을 그 무언가로 새롭게 채워 넣는 현상을 보여주고 있다. 이러한 현상에 대해서는 두 가지의 관점에서 접근이 가능할 것 같다. 하나는 고의개념의 규범화현상이고, 다른 하나는 존재론적 고의개념의 포기이다.

1. 고의개념의 규범화

하나는 심리적인 사실에만 토대를 두고 있는 고의개념이 일정부분 규범적 평가의 대상으로 파악되는 변신을 겪은 것이라는 분석[16]을 통한 이해이다. '불인식=고의조각'이라는 심리학적 도식이 가지는 형사정책적 불합리함과 인식과 불인식을 실제로 구별하기 어려운 실무적인 문제가 결합하여 대법원 판례를 중심으로 한 형법해석학의 영역에서 실제로 행해지고 있는 '규범적 평가를 통한 사실적 고의여부 확정론'의 맥락에서 이러한 현상들을 이해해 볼 수 있다는 것이다.

이러한 '불인식'을 '인식'으로 전환하는 고의의 규범화 사례는 대략 고의의 내용인 인식의 범위를 인식가능성 혹은 예견가능성으로까지 확장하고 있는 것[17]과 사실의 착오 사례유형 중 방법의 착오 사례

16) 김성돈, "불인식과 형법", 41면.

17) 대표적으로 대법원 1985. 3. 12. 선고 85도198 판결.
"피고인이 피해자(만 6세 녀)의 목을 손목으로 3분 내지 4분간 누르게 되면 질식사할 위험이 있음을 일반적으로 예상할 수 있는 것이므로 피고인에게 살

에서 소위 법정적 부합설의 입장에서 고의의 전용을 인정하는 경우[18]를 들 수 있다.

그러나 고의는 인식하였고 의사를 가졌다는 상태 내지는 존재의 개념이고 이에 대해 입증을 하는 것이 필요함에도 불구하고 인식의 가능성만으로 인식의 존재가 인정된 것과 동일한 법적 효과를 부여하는 것은 엄연히 피고인에게 불리한 구성요건의 확장이다. 그리고 이것은 증명을 통한 확신이 요구되는 상황에서 추정과 추론만으로 이를 인정하는 것이기에 역시나 그 정당성이 충족되기 어렵다.[19]

또한, 방법의 착오 사례에서 법정적 부합설이라는 기준을 제시하며 발생사실에 대한 고의를 인정하는 규범적 접근방식도 실제 사실의 세계에서는 행위자가 발생한 사실에 대한 아무런 주관적 요소가 존재하지 않는다는 점(경우에 따라서는 오히려 발생 사실에 대해서는 결과를 적극적으로 의도하지 않는다는 의사가 있을 수도 있다)에서 그럼에도 불구하고 발생사실에 대한 고의를 인정하는 것은 사실상 고의의 전용이자 고의의 의제라고 볼 수 있다.[20] 물론 이에 대해서는 고의의 특정성은 범죄의 유형성, 정형성에 대한 인식이면 족한 것이어서 같은 법적 범주 내의 가치에 대한 침해의 인식이 있다는 것으로 행위 당시 가벌

해의 범의 있음을 전제로 살인죄에 의율한 원심조치는 정당하다."

18) 대표적으로 대법원 1984. 1. 24. 선고 83도2813 판결.
"피해자 1인 피고인의 형수의 등에 업혀 있던 피고인의 조카 피해자 2(남 1세)에 대하여는 살인의 고의가 없었으니 과실치사죄가 성립할지언정 살인죄가 성립될 수 없다는 주장을 살피건대, 피고인이 먼저 피해자 1을 향하여 살의를 갖고 소나무 몽둥이(길이 85센티미터 직경 9센티미터)를 양손에 집어들고 힘껏 후려친 가격으로 피를 흘리며 마당에 고꾸라진 동녀와 동녀의 등에 업힌 피해자 2의 머리부분을 위 몽둥이로 내리쳐 피해자 2를 현장에서 두개골절 및 뇌좌상으로 사망케 한 소위를 살인죄로 의율한 원심조처는 정당하게 긍인되며 소위 타격의 착오가 있는 경우라 할지라도 행위자의 살인의 범의성립에 방해가 되지 아니한다."

19) 이는 '의심스러울 때는 피고인에게 유리하게'라는 사실확인의 대원칙에도 반한다. 김성돈, "불인식과 형법", 48면.

20) 한상훈, "구성요건적 고의의 구체성과 법정적 부합설의 '고의 전용'이론 비판", 법조 제604호, 2007. 1., 196면.

성의 근거가 되는 고의의 존재 자체는 입증이 되는 것이라는 법정적 부합설의 반론이 존재하지만 이러한 주장은 고의는 원칙적으로 사실에 기반하는 존재적 개념이라는 점을 강조하면 고의의 개념적 구체화와 사실적 구체화를 혼동하고 고의의 사실적 측면을 무시한 것이라고 평가할 수 있다.[21]

결론적으로 고의는 주관적 사실에 기반하는 존재적 개념이라는 점을 중심에 두고 고의의 존재여부 자체가 형법상 범죄구성요건해당성의 여부를 직접적으로 좌우하는 것이라는 법적 원칙을 고려하면 고의의 대상에 대한 인식의 여부는 여전히 사실에 기반한 엄격한 증명의 대상이 될 수밖에 없고, 사실의 차원에서의 '불인식'을 규범적으로 '인식'과 같이 취급할 수 있는 방법들은 원칙적으로 법적 정당성을 가지기 어렵다.[22]

2. 존재론적 고의의 구성적 전환

또 다른 하나는 존재로서의 고의개념에 대한 근본적 회의이다. 지금까지의 전개는 모두 고의는 사실의 세계에서 존재하는 것이라는 전제에서 이루어진 것이다. 그러나 형법의 해석론에서 고의는 주관적으로 존재하는 것이 아니라 객관적인(혹은 규범적인) 구성절차를 통하여 법적으로 구성되어지는 것이라는 관점의 전면적 인정이다.

고의가 존재하는 것이 아니라 구성되는 것이라는 관점은 이미 새로운 것이 아니다. 이러한 관점은 미필적 고의에 대해 구체적인 판단기준을 제시하는 논쟁을 통하여 이미 상당부분 공유되고 있는 것이다.

21) 같은 취지로 한상훈, "구성요건적 고의의 구체성과 법정적 부합설의 '고의 전용'이론 비판", 196면.

22) 고의개념의 규범화 경향을 긍정적으로 수용한다는 김성돈 교수도 구성요건적 사실에 대한 명확한 불인식은 규범화가 불필요한 영역으로 이해하고 있으며, 이른바 악한 동기에서 비롯한 불인식의 경우에도 이를 고의범과 유사한 수준으로 처벌할 수 있도록 하는 입법적 조치의 필요성은 인정하고 있지만 법적으로 고의 자체를 추정하거나 간주하는 방식은 언급하고 있지 않다. 김성돈, "불인식과 형법", 48면 이하 참조.

미필적 고의의 인정을 위한 기준에 대한 논의에서 상당수의 논의는 고의의 요소 중 의지에 대한 부분은 실제로는 존재하지 않는다는 것을 전제로 한 논의이다. 즉 결과실현에 대한 행위자의 의사는 존재하지 않는다면 어떠한 '모종의' 심적 요소를 인정하여 이를 의사에 갈음할 수 있는가, 그리하여 과실에 비하여 고의라는 고양된 비난을 가지고 이를 정당화 할 수 있는가의 문제라고 할 수 있다.[23]

미필적 고의에 관한 전통적인 논쟁인 인식설과 의사설의 논쟁도 의지나 의사의 존재 자체를 규명하는 방법론에 대한 것이라기보다는 결국 고의를 행위상황에서 드러난 일정한 인적 요소를 가지고 어떻게 구성할 것인가의 문제이다. 인식설은 '결과에 대한 예견 내지 표상'과 행위의 실행을 결합하여 이를 '결과를 향한 의지'로 평가 내지는 구성하는 것이라고 할 수 있다.[24] 이러한 인식설의 설명에서 의지 자체를 규명하는 방법은 다루어지지 않는다. 다만 존재사실로 인정되는 예견[25]이라는 인식상태와 행위의 실행이라는 상태를 결합하여 의지에 갈음하는 주관적인 구성요건요소를 구성하고 있는 것이다. 그러한 측면에서 고의의 판단과정에서 주관과 객관의 차원적 구별은 의미가 없는 혹은 부적절한 것이라고 할 수 있다. 의식은 대상을 지향함으로써 비로소 형성되는 것이고 이로써 주관과 객관은 함께 형성되는 불가분의 관계라는 것이다.[26]

미필적 고의에 관한 의사설의 입장이라고 평가되는 용인설, 묵인

23) 장영민, "미필적 고의에 관한 약간의 고찰", 형사판례연구 제23권, 2015, 60면.

24) 장영민, "미필적 고의에 관한 약간의 고찰", 62면.

25) 이때의 예견은 결과의 발생가능성이나 회피가능성에 대한 일정한 '판단'을 포함하는 개념이다. 즉 인식설의 입장에서 미필적 고의와 인식있는 과실은 객관적 행위의 위험성 인식은 공통적으로 있지만 주관적 행위의 위험성 존재에 대한 '판단'을 통한 긍정적인 평가의 여부에 따라 달라지는 것이라고 한다. 이에 관한 상세한 설명으로 류부곤, "고의의 본질에 관한 소고", 형사법연구 제24권 제3호, 2012, 107면 이하 참조.

26) 그러므로 장영민 교수는 고의와 결과를 관련짓지 않고 신체의 거동과만 관련시키는 것은 '자폐적' 인식이라고 평가한다. 장영민, "미필적 고의에 관한 약간의 고찰", 64면.

설(감수설), 진지설 등의 입장도 존재로서의 의사는 없다는 것을 전제로 어떠한 심정태도를 의사에 갈음할 것인가에 대해 논의한다는 점에서 고의를 구성적 관점으로 바라보는 것이라고 할 수 있다. 용인도, 무시도 결과에 대한 진지한 고려도 그 어느 것도 본래 고의의 내용이라고 하는 결과에 대한 의사와는 사실의 세계에서는 그 내용이나 차원이 동일한 것이라고 할 수 없다. 그리고 이러한 용인이나 묵인이라는 심정적 태도는, 인식설의 관점에 의하면, 존재론적으로 행위자의 순수한 의지적인 요소라고 할 수 있는지에 대해서도 의문이 제기된다. 용인이나 묵인은 행위자가 일정한 행위로 나아가는 경우 결과를 100% 회피할 수 없다고 생각하지만 그럼에도 불구하고 이를 수용하고 행위하는 내심의 의사라고 표현될 수 있는데, 이러한 의사는 결과발생의 가능성이 실제로 존재한다는 판단을 하면서도 행위로 나아갔을 때 행위자에게서 발견될 수 있는 의사라고 할 수 있다.[27] 그렇다면 이러한 의사는 고의의 인식적 요소와 병렬적·개별적으로 고려되는 독립적인 요소가 아니라, 결과발생의 가능성에 대한 판단이 있는 가운데 행해진 외부적으로 드러난 행위를 토대로 사후적으로 평가될 수 있는 요소에 지나지 않아서, 결국 행위자의 인식과 행위에서 사후적으로 추론된 요소라고 할 수 있다[28]는 지적이 그것이다. 묵인설의 입장에서 대해서 더 나아가 "이 설을 취하는 경우 행위자의 이러한 소극적 심적 태도에 대한 입증은 필요하지 않게 되고 사건의 정황을 토대로 법관이 판단할 수 있게 된다."[29]는 평가도 이러한 맥락을 적절히 표현한 것으로 볼 수 있다.

이러한 맥락을 고의개념 전반에 받아들여 "고의도 행위와 정황에

27) 류부곤, "고의의 본질에 관한 소고", 113면.
28) 류부곤, "고의의 본질에 관한 소고", 113면.
29) 장영민, "미필적 고의에 관한 약간의 고찰", 74면. 이에 대해 장영민 교수는 "그런데 고의가 주관적인 요소의 성격을 갖는다는 점을 고려할 때 판단자(법관)가 행위자를 대위하여 이를 판단한다는 것은 적절한가는 의문이다."라고 하여 법관에 의한 고의의 구성에 대해 비판적인 입장을 취하고 있다.

서 사후적으로 추론된 요소이다."라고 규정하게 되면 대상판결들에 대한 상세한 분석에서 뭔가 잘 설명이 되지 않던 부분들이 비교적 간단하게(?) 정리될 수 있다. 고의의 입증을 위하여 인식이나 의사와 상당한 관련성을 가지는 간접사실 또는 정황사실에 대한 증명을 행하는 과정은 해당 범죄구성요건의 개별적 내용에 맞추어 고의의 객관적 구성을 위한 직접사실 증명절차로 재평가될 수 있다. 대상판결 <1>과 같은 경우 행위자가 금융대차거래를 하는 상황에서 자신의 재정상태가 어떠한 평가를 받을지 혹은 받아야 하는 상황인지에 대한 인식의 여부는 더 이상 중요한 것이 아닐 수 있다. 대상판결 <1>이 설시하고 있는 바와 같이 거래 당시의 재정상태나 대출금 사용처에 대한 사후적 평가의 결과로 도저히 변제를 기대할 수 없는 상황이었다는 점이 입증되면 그러한 상황에서 기망행위를 수반하여 금전대차거래를 그대로 이행하는 것은 '타인의 재산을 불법하게 편취하려는 의도를 가진 행동'으로 구성할 수 있는 것이다. 이러한 사기죄의 구성요건인 '고의적 편취행위'를 구성함에 행위자의 구체적 인식에 대한 증명은 필수적 요소가 아닐 수 있다. 참조판결 <1>의 경우도 마찬가지다. 국가장학금의 편취라는 고의는 행위자들이 보여준 일련의 행위들—여건이 되지 않음에도 학생을 모집하고, 학사를 부실하게 운영하고, 국가장학금을 청구토록 하는 행위의 연결—을 통하여 구성될 수 있는 것이다. 판시사항에서 '범의와 관련성이 있는 간접사실이나 정황사실에 대한 증명'이라고 표현하고 있는 것이 결국 일련의 객관적 사실들로 고의를 구성할 수 있다는 점을 우회적으로 표현하고 있는 것이 아닌가 하는 생각까지 든다. 특히 구체적인 판단방법으로 "일반인이라면 범죄사실이 발생할 가능성을 어떻게 평가할 것인지를 고려"한다는 설명은 고의의 증명과정에 이미 소위 평균적 일반인의 관념이 사용된다는 것을 의미한다고 볼 수 있고 그것은 인식대상의 개별성을 넘어 사회적 차원으로 객관화되어야 한다는 의미를 담고 있다고 볼 수도 있다. 대상판결 <2>의 경우는 더욱 그러하다. 일정한 법률상 의무의 위반이 그로 인해 파생될 불법행위 혹은 법익침해에 대한 용인이나 묵인으로서의 의미를 가질 수 있다는 것(일종의 설정된 고의)은 용인이나 묵인이라는 심적 태도가 일정한 행태를 통하여 구성적인 방식으로 추론될 수 있고, 의무위반의 주체에게 보증인지위와 유사한 법적 지위를 부여할 수 있다는 법해석론이 결합할 때, 구체적인 의사의 존재여부에 대한 증명과 상관없이 받아들여질 수 있다. 사실에 기반한 존재론적 고의개념을 고수하면 받아들이기 어려운 방식이지만, 고의를 구성적 개념으로 전환하면 그러한 고의 설정의 필요성이나 사회적 정당성의 문제만이 남게된다.

Ⅳ. 결 어

고의는 그 본질에 있어 주관적인 구성요건인가라는 물음에 '아니오'라는 대답을 해야 할 때가 올지도 모른다. 이 글에서 살펴본 바와 같이 현재의 상당수 형사판결에서는 그 입증의 대상을 '주관적 고의'라고 쓰면서도 '객관적으로 구성할 수 있는 요소'라고 이해하고 있는 것이 아닌지 하는 의심이 가는 경우들이 발견된다. 즉 우리가 원래 이해하고 있던 고의의 존재론적 속성—주관적 인식과 의사—을 그대로 인정하고 이를 법관이 객관적으로 인지하기 위한 절차나 노력보다는 '객관화된 고의적인 행태'를 구성하는 것에 더 집중하고 있는 것으로 보인다. 이러한 현상은 원론적인 Dogma의 관점에서는 그 자체로 바람직하지 않은 것이라고 비판할 여지가 있는 것이긴 하지만, 존재론적 고의에 실체적으로 접근하는 것에 대해 법적 절차가 가지는 근본적인 한계를 고려한다면 그 자체에 대한 비판보다는 구체적 방법론의 정당성에 대해 개별적으로 고찰해 보는 것이 더 현실적일 수 있다. 현재처럼 고의의 입증대상은 '주관적 인식과 의사'라고 말하면서 실제로는 객관적 행태와 정황으로 이를 구성해나가는 방식을 사용하고, 또 이에 대해 고의의 '추론'이 아니라 '증명'이라고 개념짓는 것은 고의의 본질에 대한 혼란만을 가중시킬 뿐이다. 그보다는 고의는 범죄행위의 원칙적 가벌성을 부여하는 근거가 되므로 현실적으로 행해지는 고의의 확인 혹은 구성방법의 확장이 가벌성의 측면에서 사회적 정당성을 가질 수 있는지에 대한 고민이 필요한 시점이 아닌가 한다. 고의를 주관적 구성요건으로 이해하는 이론의 세계에서 '범죄행위에 대한 인식과 의사를 가진 상태로 행위한 것'이 고의불법의 근거였다면 이제 현실적으로 고민해야 할 것은 '(일반적으로 고의를 추단할 수 있다고 법적으로 평가되는) 객관화된 일정한 상황에서 행위한 것'도 고의불법의 근거로 인정할 수 있을지의 여부이다. 미필적 고의에 대한 학설의 논쟁은 이미 그 답을 어느 정도는 제공하고 있다고 생각한다. 고의의 본질과 고의불법의 근거에 대해 존재론적인 입장에서 순수한 주관성을 고수하면서, 미필적 고의에 대한 용인설이나 감수설을 최소한으로 존재하는 행위자 내면의 의지를 찾아내고 확인해야 한다는 입장으로 이해하는 경우, 미필적 고의에 대한 학설대립을 비롯한 고의의 본질에 관한 논쟁과 실무적으로 빈번하게 이루어지고 있는 대법원 판례에서의 고의의 인정방식에 대한 수용과정에서 존재하는 간극이 좁혀지길 기대하기란 쉽지 않은 상황인 것으로 보인다.

[주 제 어]

고의, 주관적 구성요건, 불인식의 입증, 규범화, 객관적 구성

[Key Words]

intention, subjective criminal factor, proof of unaware, normalization, objective constitution

접수일자: 2019. 5. 21. 심사일자: 2019. 6. 8. 게재확정일자: 2019. 6. 10.

[참고문헌]

김성돈, “불인식(不認識)과 형법”, 형사법연구 제16호, 2001.
김영환, “형법상 방법의 착오의 문제점”, 형사판례연구 제1권, 박영사, 1993.
류부곤, “고의의 본질에 관한 소고”, 형사법연구 제24권 제3호, 2012.
장영민, “미필적 고의에 관한 약간의 고찰”, 형사판례연구 제23권, 2015.
한상훈, “구성요건적 고의의 구체성과 법정적 부합설의 ‘고의 전용’이론 비판”, 법조 제604호, 2007.

[Abstract]

Objective composition of subjective intention

Ryu, Bu-Gon*

Intentional content is awareness of and perception of criminal activity. The question of how to ascertain whether an actor has intentionality is important in determining whether a crime is committed. If the actor makes a statement that denies that he did not have intention, the court may confirm the fact that the actor's intentions existed through the statements or records of others. However, in the absence of direct evidence to prove a intention existence, intention can no longer be verified in court. "Intentions can not be objectively proven because intentions are subjective." In such cases, the Korean Supreme Court "can prove intentions in such a way as to prove indirect facts or circumstantial facts related to intentional". According to the Korean Supreme Court, a person's consciousness can affect a person's various behaviors and attitudes and appear in a certain form. Therefore, the content of the person's consciousness can be reasonably deduced from a certain behavior or attitude. However, this method of reasoning presupposes that such consciousness, that is, intention exists. This reasoning is meaningless if the actor has no awareness or minimal volition to criminal activity. If an actor is 'unaware' of criminal activity, according to the principle of korean criminal law, punishment is not allowed because intention is not recognized. This paper examines the skepticism of the concept of intention as existence through Korean Supreme Court precedents. Until now, all theoretical discussions about intention have been made on the premise that intention exists in the world of facts. However, it is

* Professor, Korean National Police Univ. Dept. of Law

necessary to examine whether the following viewpoints can be accepted in the criminal law theory: Intention is not subjectively but is constituted legally through objective (or normative) constitutional procedures.

공동정범과 방조범*

최 병 각**

[대상판결] 대법원 2018. 9. 13. 선고 2018도7658, 2018전도54, 55, 2018보도6, 2018모2593 판결

1. 사실관계

甲(2000년 10월생)은 2016. 6.경 인천 소재 ○○ 여자고등학교 1학년에 재학 중 자퇴한 후 검정고시를 준비하는 사람이었고, 乙(1998년 12월생)은 2017. 2.경 서울 소재 ○○ 여자고등학교를 졸업한 후 대학입시를 준비하는 재수생이었다.

甲과 乙은 2017. 2.경 베네치아 점령기라는 온라인 캐릭터 커뮤니티를 통해 서로 알게 되었다. 위 커뮤니티는 마피아의 일상을 다루며 두 마피아 그룹이 대립하는 내용을 역할극으로 표현하는 것이었다. 이 커뮤니티에서 乙의 캐릭터 이름은 '오필리아'로 부두목급에 해당했고, 甲의 캐릭터 이름은 '아델'로 조직원에 해당했다. 甲과 乙은 위 캐릭터 커뮤니티 활동을 마친 후에도 개인적인 연락을 주고받았다.

甲과 乙은 창작물(판타지 캐릭터)이나 기타 일상생활에 관한 내용을 중심으로 트위터, 카카오톡 등 다양한 매체를 통해 연락을 주고받았고, 2017. 3. 5.경 처음으로 통화를 하게 된 후 종종 전화를 하며 친분을 쌓았다. 두 사람은 서로 다독여주거나 일상생활 등을 이야기하였

---

* 이 논문은 동아대학교 학술연구비 지원에 의하여 연구되었음

** 동아대학교 법학전문대학원 교수, 법학박사

고, 캐릭터를 가지고 상황극을 만들어 이야기를 꾸며나가기도 했다. 또한 주체를 캐릭터가 아닌 자기 자신으로 표현하며 자신이 과거에 실제로 사람을 죽여 본 경험이 있다는 등 허구적인 상황을 전제로 한 대화도 종종 나누었다. 가상 또는 허구적인 상황을 전제로 하여 소위 '썰을 푸는' 대화의 속성상 그 주제에는 제한이 없었다.

甲과 乙은 위와 같이 평상시에도 가끔 해오던 것처럼, 본건 범행 전날인 2017. 3. 28. 저녁 경부터 본건 범행 당일인 2017. 3. 29. 새벽 경까지 통화를 하였다. 즉, 甲과 乙은 2017. 3. 28. 20:44경부터 20:59경까지 약 15분, 2017. 3. 28. 21:06경부터 21:47경까지 약 41분, 2017. 3. 29. 00:07경부터 00:32경까지 약 25분, 2017. 3. 29. 01:00경부터 01:44경까지 약 44분 동안 전화통화를 하였다. 乙은 통화를 끊고 잠이 들었으나, 甲은 통화를 마친 후 네이버, 구글 등 검색엔진을 통해 02:10경부터 03:26경까지 '완전 범죄', '남양주 아파트 밀실 살인사건', '부산 시신 없는 살인사건', '거여동 밀실 살인사건', '뼛가루', '김포국제공항 폭탄테러', '화장 유골 바다에 뿌리는 행위 불법 아니다', '화장', '도축', '라면스프', '뼈가루내기', '최고의 요리비결 햄버그 스테이크 만들기' 등을 검색하였다.

甲은 이 사건 범행 당일인 2017. 3. 29. 오전 주변 CCTV에 찍히더라도 신원 확인이 어렵게 하기 위해 어머니의 옷과 선글라스를 착용하고, 그 지역과 무관한 사람인 것처럼 보이게 할 목적으로 여행용 캐리어 가방을 소지한 채, 자신의 아파트 집 주변 초등학교 부근을 배회하면서 범행 대상을 물색하는 이른바 가상 세계를 전제로 하는 '사냥'을 현실 세계에서도 해보기로 마음먹었다. 이에 甲은 2017. 3. 29. 10:50경 乙에게 '사냥을 나간다'라는 내용과 함께 위와 같은 복장을 한 채로 혼자 촬영한 변장사진을 문자메시지로 전송하였다(전송된 변장사진에는 어머니의 옷과 선글라스만 착용한 모습이 나타나 있고, 여행용 캐리어를 들고 있는 모습은 없다). 乙은 '옷 예쁘게 입었네, 화려하네'라며 甲에게 답장하였다.

그 후 甲과 乙은 2017. 3. 29. 10:56경부터 11:07경까지 약 11분, 11:29경부터 12:13경까지 약 44분 동안 전화통화를 하였는데, 위 통화 중 甲이 乙에게 "우리 집 아파트에서 초등학교 운동장이 내려다 보인다"라고 말을 하자 乙이 "그럼 저 중에서 한 명이 죽게 되겠네, 불쌍해라, 까약"이라고 답하였다. 또한 甲이 乙에게 "초등학교는 몇 시에 마치냐"라고 묻자, 乙은 "12시부터 점심시간인데, 저학년부터 밥을 먹고서 집에 간다"라고 답변하여 주었다. 이후 乙은 PC방에 간다고 하면서 전화를 끊었다.

甲은 2017. 3. 29. 12:18경 초등학교 저학년생의 하교 시간에 맞추기 위해 인천 연수구 청능대로 124(동춘동)에 있는 자신의 집에서 나와 그 근처 ○○초등학교 주변을 돌면서 범행 대상을 물색하였다. 그러던 중 甲은 2017. 3. 29. 12:44경 피해자 이○○(여, 7세)으로부터 "엄마에게 전화를 걸어야 하는데, 휴대전화 좀 빌려줄 수 있냐"라는 부탁을 받았다.

甲은 사실 휴대전화의 충전 상태가 양호하였을 뿐만 아니라, 당시 약정한 발신 통화량 초과로 본래 수신밖에 할 수 없었던 상황이었음에도 피해자에게 "내 휴대전화 배터리가 방전되어서 쓸 수 없으니, 우리 집으로 가서 집 전화기로 엄마에게 전화를 걸어라"라고 거짓말을 하며 피해자를 유인하였다.

甲은 2017. 3. 29. 12:49경 피해자를 데리고 자신의 집 아파트 엘리베이터를 타고 자신의 집이 아닌 13층에서 내려 집으로 돌아온 후, 거실에서 피해자로 하여금 고양이 등과 함께 놀게 만든 다음, 피해자의 뒤에서 태블릿 컴퓨터의 전깃줄로 피해자의 목을 졸라 살해하였다. 이와 같이 甲은 피해자를 유인하여 살해하는 동안 카카오톡의 문자메시지 서비스를 통해, PC방에서 게임을 하고 있던 乙에게 '잡아왔어', '상황이 좋았어', '집에서 전화를 쓰게 해주겠다며 데리고 왔어'라는 내용을 전송하였다. 그러자 乙은 게임을 하면서 간간이 甲에게 '살아있어?', 'CCTV는 확인했어?'라고 물었고, 甲은 '아직 살아 있어', '여자애야',

'목에 전선을 감아놨어'라고 답변하였다. 乙은 甲에게 '손가락 예뻐?'라고 물어보았고, 甲은 '손가락이 예쁘다'라고 답하였다.

甲은 피해자를 살해한 후 손가락, 폐 등의 신체 일부를 적출하기 위하여 피해자의 사체를 안방 화장실 욕조 안으로 옮겨 사체의 옷을 전부 벗겼다. 甲은 주방에 있던 주방용 칼(전체길이: 31cm, 칼날길이: 22cm)을 가지고 와서 제일 먼저 사체의 오른쪽 새끼손가락을 자른 후 계속해서 사체를 상반신과 하반신 두 부분으로 절단하고 장기를 적출한 다음, 폐의 일부를 제외한 나머지 장기는 대야에 담아놓았고, 하반신 사체의 왼쪽 대퇴부 피부를 절개하였다.

甲은 위와 같이 사체손괴를 마친 후 훼손된 사체의 전체 모습을 보고 갑자기 흥분 및 불안정 상태에 빠져 2017. 3. 29. 13:37경 乙에게 '향님제발저좀살려주세요'라는 내용의 메시지를 보냈다. 이에 甲과 乙은 2017. 3. 29. 13:38경부터 13:46경까지 약 8분 동안 다시 통화를 하게 되었다. 이러한 통화 과정에서 甲은 乙에게 "눈앞에 사람이 죽어 있다", "피가 너무 많다", "끔찍하다"라고 울면서 말하였고, 乙은 甲에게 "침착해라", "제이(J)를 불러와라" 등의 말을 하여 甲을 진정시켰다.

甲은 乙과 위와 같이 통화한 후 다시 안정을 되찾아 2017. 3. 29. 14:00경 자신의 집에서 2개로 분리된 상반신과 하반신 사체를 2개의 쓰레기 종량제 봉투(20ℓ 용량)에 나누어 담았다. 甲은 먼저 하반신 사체가 담긴 쓰레기 종량제 봉투를 대형 장바구니에 넣은 후 이를 어깨에 맨 채 자신의 집에서 비상계단을 통해 옥상으로 올라가서 옥상 물탱크 건물 꼭대기에 버렸다. 甲은 상반신 사체도 위와 같은 방법으로 옥상 물탱크 건물 꼭대기에 버리고 다시 집으로 돌아왔다.

한편 甲과 乙은 2017. 3. 29. 14:19경부터 14:22경까지 약 3분, 14:52경부터 14:58경까지 약 6분 동안 통화하였다. 이러한 통화 과정에서 甲은 乙에게 "만나서 주기로 한 것 줄게"라고 말하였다. 그 후 甲은 2017. 3. 29. 15:00경 사체의 폐와 손가락 등을 제외한 나머지 장기는 검정색 비닐봉지에 담아 자신의 집 아파트 단지 1층에 있는 음식물 쓰레기 수거통에 버렸다.

甲은 2017. 3. 29. 17:44경 서울 마포구 와우산로 홍대입구역 출구에서 乙을 만나 주기로 한 것을 준다는 취지로 말하며 피해자의 사체 중 일부인 오른쪽 새끼손가락, 폐, 허벅지 살 등이 들어 있는 종이봉투를 건네주었다. 이후 甲과 乙은 홍대입구역 출구에서 자리를 이동하여 2017. 3. 29. 18:00경 서울 마포구 합정동에 있는 '비앤비(B&B)' 술집에서 乙의 계산으로 칵테일을 한 잔씩 마셨고, 乙은 위 술집의 화장실에서 甲으로부터 건네받은 종이봉투 안에 담겨 있던 검은색 비닐봉투를 꺼내어 묶여 있던 봉투 입구를 풀고, 그 안의 내용물(피해자 사체의 일부인 손가락과 폐, 허벅지 살)을 확인하였다. 乙은 화장실에서 나와 甲에게 "확인했다"라고 말하였고, 甲으로부터 "손가락 예쁘지?"라는 질문을 받고서는 "예쁘더라"라고 답하였다.

이후 乙과 甲은 2017. 3. 29. 19:15경 위 술집에서 나와 근처 '하품' 룸카페로 다시 자리를 옮겼는데, 甲은 잠을 잤고 乙은 캐릭터 사진 등을 다운 받으며 시간을 보냈다. 2017. 3. 29. 20:22경 甲이 어머니로부터 "경찰이 찾고 있다"라는 전화를 받았고, 두 사람은 2017. 3. 29. 20:31경 헤어졌다.

乙은 서울 송파구 올림픽로에 있는 자신의 아파트로 돌아온 후 범행 다음날인 2017. 3. 30. 10:00경 위 아파트에서 비닐장갑을 끼고 그곳에 있던 주방용 가위(총길이: 약 23cm)를 사용하여 전날 甲으로부터 건네받은 피해자 사체의 일부인 손가락, 폐 등을 잘게 자른 후, 이를 음식물 쓰레기와 섞어 위 아파트 단지 1층 분리수거장 음식물 쓰레기통에 버려 유기하였다.

2. 사건의 경과

검사는 甲은 살인죄, 乙은 살인방조죄로 공소를 제기하였다가 제1심에서 甲과 乙을 살인죄의 공동정범으로 공소장변경을 신청하여 허가를 받았다.

제1심은 甲에 대하여 미성년자 유인 살인(「특정범죄 가중처벌 등에 관한 법률」 제5조의2 제2항 제2호, 형법 제287조, 제250조 제1항, 제30조)과 사체손괴·사체유기(형법 제161조 제1항)의 유죄를 인정하고, 범행 당시 만 18세 미만의 소년이라는 점에서 「특정강력범죄의 처벌에 관한 특례법」 제4조 제1항에 따라 무기징역형을 완화하여 20년의 유기징역형을 선고하면서, 살인범죄를 다시 범할 위험성이 있다고 판단하여 30년간 위치추적 전자장치의 부착을 명하였고,[1] 乙에 대하여 살인(형법 제250조 제1항, 제30조)과 사체유기(형법 제161조 제1항)의 유죄를 인정하고, 무기징역형을 선고하면서, 살인범죄를 다시 범할 위험성이 있다고 판단하여 30년간 위치추적 전자장치의 부착을 명하였다.[2]

항소심은 甲은 미성년자 유인 살인죄를 인정하여 징역 20년과 전자장치 부착 30년을 선고하였고, 乙은 살인방조죄를 인정하여 징역 13년을 선고했다.[3]

3. 판결요지

형법 제30조의 공동정범은 2인 이상이 공동하여 죄를 범하는 것으로서, 공동정범이 성립하기 위하여는 주관적 요건인 공동가공의 의사와 객관적 요건인 공동의사에 의한 기능적 행위지배를 통한 범죄의 실행사실이 필요하다. 여기서 공동가공의 의사는 타인의 범행을 인식하면서도 이를 제지하지 아니하고 용인하는 것만으로는 부족하고, 공동의 의사로 특정한 범죄행위를 하기 위하여 일체가 되어 서로 다른 사람의 행위를 이용하여 자기의 의사를 실행에 옮기는 것을 내용으로 하여야 한다. 공모공동정범의 성립 여부는 범죄 실행의 전 과정을 통하여 각자의 지위와 역할, 공범에 대한 권유내용 등을 구체적으로 검

1) 인천지방법원 2017. 9. 22. 선고 2017고합261 판결.
2) 인천지방법원 2017. 9. 22. 선고 2017고합241 판결.
3) 서울고등법원 2018. 4. 40. 선고 2017노2950, 2017노2951 판결.

토하고 이를 종합하여 위와 같은 상호이용의 관계가 합리적인 의심을 할 여지가 없을 정도로 증명되어야 하고, 그와 같은 증명이 없다면 설령 피고인에게 유죄의 의심이 간다고 하더라도 피고인의 이익으로 판단할 수밖에 없다.

형법상 방조행위는 정범이 범행을 한다는 정을 알면서 그 실행행위를 용이하게 하는 직접·간접의 모든 행위를 가리키는 것으로서 유형적, 물질적인 방조뿐만 아니라 정범에게 범행의 결의를 강화하도록 하는 것과 같은 무형적, 정신적 방조행위까지도 이에 해당한다. 종범은 정범의 실행행위 중에 이를 방조하는 경우뿐만 아니라, 실행 착수 전에 장래의 실행행위를 예상하고 이를 용이하게 하는 행위를 하여 방조한 경우에도 성립한다. 형법상 방조행위는 정범이 범행을 한다는 정을 알면서 그 실행행위를 용이하게 하는 직접·간접의 행위를 말하므로, 방조범은 정범의 실행을 방조한다는 이른바 방조의 고의와 정범의 행위가 구성요건에 해당하는 행위인 점에 대한 정범의 고의가 있어야 하나, 이와 같은 고의는 내심적 사실이므로 피고인이 이를 부정하는 경우에는 사물의 성질상 고의와 상당한 관련성이 있는 간접사실을 증명하는 방법에 의하여 증명할 수밖에 없다. 이때 무엇이 상당한 관련성이 있는 간접사실에 해당할 것인가는 정상적인 경험칙에 바탕을 두고 치밀한 관찰력이나 분석력에 의하여 사실의 연결상태를 합리적으로 판단하여야 하고, 방조범에서 요구되는 정범의 고의는 정범에 의하여 실현되는 범죄의 구체적 내용을 인식할 것을 요하는 것은 아니고 미필적 인식이나 예견으로 족하다.

법원은 공소사실의 동일성이 인정되는 범위 내에서 공소가 제기된 범죄사실보다 가벼운 범죄사실이 인정되는 경우, 심리의 경과 등에 비추어 볼 때 피고인의 방어에 실질적인 불이익을 주는 것이 아니라면 공소장변경 없이 직권으로 가벼운 범죄사실을 인정할 수 있으므로, 공동정범으로 기소된 범죄사실을 방조사실로 인정할 수 있다.

원심은 이 사건 범행 당일 새벽까지 대화를 나눌 때까지는 乙이

甲의 실제 살인 범행 실행에 대한 가능성을 진지하게 인식하면서 이를 지시하거나 범행계획을 모의하는 등의 방법으로 공모하였다고 보기 어렵다는 이유로 乙을 살인죄의 공모공동정범으로 인정할 수 없다고 판단하였다. 원심의 판단에 논리와 경험의 법칙을 위반하여 자유심증주의의 한계를 벗어나거나 공모공동정범에 관한 법리를 오해한 잘못이 없다.

원심은 乙은 甲이 '사냥'을 나간다고 하면서 셀프카메라 방식으로 촬영한 변장사진을 보낸 시점 이후부터는 甲이 실제로 살인행위를 한다는 것을 미필적으로나마 인식하면서 甲이 살인 범행 대상을 용이하게 선정하도록 하고 살인 범행의 결의를 강화하거나 유지할 수 있도록 정신적으로 돕는 행위를 하였다고 보아 乙에 대하여 공소장변경 없이 살인방조죄를 유죄로 인정하였다. 원심의 판단에 범행 동기 등에 관한 필요한 심리를 다하지 아니한 채 논리와 경험의 법칙을 위반하여 자유심증주의의 한계를 벗어나거나, 방조, 축소사실 인정 및 공소장변경에 관한 법리를 오해하거나, 증거재판주의를 위반하는 등의 잘못이 없다.

甲은 乙을 살인죄의 공동정범으로 인정하여야 함에도 이를 인정하지 않은 원심판결에는 채증법칙을 위반하고 공동정범에 관한 법리를 오해한 잘못이 있다고 주장한다. 이는 원심이 乙을 공동정범으로 인정하지 않아 甲에 대한 원심의 형이 중하게 선고되어 부당하다는 취지이므로, 뒤에서 판단하는 양형부당 주장과 다르지 않다.

[연 구]

Ⅰ. 들어가는 말

태어나고 죽는 일은 어차피 혼자의 일이지만 살아가는 일은 남들과 어울려 더불어 할 일일 것이다. 심지어 범죄도 독자적으로 수행하기보다 시키거나 돕거나 함께 하는 경우가 오히려 적지 않다. 그럼에도 처벌은 결국 각자의 몫일 수밖에 없다. 이에 다같이 범행에 참여했는데 서로 어떻게 다르며 달라지는지 문제가 된다.

이 글에서는 먼저 정범과 공범은 왜 어떻게 구분하는지, 공동정범이 교사범, 방조범, 간접정범과 어떻게 다르며 합동범, 필요적 공범, 동시범과는 어떻게 다른지를 살핀 다음(Ⅱ), 공동정범과 방조범을 구별함에 있어 공모공동정범의 공모자에게 공동정범의 성립을 인정할 수 있는지 여부와 그 요건은 무엇인지, '정범의 고의'와 별도로 '공동의 고의' 또는 '방조의 고의'를 요구하는지, 범행참여의 방법과 시기는 어떻게 다른지를 고찰하고(Ⅲ), 대상판결에서 공모공동정범이 아닌 방조범으로 인정한 배경과 논리를 비판적으로 분석하여(Ⅳ), 공동정범과 방조범의 구별에 관한 새로운 시각을 제시하고자 한다.

Ⅱ. 공동정범이 공범인가?

1. 정범과 공범은 왜 구분하나?

우리 형법은 제1편 제2장 제3절에 '공범'이란 제목으로 5개 조문을 두고 있다. 먼저 제30조에서 공동정범은 각자를 '정범'으로 처벌하고, 제31조에서 교사범은 '죄를 실행한 자'와 동일한 형으로 처벌하고, 제32조에서 방조범은 '종범'으로 '정범'의 형보다 감경하여 처벌한다고 규정하고 있다. 이어 제33조에서 '공범'과 신분에 대하여 신분관계로 인하여 성립될 범죄에 가공한 행위는 신분관계가 없는 자에게도 전3조의 규정을 적용한다고 규정하고 있다. 이는 '공범'이란 용어를 공동정범, 교사범, 방조범을 두루 일컫는 의미로 쓰고 있음을 뜻한다.

그런데 일반적으로 공범을 둘러싼 논의는 '정범'과 '공범'을 서로 대립하는 개념으로 구분하고 있다. 예를 들면 교사범이나 방조범이 협의의 '공범'이고, 공동정범은 '정범'인데 광의의 '공범'에 포함시킬 수 있다고 한다. 또한 제34조 제1항의 간접정범을 '교사 또는 방조의 예에 의하여' 처벌한다는 규정을 두고 간접정범이 '정범'인지, 아니면 확장적 '공범'인지 다툼이 있다.[4] 그리고 제34조 제2항의 특수한 교사·방조에 대한 형가중 규정을 간접정범 처벌의 특칙으로만 보아야 하는지,[5] 아니면 간접정범뿐만 아니라 일반 교사범·방조범에 대한 처벌특칙으로도 볼 수 있는지[6] 견해가 나뉜다. 나아가 '임의적 (광의의) 공범'과 별도로 이른바 '필요적 공범'이란 개념을 사용하고 있는데, 필요적 공범에 해당하는 범죄를 함께 성립시킨 경우 모두가 필요적으로 '공범'이 되는 것이 아니라 각자가 필요적 공범의 '정범'이 된다고 하겠다.[7] 공동정범이 정범이지만 (광의의) 공범이라든가, 간접정범이 정범이 아니라[8] (확장적) 공범이라든가, 필요적 공범이 사실은 정범이라든가 하는 언명은 그 논리가 어떠하든 표현 자체부터 혼란을 일으킨다.

唐律[9]은 광의의 共犯개념을 전제로 造意者를 首犯, 隨從者를 從犯으로 구분하여 從犯을 首犯의 형보다 1등 감경하여 처벌하는 것을 원칙으로 하면서도,[10] 특정 범죄는 首從구분 없이 공범을 동일하게 처벌하거나[11] 가족이 공범이면 尊長만을 처벌하거나[12] 일반인이 造意해도

4) 상세히는 신동운, 형법총론, 제11판, 법문사, 2019, 649면, 683-684면.

5) 김일수·서보학, 새로쓴 형법총론, 제13판, 박영사, 2018, 444면; 오영근, 형법총론, 제4판, 박영사, 2018, 421면.

6) 신동운, 형법총론, 672면, 705면.

7) 신동운, 형법총론, 739면.

8) 타인을 생명있는 도구로 이용한 '도구형 간접정범'은 외관상 간접적 역할을 한 것으로 보이지만 실질상 범행을 지배한 것이기 때문에 정범이 되고, 고의책임을 지지 않는 타인을 교사·방조한 '공범형 간접정범'은 교사·방조의 예에 의하여 처벌하는 정범이라는 견해는 오영근, 형법총론, 407면, 419면. 그러나 타인을 생명있는 도구로 이용한 경우, 즉 범행매개자를 이용한 간접적 범죄실행의 경우 교사·방조의 예에 의하여 처벌해야 한다는 견해는 김종구, "영미법상 공범체계와 공범종속성 원칙의 변천: 우리 형법상 공범체계와 관련하여", 형사법연구, 제21권 제2호, 2009, 266-267면.

9) 唐律은 현존하는 중국 最古의 법전으로 宋刑統과 大明律로 이어졌고, 조선의 형사법 운용에 영향을 미쳤다. 조지만, 조선시대의 형사법: 대명률과 국전, 경인문화사, 2007, 104-109면.

10) 唐律疏議, 제42조 名例 42.

11) 唐律疏議, 제42조 名例 43. 수종불구분의 범죄는 모반, 반역, 강도, 강간, 약취,

官吏를 首犯으로 처벌하거나[13] 상해의 元謨者, 隨從者 외에 下手重者를 추가하여 가장 중하게 처벌하는[14] 등의 예외를 두었다.[15] 首從의 구별은 오늘날 일상에서 主犯과 共犯을 따지는 것과 유사하다.

우리 현행 형법에서 정범과 공범을 구별하는 이유는 무엇보다도 공동정범이나 교사범과 달리 방조범은 법률상 필요적 형감경을 하여야 한다는 점과 교사범과 방조범이 정범에 종속하여 성립한다는 점에 있다. 뿐만 아니라 형사소송법에서는 공범에 대하여 고소의 불가분(제233조), 공소시효의 정지(제253조), 소송비용의 연대부담(제187조) 등을 규정하고 있고, 토지·사물관할의 병합(제5조, 제9조)과 관련한 관련사건(제11조)의 범위, 증인적격의 유무, 전문법칙 또는 자백보강법칙의 적용 여부 등의 문제 또한 공범과 유관하다.[16] 한편 경범죄의 교사범과 방조범은 정범에 준하여 처벌하고(경범죄처벌법 제4조), 과태료 부과의 대상인 질서위반행위에 2인 이상이 가담한 때에는 모두를 정범으로 하고 있다(질서위반행위규제법 제12조 제1항).

2. 정범과 공범을 어떻게 구분하나?

범죄의 실현에 다수자가 관여한 때에 누구를 정범으로 볼 것인가를 두고 구성요건의 실현이나 법익침해의 위험성을 기준으로 해야 한다는 객관설과 자신을 위한 것인지 타인을 위한 것인지가 기준이라는 주관설이 있지만 절충적 입장에서 범죄의 실현 내지 진행을 좌우하는 결정적 역할을 기준으로 삼아야 한다는 행위지배설 내지 범행[17]지배

궁전난입, 징집불응도주 등이다.

12) 唐律疏議, 제42조 名例 42.

13) 唐律疏議, 제54조 名例 54.

14) 唐律疏議, 제49조 名例 49.

15) 서정민, "당률의 공범처벌과 수종구분의 원칙", 법사학연구, 제39호, 2009, 137-154면.

16) 최병각, "공범과 공동피고인, 왜 문제인가?", 저스티스, 통권 제122호, 2011, 167-169면. 공범에 대한 공소장과 판결문에 정범의 행위도 함께 기재해야 한다는 점을 강조하는 견해는 신동운, 형법총론, 585면. 대법원 1981. 11. 24. 선고 81도2422 판결.

설이 널리 받아들여지고 있다.

독일 형법은 정범을 직접적 행위지배를 하는 실행정범(제25조 제1항 전단), 우월한 의사지배를 하는 간접정범(제25조 제1항 후단), 기능적 행위지배를 하는 공동정범(제25조 제2항)으로 나누고, 공범으로 교사범(제26조)과 방조범(제27조)을 두고 있다. 우리 형법은 단독(실행)정범을 따로 규정하지 않고, 공동정범(제30조), 교사범(제31조), 방조범(제32조)에 이어 간접정범(제34조)을 규정하고 있다.

이론적 측면에서 간접정범이 정범인지 공범인지 다툼이 가장 크고, 다음으로 교사범·방조범이 정범에 종속하는 정도를 두고 논란이 있지만, 현실적으로는 다수관여자가 있는 범죄사건에서 각자를 공동정범으로 처벌할지 아니면 교사범·방조범으로 처벌할지가 매우 중요하다. 왜냐하면 1인이 구성요건에 해당하는 행위를 혼자서 몸소 수행하는 경우와 달리 2인 이상이 공동으로 함께 범행을 하는 경우나 교사나 방조로 정범의 범행을 생성·촉진한 경우는 아무래도 범죄의 폐해가 증대하기 마련이지만, 처벌범위가 지나치게 확장되지 않도록 그 성립요건부터 꼼꼼히 따져야 하기 때문이다.

3. 공동정범은 교사범, 방조범, 간접정범과 어떻게 다른가?

무릇 죄를 실행한 자가 죄를 범한 것과 마찬가지로 타인으로 하여금 죄를 범하도록 교사한 자도 죄를 범한 것이고 타인이 죄를 범하는 것을 방조한 자도 죄를 범한 것이다. 다만 실행정범의 범죄는 개별구성요건인 각칙 본조만을 적용하지만, 교사범이나 방조범의 범죄는 타인인 정범의 범죄에 대한 구성요건에 더하여 총칙 공범규정을 적용하여야 한다. 공동정범의 경우에도 각칙 본조와 총칙 공범규정을 적용해야 하지만, '공동하여 죄를 범한' 것이 과연 단독정범으로 범할 수 있는 '죄'를 공동하여 범한 것인지,[18] 아니면 '공동하여 범하는 죄'를

17) 자연적 의미의 행위(Handlung)와 달리 범행(Tat)은 형법적 평가를 거친 행위로서 범죄행위를 뜻한다는 견해는 오영근, 형법총론, 359면.

범한 것인지[19] 다툼이 있을 수 있다. 왜냐하면 교사범이나 방조범은 서로 명확하게 구분되는 정범의 존재를 전제하는 반면, 공동정범은 각자가 정범이자 모두가 공동정범이기 때문이다. 공동정범은 '분업원리'에 기초하고, '부분실행 전체책임'이 적용된다.[20]

이와 달리 도주죄라는 범죄를 교사 또는 방조하는 것을 도주원조죄(제147조, 제148조)라는 별도의 범죄로 처벌하는 경우나 그 자체 범죄가 아닌 자살을 교사 또는 방조하는 것을 자살교사·방조죄(제252조 제2항)라는 고유한 범죄로 처벌하는 경우에는, 총칙 공범규정을 각칙 본조의 해석에 참고하기 위해 고려할 수는 있지만, 공범규정을 적용해야 하는 것은 아니다. 왜냐하면 도주원조나 자살교사·방조의 행위를 하면 바로 정범이 성립하기 때문이다. 한편 우리 형법 제34조의 간접정범의 경우 타인을 교사·방조하여 범죄행위의 결과[21]를 발생하게 하는 행위를 한 자를 정범의 형을 기준으로 동일하거나 감경하거나 가중한 형으로 처벌할 것 규정하고 있는데, 교사·방조의 내용인 범죄행위에 대한 각칙 본조와 총칙 공범규정을 더불어 함께 적용해야 할 것이다.

정범의 성립에 필요한 주관적 요건으로서 고의는 객관적 구성요건요소에 대한 인식(과 의욕)을 뜻하고, 구성요건에서 목적이나 경향성 또는 표현성을 따로 더 요구하지 않는 한 고의만으로 고의범 성립의 주관적 요건을 충족한다. 이와 달리 공동정범 성립에는 특정 구성요건의 객관적 요소에 대한 고의인 '정범의 고의'만이 아니라 공동하여 범죄성립에 가공한다는 인식·의욕인 '공동의 고의'까지 요구한다고 하겠

18) 1인이 단독으로 범할 수 있는 범죄에 2인 이상이 관여하는 '임의적 공범'과 달리 '필요적 공범'은 범죄구성요건 자체가 2인 이상의 관여를 필수적인 요소로 하고 있는 범죄이지만, 각 관여자마다 '필요적 공범'의 '정범'으로 처벌할 것인지 여부가 문제된다.

19) 공동정범이 범죄의 공동적 수행을 내용으로 하는 범죄참가유형이라는 견해는 백원기, "공모와 공동정범", 형사판례연구, 제4권, 1996, 103면.

20) '일부실행 전부귀속'이라는 견해는 김일수/서보학, 새로쓴 형법총론, 464면.

21) '범죄행위의 결과'를 '결과범에서의 결과'가 아니라 '객관적 구성요건의 실현', 즉 '구성요건적 결과'를 의미한다는 견해는 신동운, 형법총론, 686면.

다. 다시 말해서 단독정범과 달리 광의의 공범은 '정범의 고의'와 '공범(공동, 교사, 방조)의 고의'라는 '이중의 고의'를 범죄성립의 주관적 요건으로 한다는 것이다.[22] 인간 행동의 심리 측면에서 어떤 일을 혼자 알아서 수행하는 것과 타인이 시켜서 수행하거나 타인과 함께 수행하는 것이 다르고, 타인의 수행을 돕는 것은 또 다르다.

여기에서 공동정범의 주관적 요건인 '공동가공의 의사'가 죄의 성립요소인 사실에 대한 인식인 '범의'(제13조)와 어떤 관계인지 문제이다. 어떤 행위가 구성요건에 해당하는 행위라는 사실에 대한 인식을 뜻하는 '고의'와 서로 다른 사람의 행위를 이용하여 공동하여 죄를 범한다는 의사의 연락인 '공모'[23]는 결코 동일한 것은 아니다.[24] 더욱이 공동정범의 본질이 정범에 대한 교사나 방조의 방식에 의한 加功이 아니라 단독이 아닌 공동의 방식으로 이루어지는 정범에 대한 加功이라 한다면, 공동정범을 성립시키는 주관적 요소는 어떤 행위가 구성요건에 해당하는 행위라는 사실에 대한 인식('정범의 고의')에 더하여 그 행위가 共同加功에 의한 범행이라는 사실에 대한 인식, 즉 공동으로 가공하여 행위한다는 사실에 대한 인식('공동의 고의')이 요구된다고 하겠다. 이는 살인(제250조 제1항)의 고의와 존속살해(제250조 제2항)의 고의가 다르고, 사실적시 명예훼손(제307조 제1항)의 고의와 허위사실적시 명예훼손(제307조 제2항)의 고의가 다르고, 강간(제297조)의 고의와

22) 미국 형법에서도 광의의 공범(accomplice)에게 이중의 고의(dual intents)를 요구한다. LaFave, Criminal Law, 3rd. ed., West Group, 2000, 621면; Dressler, Understanding Criminal Law, 3rd. ed., LexisNexis, 2001, 472면.

23) 공동정범의 주관적 성립요건인 '공동의 의사연락'이 '공모'라는 견해는 신동운, 형법총론, 599면. 그러나 공동정범의 행위귀속을 위한 근거가 되는 '공모'는 단순한 '의사연락'이 아니라 역할분담, 범행계획 혹은 범죄수행에 관한 구체적 합의로서의 '공동의 범행결의'라는 견해는 이용식, 형법총론, 박영사, 2018, 90면; 이용식, "공동정범의 실행의 착수와 공모공동정범", 형사판례연구, 제8권, 2000, 77면.

24) 공모는 수인이 공모형성에 참여함으로써 각 행위자가 가지게 된다는 점에서 순수한 주관적 요소로서 고의와는 구별된다는 견해는 허황, "단체결정의 가벌성에 관한 연구", 비교형사법연구, 제19권 제2호, 2017, 47면.

유사강간(제297조의2)의 고의와 강제추행(제298조)의 고의가 서로 다른 것과 대비된다.

고의범 성립에 필요한 '범의'(제13조)와 음모죄 처벌의 전제인 '음모'(제28조)는 구별되고, 이들은 내란죄의 '모의'와도 다르다. 犯意가 범행의 모든 단계에 걸쳐 內心에 존재하는 意思 자체라면, 陰謀는 실행착수 이전 단계의 意思 形成이고, 謀議는 적어도 2인 이상이 서로 意思를 交換하여 공동의 의사를 형성하는 작업 내지 그 결과라고 하겠다. 판례나 학설에 자주 등장하는 '고의'와 '공모'의 개념을 어떻게 구별할지도 문제이다.

생각건대 공동정범의 주관적 요건인 '공동가공의 의사'는 구성요건에 대한 인식(정범의 고의)과 공동가공에 대한 인식(공동의 고의)의 결합으로 이루어지는 二重의 '故意'라 한다면, (공모)공동정범 성립의 전제 요건으로서 '共謀'는 공동정범('공모자') 1인의 '공동가공의 의사'와 다른 (실행)공동정범의 '공동가공의 意思'의 連絡 자체라 할 수 있겠다. 다시 말해서 '공동가공의 의사'는 '정범의 고의'를 포함한 이중의 고의이고, '공동가공의 의사'를 가진 각자가 모두 서로 '의사의 연락', 즉 '공모'를 하여 '공동의 의사'를 형성하고, 이러한 '공동의 의사'에 의한 기능적 행위지배를 통한 범죄실행이 있을 때에 공동정범이 성립한다.[25)]

우리 형법은 범행을 교사했는데 교사를 받은 자가 범죄의 실행을 승낙하지 않은 경우 교사자만 음모·예비에 준하여 처벌하고(제31조 제3항), 범죄의 실행은 승낙하고 실행착수에 이르지 않은 경우 교사자와 피교사자를 함께 음모·예비에 준하여 처벌하고(제31조 제3항), 범죄를 실행한 경우 교사자와 피교사자를 동일한 정범의 형으로 처벌한다(제

25) '공동가공의 의사'와 '공모'를 따로 구분해야 한다는 견해는 천진호, "'공모'공동정범에 있어서 공모의 정범성", 형사판례연구, 제9권, 2001, 199면; 김성룡, "공동정범의 주관적 구성요건요소", 비교형사법연구, 제3권 제1호, 2001, 103면; 류전철, "공범이론에서 '공모'개념의 문제성", 형사법연구, 제26권 제1호, 2014, 8면; 승재현, "공동정범 성립가능성 여부에 대한 판단", 법률신문, 2017.10.24.; 승재현, "공모공동정범 성립 가능성 여부를 중심으로", 법률신문, 2018.10.1.

31조 제1항). 피교사자에게 이미 범행결의가 존재하여 처음부터 교사의 효과가 있을 수 없었던 경우 교사에 실패한 경우와 마찬가지로 예비·음모에 준하여 처벌할 수도 있겠지만, 교사자의 교사행위를 심리적 방조행위로 평가하여 방조범으로 처벌해야 할 것이다.[26] 방조범은 정범의 의사와 무관하게 편면적 방조범이 성립할 수 있지만,[27] 공동정범이나 교사범은 일방의 의사만으로 성립할 수 없고 반드시 타방과의 의사연락을 전제한다.[28] 다만 공동정범은 순차적이든 암묵적이든 의사연락이 이루어지면 되고,[29] 교사범은 직접이든 간접이든 또는 재교사든 교사에 의한 범행결의가 일어나면 된다.[30]

독일 형법이론에서 정범과 공범은 '범행지배설'에 따라 구별하고, 공동정범의 행위지배는 기능적 행위지배를 의미하는데, 기능적 행위지배는 단순히 공동가공의 의사와 공동실행행위라는 주관적 객관적 표지가 병렬적으로 존재한다는 사실만으로 인정할 수는 없고, 각각의 요건이 구체적인 범죄의 실현 또는 완성에 있어서 본질적인 부분인지 아닌지에 대한 규범적 판단을 거쳐야 한다고 한다.[31] 공동실행의 의사는 기능적 행위지배의 본질적 전제조건이며 이를 통해 각 공동행위자는 역할분담적 행위수행에 대한 인식을 갖게 되어 개개의 행위부분을 전체 행위로 묶는 역할을 한다고 한다.[32] 공동가공의 의사는 단순한 의사의 합치만으로는 충분하지 않다고 한다.[33]

26) 신동운, 형법총론, 662면.
27) 신동운, 형법총론, 674면.
28) 편면적 공동정범은 공동정범이 아니며, 동시범이나 편면적 종범이 될 수 있을 뿐이다. 신동운, 형법총론, 600면; 김일수/서보학, 새로쓴 형법총론, 447면; 오영근, 형법총론, 369면. 대법원 1985. 5. 14. 선고 84도2118 판결.
29) 신동운, 형법총론, 600면. 대법원 1988. 9. 13. 선고 88도1114 판결.
30) 신동운, 형법총론, 657면.
31) Roxin, Täterschaft und Tätherrschaft, 7. Aufl., Berlin; Walter de Gruyter, 2000, 529면.
32) Jeschek/Weigend, Lehrbuch des Strefrechts Allgemeiner Teil, 5. Aufl., Berlin: Duncker & Humbolt, 1996, 674면.
33) Schönke/Schröder/Heine, Strefgesetzbuch Kommentar, 28. Aufl., München: C. H. Beck, 2010, §25. Rn.68.

4. 공동정범이 합동범, 필요적 공범, 동시범과 어떻게 다른가?

공동정범이 2인 이상이 공동하여 죄를 범하는 것(제30조)이라면, 합동범은 2인 이상이 합동하여 죄를 범하는 것(제334조 제2항 등)이다. 여기에서 죄를 범함에 있어 '공동'하는 것과 '합동'하는 것이 어떻게 다른지 문제이다. 왜냐하면 공동정범은 각자를 정범으로 처벌하지만, 합동범은 일반 범죄의 형보다 대폭 가중하여 처벌하기 때문이다. 동일한 맥락에서 2인 이상이 공동하여 죄를 범하면 2분의1을 가중하는 공동범(「폭력행위 등 처벌에 관한 법률」 제2조 제2항)도 공동정범과 다르다. 합동범이나 공동범은 반드시 시간적·장소적으로 협동관계에 있어야 한다는 점에서 어떻든 실행행위의 분담이나 기능적 행위지배만 있으면 되는 공동정범보다 그 성립이 제한적이다. 합동범의 본질을 두고 공모공동정범설, 가중적 공동정범설, 현장설, 현장적 공동정범설 등이 대립하고 있고, 외부자가 합동범의 공동정범이 될 수 있는지 견해가 갈린다.[34] 대법원은 현장적 공동정범설의 관점에서 합동범의 공동정범을 인정한다.[35]

필요적 공범은 집합범과 대향범으로 나눌 수 있는데, 그 관여자의 처벌이 달라지는 양태[36]에 따라 내외의 다른 관여자에게 공동정범이나 교사범·방조범의 성립을 인정할 것인지를 두고 다양한 의견이 대립하고 있다. 다시 말해서 필요적 공범에 대하여도 임의적 공범이 성립하는지, 특히 공동정범이 성립하는지 견해가 다양하다.[37] 판례에 따

34) 상세히는 신동운, 형법총론, 747-754면.

35) 대법원 1998. 5. 21. 선고 98도321 판결. 그러나 합동범의 합동은 행위자관련 정범표지이기 때문에 현장의 협동관계를 형성하지 않은 자에 대해 범행지배만 가지고 정범성을 인정할 수는 없다는 견해는 김봉수, "합동범의 공동정범에 관한 비판적 고찰", 형사정책, 제29권 제2호, 2017, 169면.

36) 예를 들면 내란죄(제87조)는 수괴, 모의·지휘자 또는 살상·파괴·약탈자, 부화수행자 또는 단순폭동자에 대한 법정형을 달리 하고, 소요죄(제115조)와 도박죄(제246조)는 관여자 모두 동일한 법정형으로 처벌하고, 수뢰죄(제129조)와 뇌물공여죄(제133조)는 서로 다른 법정형으로 처벌하고, 공무상 비밀누설죄(제127조)나 음화판매죄(제243조)의 상대방은 처벌하지 않는다.

37) 상세히는 신동운, 형법총론, 721-725면.

르면 필요적 공범은 물론 행위의 상대방이 있는 일반 범죄의 경우에도 적극 가담한 자를 공동정범으로 처벌할 수 있다고 한다.[38]

동시 또는 이시의 독립행위가 경합하여 어떤 결과를 발생시켰어도 그 결과발생의 원인된 행위가 판명되지 아니한 때에는 각 행위를 미수범으로 처벌하지만(제19조), 상해의 결과를 발생하게 한 경우에는 원인된 행위가 판명되지 아니한 때에도 공동정범의 예에 의하여 각 행위를 기수범으로 처벌한다(제263조). 실무에서는 독립행위인지 공동행위인지 판별하기 위해 상호 의사의 연락이 존재하였는지 다툼이 있는 경우가 적지 않다. 또한 상해 동시범의 특례에 대하여 인과관계의 거증책임전환과 의사연락의 의제를 규정한 것이라는 견해[39]를 비롯하여 논란이 있다. 그러나 각각의 독립행위가 서로 경합관계를 이루어 상해의 결과와 연결되었음을 이유로[40] 하나의 공동행위의 부분행위로 취급하는 것이 핵심이고, 따라서 처음부터 아예 경합관계가 아니라면 상해 동시범의 특례를 적용할 수 없다.[41]

Ⅲ. 공동정범과 방조범을 어떻게 구별하나?

1. 공모공동정범이 공동정범인가?

일반적으로 공동정범은 공동가공의 의사와 실행행위의 분담을 갖추어야 성립한다. 다시 말해 공동정범의 본질은 분업적 역할분담에 의한 기능적 행위지배에 있다.[42] 그럼에도 공모자 중 구성요건행위를 직

38) 대법원 2016. 10. 13. 선고 2014도17211 판결. 동판결에서 대법원이 '적극 가담' 사실을 부정한 것을 두고 사실상 형법총칙의 공범규정의 적용을 회피하는 것이며 '새로운 공범형태를 창설한 것'이라는 견해는 강우예, "배임행위의 거래상대방의 공범성립 형태", 형사법연구, 제29권 제4호, 2017, 260면, 290-291면.

39) 신동운, 형법각론, 제2판, 법문사, 2018, 576면.

40) 경합하는 독립행위 전부 혹은 일부에 의해 결과가 발생하였다는 것은 인정되어야 한다는 견해는 오영근, 형법총론, 448면.

41) 가해행위를 한 것 자체가 분명하지 않은 사람에 대하여 상해죄의 동시범으로 다스릴 수 없다. 대법원 1984. 5. 15. 선고 84도488 판결.

42) 공동정범은 공동의사에 의한 기능적 행위지배가 있음에 반하여 종범은 그 행

접 분담하여 실행하지 아니한 사람도 이른바 공모공동정범이 될 수 있는지 논란이 있다.[43]

우리 형사실무는 일찍부터 공동정범을 폭넓게 인정하여 왔다. 예를 들면 실행의 착수 이후 기수에 이르기 전에 가담한 자에 대해서도 공모의 사실확인을 통해 '전체 범죄'에 대한 공동정범의 성립을 인정한다.[44] 결과적 가중범에서도 기본범죄에 대한 공모의 사실만 확인된다면 중한 결과를 예견할 수 없는 때가 아닌 한 결과적 가중범의 공동정범을 인정한다.[45] 합동범에 대하여도 공모에 의하여 공동정범의 성립을 긍정한다.[46] 나아가 공모한 범행의 도중에 부수적인 다른 범죄가 파생되리라고 예상하거나 충분히 예상할 수 있었다면 공모의 내용과는 전혀 별개인 범행에 대해서도 공동정범의 성립을 인정한다.[47]

통상적으로 공모공동정범 이론이라 하면 일정한 범죄를 실현하고자 2인 이상이 공모하여 공모자 중의 일부가 실행에 나아간 때에 실행행위를 분담하지 아니한 다른 공모자에게도 공동정범의 성립을 인정하는 이론이라 한다.[48]

위지배가 없는 점에서 양자가 구별된다. 대법원 1989. 4. 11. 선고 88도1247 판결; 대법원 2013. 1. 10. 선고 2012도12732 판결.

43) 상세히는 신동운, 형법총론, 604-616면. 공모공동정범 인정여부를 공동정범 인정근거를 기준으로 형식적 부정설, 실질적 부정설, 제한적 긍정설로 분류하는 견해는 정지훈, "공모공동정범을 둘러싼 논쟁들의 재평가", 인하대, 법학연구, 제15집 제2호, 2012, 218-223면.

44) 대법원 1984. 12. 26. 선고 82도1373 판결; 대법원 1995. 9. 5. 선고 95도577 판결.

45) 대법원 2000. 5. 12. 선고 2000도745 판결.

46) 대법원 1998. 5. 21. 선고 98도321 판결. 동판결에 대하여 합동의 개념을 넓힌 것이 아니라 공동정범의 법리를 합동범에 적용함으로써 나타난 이론적 귀결이라고 해야 한다는 견해는 김성돈, 형법총론, 제5판, 성균관대 출판부, 2017, 632면.

47) 대법원 2011. 1. 27. 선고 2010도11030 판결. 이러한 파생적 공동정범론은 형법적용의 영역에서뿐만 아니라 입법영역에서도 수용될 수 없는 개별행위책임 원칙의 심각한 이탈이라는 견해는 김성돈, "형법이론학의 기능과 과제 찾기", 형사법연구, 제23권 제3호, 2011, 14면.

48) 신동운, 형법총론, 605면. 그러나 공모공동정범은 '공동의 범행결의'라는 '공모'만으로 공동정범을 인정하는 것이 아니라 '공동의 범행결의' 없는 '공모'만으

우리 대법원은 처음에는 '공동의사주체설'[49]이나 '간접정범유사설'[50]에 입각하여 공모공동정범을 인정하다가 최근에는 '기능적 행위지배설'[51]에 따라 단순한 공모자와 공모공동정범인 공모자를 구별하기에 이르렀다. 다시 말해 공모가 범죄완성에 본질적 기여가 됨으로써 공모자가 기능적 행위지배를 하여야만 공모공동정범이 성립한다는 것이고,[52] 굳이 따로 공모공동정범을 구별할 것 없이 기능적 행위지배 유무에 따라 공동정범 성립 여부를 판단하면 충분하다.[53] 이러한 맥락에서 예비·음모단계의 공모가 실행착수 후에도 지속적인 영향력을 가지면 본질적 기여 내지 기능적 행위지배가 인정되어 공동정범이 성립

로 공동정범을 인정하는 것이라는 견해는 이용식, "공동자 중 1인의 실행착수 이전 범행이탈", 형사판례연구, 제11권, 2003, 97면.

49) 공모공동정범은 공동범행의 인식으로 범죄를 실행하는 것으로 공동의사주체로서의 집단전체의 하나의 범죄행위의 실행이 있음으로 성립하고 공모자 모두가 그 실행행위를 분담하여 이를 실행할 필요가 없고 실행행위를 분담하지 않아도 공모에 의하여 수인간에 공동의사주체가 형성되어 범죄의 실행행위가 있으면 그 실행행위를 분담하지 않았다고 하더라도 공동의사주체로서 정범의 죄책을 지게 하는 것이다. 대법원 1983. 3. 8. 선고 82도3248 판결.

50) 공모공동정범이 성립되려면 두 사람 이상이 공동의 의사로 특정한 범죄행위를 하기 위하여 일체가 되어 서로가 다른 사람의 행위를 이용하여 각자 자기의 의사를 실행에 옮기는 것을 내용으로 하는 모의를 하여 그에 따라 범죄를 실행한 사실이 인정되어야 하는 것이고 이와 같이 공모에 참여한 사실이 인정되는 이상 직접 실행행위에 관여하지 안했더라도 다른 사람의 행위를 자기의사의 수단으로 하여 범죄를 하였다는 점에서 자기가 직접 실행행위를 분담한 경우와 형사책임의 성립에 차이를 둘 이유가 없는 것이다. 대법원 1988. 4. 12. 선고 87도2368 판결.

51) 구성요건행위를 직접 분담하여 실행하지 아니한 공모자가 공모공동정범으로 인정되기 위하여는 전체 범죄에 있어서 그가 차지하는 지위·역할이나 범죄경과에 대한 지배 내지 장악력 등을 종합하여 그가 단순한 공모자에 그치는 것이 아니라 범죄에 대한 본질적 기여를 통한 기능적 행위지배가 존재하는 것으로 인정되어야 한다. 대법원 2010. 7. 15. 선고 2010도3544 판결; 대법원 2013. 6. 27. 선고 2013도3246 판결.

52) 천진호, "'공모'공동정범에 있어서 공모의 정범성", 202-203면; 이창섭, "공모공동정범이론 유감", 비교형사법연구, 제9권 제2호, 2007, 360면; 최호진, "기능적 행위지배와 공모공동정범", 경북대, 법학논고, 제32집, 2010, 640면; 정도희, "본질적 기여를 고려한 공모공동정범", 형사법연구, 제23권 제2호, 2011, 144면.

53) 정지훈, "공모공동정범을 둘러싼 논쟁들의 재평가", 223면.

한다.[54] 공동정범 귀속의 근거가 되는 공모는 기능적 역할분담이나 공동의 범행계획이고,[55] 자신의 범죄를 실현한다는 '의사'나 간접정범에 가까운 고도의 '합의'라는 표지는 이를 확인하기 위한 것일 뿐이다.[56]

한편 대법원의 판례에 따르면 공모와 모의는 범죄사실을 구성하는 것으로서 이를 인정하기 위하여는 엄격한 증명에 의하여야 하지만,[57] 공모에 대하여는 직접증거가 없더라도 정황사실과 경험법칙에 의하여 인정할 수 있을 뿐만 아니라[58] 공모사실이 있었다는 공동피고인의 진술만으로 별도의 보강증거조차 없이 공동정범의 성립을 인정할 수 있다.[59]

그러나 생각건대 공모의 내용과 정도를 묻지 않고 공모의 존재가 확인되기만 하면 본질적 기여나 기능적 역할분담의 존재 여부를 검토할 필요도 없이 공동정범의 성립을 인정한다면, 이는 '공모공동정범이

---

54) 이원경, "기능적 행위지배와 공모공동정범의 정범성", 형사법연구, 제22권 제2호, 2010, 66면; 이원경, "판례에 나타난 공동정범의 정범성 판단기준: 실행행위분담이 없는 공동정범을 중심으로", 형사법연구, 제26권 제3호, 2014, 16면. 나아가 '본질적 기여'는 전체 범죄결과 실현에 있어서 그 기여행위가 중요한 영향력을 여전히 지니고 있는지 여부에 달려 있지만, 실행단계의 기여행위와 달리 예비·음모단계의 기여행위는 계속적인 중요한 영향력뿐만 아니라 범죄실현 행위와의 직접적인 연관관계를 고려해야 하며, 예를 들면 직접적인 도구의 제공이나 전체 범죄를 위한 결정적인 계획의 제공이라야 공동정범을 성립시키는 본질적 기여라 할 수 있다는 견해는 이수진, "공동정범에서의 정범성립 요건: '공모'공동정범과 관련하여", 부산대, 법학연구, 제56권 제3호, 2015, 7-8면; 이수진, "기능적 행위지배의 '계속적 영향력'과 범행단계와의 관계", 형사법연구, 제28권 제2호, 2016, 105면. 그러나 예비단계의 관여행위는 교사범 또는 방조범이 될 수 있을 뿐이며 공동정범은 실행행위단계의 기능적 행위지배가 필요하다는 견해는 조기영, "예비단계에서의 관여행위와 공동정범", 형사법연구, 제25권 제4호, 2013, 97면.

55) 공모란 범죄실행에 관하여 의사가 합치된 정도를 넘어 범죄실행의 단계에까지 영향력을 미치는 강화된 형태의 주관적 요소를 의미한다는 견해는 원형식, "공모공동정범", 건국대, 일감법학, 제16호, 2009, 11면.

56) 이용식, "공동정범의 실행의 착수와 공모공동정범", 76-78면.

57) 대법원 2005. 3. 11. 선고 2002도5112 판결.

58) 대법원 2004. 12. 10. 선고 2004도5652 판결.

59) 대법원 1985. 3. 9. 선고 85도951 판결.

론의 일반화'라 할 수 있고,[60] 기능적 행위지배라는 용어만을 차용한 이른바 '명칭사기'를 통해 오히려 공동정범의 성립요건을 완화시키는 결과를 야기한다고 할 수 있다.[61]

또한 생각건대 '본질적 기여를 통한 기능적 행위지배' 그 자체가 아무런 내용이 없는 규범적 판단의 결과에 불과하다는 점에서 구체적 판단기준을 제공하지 않는다면 공동정범의 성립문제는 법관의 전적인 재량판단에 의해서만 결정될 수밖에 없다는 것이 문제이다.[62] 존재론적 정범이론, 사회적 정범개념, 전체적 고찰방식에 따른다면 주관적·객관적 요소의 어떤 것들이 존재하였고, 그것이 공동정범 여부 판단에 어떻게 작용했는지 판결문에 설시해야 한다는 주장[63]도 동일한 맥락이다.

하지만 생각건대 '구체적 판단기준'은 또다른 '규범'이 아닌지 의문이다. '기능적 행위지배' 또는 '본질적 기여'의 존부는 사실판단의 문제이고, 이는 자유심증에 의할 수밖에 없는 것이다. 설령 구체적 판단기준을 정립하더라도 현실의 사안에서 공동정범의 성립 여부에 대한 판단이 법리의 문제로 바뀌는 것은 아니라 하겠다.

2. 공동정범 또는 방조범은 정범과 어떠한 관계인가?

가. 고의의 내용

방조범은 정범의 실행을 방조한다는 이른바 '방조의 고의'와 정범의 행위가 구성요건에 해당하는 행위인 점에 대한 '정범의 고의'가 있어야 하는데, 방조범에서 요구되는 '정범의 고의'는 정범에 의하여 실

60) 김성돈, 형법총론, 617면.

61) 하태훈, "기능적 범행지배의 의미", 형사판례연구, 제12권, 2004, 82면; 정지훈, "공모공동정범을 둘러싼 논쟁들의 재평가", 214면.

62) 류전철, "공동정범의 이론구성에 관한 비교법적 연구", 비교형사법연구, 제18권 제2호, 2016, 235면; 손지영, "형사특별법상 다수가담자의 형사책임", 성균관법학, 제24권 제2호, 2012, 405면; 정지훈, "공모공동정범을 둘러싼 논쟁들의 재평가", 225면.

63) 김성룡, "존재론적 공동정범표지", 비교형사법연구, 제17권 제2호, 2015, 91면.

현되는 범죄의 구체적 내용을 인식할 것을 요하는 것이 아니고 미필적 인식이나 예견으로 족하다.[64] 공동정범의 경우에도 '정범의 고의'와 '공동의 고의'가 필요하고, 공동정범의 '정범의 고의' 역시 범행에 대한 미필적 인식으로 충분할 것이다. 그러나 '공동의 고의'는 어느 정도여야 하는지 다툼이 있을 수 있다.

사실 '방조의 고의'나 심지어 '교사의 고의'는 타인이 행하는 어떤 행위를 본인이 돕는다거나 시킨다는 것을 내용으로 하고, 따라서 타인이 본인의 방조·교사하는 행위에 대하여 어떤 의사를 가지는지는 별 다른 의미가 없다.[65] 이와 달리 '공동의 고의'는 공동으로 행하려는 어떤 행위에 대한 본인과 타인의 의사가 합치까지는 아니라도 공통 부분을 공유해야 한다. 이러한 맥락에서 '공동의 의사'는 단순한 인식만이 아니라 최소한의 의욕이어야 한다.

더욱이 공동정범의 성립요건으로서 '공동가공의 의사'는 참가자 각자의 내면에 존재하는 '의사의 연락'에 대한 의사까지 포함하는 것이라 할 수 있고, 따라서 미필적 인식 수준으로 충분한 '정범의 고의'와 달리 '공동의 고의'와 '의사의 연락'에 대한 고의는 인식을 넘어 의욕의 수준에 다다라야 할 것이다.[66]

나. 범행의 시기

정범의 실행행위 중에 방조하는 경우는 물론 실행착수 전에 장래의 실행행위를 예상하고 방조하더라도 방조범이 성립하고, 기수 이후라도 범행이 완료할 때까지는 방조범으로 관여할 수 있다.[67] 이와 달

64) 신동운, 형법총론, 679면. 대법원 2007. 12. 14. 선고 2005도872 판결; 대법원 2013. 9. 26. 선고 2011도1435 판결.

65) 정범은 방조범의 방조행위를 인식할 필요가 없다는 견해는 이승준, "무형적 방조행위의 한계", 형사정책연구, 제19권 제1호, 2008, 70면.

66) 범행지배에 대한 고의는 미필적 고의로는 부족하고 의욕적 측면이 보다 더 강화된 고의형태에 이르러야 한다는 견해는 박경규, "간접정범의 공동정범?: 국제형사재판소(ICC) 판례와 독일 및 국내의 논의를 중심으로", 형사법연구, 제29권 제4호, 2017, 62면.

67) 신동운, 형법총론, 675-676면.

리 공동정범은 공모를 했어도 실행착수 전에 이탈하면 공동정범이 성립하지 않는 것이 원칙이지만, 실행착수 이전의 공모가 실행착수 이후에 그 영향력을 지속적으로 발휘하여 중요성 내지 직접성 차원에서 본질적 기여를 한 것으로 인정되면 공동정범이 성립하기 때문에 공모관계의 이탈은 공모에 의하여 담당한 기능적 행위지배를 완전히 해소하여야 한다.[68]

Ⅳ. 대상판결의 분석

대상판결은 캐릭터 커뮤니티를 통하여 알게 된 서울의 18세 乙이 손가락을 갖고 싶다고 하자 인천의 17세 甲이 7세 초등생을 집으로 유인하여 목 졸라 살해한 다음 손가락 등을 잘라내고 나머지 사체를 옥상 물탱크에 버렸고, 그러한 甲의 행위와 상황을 전화통화나 문자메시지를 통하여 알면서 서로 함께 한 乙이 甲으로부터 건네받은 손가락을 "예쁘더라" 하고는 잘게 잘라 음식물 쓰레기통에 버렸다는 매우 엽기적인 사건을 다룬 것이다.

검사는 처음에 甲은 살인죄, 乙은 살인방조죄로 기소하였으나 나중에 甲과 乙을 살인죄의 공동정범으로 공소장변경을 하였다. 제1심은 甲과 乙이 범행에 대하여 공모한 사실이 있고 乙에게도 범행에 대한 본질적 기여를 인정할 수 있다고 보아 살인죄 공동정범의 성립을 인정하였다. 항소심은 범행 당일 새벽까지 대화를 나눌 때까지는 乙이 甲의 실제 살인 범행에 대한 가능성을 진지하게 인식하면서 이를 지시하거나 범행계획을 모의하는 등의 방법으로 공모하였다고 보기 어렵다고 판단하고, 다만 셀프카메라 방식으로 촬영한 변장사진을 보낸 시점 이후부터는 甲이 서로의 대화에 머물렀던 허구적인 상황을 넘어서서 실제로 살인 범행을 저지른다는 점을 乙이 미필적으로나마 인식

68) 신동운, 형법총론, 601면. 대법원 2008. 4. 10. 선고 2008도1274 판결; 대법원 2010. 9. 9. 선고 2010도6924 판결.

또는 예견하였고 판단하면서, 나아가 甲에게 전화통화 및 카카오톡 문자메시지를 실시간으로 보낸 것은 甲이 초등학교 저학년의 하교시간에 맞추어 밖으로 나가 살인 범행 대상을 용이하게 선정하도록 하고 甲의 살인 범행의 결의를 강화하거나 유지할 수 있도록 하여 정신적으로 돕는 행위를 한 것이라고 판단함으로써 乙에게 살인방조죄를 인정하였다.

이에 대법원은 항소심이 乙을 살인죄의 공모공동정범으로 인정할 수 없다고 판단한 것이 논리와 경험의 법칙을 위반하여 자유심증주의의 한계를 벗어나거나 공모공동정범에 관한 법리를 오해한 잘못이 없고, 또한 乙에 대하여 공소장변경 없이 살인방조죄를 유죄로 인정한 것이 범행 동기 등에 관한 필요한 심리를 다하지 아니한 채 논리와 경험의 법칙을 위반하여 자유심증주의의 한계를 벗어나거나 방조, 축소사실 인정 및 공소장변경에 관한 법리를 오해하거나 증거재판주의를 위반하는 등의 잘못이 없다고 판시하였다.

대상판결에서 공동정범 내지 공모공동정범이나 방조범의 성립요건 및 입증에 대한 판시사항은 특이한 점이 없다. 그러나 乙에 대하여 살인죄의 공동정범을 인정한 제1심의 판단을 뒤집고 살인죄의 방조범을 인정한 항소심과 대법원의 결론에 쉽사리 동조하기는 어렵다. 왜냐하면 첫째, 甲과 乙의 범행을 굳이 두 단계로 나눌 것이 아니라 전체를 하나의 과정으로 파악해야 한다. 둘째, 공모는 구체성을 갖추어야 한다는 점은 타당하나 구체성 있는 공모가 있느냐 없느냐는 법리오해가 아니라 사실오인의 문제이다. 셋째, 甲의 살인 범행에 대한 乙의 미필적 인식 또는 예견은 '정범의 고의'로서 '방조의 고의'뿐만 아니라 '공동의 고의'와도 결합할 수 있다. 넷째, 범행대상을 선정하고 범행결의를 강화·유지하도록 한 행위는 비록 현장에서 멀리 떨어져 오직 전화통화로만 이루어졌지만 필요할 때 실시간으로 이루어져 단순한 방조가 아니라 본질적 기여 내지 기능적 행위지배에 해당할 수 있다.[69)]

---

69) 범행장소에 존재하지 않고 단지 전화통화 등을 통하여 범행을 조정하는 경우

다섯째, 채증법칙위반이 상소이유로는 법령위반[70]이 아니라 사실오인에 해당하고,[71] 항소심에서 징역 13년이 선고된 사건이라 사실오인을 이유로 상고할 수 있다. 여섯째, 방조범을 인정하여 공동정범 성립여부를 따로 따지지 않은 것이 공동정범과 방조범의 관계[72]에 대한 법리를 오해하여 심리를 미진한 것으로 법령위반에 해당할 수 있다.

범죄성립에 어떤 요건을 필요로 하는지는 우선은 입법 사항이지만, 다음은 법령의 해석·적용에 관한 문제이다. 그럼에도 범죄성립의 요건사실의 존부는 궁극에는 사실인정의 주체(fact-finder)인 법관의 자유심증에 맡길 수밖에 없다. 범죄성립의 주관적 요소, 예를 들면 고의, 과실, 목적, 경향 등의 존부를 판단하기 위해서 객관적 징표를 고려할 수 있고, 범죄성립의 객관적 요소, 예를 들면 행위주체, 행위대상, 행위태양, 인과관계 등의 존부를 판단하기 위해서 주관적 징표를 참작할 수 있을 것이다.

살피건대 甲이 피해자를 유인하여 살해하고 사체를 손괴하고 유기한 것은 분명하다. 이러한 甲의 범행을 乙은 전화통화나 문자메시지로 거의 실시간으로 알면서 수시로 응대와 조언을 하였다. 비록 현장에서 실행행위를 분담한 것은 아니지만, 乙이 손가락을 갖고 싶어 한다는 사실이 甲이 범행을 결의한 계기가 되었고, 乙은 甲이 범행으로

에도 공동정범의 성립을 인정할 수 있다는 견해는 임웅, 형법총론, 제10정판, 법문사, 2018, 461면; 조기영, "예비단계에서의 관여행위와 공동정범", 86면.

70) 대법원 2008. 5. 29. 선고 2007도1755 판결. 논리칙과 경험칙을 잘못 사용하여 발생하는 사실오인의 위법이 채증법칙위반으로 법령위반에 속한다는 견해는 신동운, 신형사소송법, 제5판, 법문사, 2014, 1613면.

71) 최병각, "특신상태의 증명정도", 비교형사법연구, 제20권 제1호, 2018, 158-160면; 최병각, "허위사실과 사실오인", 부경법학, 창간호, 2014, 190-191면; 조현욱, "형사재판에 있어 합리적인 의심의 판단기준에 관한 연구", 인하대, 법학연구, 제16집 제1호, 2013, 310면; 신양균, 형사소송법, 신판, 화산미디어, 2009, 1029면.

72) 공동정범과 방조범이 법조경합의 보충관계라는 견해는 신동운, 형법총론, 776면; 오영근, 형법총론, 462면. 그러나 공동의 고의와 방조의 고의가 양립할 수 없고, 범죄를 실행하는 것과 범죄실행을 방조하는 것은 엄연히 상이하다는 점에서 공동정범과 방조범은 택일관계라고 하겠다.

획득한 손가락을 전달받아 혼자 처리하였다. 어쩌면 이 사건은 甲이 아닌 乙이 主導한 살인사건이라 할 수도 있다.[73]

Ⅴ. 맺음말

우리 형법에 따르면 공동정범은 정범과 동일한 형으로 벌하고 방조범은 정범보다 감경한 형으로 벌한다. 공동정범은 다른 공동정범과 공동하여 범행을 수행하고, 방조범은 정범의 범행을 방조한다. 공동정범의 성립은 공동가공의 의사와 실행행위의 분담을 요건으로 한다. 방조범은 정범에 종속하여, '정범의 고의'와 '방조의 고의'가 결합한 이중적 고의와 방조행위로 성립한다. 공동정범을 기능적 행위지배에 의한 정범이라 할 때 실행행위에 가담하지 아니한 공모자도 전체 범행의 실현에 중요한 기능을 담당하여 본질적 기여가 인정되면 공모공동정범이 될 수 있다. 공동정범 내지 공모공동정범의 주관적 성립요건은 '정범의 고의'와 '공동의 고의'의 결합인 '공동가공의 의사'이고, 공동정범 사이에 '공동가공의 의사'의 연락, 즉 '공모'를 필수요소로 한다.

대상판결에서 "공동가공의 의사는 타인의 범행을 인식하면서도 이를 제지하지 아니하고 용인하는 것만으로 부족하"다는 언명은 '정범의 고의'가 공동정범의 고의성립에 필요조건이지만 충분조건은 아님을 확인한 것이다. 또한 "공동의 의사로 특정한 범죄행위를 하기 위하여 일체가 되어 서로 다른 사람의 행위를 이용하여 자기의 의사를 실행에 옮기는 것을 내용으로 하여야 한다"는 언명은 공동의 범행을 위한 '공동의 의사'와 서로를 이용하여 범행을 공동으로 한다는 '공동가공의 의사연락'에 대한 '자기의 의사'가 상이하되 결합하여 '공동가공의 의사'를 형성한다는 점을 시사하고 있다. 나아가 "공모공동정범의 성립여부는 … 상호이용의 관계가 합리적 의심의 여지가 없을 정도로 증명되어야" 한다는 언명은 객관적 측면에서 '상호이용의 관계'의 존

73) 甲이 乙의 아바타(avatar)로서 범행을 수행한 것이 아닌지 의심스럽다.

재가 증명되어야 함은 물론 주관적 측면에서 '상호이용의 관계'에 대한 인식 내지 의욕의 존재, 다시 말해서 '의사의 연락', 즉 '공모'의 존재도 증명되어야 한다는 점을 강조하고 있다. 결국 공동정범은 특정한 범죄에 대한 고의(정범의 고의)와 공동실행에 대한 고의(공동의 고의)에 더하여 의사의 연락(공모)과 본질적 기여를 통한 기능적 행위지배가 있어야 성립한다.

[주 제 어]
공동정범, 방조범, 공모공동정범, 이중적 고의, 기능적 행위지배

[Key Words]
Joint Principal, Accessory, Conspiracy, Accomplice, Dolus

접수일자: 2019. 5. 23. 심사일자: 2019. 6. 10. 게재확정일자: 2019. 6. 10.

[참고문헌]

강우예, “배임행위의 거래상대방의 공범성립 형태”, 형사법연구, 제29권 제4호, 2017.
김봉수, “합동범의 공동정범에 관한 비판적 고찰”, 형사정책, 제29권 제2호, 2017.
김성돈, “형법이론학의 기능과 과제 찾기”, 형사법연구, 제23권 제3호, 2011.
김성돈, 형법총론, 제5판, 성균관대 출판부, 2017.
김성룡, “공동정범의 주관적 구성요건요소”, 비교형사법연구, 제3권 제1호, 2001.
김성룡, “존재론적 공동정범표지”, 비교형사법연구, 제17권 제2호, 2015.
김일수·서보학, 새로쓴 형법총론, 제13판, 박영사, 2018.
김종구, “영미법상 공범체계와 공범종속성 원칙의 변천: 우리 형법상 공범체계와 관련하여”, 형사법연구, 제21권 제2호, 2009.
류전철, “공동정범의 이론구성에 관한 비교법적 연구”, 비교형사법연구, 제18권 제2호, 2016.
류전철, “공범이론에서 ‘공모’개념의 문제성”, 형사법연구, 제26권 제1호, 2014.
박경규, “간접정범의 공동정범?: 국제형사재판소(ICC) 판례와 독일 및 국내의 논의를 중심으로”, 형사법연구, 제29권 제4호, 2017.
백원기, “공모와 공동정범”, 형사판례연구, 제4권, 1996.
서정민, “당률의 공범처벌과 수종구분의 원칙”, 법사학연구, 제39호, 2009.
손지영, “형사특별법상 다수가담자의 형사책임”, 성균관법학, 제24권 제2호, 2012.
승재현, “공동정범 성립가능성 여부에 대한 판단”, 법률신문, 2017.10.24.
승재현, “공모공동정범 성립 가능성 여부를 중심으로”, 법률신문, 2018.10.1.
신동운, 신형사소송법, 제5판, 법문사, 2014.
신동운, 형법각론, 제2판, 법문사, 2018.
신동운, 형법총론, 제11판, 법문사, 2019.
신양균, 형사소송법, 신판, 화산미디어, 2009.

오영근, 형법총론, 제4판, 박영사, 2018.

원형식, “공모공동정범”, 건국대, 일감법학, 제16호, 2009.

이수진, “공동정범에서의 정범성립 요건: ‘공모’공동정범과 관련하여”, 부산대, 법학연구, 제56권 제3호, 2015.

이수진, “기능적 행위지배의 ‘계속적 영향력’과 범행단계와의 관계”, 형사법연구, 제28권 제2호, 2016.

이승준, “무형적 방조행위의 한계”, 형사정책연구, 제19권 제1호, 2008.

이용식, “공동자 중 1인의 실행착수 이전 범행이탈”, 형사판례연구, 제11권, 2003.

이용식, “공모공동정범의 실행의 착수와 공모공동정범”, 형사판례연구, 제8권, 2000.

이용식, 형법총론, 박영사, 2018.

이원경, “기능적 행위지배와 공모공동정범의 정범성”, 형사법연구, 제22권 제2호, 2010.

이원경, “판례에 나타난 공동정범의 정범성 판단기준: 실행행위분담이 없는 공동정범을 중심으로”, 형사법연구, 제26권 제3호, 2014.

이창섭, “공모공동정범이론 유감”, 비교형사법연구, 제9권 제2호, 2007.

임웅, 형법총론, 제10정판, 법문사, 2018.

정도희, “본질적 기여를 고려한 공모공동정범”, 형사법연구, 제23권 제2호, 2011.

정지훈, “공모공동정범을 둘러싼 논쟁들의 재평가”, 인하대, 법학연구, 제15집 제2호, 2012.

조기영, “예비단계에서의 관여행위와 공동정범”, 형사법연구, 제25권 제4호, 2013.

조지만, 조선시대의 형사법: 대명률과 국전, 경인문화사, 2007.

조현욱, “형사재판에 있어 합리적인 의심의 판단기준에 관한 연구”, 인하대, 법학연구, 제16집 제1호, 2013.

천진호, “‘공모’공동정범에 있어서 공모의 정범성”, 형사판례연구, 제9권, 2001.

최병각, "공범과 공동피고인, 왜 문제인가?", 저스티스, 통권 제122호, 2011.
최병각, "특신상태의 증명정도", 비교형사법연구, 제20권 제1호, 2018.
최병각, "허위사실과 사실오인", 부경법학, 창간호, 2014.
최호진, "기능적 행위지배와 공모공동정범", 경북대, 법학논고, 제32집, 2010.
하태훈, "기능적 범행지배의 의미", 형사판례연구, 제12권, 2004.
허황, "단체결정의 가벌성에 관한 연구", 비교형사법연구, 제19권 제2호, 2017.

Dressler, Understanding Criminal Law, 3rd. ed., LexisNexis, 2001.
Jeschek/Weigend, Lehrbuch des Strefrechts Allgemeiner Teil, 5. Aufl., Berlin: Duncker & Humbolt, 1996.
LaFave, Criminal Law, 3rd. ed., West Group, 2000.
Roxin, Täterschaft und Tätherrschaft, 7. Aufl., Berlin; Walter de Gruyter, 2000.
Schönke/Schröder/Heine, Strefgesetzbuch Kommentar, 28. Aufl., München: C. H. Beck, 2010.

[Abstract]

Joint Principal and Accessory

Choi, Byung-gak*

Where two or more persons are involved in an offence, the parties to the offence may be principals or secondary parties (accessories). Each offence will have at least one principal, although it is not always possible or necessary to identify the principal(s).

A principal is one who carries out the main part of a criminal act, namely the substantive offence i.e. performs or causes the actus reus of the offence with the required mens rea. If two or more persons do so, they are joint principals. An accessory is a person who assists in the commission of a crime, but who does not actually participate in the commission of the crime as a joint principal.

The distinction between an accessory and a principal is a question of fact and degree. The test to distinguish a joint principal from an accessory is whether the defendant independently contributed to causing the actus reus rather than merely giving generalised and/or limited help and encouragement.

A person who incites another to a crime will become a part of a conspiracy if agreement is reached, and may then be considered an accessory or a joint principal if the crime is eventually committed.

According to the Criminal Law in Korea, the joint principal and the instigator are subject to the same penalty as the perpetrator(§30, §31①), but the accessory may be punished with necessary reduction(§32②). Especially the distinction between the co-conspirator as a joint principal and the accessory for psychological assistance is very important in real

* Professor, School of Law, Dong-A University, Ph. D. in Law

cases. Although the so-called "dual intents" is required to be joint principals or accessories, joint principals need to recognize the connection of mutual cooperation and make an essential contribution during committing offences.

집회 부대물의 철거와 공무집행방해에 관한 사례

— 대법원 2016. 7. 7. 선고 2015도20298 판결 —

우 인 성*

[사안의 개요]

‘쌍용자동차 희생자 추모와 해고자 복직을 위한 범국민대책위원회’(이하 ‘쌍용차 대책위’라고 함)는 2012. 4. 5. 서울 중구 정동 5-5 덕수궁 대한문 앞 인도상에 분향소 및 농성용 천막을 설치하고 집회·시위를 하다가 같은 해 5. 24. 위 천막이 도로점용허가를 받지 아니한 시설물이라는 이유로 중구청의 행정대집행 절차를 통해 철거되었음에도 같은 날 천막 1동을 재설치하여 집회·시위를 계속하였다.

그 후 행정대집행을 통해 2013. 4. 4. 천막이 다시 강제 철거된 후에도 쌍용차 대책위가 매일 대한문 앞에서 야간 미사, 야간 집회 등을 개최하면서, 점용허가 없이 비닐가림막, 깔판, 분향대, 서명대, 발전기, 기름통 등을 적치하고 노숙 농성을 지속하자, 중구청은 2013. 5. 30. 쌍용차 대책위에 도로법, 행정대집행법에 근거하여 불법노상적치물 자진정비 명령서를, 2013. 6. 3. 불법노상적치물 자진정비 재촉구서를 각각 송부하여 화단 앞 인도 상에 설치된 비닐가림막, 깔판 등 적치물을 자진 철거하도록 명하였다.

그럼에도 쌍용차 대책위가 이에 불응하자, 중구청은 도로법 제65

* 수원지방법원 여주지원 부장판사

조에 근거한 강제 철거 방침을 정하고, 2013. 6. 10. 09:15경 중구청 가로환경과 소속 이○○ 등 공무원 60여 명을 동원하여 대한문 앞 인도상에 적치된 비닐가림막, 깔판 등을 제거하기 위해 행정대집행을 실시하자, 피고인은 이름을 알 수 없는 중구청 공무원을 손으로 밀치고 양팔로 다른 공무원의 몸통을 잡아 끌어당기고, 금속노조 기획부장인 김○○은 철거대상물을 깔고 앉은 상태에서 이름을 알 수 없는 다수의 중구청 공무원들을 향해 바구니를 던지고, 이어 그들을 향해 물을 뿌렸다.

이로써 피고인은 위 김○○과 공모하여 중구청 소속 공무원들의 행정대집행에 관한 직무집행을 방해하였다.

[1심(무죄)]*

집회·시위의 자유는 개인의 인격발현의 요소이자 민주주의를 구성하는 요소라는 이중적 성격을 가지고 있는바, 일차적으로 개인의 자기결정과 인격발현에 기여하는 기본권이면서 집회를 통하여 국민들이 자신의 의견과 주장을 집단적으로 표명하여 여론 형성에 영향을 미친다는 점에서, 표현의 자유와 더불어 자유민주적 기본질서라는 체제의 근간을 유지하고 민주적 공동체가 기능하기 위한 불가결한 근본요소에 속하는 권리이다{헌법재판소 2003. 10. 30. 선고 2000헌바67, 83(병합) 결정, 2009. 5. 28. 선고 2007헌바22 결정, 2009. 9. 24. 선고 2008헌가25 결정 등 참조}. 다만 집회·시위의 자유는 그 기본권 주체의 법익을 보호한다는 측면과 함께 타인이나 공중에 대한 법익침해 내지 법익충돌의 위험을 동반한다는 측면도 함께 가지고 있다{헌법재판소 2009. 12. 29. 선고 2006헌바13 결정, 2009. 12. 29. 선고 2006헌바20, 59(병합) 결정, 2010. 10. 28. 선고 2010헌마111 결정, 2014. 3. 27. 선고 2010헌가2·2012헌가13(병합) 결정 등 참조}. 즉 <u>특정 또는 불특정 다수인이 공동의 의견을 형성하여 이를 대외적으로 표명할 목적 아래 일정한 장소에 모이는 집회에서 집</u>

* 서울중앙지방법원 2014. 10. 23. 선고 2014고단2334, 4243(병합) 판결

회 참가자들에 의한 장소 점용은 있을 수밖에 없으므로, 당해 집회가 아무도 통행하지 않는 장소에서 개최되지 않는 한 그 자체로 불가피하게 어느 정도 일반 대중에 대하여 불편함을 초래하거나 교통 소통을 저해할 수밖에 없다(서울행정법원 2013. 12. 6. 선고 2013구합18315 판결 참조).

또한 집회에 부수하여 준비되는 물건이 존재할 수 있고 그러한 물건에 의하여도 장소, 가령 도로 점용 상태는 발생할 수 있으며, 그러한 물건에 의한 도로 점용은 집회의 자유 실현에 수반하여 이루어진다는 점에서 집회 참가자에 대한 보호와 마찬가지로, 일정한 범위에서 보호되어야 한다.

이 경우 어느 범위에서 어느 정도까지 보호되어야 할 것인지 문제되는바, 헌법, 집회 및 시위에 관한 법률(이하 '집시법'이라 함), 도로법, 도로교통법 등 관련 법규정의 유기적 해석에 의하여 그 범위 및 정도가 결정되어야 할 것이나, 헌법에서 집회의 허가제를 금지하고 있고 집시법에서 집회 신고시 따로 도로점용허가를 받을 것을 규정하고 있지 아니한 점을 고려하면 집회 참가자들이 점용할 것으로 예정되어 있는 장소적·시간적 범위 내에서 집회의 자유를 실현하기 위하여 집회 신고의 대상으로 삼은 것으로서 사용이 필요불가결한 물건이라는 점이 인정된다면, 그 물건이 타인의 법익이나 공공의 안녕질서에 대한 직접적이고 명백한 위험을 초래하지 않는 이상, 관련 법규정에 의한 규제는 제한적으로 해석되어야 한다. 그리고 그 물건이 타인의 법익이나 공공의 안녕질서에 대한 직접적이고 명백한 위험을 초래하는지 여부는, 그 물건이 존재하는 형태, 장소, 기간 등을 종합적으로 고려하여 실질적으로 평가하여야 할 것이다. 따라서 구체적·개별적 사안에서 집회의 자유 실현에 불필요한 물건이나 타인의 법익이나 공공의 안녕질서에 대한 직접적이고 명백한 위험을 초래하는 물건 등에 대한 행정대집행이 가능하다고 볼 수 있는 경우도 있다 할 것이다.

다만, 집회의 자유 실현에 필요한 장소적·시간적 범위를 넘는 공간의 점용이나 불필요한 물건의 사용에 대하여는 집시법 제8조 제1항 단서[1] 혹은 집시법 제13조의 질서유지선 설정, 제14조 확성기 등 사용의 제한 등에 의한 규제[2]가 사전·사후적으로 가능할 것이고, 기타 집시법상의 해산명령 등에 의한 규제도 가능할 것이며, 이러한 경우에도 침해의 정도가 가장 적은 수단을 먼저 사용하는 것이 바람직할 것이다. 그러나 집회를 원천적으로 불허하는 조치는 최후 수단으로서만 허용될 수 있다(대법원 2011. 10. 13. 선고 2009도13846 판결 참조).

기록에 의하면 이 사건 장소에서의 적법한 집회 신고에 따라 1년가량 같은 장소에서 계속적으로 집회가 이루어질 수 있었던 사실, 이 사건 행정대집행의 목적이 된 물건들은 방송장비, 비닐가림막,[3] (바닥)깔판, 분향대, 서명대, 발전기, 기름통, 침낭 등[4]이고, 위 집회 신고에 의하여 이러한 물건들이 같은 장소에 존재하여 온 사실, 이 사건 행정대집행이 있기 얼마 전에 이 사건 장소에서 방화가 이루어진 사실, 위 물건들은 관광객들의 왕래가 빈번한 대한문 옆에 있고 미관상 좋지 않은 사실 등을 인정할 수 있는바, 이러한 물건들이 집회 신고된 장소에서 집회 참가자들이 점용 예정한 장소적·시간적 범위를 벗어나 설치되어 있다고 보이지 아니하고,[5] 그 중 방송장비, 분향대, 서명대 등은 사전에 집회 신고되어 그 사용이 금지되지 아니한 물건들로 사망한 해고노동자들에 대한 애도·추모의 의사를 대외적으로 표시하기 위한

---

1) '대는 소를 포함한다'는 원칙상, 전면 금지가 아닌 일부 금지로서의 제한 통고도 가능하다고 보아야 한다. 대법원 2011. 10. 13. 선고 2009도13846 판결, 헌법재판소 2003. 10. 30. 선고 2000헌바67, 83(병합) 결정 등 참조.

2) 수사기록 699-746면 등 참조.

3) 분향소를 지키고, 잠을 자며, 비를 피하기 위한 목적으로 설치되었다고 한다. 수사기록 209면.

4) 수사기록 166, 180, 190, 194, 209, 215-245, 257-259, 269-275, 293-379, 398-417, 432-445, 447-481면.

5) 2014. 5. 26.자 변호인 의견서 5면 사진 참조. 이 사안은 이미 설치되어 있는 물건에 대한 대집행이 문제된다는 점에서, 현재 이루어지는 금지행위에 대한 제지행위에 관한 사안인 대법원 2014. 2. 13. 선고 2011도10625 판결, 대법원 2014. 2. 27. 선고 2013도5356 판결과도 그 사안을 달리한다.

이 사건 집회의 목적에 비추어 집회의 자유 실현에 필요불가결한 물건들이라고 판단되며 달리 그 물건들이 타인의 법익이나 공공의 안녕질서에 대한 직접적이고 명백한 위험을 초래하였다고 볼 만한 자료가 없다.[6]

그러나 그 이외의 일부 물건들에 관하여는 집회의 자유 실현에 필요불가결한 물건들이라고 보기 어렵기 때문에, 도로점용허가 불비를 이유로 그 철거를 요구하는 계고처분이 위법하다고 볼 수 없다.

결국 집회 신고된 장소에 있던 물건들 중 일부가 집회의 자유 실현에 필요불가결한 물건들이 아니라서 행정대집행의 대상이 될 수 있다 하더라도, 필요불가결한 물건들까지 포함하여 전체를 행정대집행의 대상으로 삼은 것은 비례의 원칙에 위반된다고 할 것이다.

그러므로 위 집회 장소에 있던 물건들 전부에 대하여 계고처분을 하고 행정대집행으로 나아가 이 사건 집회의 목적 달성을 불가능하게 하여 집회를 사실상 해체시키는 결과를 초래한 것은 위법하다고 보아야 하고,[7] 공무집행의 적법성을 전제로 한 공무집행방해죄는 성립할 수 없다.

[2심(1심 파기, 유죄)]*

구 도로법 (2014. 1. 14. 법률 제12248호로 전부개정되기 전의 것, 이하 '구 도로법'이라 한다)

6) 방화의 원인을 집회의 주최 측에 전가하기는 어렵고, 미관상의 문제가 타인의 법익이나 공공의 안녕질서에 대한 직접적이고 명백한 위험을 초래한다고 볼 수도 없다.

7) 가사 이 사건 집회에 대한 사후 전면 금지통고가 무효가 아니라고 하더라도 (대법원 2013. 12. 26. 선고 2013도4485 판결 참조), 같은 이유에서 위법하다고 판단된다.

* 서울중앙지방법원 2015. 12. 10. 선고 2014노4292, 2015노1695(병합) 판결

제38조(도로의 점용)
① 도로의 구역에서 공작물이나 물건, 그 밖의 시설을 신설·개축·변경 또는 제거하거나 그 밖의 목적으로 도로를 점용하려는 자는 관리청의 허가를 받아야 한다. 허가받은 사항을 연장 또는 변경하려는 때에도 또한 같다.
제45조(도로에 관한 금지행위)
누구든지 정당한 사유 없이 도로에 관하여 다음 각 호의 행위를 하여서는 아니 된다.
1. 도로를 손궤(損潰)하는 행위
2. 도로에 토석(土石), 죽목, 그 밖의 장애물을 쌓아놓는 행위
3. 그 밖에 도로의 구조나 교통에 지장을 끼치는 행위

집회 및 시위에 관한 법률(이하 '집시법'이라 한다)
제1조(목적)
이 법은 적법한 집회(集會) 및 시위(示威)를 최대한 보장하고 위법한 시위로부터 국민을 보호함으로써 집회 및 시위의 권리 보장과 공공의 안녕질서가 적절히 조화를 이루도록 하는 것을 목적으로 한다.
제5조(집회 및 시위의 금지)
① 누구든지 다음 각 호의 어느 하나에 해당하는 집회나 시위를 주최하여서는 아니 된다.
2. 집단적인 폭행, 협박, 손괴(損壞), 방화 등으로 공공의 안녕 질서에 직접적인 위협을 끼칠 것이 명백한 집회 또는 시위

집회의 자유는 개인의 자기결정과 인격발현에 기여하는 기본권이면서 집회를 통하여 국민들이 자신의 의견과 주장을 집단적으로 표명하여 여론 형성에 영향을 미친다는 점에서 자유민주적 기본질서라는 체제의 근간을 유지하고 민주적 공동체가 기능하기 위해 불가결한 권리이다. 집회의 자유는 이와 같은 중요성에 비추어 다른 기본권에 비하여 적극적인 보장이 필요하고, 이에 헌법 제21조 제2항은 집회에 대한 허가제를 금지하고 있다.

한편, 집회는 일정한 장소를 전제로 하는 집단적 행위이므로 항상

타인이나 공중에 대한 법익침해 내지 법익충돌의 위험을 동반하고, 그에 따라 제한의 필요성 또한 크다. 같은 의미에서 집시법 제5조 제1항 제2호에서도 공공의 안녕 질서에 직접적인 위협을 끼칠 것이 명백한 집회 또는 시위는 원천적으로 금지하고 있다. 집회의 자유의 제한에 대한 적정성을 검토함에 있어서는 위와 같은 적극적 보장과 제한의 필요성이라는 서로 상충되는 가치 사이에서 이익형량, 규범조화적 해석, 과잉금지의 원칙 등 다양한 측면에서의 고려가 필요하다.

집회의 자유와 일정한 장소와의 관련성은 집회에 필요한 물건의 사용에 의하여도 발생하는데, 이러한 물건에 의한 특정 장소의 점용은 집회의 자유 실현에 수반하여 이루어진다는 점에서 집회 참가자에 대한 보호와 마찬가지로 보호되어야 한다.

이러한 보호범위 및 정도는 헌법, 집시법, 도로법, 도로교통법 등 관련 법규정의 유기적 해석에 의하여 결정되어야 한다. 즉, 헌법은 집회의 허가제를 금지하고 있고 집시법은 집회 신고시 따로 허가를 받을 것을 규정하고 있지 아니하다. 반면, 도로법상 도로점용 허가는 그것을 통해 달성하고자 하는 독자적인 공익적 목적이 있고 이는 집회의 자유와는 별개의 것이다. 따라서, 다른 법률을 통한 허가의제 규정[1] 등이 없는 한 집회를 위해 필요한 물건이라고 하더라도 그것의 사용이 도로의 점용을 수반하는 것이라면 원칙적으로 도로법상 도로점용 허가를 받아야 한다. 다만, 이와 같은 허가를 받지 않은 경우라고 하더라도, 헌법상의 집회의 자유와 집회에 대한 허가제를 금지하고 있는 집시법의 취지에 비추어 보면, 법적으로 보호받을 가치가 있는 집회의 자유의 범위에 해당하는 집회·시위의 경우라면, 도로법에 의하여 허가를 받지 않은 행위라고 하더라도 형사법 및 행정법의 영역에서 '정당한 사유'로 인정받을 수 있을 것이다.

결국 집회 참가자들이 점용할 것으로 예정되어 있는 장소적·시간

---

1) 예컨대, 국토의 계획 및 이용에 관한 법률에서 개발행위허가를 받은 경우 관련 인·허가 등을 받은 것으로 의제하는 규정.

적 범위 내에서 집회의 자유를 실현하기 위하여 집회 신고의 대상으로 삼은 것으로서 집회에 필요한 물건이라는 점이 인정된다면, 그 물건이 타인의 법익이나 공공의 안녕질서에 대한 직접적이고 명백한 위험을 초래하지 않는 이상, 관련 법규정에 의한 규제는 제한적으로 해석되어야 할 것이다. 그리고 그 물건이 타인의 법익이나 공공의 안녕질서에 대한 직접적이고 명백한 위험을 초래하는지 여부는, 그 물건이 존재하는 형태, 장소, 기간 등을 종합적으로 고려하여 실질적으로 평가하여야 한다.

그런데 집회의 사전적 의미는 '일정한 장소를 전제로 하여 특정 목적을 가진 다수인이 일시적으로 회합하는 것'으로서 집회는 그 개념상 '일시적 성격', 즉 시간적 제약을 전제로 하고 있다. 헌법상 보장되는 집회의 자유도 일응 이러한 시간적 제약을 받는 집회를 전제로 하고 있는 것으로 보아야 하므로, 집회가 장기간 지속되는 경우에는 다른 법익과의 충돌가능성이 커질 수밖에 없다. 즉, 집회가 일시적이거나 비교적 단기간에 걸쳐 진행될 경우에는 집회의 자유와 충돌하는 다른 법익에 대한 제한을 수인해야 하는 정도가 커지는 반면, 그 집회가 장기화될수록 질서유지 또는 공공복리를 위한 집회의 자유에 대한 제한의 정도도 증가할 수밖에 없다고 보는 것이 이익형량의 원리나 규범조화적 해석에 부합한다.

이 사건에 관하여 살피건대, 원심이 적법하게 채택하여 조사한 증거들에 의하여 인정되는 다음과 같은 사정들, 즉, ① 피고인을 포함한 쌍용차 대책위는 2012. 4.경부터 이 사건 발생 무렵까지 1년 이상의 장기간 대한문 앞 인도에 물건들을 적치하고 도로를 점용해 온 것이어서, 그들의 집회를 '일시적·단기적 집회'로 보기 어려운 점, ② 이 사건 집회장소에 적치된 물건들 중에는 집회의 목적인 희생자 추모 및 문화제 개최와 직접적 관련이 없이 조합원들의 기거 또는 숙식 등을 위한 잡다한 물건들이 상당수 있었던 점, ③ 집회장소가 문화재인 덕수궁에 인접해 있어 문화재 보호와 도로미관의 유지 등의 필요성이 큰 곳이었던 점, ④ 집회장소 부근에는 지하철역과 서울광장이 있을 뿐만 아니라, 관공서 및 상업용 건물들이 밀집해 있어 일반 시민의 통행이 빈번한 곳인 점 등의 사정들을 종합해 보면, 비록 피고인 등이 집회신고서에 집회에 사용할 물건으로 기재하였다고 하더라도 그 물건들을 사용한 집회가 1년 이상 진행되어온 이 사건 발생 당시를 기준으로 보면, 구 도로법이 정하는 도로점용 허가를 받지 않고 도로에 장애물을 쌓아 놓거나 교통에 지장을 끼치고 도로를 점유한 행위에 구 도로법 제45조가 정하는 '정당한 사유'가 있다고 할 수 없다.

또한, 기록에 의하면, 피고인 등의 집회신고(2013. 5. 31.부터 2013. 6. 24.까지 매일 24시간씩 집회하는 것으로 신고)에 대한 서울남대문경찰서장의 옥외집회금지 통고처분이 피고인 등의 수령거부와 연락두절로 인해 송달되지 않았다는 이유로 무효라는 판결(서울행정법원 2013구합54649)이 확정되기는 하였으나, 집회금지 통고처분의 효력 여부에 따라 직접 행정법적·형사법적으로 법률효과가 발생하는 영역과는 별개로, 집시법은 공공의 안녕 질서에 직접적인 위협을 끼칠 것이 명백한 집회 또는 시위는 원천적으로 금지하고 있고, 앞서 본 바와 같이 피고인 등의 도로점용 행위에 도로법상 정당한 사유가 있다고 볼 수 없음에도, 원심이 적법하게 채택하여 조사한 증거에 의하면 쌍용차 대책위는 중구청의 대화와 계고장 발부 등을 거부하고 2013. 4. 및 2013. 4. 행정대집행시 공무원들의 정당한 철거집행에 대하여 폭력을 행사하는 등 수 차례의 폭력을 행사한 사실이 인정되는바, 적어도 이 사건 당시인 2013. 6. 10.경에는 피고인 등의 이 사건 집회는 원천적으로 금지되는 공공의 안녕 질서에 직접적인 위협을 끼칠 것이 명백한 집회 또는 시위에 해당한다고 볼 수 있다.

결국, 이 사건 당시 중구청 공무원들의 행정대집행은 적법한 직무집행이었던 것으로 판단되고, 이를 방해하기 위한 피고인의 폭행은 공무집행방해죄에 해당하며, 앞서 살핀 바와 같이 이 사건 집회와 도로점용에 정당한 법적 보호를 인정할 수 없는 이상, 일부 물건들이 형식적으로 신고된 집회를 위한 필요불가결한 물건들인지 여부에 따라 공무원들의 행정대집행의 적법 여부가 달라진다고 볼 수도 없다.

[대법원(상고기각)]*

원심판결 이유를 원심과 제1심이 적법하게 채택한 증거들에 비추어 살펴보면, 원심이 그 판시와 같은 이유를 들어 이 사건 공소사실이 모두 유죄로 인정된다고 판단한 것은 정당하고, 거기에 필요한 심리를 다하지 아니한 채 논리와 경험의 법칙을 위반하여 자유심증주의의 한계를 벗어나거나 도로점용허가 대상, 구 도로법(2014. 1. 14. 법률 제12248호로 전부개정되기 전의 것) 제45조와 구 국유재산법(2016. 3. 2. 법률 제14041호로 개정되기 전의 것) 제74조의 '정당한 사유', 공무집행방해죄에서의 공무집행의 적법성, 일반교통방해죄의 공동정범 성립에 관한 법리 등을 오해한 잘못이 없다.

Ⅰ. 서론 — 들어가며

집회에 대한 기억은 사람마다 다를 것이다. 집회 참가자도 아니면서 본의 아니게, 비자발적으로 최루탄 냄새를 맡는다거나 미신고집회 때문에 불심검문의 대상이 되는 일을 경험해 보았다면, 집회는 침익적이고 성가신 단체행동으로 규제의 대상이 될 뿐이라고 생각할 수 있을 것이다. 그러나 반대로 자신 내지 집단의 의사를 대중에게 표현해야 할 마땅한 기회가 없는 절박한 상황에서,[1] 집회 개최자나 집회 참

* 대법원 2016. 7. 7. 선고 2015도20298 판결

1) 대부분의 사람들은 그들의 의사를 표현하기 위한 방법으로 대중 매체(mass media)에 접근하는 것이 쉽지 않다{Erwin Chemerinsky, Constitutional Law, Wolters Kluwer(2015), 1185}. 물론 SNS의 발전은 그러한 어려움을 다소 해소하기는 하였다. 그러나 집회의 자유의 소수자 보호로서의 기능은 여전히 중요하다{이희훈, "국회와 문화재 주변 집회에 대한 집회 및 시위에 관한 법률 개정안의 헌법적 고찰", 법학연구 제24권 제2호, 연세대학교 법학연구원(2014), 235면}.

가자로 거리에 나서게 되었다면, 집회는 표현의 자유를 신장시킬 수 있는 유일한 출구로서 보호의 대상이 되어야 한다고 생각할 수 있을 것이다.

이와 같이 집회는 보호의 대상이 되면서, 동시에 규제의 대상이 될 수 있는 양면적 성질을 가지고 있다.[2] 이러한 성질은 "이 법은 적법한 집회(集會) 및 시위(示威)를 최대한 보장하고 위법한 시위로부터 국민을 보호함으로써 집회 및 시위의 권리 보장과 공공의 안녕질서가 적절히 조화를 이루도록 하는 것을 목적으로 한다."라고 규정한 집회 및 시위에 관한 법률(이하 '집시법'이라고 함) 제1조에서도 알 수 있다.[3] 그렇기 때문에 집회를 어느 정도로 보호하느냐, 또한 어느 정도로 규제하느냐는 매우 어려운 문제이다.[4]

대상판결 관련하여 이하에서 살펴보고자 하는 것은 집회 부대물의 철거 관련한 문제이다. 대법원은 별다른 판시 없이 2심의 결론을 따르고 있다.[5] 1심과 2심의 결론이 다르므로, 1심과 2심이 달리 본 부

2) 물론 집회뿐만 아니라 모든 권리의 행사는 그러한 성질을 갖는다. 집회의 경우 그러한 성질이 더 강하게 나타난다.

3) 집회·시위의 자유는 그 기본권 주체의 법익을 보호한다는 측면과 함께 타인이나 공중에 대한 법익침해 내지 법익충돌의 위험을 동반한다는 측면도 함께 가지고 있다{헌법재판소 2009. 12. 29. 선고 2006헌바13 결정, 2009. 12. 29. 선고 2006헌바20, 59(병합) 결정, 2010. 10. 28. 선고 2010헌마111 결정, 2014. 3. 27. 선고 2010헌가2·2012헌가13(병합) 결정 등}. 따라서 집회는 '보장 및 규제의 대상'이 되는 것이다(대법원 2009. 7. 9. 선고 2007도1649 판결).

4) 집회나 시위의 자유는 무제한의 권리가 아니라 국가안전보장, 질서유지 또는 공공복리를 위하여 필요한 범위내에서 법률로서 이를 제한할 수 있다. 그러나 구체적으로 어느 범위가 그러한 경우인가를 확정짓는 것은 매우 어려운 일이다. 이재홍, "시위의 자유의 범위와 한계(상)－미국대법원판례를 중심으로－", 인권과 정의 165호, 대한변호사협회(1990), 81면.

5) 다만 판시 내용 중 "구 국유재산법(2016. 3. 2. 법률 제14041호로 개정되기 전의 것) 제74조의 '정당한 사유'" 관련 부분은 상고이유에서 주장된 것으로 보이는데, 2심의 판단에는 나타나지 아니하므로 그 내용이 무엇인지 알 수 없으나, 아래에서 살펴볼 도로법 제45조의 '정당한 사유'와 같은 평가가 가능할 것으로 생각된다. 그리고 판시 내용 중 "일반교통방해죄의 공동정범 성립에 관한 법리" 부분은 병합사건인 서울중앙지방법원 2014고단4243 사건(대상 사안은 2014고단2334 사건임)에 관련된 것으로 보이므로 논의 대상에서 제외한다.

분에 대하여 살피고자 한다. 먼저 어떤 경우에 집회로 보호되는지, 집회의 개념에 관하여 살펴본다.[6] 이와 관련하여 보호가치 없는 집회에 대하여 이루어지는 해산명령 사유에 대하여 살펴본다. 그리고 집회 부대물에 관하여 도로법상 도로점용허가를 받아야 하는지에 관하여 살펴본다.[7] 이와 관련하여 행정대집행을 통한 집회 부대물의 완전 철거가 집회의 해체를 초래할 수 있다면, 그래서 집회 해산과 같게 평가될 수 있다면, 그러한 부대물 철거행위가 적법한 공무집행인지에 관하여 살펴본다. 적법한 공무집행이 아닐 경우에는, 이에 저항한 행위를 공무집행방해죄로 처벌할 수 있는지[8] 검토한다.

Ⅱ. 집 회

1. 집회의 자유의 의의

헌법 제21조 제1항은 "모든 국민은 언론·출판의 자유와 집회·결사의 자유를 가진다."라고 규정하고 있다.

집회의 자유는 권리로서의 성격도 갖지만, 개성신장 및 동화적 통합의 촉진기능, input 기능, 의사표현의 보완적 기능, 효과적인 정치투쟁의 기능, 직접민주주의적 기능, 소수의 보호기능 등을 통해서 민주정치의 실현에 결정적으로 기여하는 객관적 가치질서로서의 성격, 즉 기본권으로서의 성격과 객관적 가치질서로서의 성격을 갖는다고 설명된다.[9]

헌법재판소는 "집회의 자유는 개인의 인격발현의 요소이자 민주주의를 구성하는 요소라는 이중적 헌법적 기능을 가지고 있다. 인간의

6) 2심은 "법적으로 보호받을 가치가 있는 집회"라는 표현을 썼는데, 이는 헌법이나 집시법이 예정하고 있는 집회라는 의미로 받아들여 서술한다.

7) 1심은 원칙적으로 점용허가를 받을 필요가 없다고 보았고 2심은 원칙적으로 점용허가를 받아야 하고, 다만 정당한 사유가 있을 경우에 받지 않아야 한다는 입장이다.

8) 대상 사안이다.

9) 허영, 한국헌법론, 박영사(2018), 627~628면; 이규홍, "집회의 자유에 의하여 보장되는 활동의 범주에 관한 연구", 사법 26호, 사법연구재단(2013), 258면.

존엄성과 자유로운 인격발현을 최고의 가치로 삼는 우리 헌법질서 내에서 집회의 자유도 다른 모든 기본권과 마찬가지로 일차적으로는 개인의 자기결정과 인격발현에 기여하는 기본권이다. 뿐만 아니라, 집회를 통하여 국민들이 자신의 의견과 주장을 집단적으로 표명함으로써 여론의 형성에 영향을 미친다는 점에서, 집회의 자유는 표현의 자유와 더불어 민주적 공동체가 기능하기 위하여 불가결한 근본요소에 속한다."[10]라고 하였다.

2. 집회의 개념

가. 집시법상 '집회' 개념의 부재

집시법은 제2조 제1호에서 "'옥외집회'란 천장이 없거나 사방이 폐쇄되지 아니한 장소에서 여는 집회를 말한다."라고 규정하고, 제2호에서 "'시위'란 여러 사람이 공동의 목적을 가지고 도로, 광장, 공원 등 일반인이 자유로이 통행할 수 있는 장소를 행진하거나 위력(威力) 또는 기세(氣勢)를 보여, 불특정한 여러 사람의 의견에 영향을 주거나 제압(制壓)을 가하는 행위를 말한다."라고 규정하고 있으나, 정작 '집회' 자체에 관하여는 정의하고 있지 않다. 집회의 의미를 시위의 의미와 비슷하게 보아야 하는지에 관하여, 즉 불특정 다수인의 의견에 영향을 주는 '의사표현'이 전제되어 있는 시위와 마찬가지로, 집회에도 의사표현이 내재되어 있어야 하는지에 관하여 견해의 대립이 있다.

나. 견해의 대립

'집회·결사의 자유'는 타인과의 접촉을 통해서 개성을 신장시키고, 의사를 형성하며, 집단적인 의사표현을 하고, 집단적인 형태로 공동의 이익을 추구함으로서 민주정치의 실현과 동화적 통합에 기여하는 매우 중요한 기본권으로, 민주국가에서의 의사형성은 정보와 커뮤

10) 헌법재판소 2003. 10. 30. 선고 2000헌바67, 83(병합) 결정, 2009. 5. 28. 선고 2007헌바22 결정, 2009. 9. 24. 선고 2008헌가25 결정.

니케이션을 통해서만 가능하다고 볼 수 있기 때문에 집회·결사의 자유는 '표현(언론)의 자유'를 '보완하는 기능'을 가진다는 견해[11)]가 있다(표현의 자유 보완설).

이에 대하여 의사표현을 전제하는 시위와 달리, 집회는 표현의 자유를 전제로 하는 것이 아니라고 하는 견해, 즉 집회의 자유는 표현의 자유와는 독립한 독자적 기본권으로, '집단적 의사표명의 자유'로 의미를 축소할 수 없다는 견해[12)]이다(독자적 기본권설).

다. 판 례

대법원은 "시위에 관하여는 다수인이 공동목적을 가지고 도로·광장·공원 등 공중이 자유로이 통행할 수 있는 장소를 진행하거나 위력 또는 기세를 보여 불특정 다수인의 의견에 영향을 주거나 제압을 가하는 행위를 말한다고 정의하는 한편(제2조 제2호), 그 제3조 이하에서 옥외집회를 시위와 동렬에서 보장 및 규제하고 있는 점에 비추어 볼 때, 위 법률에 의하여 보장 및 규제의 대상이 되는 집회란 '특정 또는 불특정 다수인이 공동의 의견을 형성하여 이를 대외적으로 표명할 목적 아래 일시적으로 일정한 장소에 모이는 것'을 말한다."라고 한다.[13)] 대법원은 '의사표현'의 내재가 집회의 전제가 됨을 밝힌 것으로 보인다.

헌법재판소는 "일반적으로 집회는 일정한 장소를 전제로 하여 특정 목적을 가진 다수인이 일시적으로 회합하는 것을 말하는 것으로 일컬어지고 있고, 그 공동의 목적은 '내적인 유대 관계'로 족하다."라고 한다.[14)]

11) 허영, 626면.
12) 한수웅, 헌법학, 법문사(2017), 798면.
13) 대법원 2009. 7. 9. 선고 2007도1649 판결.
14) 헌법재판소 2014. 1. 28. 선고 2011헌바174, 282, 285, 2012헌바39, 64, 240(병합) 결정. 헌법재판소의 판시와 관련하여, 이는 의사표현이 내재되어 있는 것은 아니라는 견해가 있다.

라. 사 견

집회와 시위는 그 형태의 차이가 있기는 하지만 대동소이한 기본권으로 집시법에서도 양자를 거의 같게 취급하고 있다는 점에서, 집회의 개념을 밝히는데 있어서도 시위의 개념을 고려해야 할 것이다. 즉 의사표현을 그 개념요소로 포함시켜야 할 것이다. 판례도 이와 같은 취지라고 생각된다.

집회가 시위와 본질적 차이를 갖지 아니하므로,[15] 집시법 제2조 제2호에 규정된 시위의 개념에서 집회의 개념을 유도해 낼 수 있을 것이다.

다만 의사표현이라는 것은 반드시 명시적인 것을 의미한다고 볼 것은 아니고, 묵시적인 의사표현도 이에 포함된다고 보아야 할 것이다.[16] 즉 명시적으로 의사표현을 하지 것처럼 보이지 않는 다수인의 모임이라고 하더라도, 제반 사정으로부터 그 모임에 내재되어 있는 '목적', 즉 집단적으로 지향하는 '공동의 의사'가 무엇인지 알 수 있다면, 역시 의사표현이 전제되어 있는 집회라고 보아야 할 것이다. 집시법 제6조 제1항 제1호도 집회나 시위를 주최하려는 자는 '목적'을 신고하도록 하고 있다는 점에서 현행법도 집회에 의사표현이 있어야 함을 전제하는 것으로 생각된다.

15) 시위는 집회의 개념에 포함된다. 이희훈, "집회시 장소의 사용과 제한에 대한 연구", 토지공법연구 제34집, 한국토지공법학회(2006), 212면 각주 1; 시위는 '장소이동적인 집회', '움직이는 집회' 혹은 '이동하는 집회(헌법재판소 1992. 1. 28. 선고 89헌가8 결정에서 사용된 표현)'라고도 한다. 김철수, 헌법학신론, 박영사(2010), 824면; 성낙인, 헌법학, 법문사(2015), 1200면.

16) 통상 '침묵시위'로 일컬어지는 집회의 경우에도, 그것이 신고된 집회라면, 집회의 목적은 신고되어 있을 것이다. 물론 미신고 집회로서 집회의 목적이 무엇인지, 어떠한 내용을 표현하기 위한 집회인지 도통 추정하기 어려운 경우도 생각할 수 있을 것이지만, 극히 드물 것으로 생각한다.

3. 집회의 요소

가. 인적 요소

집회가 성립하기 위하여 최소 몇 명의 인원이 있어야 하는지에 관하여 견해의 대립이 있다. 집회나 시위의 개념 관련하여, '다수인'이라고 할 때 다수인은 최소 2인 이상이면 족하다는 견해(2인설)[17]와, 3인 이상이어야 한다는 견해(3인설)[18]로 나뉜다. 일반적으로 다수인라고 하면 1명을 넘는 인원을 말한다는 점, 집회에서 공동의 의사형성은 2인 이상이면 족하다는 점 등에서 2인설이 타당하다.[19] 판례도 2인설을 취하고 있다.[20]

나. 목적적 요소[21]

집회의 개념적 요소 중 '공동의 목적'[22]의 범위와 관련하여 협의

---

17) 이희훈, "집회 및 시위에 관한 법률상 중복 집회 신고의 금지통고 규정에 대한 연구", 일감법학 제34호, 건국대학교 법학연구소(2016. 6.), 224면 각주 11; 한수웅, 801면.

18) 허영, 629면; 성낙인, 1199면; 황교안, 집회·시위법 해설, 박영사(2009), 23면. 어느 정도의 위세를 형성하기 위하여는 3인 이상이 되어야 한다는 근거에서이다. 독일에서는 독일 민법 제56조 및 제73조에서 사단법인의 구성원 수를 3인 이상으로 하도록 하는 규정 및 일반적인 언어사용례에 비추어 3인설로 보는 것이 다수설이라 한다.

19) 이부하, "집회의 자유에 대한 헌법적 해석 및 관련법률의 비례성심사", 한양법학 34집, 한양법학연구회(2011. 5.), 291면; 이규홍, 260면; 황교안, 23면.

20) 대법원 2012. 5. 24. 선고 2010도11381 판결 [구 집회 및 시위에 관한 법률(2007. 5. 11. 법률 제8424호로 전부 개정되기 전의 것)에 의하여 보장 및 규제의 대상이 되는 집회란 '특정 또는 불특정 다수인이 공동의 의견을 형성하여 이를 대외적으로 표명할 목적 아래 일시적으로 일정한 장소에 모이는 것'을 말하고, 모이는 장소나 사람의 다과에 제한이 있을 수 없으므로, 2인이 모인 집회도 위 법의 규제 대상이 된다고 보아야 한다.] (최소한 3인 이상이 모여야 집회가 되는데, 2인만 모였으므로 집회가 될 수 없어 미신고 옥외집회는 성립하지 않는다는 주장을 배척한 사례); 헌법재판소 2009. 5. 28. 선고 2007헌바22 결정의 반대의견도 2인설에 입각한 것으로 보인다.

21) 허영, 629면 이하를 인용.

22) 이는 개인적 목적과 구별되는바, 예컨대 교통사고 현장에 모인 사람들처럼 '구경'이라는 개인적 목적만 있을 뿐 '공동의 목적'이 존재하지 않는 경우(내적인 유대에 의한 의사접촉의 요소가 없는 경우)는 집회라고 할 수 없다. 이

설, 광의설, 최광의설의 대립이 있다.

협의설은 민주적인 공동생활에 관한 공적 관심사를 의논하고 천명함으로써 여론형성 내지 의사형성에 기여하기 위한 것만을 공동의 목적으로 이해하려고 한다. 그 공적인 관심사는 반드시 정치적인 것에 국한될 필요는 없지만 적어도 공동생활과 관계되는 '공적인 사항'에 관한 것이어야 한다고 한다. 이에 따르면 체육대회는 공적인 사항에 관한 것이 아니라서 집회가 아니라고 한다.

광의설은 꼭 공적인 사항을 함께 협의하고 의사표현하기 위한 것에 국한될 필요가 없고 언론의 자유에 준해서 의사표현을 위한 모든 집회를 다 포함시켜야 한다고 한다. 이에 따르면 의사표현이라고 보기 어려운 연극회, 음악회, 영화감상회, 체육대회 등 단순히 오락적인 성격의 모임은 집회가 아니다.

최광의설은 결사의 자유와의 상호관계 하에서 타인과 접촉하기 위한 목적이면 족하고 꼭 의사표현을 위한 것이어야 하는 것은 아니라고 한다. 그러나 다수인 상호간에는 적어도 '내적인 유대'에 의한 '의사접촉의 요소'가 존재해야 한다고 한다. 따라서 축구경기장 축구선수 상호간에는 '내적인 유대'에 의한 '의사접촉의 요소'가 존재하기 때문에 집회라고 볼 수 있지만, 관중들 상호간에는 이를 인정할 수 없으므로 집회가 될 수 없다고 한다.

앞서 살펴본 집회의 개념 관련하여 '표현의 자유 보완설'에서는, 의사표현이 존재하여야 한다는 전제에서 광의설을 취하게 될 것이고, 반드시 의사표현이 존재하지 않아도 된다고 하는 '독자적 기본권설'에서는 최광의설을 취하게 될 것이다. 단순한 사교모임처럼 공동의 의사표명 없이 타인과의 접촉만을 위한 집회라고 하여 이를 제외시킬 필요가 없고, 집시법 제15조도 최광의설에 기초하고 있다고 보아 최광의설을 취하는 견해[23]도 있으나, 집회를 통하여 국민들이 자신의 의견과

규홍, 위 논문, 261면.

23) 이규홍, 위 논문, 261면; 한수웅, 803면.

주장을 집단적으로 표명함으로써 여론의 형성에 영향을 미친다는 점에서, 집회의 자유는 표현의 자유와 더불어 민주적 공동체가 기능하기 위하여 불가결한 근본요소에 속하고, 집회의 자유는 집단적 의견표명의 자유로서 민주국가에서 정치의사형성에 참여할 수 있는 기회를 제공하며, 직접민주주의를 배제하고 대의민주제를 선택한 우리 헌법에서, 일반 국민은 선거권의 행사, 정당이나 사회단체에 참여하여 활동하는 것 외에는 단지 집회의 자유를 행사하여 시위의 형태로써 공동으로 정치의사형성에 영향력을 행사하는 가능성 밖에 없다는 점[24]에서 집회는 대외적 의사표현을 그 개념요소로 한다고 생각된다. 즉 '공동의 목적'이란 '공동의 의견을 형성하여 이를 대외적으로 표명할 목적'[25]이라고 보는 것이 타당하다. 다만 앞에서 살펴본 것처럼, 대외적 의사표현은 명시적일 필요는 없고 묵시적이라도 제반 사정을 종합하여 알 수 있으면 족하다고 생각된다.

다. 평화적(집회형식적) 요소

집회의 자유에 의하여 보호되는 것은 단지 평화적·비폭력적 집회로 폭력적이고 폭동적인 집회는 보호대상에서 제외된다.[26] 즉 평화성(Friedlichkeit)이 요구된다.[27] 평화적 집회와 폭력적 집회를 구별하는 '폭력'에 관하여 심리적 폭력설과 물리적 폭력설의 대립이 있다. 심리적 폭력설은 심리적인 폭력을 가하는 것만으로 평화성이 상실된다고 보

24) 헌법재판소 2003. 10. 30. 선고 2000헌바67, 83(병합) 결정.

25) 대법원 2008. 6. 26. 선고 2008도3014 판결. 이 판결은 '특정 또는 불특정 다수인이 특정한 목적 아래 일시적으로 일정한 장소에 모이는 것을 말한다'라고 집회를 정의한 대법원 83도2528 판결보다 한걸음 더 나아가 집회의 개념을 명백히 하였다는 점에 그 의의가 있다고 한다. 이우철, "집회 및 시위에 관한 법률상 '집회'의 개념", 형사재판의 제문제 6권(고현철 대법관 퇴임기념 논문집), 박영사(2009), 445면.

26) 헌법재판소 2003. 10. 30. 선고 2000헌바67, 83(병합) 결정; 김봉철, "협력적 관점에서 본 집시법상 사전적 신고의무", 토지공법연구 63집(2013), 293-294면; 허영, 630면.

27) 이부하, 위 논문, 295면. 독일 연방 헌법재판소도 물리적 폭력설의 입장이라 한다[BVerfGE 69, 315(360)].

지만, 다수설은 심리적 폭력만으로는 부족하고 물리적인 폭력이 있어야 평화성이 상실된다고 한다. 집회는 다수인의 신체적 현존과 활동을 전제로 하기 때문에 제3자와의 충돌가능성은 상존하기에,[28] 심리적 폭력설에 의하면 집회의 허용범위를 너무 협소하게 하므로, 사람 또는 사물의 물리적 완전성에 대한 현저한 위험가능성이 존재하여야 평화성이 상실된다고 보아야 한다.[29]

이와 관련하여 공공도로상에서의 연좌시위(連坐示威)를 평화적인 집회로 볼 것인지 문제된다. 심리적 폭력설에서는 이러한 연좌시위가 교통소통을 방해하여 '법적인 평화'를 해하고 교통수단을 이용하려는 많은 통행인들에게 심리적인 폭력을 가하는 것이므로 평화적인 집단행동이라고 볼 수 없다고 하지만, 물리적 폭력설에서는 사람이나 물건에 대한 물리적인 폭력이 없는 한 평화적인 성격을 인정해야 한다고 한다.[30]

연좌시위와 관련하여 문제될 수 있는 것이 일반교통방해죄인데, 평화적 집단행동으로서의 성격이 인정되는 이상, 미리 신고된 집회로서 집시법의 요건을 구비한 경우 원칙적으로 일반교통방해죄는 성립되지 않는다고 보아야 한다. 대법원도 같은 취지이다.[31]

---

28) 대법원 2009. 7. 23. 선고 2009도840 판결(집회나 시위는 다수인이 공동 목적으로 회합하고 공공장소를 행진하거나 위력 또는 기세를 보여 불특정 다수인의 의견에 영향을 주거나 제압을 가하는 행위로서 그 회합에 참가한 다수인이나 참가하지 아니한 불특정 다수인에게 의견을 전달하기 위하여 어느 정도의 소음이나 통행의 불편 등이 발생할 수밖에 없는 것은 부득이한 것이므로 집회나 시위에 참가하지 아니한 일반 국민도 이를 수인할 의무가 있다고 할 수 있다. 따라서, 그 집회나 시위의 장소, 태양, 내용, 방법 및 그 결과 등에 비추어, 집회나 시위의 목적 달성에 필요한 합리적인 범위에서 사회통념상 용인될 수 있는 다소간의 피해를 발생시킨 경우에 불과하다면, 정당행위로서 위법성이 조각될 수 있다고 할 것이다).

29) 이부하, 위 논문, 295면.

30) 한수웅, 804면; 허영, 630면; 이부하, 위 논문, 296면.

31) 대법원 2008. 11. 13. 선고 2006도755 판결 [구 집회 및 시위에 관한 법률(2007. 5. 11. 법률 제8424호로 전문 개정되기 전의 것) 제6조 제1항 및 입법 취지에 비추어, 적법한 신고를 마치고 도로에서 집회나 시위를 하는 경우 도로의 교

다만 미리 신고되지 아니한 우발적 집회나 긴급집회의 경우, 일반교통방해죄가 성립되지 않는다고 보아야 할 것인지 문제될 수 있다.[32] 먼저 사전협력의무로서 옥외집회 신고를 하도록 한 이유 중 하나는, 경찰관청 등 행정관청으로 하여금 집회의 순조로운 개최와 공공의 안전보호를 위하여 필요한 준비를 할 수 있는 시간적 여유를 주기 위한 것으로, 이러한 조치를 통하여 일반교통방해를 사전에 예방할 수 있는 기회를 갖지만(따라서 행정관청의 대처 미흡으로 일반교통방해의 결과가 발생하였다고 하더라도 그 책임을 집회주최자나 참가자에게 전가하기는 어려울 것이다), 미신고 집회의 경우에는 행정관청이 이러한 기회를 가질 수 없으므로 그 집회로 인하여 일반교통방해의 위험이 발생하였다면 그에 대한 책임은 집회주최자나 참가자가 부담하여야 한다는 견해를 상정할 수 있다. 이에 대하여 신고의무 미이행을 형사처벌하는 것은 위헌의 소지가 있고 과태료 부과만으로도 충분하다는 전제에서, 미신고된 집회와 신고된 집회에 차등을 두어 일반교통방해죄의 성립을 긍부하는 것은 타당하지 않고 경미한 도로점거시위로 인한 경미한 위반행위에 대하여는 형사처벌이 아니라 과태료 등의 제재로 족하다[33]는

통이 어느 정도 제한될 수밖에 없으므로, 그 집회 또는 시위가 신고된 범위 내에서 행해졌거나 신고된 내용과 다소 다르게 행해졌어도 신고된 범위를 현저히 일탈하지 않는 경우에는, 그로 인하여 도로의 교통이 방해를 받았다고 하더라도 특별한 사정이 없는 한 형법 제185조의 일반교통방해죄가 성립한다고 볼 수 없다. 그러나 그 집회 또는 시위가 당초 신고된 범위를 현저히 일탈하거나 구 집회 및 시위에 관한 법률(2007. 5. 11. 법률 제8424호로 전문 개정되기 전의 것) 제12조에 의한 조건을 중대하게 위반하여 도로 교통을 방해함으로써 통행을 불가능하게 하거나 현저하게 곤란하게 하는 경우에는 일반교통방해죄가 성립한다.]; 대법원 2018. 1. 24. 선고 2017도11408 판결(그러나 이때에도 참가자 모두에게 당연히 일반교통방해죄가 성립하는 것은 아니고, 실제로 참가자가 위와 같이 신고 범위를 현저하게 벗어나거나 조건을 중대하게 위반하는 데 가담하여 교통방해를 유발하는 직접적인 행위를 하였거나, 참가자의 참가 경위나 관여 정도 등에 비추어 그 참가자에게 공모공동정범의 죄책을 물을 수 있는 경우라야 일반교통방해죄가 성립한다)

32) 2006도755 판결에서 신고된 집회의 경우 신고된 범위를 현저히 일탈하지 아니하는 경우 일반교통방해죄가 성립하지 않는다고 한 것으로 보아, 신고가 없는 집회의 경우에는 성립한다고 볼 여지가 크다.

견해가 가능하다. 사견으로는, 경찰관청 등 행정관청의 대비 가능성이 없다면, 원칙적으로 일반교통방해의 성립을 긍정하여야 하는 것 아닌가 생각된다. 따라서 일반적으로 당해 집회로 인하여 예상될 수 있는 도로 소통상의 장애를 넘어서는 행위(가령 도로 전부 점유하여 공중의 왕래를 현저히 어렵게 하는 방법으로 집회를 개최할 경우)의 경우에는 일반교통방해의 성립이 긍정될 수 있을 것이다. 다만 이러한 전제에 서더라도 문제될 수 있는 것은 미신고 집회로 시작된 후 어느 정도 시간이 흘러서 경찰관청 등 행정관청의 대비가 가능하게 된 상황에서 집회 참가자들이 도로를 점거하게 된 경우로, 그것이 당해 집회로 예상될 수 있는 도로 소통상의 장애의 범주 내인 경우일 것이다. 이 경우에는 성립하지 않는다고 보아야 할 것이다.

라. 장소적 요소

집회의 장소 관련하여 집시법은 옥외집회를 옥내집회와 구별하여 규정하고 있다. 집시법 제6조(옥외집회 및 시위의 신고 등) 이하의 규정들은 옥외집회나 시위에 대한 규정들이다. 집회와 달리 시위는 옥내시위와 옥외시위를 구별하여 규정하고 있지 않은데, 이는 제2조 제2호[34]에 규정된 '시위'의 개념상 옥외인 도로, 광장, 공원 등에서 이루어짐을 전제로 하고 있기 때문으로 보인다.

옥내집회를 통하여 불특정 다수의 사람들의 의사결정이나 행동에 영향을 주는 등으로 마찰을 유발할 가능성이 적기 때문에 신고의 대상이 아니다.

미국에서는 표현의 자유와 관련하여 장소적으로 어떠한 곳에서 의사표현이 어느 정도로 허용될 수 있는 것인지에 관하여 논의가 있는

33) 윤성철, "도로점거시위에 대한 형사법적 관점의 고찰", 형사법연구 제24권 제2호, 한국형사법학회(2012. 여름), 379면.

34) "시위"란 여러 사람이 공동의 목적을 가지고 도로, 광장, 공원 등 일반인이 자유로이 통행할 수 있는 장소를 행진하거나 위력(威力) 또는 기세(氣勢)를 보여, 불특정한 여러 사람의 의견에 영향을 주거나 제압(制壓)을 가하는 행위를 말한다.

바,[35] 표현의 자유와 밀접하게 연관되어 있는 집회의 경우에도 마찬가지의 논리가 적용될 수 있을 것이다.

마. 시간적 요소

국어사전[36]은 집회를 '여러 사람이 어떤 목적을 위하여 일시적으로 모임. 또는 그런 모임'이라고 정의한다. 또한 집회를 항시적·계속적으로 조직되어 있는 결사와 구별하기 위하여, '일시적인 회합'이라고 정의하는 것이 일반적인 설명이다.[37] 그러나 결사와의 구별에 있어 '일시성'보다는 '장소의 특정성'에서 찾는 견해[38]도 있다.

만약 '일시적'이라는 것이 집회의 요소라면, '일시적'이라는 개념의

35) 미국에서 표현의 자유(freedom of speech) 관련하여, 원칙적으로 그 내용을 규제할 수는 없지만, 공공의 안전을 위하여, 그 행위가 이루어지는 시간, 장소, 그리고 방법에 대한 규제는 가능하다고 한다[Cox v. New Hampshire, 312 U.S. 569 (1941)]. 공론장 내지 공적 광장 이론(Public Forum doctrine)으로, 정부가 일반대중의 접근을 전반적으로 허용하는 도로나 공원(traditional public forum)의 경우에는 표현의 자유가 폭넓게 인정되어 검열이나 허가 등과 같은 전면적인 규제가 불가능하며, 정부가 규제를 하고자 할 때에는 필요불가결한 이익(compelling interest)이 있음을 정부가 입증하여야 한다고 보는 것이다[박선영, "인터넷상의 표현의 자유", 인터넷과 법률 Ⅱ, 법문사(2005), 122면]. 항의 집회는 대중의 관심을 끌 수 있는, 그리고 대규모 집단이 공감하는 것을 소통할 수 있는 방법이므로, 이는 헌법 제1조에 의하여 명시적으로 보호되는 '집회'의 한 형태이다. 정부 재산의 형태에 따라서(public forums, designated public forums, limited public forums, nonpublic forums) 다른 규율이 이루어진다(Erwin Chemerinsky, 1185~1208). public forums는 도로, 공원, 광장과 같은 곳으로 공공의 안전에 대한 위험이 존재하지 아니하는 이상, 원칙적으로 이곳에서 이루어지는 표현에 대하여는 아무런 제한이 가하여지지 아니한다. 집회 자체에 공공의 안전에 대한 위험이 없다면, 표현의 자유와 마찬가지로 보호되어야 할 것이다. 물론 이러한 자유가 절대적인 것은 아니고 시간, 장소, 방법(time, place, and manner)에 의한 제한은 가능할 것이다. 윤명선, "미국법상 표현의 자유와 장소－'공적 광장' 이론을 중심으로－", 미국헌법연구 14호, 해암사(2003), 14-15면.

36) Naver 사전(2018. 8. 29. 방문).

37) 권영성, 헌법학원론, 법문사(2009), 531면; 김철수, 823면; 성낙인, 1199면; 이규홍, 위 논문, 267면; 한수웅, 801면; 허영, 629면; 황교안, 27면.

38) 정종섭, 헌법학원론, 박영사(2015), 636면. 집회를 '2인 이상이 특정한 장소에 모여 공동의 의사를 표현하는 행위'라고 정의한다. 정종섭, 628면.

시간적 장단은 어떠한가? 이는 '항시적', '영구적'의 반대개념으로 보아야 할 것이다. 즉 상대적인 개념으로 그 시간적 최소한과 최대한의 요건은 원칙적으로 존재하지 않는다고 보아야 한다.[39]

사견으로는 '일시적'이라는 개념이 반드시 집회의 성립요소가 되어야 하는지도 의문이다.[40] '일시적'이라는 개념은, 집회의 성립요소라기보다는 집회의 존속기간에 있어서의 한시성을 설명하는 것으로 보는 것이 더 타당하다고 생각된다. 목적이 달성되거나 혹은 달성되지 않을 것이 분명하다면, 그 집회는 자연적으로 해체될 것이기 때문이다. 또한 집회가 시간적으로 장기화되면 결사와 유사해지지만, 그렇다고 하여 그것이 집회로서 보호되지 못할 것은 아니라고 보아야 하기 때문이다. 오히려 일정한 모임은 집회와 결사 양자의 성격을 함께 갖는 경우가 있을 수 있고, 이는 집회 및 결사로서 중첩적으로 보호 및 규제되어야 할 것이다. 즉 집회의 목적이 존속하는 이상, 그 집회는 계속하여 존속한다고 보아야 하는바, 즉 집회의 목적이 존속하는 이상, 그 집회 기간에 불문하고, 이는 원칙적으로 집회로써 보호될 수 있

39) 이부하, 위 논문, 294면. 집회는 공동행위의 지속성을 요하는데, 공동행위는 최소한의 지속성만 가지면 족하다고 한다.

40) 주로 1인 시위라서 집회라고 단정할 수는 없지만, 표현의 자유 관련하여, 백악관 앞에서 1981.경부터 지속되고 있는 '핵무기 반대, 전쟁 반대'를 구호로 하는 White House Peace Vigil을 생각해 보자. 그러한 구호가 담긴 표지에 대하여 크기, 게재 장소 등에 관한 규제는 가능하지만(http://www.prop1.org/legal/845271.htm 및 https://casetext.com/case/white-house-vigil-v-clark 참조. 각 2018. 9. 13. 방문), 그러한 구호를 통한 의견 표명 자체를 금지할 수는 없다. 관련 규정상 구호가 담긴 표지는 반드시 사람과의 물리적 접촉 하에 있어야 하는바{White House Vigil for ERA v. Clark, 746 F.2d 1518, 1522 (1984)}, 이는 사람의 물리적 접촉 하에 있는 이상 구호가 담긴 표지는 철거될 수 없음을 의미한다. 실제로 White House Vigil에 대하여 사람의 물리적 접촉 하에 있지 않은(unattended) 상태가 2013. 9. 12.경 발생하였고, U.S. Park Police에 의해 32년 만에 철거가 이루어졌다가 당일 복구되었다(https://en.wikipedia.org/wiki/White_House_Peace_Vigil 참조. 2018. 9. 27. 방문). 순수한 1인 시위는 집회나 시위로 볼 수 없지만, 변형 1인 시위(인간띠 시위, 혼합 1인 시위)는 집회나 시위로 볼 수 있는 경우도 있을 것이다. 김철준, "집회 및 시위에 관한 법제연구", 동아대학교 박사학위논문(2004), 231-233면.

다고 보아야 한다. 1년 이상 계속되었기 때문에 일시적 성격이 소멸되었다고 보아 집회로써 보호될 수 없다고 볼 수는 없다고 생각된다. 현행법상 시간적으로 어느 정도 지속되는 집회를 집회로써 보호할 것인지에 관하여 법률상 규정이 없다. 헌법 제37조 제2항 규정상, 법률이 아닌 해석에 의하여 이를 제한할 수는 없을 것이다.

4. 집회의 자유의 보호 정도 — 표현의 자유와의 비교

표현의 자유보다 보호의 정도가 약한가? 즉 표현의 자유보다 규제의 정도가 강한가? 이에 대하여 집회나 시위의 성격상 표현의 자유보다 규제의 정도가 강할 수 있다고 보는 것이 일반적이다.[41] 다만 이러한 해석은 추상적으로는 맞는 말이지만, 현실적으로는, 표현이 가져오는 위험성이 집회가 가져오는 위험성보다 더 높은 경우도 있을 것으로 생각된다.

또한, 가사 집회의 자유가 표현의 자유보다 더 강하게 제한될 수 있는 성질의 것이라 하더라도, 집회가 해산되어야 할 정도의 위험성을 내포한 상황이 아니라면, 표현의 자유와 대등한 정도의 보호를 받아야 하는 것 아닌가 생각된다.

5. 집회의 자유에 대한 제한과 그 한계

가. 제 한

집회의 자유는 다수인의 집단적 형태로 의사표현을 하기 때문에 집회에 참가한 자 이외의 국민에게 위해를 가할 가능성, 집단 행동이 통제의 범위를 벗어나거나 무력 충돌이 일어나는 등 사회의 안녕을 깨뜨릴 가능성이 높으므로,[42] 제한 가능성이 높은 기본권이다.[43] 집회

41) 권영성, 533면.

42) 헌법재판소 2009. 5. 28. 선고 2007헌바22 결정(집회의 자유의 행사는 다수인의 집단적인 행동을 수반하기 때문에 집단행동의 속성상 의사표현의 수단으로서 개인적인 행동의 경우보다 공공의 안녕질서나 법적 평화와 마찰을 빚을 가능성이 큰 것 또한 사실이다. 특히 옥외집회는 … 그러한 가능성이 더욱 높고 …

의 자유를 제한하는 경우 법익형량의 문제는 '집회의 자유를 지나치게 제한함이 없이, 즉 집회의 자유를 최대한으로 보장하면서, 다른 법익에 대한 침해를 최소화할 수 있는지'에 관한 문제이다.[44]

헌법 제37조 제2항은 "국민의 모든 자유와 권리는 국가안전보장·질서유지 또는 공공복리를 위하여 필요한 경우에 한하여 법률로써 제한할 수 있으며, 제한하는 경우에도 자유와 권리의 본질적인 내용을 침해할 수 없다."라고 규정하고 있는바, 집회의 자유도 헌법 제37조 제2항에 규정된 사유에 의하여 제한될 수 있다. 관련 법률로 집시법이 있다. 헌법재판소의 결정에 따라 해산된 정당의 목적을 달성하기 위한 집회 또는 시위(제5조 제1항 제1호), 집단적인 폭행, 협박, 손괴(損壞), 방화 등으로 공공의 안녕 질서에 직접적인 위협을 끼칠 것이 명백한 집회 또는 시위(제5조 제1항 제2호)는 금지된다.

옥외집회 또는 시위를 주최하고자 하는 목적, 일시, 장소, 주최자(주소, 성명, 직업, 연락처), 참가 예정인 단체와 인원, 시위의 경우 그 방법(진로와 약도를 포함)을 적은 신고서를 옥외집회나 시위를 시작하기 720시간 전부터 48시간 전에 관할 경찰서장에게 제출하여야 한다(제6조 제1항). 다만, 옥외집회 또는 시위 장소가 두 곳 이상의 경찰서의 관할에 속하는 경우에는 관할 지방경찰청장에게 제출하여야 하고, 두 곳 이상의 지방경찰청 관할에 속하는 경우에는 주최지를 관할하는 지방경찰청장에게 제출하여야 한다(단서).

신고서를 접수한 관할경찰관서장은 신고된 옥외집회 또는 시위가 일정한 사유[45]에 해당하는 때에는 신고서를 접수한 때부터 48시간 이

옥외집회를 주최하려는 자는 그에 관한 신고서를 ... 제출하도록 하고 있다. 이러한 사전신고는 경찰관청 등 행정관청으로 하여금 집회의 순조로운 개최와 공공의 안전보호를 위하여 필요한 준비를 할 수 있는 시간적 여유를 주기 위한 것으로서, 협력의무로서의 신고라고 할 것이다. 결국... 일반적·원칙적으로 옥외집회 및 시위를 할 수 있도록 보장하고 있으므로, 집회에 대한 사전신고제는 헌법 제21조 제2항의 사전허가금지에 반한지 않는다고 할 것이다).

43) 정종섭, 631면; 허영, 631면.

44) 한수웅, 818면.

내에 집회 또는 시위를 금지할 것을 주최자에게 통고할 수 있다(제8조 제1항).

또한 수개의 집회가 경합될 경우 금지통고를 할 수 있고(제8조 제3항),[46] 주거지역, 초등학교, 중학교, 고등학교, 군사지역 근처로 집회로 인해 피해가 발생하거나 뚜렷하게 발생할 우려가 있는 경우로 거주자나 관리자의 보호 요청이 있는 경우 금지 또는 제한을 통고할 수 있다(제8조 제5항).

집회 또는 시위의 주최자는 확성기, 북, 징, 꽹과리 등의 기계·기구를 사용하여 타인에게 심각한 피해를 주는 소음으로서 대통령령으로 정하는 기준을 위반하는 소음을 발생시켜서는 아니 되며(제14조 제1항), 집회 또는 시위의 주최자는 "1. 총포, 폭발물, 도검(도검), 철봉, 곤봉, 돌덩이 등 다른 사람의 생명을 위협하거나 신체에 해를 끼칠 수 있는 기구(기구)를 휴대하거나 사용하는 행위 또는 다른 사람에게 이를 휴대하게 하거나 사용하게 하는 행위; 2. 폭행, 협박, 손괴, 방화 등으로 질서를 문란하게 하는 행위; 3. 신고한 목적, 일시, 장소, 방법 등

---

45) 1. 제5조 제1항, 제10조 본문(야간 옥외집회 및 시위 금지규정. 헌법재판소 2009. 9. 24. 선고 2008헌가25 결정 및 2014. 3. 27. 선고 2010헌가2 결정에 의하여 '옥외집회', '시위' 부분 헌법불합치결정됨. 이에 따라 야간 옥외집회 또는 시위에 관하여 무죄가 선고됨. 대법원 2011. 6. 23. 선고 2008도7562 판결, 2014. 7. 10. 선고 2011도1602 판결) 또는 제11조[일정 행정 관서로부터 100미터 이내 장소에서의 금지 규정. 헌법재판소 2018. 5. 31. 선고 2013헌바322 결정, 2018. 6. 28. 선고 2015헌가28 결정, 2018. 7. 26. 선고 2018헌바137 결정에 의하여 제11조 제1호 중 '국회의사당', '각급 법원'에 관한 부분, 제3호(국무총리 공관) 헌법불합치결정됨. 따라서 헌법재판소, 대통령 관저, 국회의장 공관, 대법원장 공관, 헌법재판소장 공관, 외교기관이나 외교사절의 숙소로부터 100미터 이내 장소에서 금지됨]에 위반된다고 인정될 때

2. 제7조 제1항에 따른 신고서 기재 사항을 보완하지 아니한 때

3. 제12조(교통 소통을 위한 제한)에 따라 금지할 집회 또는 시위라고 인정될 때

46) 다만 선 집회가 유령집회일 경우 이를 이유로 금지통고를 하는 것은 제한되어야 한다. 졸고, "유령집회 규제에 관한 일 시론(一 試論) －중복집회 금지통고규정의 해석에 관하여－", 재판자료 제133집(형사법 실무연구 Ⅱ), 법원도서관(2016. 2.) 참조.

의 범위를 뚜렷이 벗어나는 행위"를 하여서는 아니 되고(제16조 제4항), 옥내집회의 주최자는 확성기를 설치하는 등 주변에서의 옥외 참가를 유발하는 행위를 하여서는 아니 된다(제5항).

나. 제한의 한계

기본권제한입법의 한계조항의 범위 내에서 집회의 자유를 제한하는 경우에 '집회허가제'를 금지하는 헌법정신과 이익형량, 규범조화적 해석, 과잉금지의 원칙, 명백하고 현존하는 위험의 원리 등이 엄격하게 존중되어야 함은 물론이고, 집회의 자유의 본질적 내용은 침해하지 말아야 한다.[47] 따라서 미신고 집회라고 하더라도 타인의 법익이나 공공의 안녕질서에 대한 위험이 명백하게 발생하지 않는 경우라면, 보호되어야 할 집회로 해산명령의 대상이 될 수 없다.[48] 미신고 시위의 경

47) 허영, 632면.

48) 대법원 2012. 4. 19. 선고 2010도6388 판결.

『헌법 제21조 제1항은 시위를 비롯한 집회의 자유를 기본권으로 보장하고 있다. 이러한 집회의 자유는 개인이 국가권력의 개입이나 강제 없이 자유롭게 자신의 의견과 주장을 집단적으로 표명할 수 있는 기본권으로서, 개인의 인격발현의 요소이자 대의제 자유민주국가의 필수적 구성요소에 속한다. 따라서 헌법 제21조 제2항이 "집회에 대한 허가는 인정되지 아니한다."고 선언하고 있듯이 집회에 대한 허가는 어떠한 경우에도 허용될 수 없고, 집회의 자유에 대한 제한 역시 다른 중요한 법익의 보호를 위하여 반드시 필요한 경우에 한하여 정당화될 수 있으며, 특히 집회의 해산은 원칙적으로 타인의 법익이나 공공의 안녕질서에 대한 직접적인 위험이 명백하게 존재하는 경우에 한하여 허용되어야 할 것이다(대법원 2011. 10. 13. 선고 2009도13846 판결, 헌법재판소 2003. 10. 30. 선고 2000헌바67 등 결정 등 참조).

이와 같이 집회의 자유가 가지는 헌법적 가치와 기능, 집회에 대한 허가 금지를 선언한 헌법정신, 앞서 본 신고제도의 취지 등을 종합하여 보면, 신고는 행정관청에 집회에 관한 구체적인 정보를 제공함으로써 공공질서의 유지에 협력하도록 하는 데에 그 의의가 있는 것이지 집회의 허가를 구하는 신청으로 변질되어서는 아니 되므로, 신고를 하지 아니하였다는 이유만으로 그 옥외집회 또는 시위를 헌법의 보호 범위를 벗어나 개최가 허용되지 않는 집회 내지 시위라고 단정할 수 없다.

따라서 집시법 제20조 제1항 제2호가 미신고 옥외집회 또는 시위를 해산명령의 대상으로 하면서 별도의 해산 요건을 정하고 있지 않더라도, 그 옥외집회 또는 시위로 인하여 타인의 법익이나 공공의 안녕질서에 대한 직접적인 위

우에도 마찬가지이다.[49]

6. 대상 사안에서의 집회가 집시법상 보호되는 집회인지 여부

가. 인적 요소

대상 사안에서 문제될 수 있는 것은, 당시 2인이 현장에 있었다는 점(피고인과 김○○가 현장에 있었음은 분명하지만, 그 외 집회 참가자가 있었는지 여부는 분명하지 아니함)에서 인적 요소가 구비된 것으로 볼 수 있는지 여부이다. 2인설과 3인설의 대립이 있음은 전술하였는바, 2인설을 따를 경우 인적 요소가 구비된 것으로 보아야 할 것이다. 물론 공소사실에 나타난 2인 외에 집회 참가자가 더 있었다면 어느 견해에 의하든 인적 요소는 구비된 것으로 볼 것이다.

나. 목적적 요소

목적적 요소에 관하여는 광의설 내지 최광의설에 의할 경우에는 구비된 것으로, 협의설에 의할 경우에는 구비되지 아니한 것으로 평가될 수 있을 것이지만, 광의설을 따를 경우 목적적 요소도 구비된 것으로 보아야 할 것이다.

다. 평화적 요소

평화적(집회형식적) 요소에 관하여는 동일 장소에서 동일 목적의 집회 관련하여서는 이 사건 사실관계에서 견해가 나뉠 수 있다.

(1) 구비하지 못하였다는 입장(2심)

① 이 사건 집회 장소에 집회의 목적인 희생자 추모 및 문화제 개최와 직접 관련 없는 잡다한 물건들이 상당수 있었다는 점, ② 문화재인 덕수궁[50]에 인접해 있어 문화재 보호[51]와 도로미관 유지 등의

험이 명백하게 초래된 경우에 한하여 위 조항에 기하여 해산을 명할 수 있고, 이러한 요건을 갖춘 해산명령에 불응하는 경우에만 집시법 제24조 제5호에 의하여 처벌할 수 있다고 보아야 한다.』

49) 헌법재판소 2016. 9. 29. 선고 2014헌바492 결정.

50) 덕수궁은 1963년 사적 124호로 지정되었다. 사적은 국가지정문화재이다(문화

필요성이 큰 곳이었던 점,[52] ③ 집회장소 부근에는 지하철역과 서울광장, 관공서 및 상업용 건물들이 밀집해 있어 일반 시민의 통행이 빈번한 곳인 점, ④ 부대물에 대한 행정대집행에 저항하는 폭력행위가 이미 2013. 4.경 존재하였다는 점 등에서 평화적 요소가 구비되지 아니하였다는 입장이 있을 수 있다.

(2) 구비되었다는 입장(1심)

① 집회의 목적인 희생자 추모 및 문화제 개최와 직접 관련 없는 잡다한 물건들의 존재가 평화적 요소와는 무관하다는 점(그런 부분은 아래에서 살펴볼 행정대집행을 통하여 해결하면 됨), ② 이 집회 자체가 문화재인 덕수궁에 위해를 가하지는 아니하는 것이고(제3자에 의하여 집회 장소 인근에 방화가 있었다고 하더라도 그 방화 책임을 집회 주최자나 참가자들에게 전가하여 집회의 해산을 요구할 수는 없음[53]), 이 사건

재보호법 제25조 제1항).
http://www.deoksugung.go.kr/cms/show.asp?c_show_no=31&c_check_no=30&c_relation=123&c_relation2=108 (2018. 9. 19. 방문)

51) 문화재보호법 제35조 제1항은 "국가지정문화재(국가무형문화재는 제외한다. 이하 이 조에서 같다)에 대하여 다음 각 호의 어느 하나에 해당하는 행위를 하려는 자는 대통령령으로 정하는 바에 따라 문화재청장의 허가를 받아야 하며, 허가사항을 변경하려는 경우에도 문화재청장의 허가를 받아야 한다. 다만, 국가지정문화재 보호구역에 안내판 및 경고판을 설치하는 행위 등 대통령령으로 정하는 경미한 행위에 대해서는 특별자치시장, 특별자치도지사, 시장·군수 또는 구청장의 허가(변경허가를 포함한다)를 받아야 한다."라고 규정하고 있다. 이 중 집회와 관련될 수 있는 것은 "1. 국가지정문화재(보호물·보호구역과 천연기념물 중 죽은 것 및 제41조 제1항에 따라 수입·반입 신고된 것을 포함한다)의 현상을 변경하는 행위로서 대통령령으로 정하는 행위", "2. 국가지정문화재(동산에 속하는 문화재는 제외한다)의 보존에 영향을 미칠 우려가 있는 행위로서 대통령령으로 정하는 행위", "5. 그 밖에 국가지정문화재 외곽 경계의 외부 지역에서 하는 행위로서 문화재청장 또는 해당 지방자치단체의 장이 국가지정문화재의 역사적·예술적·학술적·경관적 가치에 영향을 미칠 우려가 있다고 인정하여 고시하는 행위"이다.

52) 문화재가 있는 곳 및 그 주변지역에서 집회를 개최할 경우, 문화재보호청장의 허가를 받아야 하는 것인지에 관하여 문화재보호법의 허가사항에 해당할 경우 허가를 받아야 한다는 견해로, 이희훈(각주 1), 225-226면.

53) 서울중앙지방법원 2013. 7. 17. 선고 2013고합289 판결에 방화범의 범행 동기

장소는 덕수궁 관련 문화재보호구역이 아니며,[54] 문화재청장의 허가를 받아야 하는 문화재보호법 제35조 제1항 제1호, 제2호, 제5호에 해당하는 행위가 없고,[55] 문화재 인근 지역이라고 하여 무조건적으로 집회를 제한하는 것은 비례의 원칙에 반한다는 문제가 있으며,[56] 집회가 있을

에 관하여 "피고인은 2013. 1. 20.경 '서울로 가라'라는 하나님의 계시를 받았다며 주거지인 경기 양평군에서 상경하여 인사동 주변에서 노숙 생활을 하던 중 사람들이 버리는 쓰레기로 거리가 지저분하고, 음식점 등의 위생 상태가 불량하며, 시위대의 농성 천막도 지저분하다고 생각을 하면서 지저분한 것들은 쓰레기를 모아 태워 없애야 한다는 과대망상증적 마음을 먹게 되었다."고 기재되어 있다. 이 사건 집회 장소, 인사동 식당가, '명동 철거민 대책위원회' 농성 천막, 명동1가 소재 '버거킹' 3층 직원 탈의실, 명동 2가 소재 '흑산도' 식당 등 6곳에 방화한 것으로 기소되어 모두 유죄로 인정되었다.

54) 덕수궁 관련 문화재보호구역은 서울 중구 정동 1-11, 5-1, 1-8, 5-3, 1-36, 1-54, 1-57, 1-66, 서울 신문로2가 150-2, 157 등이다. http://www.e-minwon.go.kr:8072/lfmn/CpmspdifR___01.do?p1=1331101240000&RADIO_NO=0 참조 (2018. 9. 19. 방문).

55) 문화재보호법 시행령 제21조의2 제1항과 제2항에서 이 사건 집회와 관련된 행위를 찾자면, 제1항 제3호(국가지정문화재, 보호물 또는 보호구역 안에서 하는 다음 각 목의 행위) 자목의 '광고물 등을 설치, 부착하거나 각종 물건을 야적하는 행위'에 해당하는지 여부가 문제될 수 있으나, 이 사건 집회는 덕수궁 밖에서 이루어지는 행위로 국가지정문화재, 보호물 또는 보호구역 안에서 하는 행위가 이니다. 또한 제2항 제1호 가목의 '해당 국가지정문화재의 경관을 저해할 우려가 있는 건축물 또는 시설물을 설치·증설하는 행위' 및 다목의 '해당 국가지정문화재의 보존에 영향을 줄 수 있는 소음·진동·악취 등을 유발하거나 대기오염물질·화학물질·먼지·빛 또는 열 등을 방출하는 행위'에 해당하는지 여부가 문제될 수 있으나, 이 사건 부대물이 건축물 또는 시설물에 해당한다고 보기 어렵고, 또한 다목에 해당한다고 볼 자료도 없다. 문화재보호법 제35조 제1항 제5호의 "그 밖에 국가지정문화재 외곽 경계의 외부 지역에서 하는 행위로서 문화재청장 또는 해당 지방자치단체의 장이 국가지정문화재의 역사적·예술적·학술적·경관적 가치에 영향을 미칠 우려가 있다고 인정하여 고시하는 행위"에 해당할 가능성이 가장 크겠으나, 문화재청의 고시 중 집회 관련 고시는 없고, '덕수궁 주변 역사문화환경 보존지역내 건축행위 등에 관한 허용기준 변경 고시'가 있으나 집회와는 별 관련 없는 내용이다. 관할 지방자치단체인 서울시 중구의 고시 중 덕수궁 관련한 고시는 검색할 수 없었다.

https://www.cha.go.kr/html/HtmlPage.do?pg=/seek/gosi_list.jsp&mn=NS_03_01_05 및 policy.nl.go.kr/cm mn/FileDown.do?atchFileId=163272&fileSn=42389 참조 (2018. 9. 19. 방문)

56) 이희훈, "국회와 문화재 주변 집회에 대한 집회 및 시위에 관한 법률 개정안

경우 집회 참가자의 도로(인도)상 존재 자체에서 도로미관이 어느 정도 저해되는 것은 양해되어야 할 부분이라는 점, ③ 집회장소 부근에 일반 시민의 통행이 빈번하기는 하였으나 이 사건 집회가 일반 시민의 통행을 방해할 정도였다고 보이지 아니한다는 점(만약 일반 시민의 통행이 방해될 정도였다면 해산명령의 대상이 되었을 것이나 해산명령의 대상이 될 정도로 통행이 방해되었다는 자료는 나타나지 아니하고, 해산명령이 행하여지지도 아니함. 만약 해산명령의 대상이 되었다면 해산명령을 하고 이에 불응시 해산명령불응죄로 현행범체포하면서 집회 부대물을 형사소송법 제216조에 의하여 압수하였을 것임. 아래 서울행정법원 2013. 12. 6. 선고 2013구합18315 판결은 이 사건 장소가 집회 가능 장소라고 판단하였음), ④ 2013. 4.경과 이 사건 집회 사이에는 2달의 간격이 있고, 2013. 4.경의 행정대집행에 대한 폭력행위가 계속되었다고 볼 자료도 없으며, 이 사건 집회가 타인의 법익이나 공공의 안녕질서에 대한 직접적이고 명백한 위험을 초래한다고 볼 정황이 없다는 점(아래에서 살펴보는 것처럼, 타인의 법익이나 공공의 안녕질서에 대한 직접적이고 명백한 위험을 초래하는 집회가 아님에도, 실질적으로 집회의 해체 내지 해산을 초래하는 행정대집행이라면 이는 위법하다고 보아야 하고, 2013. 4.경 이루어진 행정대집행의 경우에도 집회 부대물 전체에 대한 철거행위가 이루어졌다는 점에서 역시 위법하다고 볼 여지가 많음) 등에서 평화적 요소가 구비되었다는 입장이 있을 수 있다.

평화적 요소가 구비되었다고 보는 입장이 타당하다고 생각된다. 이 사건 집회 장소가 집회가 허용되는 장소인지에 관하여, 이 사건 집회가 와해된 이후 다시 문제된 바 있는데, 서울행정법원은 집회가 허용되는 장소라고 판단하였다.[57]

라. 장소적 요소

덕수궁에 인접한 도로(인도)에서 이루어졌다는 점에서 장소적 요

의 헌법적 고찰", 238-244면.

57) 서울행정법원 2013. 12. 6. 선고 2013구합18315 판결.

소는 구비되었다.

마. 시간적 요소

(1) 반드시 일시적, 단기적 집회만이 보호의 대상이 되어야 하는 것은 아니라는 입장, (2) 이 사건 집회는 2012. 4.경부터 1년 이상 대한문 앞 인도에 물건들을 적치하고 도로를 점용해 온 것이어서 '일시적·단기적' 집회가 아니라는 점에서 집회의 시간적 요소를 구비하지 못하였다는 입장,[58] (3) 집회에서의 시간적 요소는 상대적인 것으로, 그 목적이 항시적, 영구적인 것이 아닌 이상 '일시적'인 것으로 보아야 하는바, 이 사건 집회의 목적이 희생자 추모 및 문화제 개최이고, 그러한 목적이 영구적인 것이라고 보기 어렵기 때문에 시간적 요소가 구비되었다는 입장으로 나뉠 수 있다. 단지 1년 이상 지속되었기 때문에 보호받을 집회가 아니라는 취지의 입장은 설득력이 없다고 생각된다. 그 목적이 달성되었는지 여부, 또한 아래에서 살펴볼 해산의 대상이 되는 집회인지 여부를 살펴서 집회로 보호되어야 하는지를 판단하는 것이 타당하다고 생각된다.

Ⅲ. 집회 해산 요건

1. 해산사유에 관한 집시법 규정

집시법 제20조 제1항은 집회 또는 시위의 해산 사유에 관하여 규정하고 있는바 다음과 같다.

---

58) 가령 미국 국회의사당 인근에서의 집회에 대하여는 7일 이상 연속해서 허가할 수 없다는 제한이 있다. Traffic Regulations for the United States Capitol Grounds(amended 2016. 7. 28.), 94.
https://www.uscp.gov/sites/uscapitolpolice.house.gov/files/wysiwyg_uploaded/Traffic%20Regulations%20for%20the%20U.S.%20Capitol%20Grounds%20-%20August%202016.pdf 참조 (2018. 9. 27. 방문).

제20조(집회 또는 시위의 해산)
① 관할경찰관서장은 다음 각 호의 어느 하나에 해당하는 집회 또는 시위에 대하여는 상당한 시간 이내에 자진(自進) 해산할 것을 요청하고 이에 따르지 아니하면 해산(解散)을 명할 수 있다.
1. 제5조 제1항, 제10조 본문 또는 제11조를 위반한 집회 또는 시위
2. 제6조 제1항에 따른 신고를 하지 아니하거나 제8조 또는 제12조에 따라 금지된 집회 또는 시위
3. 제8조 제5항에 따른 제한, 제10조 단서 또는 제12조에 따른 조건을 위반하여 교통 소통 등 질서 유지에 직접적인 위험을 명백하게 초래한 집회 또는 시위
4. 제16조 제3항에 따른 종결 선언을 한 집회 또는 시위
5. 제16조 제4항 각 호의 어느 하나에 해당하는 행위로 질서를 유지할 수 없는 집회 또는 시위

각호에 관하여 살펴본다.

제20조 제1항 제1호는 헌법재판소의 결정에 따라 해산된 정당의 목적을 달성하기 위한 집회나 시위(제5조 제1항 제1호), 집단적인 폭행, 협박, 손괴, 방화 등으로 공공의 안녕질서에 직접적인 위협을 끼칠 것이 명백한 집회나 시위(제5조 제1항 제2호)를 규정한다. 제10조 본문이나 제11조에 관하여는 상당부분 헌법불합치 결정되었다.[59]

제20조 제1항 제2호는 미신고 집회 또는 시위(제6조 제1항 위반), 제8조[60] 또는 제12조에 따라 금지된 집회 또는 시위를 규정한다. 제8조 또는 제12조의 경우 공공의 안녕 질서에 직접적인 위험을 초래하거나 교통 소통에 장애를 발생시키는 등을 그 요건으로 하고 있으나, 법문상 제6조 제1항을 위반한 미신고 집회 또는 시위의 경우에는 '공공의 안녕 질서에 직접적인 위험 초래'가 요건으로 기재되어 있지 아니하다. 이와 관련하여 미신고 집회이기만 하면 해산명령의 대상이 될

59) 각주 45번 참조.
60) 각주 45번 참조.

수 있다는 견해도 있었으나,[61] 타인의 법익이나 공공의 안녕질서에 대한 직접적인 위험이 명백하게 존재하는 경우가 아니라면 집시법 제20조 규정의 형식적 요건이 구비되었다고 하더라도 해산명령의 대상이 될 수 없다고 해석함이 타당하다.[62]

제20조 제1항 제3호는 교통 소통 등 질서 유지에 직접적인 위험을 명백하게 초래한 집회 또는 시위인 경우, 제4호는 종결 선언을 한 집회 또는 시위인 경우, 제5호는 질서를 유지할 수 없는 집회 또는 시위인 경우에 해산명령을 할 수 있도록 규정하고 있다.

해산명령에 응하지 아니할 경우 해산명령불응죄로 처벌될 수 있다(제24조 제5호).

2. 해산사유에 관한 집시법 규정의 의의

그렇다면 집시법 제20조의 존재의의는 무엇일까? 이는 집시법 제20조에 열거되어 있는 사유를 근거로 집회나 시위를 해산할 수 있다는 근거규정임과 동시에, 그러한 사유 이외의 다른 사유로 집회나 시위를 해산할 수 없음을 의미하는 제한규정이기도 하다. 즉 이는 예시적 열거가 아니라 제한적 열거로 보아야 한다.

헌법재판소는 집회나 시위의 해산 관련하여 "집회의 금지와 해산은 원칙적으로 공공의 안녕질서에 대한 직접적인 위협이 명백하게 존재하는 경우에 한하여 허용될 수 있다. 집회의 금지와 해산은 집회의 자유를 보다 적게 제한하는 다른 수단, 즉 조건을 붙여 집회를 허용하는 가능성을 모두 소진한 후에 비로소 고려될 수 있는 최종적인 수단이다."[63]라고 판시하였고, 대법원도 "집회의 자유에 대한 제한 역시 다른 중요한 법익의 보호를 위하여 반드시 필요한 경우에 한하여 정당화될 수 있으며, 특히 집회의 해산은 원칙적으로 타인의 법익이나 공공

61) 황교안, 207면.
62) 대법원 2011. 10. 13. 선고 2009도13846 판결.
63) 헌법재판소 2003. 10. 30. 선고 2000헌바67, 83(병합) 결정.

의 안녕질서에 대한 직접적인 위험이 명백하게 존재하는 경우에 한하여 허용되어야 할 것이다."[64]라고 판시하였는바, 이는 집회의 금지와 해산 관련하여 법문에 규정되어 있지 아니하지만 집회의 자유를 보호하기 위하여 불문의 요건을 추가적으로 요구하는 것이다. 즉 '구체적 위험'의 존부를 따져 강제해산의 여부를 판단하도록 한 것이다.[65]

따라서 타인의 법익이나 공공의 안녕질서에 대한 직접적인 위험이 명백하게 존재하는 경우가 아니라면 집시법 제20조 규정의 형식적 요건이 구비되었다고 하더라도 해산명령의 대상이 될 수 없다.

3. 대상사안에 해산사유가 있는지 여부

2심은 2달 전인 2013. 4.경 이루어진 행정대집행에 대한 폭력행위 때문에 이 사건 집회도 공공의 안녕질서에 직접적인 위협을 끼칠 것이 명백한 집회 또는 시위에 해당한다고 보았다. 이는 해산사유가 있다는 취지이다.

그러나 앞서 살펴본 것처럼, ① 2013. 4.경과 이 사건 집회 사이에는 2달의 간격이 있다는 점(따라서 2013. 4.경의 폭력행위가 이 사건 집회에도 계속적으로 유지되는 상태라고 볼 수 없다), ② 이 사건 집회가 타인의 법익이나 공공의 안녕질서에 대한 직접적이고 명백한 위험을 초래한다고 볼 정황이 없다는 점,[66] ③ 해산사유가 없음에도 실질적으로 집회의 해체 내지 해산을 초래하는 행정대집행이라면 이는 위법하다고 보아야 한다는 점, ④ 2013. 4.경 이루어진 행정대집행의 경우에도 집회 부대물 전체에 대한 철거행위가 이루어졌다는 점에서 역시 위법하다고 볼 여지가 많다(이에 관하여 아래에서 살펴봄)는 점 등

---

64) 대법원 2011. 10. 13. 선고 2009도13846 판결.

65) 김택수, "집시법상 해산명령의 적법요건에 관한 연구", 경찰학연구 제13권 제2호, 경찰대학(2013), 247면.

66) 이러한 정황이 있었다면, 행정청으로서는 눈엣가시(eyesore)였던 이 사건 집회에 대하여 행정대집행이 아니라 집시법상 해산명령을 통하여 집회를 해산하였을 것이다.

에서 2심의 결론은 수긍하기 어렵다.

Ⅳ. 행정대집행과 집회 부대물의 철거

1. 행정대집행의 요건

행정대집행법 제2조(대집행과 그 비용징수)는 "법률(법률의 위임에 의한 명령, 지방자치단체의 조례를 포함한다. 이하 같다)에 의하여 직접명령되었거나 또는 법률에 의거한 행정청의 명령에 의한 행위로서 타인이 대신하여 행할 수 있는 행위를 의무자가 이행하지 아니하는 경우 다른 수단으로써 그 이행을 확보하기 곤란하고 또한 그 불이행을 방치함이 심히 공익을 해할 것으로 인정될 때에는 당해 행정청은 스스로 의무자가 하여야 할 행위를 하거나 또는 제삼자로 하여금 이를 하게 하여 그 비용을 의무자로부터 징수할 수 있다."라고 규정하고 있다.

이는 ① '타인이 대신하여 행할 수 있는 행위'(대체적 작위의무[67])의 존재, ② '의무자가 이행하지 아니하는 경우', ③ '다른 수단으로는 그 이행을 확보하기 곤란'할 것(비례 원칙상 의무자에 대한 침해가 대집행보다 경미한 수단이 없을 것을 말함[68]), ④ 그 불이행을 방치함이 심히 공익을 해할 것(이는 비례 원칙의 구체적인 적용임[69])을 요건으로 한다.

이러한 행정대집행 요건의 충족에 관한 주장과 입증책임은 계고처분을 한 행정청에 있다.[70]

---

67) 이는 공법상 법률관계에서 발생하는 의무, 즉 공법상 의무이어야 한다. 대법원 2006. 10. 13. 선고 2006두7096 판결.

68) 홍정선, 행정법원론(상), 박영사(2015), 654면.

69) 김동희, 행정법 I, 박영사(2015), 468면.

70) 대법원 1996. 10. 11. 선고 96누8086 판결(건축법에 위반하여 건축한 것이어서 철거의무가 있는 건물이라 하더라도 그 철거의무를 대집행하기 위한 계고처분을 하려면 다른 방법으로는 이행의 확보가 어렵고 불이행을 방치함이 심히 공익을 해하는 것으로 인정될 때에 한하여 허용되고 이러한 요건의 주장·입증책임은 처분 행정청에 있다); 대법원 1981. 8. 11. 선고 80누595 판결(원고의 건물수선이 소론과 같이 허가를 요하는 대수선에 해당한다고 할지라도 그와 같이 허가 없이 수선된 건물을 철거하지 아니하고 방치하는 것 자체가

행정대집행의 절차에 관하여 제3조는 제1항 "전조의 규정에 의한 처분(이하 대집행이라 한다)을 하려 함에 있어서는 상당한 이행기한을 정하여 그 기한까지 이행되지 아니할 때에는 대집행을 한다는 뜻을 미리 문서로써 계고하여야 한다. 이 경우 행정청은 상당한 이행기한을 정함에 있어 의무의 성질·내용 등을 고려하여 사회통념상 해당 의무를 이행하는 데 필요한 기간이 확보되도록 하여야 한다.", 제2항 "의무자가 전항의 계고를 받고 지정기한까지 그 의무를 이행하지 아니할 때에는 당해 행정청은 대집행영장으로써 대집행을 할 시기, 대집행을 시키기 위하여 파견하는 집행책임자의 성명과 대집행에 요하는 비용의 개산에 의한 견적액을 의무자에게 통지하여야 한다.", 제3항 "비상시 또는 위험이 절박한 경우에 있어서 당해 행위의 급속한 실시를 요하여 전2항에 규정한 수속을 취할 여유가 없을 때에는 그 수속을 거치지 아니하고 대집행을 할 수 있다."라고 규정하고 있다. 이에 관한 특칙으로 구 도로법(2014. 1. 14. 법률 제12248호로 전부개정되기 전의 것) 제65조는 제1항 "관리청은 반복적, 상습적으로 도로를 불법 점용하는 경우나 신속하게 실시할 필요가 있어서 「행정대집행법」 제3조 제1항과 제2항에 따른 절차에 의하면 그 목적을 달성하기 곤란한 경우에는 그 절차를 거치지 아니하고 적치물(積置物)을 제거하는 등 필요한 조치를 취할 수 있다.", 제2항 "제1항에 따른 대집행은 도로관리를 위하여 필요한 최소한도에 그쳐야 한다.", 제3항 "제1항과 제2항에 따른 대집행으로 제거된 적치물 등의 보관 및 처리에 필요한 사항과 미반환된 적치물 등의 귀속에 관한 사항은 대통령령으로 정한다."라고 규정하고 있었다.

구 도로법 제65조는 행정대집행법 제3조 제1항과 제2항에 의하여

심히 공익을 해한다고 볼 수는 없는 것이고, 달리 이 사건 건물의 건축법 위반부분을 철거하지 아니한 채 방치함이 심히 공익을 해한다고 인정할 만한 아무런 증거를 찾아 볼 수 없으니, 원심이 이 사건 계고처분은 공익침해의 요건이 결여되어 부적법한 것이라고 판단한 조치는 결국 정당하고, 논지는 이유 없다).

목적 달성이 곤란한 경우에 적용될 수 있는 특칙이며, 제2항에서 비례의 원칙을 재확인하고 있다.

2. 대상사안의 검토

가. 사실관계

피고인을 비롯한 집회참가자들이 이 사건 집회 장소에 방송장비, 비닐가림막, 깔판, 분향대, 서명대, 발전기, 기름통 등을 설치하고 노숙농성을 한 사실이 인정된다.

나. 관련 법규정 및 쟁점

구 도로법(2014. 1. 14. 법률 제12248호로 전부개정되기 전의 것) 제38조 제1항은 "도로의 구역에서 공작물이나 물건, 그 밖의 시설을 신설·개축·변경 또는 제거하거나 그 밖의 목적으로 도로를 점용하려는 자는 관리청의 허가를 받아야 한다. 허가받은 사항을 연장 또는 변경하려는 때에도 또한 같다."라고 규정하고, 제45조는 "누구든지 정당한 사유 없이 도로에 관하여 다음 각 호의 행위를 하여서는 아니 된다."라고 하면서, 도로를 손궤(損潰)하는 행위(제1호), 도로에 토석(土石), 죽목, 그 밖의 장애물을 쌓아놓는 행위(제2호), 그 밖에 도로의 구조나 교통에 지장을 끼치는 행위(제3호)를 금지행위로 규정하고 있다.

도로법 규정 중 이 사건 집회와 관련하여 문제되는 것은, 방송장비, 비닐가림막, 깔판, 분향대, 서명대, 발전기, 기름통 등의 적치가 구 도로법 제38조 제1항의 허가대상이 되는 도로점용에 해당되는가 여부, 그러한 행위가 구 도로법 제45조 제2호의 '그 밖의 장애물을 쌓아놓는 행위', 제3호의 '그 밖에 도로의 교통에 지장을 끼치는 행위'에 해당하는지 여부이다.

다. 구 도로법 제38조 제1항 해당 여부

먼저 "공작물이나 물건, 그 밖의 시설을 신설·개축·변경 또는 제거(의 목적으로 도로를 점용하려는 자)”라는 부분에 해당하는지 여부를 살펴보면, 이 사건 집회에서 문제되는 방송장비, 비닐가림막, 깔판, 분향대, 서명대, 발전기, 기름통 등이 물건임에는 분명하나, 그것을 도로에 쌓아두는 행위를 ‘신설·개축·변경 또는 제거’라고 보기는 어렵다.[71]

다음으로 “그 밖의 목적으로 도로를 점용하려는 자”라는 부분에 관하여 본다. 집회시 도로점용허가를 받아야 하는가? 집회가 이루어지면 집회가 개최되는 장소를 점용하는 것이기 때문에, 법문을 문리적으로 해석한다면, 집회를 ‘그 밖의 목적’에 해당한다고 볼 수 있고, 따라서 관리청의 허가를 받아야 한다는 해석이 가능하다. 그러나 이에 대하여, 집시법상 집회는 금지사유가 없는 이상 개최될 수 있는 것이고, 그러한 집회 개최행위시 집회 개최 신고행위 외에 따로 도로에 대한 점용허가까지 요구되는 것은 아니라는 해석이 가능하다.[72] 만약 도로점용허가를 받아야 한다고 해석한다면 헌법 제21조 제2항에서 금지하는 집회허가제를 허용하는 것이므로, 점용허가를 받을 필요가 없다고 보는 것이 타당하다고 생각한다.[73]

71) 도로교통법 위반 관련하여 “도로교통법 제68조는 도로에서의 금지행위를 규정하고 있고, 그 중 이 사건 물건과 관련하여 문제될 소지가 있는 것은 제2항의 ‘누구든지 교통에 방해가 될 물건을 도로에 함부로 내버려두어서는 아니 된다’는 부분인데, 집회를 개최하면서 탁자, 의자, 돗자리 등을 사용하는 것을 ‘도로에 함부로 내버려두는 것’이라고 보기 어렵다.”라고 판단한 서울행정법원 2013. 12. 6. 선고 2013구합18315 판결의 13-14면 참조[위 서울행정법원 판결은 중구청장이 2013. 4.경 행정대집행 이후 이 사건 집회 장소에 화단을 설치하였는데, 화단 설치 이후 2013. 7.경 그 화단 옆 및 앞에서 이루어진 집회(집회목적은 화단 옆과 앞의 장소도 집회가 가능한 장소라는 것을 확인하고, 화단 조성의 위법성을 알리기 위함) 관련 사안임].

72) 독일에서는, 적법한 집회로 허용된 경우 공물법상의 허가유보는 정지 또는 보류되는 것으로 보며[Kniesel/Poscher, in: Lisken/Denninger(Hrsg.), Handbuch des Polizeirechts, 4. Aufl., München 2007, Rn. 136], 공공 도로나 광장에서의 집회는 도로법상의 특별사용(특허사용)허가를 필요로 하지 않는다는 점에 견해가 일치되어 있다[Hofling, in: Sachs, Grundgesetz Kommnetar, 4. Aufl., München 2007, Art. 8, Rn. 66]고 한다. 문병효, “서울광장조례와 공물의 사용관계”, 공법연구 39집 3호, 한국공법학회(2011), 388면에서 재인용.

73) 도로(구체적으로 보도), 광장, 공원의 경우 전통적, 관례적으로 집회(표현)장소

이와 관련하여 집회참가자들이 집회에 필요한 물건을 가져와서 그 물건을 땅에 놓아 두는 경우를 생각해 볼 수 있다. 가령 집회에서 배포하기 위한 전단지 뭉치, 확성기, 집회에 참가하지 아니한 일반인들로부터 서명을 받기 위한 휴대용 서명대 등의 물건이다. 이러한 물건들에 대하여는 도로점용허가를 받아야 하는가? 이러한 물건들을 도로에 놓는 것도 도로를 점용하는 것으로 보아야 하므로 도로점용허가의 대상이 되어야 한다는 견해가 있을 수 있다. 그러나 집회에 부수하여 준비되는 물건이 존재할 수 있고 그러한 물건에 의하여도 도로 점용 상태는 발생할 수 있으며, 그러한 물건에 의한 도로 점용은 집회의 자유 실현에 수반하여 이루어지며, 충분히 예견 가능하다는 점에서 집회참가자에 대한 보호와 마찬가지로, 일정한 범위에서 보호되어야 한다.[74] 이에 관하여 1심과 2심의 결론은 다르다고 보이지 아니한다.

이 경우 어느 범위에서 어느 정도까지 보호되어야 할 것인지 문제되는바, 헌법, 집시법, 도로법, 도로교통법 등 관련 법규정의 유기적 해석에 의하여 그 범위 및 정도가 결정되어야 할 것이나, 헌법에서 집회의 허가제를 금지하고 있고 집시법에서 집회 신고시 따로 도로점용

로 제공되어 왔기 때문에 별도의 장소사용 허가가 필요하지 않다고 보아야 하고, 다만 입장료 징수 등으로 공개가 일부 제한되어 있거나, 문화재 시설 등 공적시설의 조성, 보전 목적 및 관리필요성 등 공용목적을 감안할 때 허가가 필요한 경우가 있다는 견해로, 이영동, "공물·공공시설의 이용관계", 행정소송 [II], 한국사법행정학회(2008), 449면 및 박경정·최규범, "집회장소 사용에 관한 법적 고찰", 경찰학연구 7호, 경찰대학(2004), 92면; 이에 대하여 도로라고 하더라도 점용허가가 필요하다는 견해로 이일세, "공물의 사용관계에 관한 연구－도로의 사용관계를 중심으로－", 고려대학교 박사학위논문(1991), 91면.

74) 공공용물을 도로, 서울시청 앞 잔디광장, 도시공원 등으로 구분하여, 도로에 설치하는 현수막에 대하여는 점용허가가 필요 없지만, 서울시청 앞 잔디광장, 도시공원에 관하여는 점용허가가 필요하다는 견해도, 점용허가는 "헌법 제21조 제1항에서 금지하고 있는 사전허가제가 되지 않도록 하기 위해서는 서울시 광장의 관리보전의 필요범위 내에서 이루어져야 하고, 다수 사용자 간의 이해관계 조정의 필요범위 내에서 이루어져야 하며, 공공의 안녕과 질서를 유지하기 위한 필요범위 내에서 이루어져야만 한다."고 한다{이희훈(각주 1), 220-222면}.

허가를 받을 것을 규정하고 있지 아니한 점을 고려하면 집회 참가자들이 점용할 것으로 예정되어 있는 장소적·시간적 범위 내에서 집회의 자유를 실현하기 위하여 집회 신고의 대상으로 삼은 것으로서 사용이 필요불가결한 물건이라는 점이 인정된다면, 그 물건이 타인의 법익이나 공공의 안녕질서에 대한 직접적이고 명백한 위험을 초래하지 않는 이상, 관련 법규정에 의한 규제는 제한적으로 해석되어야 한다. 즉 집회에 필요불가결하다고 보이는 물건으로써, 집회참가자들 자신이 집회를 하면서 점용할 것으로 예정된 토지 및 시간이라는 한계 내에서 사용한다면, 따로 점용허가를 받을 필요가 없다고 보아야 한다.[75)]

2심은 집회에 대하여 도로법 등 타 법영역의 적용이 배제되지 않는다는 전제에 서 있다. 만약 2심의 논리대로 집회에 대하여 도로법 등 타 법영역의 적용이 배제되지 않아야 한다면, 마찬가지로 민사법을 적용하여 점유금지가처분이나 인도청구 등을 통해 집회자들이 점유하는 부분의 토지에서 집회자들을 퇴거시키는 소송을 제기할 경우[76)] 법

---

75) 그러한 시간적, 장소적 범위를 초과하는 경우에는 점용허가를 받아야 한다고 생각된다.

76) 행정대집행의 방법으로 건물철거가 가능할 경우 민사소송은 소의 이익이 없어 허용되지 아니하지만(대법원 2009. 6. 11. 선고 2009다1122 판결), 토지나 건물의 인도 등 대집행이 불가능한 경우에는 공법상 당사자 소송에 의하여야 할 것이다. 토지나 건물의 인도의무는 비대체적 작위의무이기 때문에, 대체적 작위의무를 전제로 하는 대집행의 대상이 될 수 없다[대법원 1998. 10. 23. 선고 97누157 판결, 대법원 2005. 8. 19. 선고 2004다2809 판결; 김동희, 468면]. 다만 행정청이 행정대집행의 방법으로 건물철거의무의 이행을 실현할 수 있는 경우에는 건물철거 대집행 과정에서 부수적으로 그 건물의 점유자들에 대한 퇴거 조치를 할 수 있고, 점유자들이 적법한 행정대집행을 위력을 행사하여 방해하는 경우 형법상 공무집행방해죄가 성립하므로, 필요한 경우에는 '경찰관 직무집행법'에 근거한 위험발생 방지조치 또는 형법상 공무집행방해죄의 범행방지 내지 현행범체포의 차원에서 경찰의 도움을 받을 수도 있다고 한다(대법원 2017. 4. 28. 선고 2016다213916 판결). 문제가 많았던 일본의 나리타(成田) 공항 사건에서는 경찰관직무집행법상의 위험발생 방지조치 차원에서 퇴거 요구에 불응하는 자에 대하여 공무집행방해죄 현행범 체포를 통해 점유를 해제하였다. 이는 여전히 비판의 대상이 되고 있다. 김아름, "우리나라 행정대집행법의 문제점과 개선방안", 행정의 실효성 확보 수단에 관한 법

원은 집회라 하더라도 민사법의 적용을 받아야 한다는 이유로 이에 대하여 토지 부분의 인도를 명하여야 하는가?[77]

이와 관련하여 앞서 언급한 Public Forum(공적 광장)의 의미에 관하여 살펴본다. 미국에서 처음에는 표현의 자유 관련하여, 그 장소가 정부의 재산일 경우에는 그곳에서의 표현행위에 관하여 그 소유자인 행정관청 등으로부터 허가를 받도록 한 법령에 대하여 위헌이 아니라고 선언하였다.[78] 이는 Public Forum의 문제를 보통법(common law)의 사유재산 이론에 기초하여 해결한 것이다.[79]

그러나 수십년간 지속되었던 그러한 태도는 그 이후의 판결[80]에서 태도의 변화를 보인다.[81] Hague v. CIO 판결에서 표현의 자유 실현을 위한 목적으로 정부 재산을 사용할 권리가 있다고 밝힌 것이다. 즉 "거리나 공원의 소유권에 관한 입증이 없더라도, 거리나 공원은 아주 먼 옛날부터 공공의 사용을 위하여 제공되어져 왔고, 집회, 시민들 사이의 의사소통, 공적인 문제에 대한 토론을 위한 목적(for purposes of assembly, communicating thought between citizens, and discussing public questions)으로 사용되어 왔다. 거리나 공적 장소에 대한 그러한 사용은, 태고적부터, 시민들의 특수한 권한이자 면책특권, 권리, 그리고 자유의 일부(a part of privileges, immunities, rights, and liberties of citizens)였다."[82]라

제 정비방안 연구－제4차 워크숍－, 한국법제연구원 워크숍 자료집(2017. 8. 16.), 54면.
(https://www.klri.re.kr/cmm/fms/FileDown.do?atchFileId=FILE_000000000005707PjBZW&fileSn=0 참조. 2018. 9. 13. 검색).

77) 나아가 "정부의 재산이라는 이유로 공중의 안녕질서에 대한 위험발생 가능성이 없음에도 아예 일반인이 집회를 위한 점유를 할 수 없도록 바리케이드 등으로 봉쇄시키는 것이 가능한가?"의 문제가 있을 수 있는데, 이에 관하여는 더 생각할 필요가 있다.

78) Davis v. Commonwealth of Massachusetts, 167 U.S. 43 (1897). 'Boston Common' Case라고도 부른다.

79) 윤명선, 위 논문, 4면.

80) Hague v. CIO(abbr. Committee for Industrial Organization) 307 U.S. 496 (1939); Schneider v. State of New Jersey, 308 U.S. 147 (1939).

81) Erwin Chemerinsky, 1186.

고 하였다. 또한 Schneider v. State of New Jersey 판결에서는 "거리를 깨끗하게 유지하고 좋은 모양새를 갖추도록 하는 목적은 한 시민이 공공의 거리(public street)에서 기꺼이 받기를 원하는 사람에게 인쇄물(literature)을 정당하게 나누어 주는 것을 막는 것이라고 볼 수 없다. 그러한 인쇄물 배부의 간접적 결과로서 거리를 깨끗하게 하고 유지하려는 시 당국에 부과된 부담은 표현과 언론의 자유의 헌법적 보호에서 연원한다."[83]라고 하였다. 즉 표현의 자유와 연계된 행위에 관하여는, 공적 광장은 행정기관의 소유자로서의 권리행사가 제한되어야 하고, 이로 인하여 발생할 수 있는 미관상의 목적(aesthetic objective)이 필요불가결하게 보호되어야 할 성질의 것이 아니라면[84] 행정기관이 일부 감수하여야 하는 것이다.[85] 즉 집회참가자들이 점유하고 있는 토지 부분에 대하여, 집회가 존속하고 있고 해산사유가 없는 이상, 법원은 인도를 명할 수 없다고 봄이 상당하다. 집회에서의 의견표명을 위하여 필수불가결한 물건에 대하여도 마찬가지 논리가 적용될 수 있을 것이다.

라. 구 도로법 제45조 해당 여부

이 사건에서 도로점용 허가를 받지 않은 방송장비, 비닐가림막, 깔판, 서명대, 발전기, 기름통 등의 물건들이 도로에 놓여 있었는데, 이러한 행위가 구 도로법 제45조에 해당하는가?

---

82) Hague v. CIO, 307 U.S. 496, 515 (Roberts, J., concurring).

83) Schneider v. State of New Jersey, 308 U.S. 147, 162.

84) 경우에 따라서는 미관상의 이익이 필요불가결한 정부의 이익이 되는 경우가 있을 수 있다. City Council Of Los Angeles V. Taxpayers For Vincent 466 U.S. 789 (1984) 판결[정부의 재산에 간판들(signs)을 포스팅하는 것을 규제하는 LA 법령의 유효성에 관한 사례]에서, 다수의견은 표현의 자유를 실현할 수 있는 다른 방법이 있고 내용 중립적 규제이므로 관계 법령이 합헌이라고 보았으나, 반대의견은 그 법령이 최소한의 범위에서 製圖 내지 규정(narrowly tailored)되지 않았다고 보았다. 위 미국 연방대법원 사안에서의 간판들은 대부분 상업 간판들이었다.

85) 독일 판례(BVerwG 1978. 6. 7. BVerwGE 56, 25 = DOV 1978, S. 887 ff.)도 도로의 청결보다 표현의 자유가 우월한 지위에 있다고 보았다고 한다. 문병효, 위 논문, 383면 각주 35번.

그 물건들이 제2호의 '장애물'에 해당할 수 있으나, 그것만으로 바로 위반행위가 된다고 볼 수는 없고 제3호와의 관계상, 도로의 교통에 지장을 끼쳐야 한다는 견해가 가능하다. 따라서 이 사건에서 그 물건들이 도로의 교통에 지장을 끼쳤다는 점을 인정할 증거가 없는 이상(그 물건들이 인도에 있었던 것은 맞지만, 인도를 통행하는 일반인들의 교통에는 지장을 끼쳤다고 볼 증거가 없다), 그 물건들을 도로에 놓아 둔 행위가 구 도로법 제45조의 금지행위에 해당한다고 볼 수 없다는 견해(1심)가 가능하다.

이에 대하여 제2호를 제3호와 연계시키지 않고 해석하여 이 사건 물건들 적치행위가 제2호의 금지행위에 해당한다는 견해(2심)가 가능하다. 그러나 2심과 같은 견해를 취하더라도, 앞서 살펴본 것처럼, 일정한 범위 내에서 집회에 부대하는 물건들에 대하여는 그것으로 인하여 도로점용 상태가 발생한다고 하더라도 예외적으로 허용될 수 있다고 생각된다. 즉 이는 '정당한 사유'에 포섭될 수 있다고 해석하는 것도 가능하다고 생각된다.

마. 대상사안에서의 행정대집행과 집회 해산

행정대집행을 통하여 집회 부대물을 모두 철거한다면, 이는 사실상 집회를 해체시키는 것과 같을 것이다. 집회에 있어 일정한 물건(전단지, 피켓, 확성기,[86] 의자 등[87])은 집회 개최시 필요불가결하게 휴대할

86) 집시법 제14조에 비추어 집회에서의 확성기의 사용은 입법자가 예정하고 있는 행위이다; 미국연방대법원은 "확성기는 오늘날 효과적인 공적 언론의 불가결한 도구이다(Loud-speakers are today indispensable instruments of effective public speech)."라고 하여[Saia V. People of State of New York, 334 U.S. 558, 561 (1948), https://caselaw.findlaw.com/us-supreme-court/334/558.html (2018. 9. 13. 방문)], 현대사회에서 확성기의 사용은 필요불가결함을 밝혔다. 물론 시간, 장소, 방법에 의한 규제는 가능한바, 위 판결 에서는 확성기의 사용 시간이나 장소, 소리의 크기에 관하여 법령이 최소한의 범위에서 규정(narrowly drawn)되지 않아 무효라고 판단하였다[Saia V. People of State of New York, 334 U.S. 558, 562].

87) 독일 Duisburg시의 도로 및 광장조례 제4조 제5호에는 신고된 공공집회 및 행진 등과 관련된 연단, 관중석, 장식 등 유사 물건들은 허가를 요하지 않는다

것으로 예상할 수 있는 물건들인데,[88] 이러한 물건들까지 포함하여 일체를 행정대집행의 목적으로 삼아 집행하는 것은 비례의 원칙에 반하는 것 아닌가 문제될 수 있다.

행정대집행법 제2조의 "불이행을 방치함이 심히 공익을 해할 것으로 인정될 때"는, 집회 관련하여서는, 집회 해산의 전제 요건인 "타인의 법익이나 공공의 안녕질서에 대한 직접적이고 명백한 위험"과 같게 해석하여야 할 것이다. 민주적 공동체가 기능하기 위하여 집회의 자유가 갖는 중요성, 집회의 금지와 해산은 최후 수단으로써만 가능하다고 보아야 한다는 점 등에서, 그와 같은 해석이 규범조화적 해석이라고 생각된다. 즉 집회의 해산사유가 없다면, 집회 부대물에 대한 철거는 집회가 유지될 수 있는 한도에서, 금지 혹은 제한적으로 이루어져야 한다.

물론 이에 대하여는, 행정대집행법의 주체와 집회 해산의 주체는 다르기 때문에, 양자의 요건은 달리 보아야 하고, 통상적으로 행정행위의 효율성을 전제한다면 행정대집행의 요건이 집회 해산의 전제 요건보다 완화된 것으로 보아야 한다는 견해도 있을 수 있다.

그러나 집회의 해산 등 집회를 불허하는 조치는 최후 수단으로서만 허용될 수 있다.[89] 만약 행정대집행을 통하여 집회(타인의 법익이나 공공의 안녕질서에 대한 직접적이고 명백한 위험이 없는 집회)가 사실상 해체되는 것과 같은 결과에 이르게 된다면, 이러한 행정대집행은 비례의 원칙을 위반하는 것으로써, 허용되어서는 아니된다고 생각된다. 행정대집행은 재량적 행위이기 때문에[90] 요건이 구비되었다고 하여 반

고 한다. 문병효, 위 논문, 384-385면.

88) 집시법 제16조 제4항 제1호는 "총포, 폭발물, 도검(刀劍), 철봉, 곤봉, 돌덩이 등 다른 사람의 생명을 위협하거나 신체에 해를 끼칠 수 있는 기구(器具)를 휴대하거나 사용하는 행위 또는 다른 사람에게 이를 휴대하게 하거나 사용하게 하는 행위"를 집회주최자가 하지 아니하여야 할 행위로 규정하고 있는바, 이와 같이 금지되는 물건이 아닐 경우에는 집회주최자나 참가자가 휴대하거나 사용하는 것이 가능하다고 해석하여야 한다.

89) 대법원 2011. 10. 13. 선고 2009도13846 판결.

90) 김동희, 469면.

드시 하여야 하는 것은 아니다. 즉 전면적인 집행뿐만 아니라 부분적인 집행도 가능하다고 보아야 한다.[91] 부분적인 집행만이 가능함에도 전면적인 집행으로 나아갔다면, 이는 위법하다고 보아야 한다.

대상 사안에서, 부대물 전체에 대한 철거를 목적으로 하는 행정대집행의 실질적인 목적은 분명해 보인다. 그것은 보행객, 관광객 등이 많은 덕수궁 주변의 대한문에서 미관상 좋지 아니한, 눈엣가시와 같은 집회를 와해시키려는 것이다. 집회를 유지시키려는 의도가 있었다면, 집회 현장에 있던 물건 전체에 대하여 행정대집행을 하지는 않았을 것이다.[92] 적어도 집회의 목적에 필요한 일부 물건들은 남겨 두고 행정대집행을 하였을 수도 있을 것이다.[93] 집시법에 조건부 해산 내지 제한적 해산에 관한 규정이 없다 하더라도, 이는 비례의 원칙에 비추어 해석상 허용되어야 하는 것처럼,[94] 물건 전체에 대해서가 아니라 일부에 대한 대집행도 허용되어야 하는 것이고, 일부에 대한 대집행이

91) 이에 대하여 어느 정도의 범위에서 대집행이 가능할 것인지에 관하여 집행기관에 재량을 부여하는 것은 현실적으로 불가능한 것 아닌가, 가능하다고 하더라도 집행기관에게 과도한 재량을 부여하는 것 아닌가라는 반론이 있을 수 있다. 그러나 대부분의 법령은 추상적이어서 그 해석에는 어느 정도 판단의 여지, 즉 재량이 개재될 수밖에 없을 것이다. 가령, 앞서도 보았지만, 집회의 해산명령 관련하여 '타인의 법익이나 공공의 안녕질서에 대한 직접적인 위험이 명백하게 존재하는 경우'에 관한 요건 구비에 관하여도 해산명령을 내리는 주체에게 그 요건 충족 여부에 관하여 어느 정도 재량이 부여되어 있는 것으로 볼 수 있다. 그러한 재량의 행사가 경험칙에 비추어 현저히 합리성을 잃은 경우가 아니라면 적법하다고 보아야 할 것이다(각주 98번의 대법원 2011. 5. 26. 선고 2011도3682 판결 참조).

92) 부대물 전체에 대한 행정대집행이 집회참가자의 반발과 저항을 초래하고, 이에 대하여 공무집행방해를 이유로 현행범체포를 하는 상황의 발생을 예상할 수 있다.

93) 필요불가결한 물건을 제외한 나머지 물건에 대한 행정대집행에 대하여 폭력 등으로 방해를 한다면 이는 공무집행방해를 이유로 현행범체포가 가능할 것이다.

94) 한수웅, 817면. 예컨대, 현재 진행 중인 집회가 과다한 소음이나 교통장애를 유발하여 타인의 법익을 지나치게 침해하기 때문에 해산되어야 한다면, 관할 관청은 해산의 조치를 취하기에 앞서 확성기사용의 제한이나 중지 또는 교통방해의 중지를 명령함으로써 집회가 계속 허용될 수 있는지를 판단해야 한다.

가능함에도 전체에 대한 대집행으로 나아갔다면 이는 위법하다고 보아야 한다.

그리고 대상 사안에서 행정대집행의 특칙인 구 도로법 제65조의 요건이 구비되어 있었는지에 관하여도 명확하지 아니하다. 구 도로법 제65조는 '반복적, 상습적으로 도로를 불법 점용하는 경우' 또는 '신속하게 실시할 필요가 있고 행정대집행법 제3조 제1항과 제2항에 따른 절차로는 목적을 달성하기 곤란한 경우'를 규정하고 있는데, 앞서 살펴본 것처럼, 도로를 '불법'적으로 점용한다고 볼 수 있는지 의문이고, '신속하게 실시할 필요'나 '행정대집행법 제3조에 의하면 목적 달성이 곤란한 경우'인지 여부도 불분명하다. 오히려 이와 같이 급하게 행정대집행을 하게 된 이유는, 행정대집행법상의 절차에 따라서 진행할 경우 행정쟁송을 통하여 그 적법여부를 다툴 수 있기 때문에 이를 미연에 막고자 하려는 의도는 아니었을까라는 추측도 들어간다. 집회 해산의 요건이 구비되지도 아니하였고 공공에 대한 구체적 위험도 발생하지 아니하였다면, 그에 대하여 신속하게 행정대집행을 실시할 만큼 급박한 상황이었다고 보기는 어렵기 때문이다.

집회 부대물 전체에 대한 행정대집행이 위법하다고 본다면, 그에 저항한 행위는 공무집행방해에 해당하는가?

Ⅴ. 공무집행방해죄의 성립요건[95)]

1. 공무집행방해 성립에 있어 직무집행에 적법성을 요하는지

형법 제136조는 "직무를 집행하는 공무원에 대하여 폭행 또는 협박한 자는 5년 이하의 징역 또는 1천만원 이하의 벌금에 처한다."라고 규정한다. 다만 '적법하게' 직무를 집행하는 공무원에 대하여만 성립하

95) 졸고, "형의 집행 및 수용자의 처우에 관한 법률상 보호장비 사용의 허용범위에 관한 판단 기준 및 방법", 대법원 판례해설 92호, 법원도서관(2012), 688-690면에서 대체로 인용함.

는 것인지, '적법하지 아니하게' 직무를 집행하는 공무원에 대하여도 성립하는 것인지, 즉 직무집행이 적법해야 하는지에 대하여는 명문의 규정이 없으나, 통설과 판례는 형법 제136조가 규정하는 공무집행방해죄는 공무원의 직무집행이 적법한 경우에 한하여 성립하는 것이라고 해석한다.[96]

2. 직무집행의 적법성의 의미 및 체계적 지위[97]

가. 형법적 적법성

적법성의 의미에 관하여 그것이 '행정법적 적법성'을 의미하는가, 아니면 '형법적 적법성'을 의미하는가에 관하여, 행정법적 적법성 개념에 따르면 단순히 사소한 훈시규정을 위반한 경우라든가 임의규정을 위반한 경우조차 위법한 직무집행에 해당하게 되어 법적으로 보호될 수 없고, 이에 대해 폭행 또는 협박을 행사하더라도 공무집행방해죄가 성립하지 않게 되어 공무집행에 대한 보호가 너무 소홀하게 되기 때문에, 형법상 보호가치 있음, 즉 형법의 독자적 견지에서 직무집행의 적법 여부를 판단하여야 한다고 이해하는 것이 일반적인 듯하다. 경험칙에 비추어 현저히 합리성을 잃은 경우, 혹은 중대, 명백한 위법으로

---

96) 김선복, 신형법각론, 세종출판사(2016), 685면; 김성돈, 형법각론, SKKU(2016), 769면; 김신규, 형법각론, 청목출판사(2015), 823면; 김일수·서보학, 새로쓴 형법각론, 박영사(2016), 678면; 박상기, 형법학 총론·각론 강의, 집현재(2016), 851면; 배종대, 형법각론, 홍문사(2015), 871면; 백형구, 형법각론, 청림출판(2002), 602면; 신동운, 형법각론, 법문사(2017), 160-161면; 신호진, 형법요론, 문형사(2016), 1423면; 오영근, 형법각론, 박영사(2014), 738면; 이영란, 형법학 각론강의, 형설출판사(2013), 815면; 이재상·장영민·강동범, 형법각론, 박영사(2016), 740면; 이정원, 형법각론, 신론사(2012), 745면; 이형국, 형법각론, 법문사(2007), 801면; 임웅, 형법각론, 법문사(2016), 936면; 정성근·박광민, 형법각론, SKKU(2015), 836면; 정영일, 형법강의 각론, 학림(2017), 456면; 진계호·이존걸, 형법각론, 대왕사(2008), 866면; 주석 형법 [각칙 1], 한국사법행정학회(2017), 533면; 대법원 2000. 7. 4. 선고 99도4341 판결 등.

97) 김일수, "공무집행방해죄에서 직무집행의 적법성", 현대법학의 이론(우재이명구박사 화갑기념논문집 III), 고시연구(1996), 580면 이하; 주석 형법 [각칙 1], 533-534면

볼 수 있는 경우 형법상 보호가치가 없을 것이다.[98]

나. 형식적 적법성

형법상의 적법성은 실질적 정당성을 갖춘 실체적 적법성이 아니라, 직무집행의 주체, 형식, 절차에 있어서 성립요건을 갖추어 형법상 보호가치가 있는지 여부에 기초하는 형식적 적법성이다.[99] 공무원의 공무집행이 적법한지 여부는 행위 당시의 구체적 상황에 기초하여 객관적 합리적으로 판단하여야 하고,[100] 행정법상 사소한 절차규정을 위반하였다고 하여 위법한 공무집행으로 볼 수 없다.[101]

다. 적법성의 요건, 판단 기준 및 시기, 체계적 지위

그 행위가 당해 공무원의 ① 추상적·일반적 권한 및 ② 구체적 직무권한 내에 속할 것, ③ 유효요건으로 법정되어 있는 중요한 방식·절차에 따랐을 것[102]을 요하며, 판단 기준 및 시기에 관하여는 객관설

98) 가령, 대법원 2011. 5. 26. 선고 2011도3682 판결 [현행범인은 누구든지 영장 없이 체포할 수 있는데(형사소송법 제212조), 현행범인으로 체포하기 위하여는 행위의 가벌성, 범죄의 현행성·시간적 접착성, 범인·범죄의 명백성 이외에 체포의 필요성 즉, 도망 또는 증거인멸의 염려가 있어야 하고, 이러한 요건을 갖추지 못한 현행범인 체포는 법적 근거에 의하지 아니한 영장 없는 체포로서 위법한 체포에 해당한다. 여기서 현행범인 체포의 요건을 갖추었는지는 체포 당시 상황을 기초로 판단하여야 하고, 이에 관한 검사나 사법경찰관 등 수사주체의 판단에는 상당한 재량 여지가 있으나, 체포 당시 상황으로 보아도 요건 충족 여부에 관한 검사나 사법경찰관 등의 판단이 경험칙에 비추어 현저히 합리성을 잃은 경우 경험칙에 비추어 현저히 합리성을 잃은 경우에는 그 체포는 위법하다고 보아야 한다].

99) 주석 형법 [각칙 1], 534면.

100) 대법원 2013. 8. 23. 선고 2011도4763 판결.

101) 대법원 2015. 7. 23. 선고 2015도5609 판결.

102) 대법원 2006. 11. 23. 선고 2006도2732 판결 [형법 제136조가 규정하는 공무집행방해죄는 공무원의 직무집행이 적법한 경우에 한하여 성립하는 것이고, 여기서 적법한 공무집행이라고 함은 그 행위가 공무원의 추상적 권한에 속할 뿐 아니라 구체적 직무집행에 관한 법률상 요건과 방식을 갖춘 경우를 가리키는 것이며, 한편 헌법 제12조 제5항 전문, 형사소송법 제213조의2, 제72조의 규정 등에 의하면 사법경찰관리가 현행범인을 체포하는 경우에는 반드시 범죄사실의 요지, 구속의 이유와 변호인을 선임할 수 있음을 말하고 변명할

(법관표준설), 주관설(공무원표준설), 절충설 등이 있으나, 판례는 행위시설에 입각한 객관설로 평가된다.[103]

적법성의 체계적 지위에 관하여는 구성요건요소설, 위법성설(위법한 공무집행은 방해행위의 위법성을 조각시킴), 처벌조건설(독일 입법.[104] 범죄의 성립과 관련이 없고, 다만 적법성에 관해 행위자에게 착오가 있을 경우 처벌 못함)의 대립이 있다. 처벌조건설에 대하여는 독일과 달리 명문 규정이 없는 우리 형법에서는 객관적 처벌조건이라 보기는 어렵다.[105] 구성요건요소설에 대하여는 부주의한 행위자를 더 보호한다는 비판이 있고 사실의 착오의 경우 위법성설에 의할 경우 구체적 타당성에 충실할 수 있으나, 직무집행의 적법성을 위법성 인식 요소로 볼 경우 위법한 직무집행에 대항하는 폭행, 협박도 일단 공무집행방해의

기회를 주어야 할 것임이 명백하므로, 경찰관이 위 적법절차를 준수하지 아니한 채 실력으로 현행범인을 연행하려고 하였다면 적법한 공무집행이라고 할 수 없고(대법원 2000. 7. 4. 선고 99도4341 판결, 대법원 2004. 11. 26. 선고 2004도5894 판결 등 참조), 경찰관의 현행범 체포행위가 적법한 공무집행을 벗어나 불법하게 체포한 것으로 볼 수밖에 없다면, 현행범이 그 체포를 면하려고 반항하는 과정에서 경찰관에게 상해를 가한 것은 불법 체포로 인한 신체에 대한 현재의 부당한 침해에서 벗어나기 위한 행위로서 정당방위에 해당하여 위법성이 조각된다(위 99도4341 판결 참조)].

103) 대법원 1991. 5. 10. 선고 91도453 판결 (공무집행방해죄는 공무원의 적법한 공무집행이 전제로 된다 할 것이고, 그 공무집행이 적법하기 위하여는 그 행위가 당해 공무원의 추상적 직무 권한에 속할 뿐 아니라 구체적으로도 그 권한 내에 있어야 하며 또한 직무행위로서의 중요한 방식을 갖추어야 한다고 할 것이며, 추상적인 권한에 속하는 공무원의 어떠한 공무집행이 적법한지 여부는 행위 당시의 구체적 상황에 기하여 객관적·합리적으로 판단하여야 하고 사후적으로 순수한 객관적 기준에서 판단할 것은 아니라고 할 것이다).

104) 독일의 경우 1871년부터 형법에 직무집행의 적법성을 명문으로 규정하고 있어 최초 이를 구성요건요소로 파악하였으나, 직무집행이 위법하다 믿은 경우 고의가 조각되어 처벌할 수 없게 된다는 형사정책적 결함이 지적되어 객관적 처벌조건으로 해석하는 견해가 통설의 지위를 차지하게 되었고, 1970년 법률개정에 의해 '직무행위가 적법하지 아니한 때에는 본조에 의하여 처벌할 수 없다'라는 규정을 둠으로써 적법성에 대한 착오를 명문 규정으로 해결하였다 한다. 이재상·장영민·강동범, 744면.

105) 우리나라에서도 적법성 관련 형법개정논의 있었으나 착오(錯誤)의 취급 문제로 이루어지지 않았다. 형법개정법률안 제안이유서, 법무부(1992. 10.), 264면.

구성요건에 해당한다고 보게 되어 자칫 인권보장에 소홀할 수 있다는 점에서 구성요건요소로 파악함이 상당하다.[106]

3. 대상사안의 검토 — 비례의 원칙을 위반한 행정대집행

이 사건 행정대집행이 형법적 적법성과 형식적 적법성 모두를 갖추었다고 보는 견해와 그렇지 않다고 보는 견해로 나뉠 수 있다.

너무 장기간에 걸친 집회는 보호할 가치가 떨어진다는 전제에서, 집해 부대물 전체에 대한 행정대집행도 그것이 관련 법령에 근거한 것[107]이며, 행정대집행 자체가 재량행위라면 재량의 한계를 일탈하였음이 명백하지 아니한 이상, 형법적으로 보호할 가치가 있으며 형식적으로도 적법한 것이라고 보아야 한다는 견해가 가능하다(2심).

이에 대하여 집회의 자유 및 표현의 자유를 보호해야 한다는 입장에서는 달리 볼 수 있을 것이다. 즉 (1) 집회 부대물 전체에 대하여 이루어지는 행정대집행은 비례의 원칙을 위반한 것이 명백해 보인다는 점, (2) 행정대집행의 행태에 비추어 사실상 집회를 해체시킬 목적으로 이루어진 것이라는 점 등에서, 이 사건 행정대집행은 형법적으로 보호할 가치가 없으며 절차적으로도 위법한 것으로 보아야 한다는 견해가 가능하다(1심).

앞에서 본 바와 마찬가지로, 비례의 원칙에 명백하게 반하는, 사실상 집회를 해체시킬 목적으로 이루어진 행정대집행은 형법적으로 보호할 가치가 없는 위법한 직무집행이라고 보아야 한다. 따라서 이에 저항한 행위에 대하여는 공무집행방해죄가 성립하지 않는다고 생각된다.

---

106) 일부 견해는 대법원 1995. 1. 24. 선고 94도1949 판결을 적법성 인식의 체계적 지위에 관해 위법성요소설을 택했다고 기술하기도 한다(오영근, 942면).

107) 원래 공작물 설치행위는 부작위 의무 위반이므로 그에 대하여 직접 대집행을 할 수는 없고, 철거명령을 하여 철거의무라는 대체적 작위의무로 전환시킨 다음 대집행을 할 수 있다(김동희, 468면). 이 사건에서 행정청은 철거명령을 내리고 계고처분도 하였다.

Ⅵ. 마치며

헌법재판소는 "대의민주주의 체제에 있어서 집회의 자유는 불만과 비판 등을 공개적으로 표출케 함으로써 오히려 정치적 안정에 기여하는 긍정적 기능을 수행하며, 이와 같은 자유의 향유는 민주정치의 바탕이 되는 건전한 여론표현과 여론 형성의 수단인 동시에 대의기능이 약화되었을 때에 소수의견의 국정반영의 창구로서의 의미를 지님을 간과해서는 안될 것이다. 그러한 의미에서 사회불안만 우려해서 무조건 집회·시위를 '타부'시 할 것이 아니라 비폭력적이고 질서파괴의 것이 아니면 민주주의의 신장을 위해 위축시켜서는 안될 기본권으로 보호하여야 할 것이다."라고 하였다.[108]

대상사안의 결론에 대하여, 관점에 따라서는 2심이 타당하다는 의견도 있으리라 생각한다. 이는 근본적으로, 이 사건 사실관계에 대한 관점 차이, 혹은 서두에서 언급하였듯, 집회를 바라보는 시선의 차이에서 비롯될 수 있다고 생각한다. 그러한 의견도 잘못되었다고 단정할 수는 없다고 생각한다. 다만 그러한 의견도, 집회를 와해시킬 의도 하에 행하여지는 행정대집행이 지양되어야 할 것이라는 점에는 공감할 수 있으리라 생각된다.

집회가 일반 국민의 생활에 불편을 초래하는 측면이 있음을 부인할 수는 없다. 그러나 그러한 불편이 통상적으로 감내할 수 있는 위험의 정도를 넘지 않는다면, 이를 형사처벌을 포함한 규제의 대상이 되도록 하여서는 아니될 것이다. 그것이야말로 민주적 공동체가 자연스레 발전해 나갈 수 있는 방법일 것이기 때문이다.

108) 헌법재판소 1992. 1. 28. 선고 89헌가8 결정.

[주 제 어]

집회, 부대물, 도로점용, 철거, 행정대집행, 비례의 원칙, 공무집행방해

[Key Words]

assembly, appurtenance to an assembly, use of road, removal, administrative vicarious execution, principle of proportionality, obstruction of official execution

접수일자: 2019. 5. 20. 심사일자: 2019. 6. 9. 게재확정일자: 2019. 6. 10.

[참고문헌]

권영성, 헌법학원론, 법문사(2009).

김동희, 행정법 I, 박영사(2015).

김봉철, "협력적 관점에서 본 집시법상 사전적 신고의무", 토지공법연구 63집(2013).

김선복, 신형법각론, 세종출판사(2016).

김성돈, 형법각론, SKKU(2016).

김신규, 형법각론, 청목출판사(2015).

김아름, "우리나라 행정대집행법의 문제점과 개선방안", 행정의 실효성 확보 수단에 관한 법제 정비방안 연구 — 제4차 워크숍 —, 한국법제연구원 워크숍 자료집(2017. 8. 16.).

김일수, "공무집행방해죄에서 직무집행의 적법성", 현대법학의 이론(우재이명구박사 화갑기념논문집 Ⅲ), 고시연구(1996).

김일수·서보학, 새로쓴 형법각론, 박영사(2016).

김철수, 헌법학신론, 박영사(2010).

김철준, "집회 및 시위에 관한 법제연구", 동아대학교 박사학위논문(2004).

김택수, "집시법상 해산명령의 적법요건에 관한 연구", 경찰학연구 제13권 제2호, 경찰대학(2013).

문병효, "서울광장조례와 공물의 사용관계", 공법연구 39집 3호, 한국공법학회(2011).

박경정·최규범, "집회장소 사용에 관한 법적 고찰", 경찰학연구 7호, 경찰대학(2004).

박상기, 형법학 총론·각론 강의, 집현재(2016).

박선영, "인터넷상의 표현의 자유", 인터넷과 법률 Ⅱ, 법문사(2005).

배종대, 형법각론, 홍문사(2015).

백형구, 형법각론, 청림출판(2002).

성낙인, 헌법학, 법문사(2015).

신동운, 형법각론, 법문사(2017).

신호진, 형법요론, 문형사(2016).

오영근, 형법각론, 박영사(2014).

우인성, “유령집회 규제에 관한 일 시론(一 試論) ─ 중복집회 금지통고규정의 해석에 관하여 ─”, 재판자료 제133집(형사법 실무연구 Ⅱ), 법원도서관(2016. 2.).

우인성, “형의 집행 및 수용자의 처우에 관한 법률상 보호장비 사용의 허용범위에 관한 판단 기준 및 방법”, 대법원 판례해설 92호, 법원도서관(2012).

윤명선, “미국법상 표현의 자유와 장소 ─ ‘공적 광장’ 이론을 중심으로 ─”, 미국헌법연구 14호, 해암사(2003).

윤성철, “도로점거시위에 대한 형사법적 관점의 고찰”, 형사법연구 제24권 제2호, 한국형사법학회(2012. 여름).

이규홍, “집회의 자유에 의하여 보장되는 활동의 범주에 관한 연구”, 사법 26호, 사법연구재단(2013).

이부하, “집회의 자유에 대한 헌법적 해석 및 관련법률의 비례성심사”, 한양법학 34집, 한양법학연구회(2011. 5.).

이영동, “공물·공공시설의 이용관계”, 행정소송 [Ⅱ], 한국사법행정학회(2008).

이영란, 형법학 각론강의, 형설출판사(2013), 815면.

이일세, “공물의 사용관계에 관한 연구 ─ 도로의 사용관계를 중심으로 ─”, 고려대학교 박사학위논문(1991).

이재상·장영민·강동범, 형법각론, 박영사(2016).

이재홍, “시위의 자유의 범위와 한계(상) ─ 미국대법원판례를 중심으로 ─”, 인권과 정의 165호, 대한변호사협회(1990).

이정원, 형법각론, 신론사(2012).

이형국, 형법각론, 법문사(2007).

이희훈, “국회와 문화재 주변 집회에 대한 집회 및 시위에 관한 법률 개정안의 헌법적 고찰”, 법학연구 제24권 제2호, 연세대학교 법학연구원(2014).

이희훈, “집회시 장소의 사용과 제한에 대한 연구”, 토지공법연구 제34집, 한국토지공법학회(2006).

이희훈, “집회 및 시위에 관한 법률상 중복 집회 신고의 금지통고 규정에 대한 연구", 일감법학 제34호, 건국대학교 법학연구소(2016. 6.).
임웅, 형법각론, 법문사(2016).
정성근·박광민, 형법각론, SKKU(2015).
정영일, 형법강의 각론, 학림(2017).
정종섭, 헌법학원론, 박영사(2015).
주석 형법 [각칙 1], 한국사법행정학회(2017).
진계호·이존걸, 형법각론, 대왕사(2008).
한수웅, 헌법학, 법문사(2017).
허영, 한국헌법론, 박영사(2018).
형법개정법률안 제안이유서, 법무부(1992. 10.).
홍정선, 행정법원론(상), 박영사(2015).
황교안, 집회·시위법 해설, 박영사(2009).

Erwin Chemerinsky, Constitutional Law, Wolters Kluwer(2015).

https://casetext.com/case/white-house-vigil-v-clark
https://en.wikipedia.org/wiki/White_House_Peace_Vigil
https://www.klri.re.kr/cmm/fms/FileDown.do?atchFileId=FILE_000000000005707PjBZW&fileSn=0
http://www.prop1.org/legal/845271.htm
http://www.deoksugung.go.kr/cms/show.asp?c_show_no=31&c_check_no=30&c_relation=123&c_relation2=108
http://www.e-minwon.go.kr:8072/lfmn/CpmspdifR___01.do?p1=1331101240000&RADIO_NO=0
https://www.cha.go.kr/html/HtmlPage.do?pg=/seek/gosi_list.jsp&mn=NS_03_01_05
policy.nl.go.kr/cm mn/FileDown.do?atchFileId=163272&fileSn=42389
https://www.uscp.gov/sites/uscapitolpolice.house.gov/files/wysiwyg_uploaded/Traffic%20Regulations%20for%20the%20U.S.%20Capitol%20Grounds%20-%20August%202016.pdf
https://caselaw.findlaw.com/us-supreme-court/334/558.html

[Abstract]

A case as to the removal of the appurtenances to an assembly and obstruction of official execution

Woo, In-sung*

In an assembly, ordinarily, speakers or tables, which are appurtenances to an assembly, are needed for the exercise of the freedom of speech and assembly. These objects can occupy some spot of a pedestrian road without administrative permission, and by this reason the occupying objects can be the subjects of removal through administrative vicarious execution. However, whether the "entire" objects should be the subjects of removal has to be reviewed. Constitution prohibits the permission of an assembly and 'assembly and demonstration act' does not ask for the permission to occupy some spot of a road when holding an assembly. To protect the freedom of speech and assembly, the less restrictive means must be sought under the principle of proportionality. So if some spot of a road is supposed to be used by the assembly-holder or the assembly-participants and in that spot some objects, which are necessary and indispensable to exercise the freedom of assembly, are placed and those objects do not make any risk in the public, nevertheless, must the assembly-holder obtain the prior permission from the relevant administrative authority which has jurisdiction over the use of road? If there isn't any clear and present danger and the objects do not bring

* Presiding Judge, Suwon district court, Yeoju branch

about any public risk, such prior permission must not be regarded as necessary. So the removal execution to the "entire" objects, not to the unnecessary objects, even though necessary and indispensable objects do not bring about any public risk, can not be legitimate under the principle of proportionality, and the resistance to the removal execution to the entire objects can not be constituted as an obstruction of official execution.

‘성적 의사결정의 자유’의 의미와 간접정범 형태의 강제추행죄의 성부

이 상 민*

Ⅰ. 대상판결: 대법원 2018. 2. 8. 선고 2016도17733 판결 [아동·청소년의성보호에관한법률위반(강제추행)(인정된 죄명: 강요)·성폭력범죄의처벌등에관한특례법위반(통신매체이용음란)·협박·강제추행(인정된 죄명: 강요)]

1. 사안의 개요

> 피고인은 2014. 4.경 스마트폰 채팅 애플리케이션(‘랜덤채팅’)을 통하여 피해자 A(여, 22세)를 알게 되고, 2015. 3.경 청소년인 피해자 B(여, 15세)후 피해자들로부터 은밀한 신체 부위가 드러난 사진을 전송받은 사실이 있고, 이후 인터넷 페이스북을 통하여 피해자들의 지인에 대한 인적사항을 알게 된 것을 기화로, 피해자들에게 ‘시키는 대로 하지 않으면 기존에 전송받았던 신체 사진과 개인정보 등을 유포하겠다’고 협박하여,
>
> (1) 이에 외포된 피해자 A로부터 2014. 4.경부터 2015. 12. 25.경까지 총 11회에 걸쳐 나체 사진, 속옷만 입고 있는 사진, 성기에 볼펜을 삽입하거나 자위하는 동영상 등을 촬영하도록 하여 이를 전송받고[강제추행],
>
> (2) 같은 방법으로 피해자 B로부터 2015. 5. 3.경부터 2015. 12. 22.경까지

* 법무연수원 법학전문대학원 파견검사

가슴 사진, 성기 사진, 나체 사진, 속옷을 입고 다리를 벌린 모습의 사진, 가슴을 만지거나 성기에 볼펜을 삽입하여 자위하는 동영상 등을 총 7회에 걸쳐 촬영하도록 하여 이를 **전송받았다[아동·청소년의성보호에관한법률위반**(강제추행)].[1]

2. 소송의 경과

(1) 제1심[춘천지방법원 영월지원 2016고합2]

검사는 공소사실(1)을 강제추행, 공소사실(2)를 아동·청소년의성보호에관한법률위반(강제추행)으로 각 의율하여 기소하였고, 법원은 이 중 피해자 B에 대한 일부 강제추행의 점[2] 외에는 모두 유죄를 인정하였다.

(2) 항소심[서울고등법원 춘천지부 2016노83]

검사는 위 일부 무죄 부분에 대하여 항소한 후, 위 항소심 공판과정 중 공소사실 중 강제추행 및 아동·청소년의성보호에관한법률위반(강제추행) 부분에 관하여 강요의 공소사실을 예비적으로 추가하는 내용의 공소장변경허가신청을 하였고, 법원은 위 공소장변경을 허가하는 한편 주위적 공소사실인 아동·청소년의성보호에관한법률위반(강제추행) 및 강제추행 부분에 대하여 다음과 같은 이유로 이유무죄로 판단하였다.

---

1) 피고인은 위와 같은 행위 외에도 자신의 성기를 동영상 촬영하여 피해자 A에게 전송한 성폭력범죄의처벌등에관한특례법위반(통신매체이용음란)죄 및 피해자 B에게 위와 같이 전송받은 사진 및 동영상 파일을 유포할 것처럼 군 협박죄로도 기소되었고, 당해 부분 공소사실은 모두 유죄가 선고되었다.

2) 해당 공소사실은 외포상태에 빠진 피해자 B로부터 일명 '성노예' 서약서를 작성하게 하고, 그 캡쳐사진을 전송받은 행위였는바, 이에 대하여 제1심 재판부는 "직·간접적인 신체접촉이 전혀 이루어지지 않은 점, 서약서의 내용, 피해자의 나이 등에 비추어 볼 때 피해자에게 협박으로 의무 없는 일을 하게 하였다고 인정할 수 있음은 별론으로, 그 행위 자체만으로 객관적으로 추행에 이를 정도에 해당한다고 보기 어렵다"는 이유로 무죄를 선고하였다.

[1] 강제추행죄에서 추행은 객관적으로 일반인에게 성적 수치심이나 혐오감을 일으키게 하고 선량한 성적 도덕관념에 반하는 행위로서 피해자의 성적 자유를 침해하는 것을 의미하고, 이에 해당하는지는 피해자의 의사, 성별, 나이, 행위자와 피해자의 이전부터의 관계, 행위에 이르게 된 경위, 구체적 행위 태양, 주위적 객관적 상황과 그 시대의 성적 도덕관념 등을 종합적으로 고려하여 신중하게 결정하여야 한다(대법원 2002. 4. 26. 선고 2001도2417 판결 등 참조).

[2] 강제추행죄가 성립하기 위하여 반드시 신체적 접촉이 필요한 것은 아니지만, 신체적 접촉이 없는 경우에도 추행으로 인정하기 위하여는 성적 수치심 내지 혐오감의 정도나 그로 인한 성적 자기결정권의 침해가 피해자의 신체에 대한 접촉이 있는 경우와 비교하여 동등한 정도라고 평가될 수 있어야 할 것이다.

(중략) 이 사건에서 피고인은 피해자들과 다른 장소에 있으면서 휴대전화를 통하여 협박하여 사진 및 동영상 등을 전송받은 것으로 피해자들의 신체에 대한 즉각적인 접촉 또는 공격가능성이 있다고 보기 어려운 점, 피해자들로서도 사법기관에 신고 등을 통하여 피고인으로부터의 위와 같은 요구나 상황을 피할 수 있었을 것으로 보이는 점, 특히 서약서를 작성한 행위 그 자체를 성적인 것으로 보기 어려운 점 등을 종합하여 보면, 피고인의 위 각 행위를 피해자의 신체에 대한 접촉이 있는 경우와 동등한 정도로 성적 수치심 내지 혐오감을 주거나 성적 자기결정권을 침해하는 것이라고 보기 어렵다.[3]

(3) [대법원 2016도17733]

검사는 상고하였고, 대법원은 다음과 같은 이유를 들어 원심판결 중 유죄 부분(이유무죄 부분 포함)을 파기환송하였다.

3) 판결문 중 밑줄 등 강조의 표시는 모두 저자의 의한 임의적인 것이고, 이하 같다.

가. 강제추행죄는 사람의 성적 자유 내지 성적 자기결정의 자유를 보호하기 위한 죄로서 정범 자신이 직접 범죄를 실행하여야 성립하는 자수범이라고 볼 수 없으므로, 처벌되지 아니하는 타인을 도구로 삼아 피해자를 강제로 추행하는 간접정범의 형태로도 범할 수 있다. 여기서 강제추행에 관한 간접정범의 의사를 실현하는 도구로서의 타인에는 피해자도 포함될 수 있으므로, 피해자를 도구로 삼아 피해자의 신체를 이용하여 추행행위를 한 경우에도 강제추행죄의 간접정범에 해당할 수 있다.

나. 피고인이 피해자들을 협박하여 겁을 먹은 피해자들로 하여금 어쩔 수 없이 나체나 속옷만 입은 상태가 되게 하여 스스로를 촬영하게 하거나, 성기에 이물질을 삽입하거나 자위를 하는 등의 행위를 하게 하였다면, 이러한 행위는 피해자들을 도구로 삼아 피해자들의 신체를 이용하여 그 성적 자유를 침해한 행위로서, 그 행위의 내용과 경위에 비추어 일반적이고도 평균적인 사람으로 하여금 성적 수치심이나 혐오감을 일으키게 하고 선량한 성적 도덕관념에 반하는 행위라고 볼 여지가 충분하다.

다. 따라서 피고인의 행위 중 위와 같은 행위들은 피해자들을 이용하여 강제추행의 범죄를 실현한 것으로 평가할 수 있고, 피고인이 직접 위와 같은 행위들을 하지 않았다거나 피해자들의 신체에 대한 직접적인 접촉이 없었다고 하더라도 달리 볼 것은 아니다.

그럼에도 원심은 이와 달리 피고인이 피해자들을 이용하여 강제추행의 범죄를 실현한 것으로 볼 수 있는지 가려보지 아니한 채 피고인의 행위가 피해자의 신체에 대한 접촉이 있는 경우와 동등한 정도로 성적 수치심 내지 혐오감을 주거나 성적 자기결정권을 침해하는 것이라고 보기 어렵다는 이유만을 들어 아동·청소년의 성보호에 관한 법률 위반(강제추행) 및 강제추행에 관한 주위적 공소사실 전부를 무죄로 판단하였으니, 이러한 원심판결에는 강제추행죄의 성립에 관한 법리를 오해하여 판결에 영향을 미친 잘못이 있다.

Ⅱ. 대상판결의 분석

1. 들어가며

본 판결은 강제추행죄에 대하여, (1) 강제추행죄에서 '추행'의 의미와 그 판단기준, 또한 (2) 강제추행죄가 '자수범'에 해당하는지 여부, 즉 피해자를 도구로 삼아 피해자의 신체를 이용하여 추행행위를 하는 경우 간접정범 형태에 의한 강제추행죄의 성립이 가능한지에 대한 사안이다. 특히, ②의 논점에 대하여는 그간 특별한 학계의 논의나 확립된 판례가 없었던 상태에서 대법원은 상고 후 1년여 만에 강제추행죄의 자수범 여부, 피해자를 도구로 한 간접정범 형태에 의한 강제추행죄의 성립 여지에 대한 명시적 선례를 남겨, 향후 유사사례의 해석에 많은 시사점을 주고 있다.

이하에서는 ① 본 사례 피해자들의 행위가 강제추행죄의 '추행'의 정의를 충족하는지를 강제추행죄의 구성요건을 통하여 먼저 검토하고, ② 강제추행죄의 자수범 여부 및 ③ 간접정범 형태의 강제추행죄의 성부, 특히 ④ 피해자를 도구로 한 간접정범 형태의 강제추행죄의 성부와 대상판결의 타당성에 대하여 검토하기로 한다.

2. 강제추행죄의 '추행(醜行)'의 의미

(1) 추행(醜行)행위의 정의

강학상 강제추행죄에 있어서의 '추행'이란 성욕의 흥분, 자극 또는 만족을 목적으로 하는 행위로서 건전한 상식 있는 일반인의 성적 수치·혐오의 감정을 느끼게 하는 일체의 행위를 의미한다고 정의된다.[4]

이에 대하여는 강제추행죄에 있어 '추행'의 정의는 "(1) 객관적으로 일반인에게 성적 수치심이나 혐오감을 일으키게 하고 선량한 성적 도덕관념에 반하는 행위로서 (2) 피해자의 성적 자유를 침해하는 것"을 의미하는 것으로 족하고, 주관적인 동기나 목적은 문제되지 않는다

4) 이재상, 형법각론, 168면.

고 해석하여야 한다는 견해가 있다.

판례는 "'추행'이란 객관적으로 일반인에게 성적 수치심이나 혐오감을 일으키게 하고 선량한 성적 도덕관념에 반하는 행위로서 피해자의 성적 자유를 침해하는 것이고, … (중략) 강제추행죄의 성립에 필요한 주관적 구성요건으로 성욕을 자극·흥분·만족시키려는 주관적 동기나 목적이 있어야 하는 것은 아니다"[5]라고 판시하여 행위자의 주관

5) 대법원 2013. 9. 26. 선고 2013도5756 판결. 대법원 2012. 7. 26. 선고 2011도8805 판결. 사안은 피고인이 평소 좋지 않은 감정을 가지고 있던 48세의 여자인 피해자가 귀가하는 것을 발견하고 피해자를 불러세웠으나 피해자가 피고인의 말을 무시하고 식당 앞 도로에 주차하여 둔 자신의 차량으로 걸어가자, 피해자의 뒤를 쫓아가면서 "이 씨발년이 내가 오늘 니 잡아 죽인다"라고 욕을 하고 바지를 벗어 성기를 피해자에게 보인 사안이다. 약식명령에 불복한 피고인의 정식재판청구에 대하여 제1심은 '피해자의 진술만으로는 피고인이 자신의 바지를 내리고 피해자에게 성기를 꺼내 보여 주는 행위를 하였다고 단정하기 어렵다'는 이유로 축소사실인 협박 외 강제추행의 점에 대하여는 이유무죄로 판단하였으나(부산지방법원 2011. 2. 18. 선고 2010고정6711 판결), 항소심에서는 검사의 항소를 받아들여 피고인이 피해자를 위협하면서 주차된 차들 사이로 피해자를 따라가 바지를 내리고 자신의 성기를 피해자에게 보여준 사실을 인정하고, 이는 피해자의 항거를 곤란하게 할 정도의 협박에 해당되고, 그와 같은 상황에서 피고인이 자신의 성기를 피해자에게 보여준 행위는 일반인에게 성적 수치심과 혐오감을 일으키는 한편 선량한 성적 도덕관념에 반하는 행위로서 피해자의 성적 자유를 침해하는 추행에 해당된다는 이유로 강제추행죄의 성립을 인정하였다(부산지방법원 2011. 6. 24. 선고 2011노758 판결). 이에 피고인이 상고하자 대법원은 "피해자의 성별·연령, 이 사건 행위에 이르게 된 경위 및 피고인은 자신의 성기를 꺼내어 일정한 거리를 두고 피해자에게 보였을 뿐 피해자에게 어떠한 신체적 접촉도 하지 아니한 점, 위 행위장소는 피해자가 차량을 주차하여 둔 사무실 근처의 도로로서 사람 및 차량의 왕래가 빈번한 공중에게 공개된 곳이었고, 피해자로서는 곧바로 피고인으로부터 시선을 돌림으로써 그의 행위를 쉽사리 외면할 수 있었으며 필요하다면 주위의 도움을 청하는 것도 충분히 가능하였던 점, 피고인은 피해자를 위 행위장소로 이끈 것이 아니라 피해자의 차량으로 가는 피해자를 따라가면서 위와 같은 행위에 이르게 된 점, 피고인이 피해자에 대하여 행하여서 협박죄를 구성하는 욕설은 성적인 성질을 가지지 아니하는 것으로서 '추행'과 관련이 없는 점, 그 외에 피해자가 자신의 성적 결정의 자유를 침해당하였다고 볼 만한 사정은 이를 찾을 수 없는 점 기타 제반 사정을 고려하여 보면, 단순히 피고인이 바지를 벗어 자신의 성기를 피해자에게 보여준 것만으로는 그것이 비록 객관적으로 일반인에게 성적 수치심이나 혐오감을 일으키게 하

적 목적적 요소는 고려하지 않는다고 명시적으로 언급하고 있다.

(2) 추행행위의 본질: 피해자의 '성적 의사결정의 자유'의 침해

나아가 판례는, "강제추행죄는 개인의 성적 자유라는 개인적 법익을 침해하는 범죄로서, 위 법규정에서의 '추행'이란 일반인에게 성적 수치심이나 혐오감을 일으키고 선량한 성적 도덕관념에 반하는 행위인 것만으로는 부족하고 그 행위의 상대방인 피해자의 성적 자기결정의 자유를 침해하는 것이어야 한다"[6]라고 판시하여 강제추행죄의 본질은 개인의 성적 결정의 자유에 대한 침해임을 강조하고 있다.

대상판결 역시, 사안에서 강제추행죄의 성립을 부정한 항소심과 성립가능성을 인정한 상고심 모두 공통으로 "강제추행죄의 추행은 객관적으로 일반인에게 성적 수치심이나 혐오감을 일으키게 하고 선량한 성적 도덕관념에 반하는 행위로서 피해자의 성적 자유를 침해하는 것을 의미하고, 여기에 해당하는지 여부는 피해자의 의사, 성별, 나이, 행위자와 피해자의 이전부터의 관계, 그 행위에 이르게 된 경위, 구체적 행위태양, 주위의 객관적 상황과 그 시대의 성적 도덕관념 등을 종합적으로 고려하여 신중히 결정되어야 한다"[7]라는 판례를 인용함으로써 추행죄에 대한 전통적인 판례의 입장을 받아들이고 있다.

이러한 판례의 입장에 따르면, 추행의 개념은 성적 수치심과 혐오감을 일으킨다는 본질적 성격을 가지는 것만으로는 부족하고 피해자

는 행위라고 할 수 있을지 몰라도 피고인이 폭행 또는 협박으로 '추행'을 하였다고 볼 수 없다."라고 판시하여 피해자의 성적 결정의 자유의 침해 여부를 중요한 판단기준으로 제시하고 있다.

6) 대법원 2012. 7. 26. 선고 2011도8805 판결. 사안은, 피고인이 평소 알고 지내던 피해자가 자신의 머리를 잡아 폭행을 가하자 보복의 의미에서 피해자의 입술, 귀, 유두, 가슴 등을 입으로 깨무는 등의 행위를 한 사안으로, 객관적으로 여성인 피해자의 입술, 귀, 유두, 가슴을 입으로 깨무는 행위는 일반적으로 평균적인 사람으로 하여금 성적 수치심이나 혐오감을 일으키게 하고 선량한 성적 도덕관념에 반하는 행위로서, 피해자의 성적 자유를 침해하였다고 보는 타당하므로 강제추행죄에 해당한다고 본 사안이다.

7) 대법원 2002. 4. 26. 선고 2001도2417 판결.

의 성적 자기결정의 자유를 침해할 만한 것이라는 행위효과적 측면의 성격을 가지고 있는 행위라고 말할 수 있다.[8]

⑶ 피해자의 '성적 자기결정의 자유'와 간접정범 형태의 강제추행의 성부

사안에서는, 견해의 대립을 불문하고 피고인의 행위가 자신의 성욕의 흥분, 자극 또는 만족을 목적으로 하는 행위였음에 대하여는 다툼의 여지가 없을 것이다. 오히려 동일한 '추행'의 개념과 그 판단방법에 대한 판례를 인용하였음에도 불구하고 항소심과 대법원의 결론이 달라진 결정적 원인은, '피해자의 신체에 대한 피고인의 직접적 접촉이 없었던 경우인 사안에서, 피고인의 (공소사실) 행위를 피해자의 신체에 대한 접촉이 있는 경우와 마찬가지로 성적 수치심 내지 혐오감을 주거나 성적 자기결정의 자유를 침해하는 행위로 볼 수 있을 것인지'에 대한 포섭의 차이라고 봄이 상당한바, 이하에서는 피해자의 신체에 피고인의 직접적 접촉이 없이 도구를 이용하는 소위 '간접정범에 의한 강제추행죄'의 인정 여부 및 그 인정 범위에 대하여 살피도록 한다.

3. 간접정범의 형태에 의한 강제추행죄의 성부

⑴ 자수범(自手犯)의 법리와 강제추행죄의 자수범 여부

자수범은 정범 자신이 구성요건적 행위를 직접 실행하여야 범할 수 있는 범죄를 의미한다.[9] 자수범은 스스로 자수에 의하여 실행할 것을 필요로 하므로 타인을 이용하여 범할 수 없다는 점에 특색이 있다. 따라서 자수범에 있어서는 자기 손으로 실행하지 않는 공동정범이나 간접정범의 성립은 불가능하게 된다.[10] 강제추행죄가 자수범에 해당한다면, 사안에서 피해자의 신체에 대하여 아무런 직·간접적 접촉

---

8) 류부곤, "강제추행죄가 성립하기 위한 강제추행의 요건", 형사법연구 제28권 제4호(통권69호), 한국형사법학회, 128면.

9) 박재윤, 주석형법(총칙2), 한국사법행정학회, 305면.

10) 이재상, 형법각론, 449면. 박재윤, 앞의 책, 305면.

행위를 하지 않은 피고인에 대하여 간접정범 형태의 강제추행죄의 성립 여지는 없게 될 것이다.

강학상 자수범의 본질이 무엇이고 그 범위가 어디까지 미치는가에 대하여 견해가 일치하는 것은 아니나, 현재 학계의 통설적 기준으로는 ① **행위에 대한 정범의 신체적 가담**을 요구하는 구성요건, 다시 말하면 정범이 자신의 신체를 행위의 수단으로 사용해야 하는 범죄, ② 신체가 아니더라도 **일신적인 인격적 행위**를 요구하는 구성요건및 ③ 소송법 기타의 **법률에 의하여 스스로의 행위를 요구**하는 범죄가 자수범이라고 한다[삼분설(三分說)].[11]

이에 따라 학설상 자수범으로 열거되는 범죄로는 형법상의 준강간·준강제추행죄(제299조),[12] 피구금부녀간음죄(제303조 제2항),[13] 업무상 비밀누설죄(제317조),[14] 위증죄(제152조),[15] 도주죄(제145조 제1항), 군형법상의 계간죄(鷄姦罪)(제92조의5), 군무이탈죄(제30조) 등이 있다.

이러한 자수범의 법리는 그 개념뿐만 아니라 자수범 개념의 필요성에서부터 많은 논란을 낳고 있으나, 자수범의 인정실익은 자수적 행위에 대한 공동정범이나 간접정범의 형태의 정범의 성립을 부정함으로써 국가형벌권의 확장을 제한한다는 점에 있다고 할 때,[16][17] 죄형법

11) 이재상, 앞의 책, 452면.

12) 이재상, 앞의 책, 170면.

13) 이재상, 앞의 책, 176면.

14) 이재상, 앞의 책, 230면.

15) 이재상, 앞의 책, 792면.

16) 박재윤, 앞의 책, 305-306면은 "어느 범죄가 자수범이라고 판단되면 그 범죄에 대해서는 공범처벌의 범위가 크게 줄어든다. … 문제의 범죄가 자수범에 해당한다면 배후의 이용자를 간접정범으로 처벌할 수 없다. 자수범은 간접정범이 성립하지 아니하는 범죄유형이기 때문이다. 이러한 경우에는 이용자를 교사범이나 방조범으로 처벌할 수 없을 뿐만 아니라 간접정범으로 처벌하는 것도 불가능하다. 자수범은 결국 입법자가 공범형 식의 지나친 확장을 제한한 역이라고 말할 수밖에 없다."라고 설명하고 있다.

17) 형벌법규는 문언에 따라 엄격하게 해석·적용하여야 하고 피고인에게 불리한 방향으로 지나치게 확장해석하거나 유추해석하여서는 아니 되며, 다만 형벌법규의 해석에서도 그 법률의 입법 취지와 목적, 입법 연혁 및 체계 등을 고려한 목적론적·체계론적 해석이 배제되는 것은 아니나, 그 경우에도 예컨대

정주의, 법률의 명확성 원칙상 자수범 개념에 의미가 없다고 보기는 어려울 것이다.

판례는 범죄구성요건에 대하여 '자수범' 여부를 적극적으로 언급한 경우는 많지 않으나, 특정 구성요건에 대하여는 문언상 그 구성요건적 행위의 실행위자만이 주체로 인정되는 경우를 해석을 통하여 인정한 사례들이 있어 자수범의 개념을 인정하고 있는 것으로 보인다.[18][19]

법률문언의 통상적인 의미를 벗어나 피고인에게 불리한 방향으로 해석하는 것은 지나친 확장해석이나 유추해석이 되어 죄형법정주의의 원칙상 허용되지 아니한다(대법원 2003. 1. 10. 선고 2002도2363 판결, 2004. 2. 27. 선고 2003도6535 판결 등 참조).

18) 판례는, 주민등록법위반 사건에서 "주민등록법 제21조 제2항 제3호는 같은 법 제7조 제4항의 규정에 의한 주민등록번호 부여 방법으로 허위의 주민등록번호를 생성하여 자기 또는 다른 사람의 재물이나 재산상의 이익을 위하여 이를 사용한 자를 처벌한다고 규정하고 있으므로, 위 공소사실과 같이 피고인이 이 사건 허위의 주민등록번호를 생성하여 사용한 것이 아니라 타인에 의하여 이미 생성된 주민등록번호를 단순히 사용한 것에 불과하다면, **피고인의 이러한 행위는 피고인에게 불리한 유추해석을 금지하는 위 법리에 비추어 위 법조 소정의 구성요건을 충족시켰다고 할 수 없고**, 원심판결이 같은 취지에서 위 공소사실 부분에 대하여 무죄를 선고한 제1심을 그대로 유지한 조치는 정당하며, 거기에 상고이유에서 주장하는 바와 같은 주민등록법이나 자수범에 관한 법리오해 등의 위법이 있다고 할 수 없다"라고 판시한 바 있다. 대법원 2004. 2. 27. 선고 2003도6535 판결.

19) 하급심 판결로서는 공직선거법 제86조 제1항 제2호와 공동정범의 성립 여부와 관련하여, "공직선거법 제86조 제1항 제2호에서 공무원이 선거운동의 기획에 참여하거나 그 기획의 실시에 관여하는 행위는 당연히 타인의 선거운동을 전제로 하는 것이고, 그 **공무원 자신이 직접 실행하는 이른바 자수범과 유사한 형태이므로 그 이외의 사람은 교사범이나 방조범이 될 수 있을 뿐 공동정범이나 간접정범이 될 수 없는바**, 가사 피고인 3, 4, 5, 6, 7의 원심 판시 위 각 행위가 선거운동의 기획에 참여하는 등의 행위에 해당한다고 하여도, 공무원인 위 피고인들이 자기 자신의 선거운동을 하는 피고인 2나 공무원의 지위에 있지 아니한 피고인 8과 함께 공동정범이 될 수 없음에도 원심은 이 부분 공소사실에 대하여 위 피고인들을 모두 공동정범으로 인정하여 법리를 오해한 잘못을 범하였다"라고 설시한 서울고등법원 2007. 4. 26. 선고 2007노497 판결이 있다.

(2) 강제추행죄의 자수범 여부

형법 제298조는 「폭행 또는 협박으로 사람에 대하여 추행을 한 자」를 그 주체로 하는바, 위에서 본 바와 같이 "피해자의 성적 의사결정의 자유를 침해하는 행위로서 일반인에게 성적 수치심이나 혐오감을 일으키고 선량한 성적 도덕관념에 반하는 행위"라는 추행행위의 개념상 반드시 피고인의 자수적(自手的) 행위를 매개로 한다고 보기 어렵다. 오히려 폭행·협박이라는 수단을 고려할 때 그 구성요건적 행위의 실현양태는 공동정범이나 제3자인 도구 등을 이용하여 광범하게 이루어질 수 있다고 해석함이 타당할 것이다(즉, 폭행·협박은 다른 사람이 하고, 피고인은 추행행위에만 나아가는 경우이다).

따라서 강제추행죄는 자수범이라고 보기 어렵고, 공동정범·간접정범 형태의 구성요건적 행위 달성도 가능하다고 봄이 상당하다. 이하에서는 간접정범 형태의 강제추행죄의 성립 가능성을 살핀다.

(3) 간접정범 형태의 강제추행죄의 성립범위

간접정범이란 타인을 도구로 하여 범죄를 실행하는 것을 말한다.[20] 형법 제34조 제1항은 간접정범의 성립요건으로 「어느 행위로 인하여 **처벌되지 아니하는** 자 또는 **과실범으로 처벌되는** 자를 교사 또는 방조하여 범죄행위의 결과를 발생하게 할 것」을 요구하고 있는바, 전통적인 행위지배설의 입장에서 간접정범의 핵심은 피이용자를 범죄를 행하기 위한 자유롭지 아니한 물적 수단으로 이용하였다는 것, 즉 **인간을 도구로 사용**하였다는 데에 있다.[21]

간접정범의 성립요건은 "어느 행위로 인하여 처벌되지 아니하는

20) 이재상, 형법총론, 박영사(2015), 436면.

21) 피이용자의 사실적 또는 법적 하위 지위로 인하여 이용자는 사태를 파악하고 계획적으로 조종하는 의사에 의하여 전체사건을 장악함으로써 지배적 역할을 하게 된다. 이와 같이 이용자가 피이용자를 조종하여 사건의 진행을 지배함으로써 피이용자의 행위는 이용자의 조종의사의 결과(werk des steuernden Willens des Hintermanns)가되고, 이용자는 피이용자를 조종하여 행위를 지배하게 된다. 이재상, 앞의 책, 439면.

자 또는 과실범으로 처벌되는 자의 행위"인바, 이 중 '어느 행위로 인하여 처벌되지 아니하는 자'란 범죄의 성립요건인 구성요건해당성·위법성 또는 책임이 없어 범죄가 성립하지 않는 경우를 말한다.

간접정범에 의한 강제추행죄의 성립이 가능한지를 생각해보면, 책임능력이 없는 심신미약·상실자, 형사미성년자 등을 이용하여 피해자의 신체에 대하여 추행행위를 하는 경우를 들 수 있을 것이다. 즉, 처벌받지 아니하거나 과실범으로 처벌되는 제3자를 이용하는 간접정범 형태의 강제추행죄의 성립은 쉽게 떠올릴 수 있다.

그렇다면 이러한 제3자를 도구로 이용하지 아니한, 즉 피해자를 도구로 이용한 간접정범의 성립이 가능한지에 대하여는 강학상 언급되는 구성요건에 해당하지 않는 행위를 이용하는 경우 중 '객관적 구성요건에 해당하지 않는 도구'인 경우를 생각해볼 수 있을 것이다.[22] 이는 피이용자(피해자)의 행위가 객관적 구성요건에 해당하지 않는 경우로 설명되는바, 즉, 살인죄와 상해죄에 있어서 행위의 객체인 사람은 타인을 의미하므로 피이용자의 행위는 구성요건해당성이 없지만, 이용자의 강요 또는 기망에 의하여 피이용자가 자살 또는 자상(自傷)한 때는 피해자가 도구로서 스스로 자신의 신체에 대하여 구성행위를 실현하였다고 볼 수 있기 때문이다.[23]

실제로 이러한 간접정범의 인정 사례로는 대법원 1970. 9. 22. 선고 70도1638 판결이 있다. 이 사안은, 피고인이 자신과 동거한 적 있는 피해자 여성에게 다른 남자와 정을 통한 사실 등을 추궁하던 중, 피해자에게 소지중인 면도칼 1개를 주면서 "네가 네 코를 자르지 않을 때는 돌로 죽인다"는 등 위협을 가해 이에 생명에 위험을 느낀 피

22) 구성요건에 해당하지 않는 행위를 이용하는 경우에 대하여는 이 외에도 '고의 없는 도구'(예컨대 의사가 고의 없는 간호사를 시켜 환자에게 독약을 주사하게 하여 그를 살해하는 경우) 및 '신분 또는 목적이 없는 고의'로 나누어 설명하고 있는바, 이러한 경우의 '도구'에 피해자를 상정하기 어려움은 쉽게 이해될 수 있을 것이다. 이재상, 앞의 책, 440-441면.

23) 이재상, 앞의 책, 440면 참조.

해자가 자신의 생명을 보존하기 위하여 위 면도칼로 콧등을 길이 2.5센치, 깊이 0.56센치 절단하여 전치 3개월을 요하는 안면부 불구가 되게 한 사안이었는바, 위 사건에서 대법원은 "피고인에게 피해자의 상해 결과에 대한 인식이 있고 또 피해자에 대한 협박 정도가 그의 의사결정의 자유를 상실케 함에 족한 것인 이상, 피고인에 대하여 중상해죄를 구성한다"라고 판시하여 피해자의 의사결정의 자유가 피고인의 협박으로 인하여 상실되었으며, 따라서 (간접정범의 형태에 의한) 중상해가 성립한다고 보았다.[24][25]

그렇다면 대상판결에서도, 대법원은 피고인이 피이용자인 피해자의 '객관적 구성요건에 해당하지 않는' 행위를 이용하여 본건 강제추행죄의 구성요건을 실행한 것으로 판단한 것으로 해석가능할 것이다. 이하에서는 대법원의 이러한 판단의 타당성에 대하여 검토한다.

4. 간접정범의 '의사결정의 자유의 상실'과 성폭력범죄에 있어서 피해자의 '성적 의사결정의 자유의 침해'의 관계

(1) 문제의 제기

위에서 본 70도1638 판례에서 대법원이 피고인의 행위가 "피해자의 의사결정의 자유를 상실케 함에 족함"을 들어 (간접정범 형태의) 상해죄의 성립을 인정하였음을 알 수 있다. 대상판결의 사례에서도 피해자의 의사결정의 자유가 상실케 함에 족하였다면 피해자를 도구로 한 간접정범 형태의 강제추행죄의 성립을 역시 인정할 수 있을 것이다.

그렇다면 피해자를 도구로 하는 강제추행죄의 성립에 있어서는

24) 이 사건에서 갑은 중상해죄로 기소되었다. 원심법원은 중상해죄의 유죄를 인정하였으나 피고인 측은 이에 불복 상고하면서 단순한 자상(自傷) 사건에 불과하다고 주장하였다.

25) 본 판례의 평석들은 본 사례를 간접정범의 형태로는 언급하지 않고 있으나, 피해자의 자상(自傷)행위가 그 자체로 범죄를 구성하지 않음을 고려할 때, 위 사건의 피고인이 구성요건에 해당하지 않는 피이용자의 행위를 이용하여 중상해죄를 범한 간접정범의 사안이라고 본다고 분석한다. 최병천, 판례중심 형법총론, 248면 참조. 박재윤, 앞의 책, 281면.

피해자의 어떠한 의사결정의 자유가 상실되어야 하는가를 검토하여야 하고, 아울러 이것이 강제추행죄를 포함한 성폭력범죄 일반의 표지인, '피해자의 성적 의사결정의 자유의 침해'와 어떠한 관계에 있는지를 검토할 필요가 있다. 이는 본질적으로 '피해자의 성적 의사결정의 자유'가 무엇을 의미하는지의 확정을 선행적으로 요청한다고 할 것이다.

즉, (1) 추행행위의 정의와 관련하여, 피해자의 어떠한 (성적) 의사결정의 자유의 침해를 의미하는지 먼저 확정한 이후에야, (2) (간접정범의 도구의 의미로서) 피해자의 의사결정의 자유가 상실되어 피해자의 '자수적(自手的)' 행위로서 이러한 피해자의 '성적 의사결정의 자유'를 침해하였는지를 검토할 수 있기 때문이다. 이는 간접정범에 있어서의 '의사결정의 자유의 상실'과, 추행행위에 있어서의 피해자의 '성적 의사결정의 자유의 침해'와의 관계를 확인하는 필수적 과정이라 할 것이다.

(2) 성범죄에 있어 '피해자의 성적 의사결정의 자유'의 의미

대상판결의 항소심은 ① '피해자에 대한 신체적 접촉이 없었음'과 ② '<u>피해자는 언제든지 행위를 중단할 수 있었음</u>'을 주된 이유로 들어 강제추행죄의 성립을 부정하였는바, 특히 ②는 성적 의사결정의 자유를 '<u>피해자의 의사에 반하는 행위를 하지 않을 자유</u>'(즉, 소극적 자유)로 본 것으로서, 이러한 해석하에서 피해자는 위 소극적 자유를 침해당한 바가 없다는 측면(왜냐면 스스로 중단할 수 있었음에도 그러하지 않았으므로)에서 강제추행죄의 성립을 부정한 것으로 보인다.

반면, 대상판결은 '피해자는 자신의 의사에 반하는 행위를 하였다'는 결과적 측면을 가지고 피해자의 위와 같은 (소극적) 성적 의사결정의 자유가 침해되었다고 판단한 것으로 보인다.

대상판결 중 ① '피해자에 대한 신체적 접촉이 없었음'을 강제추행죄의 성립 부정 근거로 한 항소심의 판단을 배척한 부분은 일응 타당하여 보인다. 왜냐하면, 강제추행죄의 추행에 있어 피해자의 신체에 대한 직접적인 접촉은 요하지 않는다고 봄이 이미 다수의 판례에서

확인된 해석이기 때문이다.[26][27]

그러나 대상판결과 항소심 판결 모두 피해자의 '성적 의사결정의 자유'의 내용에 대한 아무런 해석도 없이 동일한 법리 하에서 강제추행죄의 성부에 대한 판단을 달리하였는바, 이는 피해자의 '성적 의사결정의 자유'에 대한 해석의 부재로 인한 결과라고 보인다. 즉, 피해자의 성적 의사결정의 자유는, 피해자가 '성적 행위를 할 것을 결정할 자유'(즉, 적극적 자유)로서 이러한 측면에서 사안을 검토한다면 항소심의 결론과 같이 (피해자를 도구로 한 간접정범 형태의) 강제추행의 성립은 부정하면서도 대법원의 판단처럼 '피해자가 침해받은' 의사결정의 자유가 무엇인지를 확정할 수 있는 단서가 되기 때문이다.

(3) (이른바) '적극적' 성적 의사결정의 자유의 의미

성범죄에 있어, '적극적' 성적 의사결정의 자유라는 개념은 성범죄적 현상을 해석하는 잣대가 될 수 있다고 생각된다. 일반적으로 피해자는 성범죄라고 주장하고 가해자는 (합의에 따른) 성행위라고 주장할 상황에서, 성적 행위의 initiative를 갖지 않았던 피해자는 (자신의 신체를 이용한) 성적 행위에 나아갈 것인지 아닐지를 결정할 선택권을 갖는다. 이를 '(적극적) 성적 의사결정의 자유'라고 칭함이 상당하다. 통상적인 성적 주체에 있어 성적(性的) 경험이란 개념적으로 자신의 신체를 매개로 하지 않고는 불가능한 것인바, 즉, 그(녀)는 자신의 신체

---

26) 대법원 2013. 1. 15. 선고 2011도7164 판결(피고인이 아파트 엘리베이터 내에 13세 미만인 甲(여, 11세)과 단둘이 탄 다음 甲을 향하여 성기를 꺼내어 잡고 여러 방향으로 움직이다가 이를 보고 놀란 甲 쪽으로 가까이 다가감으로써 위력으로 甲을 추행하였다고 본 사례), 대법원 2009도13716판결(피고인이 엘리베이터 안에서 피해자를 칼로 위협하는 등의 방법으로 꼼짝하지 못하도록 하여 자신의 실력적인 지배하에 둔 다음 자위행위 모습을 보여준 행위가 강제추행죄의 추행에 해당한다고 본 사례) 등.

27) 그러나 학설의 대립으로는 ① 물리적 접촉이 반드시 필요하다는 견해, ② 물리적 접촉에 준하는 행위까지 추행에 포함된다는 견해, ③ 물리적 접촉이 반드시 필요하지는 않다는 견해가 있다. 박성준, 재판과 판례(제23집), 대구판례연구회, 367-390면.

를 이러한 상대와의 성적 상황에 제공할 것인지를 결정할 자유가 있는 것이다.

'성적 의사결정의 자유'에 대한 이러한 (적극적) 해석은 데이트 성폭력이나, 부부강간 등을 해석하는데 유용한 개념표지를 제공한다. 피해자는 단순히 자신이 싫거나 내키지 않는 성적 상황을 당하지 않을 자유(소극적 자유)를 넘어, 자신이 원하는 경우 비로소 그러한 성적 상황에 임할 자유를 갖기 때문이다. 최근에 '미투(Me_Too)'범죄 등을 통한 다수의 형법상 위력 등 간음의 상황에서도, 피해자가 '그 성적 상황에의 개입을 원하였는지'를 중심으로 살피는 것이 단순히 '피해자의 동의가 있었는지', '거부할 수 있었는데도(즉, 소극적 자유를 행사할 수 있었는데도) 왜 거부하지 않았는지(소극적 자유를 포기하였는지)'라는 가해자 중심적 사고를 벗어나는 방법론일 것이다. 소극적 자유는 그 본질상 마치 신체의 자유와 유사하게, 적극적으로 행사하는 것이 아니라, 모든 사람들이 그 침해당하지 않음을 전제로 살아가는 것이라고 보아야 하기 때문이다.[28)29)]

---

28) 이러한 사고는 성적 의사결정의 자유를 소극적인 것으로 해석한다면, 일반적인 신체의 자유(헌법 제12조)의 대사인효(對私人效)와 무엇이 다른가하는 의문을 기초로 한다. 타인의 성적 자유에 대한 침해는 본질적으로 그의 신체에 대한 자유의 침해를 전제이자 매개로 하기 때문이다. 실무적으로도 성적 욕망 만족의 충족이라는 주관적 요건이 입증되기 어려운 경우 일반적인 폭행, 상해죄로의 의율을 검토하게 되는바, 즉 성범죄와 신체적 법익에 대한 범죄는 일정 부분에서 매우 중복적인 보호법익을 공유하고 있는 형태임을 알 수 있다.

29) 이러한 관점에서는 남녀를 불문하고 공히 이러한 적극적 성적 의사결정의 주체가 되는바, 다만 적극적 성적 의사결정 자유는 그 행사를 위하여 타인과의 상호의사의 합치를 전제하는 제한적 개념으로 보아야 한다. 따라서, 가해자는 자신의 적극적 성적 의사결정의 자유를 행사하지 않고자 하는 피해자에게 그의 적극적 성적 의사결정의 자유의 존재를 들어 성행위에 임할 것을 요구할 수 없다. 피해자 역시 마찬가지일 것이다. 이러한 개념은 상대방이 적극적으로 성적 행위에 임할 의사가 없는 한 성적 자기결정권의 침해를 근거로 한 성범죄의 성립가능성을 원칙적으로 인정함으로써, 사회생활상에서 '묵시적 동의'라는 의사해석의 착오의 주장가능성을 줄여주고, 아울러 소극적 의사결정, 즉 거부의 의사표시에 대한 입증의 어려움과 이로 인한 2차 피해, '피해자다

(4) 피해자의 자수적 행위를 통한 간접정범 형태의 강제추행죄의 성립 가능성

따라서, 피해자의 자수적 행위를 통한 간접정범 형태의 강제추행죄의 성립은 '피해자의 성적 의사결정 자유의 침해'라는 강제추행죄의 본질과도 조화되지 않는다. 성적 의사결정의 주체인 피해자가 자신의 성적 의사결정을 침해한다는 것은 논리적으로 불가능하기 때문이다.

대상판결의 피해자들은, 비록 17세, 22세라는 비교적 어린 나이에도 불구하고 완전한 '성적 의사결정의 주체'로서, 자신의 성적 행동에 대한 의사결정을 내릴 충분한 의사능력이 있었다고 봄이 상당하다. 그렇다면 대상판결의 피해자들은 과연 위에서 본 바와 같은 (적극적 의미에서의) '성적 의사결정의 자유'를 침해당하였는가를 검토한다면 부정적으로 봄이 상당하다. 피해자들은 자신의 신체가 갖는 성적 의미를 충분히 이해한 상황에서, 자신들의 신체를 성적 행위에 '제공'하기로 '결정'하였고, 이는 위에서 본 바와 같은 '적극적 성적 의사결정의 자유권'의 행사에 부합하기 때문이다. '성적 의사결정의 주체'가 '성적 행위에 나아가기로 결정'한 순간, '(적극적) 성적 의사결정의 자유의 침해'는 문제될 수 없는 것이다. 다만, 그들이 '원치 않음에도 불구하고 (적극적) 성적 의사결정을 내리게 된' 일반적 의사결정 과정의 침해가 있을 뿐이고, 이는 이하에서 보듯 강요죄의 구성요건으로 포섭될 사안에 해당한다.

(5) 대상판결 사안에서 강요죄의 성부 검토

형법 제324조(강요)는 '폭행 또는 협박으로 사람의 권리행사를 방해하거나 의무없는 일을 하게 한 자'를 처벌하고 있다. 강요죄의 협박에 대하여 판례는 "강요죄의 협박이란 객관적으로 사람의 의사결정의 자유를 제한하거나 의사실행의 자유를 방해할 정도로 겁을 먹게 할만

움'이라는 고정관념이 구체적 진실의 발견을 방해하는 상황들을 감소시키는 효용이 있을 것이다.

한 해악을 고지하는 것을 말한다"라고 하고,[30] 아울러 동 조항에서의 '의무 없는 일'에 대하여는 "법령, 계약 등에 기하여 발생하는 법률상 의무 없는 일을 말한다"라고 설명하고 있다.[31]

가. 협박의 존부:

대상판결의 사안에서 폭행, 협박의 존재는 넉넉히 인정된다. 대상판결의 피해자들은 각 17세 및 22세의 여성들로서 청소년(피해자 A)이거나, 비록 직장인이지만 사회경험이 미숙한 비교적 어린 나이의 성년(피해자 B)으로서 피고인과 스마트폰 채팅 애플리케이션상의 채팅을 통하여 알게 된 것이 전부였는바, 피해자들로서는 임의로 전송하였던 자신의 노출된 신체에 대한 사진 및 동영상이 피고인의 수중에 있고, 이를 유포하겠다는 협박을 받는 입장이라면 이를 유포하겠다는 피고인의 발언은 충분히 피해자들의 의사결정의 자유를 제한하거나 의사실행의 자유를 방해할 정도로 겁을 먹게 할만한 해악의 고지로 보기에 충분하다.

나. 의무없는 일의 강요:

피해자들은 피고인에게 자신들의 노출된 신체를 촬영한 사진, 자위행위 동영상 촬영 및 전송, 기타 성노예 서약서 작성 및 전송 등의 행위를 하였는바, 이는 전형적인 '의무 없는 일'의 범주에 해당한다['성노예 각서'상의 합의는 공서양속에 반하는 반사회적 법률행위(민법 제103조)로서 무효임은 말할 필요가 없을 것이다]. 따라서, 피해자들은 기존에 제공된 신체 노출 사진을 유포하겠다는 피고인의 협박에 따라서 자신들의 신체나 자위행위를 촬영하고, 그 파일·동영상을 전송하는 '의무 없는 일'을 하였음이 명백하다.

다. 강요죄의 보호법익과 강제추행죄의 성적 의사결정의 자유와의 관계:

강요죄는 사람의 의사결정의 자유와 그 활동의 자유를 보호법익

30) 대법원 2003. 9. 26. 선고 2003도763 판결.

31) 대법원 2012. 11. 29. 선고 2010도1233 판결.

으로 하는바,[32] 대상판결의 피해자들은 어떠한 의사결정의 자유를 침해받은 것인지를 이러한 강요죄의 보호법익과 위에서 본 강제추행죄 중 '추행행위'의 본질적 요소인 피해자의 '성적 의사결정의 자유의 침해'와의 관계를 염두에 두고 다시 검토한다.

사안에서, 피해자들은 자신의 (노출된) 신체를 찍어 타인에게 전송하는 행위의 성적 의미를 이해하고 있고, 이미 본건 공소사실 행위 이전에도 자신들의 신체의 일부를 찍은 사진들을 전송한 바 있다. 이것은 위에서 본 전형적인 적극적 (성적 의사결정의) 자유라고 할 것인바, 피해자들은 자신들이 하는 행위의 성적 의미를 알고 이에 나아간 것으로서 그렇다면 피해자들의 성적 의사결정의 자유는 침해되었다고 보기 어려울 것이다. 즉, 피해자들은 자신의 신체를 상대로 한'성적 의사결정의 자유'를 행사하였고, 다만 그들이 그러한 '성적 의사결정의 자유'의 행사를 원하지 않았다는 점에서 '의무없는 일'을 강요받았다고 봄이 상당하다. 따라서 피해자들에 대한 피고인의 강제추행죄는 간접정범 형태로는 성립하지 않는다. 성적 의사결정의 주체인 도구가, 스스로 자신의 성적 의사결정의 자유를 침해한다는 것은 논리적으로 불가능하기 때문이다.

사안에서, 피해자들의 의사결정의 자유가 침해된 부분은 그러한 '(적극적) 성적 의사결정을 하지 않을 자유'를 침해받았다는 점이고, 바로 이 점은 전형적인 강요죄의 '의무없는 일'에 해당한다. 결과적으로 피고인에게는 강요죄가 성립함이 상당하다. 피해자는 비록 피고인의 폭행·협박 등에 외포되어 의사결정의 자유가 왜곡되었으나, 이러한 의사결정 과정의 불법은 강요죄로 평가되면 족하다.

즉, 피고인이 피해자들에게 벌인 지배의 핵심은, 단순히 피해자들로 하여금 자신의 몸을 대상으로 한 성적인 행위를 하게 한 것이 아니라, **'성적 자기결정권에 반하는 의사결정을 하게 한 것'**인바, 이렇게 '의사결정의 자유를 왜곡한 행위'는 형법상 '타인의 권리행사를 방

32) 서울중앙지방법원 2004. 6. 1. 선고 2003고합1177 판결 등.

해하거나, 의무없는 일을 하게 한 행위'로서의 전형적인 강요죄의 구성요건으로 평가되면 족하다.

(6) 소결: 피해자의 자수적 행위를 도구로 이용한 간접정범 형태의 성폭력범죄의 성립 가능성

이상에서 피해자의 '성적 의사결정의 자유'는 자신의 신체를 매개로 한 성적 상황에 대하여 적극적인 의사결정을 할 자유임을 살펴보았다. **성적 의사결정은 모든 개인의 불가침적인 일신전속적 권리이며, 이는 타인에게 양도불가능**하다. 따라서, 누구도 타인(피해자)의 성적 행동에 대한 의사결정을 대신할 수가 없으며, 이러한 의사결정의 자유는 '외부적 침해'에 의해서만 억압이 가능한바, 그것이 우리 형법 및 성폭력범죄의 처벌 등에 관한 특례법 등이 열거하는 구성요건의 행위태양이다. 개별법상의 이러한 구성요건은 물론 제3자인 도구를 통하여 피해자에 대하여 '외부적, 침해적'으로 실현될 수 있고, 이러한 의미에서의 간접정범에 의한 강제추행죄 내지 성범죄의 성립은 가능하나, **피해자의 자수적(自手的) 행위를 통한, 즉 피해자를 도구로 한 강제추행죄 내지 성범죄의 성립은 불가능**하다. 이는 피고인의 폭행에 억압된 피해자가 제3자와의 원치 않는 성관계에 나서게 되었다 하더라도 이를 피해자를 도구로 한 간접정범 형태의 강간죄로 의율할 수 없다는 점에 의하더라도 명백하다[영리의 목적이 있다면 형법상 음행매개죄(제242조) 등이 가능할 것이다].

Ⅲ. 마치며: 대상판결에 대한 평가

1. '성적 의사결정의 자유'의 의미의 확정 필요성

○ 사안은, 원심 및 대상판결 모두 강제추행죄의 의의와 보호법익에 대하여 '피해자의 성적 의사결정의 자유의 침해'라는 점에 대하여 같은 견해를 밝히면서도, 원심판결은 피해자의 도주(회피)가능성이 있

었다는 점에서 '성적 의사결정의 자유의 침해'가 있었다고 보기 어렵다고 판단하여 강제추행죄의 성립을 부정한 반면, 대상판결은 피해자가 원치 않는 성적 행위를 하였다는 점에서 '성적 의사결정의 자유의 침해'가 있었다고 보아 정반대의 결론을 도출한 매우 흥미로운 사안이다.

○ 본 평석에서는, 위에서 검토한 바와 같이 성범죄 일반의 그 보호법익이자 강제추행죄에 있어 '추행'의 개념표지 중 하나인 '피해자의 성적 의사결정의 자유'가 구체적으로 무엇을 의미하는지를 검토하였다. 성범죄가 '정조에 관한 범죄'라는 사회적 윤리의 측면을 넘어 '성적 의사결정의 자유에 대한 범죄'라는 개인적 권리의 측면으로 상승하는 시대적 상황에서, 과연 성범죄의 보호법익인 '성적 의사결정의 자유'의 내용에 대하여 구체적으로 살펴볼 필요도 있게 되었다는 것을 대상판결은 잘 보여준다.

○ 성범죄 일반에 있어, 침해된 피해자의 성적 의사결정의 자유는 다름이 아니라 피해자 스스로 (자신의 신체를 매개로 발생하는) 성적 행위와 상황에 대하여 '허용할 자유' 즉 적극적 자유라고 봄이 상당하고, 그러한 점에서 피해자가 스스로 자신의 몸에 대한 일정한 성적 행위를 한 본 사안에 대하여는, 비록 그러한 성적 행위에 이르게 된 과정 중 의사결정의 왜곡은 불문하더라도 자신(自身)에 대한 성적 행위 자체에 대한 성적 의사결정의 억압은 부정함이 타당하고, 따라서 사안에서 강제추행죄의 성립을 부정하고 강요죄의 성립을 인정한 항소심의 판결은 그 결론에 있어서는 타당하다고 하겠다. 결국 대상판결은 피해자의 의사결정의 자유의 측면을 깊이 고려한 점에 있어서는 고무적이나, '성적 의사결정의 자유'의 내용을 고려하지 않은 결과 '의사결정의 자유의 침해'와 '성적 의사결정의 자유'의 침해를 동일시하는 오류에 달하였다고 보인다.

2. 피해자의 ‘성적 의사결정의 자유’의 의미를 확정할 필요성

‘강요죄(=원심판결) 아니면 강제추행죄(=대상판결)’라는 결론의 차이로 끝나는 본 검토의 실천적 의미에 대하여 언급하자면, 이는 피고인(가해자)의 행위가 피해자의 행위와 삶에 미치는 영향에 어디까지 책임을 귀속할 수 있느냐의 법적인 문제로 돌아간다고 말하고 싶다. 성적 담론에 대한 보수적 태도에 더하여 남녀의 신체를 바라보는 불평등한 성적 시각이 아직도 전제된 사회에서, ‘너의 기존 (성적) 사진을 유포하겠다’는 협박에 맞닥뜨린 피해자가 피고인의 요구를 거부하기는 매우 어려울 것이다.

그러나 이후 피해자가 이러한 협박에 외포되어 한 행위에 대한 평가에 있어서는, 어디까지를 ‘피고인(가해자)의 도구에 불과한 행위’로서 ‘피고인(가해자)의 행위’와 동일시할 수 있는지에 대하여는 보다 검토가 필요할 것 같다. 그렇지 않으면 피해자가 고유하게 갖는 의사결정의 자유를 모두 부정하게 되는 한계를 가져오게 되게 때문이다. 대상판결 역시 그러한 비판에서 자유로울 수 없을 것 같다.

3. 보론: 기타 대상판결의 문제점 검토

본건 공소사실 중 피해자의 행위는 자신의 신체에 대한 사진촬영 및 자위행위 등 여러 행위로 구성되었는바, 대법원은 사안에서 이러한 행위태양을 구별하지 않고 피해자의 성적 의사결정의 자유의 침해를 들어 포괄하여 피해자를 도구로 한 간접정범의 성립을 인정하였다. 이에 대하여는 구성요건 해당성 및 기수시기와 관련한 몇 가지 논리적 문제점을 살핀다.

(1) ‘나체, 음부 등 사진촬영 행위’의 구성요건 해당성

나체, 음부 등의 사진촬영 행위에 대해서는 「성폭력범죄의 처벌 등에 관한 특례법」상의 카메라등이용촬영죄[33]라는 별개의 구성요건이

33) 성폭력범죄의 처벌 등에 관한 특례법[시행 2018. 10. 16.] [법률 제15792호].

규정되어 있는바, 사안에서 피해자들이 피고인의 협박에 의하여 위와 같은 행위에 나아갔다고 하더라도, 피고인이 직접 실행하더라도 충족할 수 있는 구성요건[34]의 법정형을 상회하는 강제추행죄를 피해자의 자수적 행위로써 실현한다고 보는 것은 무리하다고 할 것이다.

(2) 기수시기의 문제

대상판결 공소사실의 기수시기 역시 문제된다. 본 범행은 두 명의 피해자를 통하여 이루어졌는바, 각 피해자가 위와 같은 사진과 동영상을 촬영하여 전송한 기간은 각 7개월(2015. 5. 3. ~ 2015. 12. 22.) 및 1년 8개월(2014. 4.경 ~ 2015. 12. 25.경)이 넘는다. 위 사건의 1심 및 원심판결은 모두 피고인의 각 행위를 실체적 경합범으로 판단하였는데, 판결문의 문언상 명백하지 않으나 각 전송행위시에 강제추행의 범죄가 기수에 이르러 완성된 것처럼 판단한 것으로 보인다. 대상판결의 사안을 강제추행으로 포섭할 경우, 만일 피해자가 일괄하여 찍은 사진을 위와 같은 장기간에 걸쳐 전송하였다면 그 기수시기는 어떻게 될 것인가, 만일 청소년인 피해자 A가 청소년 시기에 찍은 사진을 성인이 된 이후에 전송하였다면 의율될 구성요건은 무엇인가의 의문이 제기된다. 즉, 대상판결의 사안을 강제추행으로 보면 피해자의 '전송행위(에 따른 피고인의 성적 욕망의 충족과 그로 인한 피해자의 성적 수치심의 야기)시'를 기수시로 보게 되고, 이는 '강제추행' 행위의 법적 개념에 비추어 자연스럽지 않을 것이다(그렇다고 피해자가 자신의 의사에 반하는 사진을 찍은 행위만으로 강제추행죄가 성립한다고 보기도 어려울 것이다).

이러한 기수시기의 논의는 사안을 강요죄로 접근하면 무리없이

제14조(카메라 등을 이용한 촬영) ① 카메라나 그 밖에 이와 유사한 기능을 갖춘 기계장치를 이용하여 성적 욕망 또는 수치심을 유발할 수 있는 다른 사람의 신체를 그 의사에 반하여 촬영하거나 그 촬영물을 반포·판매·임대·제공 또는 공공연하게 전시·상영한 자는 **5년 이하의 징역 또는 1천만원 이하의 벌금**에 처한다.

34) 형법 제298조(강제추행) 폭행 또는 협박으로 사람에 대하여 추행을 한 자는 **10년 이하의 징역 또는 1천500만원 이하의 벌금**에 처한다.

해결된다. 사진의 촬영과 전송행위 모두 피해자의 '의사에 반하는 행위'로서 '의무없는 일을 하게 한 행위'로 공소사실을 포섭하면 전송시에 기수에 이른다는 판단은 자연스럽게 도출되기 때문이다.

[주 제 어]

'성적 의사결정의 자유'의 의미, 간접정범, 피해자를 도구로 한 간접정범, 적극적 성적 의사결정의 자유

[Key Words]

sexual harassment, the principal through an irresponsible agent, the right of sexual self-determination, the right of self-determination through sexual act by the victim.

접수일자: 2019. 5. 23. 심사일자: 2019. 6. 11. 게재확정일자: 2019. 6. 14.

[참고문헌]

류부곤, "강제추행죄가 성립하기 위한 강제추행의 요건", 형사법연구 제28권 제4호(통권69호), 한국형사법학회(2016).

박성준, 재판과 판례(제23집), 대구판례연구회(2015).

박재윤, 주석형법(총칙2), 한국사법행정학회(2011).

이재상, 형법총론, 박영사(2017).

______, 형법각론, 박영사(2017).

최병천, 판례중심 형법총론, 피앤씨미디어(2018).

김대회, 주석형법(각칙4), 한국사법행정학회(2017).

[Abstract]

The relation between the intrinsic value protected by the sexual crime laws and the feasibility of sexual harassment by the physical act of the victim

Lee, Sangmin*

On 8th of February 2018, the Supreme Court ruled that the indecent act by compulsion(Korean Criminal Act §298 sexual harassment) can be accomplished by not only the act of the accused itself, but also that of the third party including the victim itself, pointing out that sexual harassment is not the kind of crime that can be only carried by the physical action of the accused.

In comparative jurisprudence, the theory of the principal through an irresponsible agent is accepted in German, Japan, and Korean criminal laws. Judging from the definition of 'indecent act by compulsion' or 'sexual harassment' as the act which violates the victim's right of self-determination and incurs the humiliation and disgust of average people and offends the moral sexual standard of the community, this crime can be fully conducted by another party's engagement such as accomplice or accessories. And when this third agent is innocent, irresponsible or unwilling (in extremely compulsive situation), the accused who leads the whole criminal course can be classified as a principle.

But in this case, we should review not the probability of constituting a principal through the third party's act in the sexual harassment area in general, but furthermore the very likelihood of becoming it when the physical practice is carried by the victim itself.

* Institute of Justice, Professor(Prosecutor)

This question is not quite simple because the victim in the sexual crime, is not only coerced to behave as he does not want to do, but also he decides to get actively involved in obviously sexual act using his body as the bearer of the right of self-determination.

Therefore, this problem summons the question of what the sexual crime laws pursuit to guard and protect from the assault. If we define it as the victim's (negative) freedom from the unwilling sexual contact, then this sexual harassment crime can be carried out by boundlessly many agencies including the victim itself, as the Supreme Court had said in this case.

However, the intrinsic value protected by the sexual crime laws should be redefined as the right of self-determination through sexual act by the victim. From this perspective, the sexual practice performed by the victim's action cannot be evaluated as same as the sexual harassment by the accused itself. The victim can say he didn't want the compulsive condition and his sexual act, but the total situation can be appraised as the crime of compulsion (Korean Criminal Act §324). The fact that the victim exercised his right of sexual self-determination frustrates the requirement of the violation of the self-determination, and the remainder — his failure to enjoy the right of self-determination without the accused's compulsion — can only amount to the crime of compulsion of the wrongdoer.

민사판결에서 인정된 사실과 명예훼손죄에서의 허위사실판단*

홍 승 희**

[대상판결] 대법원 2017. 12. 5. 선고 2017도15628 판결

1. 사실관계[1)]

피고인은 A를 공동선조로 하는 수원백씨 문중인 종중(이하 ‘이 사건 종중’이라고 한다)의 사무총장이다. 그런데 A의 손자인 a의 큰아들이자 보성공(회)의 형으로 알려져 있는 X가 A의 후손인지 아니면 A의 형제인 B의 후손인지에 대한 상계(上系)에 관하여 서로 다른 족보들이 존재하여 논란이 계속되고 있었다. 이 사건 종중을 아우르는 전체 종중의 족보 일부에는 X가 a의 아들로 기재되어 있었으나, 또다른 족보 일부에는 X가 B의 후손인 b의 아들로 다르게 기재되어 있었기 때문이다.

---

* 이 논문은 2018학년도 원광대학교 교비지원에 의해서 수행됨

** 원광대학교 법학전문대학원 교수

1) 사실관계는 대상판결 및 지귀연, 과거의 역사적 사실관계 등에 대하여 민사판결을 통하여 어떠한 사실인정이 있었다는 이유만으로, 이후 그와 반대되는 사실의 주장이나 견해의 개진 등을 형법상 명예훼손죄 등에서 ‘허위의 사실 적시’라는 구성요건에 해당한다고 단정할 수 있는지 여부, 대법원 판례해설 제114호, 법원도서관 2018, 514-516면 및 525-526면을 참조함.

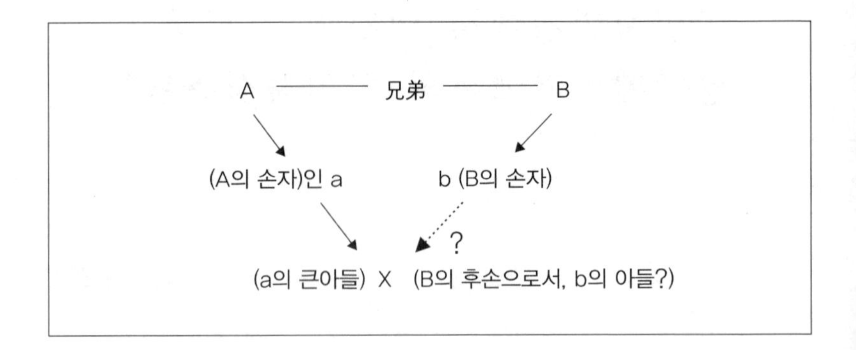

이로써 A측 종중은, 2012. 3.경에 X측 대정회의 일부 종원인 X의 후손들 45명을 상대로 하여 'X가 A의 후손이 아니라, B의 후손인 b의 아들이다'라고 하면서 법원에 '종원지위 부존재 확인'을 구하는 소를 제기하였다. 이에 민사재판 1심과 원심 모두 이 사건 X가 a의 장자로서 A의 후손이라고 판단하여, 종중의 청구가 이유없다고 보았고, 대법원은 심리불속행기각으로 종결하였다.

그럼에도 불구하고 A측 종중의 사무총장인 피고인은 대법원판결이 선고될 무렵인 2014.4.10.경 및 2014.5.경 두 차례에 걸쳐, 종중 이사회의 결의에 따라 '수원백씨의 적통'이라는 제목의 두 권으로 이루어진 책을 출간하여 안내문과 함께 수원백씨 각종 계파 회장, 임원들에게 배포하였다. 1권은 총론과 각론으로 구성되어 있는데 총론의 각 목차에는 아래와 같은 내용을 담고 있었다.[2)]

- X를 선조로 모시는 공파의 본래 관향이 해미이고, 수원이었다는 근거가 없다.
- X가 실존인물이라고 볼만한 확실한 근거가 전혀 없고, 그 실존성은 조작된 것이다.
- X의 상계(上系)변경(b의 아들에서 a의 아들로)은 위보(僞譜)와 부실보(不實譜)로부터 비롯된 것이다.

2) 지귀연, 위의 논문(주 1), 526-727면 참조.

- 종원지위부존재확인청구의 소는 X에 대한 효율적 정보공유와 상계변증을 위해 필수적 절차였다.

이러한 위의 목차를 토대로 하여, 1권 총론에서는 그 내용 및 분석결과를 자세히 소개하고 있었으며, 1권 각론에서는 X와 보성공 백회의 지위에 대하여 역대 족보의 역사를 소개하고, 수원백씨세보, 정신재공파보, 정사대동보 등의 내용과 차이를 다양하게 비교분석하고 관련 자료들을 첨부하였다. 그리고 2권에서는 1권 각론의 내용을 보충하면서 X에 대한 상계유지파(X가 A의 후손이라는 내용)와 상계수정파(X가 A의 후손이 아니라는 내용) 간의 대립된 의견과 근거들을 소개하면서 상계수정파 입장이 타당하다는 결론을 내렸다.

이에 피고인은 X를 선조로 모시는 X 분파 대정회 종원에 대하여 허위사실로 명예를 훼손하였다고 하여, 출판물에 의한 허위사실적시 명예훼손죄(형법 제309조 제2항)로 기소되었다. 공소사실의 주요 내용은 다음과 같다.[3]

- X는 보성공(회)의 맏형 또는 a의 장자가 될 수 없다.
- X가 실존인물이라고 볼 근거가 없고, 기록된 것은 대부분 조작된 것이다.
- X분파가 X의 실존여부를 실증할 수 없어 인위적으로 조작하였다.
- 불순한 자들이 입보(入譜)하기 위해 한 짓인데도, 후손된 자들의 무지와 무관심 그리고 게으름, 이기심 등으로 말미암아 현재에 이르기까지 허위사실 등의 하자가 전혀 치유되지 못하고 있는 현실이다.

3) 지귀연, 위의 논문(주 1), 51-516면.

2. 소송경과

[원심판결]　수원지법 2017. 9. 7. 선고 2017노1270 판결

대상판결의 원심은, X가 a의 아들로서 A의 후손인지, 아니면 b의 아들로서 B의 후손인지 X의 상계(喪契)에 관하여 서로 다른 족보들이 존재하여 논란이 있어왔던 사실, "A공을 공동선조로 하는" 이 사건 종중이 법원의 판단을 받고자 B공을 공동선조로 하는 B공파 대정회의 일부 종원을 상대로 종원지위 부존재 확인을 구하는 소를 제기한 사실, 위 민사재판에서 법원은 A씨 문중 5대 대동보의 기재내용, X의 상계(喪契) 논쟁이 일어난 배경, X의 후손들이 A공의 위답[4]을 독자적으로 매입하기도 한 사정 등을 종합하여 X가 a의 아들로서 A공의 후손이라고 판단하여 이 사건 종중의 청구를 기각하였고, 항소 및 상고가 모두 기각되어 위 판결이 그대로 확정된 사실 등을 인정하였다.

그러면서 대상판결의 원심은,

첫째, 민사재판에서 "A공을 공동선조로 하는" 이 사건 종중이 수집하여 제출한 증거와 자료를 기초로 이루어진 판결내용에 특별한 문제가 없어 보이므로, X는 a의 아들이라고 할 것이며,

둘째, 민사재판에서 이 사건 종중의 주장이 받아들여지지 않아 논란이 어느 정도 정리되었음에도 불구하고, 피고인은 판결 결과와 전혀 상반되는 내용의 이 사건 책자 및 이를 요약한 안내문을 제작하여 배포하였으며, 그리고 배포대상에는 민사재판의 진행 경과나 결과를 제대로 알지 못하는 수원백씨 각 계파의 임원 등도 포함되어 있었고,

셋째, 이 사건 책자는 X가 a의 아들이 아니라 b의 아들이라는 사실을 밝히고자 하는 데 그 주된 목적이 있다. 그런데 그 과정에서 X

4) 위답(位畓)이란 제사 또는 이와 관련된 사항들을 집행하는 데 드는 비용을 충장하기 위한 토지를 일컫는 말인데, 위토(位土), 위토답(位土畓), 위토전(位土田), 위전(位田) 등으로 불리기도 한다. 네이버 지식백과 참조.

가 실존했던 인물이라고 볼 만한 확실한 근거가 없고 가첩(家牒; 족보) 등에 기록된 X의 실존성은 대부분 조작된 것이며 X가 실존하는 인물이 아니라는 취지의 내용까지 기재하였으며, 마치 일부 후손들이 수원백씨에 입보하기 위한 불순한 목적으로 X의 상계(喪契)를 조작한 것이라는 표현도 사용하였다는 사정을 들어,

이 사건 공소사실인 형법 제309조 제2항의 출판물에 의한 허위사실적시의 명예훼손죄가 성립된다고 판단하였다. 위 판결에 대하여 피고인은 상고하였으며, 대법원에서는 항소심판결을 파기하고, 이 사건을 수원지방법원 본원 합의부에 환송하였다.

3. 대법원 판결요지

[1] 명예훼손죄가 성립하기 위해서는 사실의 적시가 있어야 하고, 적시된 사실은 이로써 특정인의 사회적 가치 내지 평가가 침해될 가능성이 있을 정도로 구체성을 띠어야 한다. 이때 사실의 적시란 가치판단이나 평가를 내용으로 하는 의견표현에 대치되는 개념으로서 시간과 공간적으로 구체적인 과거 또는 현재의 사실관계에 관한 보고 내지 진술을 의미하며, 그 표현내용이 증거에 의한 입증이 가능한 것을 말하고, 판단할 진술이 사실인가 또는 의견인가를 구별할 때에는 언어의 통상적 의미와 용법, 입증가능성, 문제 된 말이 사용된 문맥, 그 표현이 행하여진 사회적 상황 등 전체적 정황을 고려하여 판단하여야 한다.

다른 사람의 말이나 글을 비평하면서 사용한 표현이 겉으로 보기에 증거에 의해 입증 가능한 구체적인 사실관계를 서술하는 형태를 취하고 있더라도, 글의 집필의도, 논리적 흐름, 서술체계 및 전개방식, 해당 글과 비평의 대상이 된 말 또는 글의 전체적인 내용 등을 종합하여 볼 때, 평균적인 독자의 관점에서 문제 된 부분이 실제로는 비평자의 주관적 의견에 해당하고, 다만 비평자가 자신의 의견을 강조하기

위한 수단으로 그와 같은 표현을 사용한 것이라고 이해된다면 명예훼손죄에서 말하는 사실의 적시에 해당한다고 볼 수 없다. 그리고 이러한 법리는 어떠한 의견을 주장하기 위해 다른 사람의 견해나 그 근거를 비판하면서 사용한 표현의 경우에도 다를 바 없다.

[2] 민사재판에서 법원은 당사자 사이에 다툼이 있는 사실관계에 대하여 처분권주의와 변론주의, 그리고 자유심증주의의 원칙에 따라 신빙성이 있다고 보이는 당사자의 주장과 증거를 받아들여 사실을 인정하는 것이어서, 민사판결의 사실인정이 항상 진실한 사실에 해당한다고 단정할 수는 없다. 따라서 다른 특별한 사정이 없는 한, 그 진실이 무엇인지 확인할 수 없는 과거의 역사적 사실관계 등에 대하여 민사판결을 통하여 어떠한 사실인정이 있었다는 이유만으로, 이후 그와 반대되는 사실의 주장이나 견해의 개진 등을 형법상 명예훼손죄 등에 있어서 '허위의 사실 적시'라는 구성요건에 해당한다고 쉽게 단정하여서는 아니 된다. 판결에 대한 자유로운 견해 개진과 비판, 토론 등 헌법이 보장한 표현의 자유를 침해하는 위헌적인 법률해석이 되어 허용될 수 없기 때문이다.

[연 구]

Ⅰ. 들어가는 말

명예훼손은 기본권이 정면으로 충돌하는 대표적인 영역으로서, '표현의 자유'와 '인격권'이라는 헌법적 가치가 충돌한다. 이때 나라별로 사회적 분위기에서 '표현의 자유'에 대한 보호를 더 우위에 두기도 하고, '인격권' 보호를 더 우위에 두기도 한다. 대표적으로 영미법계 국가에서는 '표현의 자유'를 개인의 명예보다 우선시하는데, 이에 따라 명예훼손이 발생하더라도 형사법적 제재보다는 주로 민사법적 손해배상제도를 통해 명예훼손의 피해구제를 도모하고 있다. 이와 달리 우리나라는 '인격권'을 표현의 자유보다 우위에 두고 있다. 따라서 명예훼손시 민사책임 뿐만 아니라 명예훼손죄를 통해 형사책임도 부과함으로써 '인격권'이라는 헌법적 가치를 강하게 실현하고자 하는 것으로 이해되고 있다. 그러나 최근 들어서 우리나라에서도 이제는 '표현의 자유'에 우위를 둘 필요성을 강조하여, 사실적시 명예훼손의 경우 과연 형사처벌이 타당한가라는 형사처벌의 정당성에 대한 문제제기가 최근 활발하게 이루어지고 있다.[5] 그런데 사실적시명예훼손죄에 대한 폐지논란은 차치하고서라도 현행 우리나라 명예훼손법제에서도 적시된 사실이 '진실'하고 공익성을 가진 경우에는 형법 제310조의 위법성 조각사유로 불법성립을 피함으로써 '표현의 자유'를 우회적으로 보호하고 있다.

그렇다면 이제 논란의 여지가 없는 것은 명예훼손적인 사실의 적시가 '허위'인 경우 성립되는 허위사실적시명예훼손죄의 가벌성이다. 즉 진실적시를 통해 훼손되는 명예의 경우, 과연 형법적 보호대상이 되는 '명예'인지 여부가 다툼의 여지가 있었으나[6], 허위사실적시명예훼손죄의 정당성은 — 사실적시명예훼손죄에서 충돌되는 — '표현의 자유'와 '인격권'인 두 헌법적 가치 모두에서 찾을 수 있다는 점에서 사실적시명예훼손죄와는 다른 관점에서 논의되어야 한다. 즉 첫째, '표현의 자유'라는 헌법적 가치측면에서 보면, — 진실한 사실은 '표현의 자유'를 실현하는 "의견형성의 기초가 되고 자유로운 토론에 기여"[7]하는 측면이 있으나 — '허위사실'은 '표현의 자유'를 실현하는 의견형성

5) 대표적으로는 김성돈, 진실적시명예훼손죄 폐지론, 형사정책연구, 제27권 제4호(통권 제108호, 2016·겨울), 93-133면; 박경신, 진실적시에 의한 명예훼손 처벌제도의 위헌성, 세계헌법연구, 제16권 제4호, 2012년 12월, 35-70면; 유태권·윤원선·차종엽, 진실적시명예훼손죄에 대한 규범적 검토, 정치커뮤니케이션연구, 통권 50호, 41-81면.

6) 특히 최근 일어나는 미투운동과 관련하여, 범죄피해자가 자신의 범죄 피해사실을 공표함으로써 가해자의 명예를 훼손하였다고 하여 처벌하게 되는 것은 가해자의 인격권과 범죄피해자의 인격권이 충돌하는 영역이므로 더더욱 사실적시명예훼손죄의 문제점이 있음이 지적되고 있다. 이러한 논거로는 유태권·윤원선·차종엽, 위의 논문(주 5), 44면.

7) 김성돈, 위의 논문(주 5), 98면.

에 있어서 기여하지 못한다는 점, 둘째, '인격권'이라는 가치에서 보면, 허위사실을 통해 침해되는 명예의 경우에는 진실적시로 훼손된 명예보다 보호가치가 높(을 가능성이 크)다라는 점에서 허위사실적시명예훼손의 경우 형사책임 부과의 정당성은 매우 높다고 할 수 있다.

그러나 이러한 정당성에도 불구하고 가벌성의 정당성을 높이는 명예훼손죄에 있어서의 적시된 '허위사실'도 그 '허위사실'의 인정범위를 어디까지로 구획짓는가에 따라 다시 또 '표현의 자유'와 '인격권'의 실현이 달라진다. 왜냐하면 사실의 진위성 여부를 객관적으로 명료하게 확정하기란 매우 어려운 문제이기 때문이다. 출판물에 의한 허위사실적시명예훼손죄의 성립여부를 판단한 대상판결에서 심판대상이 되었던 적시된 사실은 '민사재판에서 인정되었던 사실'과 반대되는 주장이나 견해라는 점에서 원심은 '허위사실'로 판단하여 유죄를 인정하였던데 반하여, 상고심인 대상판결에서는 '허위사실'로 단정할 수 없다, 라고 하여 적시된 사실의 '허위성'을 부정하였다.

따라서 본 글에서는 민사재판에서 인정된 사실의 경우, 허위사실적시명예훼손죄와 관련하여 어떻게 이해해야 하는지, 나아가 이때 명예를 훼손하는 '허위사실'의 범주를 어떻게 확정지어야 하는지를 실체적 진실발견이라는 형사소송의 이념적 측면에서 논하고자 한다.

Ⅱ. 허위사실적시명예훼손죄에서 '허위사실' 개념

1. 명예훼손죄의 행위객체인 적시된 사실의 분류

명예에 관한 죄는 기본구성요건으로서 형법 제307조에서 규정하고 있는 '명예훼손죄'와 그리고 가중구성요건으로서 형법 제309조에서 규정하고 있는 '출판물등명예훼손죄' 및 정보통신망 이용촉진 및 정보보호 등에 관한 법률(이하 '정보통신망법'이라고 한다) 제70조에서 규정하고 있는 사이버명예훼손죄가 있다. 이들 각 명예훼손죄의 법적 규정에서 제1항에서는 사실적시명예훼손죄를, 그리고 제2항에서는 허위사실적시명예훼손죄를 규정하고 있다.

한편 이때 동조 제1항의 사실적시명예훼손죄에서의 적시된 사실은 제2항의 허위사실적시명예훼손죄와 대비하여 '진실한 사실'을 의미하는 것이냐에 대해서는 논란이 있을 수 있는데, 최신 판례[8]에서는 "제307조 제1항의 '사실'은 제2항의 '허위의 사실'과 반대되는 '진실한 사실'을 말하는 것이 아니라 가치판단이나 평가를 내용으로 하는 '의견'에 대치되는 개념"이라고 정의하면서 "적시된 사실이 진실한 사실인 경우이든 허위의 사실인 경우이든 모두 성립될 수 있"다고 한다. 다만, 적시된 사실이 허위의 사실이라고 하더라도 행위자에게 허위성에 대한 인식이 없는 경우, 동조 제2항이 아닌 제1항이 성립되는 것으로 판시하였다. 이러한 판례의 입장에 따르면 명예훼손죄를 규정하는 법적 근거에 있어서 사실적시명예훼손죄(제1항)와 허위사실적시명예훼손죄(제2항)의 적용여부는 그 적시된 사실의 '진실 또는 거짓'이라는 외적·객관적 판단으로 판가름되는 것(객관적 허위사실)이 아닌, 행위자가 허위사실을 내적·주관적으로 인식했는지 여부에 따라 판가름되는 것(주관적 허위사실 인식)이라고 할 수 있다. 이렇듯 판례에 의하면 '허위사실적시명예훼손죄'가 성립하기 위해서는 객관적인 허위사실의 적시 뿐만 아니라, 행위자의 주관적인 허위사실 인식을 필요충분조건으로 모두 성립하여야 하므로, 제1항의 사실적시에서는 진실인지 허위인지여부는 중요하지 않게 된다.

그러나 대상판결의 쟁점이 되는 명예훼손죄 법적 근거의 제2항인 '허위사실적시명예훼손죄'는 어떤 경우에서든 적시된 사실이 객관적으로 '허위사실'이어야 하고 나아가 주관적으로 이러한 '허위사실에 대한 인식'이 필요하게 되는데, 문제는 적시된 사실이 있기는 하나, '허위성'에 대한 판단은 매우 어렵다는 점에 있다.

사실의 진위성과 관련하여 일반적으로는 적시된 사실이 '진실'인

8) 대법원 2017. 4. 26. 선고 2016도18024 판결.

경우에는 각 명예훼손죄의 제1항으로, 허위인 경우에는 제2항으로 적용여부를 검토한다.[9] 이때 특히 적시된 사실이 허위사실인 경우에는 불법이 가중된 제2항의 적용여부를 판단해야 하므로 그 입증이 엄격하게 이루어져야 한다. 그런데 문제는 적시된 사실의 이러한 진위여부가 항상 명확하게 판명되지는 않는다는 점이다. 따라서 명예훼손죄에서 판단대상인 적시된 사실은 첫째, 진실한 사실인 경우, 둘째, 진실한 사실로도, 허위사실로도 판명되기 어려운 경우, 그리고 셋째, 허위사실로 명확하게 판명되는 경우로 분류된다. 이때 명예가 훼손되기는 하였으나 적시된 사실이 진실한 사실로 보기도 어렵고, 그렇다고 허위사실로 판명되기도 어려운 경우, 이를 명예훼손죄의 각 제1항에 해당하는 사실적시명예훼손죄를 적용할 것인지, 아니면 각 제2항에 해당하는 허위사실적시명예훼손죄를 적용할 것인지가 문제되는데, 실무에서는 대개 적시한 사실이 진실이 아닐 경우에는 허위사실로 취급하여 허위사실적시와 관련된 규정이 적용된다고 한다.[10] 그러나 이러한 경우에도 '의심스러울 때는 피고인의 이익으로(in dubio pro reo)' 원칙이 적용되어 피고인에게 불리한 가중적 구성요건을 피하고, 유리한 구성요건을 적용하여 사실적시명예훼손죄의 적용여부를 검토하여야 할 것이다.

2. '사실적시'의 의미

그렇다면 명예훼손죄의 사실적시란 그 내용이 '허위'인지 '진실'인

---

9) 배종대, 형법각론(제10전정판), 홍문사 2018, 192면; 이상돈, 형법강론(제2판), 박영사 2017, 697면; 이재상, 형법각론(제8판), 박영사 2012, 190-191면.

10) 이원상, 허위사실적시에 의한 명예훼손죄의 적용에서 전제사실의 미확정으로 인한 문제점 고찰, 125면. 참고로 허위사실적시라는 불법이 가중된 형태를 적용하는 것은 사실적시를 인정하게 될 경우 2차 피해가 발생할 수 있다는 점에서 불가피한 선택이 된다고 한다. 예를 들면 간통행위와 같은 사실의 폭로에 있어서, 이를 명예훼손죄 각 법적 근거규정의 제1항을 적용하게 되면, 명예훼손 이외의 간통행위를 실무에서 입증하게 되는 결과가 되어 또다른 2차 피해가 발생한다는 점에서 실무에서는 사실적시와 허위사실적시가 불분명한 경우에는 각 근거규정의 제2항을 적용하여 허위사실적시명예훼손죄로 적용할 수밖에 없다고 한다.

지를 판가름하기에 앞서 먼저 적시된 내용이 '사실'인가 여부부터 판단되어져야 하는데, 사실의 적시란 대상판결에서도 재차 판시하고 있듯이 가치판단이나 평가를 내용으로 하는 '의견표현'에 대치되는 개념이다. 따라서 만일 어떤 적시된 내용으로 명예가 훼손되었다 하더라도, 그 방식이 '의견'을 표현한 것에 불과한 것이라면 그 의견표현으로 설령 명예가 훼손되는 감정을 받았다 하더라도 형법상 명예훼손죄로는 아예 구성되지 않는다. 또한 적시된 사실이 되기 위해서는 시간과 공간적으로 구체적인 과거 또는 현재의 사실관계에 관한 보고 내지 진술이어야 하며, 그 표현내용이 증거에 의하여 입증이 가능한 것"[11] 이어야 한다. 즉 명예훼손적인 적시된 사실은 "특정인의 사회적 가치 내지 평가가 침해될 가능성이 있을 정도로 구체성을 띠어야 한다"[12]

이러한 판례의 태도에 의하면 허위사실적시명예훼손죄에 있어서의 허위의 '사실'도 첫째, "객관적 해명과 입증이 가능한 과거 또는 현재의 일정한 사항"[13]이어야 하며, 둘째, "특정인의 사회적 가치 내지 평가가 침해될 가능성이 있을 정도로 구체성을 띠어야 한다"[14] 나아가 셋째, 허위사실적시명예훼손죄가 성립하려면, 위에서 밝혔듯이 그 적시하는 사실이 허위라는 객관적 요소가 충족되어야 할 뿐 아니라, 행위자가 그와 같은 사실을 적시함에 있어서 적시하는 사실이 허위임을 인식하여야 하는 주관적 요소가 함께 충족되어야 하고, 검사는 이러한 허위의 점에 대한 행위자의 인식을 입증하여야 한다.[15]

---

11) 대법원 1997. 11. 22. 선고 96도1741 판결; 대법원 2006. 9. 28. 선고 2004도6371 판결; 대법원 2008. 10. 9. 선고 2007도1220 판결; 대법원 2009. 5. 28. 선고 2008도8812 판결; 대법원 2017. 5. 11. 선고 2016도19255 판결 등.

12) 대법원 2000. 2. 25. 선고 98도2188 판결.

13) 이상돈, 형법강론(제2판), 695면 참조.

14) 대판 93도696; 2003도1868.

15) 대법원 2010. 10. 28. 선고 2009도4949 판결; 대법원 2011. 11. 24. 선고 2010도10864 판결.

3. 사실의 진위성과 입증의 어려움

그렇다면 적시된 사실의 진위가 명확하게 입증되지 못할 경우에는 사실적시명예훼손죄와 허위사실적시명예훼손죄의 적용을 부인할 것이 아니라, 침해된 명예훼손과 사실의 적시가 분명하므로 피고인에게는 유리한 사실적시명예훼손죄로 인정하여야 할 것이다.[16] 그런데 명예훼손죄라는 범죄인정에 있어서 적시된 사실의 진위여부는 그렇게 간단하지 않다. 일상생활에서 우리가 특정한 사실에 대하여 그것이 '진실' 또는 거짓에 해당하는 '허위사실'이라고 주장하기 위해서는 구체적·객관적인 증명을 통하여 확인하여야 설득력을 갖기 때문이다. 이처럼 '진실' 또는 '허위사실'임을 밝히기 위해서는 구체적인 입증이 요구된다는 점에서, 경우에 따라서는 진실한 사실은 아니지만 그렇다고 허위사실이라고도 볼 수 없는 경우도 발생하고, 또한 허위사실은 아니지만 진실한 사실로도 입증이 곤란한 경우도 발생한다는 점에서 명예훼손의 법적용은 상당히 어려운 문제라고 할 수 있다.

이러한 진위여부 판명의 어려움은 첫째, 그 판명의 대상인 '적시된 사실'이 경우에 따라서는 과거의 사실로서 현재시점에서는 그 과거의 진위를 판단할 객관적 증명자료가 부족한데서 기인할 수도 있고, 둘째, 그 사실이 설령 현재시점이라 하더라도 그 사실 자체가 정말 입증가능한 '사실'인지 아니면 가치판단이나 평가를 내용으로 하는 '의견'인지 그 경계선이 모호한 경우도 있으며, 셋째, 적시된 사실이 허위사실이라 하더라도 행위자가 정말 그 사실이 허위임을 인식하였다는 점을 확정하기란 매우 어렵기 때문이다.

실제로 대상판결의 심판대상이 되었던 사실은 '水原白氏의 嫡統'이라는 제목으로 출간된 두 권 책자의 내용인데, 이에 대하여 대상판결은 "겉으로 보기에 증거에 의해 입증 가능한 구체적인 사실관계를 서술하는 형태를 취하고 있더라도 … 해당 글과 비평의 대상이 된 말

---

16) 이를 독일에서는 선택확정(Wahlfeststellung)이라고 한다. 이에 대한 설명으로는 이상돈, 형법강론(제2판), 697면.

또는 글의 전체적인 내용 등을 종합하여" 볼 때 실제로는 '주관적인 의견'에 해당할 수 있다고 함으로써 진위여부는 둘째치고 일단 '사실의 적시' 자체부터 부정하였다. 이처럼 사실과 의견의 경계란 매우 모호하여 행위자가 자신의 주장이 허위의 사실이었음을 인식하였다고 입증하기란 그리 간단하지가 않다.

Ⅲ. 민사소송에서의 진실개념과 형사소송에서의 진실개념의 차이

한편 허위사실적시명예훼손죄가 성립하기 위한 두 번째 요건으로서 적시된 사실의 객관적인 허위성 여부에 대한 판단도 매우 어렵다. 실제로 대상판결에서 '허위성' 여부의 판단대상이 되었던 '적시된 사실'도 이미 '민사재판에서 인정되었던 사실'과 반대되는 내용을 적시한 사실이다. 따라서 '민사판결의 사실인정'을 진실이라고 가정한다면 대상판결에서 다툼의 대상이 되었던 사실은 바로 '허위사실'이 된다. 그러나 대상판결은 "민사판결의 사실인정이 항상 진실한 사실에 해당한다고 단정할 수는 없다"고 판시함으로써, 형사판결인 명예훼손죄에서 적시된 사실의 진위판단은 민사판결에서의 진위판단과는 차등을 두고, 보다 신중하게 이루어져야 함을 명시하고 있다. 따라서 대상판결은 전체 법질서의 통일성을 도모하기 보다는 불법판단에 있어서 형법의 독자적 성격에 보다 귀기울이고 있음을 알 수 있다. 그러나 이처럼 '법질서의 통일성' 보다 '형법의 독자성'을 강조하게 되면, 실제로 민사불법과 형사불법에 대한 구분이 법전문가들 사이에서도 어려운 만큼, 이러한 불법의 판단은 일반인의 관점과는 멀어지게 되는 우려가 발생하게 된다. 그럼에도 불구하고 '형법의 독자성' 관점은 어떤 면에서 정당화될 수 있는가?

1. 형사소송에서의 진실발견원리

일반적으로 민사소송에서 준수되어야 하는 기본원칙과 형사소송에서 준수되어야 하는 기본원칙은 다르다. 먼저 형사소송에서는 '실체적 진실발견'을 적정절차원칙 및 신속한 재판원칙과 함께 최고의 이념으로 간주하고 있다. 이러한 형사소송에서의 '실체적 진실'은 민사소송의 '형식적 진실'과 구별되는 상대적 개념으로 이해되고 있다.[17] 이는 형사소송이란 범죄사실을 통해 범인에게 국가형벌권을 행사하게 하는 공익적 측면의 절차이므로 형사절차의 가장 기초적 전제가 되는 범죄사실에 관하여 객관적 진실발견에 기반하여 형벌을 부과하여야만 형벌의 정당성 및 타당성을 인정받을 수 있게 되기 때문에 민사소송과는 다른 법원리가 작동하여야 하는 것으로 이해되고 있다. 이러한 형사소송에서의 실체적 진실발견은 법관이 소송에서 주도적 지위를 적극적으로 행사하는 직권주의적 소송구조에서 그 실현의 가능성이 높다. 따라서 형사소송에서 실체적 진실발견의 당위성은 국가형벌권행사의 주체인 국가가 보다 적극적으로 진실규명의 임무를 담당하고 그에 상응하는 책임을 국가가 부담해야 하는 데에서 기인한다.

그렇다면 형사소송에서 이념인 '실체적 진실발견'의 의미는 무엇인가? 먼저 '실체적 진실'이라 함은 '형식적 진실'과 대비되는 의미를 갖는다. 이때 '실체'는 '형식'과 반대되는 말이며, 따라서 '실체'는 다른 말로는 '실질'로 이해될 수 있다. 그렇다면 이러한 '실질'은 다시 감각기관을 통해 지각되는 피상적인 '현상'과는 구분되는 개념이다.[18] 단편적으로 현상이란 시간과 공간에 따라 변화가능한 것을 의미하므로 현상을 파악하는 주체가 언제 어디에 있었는지에 따라 파악되는 사실은 제각각 달라질 수 있다. 이에 반하여 '실질'로 이해되는 '실체'란 시간과 공간에 제약을 받지 않는 고정불변적인 것을 의미하므로, 실질을

17) 배종대·이상돈·정승환·이주원, 형사소송법(제2판), 홍문사 2016, 17면 참조.
18) 이러한 '실체'개념에 대한 자세한 분석으로는 양천수·우세나, 민사소송에서 바라본 진실 개념 — 법철학의 관점을 겸하여 —, 민사소송 제14권 제2호, 2010.11, 37면.

파악하는 주체가 언제 어디에 있었는지에 상관없이 파악된 사실은 보다 중립적으로 객관적인 지위를 갖게 된다.

이로써 형사소송에서 추구되는 '실체적 진실발견'은 검사와 피고인 양 당사자의 감각기관으로부터 지각된 인식을 넘는 대상으로 이해되어야 하며, 따라서 형사소송에서 법원은 당사자의 주장이나 제출된 증거에 구속되어서는 안 되고 이를 넘어서는 사안의 진상규명을 통해 보다 더 실체적·실질적 진실발견에 다가가야 한다.

2. 민사소송에서의 사실인정의 의미

한편 실체적 진실발견을 주요 이념으로 하는 형사소송에 비하여 민사소송의 기본이념은 적정, 공평, 신속, 경제만을 절차진행의 판단요소로 고려할 뿐[19] 민사소송에서 진실이 무엇인가 하는 점은 그리 신중하게 다뤄지지 않는다. 앞서 살펴보았듯이 기본적으로 형사소송은 국가형벌권의 행사로부터 그 정당성을 위해 실체적 진실발견이 매우 중요한 전제가 되는 데에 반하여, 민사소송은 사인간의 분쟁해결이 주된 목적이 되므로 민사소송에서 주도적 지위는 법관이 아닌, 원고 및 피고 등의 관련 당사사가 가지게 된다. 이러한 민사소송의 당사자주의에서는 또한 처분권주의와 변론주의를 소송진행의 본질적 요소로 삼게 된다. 먼저 처분권주의란 민사소송법 제203조[20]에서 규정하고 있는 원칙으로서 법원은 소송의 개시 및 종료, 소송물인 소송대상에 대한 확정 및 처분을 모두 당사자에게 부여하는 것을 말한다.[21] 그리고 변론주의란 소송자료가 되는 사실과 증거의 수집 및 제출을 당사자에게 부담하게 하여, 법원은 소송당사자가 주장하지 않는 사실에 대해서는 판결의 기초로 삼지 못하게 하여, 당사자의 주장과 입증활동에 의해 인정할 수 있는 사실만을 법원이 심리하도록 하는 것을 말한다. 이러

19) 양천수·우세나, 위의 논문(주 18), 33-65(35)면.

20) 민사소송법 제203조(처분권주의) 법원은 당사자가 신청하지 아니한 사항에 대하여는 판결하지 못한다.

21) 양천수·우세나, 위의 논문(주 18), 41면.

한 민사소송의 원리는 민법의 기본원칙인 '사적자치'에서 파생하고 있는데, 민사분쟁은 각 당사자가 자율적으로 해결하여야 하는 것이므로 민사소송에서 법원은 일종의 '관찰자'로서의 역할만을 수행하는 지위를 갖는다.[22] 따라서 이러한 당사자주의를 갖는 민사소송구조에서 법관은 진실발견에 직접적·적극적으로 관여하지 않음으로써 실체적 진실이라고 하는 객관적인 진실의 발견과는 거리가 있을 수밖에 없다.[23] 따라서 민사판결에서 인정된 '사실인정'은 실제로 존재하였던 과거 사실의 실체를 밝히기에는 소송당사자들의 인식의 한계가 있으므로 형사소송에서의 실체적 진실발견과 같은 정도로 인정할 수는 없다.

3. 형사소송에서 실체적 진실발견의 한계

그러나 형사소송에서의 실체적 진실발견이 민사소송에서의 형식적 진실발견에 비해 그 우위를 점하고 있다 하더라도 역시 한계에 부딪힐 수밖에 없다. 즉 실체적 진실발견을 위한 형사소송에서의 다양한 노력에도 불구하고 법정 현실에서 발견된 '진실'은 법관의 주관적 확신에 의한 것일 뿐 객관적 진실을 담보할 수는 없다.[24] 이는 첫째, 실체적 진실발견이 형사소송의 주요 목적이라 하더라도 이를 밝히는 과정 및 수단은 적법절차를 준수하는 범위 내에서 진행되어야 한다는 점, 둘째, 이러한 진실발견은 개별 사건마다 이루어져야 하므로 수많은 사건에서 수많은 진실을 무한정 파헤칠 수 없는 시간의 제약, 즉 소송경제를 고려하지 않을 수 없다는 점, 셋째, 진실을 발견하는 대부분의 과정은 '언어'를 수단으로 구현될 수밖에 없는데, 특히 명예훼손죄에서 심판대상이 되는 적시된 '사실'은 "시간과 공간적으로 구체적인 과거 또는 현재의 사실관계에 관한 보고 내지 진술"을 의미하므로

---

22) 양천수·우세나, 위의 논문(주 18), 41면.

23) 이에 따라 민사소송에서의 진실개념을 형사소송의 실체적 진실개념에 대비시켜서 '형식적 진실(formelle Wahrheit)'로 불리기도 한다. 이에 대해서는 이상돈, 기초법학, 법문사 2008, 432면.

24) 배종대·이상돈·정승환·이주원, 형사소송법(제2판), 19면.

다의적이고 불완전한 '언어'로부터 진실을 도출해내야 하는 한계에 부딪히게 된다는 점에서 실제로 법관이 실체적 진실을 발견해가는 과정은 여전히 불완전할 수밖에 없기 때문이다.

특히 언어는 외연이라는 의미의 폭을 가지고 있으므로 소송에서 소송당사자가 주장하는 언어의 폭은 모두 다를 수 있으며, 이러한 다양한 의미의 폭을 지닌 언어를 사용하여 펼쳐지는 주장을 기초로 하는 사실의 확정은 실체적 진실과 같은 것으로 이해하기는 어렵다. 또한 예컨대 대상판결의 심판대상인 명예훼손죄에서는 가치판단이라는 의견과 구분과는 '사실' 및 그 사실의 '진위성' 또한 다의적 폭을 갖는 언어에 의해 구성되므로 주장하는 화자인 소송당사자들과 이러한 주장을 듣는 청자인 법관 사이에는 언제나 이해의 간극이 발생할 수밖에 없다. 따라서 직권주의 성격을 갖는 형사소송구조에서도 법관은 수사와 공판에 참여하는 당사자들의 제한된 능력과 조건에서 제공되는 정보라는 증거를 바탕으로, 법관 본인 또한 인간으로서 갖고 있는 인식능력의 한계를 인정하면서 진실을 찾아갈 수밖에 없다. 이로써 형사소송법 제307조 제2항은 법관의 사실인정에 있어서 완전한 확신이 아닌 '합리적 의심이 없는 정도의 증명'을 요구할 수밖에는 없는[25] 한계에 직면하게 된다.

이러한 진실'발견'의 어려움으로부터 형사소송에서 '실체적 진실'은 법관에 의해 '발견'되는 것이 아니라 절차적 과정에서 소송에 참여하는 당사자에 의해 '구성'되어질 수밖에 없다. 그리고 이러한 진실이 공정하게 구성되기 위해서는 가능한 한 '적법절차'가 준수되는 속에서 가급적 진실구성의 기준 내지 규칙이 제시되어야 한다. 따라서 명예훼손적인 적시된 사실의 '진위'를 판단하는 법원의 과정 또한 검사와 피고인인 양 당사자의 제시된 자료를 넘어서 어떤 기준이나 규칙을 통해 구성되어져야 할 것이다. 대상판결에서 대법원은 일단 심판대상이 되는 적시된 사실에 대하여, 검사측에서 제시한 민사판결을 통해서 인

25) 배종대·이상돈·정승환·이주원, 형사소송법(제2판), 19면.

정된 사실에 반대하는 내용으로서 허위라는 점을 그대로 받아들이지 않았다. 이러한 대법원의 판단은 형사재판에서, 나아가 명예훼손죄에서 사실판단의 진위라는 '실체적 진실'이 소송당사자의 인식과 민사재판 너머에 있을 수 있음을 분명히하고 있는 것으로 보여진다. 다만 구체적으로 사실의 '진위성' 판단을 위한 어떤 규칙성이나 기준에 대해서는 제시하지 못하고 있음으로써 대상판결을 비롯한 명예훼손죄에서 적시된 사실은 '진실' 또는 '허위사실'로 명확히 밝혀지기 보다는 '진실'이 아니라거나 또는 '허위사실'이 아니라는 정도로만 판명될 가능성이 높다.

4. 적시된 사실이 '허위'라는 진실발견의 엄격성

실제 대상판결에서도 심판대상이 된 두 권의 책자에 적시된 사실은, 형사재판에 앞서 이미 민사재판에서 인정된 사실에 반대되는 주장이었다. 그러나 대상판결은 "그 진실이 무엇인지 확인할 수 없는 과거의 역사적 사실관계"에 대해 설령 반대되는 사실의 주장을 한다 하더라도 이를 쉽게 '허위의 사실적시'로 인정해서는 안된다고 판시함으로써 적시된 사실의 '허위성' 인정에 대해서는 보다 신중한 태도를 취하여야 함을 밝히고 있다.

이러한 대상판결의 가중적 구성요건 적용에 대한 엄격한 해석의 태도는 첫째, '의심스러울 때는 피고인의 이익'을 지향해야 하는 규범원칙에서 비롯될 뿐만 아니라, 둘째, 앞서 살펴본 실체적 진실을 발견하는 장(場)인 형사소송에서의 구조적인 한계와 그리고 셋째, 화자와 청자의 상황에 따라 언어의 의미가 달라질 수 있다는 화용론적 언어의미의 내재적 한계로부터 비롯된다고 할 수 있다. 따라서 명예훼손죄의 사실확정 및 확정된 사실의 '허위'를 파악하는 실체적 진실발견은 이러한 형사소송의 규범적, 구조적, 내재적 한계로부터 법관에게는 항상 부담이 될 수밖에 없다. 다만 대상판결은 이러한 실체적 진실발견의 어려움으로부터 '허위성' 판단의 속단성을 경계하는 방향성만 제시하고 있을 뿐, 적시된 사실이 '허위'라는 진실을 어떻게 발견해낼 것인가 하는 방법론은 제시하지 못하고 있다.

5. '허위'라는 진실발견에서 진실구성으로

형사소송에서 실체적 진실발견의 일반적인 어려움에 더하여, 또한 언어를 기초로 하는 사실에 대한 확정을 심판대상으로 하는 명예훼손죄에서의 진실발견의 어려움을 넘어서, 그리고 가중적 구성요건해석의 엄격성에 덧붙여, 허위사실적시명예훼손죄에서의 '허위사실'의 판단은 겹겹의 어려움에 봉착해 있다. 나아가 이러한 '허위사실'이라는 진실발견에 대한 법관의 부담은 직권주의적 형사소송구조에서 법관이 갖는, 관찰자를 넘어 소송을 주도하는 지위라는 점에서 더욱 그러하다. 따라서 이제 실체적 진실발견이라는 형사절차의 목적은 그 '발견'의 어려움으로부터 이제는 구조적으로 구성되어지는 방식을 선호할 때가 아닌가 싶다. 물론 구성되어지는 진실이 얼마큼 실체적 진실에 부합할 수 있을지가 관건인데, 이러한 구성되어진 진실은 소송에 참여하여 그 구성에 함께 기여한 당사자의 절차적 합의로부터 그 정당성을 찾을 수 있지 않을까 싶다. 따라서 직권주의적 형사소송구조에서 법원은 가급적 당사자주의적 요소를 충분히 가미하여 그 직권에 속하는 절차를 소송당사자들에게 배분하거나 또는 당사자들이 보다 더 소송에 적극적으로 참여하도록 함으로써[26] 그 실천에 다가갈 수 있도록 노력을 기울여야 한다.

형사소송에서의 이러한 진실의 구성은, 물론 명예훼손죄에서 구성요건이 되는 사실의 '진위성' 여부에 대한 진실판단과는 다소 차원이 다른 것으로 이해될 수도 있으나, 다른 한편으로는 우리나라의 명예훼손죄에서 그동안 상대적으로 경시되었던 '표현의 자유'를 실천하는 또다른 하나의 장(場)이 될 수도 있다는 점에서 의미있는 변화가

26) 배종대 · 이상돈 · 정승환 · 이주원, 형사소송법(제2판), 31면.

아닐까 싶다. 실제로 대상판결도, 일반인에게 있어서는 쉽게 진실로 단정짓고 그 논의를 포기할 수 있도록 하는 법원(민사판결)의 사실인정에 있어서, 이와 반대되는 사실주장이나 견해의 개진, 비판, 토론 등을 적극적으로 보장함으로써 표현의 자유라는 헌법적 가치를 다시 되돌아보게 하고 있다. 이러한 표현의 자유를 통해 끊임없이 주장하고 반박하고 합의점을 찾아갈 때 일상생활에서의 진실뿐만 아니라 형사소송에서도 진실에도 한발짝 더 함께 다가갈 수 있는 것은 아닐까 싶다.

Ⅳ. 결 론

대상판결은 먼저 명예훼손죄 성립에 필요한 '적시된 사실'과 관련하여 그 의미 및 가치판단인 의견과의 구별 방법에 대해서는 종래의 판례 입장을 재확인하였다. 다만 민사판결을 통해 인정된 사실과 반대되는 주장이나 견해의 개진 등에 대해서 이를 섣불리 '허위사실의 적시'로 단정하여서는 안 된다고 최초로 판시하고 있다. 이러한 대상판결의 의미는 크게 두 가지 점에서 시사하는 바가 크다고 할 수 있다. 첫째, 민사판결에서의 진위성과 형사판결에서의 진위성 판단은 다르다는 점을 상기하고 있다. 즉 당사자사이의 상대적 진위판단이 중심이 되는 민사소송과는 다르게 형사소송에서의 진실은 형벌의 정당성을 부여하게 되므로, 단순히 당사자의 주장이나 제출된 자료에 국한해서만 판단되어야 하는 것이 아닌 그 너머에 있는 실체적 진실을 위한 객관적인 진위판단이 되어야 하는 것을 의미한다. 물론 동일한 법적 대상에 대해 민사적 판단과 형사적 판단이 다를 경우 '법질서의 통일성'을 도모할 수 없다는 점에서, 법문외한인 일반인에게는 법적 판단의 상이함에서 오는 불법성의 혼란이 있을 수는 있다. 그러나 형벌이라는 징벌적 제재를 수단으로 하여 형사책임을 묻고 있는 형사재판에서 진실발견은 '형법의 독자성'에 보다 더 무게를 두고 그 판단에 있어서는 민사재판보다 훨씬 더 엄격하게 적용하여야 한다.[27] 더욱이 형법은 불법에 대한 법적 효과가 개인의 기본권을 박탈하는 형벌이라는 점에서 다른 법률들과의 불법과는 차이가 발생할 수밖에 없다. 따라서 사법상의 불법이라 하더라도 범죄의 성립여부는 형법의 독자적인 관점에서 파악되어야 한다. 더욱이 사회통제수단으로서 형법은 마지막 수단이라는 '보충성' 외에도, 그러한 사회통제수단 가운데 극히 적은 일부분이라는 '단편성'이라는 특성을 가지므로 형벌의 해악성을 고려할 때 이러한 형법의 속성은 유지되어야 한다. 따라서 민사판결에서 인정된 사실을 그대로 형사판결에서 원용하여 불법을 판단해서는 안 된다는 점을 다시금 강조한 대상판결은 의미가 있다.

둘째, 앞서 서두에서 언급하였듯이 오늘날 '진실적시명예훼손'에 대한 '죄'의 성립에 대해서는 그 논란이 점점 더 커지고 있다. 미투운동으로 최근 이에 대한 논란은 커졌으나 이미 오래전부터 외국의 입법례[28]와 비교하여 볼 때, 그리고 국가 및 사회에 대한 건전한 비판과 폭로가 보장되어야 한다는 점에서, 나아가 약자인 피해자의 인권보호 등을 위해 그 목소리는 앞으로 더욱 커져갈 것이다. 이러한 사회적, 시대적 흐름에 따라 죄의 성립으로 인정되는 '허위사실적시명예훼손'은 엄격하게 판단되지 않으면 역시 이러한 흐름과는 역행하는 방향이 된다. 이에 따라 대상판결에서 판단되었듯이 단순히 겉보기에 입증가능한 사실관계를 서술하는 형태라도, 평균인의 객관적인 관점에서 행위자의 주관적인 강한 주장이나 견해일 경우에는 '허위사실에 대한 인식'이 있다고 볼 수 없으므로 형사책임을 인정해서는 안 된다.

이처럼 대상판결은 본래 형사재판이 안고 있는 엄격한 진실의 판

---

27) 법률해석에 있어서 '법질서의 통일성'을 도모할 것인지, '형법의 독자성'을 지향할 것인지 그 해석의 방향성을 제시한 글로는 변종필, 형법해석과 논증, 세창출판사, 2012, 218-241면.

28) 실제로 영국의 경우 2010년 1월에 명예훼손죄가 폐지되었고, 독일의 경우 '허위사실적시명예훼손죄'만 형사처벌하며, 프랑스, 오스트리아, 스위스 등에서는 명예훼손의 사실이 진실한 경우에는 면책되고 있다.

단이라는 독자적인 과제에서, 그리고 최근 강하게 요청받고 있는 '표현의 자유'라는 측면에서 향후 우리나라가 명예훼손과 관련하여 나아갈 방향성을 제시하고 있다고 하겠다.

[주 제 어]
명예훼손죄, 허위사실, 민사판결의 사실인정, 진위판단, 진실구성

[Key Words]
Defamation, a false fact, recognition of facts in civil cases, the judgment of truth and falsehood, the construction of truth

접수일자: 2019. 5. 20. 심사일자: 2019. 6. 11. 게재확정일자: 2019. 6. 14.

[참고문헌]

배종대, 형법각론(제10전정판), 홍문사, 2018.

배종대 · 이상돈 · 정승환 · 이주원, 형사소송법(제2판), 홍문사, 2016.

변종필, 형법해석과 논증, 세창출판사, 2012.

이상돈, 형법강론(제2판), 박영사, 2017.

이상돈, 기초법학, 법문사, 2008.

이재상, 형법각론(제8판), 박영사, 2012.

김성돈, 진실적시명예훼손죄 폐지론, 형사정책연구, 제27권 제4호(통권 제108호, 2016 · 겨울).

박경신, 진실적시에 의한 명예훼손 처벌제도의 위헌성, 세계헌법연구, 제16권 제4호, 2012년 12월, 35-70면.

양천수 · 우세나, 민사소송에서 바라본 진실 개념 — 법철학의 관점을 겸하여 —, 민사소송 제14권 제2호, 2010.11, 33-65(35)면.

유태권 · 윤원선 · 차종엽, 진실적시명예훼손죄에 대한 규범적 검토, 정치커뮤니케이션 연구, 통권 50호, 41-81면.

이원상, 허위사실적시에 의한 명예훼손죄의 적용에서 전제사실의 미확정으로 인한 문제점 고찰, 형사판례연구 제22권, 2014.6.

지귀연, 과거의 역사적 사실관계 등에 대하여 민사판결을 통하여 어떠한 사실인정이 있었다는 이유만으로, 이후 그와 반대되는 사실의 주장이나 견해의 개진 등을 형법상 명예훼손죄 등에서 '허위의 사실 적시'라는 구성요건에 해당한다고 단정할 수 있는지 여부, 대법원 판례해설 제114호, 법원도서관 2018, 513-534면.

[Abstract]

Recognition of facts in civil cases and Judgment of false facts in criminal trial

Hong, Seung-Hee*

The object judgment reaffirmed the precedent of the previous case for the timely meaning of the facts necessary for the constitutional defamation, and the method of distinguishing it from the opinion of value judgment. However, for the first time, it should not be construed as a "timely provision of false facts" in regard to the dissemination of allegations or opinions contrary to facts recognized through civil judgment. In the interpretation of different laws on the same legal object, it is always questioned whether to pursue the unity of the law or the uniqueness of the criminal law. Of course, if the "unity of the law and order" is promoted, it may be advantageous for ordinary people who are out of the law to avoid the confusion of illegality coming from the difference of law and contributing to legal stability more easily. However, the criminal law is a penalty for depriving the basic rights of the individual because the legal effect of the law is inevitable. Therefore, even if it is illegal in law, the establishment of crime should be grasped from the standpoint of criminal law. Furthermore, in addition to the 'supplementary nature' of criminal law as a means of social control, the property of this criminal law should be maintained when considering the harmfulness of punishment, since it has the characteristic of 'fragmentation' that is a very small fraction of such means of social control.

* Professor, School of Law, Wonkwang University, Dr.jur.

명예훼손 사건에서 '사실'의 의미와 입증

한 제 희*

[대상판결] 대법원 2017. 5. 11. 선고 2016도19255 판결

[공소사실 요지]

피고인은 2014. 9. 『우리 안의 식민사관』이라는 책(이하 '이 사건 책'이라고 한다.)을 집필하여 발간하였다. 이 사건 책에는 2010. 12. 피해자 ○○○가 쓴 『임나일본부설은 허구인가』라는 책(이하 '피해자 책'이라고 한다.)을 다룬 내용이 있었다.

즉, 피고인은 이 사건 책에 다음과 같은 취지의 내용을 기술하였다.

① 피해자가 피해자 책에서 '임나일본부설이 사실이다.'라고 주장하였다.

② 피해자가 피해자 책에서 '백제는 야마토 조정의 속국·식민지이고, 야마토 조정이 백제를 통해 한반도 남부를 통치했다.'라고 주장하였다.

③ 피해자가 피해자 책을 통해 『일본서기』를 사실로 믿고, 스에마쓰 야스카즈의 임나일본부설을 비판하지 않고 있다.

그런데 피해자는 피해자 책에서, '최초 임나일본부설을 주장한 일본인 스에마쓰 야스카즈의 설의 핵심이 일본이 한반도 남부를 200년간 지배했다는 데 있지 임나일본부라는 기구의 존재나 성격에 있지 않다는 점을 밝히고, 한국 역사학자들이 『일본서기』의 신빙성을 부정

* 법무연수원 교수(검사)

함으로써 일본의 임나일본부설을 반박하면서도 『일본서기』의 기술 중 한국에 유리한 자료들은 신빙하는 문제점을 지적한 후, 타 사료와의 비교 및 교차검증을 통해 『일본서기』의 기술 중 신빙성을 인정할 수 있는 부분, 모순점, 허구가 명확한 부분을 정리하고, 『일본서기』가 임나일본부설을 채택하게 된 경위를 추정한 다음, 『일본서기』의 기술을 믿는다 하더라도 역사적으로 임나일본부라는 명칭 자체가 존재할 수 없고, 기원 369년부터 6세기 초반까지 한반도의 가야 지역은 백제가 목씨 일족을 통해 경영한 것이지 일본이 점령하여 통치한 것이 아니라는 결론을 내렸으며, 백제와 일본 야마토 정권과의 관계는 정치적으로는 백제의 왕자나 공주가 왜의 천황가와 혼인을 맺고, 고위 관료층간에 인적 교류가 있었으며, 백제의 왕자가 현 천황가의 시조가 되는 등 매우 친밀한 관계였고, 실리적으로는 백제가 선진문물을 전수하면서 그 대가로 왜인을 용병으로 받아들이는 관계였다.'라는 견해를 밝혔다.

즉, 피해자의 견해는 임나일본부라는 명칭을 부정함은 물론, 일본이 고대사의 특정 시기에 가야를 비롯한 한반도 남부 일정 지역을 점령하거나 통치했다는 사실을 일본인이 신봉하는 『일본서기』의 사료를 이용해 반박하는 내용이었고, 피해자 책에는 피고인이 이 사건 책에 위와 같이 기술한 내용이 들어있지 않았다.

한편, 피고인은 이 사건 책에서 위와 같은 허위사실을 근거로 피해자가 친일매국행위를 하였다면서 친일·식민사학자로 비난하며, 피해자의 소행을 구한말의 이완용 일파의 매국 행위에 비유하는 것은 지나친 비유가 아니라고 주장하였다.

이로써, 피고인은 피해자를 비방할 목적으로 출판물에 의하여 공연히 허위의 사실을 적시하여 피해자의 명예를 훼손하였다.

[판결 이유]

□ 사실의 적시와 의견표현의 구별에 관하여

1. 명예훼손죄에 있어서의 사실의 적시란 가치판단이나 평가를 내용으로 하는 의견표현에 대치되는 개념으로서 시간과 공간적으로 구체적인 과거 또는 현재의 사실관계에 관한 보고 내지 진술을 의미하는 것이며, 그 표현내용이 증거에 의한 입증이 가능한 것을 말하고, 판단할 진술이 사실인가 또는 의견인가를 구별함에 있어서는 언어의 통상적 의미와 용법, 입증가능성, 문제된 말이 사용된 문맥, 그 표현이 행하여진 사회적 상황 등 전체적 정황을 고려하여 판단하여야 한다(대법원 1998. 3. 24. 선고 97도2956 판결 등 참조).

다른 사람의 말이나 글을 비평하면서 사용한 표현이 겉으로 보기에 증거에 의해 입증 가능한 구체적인 사실관계를 서술하는 형태를 취하고 있다고 하더라도, 글의 집필의도, 논리적 흐름, 서술체계 및 전개방식, 해당 글과 비평의 대상이 된 말 또는 글의 전체적인 내용 등을 종합하여 볼 때, 평균적인 독자의 관점에서 문제된 부분이 실제로는 비평자의 주관적 의견에 해당하고, 다만 비평자가 자신의 의견을 강조하기 위한 수단으로 그와 같은 표현을 사용한 것이라고 이해된다면 명예훼손죄에서 말하는 사실의 적시에 해당한다고 볼 수 없다.[1]

2. 앞서 본 법리와 기록에 의하여 알 수 있는 다음과 같은 사정, 즉 위 ①, ②, ③ 부분은 겉으로는 증거에 의해 입증 가능한 구체적인 사실관계를 서술하는 형태를 취하고 있어 그 부분만을 놓고 보면 사실의 적시로 오인될 소지가 없지 않으나, 이 사건 책은 피고인이 그 머리말에서 밝히고 있는 것과 같이 식민사관에 대한 비판을 목적으로 집필되었고 시종일관 위와 같은 시각에서 기존 주류사학계의 연구성과를 비판하는 내용으로 전개되는 점, 위 ①, ②, ③ 부분은 피해자 책의 특정부분을 인용한 후 그 부분의 논리구조를 설명하거나 피해자 책의 내용을 요약한 다음 이에 대한 피고인의 해석을 제시하고, 여기

1) 밑줄은 필자.

에 피고인 나름대로의 비판적 평가를 덧붙이는 서술체계를 취하고 있는 점 등과 이 사건 책 및 피해자 책의 전체적인 내용 등을 종합하여 볼 때, 이 사건 책을 읽게 될 평균적인 독자의 관점에서 보면 위 ①, ②, ③ 부분은 피고인이 이 사건 책의 다른 부분에서 제시하고 있는 것과 같은 자료 내지 논증을 근거로 하여, '피해자는 임나의 지배주체가 백제라고 주장하였지만 그 밖에는 스에마쓰 야스카즈의 임나일본부설과 일본서기의 내용 대부분을 사실로 받아들였고, 표면적으로는 백제와 야마토 조정이 대등한 관계에 있는 것처럼 기술하였으나 실질적으로는 백제가 야마토 조정의 속국인 것처럼 묘사하였으므로, 결과적으로 야마토 조정이 한반도 남부를 통치했다는 임나일본부설이 사실이라고 주장한 것과 다름없다'는 취지의 피고인의 주장을 함축적이고 단정적인 문장으로 서술한 것으로서 피고인의 주관적 의견에 해당하고, 다만 피고인이 위 의견을 강조하기 위한 수단으로 그와 같은 표현을 사용한 것이라고 이해된다고 할 것이다.

비록 위와 같은 피고인의 주장 내지 의견에 대해서는 그 내용의 합리성이나 서술방식의 공정성 등과 관련하여 비판의 여지가 있다고 할지라도 그러한 비판은 가급적 학문적 논쟁과 사상의 자유경쟁 영역에서 다루어지도록 하는 것이 바람직하고, 명예훼손죄의 구성요건을 해석하면서 겉으로 드러난 표현방식을 문제 삼아 사실의 적시에 해당한다고 쉽사리 단정함으로써 형사처벌의 대상으로 함부로 끌어들일 일은 아니다.[2]

[연 구]

I. 시작하는 말

1. 사안 개요 및 쟁점

'임나일본부설(任那日本府說)'은 4세기 중반에 왜(일본)의 야마토(大

2) 밑줄은 필자.

和) 정권이 가야 지역에 '임나일본부'라는 통치기구를 설치해 200여 년간 한반도 남부를 직간접적으로 지배했다는 주장으로, 임나일본부가 처음으로 등장하는 기록은 8세기에 편찬된 일본의 역사서 『일본서기』이다. 한일합방에 정당성을 부여하기 위한 주장 중 하나였던 이 학설은, 1949년 『임나흥망사』를 저술한 역사학자 스에마쓰 야스카즈(末松保和, 1904~1992)에 의해 체계적인 학설로 정리되었다.[3)]

대상판결에 등장하는 피해자는 역사학을 전공한 원로교수로서 수십 년간 『일본서기』를 연구하여 온 한일 고대사 전문가이다. 그는 임나일본부설과 같이 일본 학자들이 일본에게 유리한 방향으로 해석하여 온 한국 고대사를 새로운 시각으로 해석하면서 일본 학계의 주장을 비판하여 왔다. 한반도 고대사에 관한 일본의 주류해석을 비판하여 온 일에 매달려온 피해자를, 그래서 스스로는 우리가 식민사학을 극복하는 데 이바지한 학자라는 자부심을 가졌을 피해자를, 피고인이 이 사건 책을 통해 오히려 식민사학자, 친일파, 매국노라는 극한 표현까지 써가며 비난하고 나선 것이 이 사건의 시작이다. 피해자가 겉으로는 식민사관을 극복하자고 하면서 사실은 교묘하게 식민사관을 옹호하고 전파하고 있다는 것이 피고인의 주장이고, 이 사건 책을 통해 그간 잘못 알려져 있는 피해자의 실체를 드러내 보이겠다고 의욕을 보인 것이다.

피고인은 국내 강단 역사학자들로부터 흔히 '재야 역사가', '유사 역사가', 심지어 '사이비 역사가' 등으로 불린다. 한국 고대사에 대한 과대망상과 역사왜곡적 시각에 빠져, 때로는 사료 조작까지 감행하면서 근거 없는 한국 고대사 부풀리기와 허황된 판타지 조장만을 일삼는다는 비난을 강하게 받고 있다.

피고인이 2014. 9. 이 사건 책을 출간하면서 피해자에게 식민사학자라는 공격을 가하자, 피해자는 2014. 10. 이 사건 책에 대한 출판금지 가처분 신청과 함께 피고인을 출판물에 의한 명예훼손 및 모욕 혐

3) 젊은역사학자모임, 『욕망 너머의 한국 고대사』, 서해문집, 2018, 223-224면.

의로 고소한다. 당초 지방검찰청에서는 학문과 표현의 자유에 속하는 문제라며 혐의없음 처분[4]하였으나, 이에 불복한 피해자의 항고 후 고등검찰청에서 사건이 재기되어 마침내 기소에 이르게 된다.[5] 2015. 2. 1심에선 유죄판결이 선고되었으나, 2015. 11. 항소심에서 무죄 판단을 받았고, 2017. 5. 상고심인 대상판결은 항소심의 손을 들어주었다.

이 사건의 쟁점은 간단하다. 피고인이 이 사건 책에 기술했다는 위 공소사실 요지의 ①, ②, ③과 같은 내용이 명예훼손죄의 구성요건인 사실을 적시한 것인가, 아니면 단순히 피고인의 의견을 표현한 것에 불과한가 하는 점이다. 기소 검사와 1심 재판부는 위 ①, ②, ③이 사실을 적시한 것이라고 본 반면, 항소심과 대상판결 재판부는 사실 적시가 아니라 피고인의 의견 표현에 해당한다고 본 것이다.

흔히 명예훼손죄에서 사실 적시와 의견 표현의 구분은 쉽지 않다고 얘기한다. 대상판결의 사안 역시 그 구분이 쉽지 않다는 우리의 경험을 다시 한번 잘 보여주고 있다.

2. 문제 제기

《손혜원 의원의 '전남 목포 문화재지구 건물 집중 매입 논란'이 결국 검찰 수사로 넘어가게 됐다. 손 의원은 20일 기자회견을 열어 더불어민주당을 탈당하고 투기 의혹을 제기한 에스비에스(SBS) 등 언론사들을 허위사실 유포 및 명예훼손 혐의로 검찰에 고발하겠다고 밝혔

4) "학자의 연구결과 및 견해를 다른 학자의 입장에서 재해석하여 나름대로 견해를 표명하는 것에 대해서는 명예훼손죄로 처벌함에 있어 학문의 자유 및 표현의 자유 보장이라는 차원에서 신중하여야 할 필요가 있고, 피의자의 주장은 고소인의 주장에 대한 자신의 분석 견해 및 재해석 결과를 표명한 것으로서 구체적 사실을 적시하여 명예를 훼손한 것으로 보기 어렵다.", 2015. 9. 4.자 한국NGO신문, "사법부도 매국사학에 동참하는가?", http://m.wngo.kr/77375 (2019. 3. 1. 검색).

5) 2015. 10. 6.자 주간경향, "[주목! 이 사람] 식민사관 비판하다 법정에 선 역사학자 이덕일 '현 검찰은 조선총독부 검찰인가'", http://weekly.khan.co.kr/khnm.html?mode=view&code=115&artid=201509221112411&pt=nv#csidx9dac354624ac86f9a9e86d94700f1a4 (2019. 3. 1. 검색).

다. 소모적인 공방을 끝내고 진실을 밝히려면 지금으로선 검찰 수사가 불가피한 것으로 보인다.

(중략)

손 의원 주장의 진실 여부는 아직까지 판단하기 이르다. 서울이나 수도권이 아닌 목포의 낡은 건물을 매입하고, 재산권 행사에 제약이 따르는 문화재지구 지정에 앞장선 점 등은 기존 '투기 문법'과는 많이 다르다. 다만 문체위 여당 간사인 그가 조카와 보좌관 딸 등 지인을 동원해 건물을 집중 매입한 행위가 매우 이례적인데다, 관련 예산 배정 등에 영향력을 행사한 게 아니냐는 의혹이 있는 만큼 검찰의 철저한 조사가 필요하다.

손 의원도 이런 의혹을 제기한 언론들을 모두 수사의뢰 하겠다고 했다. 검찰은 권력의 눈치를 살피거나 머뭇거릴 이유가 없다. 신속하고 엄정한 수사로 국민 앞에 실체를 낱낱이 밝히면 된다. 여야 정치권도 과도한 '손 의원 감싸기'나 무리한 '정치 공세'를 자제하고, 검찰 수사를 차분히 지켜볼 필요가 있다.》[6]

벌써 많은 이들의 기억에서 희미해져가고 있겠지만, 신년 벽두부터 다이내믹 코리아를 또 한 번 한껏 달궜던 한 사건이 있었다. 한 여당 국회의원이 어느 지방 소도시, 그것도 사람 발길 뜸하던 구도심 지역을 대상으로 부동산 투기 또는 직권남용을 했니 마니 하는 사안이었고, 결국 이 의원은 이런 의혹을 최초 제기한 언론사를 명예훼손 혐의로 고소하기에 이르렀다.

보통 이런 고소 또는 고발 소식이 들려오면, 이후부터는 이 사안에 대한 언론보도가 눈에 띄게 줄어들게 된다. 당사자들은 현재 수사가 진행 중이니 자신의 입장을 밝히는 것이 부적절하고 장차 수사기관에서 진실이 밝혀질 것이라며 입을 닫아 버린다. 언론들도 위 사설

6) 2019. 1. 20.자 한겨레, "[사설] '손혜원 논란', 엄정한 검찰 수사로 진실 규명해야", http://www.hani.co.kr/arti/opinion/editorial/879140.html#csidx37347b10d1182cc8d604dee288618c1 (2019. 2. 24. 검색).

에서 보는 것처럼 이제 그만 떠들고 수사 결과나 차분히 지켜보자며 더 이상의 사실관계 취재 없이 단지 수사상황만 꾸준히 업데이트 하는 데 그친다. 수사기관에는 알아서 진실을 낱낱이 밝히라며 과한 수사 부담만 지워놓은 채. 대중들은 아직 이 사안에 대해 궁금한 게 많지만, 이제부터는 수사기관에서 어떤 결론을 내는지 지켜보고만 있을 따름이다. 한참 후 수사결과가 발표되는 날, 그 결과를 놓고 각 진영별로 진실이 밝혀졌다거나 또는 반대로 편파수사나 부실수사로 진실이 은폐되었다는 등으로 각기 나름대로의 아전인수격 결론을 잡곤 한다.

이런 종류의 명예훼손 사건에서 대중들이 궁금해 하는 건, 이 의원의 명예가 훼손되었는지 여부가 아니다. 그 명예훼손의 전제가 되는 '사실', 즉, 이 의원의 행위가 부동산 투기냐 아니냐, 직권남용이냐 아니냐가 궁금증의 대상이다. 부동산 투기나 직권남용 혐의 내용으로 고소·고발이 있지 않더라도, 명예훼손 혐의로만 고소·고발을 해놓으면 그 수사과정에서 부동산 투기나 직권남용 여부까지 어느 정도는 자연스레 정리를 해준다.

언제부터인가 우리 사회에서는 무엇인가 궁금해서 그 진상을 알고 싶은 이슈가 생기거나 또는 진상이 무엇인지와 상관없이 상대 진영을 일단 공격부터 하고 싶은 이슈가 생기면, 그에 관한 당사자들 사이의 대화와 타협은 건너뛴 채 그 당사자 또는 다른 누군가가 명예훼손을 당하거나 가한 것이라며 논란의 당사자를 수사기관에 고소·고발하고, 그러면 수사기관은 기다렸다는 듯이 곧바로, 아니면 억지로 떠밀려 할 수 없이 수사를 개시하여 언론과 대중이 궁금해 하는 사실관계를 확인해 주곤 하는 현상이 생겨났다. 요새는 정작 피해를 당한 사람은 가만히 있는데, 듣도 보도 못한 특이한 이름의 단체들이 친절하게도 당사자 대신 고발을 해주기도 한다.

이렇게 명예훼손이라는 이름의 고소·고발은 우리 사회가 낳고 있는 온갖 의혹과 논란거리를 공론의 장이 아닌 은밀한 사법절차 속으로 한데 담가버리는 하수구 역할을 하고 있다. 그리고 이런 현상으로 인해 수사기관이나 법원 등 사법기관이 온갖 의혹과 논란에 대한 판단자 역할을 하고 있다. 그런데 이는 사법기관이 판단자로서의 능력이 있는지 여부는 둘째 치고, 본래 임무에 맞지 않는 역할을 하고 있는 것이다. 의혹이나 논란은 수사나 재판으로 푸는 것이 아니기 때문이다.

그리고 대부분의 경우는 수사나 재판을 한다고 해서 제대로 진실이 밝혀지는 것도 아니다. 수사나 재판은 의혹과 논란을 푸는 데 적합한 수단이 아니다. 진실이 제대로 밝혀지지 않아 또 다른 의혹과 논란을 부르는가 하면, 무죄추정 원칙과 엄격한 입증의 문제로 인해 대다수 사안이 무혐의나 무죄로 종결됨으로써 오히려 가해자에게 면죄부만 준 채 피해자는 고소를 안 하느니만 못하게 돼버리는 경우도 허다하다.

게다가 이런 문제도 있다. 사회적으로 큰 논란이 된 사안이 명예훼손이라는 이름표를 달고 고소·고발되면 수사기관은 눈 깜짝할 사이에 압수수색이라는 카드를 꺼내든다. 수사기관이 이 사안을 가볍지 않게 보고 있으며 좌고우면하지 않고 공정하게 진상을 파악하겠다는 의지를 만방에 보여주는 신호로 이만한 게 없기 때문이다. 게다가 남의 집과 사무실을 뒤지다 보면 분명히 뭔가 나오긴 나온다. 문제 해결에 분명히 도움은 되기 때문에, 수사기관 입장에서는 압수수색을 안 하기도 쉽지 않다.

그런데 이 압수수색이라는 것은 강제수사이다. 국민의 사생활과 권리를 침해하는, 그래서 가급적 사용하지 말고 아주 예외적으로만 필요할 때 사용하라고 되어 있는 공권력 작용이다. 명예훼손죄라는 것은 그 자체로는 그리 중범죄라고 할 수 없다. 강제수사가 빈번히 등장할 만한 성격의 범죄가 아니다. '진실을 밝힌다'(사실은 '언론과 대중의 궁금증을 해소한다')는 명목으로 이렇게 쉽게 아무 데서나 강제수사가 동원되어도 괜찮은 것인가. 여기에 과연 어떠한 공공의 이익이 존재하기에 사회적으로 그러한 현상이 용인되는 것인가.

그런데 유감스럽게도, 이러한 유의 바람직스러워 보이지 않는 현상은 정치적 논란이 이는 영역에만 한정되지 않는다. 학문의 영역, 문학의 영역, 예술의 영역, 종교의 영역 등, 어쩌면 범죄와 형벌이라는 것과는 거리가 멀어 보이는, 가급적 거리를 두어야 마땅해 보이는 분야에서도 비슷한 현상이 벌어지곤 한다. 대상판결의 사안이 바로 그런 현상을 보여주는 사례이다.

우리 사회에 존재하는 다양한 분야의 온갖 주장과 논쟁거리들이 이렇게 명예훼손이라는 이름으로 거침없이 사법기관으로 몰려오는 현상은 분명 적절해 보이지 않는다. 이를 어떻게 바로잡을 것인가. 이런 고민을 대상판결 역시 하고 있는 것이 아닌가 싶다. 마치 대상판결도 사법기관에 넘쳐나는 명예훼손 사건들을 마뜩찮은 시선으로 보고 있는 것 같다.

그래서 이 글에서는 우선, ① 대상판결이 명예훼손 사건 폭주현상을 어떻게 바라보고 해결하려고 하였는지 살펴보려고 한다(Ⅱ. '사실'이란 무엇인가).

다음으로, ② 대상판결 사안의 쟁점과는 직접적인 관련은 없지만 명예훼손 사건에서 허위사실의 입증과 관련해 생기는 문제점에 대해 잠시 고민해보려고 한다(Ⅲ. '사실'은 어떻게 입증할 것인가).

Ⅱ. '사실'이란 무엇인가

1. '사실 적시'의 요건

명예훼손죄의 기본적인 구성요건은 크게 '공연성'과 '사실 적시', 두 가지이다. 다른 구성요건인 '사람의 명예 훼손'은 공연성과 사실 적시라는 행위에 따른 결과에 불과하다.

수사과정에서는 공연성과 사실 적시라는 두 요건 중 공연성이 있는지를 먼저 판단하고, 그 다음으로 사실 적시가 인정되는지를 판단한다. 그것이 판단순서상 편리하다. 사실 적시보다는 공연성 판단이 상대적으로 쉽기 때문이다.

사실 적시는 모욕죄의 영역인 의견 표현, 추상적 판단이나 경멸적 감정의 표현 등과 구분하여야 한다. 사실 적시인가 아닌가를 판단하는 것은 매우 어려운 문제인데, 특히 사실 적시와 의견 표현 등이 혼합되어 있는 경우가 흔하기에 더더욱 양자의 구분이 곤란할 수 있다.

심지어 한 사안에서 대법관 사이에서도 이게 사실 적시냐 의견 표현이냐를 놓고 견해가 갈릴 정도이다. 이른바 '광우병 보도 사건'에서, 한 방송사의 시사고발 프로그램이 '개정된 미국산 쇠고기 수입위생조건에서는 광우병 위험물질이 국내에 들어오거나 미국에서 인간광우병이 발생하더라도 우리 정부가 독자적으로 어떤 조치를 취할 수 없고 미국 정부와 협의를 거쳐야 한다'라는 취지의 보도를 한 부분에 대해, 대법원의 다수의견은 미국산 쇠고기 수입협상 결과를 비판하는 의견을 표현한 것이라고 본 반면, 소수의견은 이를 사실 적시에 해당한다고 보기도 하였다.[7]

'사실 적시'의 의미에 대해 우리 학설은, '현실적으로 발생하고 증명할 수 있는 과거와 현재의 상태로서 사람의 사회적 가치 내지 평가를 저하시키는 데 충분한 사실을 적시하는 것'[8]이라고 설명하는 데 대체로 이견이 없는 것으로 보인다.

우리 대법원 역시 같은 맥락에 서 있는 것 같다.

즉, 대법원은 그동안 "명예훼손죄에 있어서 '사실의 적시'라 함은 사람의 사회적 평가를 저하시키는 데 충분한 구체적 사실을 적시하는 것을 말한다"라고 하기도 하고,[9] "명예훼손죄에 있어서의 사실의 적시는 사실을 직접적으로 표현한 경우에 한정될 것은 아니고, 간접적이고 우회적인 표현에 의하더라도 그 표현의 전취지에 비추어 그와 같은 사실의 존재를 암시하고, 또 이로써 특정인의 사회적 가치 내지 평가가 침해될 가능성이 있을 정도의 구체성이 있으면 족한 것이다"라고

---

7) 대법원 2011. 9. 2. 선고 2009다52649 전원합의체 판결.
8) 이재상·장영민·강동범, 형법각론 제10판 보정판, 박영사(2017), 189-190면.
9) 대법원 1981. 11. 24. 선고 81도2280 판결.

하기도 하며,[10] "명예훼손죄가 성립하기 위하여는 사실의 적시가 있어야 하고, 적시된 사실은 이로써 특정인의 사회적 가치 내지 평가가 침해될 가능성이 있을 정도로 구체성을 띠어야 한다"라고도 설명하여 왔다.[11]

이러한 설명에는 점차 조금씩 다른 의미들이 추가되면서, 현재는 "명예훼손죄에서 '사실의 적시'란 가치판단이나 평가를 내용으로 하는 '의견표현'에 대치되는 개념으로서 시간과 공간적으로 구체적인 과거 또는 현재의 사실관계에 관한 보고 내지 진술을 의미하며, 표현내용이 증거에 의해 증명이 가능한 것을 말하고, 판단할 보고 내지 진술이 사실인가 또는 의견인가를 구별할 때에는 언어의 통상적 의미와 용법, 증명가능성, 문제된 말이 사용된 문맥, 표현이 행하여진 사회적 상황 등 전체적 정황을 고려하여 판단하여야 한다"라는 내용으로 대부분의 판결에서 의미를 짓고 있다.[12] 대상판결 역시 동일한 내용으로 설명하고 있다.

이러한 그간의 판례를 살펴보면, 명예훼손죄에서 '사실 적시'로 인정받기 위해 판례가 오래 전부터 요구하여 온 가장 핵심적인 개념요소는 바로 '구체성'임을 알 수 있다. 사실 적시는 특정인의 가치가 침해될 수 있을 정도로 구체적인 사실이어야 하고, 구체적인 사실을 지적함이 없이 단지 추상적 판단이나 경멸적 감정의 표현만으로는 부족하다는 것이다.

그리고 '구체성'보다는 나중에 등장한 것으로 보이는 사실 적시의 요건은 바로 '입증가능성'이다. 의견 표현이란 사실관계를 행위자의 입장에 따라 판단한 결과를 표현하는 것, 즉 행위자의 가치척도에 따라 판단한 결과를 표현하는 것을 의미하는데, 이는 그 내용 자체만 보면 구체적인 내용의 서술이라 하더라도 증거로써 입증할 수는 없는 성격

10) 대법원 1991. 5. 14. 선고 91도420 판결
11) 대법원 1994. 6. 28. 선고 93도696 판결.
12) 대법원 1998. 3. 24. 선고 97도2956 판결; 대법원 2011. 9. 2. 선고 2010도17237 판결.

의 것이다. 따라서 어떠한 말이나 글이 증거로써 입증이 불가능한 경우, 이는 사실 적시의 영역에서 배제되어야 한다.

그밖에 사실 적시로 인정되기 위한 다른 요건으로는, 피해자가 특정되어야 한다는 점,[13] 적시된 사실이 피해자에 대한 것이어야 한다는 점,[14] 피해자의 사회적 평판 내지 사회적 평가(외적 명예)를 저하시킬 만한 내용을 담고 있어야 한다는 점[15] 등이 있다.

2. '사실'의 확장 해석

비슷한 표현이라도 개별 사안마다 결론이 각기 다르기는 하지만, 종래 우리 판례는 사실 적시의 범위를 다소 넓게 인정하는 방향으로 해석론을 펼쳐온 것으로 보인다. 판례가 '사실'의 범위에 가급적 많은 내용이 포섭될 수 있게끔 해석해온 법리들을 정리하면 대략 다음과 같다.

① "명예훼손죄에 있어서의 사실의 적시는 사실을 직접적으로 표현한 경우에 한정될 것은 아니고, 간접적이고 우회적인 표현에 의하더라도 그 표현의 전취지에 비추어 그와 같은 사실의

---

13) "명예훼손죄가 성립하려면 반드시 사람의 성명을 명시하여 허위의 사실을 적시하여야만 하는 것은 아니므로 사람의 성명을 명시하지 않은 허위사실의 적시행위도 그 표현의 내용을 주위사정과 종합 판단하여 그것이 어느 특정인을 지목하는 것인가를 알아차릴 수 있는 경우에는 그 특정인에 대한 명예훼손죄를 구성한다"(대법원 2014. 3. 27. 선고 2011도11226 판결).

14) "이 사건 기사의 내용에 의하면, '월간중앙'이 '부·처별 고려대상자 명단'이라는 '극비 보고서'를 단독 입수했다는 부분은 자신의 기사가 「특종」임을 과시하려는 문구에 불과한 것으로 보이고, 이로써 피해자가 중요문서를 소홀하게 관리하고 있다는 사실을 암시하는 내용이라고 보기는 어렵다"(대법원 2007. 6. 15. 선고 2004도4573 판결).

15) "명예훼손죄가 성립하기 위하여는 특정인의 사회적 가치 내지 평가가 침해될 가능성이 있는 구체적인 사실을 적시하여야 하는바, 어떤 표현이 명예훼손적인지 여부는 그 표현에 대한 사회통념에 따른 객관적 평가에 의하여 판단하여야 하고, 가치중립적인 표현을 사용하였다 하여도 사회통념상 그로 인하여 특정인의 사회적 평가가 저하되었다고 판단된다면 명예훼손죄가 성립할 수 있다"(대법원 2007. 10. 25. 선고 2007도5077 판결).

존재를 암시하고, 또 이로써 특정인의 사회적 가치 내지 평가가 침해될 가능성이 있을 정도의 구체성이 있으면 족한 것이다."[16]

즉, 어떠한 사실을 간접적이고 우회적으로 표현하더라도 사실 적시가 될 수 있다는 것이다.

② "타인에 대한 명예훼손은 사실을 적시하는 방법으로 행해질 수도 있고, 의견을 표명하는 방법으로 행해질 수도 있는바, 어떤 의견의 표현이 그 전제로서 사실을 직접적으로 표현한 경우는 물론 간접적이고 우회적인 방법에 의하더라도 그 표현의 전취지에 비추어 어떤 사실의 존재를 암시하고 또 이로써 특정인의 사회적 가치 내지 평가를 침해할 가능성이 있으면 명예훼손으로 되는 것이다."[17]

이는 앞의 경우보다 한 발 더 나아가, 의견의 표현도 자칫 사실 적시로 간주될 수 있다는 것이다. 심하게 얘기하면, 의견을 말할 때는 가급적 어떠한 '사실'과 관련 없는 내용으로 두루뭉술하게 하라는 뜻인 듯하다.

③ "장래의 일을 적시하더라도 그것이 과거 또는 현재의 사실을 기초로 하거나 이에 대한 주장을 포함하는 경우에는 명예훼손죄가 성립한다."[18]

본래 사실 적시는 과거 또는 현재의 사실을 그 대상으로 한다. 그런데 이제는 장래의 일을 예상하여 말할 때마저도 명예훼손을 조심하

16) 대법원 1991. 5. 14. 선고 91도420 판결.
17) 대법원 2002. 1. 22. 선고 2000다37524, 37531 판결.
18) 대법원 2003. 5. 13. 선고 2002도7420 판결.

라고 한다. 말하더라도 앞의 경우와 마찬가지로 어떠한 '사실'과 관련 없는 내용으로 두루뭉술하게.

이상과 같은 판례의 법리들을 정리하면 한 마디로, 남한테 무슨 말을 하려면 명예훼손에 걸리지 않기 위해 조심해야 할 게 한두 가지가 아니라는 것이다.

그런데 사실 적시를 엄격하게 해석하여 '현실적으로 발생하고 증명할 수 있는 과거와 현재의 상태로서 사람의 사회적 가치 내지 평가를 저하시키는 데 충분한 사실'에만 한정하지 않고, 이와 같이 간접적이고 우회적인 표현 사용, 사실을 전제로 한 의견 표현, 장래의 일 적시 등에까지도 확장하여 해석하는 경우의 문제점은, 자칫 의견을 표현할 자유를 위축시킬 위험이 있다는 점이다. 자신의 의견을 말할 때 사실 적시를 동반하지 않은 채 막연히 추상적인 의견만을 말하는 경우는 현실적으로 별로 없을 것이기 때문이다. 의견 표현에 사실 적시가 동반되거나 전제되는 경우 중요한 것은 바로 이 의견이 결론적으로 무슨 내용인가 하는 것임에도, 결론적으로 무슨 내용의 의견을 주장하는지 여부는 제쳐둔 채 그에 동반되거나 전제된 사실만이 지나치게 부각되어 말썽이 될 우려가 있는 것이다.

따라서 표현의 자유나 언론의 자유를 염두에 둔다면, 사실 적시의 개념은 가급적 제한적으로 해석할 필요가 있다. 가장 먼저 생각해볼 수 있는 방법은, 사실 적시의 요건인 '구체성'과 '입증가능성' 등을 가급적 엄격히 적용하여 사실 적시를 신중하게 인정하도록 하는 것이다.

과거의 판결에서 의견 표현, 또는 추상적 판단이나 경멸적 감정의 표현이라고 인정된 것으로는, "도둑놈, 죽일놈",[19] "저 망할 년 저기 오네",[20] "너 공무원 맞아, 이거 또라이 아냐",[21] "듣보잡, 함량미달,

19) 대법원 1961. 2. 24. 선고 4293형상864 판결.
20) 대법원 1990. 9. 25. 선고 90도873 판결.
21) 대법원 2011. 3. 9. 선고 2010도16215 판결.

함량이 모자라도 창피한 줄 모를 정도로 멍청하게 충성할 사람",[22] "야 이 개같은 잡년아, 시집을 열두 번을 간 년아, 자식도 못 낳는 창녀같은 년",[23] "늙은 화냥년의 간나, 너가 화냥질을 했잖아",[24] "빨갱이 계집년, 첩년",[25] "애꾸눈, 병신"[26] 등이 있다.

비록 사실에 속하더라도 그 추상성이 높은 경우, 즉 사실에 포함된 가치판단이 더 높은 비중을 차지하는 경우에는 가치판단과 동일한 평가를 받는다. 예컨대 '빨갱이', '계집년', '만신(무당)', '첩년' 등의 표현은 그것이 비록 사실일지라도 높은 추상성 때문에 단지 모욕행위에 불과하게 된다.[27]

그리고 최근 판결로는, "마귀새끼, 교만마귀, 음란마귀, 허위 거짓 증거 마귀"라는 표현에 대해, 이는 그 자체로 입증 가능한 단순한 사실이 아니라 표현자의 인식, 평가, 판단을 표현한 것이어서 명예훼손죄의 사실 적시라고 할 수 없다고 한 사례가 있다.[28]

즉, '구체성'과 '입증가능성'이라는 기준에서 보면, 이러한 표현들은 구체적인 내용도 없긴 하지만(구체성 결여) 증거에 의해 입증할 수도 없는 것들이므로(입증가능성 결여) 사실 적시로 볼 수 없는 것이다.

그런데 판례 중에는 구체성이 부족하거나 입증이 불가능한 표현으로 보이는데도 사실을 적시한 것이라고 인정한 사례들이 일부 있다. 구체성과 입증가능성 등의 요건을 엄격히 적용하여 사실 적시를 신중하게 인정하자는 차원에서, 문제되는 사례들을 몇 건 살펴보기로 한다.

3. '사실'의 축소 해석

'공산주의자', '종북', '주사파'라는 말은 사실을 적시한 것인가 아

22) 대법원 2011. 12. 22. 선고 2010도10130 판결.
23) 대법원 1985. 10. 22. 선고 85도1629 판결.
24) 대법원 1987. 5. 12. 선고 87도739 판결.
25) 대법원 1981. 11. 24. 선고 81도2280 판결.
26) 대법원 1994. 10. 25. 선고 94도1770 판결.
27) 배종대, 형법각론(제10전정판), 홍문사(2018), 193면.
28) 수원지방법원 2019. 1. 18. 선고 2018노4842 판결.

니면 의견을 표현한 것인가.

우선, "○○○은 공산주의자"라는 말에 대해 의견 표현이라고 본 판결이 있다.

최근 한 하급심 판결은 "어느 한 개인이 공산주의자인지 여부는 그 개념의 속성상 그가 가지고 있는 생각에 대한 평가일 수밖에 없고, 이를 판단할 수 있는 확립된 객관적·구체적인 징표가 존재하는 것도 아니므로, 그 평가는 필연적으로 판단하는 사람의 가치관에 따라 상대적이며, 평가의 옳고 그름을 증거에 의하여 증명할 수도 없다"라고 하면서 '공산주의자'라는 표현은 의견일 뿐 사실 적시에 해당하지 않아 명예훼손으로 처벌할 수 없다고 판단하였다.[29)]

'공산주의자'라는 표현은 구체성도 없고 증거에 의한 입증도 곤란하다. 당연히 사실 적시라고 볼 수 없고, 행위자가 갖고 있는 의견을 표현한 것에 불과하다고 볼 것이다.

그런가 하면, '주사파'라는 표현은 사실 적시에 해당한다고 본 판결도 있다.

어느 잡지가 한 방송사의 다큐멘터리 프로그램에 대해 'TV가 좌익세력의 선전도구가 되었고, 공영방송사가 대한민국의 정통성과 자유민주주의 체제를 부정하고 북한정권을 찬양하면서 북한 주장에 동조하였다. 이러한 역사왜곡을 자행하는 범죄를 저질렀던 것이 당시 이 프로그램을 연출했던 PD의 자의적 해석이었다면 그는 분명히 주사파이다'라는 취지로 기사를 쓴 사안에서, 대법원은 '주사파'라는 표현에 대해 진위를 가릴 수 있는 사실 적시라고 보았다.[30)]

---

29) 서울중앙지방법원 2018. 8. 23. 선고 2017고단4933 판결.

30) 대법원 2002. 12. 24. 선고, 2000다14613 판결. "이 사건 기사는 특정인의 정치사상을 분석 평가하고자 한 것이 아니라, 우리나라의 언론 특히 방송에 좌익세력이 대거 침투해 있으면서 방송을 통하여 대한민국의 정통성과 자유민주주의 가치를 훼손하고 국민들을 세뇌시키고 있다는 사실을 주장하면서 이를 고발하는 데 그 취지가 있고, 그 사실 주장에 대한 하나의 근거로서 원고가 제작한 프로그램 내용을 들어 원고도 주사파(주체사상신봉자)임이 분명하다고 지적한 것으로서, 기사 전체의 취지와 연관하여 보면 이 사건 기사부분은

그런데 앞에서 본 '공산주의자'라는 표현과 비교해 볼 때, '주사파'라는 표현은 구체성과 입증가능성을 갖고 있는가. 그렇지 않다고 본다.

'주사파'는 주체사상 신봉자를 한정하여 가리키는 표현이므로, 이 정도라면 혹시나 구체성은 있다고 볼 수 있을지 모르겠다. 그러나 이 PD가 북한정권을 찬양하고 북한 주장에 동조한다고 해서 주사파라고 단정한다는 것은 지나친 논리의 비약이고, 이 PD가 주체사상을 신봉하는지 아니면 다른 이념을 신봉하는지 과연 어떤 증거로써 어떻게 입증할 수 있을 것인가.

위 판결도 그 뒷부분에서 다음과 같이 원고에게 완화된 입증책임을 부여하면서 사람의 정치적 신념을 입증하기는 쉽지 않음을 스스로 인정하고 있기도 하다.

"그런데 이 사건 기사부분이 비록 사실적시에 해당한다 하더라도 이는 특정인의 정치적 이념에 관한 사실적시이고, 그 특정인의 지위가 원고와 같이 공적인 존재인 경우에는 그의 정치적 이념이 국가사회에 미치는 영향이 지대하여 이에 대한 의혹이 있으면 널리 문제제기가 허용되고 공개토론을 받아야 할 필요가 있는 반면, 특정인의 정치적 이념은 위장가능성이 있는데다가 그 성질상 이를 정확히 증명해 낸다는 것은 극히 어려우므로, 이에 대한 의혹의 제기나 주장이 진실에 부합하는지 혹은 진실하다고 믿을 만한 상당한 이유가 있는지를 따짐에 있어서는 일반의 경우에 있어서와 같이 엄격하게 입증해 낼 것을 요구해서는 안 되고 그러한 의혹의 제기나 주장을 할 수도 있는 구체적 정황의 제시로 족하다고 해야 할 것이다."

그러나 '주사파'라는 표현에 대해서는 입증책임을 완화하는 방법으로 해결할 것이 아니라, 구체성이나 입증가능성이 없어 사실 적시로서 인정되지 않는다는 법리로써 판단하여야 하는 사안이 아닌가 싶다.

최근의 민사판결을 보면, '종북'이라는 표현은 명예훼손이므로 손해를 배상해야 한다고 판단한 사례가 있다. 탈북자 출신 영화감독 등

그 진위를 가릴 수 있는 사실의 적시로 보는 것이 타당하다."

이 한 배우에 대해 '종북문화 잔챙이', '종북의 노예' 등으로 표현한 사안에서, 대법원은 "배우 ○씨가 시민단체를 결성했다는 것 자체만으로는 종북이라는 근거가 없고, ○씨가 종북이라는 의혹의 제기나 주관적인 평가에 관해 구체적 정황이 충분히 제시됐다고 볼 수 없다"라고 판단하였다.[31)]

그런데 대법원은 그로부터 불과 한 달여 전에는 '종북', '주사파'라는 표현에 대해, "'종북'이라는 용어에 대해 느끼는 감정 또는 감수성도 가변적일 수밖에 없으므로 '종북'의 의미를 객관적으로 확정하기가 어렵다", "'종북', '주사파' 등 용어가 사용됐지만 표현행위 의미를 객관적으로 확정할 경우 사실 적시가 아니라 의견 표명으로 볼 여지가 있다"라고 하면서 명예훼손이 아니라고 판단하기도 하였다.[32)]

이 판결에 대해서는, '종북'이나 '주사파'라는 표현은 사실의 영역에 해당하는 문제가 아니라 특정인의 행위 내지 경향 등을 개괄적으로 지칭하는 의견의 영역에 해당하고 이러한 표현들은 사전적, 확정적 개념이 아니어서 이를 사실이라고 입증해줄 수 있는 공신력 있는 기관이나 기구도 존재하지 않아 입증가능성이 없으므로 사실로 보아서는 안 된다는 견해[33)]도 있는데, 이 견해에 동의한다. 이 사안 역시 구체성이나 입증가능성을 인정할 수 없으므로, 사실 적시가 없다고 보아야 한다고 생각한다.

꽤 오래 전에 있었던 역사 속의 장면들을 지적하면서 어떠한 말을 한다면, 이는 사실 적시라고 할 수 있을 것인가.

---

31) 2018. 12. 3.자 경향신문, "이정희에겐 안 되고, 문성근에겐 되고…대법 '종북 명예훼손'에 다른 판단", http://news.khan.co.kr/kh_news/khan_art_view.html?art_id=201812031711011#csidxb17d7f721d7e4618b30a246d53cd0be (2019. 2. 24. 검색).

32) 대법원 2018. 10. 30. 선고 2014다61654 전원합의체 판결. 원심(서울고등법원 2014. 8. 8. 선고 2013나38444 판결)에서는 이와 달리 '종북'이나 '주사파' 등의 표현을 사실 적시라고 판단하였다.

33) 박범영, "명예훼손에 있어서의 사실과 의견의 구별론", 법조 제716호, 법조협회(2016), 326면.

한 유명 역사 강사가 3·1운동의 민족대표들이 3·1운동이 벌어지던 당일 '우리나라 1호 룸살롱' 태화관에서 대낮부터 술판을 벌였다고 발언하였다가, 민족대표의 후손들로부터 명예훼손을 이유로 한 손해배상 청구를 당한 사건이 있었다. 법원은 당시 상황을 살펴봤을 때 역사적 사실에 관한 위 강사의 발언 상당 부분이 객관적 진실에 어긋난다고 보기 어려워 허위 발언이라 단정할 수 없다고 판단하였다.[34)]

3·1운동 당시에 있었던 어떤 사건에 관한 발언을 사실 적시로 인정한 결론인데, 그 발언에 실려 있는 3·1운동 당시의 일이 과연 증거로써 입증이 가능한 '사실'인가에 대해서는 의문이 든다. 물론 당시의 목격자 중 생존자나 당시 작성된 관련 기록이 발견된다면 증거에 의한 입증이란 게 아예 불가능하지만은 않을 수 있다. 그러나 이러한 역사 속의 장면들은 민사나 형사 사건 속에서 법적 증거로써 입증할 성격의 것이 아니라, 역사학과 같은 학문의 영역에서 연구와 논증을 통해 채워가야 할 부분이 아닌가 싶다. 설령 법적 증거로써 입증이 가능하다고 해도 말이다. 사법절차가 역사적 진실을 밝혀가는 제도는 아니지 않은가. 사법기관이 그런 역할까지 도맡아 하면 곤란하지 않은가. 앞서 살펴본 "○○○은 공산주의자" 사안에서, 법원도 ○○○이 공산주의자인지는 사법부가 판단할 수 없다며 이는 공론의 장에서 논의돼야 할 것이라는 의견을 밝히기도 하였다.[35)]

역사 서적의 내용이 문제가 된 대상판결 역시 마찬가지 입장에서, 그 말미에 "비록 위와 같은 피고인의 주장 내지 의견에 대해서는 그 내용의 합리성이나 서술방식의 공정성 등과 관련하여 비판의 여지가 있다고 할지라도 그러한 비판은 가급적 학문적 논쟁과 사상의 자유경쟁 영역에서 다루어지도록 하는 것이 바람직하고, 명예훼손죄의 구성

---

34) 2018. 11. 14.자 한겨레, "'민족대표 33인 후손 명예훼손' 설민석씨에… 법원 '1400만원 위자료 지급'", http://www.hani.co.kr/arti/society/society_general/870288.html#csidx192c3fd059bec01beb020bd7860eed5 (2019. 2. 24. 검색).

35) 서울중앙지방법원 2018. 8. 23. 선고 2017고단4933 판결.

요건을 해석하면서 겉으로 드러난 표현방식을 문제 삼아 사실의 적시에 해당한다고 쉽사리 단정함으로써 형사처벌의 대상으로 함부로 끌어들일 일은 아니다"라는 의견을 덧붙여 놓았다. 사법기관의 역할과 법의 판단 영역이 부당하게 확대되는 것을 경계한 것이다.

이와 같이 피고인에 대한 비판이 가급적 학문적 논쟁과 사상의 자유경쟁 영역에서 다루어져야 한다는 대상판결의 입장에 대해, 역사적 사실에 대한 학문의 자유와 표현의 자유를 폭넓게 인정해온 판례(대법원 1998. 2. 27. 선고 97다19038 판결, 대법원 2010. 7. 15. 선고 2007다3483 판결 등)의 입장과 맥을 같이한다고 보는 견해[36]도 있다.

위 견해에서 인용된 97다19038 판결 사건은 백범 김구 선생 암살 사건을 소재로 한 논픽션 드라마에서 암살의 배후로 묘사된 사람에 대한 명예훼손 여부에 관하여, 방송사가 그 방송 내용이 진실하다고 믿었고 또 그렇게 믿을 상당한 이유가 있어 고의·과실이 없다며 불법행위책임을 부정한 사례이다.

판결 중 주요 부분의 내용은 이러하다. "언론 매체의 명예훼손행위와 관련하여 적시된 사실이 진실이라고 믿을 상당한 이유가 있는지의 여부를 판단함에 있어서는 적시된 사실의 내용, 진실이라고 믿게 된 근거나 자료의 확실성, 표현 방법 등 여러 사정을 종합하여 판단하여야 하고, 특히 적시된 사실이 역사적 사실인 경우 시간이 경과함에 따라 점차 망인이나 그 유족의 명예보다는 역사적 사실에 대한 탐구 또는 표현의 자유가 보호되어야 하고 또 진실 여부를 확인할 수 있는 객관적 자료에도 한계가 있어 진실 여부를 확인하는 것이 용이하지 아니한 점도 고려되어야 한다."

이 판결에서 대법원은 이러한 역사적 사실에 대해 진실 여부를 확인하는 것이 용이하지 않다고 보면서도, 일단 사실 적시 자체는 인

36) 양철한, "[2017년 분야별 중요판례분석] 19. 언론법", 2018. 7. 12.자 법률신문, https://www.lawtimes.co.kr/Legal-News/Legal-News-View?serial=144762 (2019. 2. 24. 검색).

정하고 있다. 그런데 이 사건이 만약 형사사건이라면, 수십 년 전에 발생한 김구 선생 암살의 배후를 현재의 수사기관이 수사를 통해 입증하여야 하는 것인가. 이 역시 입증 가능한 것으로서 사실 적시에 해당한다고 보는 것이 옳은 해석인지는 의문이다.

그리고 위 2007다3483 판결은 영화 '실미도' 사건으로서, 대법원은 "실제 인물이나 사건을 모델로 한 영화가 허위의 사실을 적시하여 개인의 명예를 훼손하는 행위를 한 경우에도 그것이 공공의 이해에 관한 사항으로서 그 목적이 공공의 이익을 위한 것일 때에는 행위자가 적시된 사실을 진실이라고 믿었고 또 그렇게 믿을 만한 상당한 이유가 있으면 그 행위자에게 불법행위책임을 물을 수 없다고 할 것인바, 그와 같은 상당한 이유가 있는지 여부를 판단함에 있어서는 적시된 사실의 내용, 진실이라고 믿게 된 근거나 자료의 확실성, 표현 방법, 피해자의 피해 정도 등 여러 사정을 종합하여 판단하여야 하고, 특히 적시된 사실이 역사적 사실인 경우 시간이 경과함에 따라 점차 망인이나 그 유족의 명예보다는 역사적 사실에 대한 탐구 또는 표현의 자유가 보호되어야 하며 또 진실 여부를 확인할 수 있는 객관적 자료의 한계로 인하여 진실 여부를 확인하는 작업이 용이하지 아니한 점 등도 고려되어야 한다"라고 판단하였다.

이 사안 역시 영화에서 묘사된 사실에 대한 입증이 불가능하지는 않음을 전제로, 대법원은 일단 사실 적시 자체는 인정하고 있다. 그렇다면 역시 수사기관이 수사를 통해 실미도 사건 당시의 상황에 대해 입증하여야 하는 것인가.

결국 명예훼손 사건에서는 구체성이나 입증가능성 등의 요건을 엄격히 해석함으로써 가급적 사실 적시의 인정범위를 제한할 필요가 있다고 생각한다. 이를 통해 사법절차에서의 심사가 적절하지 않은 역사적 사실 등을 다루는 명예훼손 사건에 사법기관이 과도하게 개입하지 않도록 하고, 허위사실이나 위법성조각사유를 입증하는 단계보다 앞선 단계에서 미리 가급적 많은 사건들이 종결되도록 함으로써 표현의 자유나 학문의 자유를 보다 충분히 보장할 수 있을 것이라고 생각한다.

그밖에 같은 맥락에서 사실 적시와 혼합된 의견을 순수한 의견 표현의 범주로 적극적으로 포함시켜야 한다는 견해[37]도 있는데, 이 역시 명예훼손죄의 인정범위를 제한적으로 해석하는 데 필요한 의견이라고 본다.

4. 소 결

대상판결의 1심은, 피고인이 이 사건 책에 기술한 위 ①~③ 부분에 대해 시·공간적으로 구체적인 과거의 사실관계로서 피해자가 피해자 책에서 위와 같은 내용을 주장했다는 보고 내지 진술에 해당하는 것이고 피해자가 실제로 위와 같이 주장했는지 여부가 피해자 책의 내용을 통하여 충분히 입증 가능하므로 이는 피고인의 역사학자로서의 단순한 의견 표명으로 볼 수는 없고 구체적인 사실을 적시한 것이라고 판단하였다. 이와 달리 항소심은, 대상판결의 결론과 유사한 논리로 이는 사실을 적시한 것이 아니라 피해자 책의 내용에 대한 피고인의 의견 또는 평가를 밝힌 것이라고 판단하였다.

피고인이 이 사건 책에 기술한 위 ①~③ 부분은 일응 구체성과 입증가능성은 인정되는 내용인 것으로 보인다. 그러면 구체성과 입증가능성 등이 인정되니 이는 사실을 적시한 것이라 보아야 하는가.

앞에서 본 것처럼 명예훼손죄에서의 사실 적시의 범위를 넓게 해석한 판결들도 있으나, 대상판결은 이런 경향과는 반대로 새로운 고려사항 한 가지를 더 추가함으로써 오히려 사실 적시의 범위를 제한적으로 해석하였다.

대상판결이 사실 적시를 판단하는 데 필요한 고려사항으로서 새로 추가한 법리 부분을 다시 옮겨보면, "다른 사람의 말이나 글을 비

37) 김경호, "'의견표현'과 '사실적시' 이분법에 따른 대법원의 표현의 자유 보호 법리에 관한 연구", 언론과학연구 제8권 제1호, 한국지역언론학회(2008), 71면.

평하면서 사용한 표현이 겉으로 보기에 증거에 의해 입증 가능한 구체적인 사실관계를 서술하는 형태를 취하고 있다고 하더라도, 글의 집필의도, 논리적 흐름, 서술체계 및 전개방식, 해당 글과 비평의 대상이 된 말 또는 글의 전체적인 내용 등을 종합하여 볼 때, 평균적인 독자의 관점에서 문제된 부분이 실제로는 비평자의 주관적 의견에 해당하고, 다만 비평자가 자신의 의견을 강조하기 위한 수단으로 그와 같은 표현을 사용한 것이라고 이해된다면 명예훼손죄에서 말하는 사실의 적시에 해당한다고 볼 수 없다"라는 것이다.

이는 말이나 글의 표현이 외견상 사실관계를 서술하는 형태를 갖고 있더라도 전체적인 맥락이나 의도 등에 비추어 그 실질은 의견 표현에 해당하는 경우가 있고, 그러한 경우는 당연히 명예훼손죄의 구성요건인 사실 적시가 아니라는 것이다. 외견상 사실 적시로 보여도 실질은 의견 표현인 경우가 있으니 주의하라는 것이다.

대상판결이 새로 추가한 이와 같은 법리는, 종래 대법원의 일관된 논지였던 "판단할 진술이 사실인가 또는 의견인가를 구별함에 있어서는 언어의 통상적 의미와 용법, 입증가능성, 문제된 말이 사용된 문맥, 그 표현이 행하여진 사회적 상황 등 전체적 정황을 고려하여 판단하여야 한다"와 사실상 동어반복일 수도 있다. 굳이 양자를 구분하자면, 종래의 법리는 일반적인 경우에 공통적으로 적용될 수 있는 법리이고, 대상판결이 새로 추가한 법리는 그 중에서도 특히 타인의 말이나 글을 비평하는 경우에 적용될 수 있는 해석방법을 설명한 것이다.

대상판결은 이렇게 다시 한번 사실 적시의 요건을 엄격히 판단함으로써, 명예훼손죄의 성립범위를 한층 더 제한하려고 하였다. 구체성과 입증가능성 등이 인정되는 표현이더라도 다시 한번 의견 표현으로 볼 여지가 있는지 재차 신중해야 한다는 것이다. 이와 같이 사실 적시의 인정에 신중을 기함으로써 공론의 장에서 벌어져야 마땅할 주장과 논쟁에 사법기관이 섣불리 관여하는 현상을 예방할 수 있을 것이다. 타당한 결론이다.

이 사건 이후 대상판결의 법리를 그대로 원용하여 결론을 이끈 판결이 하나 더 나왔다. 대법원 2017. 12. 5. 선고 2017도15628 판결이다.

이 판결의 사안은, 종중 분쟁과 관련된 민사소송을 통해 족보 내용에 대한 사실관계가 판결로 확정된 상황에서 피고인이 종중 관련 책자를 발간해 배포하였는데 그 책자에 기술된 족보 내용이 앞서 확정된 민사판결에서의 족보 내용과 다르다는 이유로 출판물에 의한 명예훼손으로 기소된 사안이다.

원심은 이 책자에 기술된 족보 내용이 사실 적시에 해당한다고 보고 피고인에게 유죄판결을 선고하였으나, 대법원은 이 족보 내용은 피고인의 주관적 의견이나 견해 또는 주장에 해당하고 다만 이를 강조하거나 달리 표현하기 위해 구체적인 사실관계를 단정하는 형태로 서술한 것에 불과하여 사실 적시에 해당한다고 보기 어렵다고 판단하였다.[38]

이 판결에 대해서는, 사실 적시 여부를 판단하기 위한 추가 고려요소인 ‘글의 집필의도, 논리적 흐름, 서술체계 및 전개방식, 해당 글과 비평의 대상이 된 말 또는 글의 전체적인 내용 등’은 법관으로 하여금 주관적이고 가치평가적인 판단을 하게 하는 것이고 이로 인해 사회구성원들은 특정 표현이 명예훼손죄에 있어 사실의 적시에 해당하는지 여부를 쉽게 판단할 수 없게 되어 개별 사안에 관해 누구나 적용할 수 있는 명확하고 객관적인 판단기준을 제시하지 못한다는 이

38) “다른 사람의 말이나 글을 비평하면서 사용한 표현이 겉으로 보기에 증거에 의해 입증 가능한 구체적인 사실관계를 서술하는 형태를 취하고 있다고 하더라도, 글의 집필의도, 논리적 흐름, 서술체계 및 전개방식, 해당 글과 비평의 대상이 된 말 또는 글의 전체적인 내용 등을 종합하여 볼 때, 평균적인 독자의 관점에서 문제 된 부분이 실제로는 비평자의 주관적 의견에 해당하고, 다만 비평자가 자신의 의견을 강조하기 위한 수단으로 그와 같은 표현을 사용한 것이라고 이해된다면 명예훼손죄에서 말하는 사실의 적시에 해당한다고 볼 수 없다(대법원 2017. 5. 11. 선고 2016도19255 판결 등 참조). 그리고 이러한 법리는 어떠한 의견을 주장하기 위해 다른 사람의 견해나 그 근거를 비판하면서 사용한 표현의 경우에도 다를 바 없다.”

유로 비판적으로 보는 견해가 있다.[39]

반면, 위 판결이 대상판결의 사실 적시에 관한 법리를 적용하여 표현의 자유의 범위를 넓게 해석하고 법원 판결에 대한 자유로운 견해 개진과 비판, 토론도 폭넓게 허용하는 태도를 보여주었다며 긍정적인 평가를 하는 견해도 있다.[40] 비록 피고인이 이미 민사판결로 확정된 족보 내용과 다른 내용을 위 책자에 기술하였으나, 책자에 기술된 족보 내용은 피고인의 의견이 반영된 것으로서, 설령 민사판결로 확정된 내용도 의견 표현의 대상으로 삼을 수 있음을 지적한 의의가 있다는 점에서, 이 견해에 동의한다.

Ⅲ. '사실'은 어떻게 입증할 것인가

1. '사실' 입증의 현주소와 부작용

어떤 명예훼손죄 사건에서 '공연성'과 '사실 적시'가 인정된다면, 그 다음 단계로 형법 제307조 제1항 또는 제2항 중 어느 것으로 의율할지, 형법 제310조의 위법성조각사유에 해당하지는 않는지 등을 판단하기 위해 적시된 사실이 허위의 사실인지 여부를 입증하여야 한다. 대상판결의 사안에서는 사실 적시 자체가 인정되지 않아 '사실'이 무엇인가에서 논의가 멈추고 말았지만, 만약 사실 적시가 인정되었다면 이것이 허위사실인지를 입증하여야 하는, 어찌 보면 더 중요하고 어려운 과제가 남게 된다.

명예를 훼손당하였다고 고소·고발하는 사람들이라면 누구나 행위자가 '허위사실'을 적시하였다고 주장한다. 허위사실이 아닌 단순한 '사실'이나 더 나아가 '진실'이 적시되었다고 주장하면서 고소·고발하는 사람은 흔하지 않다. 따라서 대개의 명예훼손 사건은 그 적시된 사

39) 공일규, "명예훼손죄에 있어 '사실의 적시' 해당 여부 판단에 관한 판례의 검토", 2018. 5. 21.자 법률신문, https://www.lawtimes.co.kr/Legal-News/Legal-News-View?serial=143239 (2019. 2. 24. 검색).

40) 양철한, 앞의 글.

실이 허위인지 아닌지가 가장 첨예하게 다투어지는 지점이다. 오직 허위인지 아닌지를 가려주지 않으면 누구도 만족해하지 않는다. 그래서 수사기관은 대개 적시된 사실이 허위사실인지를 입증하기 위해 많은 애를 쓰기 마련이다. 수사 결과 허위사실로 볼만한 증거가 부족한 경우에는, 그냥 '사실'만 남게 된다. 엄밀하게 말하면 이 '사실'이 진실한 사실인지 여부는 당사자들 외에는 정확히 알 수 없지만, 일단 허위사실이라고 볼 증거가 부족한 이상 진실한 사실에 준하는 대접을 받게 되기도 한다.

그런데 명예훼손죄 사건에서 수사기관이 이렇게 허위사실 여부의 입증에 주력하게 되면 여러 부작용이 따라온다.

가장 심각한 문제점은, 수사기관이 쉽게 강제수사 수단을 동원해 당사자들의 사생활에 깊이 접근하려고 한다는 점이다. 마치 거리 곳곳에 설치된 CCTV를 통해 거리의 범법자들을 찾아내듯, 당사자들의 휴대전화기와 모바일 메시지 등을 통해 남의 사생활과 마음속을 탐색하고자 한다.

여기저기 탐색해본 결과 고소·고발을 제기한 당사자들이 당초 기대했던 사실관계가 그대로 확인되기도 하지만, 꼭 그게 아니라도 무언가 다른 논란거리를 만들 수 있는 새로운 사실관계가 확인되기도 한다. 이렇게 되던 저렇게 되던 고소·고발을 제기한 당사자들로서는 상대에게 어두운 이미지를 덧씌우거나 상대를 괴롭히는 소기의 성과를 거두게 된다. 그러다 보니, 자꾸 반대 진영의 사람들을 공격하기 위한 도구로서 명예훼손 고소·고발이 활용되는 풍토가 조성되기도 한다.

2. 이른바 '완화된 입증책임론'에 대한 변론

형사재판에서 공소가 제기된 범죄의 구성요건을 이루는 사실은 그것이 주관적 요건이든 객관적 요건이든 그 입증책임이 검사에게 있으므로, 허위사실 적시에 의한 명예훼손죄로 기소된 사건에서는 사람의 사회적 평가를 떨어뜨리는 사실이 적시되었다는 점, 그 적시된 사실이 객관적으로 진실에 부합하지 아니하여 허위일 뿐만 아니라 그 적시된 사실이 허위라는 것을 피고인들이 인식하고서 이를 적시하였다는 점은 모두 검사가 입증하여야 한다.[41] 이는 무죄추정 원칙에 따른 입증책임 분배의 결과로서, 합리적 의심이 들지 않을 정도의 입증에 실패하면 그로 인한 불이익은 검사가 부담한다. 즉, 무죄판결을 손에 쥐게 된다.

명예훼손죄 사건에서 피고인이 진실이라는 점을 소명할 구체적이고 객관적인 자료를 전혀 제시하지 못하였다는 이유만으로, 피고인이 적시한 사실이 허위이고 피고인이 이를 허위라고 인식하고 있었다고 판단하여서는 안 된다.[42]

그런데 다른 범죄와 달리 명예훼손죄 사건에서는 검사의 입증책임 부담 원칙과 관련하여 특수한 취급이 인정된다. 즉, "형법 제309조 제2항의 출판물에 의한 명예훼손죄로 기소된 사건에서, 공표된 사실이 허위라는 점은 검사가 이를 적극적으로 증명하여야 하고, 단지 공표된 사실이 진실이라는 증명이 없다는 것만으로는 허위사실공표에 의한 명예훼손죄가 성립할 수 없다. 그런데 위 증명책임을 다하였는지 여부를 결정함에 있어서는, 어느 사실이 적극적으로 존재한다는 것의 증명은 물론, 그 사실의 부존재의 증명이라도 특정 기간과 특정 장소에서의 특정행위의 부존재에 관한 것이라면 적극적 당사자인 검사가 이를 합리적 의심의 여지가 없이 증명하여야 할 것이지만, 특정되지 아니한 기간과 공간에서의 구체화되지 아니한 사실의 부존재를 증명한다는 것은 사회통념상 불가능한 반면 그 사실이 존재한다고 주장·증명하는 것이 보다 용이하므로 이러한 사정은 검사가 그 입증책임을 다하였는지를 판단함에 있어 고려되어야 하고, 따라서 의혹을 받을 일을 한 사실이 없다고 주장하는 사람에 대하여 의혹을 받을 사실이 존

41) 대법원 2008. 6. 12. 선고 2008도1421 판결.
42) 대법원 2010. 11. 25. 선고 2009도12132 판결.

재한다고 적극적으로 주장하는 사람은 그러한 사실의 존재를 수긍할 만한 소명자료를 제시할 부담을 지며 검사는 제시된 자료의 신빙성을 탄핵하는 방법으로 허위사실임을 입증할 수 있을 것인데, 이 때 제시하여야 할 소명자료는 단순히 소문을 제시하는 것만으로는 부족하고 적어도 허위임을 검사가 입증하는 것이 가능할 정도의 구체성은 갖추어야 하며, 이러한 소명자료의 제시가 없거나 제시된 소명자료의 신빙성이 탄핵된 때에는 허위사실공표로서의 책임을 져야 한다."[43]

위 판시내용의 뒷부분, 즉 특정되지 않은 기간과 공간에서의 구체화되지 않은 사실의 부존재를 증명하는 경우에 피고인이 사실의 존재에 관한 소명자료를 제시하고 검사는 이 자료의 신빙성을 탄핵하는 방법으로 입증한다는 법리에 대해서는, 흔히 검사의 입증책임이 완화된 것이라고 설명하기도 한다. 이러한 법리는, 명예훼손에 관한 민사소송에서도 원고에게 동일한 내용으로 인정되고 있는 법리이고,[44] 최근 사회적 논란이 있었던 신앙에 따른 병역거부 사건의 판결에서도 병역거부의 정당한 사유 부존재를 입증하는 경우에 동일하게 인정된다.[45]

43) 대법원 2008. 11. 13. 선고 2006도7915 판결(공직선거법상 허위사실공표 사안인 대법원 2005. 7. 22. 선고 2005도2627 판결에서 인정된 법리가 형법 제309조 제2항 출판물에 의한 허위사실 적시 명예훼손 사안에도 그대로 원용된 것이다).

44) "사실적 주장이 진실한지 아닌지를 판단함에 있어서, 어떠한 사실이 적극적으로 존재한다는 것의 증명은 물론 어떠한 사실의 부존재의 증명이라도 그것이 특정 기간과 특정 장소에서 특정한 행위가 존재하지 아니한다는 점에 관한 것이라면 피해자가 그 존재 또는 부존재에 관하여 충분한 증거를 제출함으로써 이를 증명할 수 있을 것이다. 그러나 그것이 특정되지 아니한 기간과 공간에서의 구체화되지 아니한 사실의 부존재의 증명에 관한 것이라면 이는 사회통념상 불가능에 가까운 반면 그 사실이 존재한다고 주장·증명하는 것이 보다 용이한 것이어서 이러한 사정은 증명책임을 다하였는지를 판단함에 있어 고려되어야 하는 것이므로 의혹을 받을 일을 한 사실이 없다고 주장하는 사람에 대하여 의혹을 받을 사실이 존재한다고 적극적으로 주장하는 자는 그러한 사실의 존재를 수긍할 만한 소명자료를 제시할 부담을 지고 피해자는 제시된 자료의 신빙성을 탄핵하는 방법으로 허위성의 입증을 할 수 있다"(대법원 2011. 9. 2. 선고 2009다52649 전원합의체 판결).

45) "구체적인 병역법위반 사건에서 피고인이 양심적 병역거부를 주장할 경우, 그 양심이 과연 위와 같이 깊고 확고하며 진실한 것인지 가려내는 일이 무

이에 대해서는, 원칙적으로 검사에게 부과된 허위사실의 입증책임이 사실상 소명자료의 신빙성에 대한 피고인의 탄핵책임으로 완화되고 결과적으로 사실의 허위 여부에 대한 직접적인 입증 없이도 범죄가 성립되게 되는 역설적 결과를 낳았다거나,[46] 피고인에게는 허위사실에 대한 입증책임을 부담지우고 검사에게는 단순히 탄핵의 방법으로 허위를 증명하도록 하고 있어 실질적으로 입증책임을 전환하고 있다[47]고 비판하는 견해도 적지 않다.

다만, 이러한 비판은 재고의 여지가 있다. 이른바 '완화된 입증책임론'은 단지 '특정되지 않은 기간과 공간에서의 구체화되지 않은 사실의 부존재를 증명하는 경우'에만 한정하여 적용되는 법리이다. 이는 사회통념상 도대체 입증할 수 있는 방법 자체가 없는 경우여서 부득

엇보다 중요하다. 인간의 내면에 있는 양심을 직접 객관적으로 증명할 수는 없으므로 사물의 성질상 양심과 관련성이 있는 간접사실 또는 정황사실을 증명하는 방법으로 판단하여야 한다.

(중략)

정당한 사유가 없다는 사실은 범죄구성요건이므로 검사가 증명하여야 한다. 다만 진정한 양심의 부존재를 증명한다는 것은 마치 특정되지 않은 기간과 공간에서 구체화되지 않은 사실의 부존재를 증명하는 것과 유사하다. 위와 같은 불명확한 사실의 부존재를 증명하는 것은 사회통념상 불가능한 반면 그 존재를 주장·증명하는 것이 좀 더 쉬우므로, 이러한 사정은 검사가 증명책임을 다하였는지를 판단할 때 고려하여야 한다. 따라서 양심적 병역거부를 주장하는 피고인은 자신의 병역거부가 그에 따라 행동하지 않고서는 인격적 존재가치가 파멸되고 말 것이라는 절박하고 구체적인 양심에 따른 것이며 그 양심이 깊고 확고하며 진실한 것이라는 사실의 존재를 수긍할 만한 소명자료를 제시하고, 검사는 제시된 자료의 신빙성을 탄핵하는 방법으로 진정한 양심의 부존재를 증명할 수 있다. 이때 병역거부자가 제시해야 할 소명자료는 적어도 검사가 그에 기초하여 정당한 사유가 없다는 것을 증명하는 것이 가능할 정도로 구체성을 갖추어야 한다"(대법원 2018. 11. 1. 선고 2016도10912 전원합의체 판결).

46) 김종철, "공직선거법 제250조 제2항 낙선목적 허위사실공표죄와 관련한 대법원 판결에 대한 헌법적 검토", 법학연구 제22권 제1호, 연세대학교 법학연구원(2012), 20면.

47) 이원상, "허위사실적시에 의한 명예훼손죄의 적용에서 전제사실의 미확정으로 인한 문제점 고찰", 형사판례연구(22), 한국형사판례연구회, 박영사(2014), 125면.

이 일종의 예외를 인정하는 것이다. 검사의 입증책임 부담이라는 대원칙을 훼손하거나 피고인에게 입증책임을 부담시키는 것이라 보기 어렵고, 단지 입증의 방법만을 달리하는 것에 불과하다.

명예훼손죄 사건에서의 검사의 입증책임과 관련하여, 최근 선고된 하급심 판결을 한 건 살펴보기로 한다. 주요 판시내용은 아래와 같다.

> "피고인의 'ㅇㅇㅇ 의원이 간첩으로 북한의 지령을 받아 활동하고 있다'는 취지의 주장은 '특정되지 아니한 기간과 공간에서의 구체화되지 아니한 사실'의 주장에 해당한다 할 것인데, 피고인이 그 소명을 위하여 제출한 자료는 일부 언론의 보도 자료이고, 그 내용 역시 '일부 단체들이 ㅇㅇㅇ 의원에 대하여 이런 주장을 하고 있다'는 취지의 내용이 대부분이고, 피고인의 주장과 유사한 내용의 기사 역시 'ㅇㅇㅇ 의원이 북한에 유리한 활동을 하고 있다'는 취지에 불과하고 피고인의 주장과 같이 'ㅇㅇㅇ 의원이 김정일이나 김정은 앞에서 충성을 맹세하고 왔다', 'ㅇㅇㅇ 의원이 언론에 무궁화호 탈선 사건 등의 불리한 기사를 없애라고 하여 기사가 삭제되었다', '간첩들에 의해 ㅇㅇㅇ 의원 대통령 만들기 프로젝트가 착수되었다'거나 'ㅇㅇㅇ 의원이 북한 김양건 지시에 따라 석촌동 땅굴에 관한 내용을 덮었다'거나 하는 내용은 그 근거를 전혀 알 수 없는 점 등에 비추어 보면, 피고인의 ㅇㅇㅇ 의원에 대한 주장은 허위사실로 판단할 수밖에 없다."[48]

위 판결이 적절히 지적하였듯이, 피고인의 주장 중 'ㅇㅇㅇ 의원이 간첩으로 북한의 지령을 받아 활동하고 있다'라는 부분은 불특정 기간과 공간에서의 구체적이지 않은 사실에 대한 주장이다. 확인이 필요한 기간과 장소마저 특정되지 않는 이런 막연한 주장내용이 허위사실인지 여부를 입증하려 한다면, 아마도 ㅇㅇㅇ 의원과 그 주변에 대한 전방위적 수사 외에는 달리 방법이 없을 것이다. 출처와 근거 불분명한 이런 주장만을 근거로 ㅇㅇㅇ 의원의 집과 사무실이라도 수색하

48) 의정부지방법원 2018. 7. 5. 선고 2017고단5509 판결.

여 그의 간첩활동에 관한 증거를 찾아낸다는 것은, 일단 혐의의 소명과 압수수색의 필요성의 입증이 쉽지 않다. 당연히 압수수색영장 자체를 받기도 쉽지 않을 것이고, 그렇다고 북한 당국에 사실조회 같은 것을 해볼 수도 없는 것 아닌가. 더 이상의 수사를 그만두거나 아니면 수사의 비례성 원칙을 심각하게 훼손하는 수사가 아닌 한, 피고인의 주장내용이 허위인지 아닌지를 입증할 방법은 도무지 떠오르지 않는다.

따라서 피고인으로 하여금 어떤 근거로 그와 같은 주장을 한 것인지 소명하게 하고, 그러한 소명이 타당한지를 확인해나가는 방법으로 피고인의 주장내용이 허위인지를 입증할 수밖에 없고, 그것이 합리적인 수사방법이 될 것이다. 판례의 '완화된 입증책임 법리'가 부당하다고 보는 견해는, 이런 사안에서 볼 수 있는 근거 없는 의혹 제기나 가짜 뉴스 제공자를 오히려 유리하게 취급하는 결론이 될 수 있다.

다른 하급심 판결을 하나 더 보기로 한다. 이 사안은 시중의 소문 등을 근거로 삼아 세월호 참사 당일 대통령의 행적에 의문을 제기하는 기사를 쓴 일본 일간지 서울지국장에 대한 명예훼손 사건이다. 주요 판시내용은 다음과 같다.

> "나. 입증을 요하는 사실과 입증의 정도
> 이 사건에서 검사는 소문 내용, 즉 '① 대통령이 세월호 침몰 사고 당일 ○○○와 함께 있었다, ② 두 사람은 긴밀한 남녀관계이다'가 허위임을 입증하여야 한다.
> 구체적으로 검사는, ①사실에 관하여는 대통령이 세월호 침몰 사고 당일 ○○○와 함께 있지 않았다는 사실을 입증하여야 하고, ②사실에 관하여는 두 사람이 긴밀한 남녀관계가 아니라는 사실을 입증하여야 한다.
> 그런데 대통령이 세월호 침몰 사고 당일 ○○○와 함께 있지 않았다는 것은, 세월호 침몰 사고일이라는 특정한 시간과 국가기관인 대통령 주변이라는 특정한 공간에서 두 사람의 만남이 존재하지 않는다는 것이다. 그러므로 이에 대해서는 엄격한 증명이

필요하다.

그러나 대통령과 ○○○가 긴밀한 남녀관계가 아니라는 사실은, 특정되지 아니한 기간과 공간에서 구체화되지 아니한 사실의 부존재에 관한 것이므로, 이에 대한 증명책임은 다소 완화되어야 한다.

(중략)

이를 종합하면, 대통령이 세월호 침몰 사고 당일인 2014. 4. 16. ○○○와 함께 있었다는 것과 두 사람이 '긴밀한 남녀관계'라는 것이 모두 객관적 사실과 합치하지 않아 허위임이 인정된다."[49]

위 판결에서는, ①사실은 엄격한 입증책임을, ②사실에 관해서는 이른바 완화된 입증책임을 요구한다.

①사실을 엄격하게 입증하기 위해서는, 청와대를 상대로 대통령의 행적에 관한 자료를 임의제출 받거나 경우에 따라 청와대에 대한 압수수색이 필요할 것이다. 그런데 단지 시중에 도는 출처 불분명한 소문이 사실인지를 확인하고자 업무의 비밀 보장이 우선시 되어야 할 청와대를 대상으로 이러한 조치를 한다는 것이, 과연 적절한 수사방법인지, 수사의 비례성 원칙에 부합하는 것인지는 의문이다.

더구나 ②사실은 입증책임이 완화된다고는 하나, 도대체 두 사람의 남녀관계를 어떤 방법으로 입증할 수 있을까. 입증이 가능하기는 한 것인지 모르겠다. 남녀관계가 긴밀하다 그렇지 않다 하는 것은 이를 주장하는 사람의 의견에 가까운 것이지 어떤 객관적 팩트를 가리키는 것이라고 볼 수는 없다. 남녀관계가 어떻다 하는 것은 애초 입증가능성도 없어 '사실 적시'에 해당하지 않는다고 보았어야 하는 사안이 아닌가 싶다.

3. 소 결

결국 명예훼손죄 사건에서 '사실 적시'라는 관문을 통과하면, 이후

---

49) 서울중앙지방법원 2015. 12. 17. 선고 2014고합1172 판결.

그 사실이 허위인지 여부를 입증하는 과정에서 여러 문제점이 있을 수 있다.

명예훼손 사건에서 가장 쟁점이 되어야 할 부분은 피해자가 과연 외부적 명예를 침해당하였는가 아닌가 여부이다. 그런데도 실제로는 명예훼손 사건의 수사나 재판에서 가장 쟁점이 되고 언론과 대중의 시선이 집중되는 지점은 적시된 사실이 허위인가 아닌가 하는 부분이다.

그래서 입증이 곤란해 보이는 사실임에도 어떻게든 입증을 하고 결론을 내기 위해 무리한 수사가 이루어질 수 있고, 수사의 비례성 원칙이 훼손될 수 있다. 수사기관의 의욕적인 입증활동이 당사자들에게 과도한 사생활 침해 등의 피해를 야기할 수 있다.

공공의 이익 보호나 피해자의 피해 구제보다 언론과 대중의 궁금증에 화답하기 위한 절차로서 명예훼손 사건의 수사와 재판이 기능하여서는 곤란할 것이다.

Ⅳ. 맺는 말

현재 대한민국은 숱한 명예훼손 사건을 낳고 만나고 있다. 끊임없이 생겨나는 다양한 분야의 논란거리들이 대화와 타협으로는 해결되지 않은 채 사법절차로 넘어오면서, 수사기관이나 재판기관의 심판 역할이 도를 넘고 있다. 사법기관이, 정치적 논의와 결단에 따라 결정되어야 할 정책의 당부를 심판하고, 학문적 연구와 토론에 따라 탐구되어야 할 역사적 사실을 확정하고 평가하고 있다. 마치 축구 경기장에서 야구 심판이 뛰고 있는 격이다.

따라서 사법기관의 과도한 심판 역할을 제한하고자 하는 지혜가 요구된다. 이를 위해 구체성과 입증가능성 등의 요건을 엄격히 적용하여 명예훼손죄에서의 '사실 적시'의 인정범위를 제한적으로 해석할 필요가 있다. 또한 사실 적시의 의미를 확장하여 해석하는 경우 자칫 의견을 표현할 자유를 위축시킬 위험이 있으므로, 표현의 자유나 언론의 자유를 고려할 때 사실 적시의 개념은 가급적 제한적으로 해석하여야 한다.

피고인이 이 사건 책에 기술한 내용을 사실 적시로 인정한 1심 판결은, 이 사건 책과 피해자 책의 내용을 면밀히 대조하고 비교한 끝에 피고인이 피해자 책에 기술되어 있는 내용이라면서 이 사건 책에 기술한 내용이 피해자 책에 없다는 사실을 인정하였다. 겉으로 드러난 내용만을 비교해 볼 때, 두 책에 기술된 내용들은 서로 다르긴 하다. 피고인은 피해자 책에 이러이러한 내용이 기술되어 있다고 주장하나, 피해자는 자신의 책에 그런 내용이 없다며 피고인이 허위사실을 주장한다고 비난한다.

항소심과 대상판결은 두 책에 기술된 내용이 서로 다른 것은 사실이지만, 이는 피해자 책에 기술된 내용을 피고인이 이 사건 책에 그대로 인용하지 않고 나름대로 색다르게 해석하고 분석한 결과를 자신의 의견으로서 기술한 것이어서 다르게 보이는 것이라고 본다. 같은 책을 본 사람들이 서로 다른 내용의 감상문을 적는 것과 같은 이치라는 것이다.

이러한 사안을 판단할 때, 대상판결이 새로 추가한 고려사항, 즉 말이나 글의 표현이 외견상 사실관계를 서술하는 형태를 갖고 있더라도 전체적인 맥락이나 의도 등에 비추어 실질은 의견 표현에 해당하는 경우도 있음에 유의하여야 한다.

그리고 설령 피고인이 기술한 내용이 의견 표현이 아닌 사실 적시에 해당한다고 하더라도, 두 책에 기술된 내용들의 차이점을 발견하는 것만으로 허위사실이 입증되었다고 보는 것은 곤란하다. 피고인이 기술한 내용에는 피해자 책의 내용에 대한 피고인 자신의 해석과 분석도 함께 들어가 있기 때문이다. 따라서 사실 적시가 동반되거나 전제된 의견 표현에 대해서도 이를 사실 적시로 인정함에 신중을 기하여야 할 것이다.

[주 제 어]
명예훼손, 사실 적시, 의견 표현, 구체성, 입증가능성, 입증책임

[Key Words]
defamation, statement of fact, expression of opinion, concreteness, possibility of demonstration, burden of proof

접수일자: 2019. 5. 20. 심사일자: 2019. 6. 7. 게재확정일자: 2019. 6. 10.

[참고문헌]

배종대, 형법각론(제10전정판), 홍문사, 2018.

이재상·장영민·강동범, 형법각론(제10판 보정판), 박영사, 2017.

젊은역사학자모임, 『욕망 너머의 한국 고대사』, 서해문집, 2018.

공일규, "명예훼손죄에 있어 '사실의 적시' 해당 여부 판단에 관한 판례의 검토", 법률신문, 2018. 5. 21., https://www.lawtimes.co.kr/Legal-News/Legal-News-View?serial=143239.

김경호, "'의견표현'과 '사실적시' 이분법에 따른 대법원의 표현의 자유 보호 법리에 관한 연구", 언론과학연구 제8권 제1호, 한국지역언론학회, 2008.

김종철, "공직선거법 제250조 제2항 낙선목적 허위사실공표죄와 관련한 대법원 판결에 대한 헌법적 검토", 법학연구 제22권 제1호, 연세대학교 법학연구원, 2012.

박범영, "명예훼손에 있어 사실과 의견의 구별론", 법조 제716호, 법조협회, 2016.

양철한, "[2017년 분야별 중요판례분석] 19. 언론법", 법률신문, 2018. 7. 12., https://www.lawtimes.co.kr/Legal-News/Legal-News-View?serial=144762.

이원상, "허위사실적시에 의한 명예훼손죄의 적용에서 전제사실의 미확정으로 인한 문제점 고찰", 형사판례연구(22), 한국형사판례연구회, 박영사, 2014.

경향신문, "이정희에겐 안 되고, 문성근에겐 되고…대법 '종북 명예훼손'에 다른 판단", 2018. 12. 3., http://news.khan.co.kr/kh_news/khan_art_view.html?art_id=201812031711011#csidxb17d7f721d7e4618b30a246d53cd0be.

주간경향, "[주목! 이 사람] 식민사관 비판하다 법정에 선 역사학자 이덕일 '현 검찰은 조선총독부 검찰인가'", 2015. 10. 6., http://weekly.khan.co.kr/khnm.html?mode=view&code=115&artid=201509221112411&pt=nv#csidx9dac354624ac86f9a9e86d94700f1a4.

한겨레, "'민족대표33인 후손 명예훼손' 설민석씨에… 법원 '1400만원 위자료 지급'", 2018. 11. 14.,

http://www.hani.co.kr/arti/society/society_general/870288.html#csidx192c3fd059bec01beb020bd7860eed5.

한겨레, "[사설] '손혜원 논란', 엄정한 검찰 수사로 진실 규명해야", 2019. 1. 20., http://www.hani.co.kr/arti/opinion/editorial/879140.html#csidx37347b10d1182cc8d604dee288618c1.

한국NGO신문, "사법부도 매국사학에 동참하는가?", 2015. 9. 4.,

http://m.wngo.kr/77375.

[Abstract]

Meaning and proof of 'facts' in defamation case

HAN, Je-Hee*

Today, there are many defamation cases in our country. Various issues in many areas of our society are not solved by dialogue and compromise, but have been passed into the judicial process. As the result, investigative agencies and judicial institutions are playing a role in judging social controversies. However, this phenomenon is causing many undesirable problems.

So it is necessary to limit the role of the judiciary as a judge. For this end, it is necessary to restrictively interpret the scope of recognition of 'facts' in defamation cases, by strictly applying the requirements such as concreteness and possibility of demonstration. If we interpret the meaning of 'facts' broadly, there is a risk that people will feel less free to express opinions. So the concept of 'facts' should be interpreted as narrowly as possible in order to guarantee freedom of expression and freedom of speech.

This judgment provides one consideration. That is, even if the expression of a word or a writing appears to represent 'facts' when it is seen from the outside, when the whole context or intention is examined, the reality may correspond to the expression of opinion.

* Professor(Public Prosecutor), Institute of Justice

배임죄와 주주총회 결의의 한계
— 주주의 이익만 문제되는 영역의 검토

이 완 규*

[대상판결] 대법원 2016. 1. 28. 선고 2014다11888 판결 [퇴직금등]

1. 사실관계

(1) 피고는 1999. 8. 20. H도 해양복합관광 휴게시설 개발사업(이하 '이 사건 사업'이라 한다)을 위해 설립된 법인이고, 원고 1은 2003. 2. 17.부터 2010. 9. 27.까지는 피고의 이사로, 그 다음날부터 2010. 11. 17.까지는 피고의 대표이사로 각 재직하였고, 원고 2는 2008. 1. 15.부터 2010. 11. 17.까지 피고의 이사로 재직하였다.

(2) 피고의 발행주식 중 90%는 2004. 6.경부터 A회사가 보유하고, B회사가 A회사의 주식 100%를 보유하고 있었다. 당시 소외 1은 피고의 대표이사이자 A 및 B의 이사로서 피고의 경영권을 장악하고 있었는데, 2007. 11. 23. 이 사건 사업과 관련하여 사기죄 등으로 기소되어 실형을 선고받고 구속되자, 그 측근이자 A의 집행이사(Managing Director)인 소외 2를 통하여 피고의 지배주주인 A의 의사결정에 영향력을 행사하였다. 소외 1은 2008. 4. 24. 위 형사사건에 관하여 유죄판결이 확정되자 2008. 5. 15. 피고의 대표이사를 사임하였고, 이사로 재직하던 소외 3이 그에 앞서 2008. 4. 2. 피고의 대표이사로 취임하였다.

---

* 변호사, 법학박사

(3) 피고는 설립 이래 경영실적과 재무상태가 지속적으로 어려운 상황에 놓여 있어 2008. 3. 31. 현재 73억원 가량의 누적손실을 기록하고 있었는데, 무엇보다도 매출액 규모에 비해 임원 특히 대표이사의 급여 비중이 높은 것이 손실의 주요인이었고, 휴게소 임대 이외에는 별다른 사업이 없었으며, 피고가 추진하던 H도 2단계 개발사업은 소외 1의 구속으로 사실상 중단되었기 때문에 원고들이 경영상 판단을 할 일은 많지 않았다.

(4) A회사가 보유하는 피고의 주식 90%에 대해서는 A회사가 2005. 2. 17. 발행한 회사채(그 만기는 2009. 5. 4.이다, 이하 '이 사건 회사채'라 한다) 보유자인 씨티그룹 글로벌 마케츠 파이낸셜 프로덕츠 엘엘씨(Citigroup Global Markets Financial Products LLC, 이하 '씨티그룹'이라 한다)가 질권을 보유하고 있었는데, A회사가 위 회사채 원리금을 상환할 가능성은 거의 없었기 때문에 원고들은 곧 피고의 지배주주가 변동될 것이고, 이에 따라 자신들도 교체될 것임을 충분히 예상할 수 있었다.

(5) 피고의 정관은 제19조 제1항 나.호에서 "이사의 급여, 상여금 기타 보수 및 퇴직금의 결정은 주주총회에 출석한 주주의 의결권의 과반수와 발행주식총수의 4분의 1 이상의 찬성으로 의결한다"고 규정하고 있다.

(6) 소외 3은 2008. 6. 10. 이사회를 개최하여 원고들을 비롯한 이사들의 찬성을 얻어 임원퇴직금지급규정(이하 '이 사건 퇴직금규정'이라 한다)의 제정을 결의한 다음, 2008. 6. 26. 개최된 정기주주총회(이하 '이 사건 주주총회'라 한다)에서 발행주식 10%를 보유한 한국도로공사의 반대에 불구하고 발행주식 90%를 보유한 A회사의 찬성으로 이 사건 퇴직금규정 제정안을 가결하였는데, A회사를 대리하여 의결권을 행사한 소외 2는 소외 1의 측근인 원고 1의 요청에 따라 위 제정안에 찬성하였다.

이 사건 퇴직금규정은 퇴직금지급률을 인상하여, 대표이사에 대하여는 종전의 5배에 해당하는 지급률(근속연수 1년당 5개월)을 적용하고 이사에 대하여는 종전의 3배에 해당하는 지급률(근속연수 1년당 3개월)을 적용하며, 그 인상된 퇴직금지급률을 임원의 근속기간 동안 소급하여 적용하는 것을 내용으로 한다.

(7) 또한 원고들을 비롯한 피고의 임직원 10명은 2010. 9. 30. 및 2010. 10. 1. 피고와 연봉인상계약(이하 '이 사건 연봉인상계약'이라 한다)을 체결하였는데, 당시 이사인 원고 2의 경우 연봉 4,800만 원에서 연봉 8,000만 원으로 인상되어 그 인상폭이 66.7%로 가장 높고, 대표이사인 원고 1의 경우 연봉 1억 4,500만 원에서 연봉 1억 8,000만 원으로 인상되어 인상폭은 그 다음으로 높은 29.7%에 이르렀다.

(8) 이 사건 퇴직금 규정에 따라 소외 3은 2010. 10. 4. 대표이사를 사임하면서 인상된 대표이사의 퇴직금지급률에 의하여 퇴직금으로 607,638,890원을 받았다. 그리고 이 사건 퇴직금규정 및 인상된 연봉을 기준으로 할 때, 대표이사로 퇴직한 원고 1의 경우에는 대표이사로 51일간 재직한 사정만으로 2002. 2. 15. 입사 이래 105개월의 근속기간 전부에 대하여 인상된 대표이사의 퇴직금지급률이 적용되어 퇴직금이 5억 원 이상 증액되고, 이사로 퇴직한 원고 2의 경우에도 3배로 인상된 퇴직금지급률이 적용되어 퇴직금이 약 3,500만 원 가량 증액된다.

(9) 씨티그룹은 2010. 10. 12. 이 사건 회사채에 대한 질권을 실행하여 피고의 주식 90%를 취득한 다음, 2010. 11. 17. 주주총회에서 새로운 이사들을 선임하였고, 같은 날 원고들은 이사직을 사임하였다.

원고들이 주주총회 결의에 의한 퇴직금 규정에 따라 퇴직금 지급을 청구하였고 피고 회사가 임원퇴직금지급규에 관한 주주총회 결의가 배임행위에 해당하여 무효라고 주장하였다.

2. 판결요지

상법은 제388조에서 주식회사 이사의 보수는 정관에 그 액을 정하지 아니한 때에는 주주총회의 결의로 이를 정한다고 규정하고 있고,

여기서 이사의 보수에는 이사의 직무수행에 대한 보상으로 지급되는 퇴직금 내지 퇴직위로금도 이에 포함된다(대법원 1977. 11. 22. 선고 77다1742 판결 등 참조).

이처럼 상법이 정관 또는 주주총회의 결의로 이사의 보수를 정하도록 한 것은 이사들의 고용계약과 관련하여 사익 도모의 폐해를 방지함으로써 회사와 주주 및 회사채권자의 이익을 보호하기 위한 것이므로(대법원 2006. 11. 23. 선고 2004다49570 판결 참조), 비록 보수와 직무의 상관관계가 상법에 명시되어 있지 않더라도 이사가 회사에 대하여 제공하는 직무와 그 지급받는 보수 사이에는 합리적 비례관계가 유지되어야 하며, 회사의 채무 상황이나 영업실적에 비추어 합리적인 수준을 벗어나서 현저히 균형성을 잃을 정도로 과다하여서는 아니 된다.

따라서 회사에 대한 경영권 상실 등에 의하여 퇴직을 앞둔 이사가 회사로부터 최대한 많은 보수를 받기 위하여 그에 동조하는 다른 이사와 함께 이사의 직무내용, 회사의 재무상황이나 영업실적 등에 비추어 지나치게 과다하여 합리적 수준을 현저히 벗어나는 보수 지급기준을 마련하고 그 지위를 이용하여 주주총회에 영향력을 행사함으로써 소수주주의 반대에 불구하고 이에 관한 주주총회결의가 성립되도록 하였다면, 이는 회사를 위하여 직무를 충실하게 수행하여야 하는 상법 제382조의3에서 정한 의무를 위반하여 회사재산의 부당한 유출을 야기함으로써 회사와 주주의 이익을 침해하는 것으로서 회사에 대한 배임행위에 해당하므로, 주주총회결의를 거쳤다 하더라도 그러한 위법행위가 유효하다 할 수는 없다(대법원 2005. 10. 28. 선고 2005도4915 판결, 대법원 2007. 6. 1. 선고 2006도1813 판결 등 참조).

원심은 피고 회사의 재무상황 및 영업실적, 이사의 직무내용, 종전의 지급 수준을 훨씬 초과하는 이 사건 퇴직금 규정의 내용 및 그 제정 경위 등에 관한 위와 같은 사실관계 및 사정 등에 기초하여, 원고들을 비롯한 피고의 이사들이 이사회 결의를 거쳐 이 사건 퇴직금 규정을 마련하고 주주총회에서 이사회 결의안대로 제정하기로 하는 결의를 이끌어낸 행위는 회사재산의 부당한 유출을 야기한 것으로서 회사의 책임재산을 감소시켜 주주인 한국도로공사 등의 이익을 중대하게 침해하는 경우에 해당하여 이사의 충실의무에 위반한 행위로서 위법하고, 이사회 및 주주총회의 결의를 거쳤다는 사정만으로 그러한 위법행위가 정당화될 수 없으므로, 그 배임행위의 결과인 이 사건 퇴직금규정을 근거로 퇴직금 청구권을 행사할 수는 없다는 취지로 판단하였다.

원심판결 이유를 적법하게 채택된 증거들에 비추어 살펴보아도, 위와 같은 원심의 판단은 앞에서 본 법리에 기초한 것으로 보이고, 거기에 상고이유 주장과 같이 주식회사 이사의 보수 및 배임행위 등에 관한 법리를 오해하거나 논리와 경험의 법칙에 반하여 자유심증주의의 한계를 벗어나는 등의 사유로 판결에 영향을 미친 위법이 있다고 할 수 없다.

[연 구]

Ⅰ. 서

주식회사의 대표이사 등이 회사에 대해 행하는 배임이나 횡령 범죄의 징표로 이사회나 주주총회 결의가 필요함에도 그러한 절차를 거치지 않고 처분행위를 하는 것이 자주 언급된다. 이러한 경우는 절차를 이행하지 않았다는 것 자체로 임무위배나 불법영득의사가 드러나는 징표로 보는 것으로 생각된다.

그런데 이사회나 주주총회 결의를 통해 행위를 한 경우 대표이사는 주주총회 결의를 집행하는 집행기관이므로 주주총회 결의 자체가 위법하여 무효가 되지 않는 한 이를 집행하는 대표이사 등의 행위도 배임행위나 횡령행위에 해당한다고 할 수 없을 것이다. 그러므로 주주총회 결의를 거치는 경우 주주총회 결의의 한계가 중요한 쟁점이 된다.

이 사건 판례는 민사사건이지만 주주총회 결의가 배임행위에 해당하여 위법하다고 판단한 사례로서 설시내용 중 주주총회 결의의 한계를 제시하고 있어 형사사건에 관한 판례로서도 의미가 있다고 생각된다. 판례는 그 기준으로 회사와 주주의 이익, 채권자 보호 등을 제시하고 있는데 판례가 제시하는 기준의 반대해석으로 회사와 주주의 이익, 채권자의 보호에 문제가 없다고 판단된다면 주주총회 결의의 한계 내로서 적법하다고 할 수 있는지도 논해보기로 한다.

Ⅱ. 주주총회 결의와 관련된 비교사례

1. 배임죄를 인정한 사례

재무구조가 열악한 회사의 대표이사가 제3자에게 회사의 자산으로 거액의 기부를 한 경우 그로써 회사를 채무초과 상태에 빠뜨리거나 채무상환이 곤란한 상태에 처하게 하는 등 그 기부액수가 회사의 재정상태에 비추어 기업의 사회적 역할을 감당하는 정도를 넘는 과도한 규모로서 상당성을 결한 것이고, 특히 그 기부의 상대방이 대표이사와 개인적 연고가 있을 뿐 회사와는 연관성이 거의 없다면 그 기부는 업무상 임무에 위배되는 행위라 할 것이고, 그 대표이사가 실질적 1인 주주라는 등의 사정이 있다고 하더라도 마찬가지라고 하면서 배임죄를 인정할 사례가 있다.[1)]

이 사례에서도 주주총회 결의가 있더라도 회사를 채무초과의 상태에 빠뜨리거나 채무상황이 곤란한 상태에 처하게 하는 경우나 회사의 채무상황이나 영업실적에 비추어 합리적인 수준을 벗어나 현저히 균형성을 잃을 정도로 과다한 경우는 주주총회 의결권의 한계를 벗어나는 것이라 하고 있다. 이와 같이 의결권의 한계와 관련하여 판단기준으로 제시되는 것은 주주 및 채권자의 이익이다. 그런데 1인 회사의 경우는 그 1인이 의결한 것이므로 소수주주의 보호문제는 발생하지 않으므로 남는 것은 채권자의 이익일 것이다.

1) 대법원 2012. 6. 14. 선고 2010도9871 판결.

그러면 여기서 채권자의 이익을 해하는 것은 어떤 경우를 의미하는가. 그것은 회사 채권자에 대한 채권을 변제할 수 있는 실질적인 자산, 즉 변제자력을 유지하지 못하는 것으로서 회사의 재무상태가 채무초과나 채무상환이 곤란한 상태에 처하게 하는 것을 의미한다고 보아야 할 것이다.

2. 주주총회 결의를 적법하다고 한 유사사례

이와 같은 판례의 취지나 회사 채권자 보호를 위한 자본충실의 원칙의 취지에 비추어 보면, 상법과 정관 규정에 의한 주주총회의 결의가 채권자의 이익을 해하지 않는 것이라면 그 한계를 초과하는 것이 아닐 수 있다는 논리가 도출될 수 있을 것으로 보인다.[2)]

이러한 취지에서 대표이사의 연봉을 48억원을 증액하여 3년간 적정보수액보다 약 182억원을 과다수령하였다는 이유로 부당이득 청구가 된 사건에서 부당하지 않다고 한 사례가 있다. 이 사건에서는 당시 피고의 보수가 유사한 규모의 다른 회사 임원의 보수에 비하여 비교적 높게 형성되었던 것으로 보이기는 하지만 그러나 원고회사가 당시 영업에 상당한 어려움을 겪는 등 재정적 어려움이 있었다고 볼 자료가 없는 점, 원고 회사의 매출액 및 영업이익은 피고가 원고회사 대표이사로 근무한 1999년부터 2011년까지 꾸준한 증가세를 유지하고 있었고, 원고회사의 주식은 2011. 6. 경 유가증권시장에 상장되기도 하였던 점 등에 비추어 보면, 피고의 보수가 주식회사의 자본충실의 원칙을 해하여 그 효력을 부정해야 할 정도로 과다하다고 보기 어렵다고 하였다.[3)]

2) 유주선/이정민, “1인 주식회사와 배임죄”, 경영법률 제28집 제4호(2018), 116면도 같은 취지의 반대해석을 제시한다.
3) 서울중앙지방법원 2015. 7. 3. 선고 2013가합17761, 2013가합31088(반소) 판결.

Ⅲ. 주주의 이익만 문제되는 주주총회 결의 영역의 검토

1. 자본거래와 손익거래

(1) 자본거래의 의의

자본거래는 기업회계 혹은 법인세법에서 주로 이용되어온 개념이다. 기업회계상으로 자본거래란 기업의 자본에 변동을 초래하는 것으로서 '기업 소유주가 기업에 대하여 하는 투자'와 '기업이 소유주에게 하는 재산의 분배'라고 정의하고, 법인세법상으로는 법인의 자본에 변동을 초래하는 것으로서 '주주가 법인에 대하여 하는 출자'와 '법인이 주주에게 하는 재산의 분배'를 의미한다.[4]

자본거래에 대한 형사상 책임 문제와 관련하여 상법상으로도 자본거래를 정의하려는 시도가 있어 자본거래를 회사에 대한 주주의 투자 또는 그 회수를 의미한다고 정의하는 견해도 있다.[5] 이러한 자본거래에 대하여 손익거래는 회사에 수익과 비용을 발생시키는 거래이다.

이러한 자본거래의 정의와 관련하여 회계학상으로 자본은 자본금, 자본잉여금, 이익잉여금, 자본조정으로 구성되고(기업회계기준 제11조 제1항 제1호) 자산에서 부채를 차감한 잔여지분으로 순자산을 의미한다. 회계에서는 이러한 자본을 주주의 잔여권리(residual right)를 의미하는 뜻으로 쓴다.

(2) 자본거래와 배임죄 적용 문제

가. 적용부정설

적용부정설은 자본거래에서는 회사의 이익과 손해라는 개념이 생겨나지 않는다고 한다. 예컨대 신주를 발행하는 자본거래에 있어서 회사자본을 얼마로 하느냐는 이익 또는 손해라는 인식을 개재시킬 수

---

4) 송호신, "자본거래에 대한 상법의 논리와 형사책임 법리의 구성', 한양법학 제22권 1집(2011), 405면.

5) 이철송, "자본거래와 임원의 형사책임", 인권과 정의 제359호, 대한변호사협회, 2006. 7., 115면.

없는 거래라는 것이다. 주식의 가치란 회사의 재산이 아니라 주주가 소유하는 재산의 가치이며 아무리 저가로 발행하더라도 저가라는 것은 회사의 바깥에서 주주간에 행해지는 거래가격에 비교한 평가에 지나지 않는바 신주의 저가발행으로 구주의 가치가 회석된다고 할지라도 이는 회사의 손해가 아니라 구주주의 손해일 뿐이라고 본다.[6] 따라서 주주가 이 손해를 감수하는 결의를 하는 이상 배임죄를 적용할 수 없다는 것이다.

한편, 자본거래에 관한 이사의 행위는 회사의 경영판단에 따른 결정이므로 이사의 임무위배가 성립하지 않는다고 본다.

나. 적용긍정설

적용긍정설은 회사 자본의 변동와 주주지분의 변화를 초래하는 자본거래의 경우에도 손익거래와 마찬가지로 순자산의 증감을 가져올 수 있으므로 자본거래의 목적이 탈법적인 행위에 있다면 임무위배가 있다고 본다.[7]

(3) 채권자 보호의 문제

채권자는 회사에 대하여 변제기에 고정된 액수의 지급을 청구할 수 있는 고정청구권자라는 점에서 잔여이익 청구권자인 주주와 차이가 있다. 따라서 만기에 고정된 액수의 변제를 받을 수 있는 것인가가 중요하고 이것이 확보되기만 한다면 채권자에 대한 책임재산의 액수가 얼마인가에 대해서는 이해관계가 없다.[8]

예를 들어 회사에 변제자력이 충분하여 문제된 행위 후에도 계속 지급불능 위험이 0인 상황에서는 책임재산의 감소나 책임재산을 더 증가시킬 수 있었는데 이를 하지 않았다는 것은 채권자에게 손해가 되지 않는다. 이를 채권자의 손해로 파악하기 위해서는 이사는 채권자

6) 이철송, 앞의 논문, 106면.
7) 장덕조, "전환사채의 저가발행과 회사의 손해, 그리고 주주의 손해", 법조 제601호(2006. 10.), 109면; 송호신, 앞의 논문, 419면.
8) 윤영신, "전환사채의 저가발행에 대한 이사의 배임죄 성부", 민사판례연구 29권, 민사판례연구회, 2007, 341면.

를 위하여 책임재산을 적극적으로 증가시킬 의무가 있다는 것이 전제되어야 하는데 이사에게 채권자에 대한 일반적인 신인의무를 인정할 수는 없다.[9]

2. 전환사채 저가발행 관련 사례

(1) 사실관계

에버랜드 주식회사는 1996. 10. 30. 이사회를 열어 총 17명의 이사 중 8명이 참석한 상태에서 무기명식 무보증전환사채의 발행을 결의하였는데, 그 주요 내용은 전환사채 총액 9,954,590,000원, 사채의 배정방법은 1996. 11. 14.을 기준으로 주주에게 우선 배정하되 실권시에는 이사회의 결의에 의하여 제3자에게 배정하고, 그 전환가액은 1주당 7,700원으로 정하였다.

이 사건 전환사채의 발행 과정에서 소정의 주주 우선배정을 실시하였으나 주주들 중 ㅁ주식회사는 위 전환사채 청약만기일까지 그 지분비율(2.94%)에 따른 전환사채의 인수청약을 하였으나 나머지 주주들은 해당 전환사채(97.06%)의 인수청약을 하지 아니하였다. 에버랜드㈜는 이사회를 개최하여 주주들이 실권한 전환사채를 ●의 장남인 ○ 등 4인에게 배정하기로 하는 안건을 의결하였고 그에 따라 ○ 등은 인수청약 및 인수대금 납입을 완료하였으며, 그 후 각 전환권을 행사하여 에버랜드의 주주가 되었다.

특별검사는 여러 가지 혐의 중 특히 제3자인 ○ 등에게 현저히 낮은 가격에 전환사채를 배정하고, 긴급한 경영상의 필요도 없는 상태에서 기존 주주들의 동의도 없이 이사회의 결의만으로 특정 제3자에게 전환사채를 몰아서 배정하여 회사의 지배권을 넘긴 점 등에서 피고인들의 임무위배를 인정할 수 있다고 보아 배임죄 등의 혐의로 ● 등을 기소하였다. 에버랜드사례에서 특히 쟁점이 되는 것은 회사의 이사가 시가보다 현저하게 낮은 가액으로 신주 등을 발행한 경우 업무

---

9) 윤영신, 앞의 논문, 같은 면.

상배임죄가 성립하는지 여부였다.

(2) 판결요지[10)]

회사가 주주들에게 지분비율에 따라 신주 등을 유상으로 발행하는 경우에, 회사로서는 그 인수대금만큼 자금이 유입됨으로써 자본 및 자산의 증가가 이루어지는데 주주들로서는 신주 등을 인수하더라도 기존에 보유하던 지분비율에는 아무런 영향이 없고 단지 보유주식수만 늘어나는 것이므로 실질적으로는 기존 주식의 분할과 주주들의 추가 출자가 동시에 이루어지는 셈이라고 할 것이다.

그리고 주주는 회사에 대하여 주식의 인수가액에 대한 납입의무를 부담할 뿐(상법 제331조) 인수가액 전액을 납입하여 주식을 취득한 후에는 주주유한책임의 원칙에 따라 회사에 대하여 추가 출자의무를 부담하지 아니하는 점, 회사가 준비금을 자본으로 전입하거나 이익을 주식으로 배당할 경우에는 주주들에게 지분비율에 따라 무상으로 신주를 발행할 수 있는 점 등에 비추어 볼 때, 회사가 주주배정의 방법, 즉 주주가 가진 주식수에 따라 신주등의 배정을 하는 방법으로 신주등을 발행하는 경우에는 발행가액 등을 반드시 시가에 의하여야 하는 것은 아니다. 그러므로 회사의 임원인 이사로서는 주주배정의 방법으로 신주를 발행함에 있어서 원칙적으로 액면가를 하회하여서는 아니된다는 제약(상법 제330조, 제417조) 외에는 주주 전체의 이익과 회사의 자금조달의 필요성과 급박성 등을 감안하여 경영판단에 따라 자유로이 그 발행조건을 정할 수 있다고 보아야 할 것이므로, 시가보다 낮게 발행가액 등을 정함으로써 주주들로부터 가능한 최대한의 자금을 유치하지 못하였다고 하여 배임죄의 구성요건인 임무위배, 즉 회사의 재산보호의무를 위반하였다고 볼 것은 아니다.

신주 등의 발행에 있어서 주주배정방식과 제3자배정방식을 구별하는 기준은 회사가 신주 등을 발행함에 있어서 주주들에게 그들의

10) 대법원 2009. 5. 29. 선고 2007도4949 판결.

지분비율에 따라 신주 등을 우선적으로 인수할 기회를 부여하였는지 여부에 따라 객관적으로 결정되어야 할 성질의 것이지, 신주 등의 인수권을 부여받은 주주들이 실제로 인수권을 행사함으로써 신주 등을 배정받았는지 여부에 좌우되는 것은 아니다.

회사가 기존 주주들에게 지분비율대로 신주 등을 인수할 기회를 부여하였는데도 주주들이 그 인수를 포기함에 따라 발생한 실권주 등을 제3자에게 배정한 결과 회사 지분비율에 변화가 생기고, 이 경우 신주 등의 발행가액이 시가보다 현저하게 낮아 그 인수권을 행사하지 아니한 주주들이 보유한 주식의 가치가 희석되어 기존 주주들의 부(富)가 새로이 주주가 된 사람들에게 이전되는 효과가 발생하더라도, 그로 인한 불이익은 기존 주주들 자신의 선택에 의한 것일 뿐이다.

또한 회사의 입장에서 보더라도 기존 주주들이 신주 등을 인수하여 이를 제3자에게 양도한 경우와 이사회가 기존 주주들이 인수하지 아니한 신주 등을 제3자에게 배정한 경우를 비교하여 보면 회사에 유입되는 자금의 규모에 아무런 차이가 없을 것이므로, 이사가 회사에 대한 관계에서 어떠한 임무에 위배하여 손해를 끼쳤다고 볼 수는 없다.

(3) 자본거래와 회사의 손해 유무

이 사건에서는 자본거래인 신주발행으로 인한 신주인수자금의 유입액과 관련하여 회사의 손해가 없다고 판단한 것에 의미가 있다. 신주발행가격을 고가로 할 때보다 저가로 하는 경우에 회사에 신주인수대금으로 유입되는 돈이 더 적겠지만 이로 인하여 회사에 손해는 없다는 것이다. 그것은 신주인수대금의 유입은 자본금으로 계상되고 그 자체가 주주가 보유하는 주식의 기본가치를 표상하는 것일 뿐 그 과다로 인하여 자본으로 계상되는 부분이 아닌 손익거래와 관련된 자산계정이나 부채계정의 변화를 초래하는 것이 아니기 때문이다.

3. 이익처분과 자본거래

(1) 주식회사 이익처분의 주체로서의 주주총회와 권한범위

상법은 회사를 상행위나 그 밖의 영리를 목적으로 하는 법인이라고 규정하고 있으며(상법 제169조), 이에 따라 영리성은 회사의 본질적 속성의 하나로 인정되고 있다.

영리성은 회사가 대외적으로 영리활동을 통해 이익을 추구하고, 이를 통해 얻은 이익을 이익배당 또는 잔여재산 분배의 방법으로 주주에게 분배하는 것을 요소로 하고 있다. 즉, 이익의 분배는 영리법인의 존재목적이라 할 수 있으며 자본이윤의 향유는 출자자의 궁극적인 목적이라고 하겠다.

그런데 주식회사는 인적회사와 같은 제도가 없고 또 영속적 성질로 인하여 잔여재산분배도 쉽게 할 수 없으므로 이익배당의 형태로 이익을 분배받게 된다. 그 때문에 이익배당은 주식회사의 본질에 해당한다.

한편, 주식회사의 주주는 주식에 한하여 유한책임을 지므로 영리성만을 강조하여 과도한 배당으로 회사의 존속을 해하게 되면 회사의 근로자나 회사의 채권자 등의 이익을 해하므로 상법은 회사의 존속과 채권자의 이익보호 등을 위하여 배당을 위해서는 배당가능이익이 존재할 것을 요건으로 하고 있다.

상법 제462조 제1항은 배당가능이익에 대하여 대차대조표의 순자산액으로부터 ① 자본금의 액, ② 그 결산기까지 적립된 자본준비금과 이익준비금의 합계액, ③ 그 결산기에 적립하여야 할 이익준비금의 액, ④ 대통령령으로 정하는 미실현이익의 금액을 공제한 액을 한도로 하여 이익배당을 할 수 있다고 규정하고 있다.

배당가능이익에 관한 위 규정은 앞에서 본 바와 같은 회사의 존속과 채권자의 보호를 위해 필요한 공제액을 규정하고 이와 같은 공제를 한 후에 남는 배당가능이익을 주주가 처분할 수 있는 이익으로 규정하고 있는 것이다. 따라서 그 배당가능이익을 처분함에 있어서는 회사의 존속에 관한 위험이나 채권자 보호를 해하는 사유는 발생하지 않으므로 이러한 배당가능이익은 전적으로 주주에게 귀속되는 것이라 할 수 있다.

따라서 배당가능이익이 있는 한 그 배당가능이익의 한도에서 어느 정도를 배당할 것인지, 즉 전부를 배당할 것인지, 일부만 배당할 것인지는 주주총회의 전권이며 이에 대해 제한은 없다. 배당가능이익 중에서 일부를 배당하는 경우 나머지는 이익잉여금으로서 차기로 이월된다. 즉 이익잉여금도 주주에게 귀속되는 이익처분의 대상이라 할 것이다.

앞에서 본 바와 같이 **기업회계상 이익잉여금은 자본에 속하는 것으로서 이익잉여금에 관한 거래는 자본거래**라 할 수 있으며 따라서 자본거래로 인한 손해가 있다면 이는 주주의 손해일 뿐이고, 주주가 그 손해를 감수하는 한 회사의 손해문제는 발생하지 않는다고 할 것이다.

(2) 주주가 임원에게 이익처분으로 이익금의 일부를 지급하는 경우

가. 현행법 규정

이와 같이 배당가능이익의 처분은 주주총회의 전권이나 주주총회가 그 이익을 처분함에 있어 주주에게 배당하지 않고 이익금을 임원에게 상여금 등으로 지급하는 결의를 할 수 있는가의 문제가 있다. 이와 관련하여 서로 다른 입법례들이 있으나 우리나라는 현행법상 이를 허용하는 입법방식을 취하고 있다.

먼저 법인세법 제20조는 자본거래 등으로 인한 손비의 손금불산입을 규정하면서 ① 잉여금의 처분을 손비로 계상(결산을 확정할 때 손비로 계상하는 것을 말한다. 이하 같다)한 금액, ② 삭제, ③ 주식할인발행차금은 내국법인의 각 사업연도의 소득금액을 계산할 때 손금에 산입하지 아니한다고 규정하고 있다.

이에 따른 법인세법시행령 제43조는 상여금 등의 손금불산입을 규정하면서 제1항에서 '법인이 그 임원 또는 사용인에게 이익처분에 의하여 지급하는 상여금은 이를 손금에 산입하지 아니한다. 이 경우 합명회사 또는 합자회사의 노무출자사원에게 지급하는 보수는 이익처분에 의한 상여로 본다.'고 규정하고 있다.

현행 법인세법시행령은 2018. 2. 13. 개정되었으며 그 이전의 법인세법시행령 제43조 제1항에서는 '법인이 그 임원 또는 사용인에게 이익처분에 의하여 지급하는 상여금(제20조 제1항 각호의 1에 해당하는 성과급을 제외한다[11])은 이를 손금에 산입하지 아니한다. 이 경우 합명회사 또는 합자회사의 노무출자사원에게 지급하는 보수는 이익처분에 의한 상여로 본다.'고 규정하고 있었는데 배당가능이익 중에서 주주가 배당을 받지 않고 임원에게 상여금으로서 이익처분을 하는 것을 허용하고 있는 것은 종전 규정과 현행 규정이 다름이 없다.

한편, 상법 제447조 제1항은 재무제표의 작성에 관하여 '이사는 결산기마다 다음 각 호의 서류와 그 부속명세서를 작성하여 이사회의

---

11) 구법인세법 시행령 제20조(성과급 등의 범위) ① 법 제20조 제1호에서 "대통령령이 정하는 성과급"이라 함은 다음 각 호의 1에 해당하는 것을 말한다.
1. 삭제
2. 「증권거래법」 제189조의2의 규정에 의하여 취득한 자기주식으로 지급하는 성과급으로서 동법 제2조 제18항의 규정에 의한 우리사주조합(이하 "우리사주조합"이라 한다)을 통하여 지급하는 것. 이 경우 「증권거래법」에 의한 유가증권시장에서 당해 법인의 주식을 취득하여 조합원에게 분배한 우리사주조합에게 당해 법인이 성과급으로 그 대금을 지급하는 것을 포함한다.
3. 「조세특례제한법」 제15조 제4항의 규정에 의하여 지급하는 금액
4. 내국법인이 근로자(제43조 제6항의 규정에 의한 임원을 제외한다)와 성과산정지표 및 그 목표, 성과의 측정 및 배분방법 등에 대하여 사전에 서면으로 약정하고 이에 따라 그 근로자에게 지급하는 성과배분상여금

(구 법인세법 제20조(자본거래등으로 인한 손비의 손금불산입) 다음 각호의 손비는 내국법인의 각 사업연도의 소득금액계산에 있어서 이를 손금에 산입하지 아니한다.
1. 잉여금의 처분을 손비로 계상한 금액. 다만, 대통령령이 정하는 성과급은 그러하지 아니하다.
2. 건설이자의 배당금
3. 주식할인발행차금)

승인을 받아야 한다. 1. 대차대조표, 2. 손익계산서, 3. 그 밖에 회사의 재무상태와 경영성과를 표시하는 것으로서 대통령령으로 정하는 서류'라고 규정하고 있다.

이에 따른 상법시행령 제16조 제1항은 상법 제447조 제1항 제3호에서 규정한 대통령령으로 정하는 서류에 대해 '법 제447조제1항제3호에서 "대통령령으로 정하는 서류"란 다음 각 호의 어느 하나에 해당하는 서류를 말한다. 다만, 「주식회사의 외부감사에 관한 법률」 제2조에 따른 외부감사 대상 회사의 경우에는 다음 각 호의 모든 서류, 현금흐름표 및 주석(註釋)을 말한다. 1. 자본변동표, 2. 이익잉여금 처분계산서 또는 결손금 처리계산서'라고 규정하고 있다.

이와 같은 상법 제477조와 상법시행령 제16조 제1항 제2호, 법인세법 제20조와 법인세법시행령 제43조 제1항을 종합하면 주주총회 결의로서 이익금 처분을 함에 있어 이익처분으로 임원에게 상여금을 지급할 수 있으며 다만 임원에게 이익처분으로서 상여금을 지급할 경우는 세법상 손금불산입으로 처리된다고 해석된다.

나. 입법연혁과 현행법의 해석

법인세법시행령상의 이익처분에 의한 상여의 손금불산입 규정은 1967년 말의 법인세법 시행령(1967. 12. 30. 대통령령 제3319호) 개정시 제29조 제1항으로 '법인이 그 사용인에게 지급한 상여금은 이익처분에 의한 것을 제외하고 이를 손금으로 계산한다'는 규정이 신설되면서 도입되었고, 1970년 법인세법 시행령(1970. 8. 20. 대통령령 제5285호로 일부개정된 것) 개정시 제35조 제1항으로 승계되었다.

그 후 1993년 말 법인세법 시행령(1993. 12. 31. 대통령령 제14080호) 개정시에 제35조 제1항으로 '법인이 그 임원 또는 사용인에게 이익처분에 의하여 지급하는 상여금(재무부령이 정하는 바에 따라 지급하는 성과금은 이익처분에 의한 것으로 보지 아니한다)은 이를 손금에 산입하지 아니한다'고 규정하여 임원에 지급한 상여금으로 그 적용범위가 확대되었고 1998년 말 법인세법 시행령(1998. 12. 31. 대통령령 제15970호) 개정시에 제43조 제1항으로 현재의 규정과 거의 동일한 내용이 규정되었다.

주식회사의 배당가능이익으로 주주가 배당을 받는 것 이외에 임원 등에게 상여금으로 이익처분을 할 수 있도록 할 것인지라는 입법 정책적 문제에 대해 입법례 중에 상여금을 이익처분으로 지급하는 방식을 인정하는 국가로 2005년 법개정 이전의 일본이 있었으며 우리나라 세법이 영향을 받은 주요 국가들 중 하나가 일본이므로 이는 일본의 입법례에 따른 것으로 보고 있다.

일본은 2005. 7. 25. 법률 제87호로 상법이 개정되어 회사법이 별도로 분리되었는데 그 이전의 상법 체제에서는 보수로 지급되는 상여금과(일본 구 상법 제269조) 이익처분으로 지급되는 상여금을 구분하고 있었다(일본 구 상법 제283조).

일본 구 상법 제269조는 보수의 결정이라는 제목 하에 '이사(取締役)가 받는 보수는 정관에 그 액을 정하지 않은 때에는 주주총회의 결의로 이를 정한다'고 규정하고 있었고, 결산기의 계산서류와 부속명세서를 규정한 일본 구 상법 제281조 제1항은 '이사는 매결산기에 다음 각호의 서류 및 그 부속명세서를 작성하여 이사회이 승인을 받아야 한다. 1. 대차대조표, 2. 손익계산서, 3. 영업보고서, 4. 이익의 처분 또는 손실의 처리에 관한 의안' 이라고 규정하고 있었다. 일본 구 상법 제283조는 이와 같은 계산서류의 보고와 승인을 규정하면서 주주총회에서 이를 승인하는 것으로 하였다.

이러한 일본의 구 상법 체제하에서 일본의 구 법인세법(2006. 3. 30. 법률 제10호로 개정되기 전의 것) 제35조 제3항은 '내국법인이 각 사업연도에 있어서 그 사용인에게 상여를 지급한 경우에 있어 그 상여의 액에 관해 확정한 결산에서 이익 또는 잉여금의 처분으로 경리한 때(이익적립금을 지급한 상여에 충당한 것으로 경리하는 경우를 포함한다)에는 그 경리한 금액은 그 내국법인의 각 사업연도의 소득의 금액의 계산상 손금에 산입하지 않는다'고 규정하고 있었다.

한편 일본 구 법인세법시행령 제35조 제1항은 법인의 임원은 사용인과는 달리 법인과 위임관계에 있다는 이유로 사용인과 다르게 규율하고 있었는데, '내국법인이 그 임원(役員)에게 지급한 상여의 액은 그 내국법인의 각 사업연도의 소득의 금액의 계산상 손금에 산입하지 않는다'고 규정하였다. 또한 일본 구 법인세법 시행령 제34조 제1항은 내국법인 임원에 대한 보수 중 부당하게 고액인 부분은 손금에 산입하지 않는다고 규정하였다.

일본에서는 구 상법시대에 학설과 실무관행이 임원에 대한 상여를 구 상법 제283조, 제281조 제1항 제4호의 이익처분의 한 항목으로 다루어 왔다.[12] 상여금은 근로관계와는 구분되는 위임관계에 있는 임원이 활동하여 거둔 이익에 대한 보답으로 지급하는 것이므로 일반적인 사업경비로 볼 수 없고 이익의 일부에서 지급하는 것으로 보아야 하며 따라서 이익처분이 의하는 것으로 보는 것이 통설이었고 실무에서도 이익처분계산서의 이익처분액의 하나의 항목으로 임원상여를 기재하였다.

이는 에도시대 일본 상인의 전통적인 이익분배방식인 삼분법[13]의 잔영으로 일본 특유의 분배방식인데 이러한 이익처분이 현대에까지 영향을 미쳐 주식회사의 임원상여를 이익처분으로 지급하였던 것이다. 이러한 일본 구 상법의 해석과 실무가 일본 구 법인세법에도 반영이 되어 일본 구 법인세법 제35조 제1항에서 임원에 대한 상여는 손

---

12) 味村 治, 品川芳宣, 役員報酬の法律と實務, 商事法務研究會, 1997, 98面(상여를 광의로 해석하면 임시적인 보수를 모두 포함하는 것으로 생각되지만 일본에 있어서 임원상여라고 불리는 것은 주주총회의 이익처분결의에 의해 임원에게 지급되는 상여를 지칭한다); 柳田幸二, 吉戒修一 監修, 實務解說株式會社法(中卷), 商事法務研究會, 1992, 198面(회사의 이익은, 자본금, 이익준비금, 임의적립금으로서 회사의 재투자를 위해 사내에 유보되는 한편, 일부는 출자자인 주주에게 배당으로 환원되고 또 일부는 임원에 대한 상여로서 이사, 감사에게 지급된다).

13) 영업소의 이익을 3분하여 3분의 1은 지점의 지배인에게 상여로 지급하고, 3분의 2를 본점, 즉 출자자에게 배당으로 분배하는 방식.

금에 산입하지 않는 것으로 규정하고 있었던 것이다.[14)]

그런데 일본에서는 2005년도에 상법이 개정되어 회사법 부분이 회사법으로 별도로 규정되게 되었고 회사법 제361조에서는 이사의 보수라는 제목 하에 '이사(取締役)의 보수, 상여 기타 직무집행의 대가로서 주식회사로부터 받는 재산상의 이익(이하 이 장에서 '보수 등'이라고 한다.)에 관하여 다음 각호에 규정한 사항은 정관에 해당사항을 정하지 않은 때에는 주주총회 결의에 의하여 정한다. 1. 보수등 중에 금액이 확정되어 있는 것에 대하여는 그 금액. 2. 보수등 중에 금액이 확정되지 않은 것이 대하여는 그 구체적인 산정방법, 3. 보수등 중에 금전이 아닌 것에 대하여는 그 구체적인 내용'으로 규정하여 상여금을 임원의 보수로 통일하였다.

이에 따라 일본 법인세법도 개정되어 종래의 임원상여와 임원보수라는 개념구분을 없애고 모두 임원급여라는 개념으로 통일하여 모두 손금산입하는 것으로 변경하였다.[15)]

그런데 우리나라의 상법시행령 제16조와 법인세법시행령 제43조 제1항은 임원에 대한 이익처분으로서의 상여를 인정하던 일본 구 상법과 일본 구 법인세법 체제 하의 규정을 모델로 하여 규정하였던 것인데 2005년에 법개정을 한 일본과 달리 우리나라에서는 그 규정이

14) 味村 治, 品川芳宣, 役員報酬の法律と實務, 商事法務研究會, 1997, 261面(같은 임원에 대한 급여임에도 보수 및 퇴직금은 손금산입되는 것에 반하여 상여는 손급불산입으로 하는 것은 임원상여의 이익처분성에 있는 것이다. 즉, 임원보수는 임원의 업무집행에 대가로서 받는 것임에 대하여 임원상여는 임원이 그 기업자적 지위에 기하여 받는 것이고, 전자는 경비로서 지출되어야 하는 것임에 대하여 후자는 회사의 이익처분으로서 지출되어야 하는 것이라는 상법상의 이해가 그 근저에 있다).

15) 현행 일본 법인세법 제34조 제1항에 의하면, 임원급여는 정기동액급여, 사전확정신고급여, 이익연동급여가 있는데 그 중 이익연동급여는 확정금액을 한도로 정하고 있는 것으로 하고 다른 임원에 대하여 지급하는 이익연동급여에 관한 산정방식과 동일하고, 정령에 정한 날까지 보수위원회가 결정을 하거나 기타 이에 준하는 적정한 절차로서 정령에 정하는 절차를 경유할 것, 그 내용이 이와 같은 결정 또는 절차가 종료한 날 이후 지체없이 개시될 것 등을 요건으로 하고 있다.

그대로 유지되고 있어 이익처분으로서의 임원상여가 현행법령상으로도 인정되고 있는 것이다.

즉 현행법 체계는 일본 구 상법 제281조 제1항 제4호에 규정하였던 '이익의 처분'에 대응하여 상법 법 제447조 제1항 제3호에 의한 상법 시행령 제16조 제1항 제2호에 '이익잉여금 처분계산서'가 규정되어 있고, 이에 따른 세법상 규정으로 일본 구 법인세법 제35조 제1항에서 임원에 대한 상여는 손금에 산입하지 않는다고 규정하였던 것에 대응하여 법인세법 제20조(자본거래)에 따른 법인세법시행령 제43조 제1항에서 이익처분으로서의 임원에 대한 상여는 손금에 산입하지 않는다고 규정을 하고 있어 이익처분으로서의 임원상여가 인정되던 일본 구 상법, 구 법인세법 체계와 같은 구조를 그대로 가지고 있다.

나아가 대법원은 이와 같이 형식적으로 이익처분의 방식으로 상여금을 지급한 것이 아니라 형식은 보수의 형식을 취하였더라도 실질이 이익을 분여하기 위한 것이라면 실질적으로 이익처분에 해당한다고 하여 실질적 이익처분의 개념까지도 인정하고 있다.

즉, 대법원 2017. 9. 21. 선고 2015두60884 판결에서 "'구 법인세법(2010. 12. 30. 법률 제10423호로 개정되기 전의 것, 이하 같다) 제19조 제1항, 제20조 제1호 본문에 의하면 이익처분에 의하여 손비로 계상한 금액을 원칙적으로 손금에 산입하지 않도록 하고 있고, 제26조 제1호는 인건비 중 대통령령이 정하는 바에 따라 과다하거나 부당하다고 인정되는 금액은 내국법인의 각 사업연도의 소득금액을 계산할 때 손금에 산입하지 않도록 규정하고 있으며, 그 위임에 따라 법인세법 시행령 제43조 제1항은 '법인이 그 임원 또는 사용인에게 이익처분에 의하여 지급하는 상여금은 이를 손금에 산입하지 아니한다'고 규정하고 있다.

법인이 임원에게 직무집행의 대가로서 지급하는 보수는 법인의 사업수행을 위하여 지출하는 비용으로서 원칙적으로 손금산입의 대상이 된다. 하지만 앞서 본 규정들의 문언과 법인의 소득을 부당하게 감소시키는 것을 방지하기 위한 구 법인세법 제26조, 법인세법 시행령

제43조의 입법 취지 등에 비추어 보면, 법인이 지배주주인 임원(그와 특수관계에 있는 임원을 포함한다)에게 보수를 지급하였더라도, 그 보수가 법인의 영업이익에서 차지하는 비중과 규모, 해당 법인 내 다른 임원들 또는 동종업계 임원들의 보수와의 현저한 격차 유무, 정기적·계속적으로 지급될 가능성, 보수의 증감 추이 및 법인의 영업이익 변동과의 연관성, 다른 주주들에 대한 배당금 지급 여부, 법인의 소득을 부당하게 감소시키려는 주관적 의도 등 제반 사정을 종합적으로 고려할 때, 해당 보수가 임원의 직무집행에 대한 정상적인 대가라기보다는 주로 법인에 유보된 이익을 분여하기 위하여 대외적으로 보수의 형식을 취한 것에 불과하다면, 이는 이익처분으로서 손금불산입 대상이 되는 상여금과 그 실질이 동일하므로 법인세법 시행령 제43조에 따라 손금에 산입할 수 없다고 보아야 한다"고 하였다.

즉, 형식적으로 임원의 보수로 지급한 것이라도 해당 보수가 주로 법인에 유보된 이익을 분여하기 위하여 대외적으로 보수의 형식을 취한 것에 불과하다면, 실질에 따라 이익처분으로 보아야 한다는 것이다.

다. 이익처분으로서의 상여와 보수의 구별 문제

상법 제388조는 '이사의 보수는 정관에 그 액을 정하지 아니한 때에는 주주총회의 결의로 이를 정한다'고 규정하고 있다. 여기서의 보수는 이사의 직무집행에 대한 대가로서 지급되는 것으로서 월급, 급여, 연봉 등 그 명칭 여부를 불문하고 실질로서 판단하며 퇴직금이나 퇴직 위로금도 재직 기간의 직무집행에 대한 대가로 후불적 보수로 본다(대법원 2004. 12. 10 선고 2004다25123 판결 참조).

그런데 상여금이 정기적으로 지급되는 것은 일반급여로서의 보수로 보나 임시적, 비정기적으로 지급하는 것으로서 이익처분으로 지급되는 것도 보수로 볼 것인가의 성질에 관하여는 보수인가에 대해 논의가 있다.

이에 대해서는 임원의 직무집행의 대가라는 관점에서 보수로 보는 견해와 자본거래인 이익처분이라는 관점에서 보수로 보지 않는 견해가 있는데 그러나 보수로 보는 견해에서도 이익처분의 실질에 따라 이는 자본거래임을 부정하지 않는다.

먼저, 주주총회 결의의 종류에 있어서 이익처분이고 보수가 아니라는 견해에서는 임원에 대한 이익처분으로서의 상여금 지급을 위한 주주총회는 이익처분에 관한 상법 제449조의 재무제표 등을 승인하는 주주총회 결의를 하는 방법으로 행해지면 된다고 한다. 반면에 보수로 보면, 보수의 기준 등을 정하는 상법 제388조의 주주총회를 해야 한다고 한다. 하지만 두 견해 모두 주주총회라는 절차를 거쳐야 하는 점에서는 동일하므로 주주총회를 통해 결의하는 한 그 차이에 큰 의미를 두지는 않고 있다.

대법원은 1978. 1. 10. 선고 77다1788 판결에서 '위 공로상여금은 원고가 피고 회사의 이사로서 직무집행을 함에 있어서의 위와 같은 특별공로에 대하여 지급하였다는 것으로서 그 실질이 그 직무집행의 대가인 성질 내지 특별공로에 대한 지급으로서의 성질을 가진 공로상여금 명목의 특별한 보수라 할 것이므로 이러한 공로상여금의 지급결정에 관하여도 주식회사의 이사의 보수에 관한 상법의 규정을 유추적용하여 주주총회의 결의에 의하여만 그 지급여부 및 그 금액을 정할 수 있고, 주주총회 결의에 의하지 아니하는 한 그 지급여부 및 그 금액을 정할 수 없다'고 하여 주주총회 결의의 존재를 강조하고 있다. 유추적용한다고 설시한 것으로 보아 일반급여로서의 보수와는 동일하지 않은 이익처분으로서의 특성을 고려한 것으로 보인다.

한편 이익처분으로서의 상여와 일반 급여로서의 보수는 세법상의 손금산입에 있어 차이가 있다. 세법상으로 이익처분은 자본거래이므로 비용으로서 손금산입할 수 없는 데 반해 경비로 지출되는 보수의 성질로 보면 세법상 손금으로 산입되어야 할 것이다.

앞에서 본 바와 같이 현행법상으로는 상법 제447조 제1항 제3호, 상법시행령 제16조 제1항 제2호, 법인세법 제20조, 법인세법시행령 제43조 제1항에 의해 임원에게 이익처분으로서의 상여금을 지급할 수 있는 것으로 규정하고 있다. 법인세법시행령 제43조의 규정에서는 임원에 대한 이익처분으로서의 상여와 보수를 구별하고 있는데, 먼저 제1항은 이익처분으로 지급하는 임원에 대한 상여는 일반급여인 보수와 달리 경비로서 손금산입을 할 수 없는 것으로서 이를 구별하고 있다.

라. 이익처분으로서의 상여와 세금 문제

만약, 주주가 이익을 스스로에게 배당하는 것만 허용되고 제3자인 임원에게 직접 이익처분할 수 없는 법체계를 채택하고 있다면 주주가 임원에게 그 이익의 일부를 지급하기 위해서는 먼저 주주가 이익배당을 받은 다음 그 배당금을 임원에게 증여하면 될 것이다. 이 경우 주주는 배당을 받을 때 배당소득세를 납부하고, 임원에게 증여할 때 증여세를 납부하게 되어 세금을 두 번 내야 한다.

그런데 이익처분으로서 임원에게 상여금을 지급할 수 있다면 주주는 자신이 이익배당을 받는 대신에 임원에게 직접 그 상여금을 지급할 수 있어 세금은 임원이 소득세를 내면 되므로 한번만 세금을 내게 된다.

즉, 임원에게 이익처분으로서의 상여금을 지급하는 것은 주주가 처분할 수 있는 배당가능이익에서 처분하는 것이므로 회사나 채권자에 대한 관계에서 법익침해여부는 문제될 여지가 없고, 국가에 대한 세금의 문제만 남는다.

그러므로 이러한 세금문제에 대하여 입법정책적으로 이를 허용할 것인지 여부와 합리적인 규제의 해결책을 어떻게 규정할 것인지가 문제될 것인데 현행법은 입법정책적으로 이러한 이익처분을 허용하는 선택을 하였고, 다만 경비로 하여 손금산입하는 일반 보수와 달리 이는 자본거래로서 손금에 산입하지 않는 방식으로 해결책을 규정한 것이라 하겠다.

(3) 차등배당의 경우

가. 차등배당과 관련한 상법규정

주주는 유한책임제하에서 출자액에 비례하여 위험을 부담하므로 그에 대한 보상이라 할 수 있는 이익배당 역시 비례적으로 행해져야 한다. 따라서 이익의 배당은 각 주주의 소유주식수에 따라 평등하게 하여야 한다(상법 제464조). 이는 주식회사의 기본논리에 속하는 강행규정으로서 정관이나 주주총회 결의에 의해서도 달리 정할 수 없다. 다만, 우선주, 열후주를 발행했을 경우에는 정관의 규정에 따라 차등배당을 할 수 있다.

나. 대소주주의 차등배당

그런데 대주주의 양보를 얻어 대주주의 배당률을 소액주주의 배당률보다 낮게 하거나, 소액주주에게만 배당하고 대주주에게는 무배당을 하기로 결의하는 수가 있다. 주주의 차등배당은 주주총회에서 결의할 성질의 것이 못되므로 대주주에 대한 차등은 대주주 스스로의 배당포기라고 해석할 수 있는 경우에 한하여 유효하다.[16)]

따라서 이사가 차등배당의 의안을 제출하고 주주총회에서 이를 승인한 경우에도 반대하는 대주주가 있거나 주주총회에 불참한 대주주가 있을 경우, 그에게는 소액주주와 같은 배당률로 배당하여야 하며, 다수결로 차등배당을 강요할 수는 없다. 대주주가 배당결의 후에 자신의 배당금 중 전부 또는 일부를 포기할 수도 있다.

다. 제3자에게 이익처분을 하는 자본거래의 측면

차등배당은 자본에 속하는 배당가능이익을 대주주가 배당금으로 취득하는 것을 포기하고 대신이 그 이익을 제3자인 소주주에게 공여하는 것이다. 만약 이를 허용하지 않는다면 세법상으로 대주주가 배당금에 대한 소득세를 납부하고 다시 소주주에게 증여하면 증여세를 납부하는 식으로 세금을 2회 내야 하는데 차등배당을 허용하면 소주주

16) 대법원 1980. 8. 26. 선고 80다1263 판결.

는 실질상 증여를 받으면서 세금을 1회 내면 된다.

결과적으로는 자본거래이므로 회사에 대한 배임의 문제는 발행하지 않고 국가에 대한 세금의 문제인데 이에 대해 세법상으로 규율하는 입법정책이 문제될 것이다. 현행세법은 상속세 및 증여세법 제41조의2에서 차등배당의 경우 대주주와 초과배당을 받는 소주주가 특수관계인의 관계에 있는 때에는 초과배당분을 증여세 과세대상으로 하되 초과배당분에 대한 소득세 상당액을 공제해주도록 하고 있다. 따라서 조세상으로 1회의 세금을 납부하면 된다.

Ⅳ. 결 어

회사의 대표이사 등 임원이 주주총회의 결의에 따른 재산의 처분행위를 하였을 때 주주총회의 결의가 적법한 결의범위내라면 배임죄 등의 범죄를 구성할 수 없음은 당연하다. 그런데 주주총회의 결의라 하더라도 그 한계를 벗어난 결의는 위법하여 무효이고 그러한 결의를 집행한 대표이사 등은 배임죄의 형사책임을 진다.

그러면 주주총회 결의의 한계가 중요한 쟁점이 되는데 판례는 주주의 이익과 채권자 보호를 주된 고려사항으로 들고 구체적으로는 회사를 채무초과 상태에 빠뜨리거나 채무상환이 곤란한 상태에 처하게 하는 등의 경우에 배임행위에 해당한다고 판단하고 있다. 이러한 판례의 기준에 의하면 이와 같이 주주의 이익이 문제되지 않고 채권자 보호에도 문제가 없는 범위내의 결의는 적법한 결의라고 할 수 있을 것이다.

그러한 적법한 결의범위에 대해 자본거래의 영역과 손익거래 영역을 구분하면 자본거래의 영역은 주주의 이익이나 손해가 문제될 뿐 회사의 손해나 채권자의 손해는 문제될 수 없기 때문에 이와 같은 판단기준에 따라 적법한 영역으로 쉽게 이해할 수 있을 것이다.

본고에서는 이와 같은 자본거래 영역으로 전환사채발행 사례, 배당가능이익의 처분인 이익처분을 검토하였는바 실무적으로는 이와 같은 자본거래 영역에 해당하는 사례를 추가적으로 검토할 필요가 있을 것이다. 또한 이러한 이해는 기준설정의 명확화로 자본거래 영역에 있어서의 처분행위와 관련한 형사책임에 있어 예측가능성을 높여줄 수 있을 것으로 본다.

[주 제 어]

배임죄, 주주총회, 자본거래, 채권자보호, 이익처분

[Key Words]

breach of trust, general meeting of shareholders, capital transactions, protection of the interest of the creditors, the disposal of the dividendable profit

접수일자: 2019. 5. 21. 심사일자: 2019. 6. 10. 게재확정일자: 2019. 6. 10.

[참고문헌]

유주선/이정민, “ 1인 주식회사와 배임죄”, 경영법률 제28집 제4호(2018).

윤영신, “전환사채의 저가발행에 대한 이사의 배임죄 성부”, 민사판례연구 29권, 민사판례연구회, 2007.

이철송, “자본거래와 임원의 형사책임”, 인권과 정의 제359호, 대한변호사협회, 2006. 7.

장덕조, “전환사채의 저가발행과 회사의 손해, 그리고 주주의 손해”, 법조 제601호(2006. 10.)

味村 治, 品川芳宣, 役員報酬の法律と實務, 商事法務硏究會, 1997.

柳田幸二, 吉戒修一 監修, 實務解說株式會社法(中卷), 商事法務硏究會, 1992.

[Abstract]

Breach of Trust and the Limit of the Resolution of the General Meeting of Shareholders

Lee, Wan-Kyu*

If the representative director or the directors of a company dispose the property of the company according to the resolution of the general meeting of the company, and the resolution is legitimate, it is natural the disposal could not be said to be breach of trust. But when the resolution is out of the limit, it could be illegitimate, and the directors who execute the resolution could take the criminal liability of the breach of trust.

In relation to the issue of the limit of the resolution, the Court presents as considerations, the interest of the shareholders and the creditor. As for the interest of the creditor, the Court says that the disposal could be breach of trust if the company could fall into the overdue debt or the situation in which the repayment of debt could be difficult. On the other hand, according to the criteria of the Court, the resolution in the limit, which has no problem to the interest of the shareholders and the creditors, could be said to be legitimate.

When the transactions of the company are differentiated as capital transactions and profit-loss transactions, the capital transactions are only related to the interest of the shareholders, not to the interest of the creditors. Therefore, If the resolution of the general meeting of the shareholders, and especially one-man shareholder, are related only to the capital transactions, it could be easily understood as legitimate.

In this article, the case of the issue of the convertible bond and the case of the disposal of the dividendable profit are examined as capital

* Attorney at law, Ph.D.

transaction, and it could be said to be necessary to research the area of the capital transactions additionally. It would clarify the criteria of the limit and make the criteria of the criminal liability more predictable in capital transactions.

횡령죄의 보관관계 – 형법과 신의칙

김 대 휘*

[대상판결] 대법원 1999. 4. 15. 선고 97도666 전원합의체 판결

[사실관계]

피고인이 1995. 4. 1. 서울 영등포구 문래동 법무법인 사무실에서 당시 피고인이 피해자 B에 대하여 부담하고 있던 1,150만 원의 채무를 변제하기 위하여 공소외 C 소유인 서울 구로구 D 소재 주택에 대한 피고인의 임차보증금 2,500만 원 중 1,150만 원의 반환채권을 피해자에게 양도하고도 C에게 그 채권양도 통지를 하지 않은 채 1995. 4. 20. 서울 구로구 E 소재 F 복덕방에서 C가 반환하는 임차보증금 2,500만 원을 교부받아 그 중 이미 피해자에게 그 반환채권을 양도함으로써 피해자의 소유가 된 1,150만 원을 보관하던 중 이를 피해자에게 돌려주지 아니한 채 그 무렵 그 곳에서 피고인의 동생인 공소외 G에게 빌려주었다.

[1, 2심의 판단]

검사는 주위적 공소사실로 횡령, 예비적으로 배임으로 기소하였고, 원심은, 채권양도인인 피고인이 채권양수인인 피해자와의 위탁신임관계에 의하여 피해자를 위하여 C로부터 반환받은 임차보증금 중

* 법무법인 화우 변호사, 세종대학교 석좌교수

1,150만 원을 보관하는 지위에 있다고 할 수 없어 횡령죄가 성립하지 않는다는 이유로 무죄를 선고한 제1심 판결을 그대로 유지하였다.

[판결요지]

대법원은 채권양도인이 양도 통지 전에 채무자로부터 채권을 추심하여 금전을 수령한 경우, 양도인과 양수인 사이에서 그 금전의 소유권 귀속(=양수인) 및 양도인이 위 금전을 양수인을 위하여 보관하는 지위에 있다는 다수의견의 견해에 따라 원심판결을 파기환송하였다.

[다수의견] 채권양도는 채권을 하나의 재화로 다루어 이를 처분하는 계약으로서, 채권 자체가 그 동일성을 잃지 아니한 채 양도인으로부터 양수인에게로 바로 이전하고, 이 경우 양수인으로서는 채권자의 지위를 확보하여 채무자로부터 유효하게 채권의 변제를 받는 것이 그 목적인바, 우리 민법은 채무자와 제3자에 대한 대항요건으로서 채무자에 대한 양도의 통지 또는 채무자의 양도에 대한 승낙을 요구하고, 채무자에 대한 통지의 권능을 양도인에게만 부여하고 있으므로, 양도인은 채무자에게 채권양도 통지를 하거나 채무자로부터 채권양도 승낙을 받음으로써 양수인으로 하여금 채무자에 대한 대항요건을 갖출 수 있도록 해 줄 의무를 부담하며, 양도인이 채권양도 통지를 하기 전에 타에 채권을 이중으로 양도하여 채무자에게 그 양도통지를 하는 등 대항요건을 갖추어 줌으로써 양수인이 채무자에게 대항할 수 없게 되면 양수인은 그 목적을 달성할 수 없게 되므로, 양도인이 이와 같은 행위를 하지 않음으로써 양수인으로 하여금 원만하게 채권을 추심할 수 있도록 하여야 할 의무도 당연히 포함되고, 양도인의 이와 같은 적극적·소극적 의무는 이미 양수인에게 귀속된 채권을 보전하기 위한 것이고, 그 채권의 보전 여부는 오로지 양도인의 의사에 매여 있는 것이므로, 채권양도의 당사자 사이에서는 양도인은 양수인을 위하여 양수채권 보전에 관한 사무를 처리하는 자라고 할 수 있고, 따라서 채권

양도의 당사자 사이에는 양도인의 사무처리를 통하여 양수인은 유효하게 채무자에게 채권을 추심할 수 있다는 신임관계가 전제되어 있다고 보아야 할 것이고, 나아가 양도인이 채권양도 통지를 하기 전에 채무자로부터 채권을 추심하여 금전을 수령한 경우, 아직 대항요건을 갖추지 아니한 이상 채무자가 양도인에 대하여 한 변제는 유효하고, 그 결과 양수인에게 귀속되었던 채권은 소멸하지만, 이는 이미 채권을 양도하여 그 채권에 관한 한 아무런 권한도 가지지 아니하는 양도인이 양수인에게 귀속된 채권에 대한 변제로서 수령한 것이므로, 채권양도의 당연한 귀결로서 그 금전을 자신에게 귀속시키기 위하여 수령할 수는 없는 것이고, 오로지 양수인에게 전달해 주기 위하여서만 수령할 수 있을 뿐이어서, 양도인이 수령한 금전은 양도인과 양수인 사이에서 양수인의 소유에 속하고, 여기에다가 위와 같이 양도인이 양수인을 위하여 채권보전에 관한 사무를 처리하는 지위에 있다는 것을 고려하면, 양도인은 이를 양수인을 위하여 보관하는 관계에 있다고 보아야 할 것이다.

[반대의견] 채무자는 그의 채권자(채권양도인)에게 변제할 의사로 금전을 교부하였다고 할 것이고, 채권자는 이를 자신이 취득할 의사로 교부받았다고 할 것이므로(채권자가 채권양도의 통지를 하지 아니한 채 이를 수령한 것이 신의에 반한다고 하더라도), 채무자가 채권자에게 채무의 변제로서 교부한 금전의 소유권은 채권자에게 귀속하는 것이고, 위와 같은 경우, 채무자가 채권자에게 교부한 금전이 채권양도인과 채권양수인 사이에서는 채권양수인의 소유에 속한다고 볼 수 있는 법률상의 근거가 없으며, 재물을 보관하는 관계가 신의칙이나 조리에 따라 성립될 수 있다고 하더라도 재물의 소유권의 귀속은 민사법에 따라야 할 것이고 형사법에서 그 이론을 달리할 수 있는 것이 아니고, 채권양도인과 채권양수인과의 사이에 채무자가 채권양도인에게 채무의 변제로서 금전을 교부하는 경우, 이를 채권양수인에게 귀속하는 것으로 하

기로 특약을 하는 것과 같은 특별한 사정이 없는 한, 채권양도인이 채무자로부터 교부받은 금전을 그대로 채권양수인에게 넘겨야 하거나 채권양수인의 지시에 따라 처리하여야 할 의무가 있다고 볼 근거도 없으므로, 채권양도인이 위 금전을 채권양수인을 위하여 보관하는 지위에 있다고 볼 수도 없다.

[보충의견] 민법 이론에 의하면, 특히 금전은 봉함된 경우와 같이 특정성을 가진 경우를 제외하고는 그 점유가 있는 곳에 소유권도 있는 것이어서 이를 횡령죄에 그대로 적용한다면 금전은 특정물로 위탁된 경우 외에는 횡령죄가 성립할 여지가 없게 되나 이러한 민법 이론은 고도의 대체성이 있는 금전에 대하여 물권적 반환청구권을 인정하는 것이 불필요할 뿐만 아니라, 금전이 교환수단으로서의 기능을 가지고 전전 유통됨을 전제로 하여 동적 안전을 보호하는 데 그 목적이 있는 것이어서, 내부적으로 신임관계에 있는 당사자 사이에서 재물의 소유자, 즉 정적 안전을 보호함을 목적으로 하는 횡령죄에서 금전 소유권의 귀속을 논하는 경우에도 그대로 타당하다고 할 수 없고, 당사자 사이의 신임관계 내지 위탁관계의 취지에 비추어 일정한 금전을 점유하게 된 일방 당사자가 당해 금전을 상대방의 이익을 위하여 보관하거나 사용할 수 있을 뿐 그 점유자에 의한 자유로운 처분이 금지된 것으로 볼 수 있는 경우에는 민법의 채권채무관계에 의하여 상대방을 보호하는 데 머무르지 않고, 그 점유자는 상대방의 이익을 위하여 당해 금전 또는 그와 대체할 수 있는 동일한 가치의 금전을 현실적으로 확보하여야 하고, 그러한 상태를 형법상으로 보호한다는 의미에서 민법상 소유권과는 다른 형법상 소유권 개념을 인정할 필요가 있고, 대법원 판례가 일관하여, 용도를 특정하여 위탁된 금전을 그 용도에 따르지 않고 임의사용한 경우, 금전의 수수를 수반하는 사무처리를 위임받은 자가 그 행위에 기하여 위임자를 위하여 제3자로부터 수령한 금전을 소비한 경우에 횡령죄의 성립을 인정하여 온 것은 이와

같은 취지에 따른 것이고, 한편 횡령죄에서 '재물의 보관'이라 함은 재물에 대한 사실상 또는 법률상 지배력이 있는 상태를 의미하고, 그 보관이 위탁관계에 기인하여야 할 것임은 물론이나, 그것이 반드시 사용대차, 임대차, 위임 등의 계약에 의하여 설정되는 것임을 요하지 아니하고 사무관리, 관습, 조리, 신의칙에 의해서도 성립될 수 있는 것인바, 양도인이 채무자에게 채권양도 통지를 하기 이전에 스스로 채무자로부터 추심한 금전에 대하여 그 사전 사후 당사자 사이에 위탁보관관계를 성립시키는 특별한 약정이 없다고 하더라도, 양도인은 위에서 본 바와 같이 양수인을 위하여 채권보전에 관한 사무를 처리하는 지위에 있고, 그 금전도 양수인에게 귀속된 채권의 변제로 수령한 것인만큼, 그 목적물을 점유하게 된 이상 이를 양수인에게 교부하는 방법으로도 채권양도의 목적을 충분히 달성할 수 있음에 비추어, 양도인으로서는 신의칙 내지 조리상 그가 수령하여 점유하게 된 금전에 대하여 양수인을 위하여 보관하는 지위에 있다고 보아야 할 것이다.

[연 구]

Ⅰ. 문제의 제기 — 비판적 법실증주의

심헌섭 교수님은 **분석과 비판의 법철학**(법문사, 2001)에서 **비판적 법실증주의**(批判的 法實證主義)를 주창하신다. 법실증주의는 상대주의적 가치관에 기초하여 어디서나 보편타당한 법이란 인간의 시대적, 상황적 제약성으로 보아 불가능하다고 보며, 법의 개념도 존재하는 실정법 이외에서 얻을 수 없다고 한다. 그리하여 '법률과 법의 동일성(Identität von Gesetz und Recht)'이라는 공식이 성립하게 되었다. 여기서 법률은 비록 그것이 부도덕하다 해도 법이었고, 법률의 내용상의 한계는 없게 된 것이다(160면).

이와 같이 법실증주의는 법이 사실적으로 행해지거나 절차적으로 형성된 행위규율 속에서만 존재하고, 그것으로 다하는 것으로 보지만,

거기에는 법이 현존 외에 다른 본질, 즉 일정한 가치 내지 정당성을 지향한다는 점이 간과되고 있다. "어떠한 내용도 법이 될 수 있다"는 법실증주의의 주장은 입법자를 전능한 자로 승격시켰다. 그것은 신의 전능을 지상의 입법자에 이전시킨 법률적 신학이었고, 법률실증주의는 법의 법이념에의 지향을 포기하였다. 이는 심 교수님의 말대로 "법철학의 불임수술"(Radbruch)이라고 해도 과언이 아니다. "실정법은 이미 그것이 존재한다는 데서 자신의 근거지움과 정당화를 갖는다"(Bergborm)는 말은 법률실증주의의 지나친 자기만족이라 하지 않을 수 없다(168면 이하).

물론 법실무가, 특히 법관은 자연법론자가 될 수 없다. 자연법론은 그 방향과 추구하는 가치에 따라 보수적 기능과 혁명적 기능을 함께 할 수 있는 양날의 칼이 될 수 있다. 오늘날의 입헌국가에서 자연법은 헌법으로 대체되었기 때문에 더욱 그러하고, 법실증주의는 법관의 기본덕목이 되어야 한다. 물론 추상적 헌법은 바로 적용될 수 있는 규범적 규준이 되지 못하지만, 오늘날 악법의 문제는 별도의 헌법재판이라는 규범통제절차에 의하여 다루어지게 된다. 위헌법률심사의 규범통제에서 법률이 상위법인 헌법에 모순되기 때문에 무효나 불합치를 선언하는 것은 상위법이라는 명칭 하에, 헌법조문에 쓰여지지 않은 비법적인 도덕적 기준을 적용하여 그러한 경우가 많다.[1] 그러한 관점에서 도덕과 절연되고 도덕적 심사를 배제하며, 법을 단지 사회적 사실에 따라 결정될 수 있어야 한다는 라즈 류의 **배제적 법실증주의**는 실정법과 법현실에 부합하지 아니한다.

이와 같이 오늘날 현대법은 입헌주의의 헌법이념이 그 시대의 중요한 가치나 도덕원리들을 도입하여 헌법재판으로 규범력을 확보하였고, 실정법도 다양한 경로를 통하여 도덕원리를 법원리로 승격시키고 있다. 따라서 법의 존재와 내용을 결정하는데 있어 도덕적 심사가 요구된다는 명제를 제시하는 **포용적 법실증주의**의 관점이 유용하다.[2]

1) Wilfred Waluchow, Inclusive Legal Positivism, 1994, 157면.

왈러쵸우는 그 심사기준으로 헌법상 인정된 도덕적 원리에 한정하고 있지만, 실제로는 헌법 하의 실정법률에 많은 도덕적 원리들이 법적 규범이나 권리의 결정에 관여하도록 제시되어 있다. 예컨대 기본적으로 도덕적 기준이라고 할 수 있는 **신의 성실의 원칙**(信義則)을 명문화하는 법률규정이 있고, 그밖에도 많은 일반조항이 그러한 역할을 수행하고 있는 것이다. 예컨대 민법 제103조의 **선량한 풍속 기타 사회질서**의 규준이나 기타 법원리적인 일반조항은 도덕적 기준이라 할 것이고, 헌법의 가치나 기본권이 사인 간에 효력을 발생시킬 수 있는 통로도 된다.[3] 이러한 법원리적인 일반조항뿐만 아니라 **정당한 이유나 공익, 불공정, 음란** 등과 같은 추상적인 불확정개념 등도 도덕적 심사의 기

2) Wilfred Waluchow, Inclusive Legal Positivism, 1994, 2면.

3) 헌법상의 기본권은 제1차적으로 개인의 자유로운 영역을 공권력의 침해로부터 보호하기 위한 방어적 권리이지만 다른 한편으로 헌법의 기본적인 결단인 객관적인 가치질서를 구체화한 것으로서, 사법(私法)을 포함한 모든 법 영역에 그 영향을 미치는 것이므로 사인간의 사적인 법률관계도 헌법상의 기본권 규정에 적합하게 규율되어야 한다. 다만 기본권 규정은 그 성질상 사법관계에 직접 적용될 수 있는 예외적인 것을 제외하고는 사법상의 일반원칙을 규정한 민법 제2조, 제103조, 제750조, 제751조 등의 내용을 형성하고 그 해석 기준이 되어 간접적으로 사법관계에 효력을 미치게 된다.(대법원 2010. 4. 22. 선고 2008다38288 전원합의체 판결[손해배상(기)]). 이 사건에서 다수의견에 의하면, "종립학교가 고등학교 평준화정책에 따라 강제배정된 학생들을 상대로 특정 종교의 교리를 전파하는 종파적인 종교행사와 종교과목 수업을 실시하면서 참가 거부가 사실상 불가능한 분위기를 조성하고 대체과목을 개설하지 않는 등 신앙을 갖지 않거나 학교와 다른 신앙을 가진 학생의 기본권을 고려하지 않은 것은, 우리 사회의 건전한 상식과 법감정에 비추어 용인될 수 있는 한계를 벗어나 학생의 종교에 관한 인격적 법익을 침해하는 위법한 행위이고, 그로 인하여 인격적 법익을 침해받는 학생이 있을 것임이 충분히 예견가능하고 그 침해가 회피가능하므로 과실 역시 인정된다고 하며, 학교가 그 징계의 이유로 된 사실이 퇴학 등의 징계처분의 사유에 해당한다고 볼 수 없음이 객관적으로 명백하고 조금만 주의를 기울이면 이와 같은 사정을 쉽게 알아 볼 수 있는데도 징계에 나아간 경우와 같이 징계권의 행사가 우리의 건전한 사회통념이나 사회상규에 비추어 용인될 수 없음이 분명한 경우에 그 징계는 그 효력이 부정됨에 그치지 아니하고 위법하게 상대방에게 정신적 고통을 가하는 것이 되어 그 학생에 대한 관계에서 불법행위를 구성하게 된다."고 한다.

준이 아닐 수 없다.[4] 실제로 법실무에서 특히 형사법적 유무죄 판단과 양형에는 도덕적 기준이 상당히 영향을 줄 수밖에 없으며, 일반 민사소송에도 당사자의 도덕적 우월성이 승패의 열쇠가 되기도 하는 경우도 많은 것이 현실이고, 이 경우 신의칙은 보이든 보이지 않게든 작동한다.

이러한 실정법질서 내에서 법원리는 법해석에서의 규준적 역할도 하지만, 법률실증주의에 대한 비판적 기능을 하는 것이 뚜렷하고, 다만 그 작동의 방법과 한계가 문제가 될 뿐이다.[5] 실정법이 승인하는 도덕가치인 신의칙은 중요한 법원리가 된다. 민법과 민소법, 국세기본법이 신의칙을 명문화하고 있는데, 그 적용기준이 무엇이고, 한계는 어디까지인지 논란이 있고, 구체적 사례에 적용도 어렵다. 신의칙은 구성적 원리라기보다는 원칙적으로 비판적 법원리 내지 기준이다. 물론 신의칙은 법률과 계약 해석에서 당사자 사이에 어떠한 내용의 권리, 의무가 발생하는지 결정하는 기준이 되기도 하지만, 그 본질적 기능은 어떠한 행위가 형식적 법률의 요건에 부합하지만 신의칙에 반하는지, 권리남용이 되는지 판단하여 그 권리 행사를 용인하지 않거나 나아가 권리를 상실시키는 법률효과까지 발생시키는 것이다. 이 경우, 신의칙은 비판적 법실증주의의 키워드가 된다. 비판적 법실증주의에 따르면, 무엇이 정의로운지는 합의하기 어려워도 무엇이 부정의한지 합의가 가능하고, 부정의에 대한 비판은 법실증주의의 한계를 넘어서는 것이 아니다. 이 때 바로 헌법원리 등의 법원리가 부정의에 대한

---

4) 민법 제840조 제6호 '혼인을 계속하기 어려운 중대한 사유'의 해석을 둘러싼 유책주의 파탄주의 논쟁(유책배우자의 이혼청구를 허용할 것인지 여부)에 관하여 대법원(2015. 9. 15. 선고 2013므568 전원합의체 판결)은 대법원판례가 유책배우자의 이혼청구를 허용하지 아니하는 것은 앞서 본 바와 같이 혼인제도가 요구하는 도덕성에 배치되고 신의성실의 원칙에 반하는 결과를 방지하려는 데에 있다고 한다.

5) 영국의 드워킨(R. M. Dworkin)은 그의 전임자 하트(H. L. A. Hart)가 법을 단지 규칙의 체계(System of rules)로 본 것을 비판하고, 법원리의 중요성과 법원리에 의한 법규칙의 형성과 수정을 중시하였다.

비판적 규준이 되는 것이고, 법원리가 실정법 해석의 엄격성이나 형식성으로 인한 현저히 부당한 결과를 시정하는 비판적 기능을 하는 것은 해석의 범주에 포함된다. 이러한 **법해석**은 넓은 의미에서의 **규범통제**에 해당하고, 이는 **비판적 법실증주의**에 부합하는 것이다.[6] 이 경우, 법원리가 규범통제에서 상위법의 역할을 담당하는 것이라고 볼 수 있다. 다만 법관이 판결 시 법원리적인 신의칙의 적용을 남용하는 경우, '일반조항으로의 도피'가 되고, 법관마다 도덕적 기준이 다를 수 있기 때문에 법적 안정성에 저해가 될 수 있으므로, 신의칙이 명문으로 승인되는 민사법의 영역에서도 법원리적인 추상적 규범으로 실정법에 의한 법적용을 시정하는 것은 '정의관념에 비추어 용인될 수 없는 상태에 이르러야 하는 정도'의 비판적 규준을 요구하는 등으로 신중을 기하여야 함은 물론이다.[7]

한편 국세기본법도 신의칙을 조세법의 일반원리로 규정하고 있으며, 신의칙이 조세법률주의가 지배하는 세법의 엄격한 해석에 따른 부정의에 대한 비판적 규준으로 작동하고 있는 대법원의 판결을 예로 들 수 있다. 이른바 **금괴폭탄거래사건에 관한 대법원** 2011. 1. 20. **선고** 2009**두**13474 **전원합의체 판결**의 다수의견에 의하면, 연속되는 일련의 거래과정에서 매출세액의 포탈을 목적으로 하는 악의적 사업자가 존재하고 그로 인하여 자신의 매입세액 공제·환급이 다른 세수의 손실을 가져온다는 사정을 알았거나 중대한 과실로 알지 못한 수출업자

6) '비판과 자기비판은 인간의 구성적 요소'이고, 비판적 법실증주의는 이러한 인간적 태도에 부합하는 것이다(172면).

7) 민법상의 신의성실의 원칙은, 법률관계의 당사자는 상대방의 이익을 배려하여 형평에 어긋나거나 신뢰를 저버리는 내용 또는 방법으로 권리를 행사하거나 의무를 이행하여서는 안 된다는 추상적 규범을 말하는 것으로서, 신의성실의 원칙에 위배된다는 이유로 그 권리행사를 부정하기 위하여는 상대방에게 신의를 공여하였다거나, 객관적으로 보아 상대방이 신의를 가짐이 정당한 상태에 이르러야 하고 이와 같은 상대방의 신의에 반하여 권리를 행사하는 것이 정의관념에 비추어 용인될 수 없는 정도의 상태에 이르러야 한다고 할 것이다(대법원 1991. 12. 10. 선고 91다3802 판결).

가 매입세액의 공제·환급을 구하는 것이 신의성실의 원칙에 위배된다는 것이다. 이 판결의 다수의견에 의하면, “신의칙은 민사법 영역에 비하여 그 적용범위가 다소 제한적일 것이기는 하나, 조세법 규정을 개별 사안에 그대로 적용하면 보편적인 정의관과 윤리관에 비추어 도저히 용납할 수 없는 부당한 결과가 초래됨으로써 오히려 건전한 법질서에 역행하는 것으로 볼 특별한 사정이 있다면 신의성실의 원칙에 의해 예외적으로 그 규정의 적용을 제한 또는 배제할 수 있을 것”이라는 다수의견의 방론은 바로 비판적 법실증주의의 명제가 된다고 볼 것이고, 형식적 법해석의 부정의를 시정하는 정당한 것이라고 생각된다. 위 판결에서는 참을 수 없는 부정의를 시인한 다수의견이 12명이고 반대의견이 1명이라는 점에서 바로 무엇이 부정의한지 합의가 가능하다는 비판적 법실증주의의 명제를 증명하는 경우라고 볼 것이다.

Ⅱ. 법원리 적용의 한계

비판적인 법적 규준으로 작동하는 법원리가 헌법 하의 실정법에 포섭되어 있는 것이어야 한다는 것이 법실증주의의 명제이고, 실정규범에 없는 도덕가치를 법원리의 이름으로 형벌구성적인 형법해석을 하는 것은 죄형법정주의에 위배될 소지가 있고,[8] 조세법률주의가 적용되는 세법의 영역에서도 그 적용범위에 관하여 마찬가지 문제가 있다.

그러한 의미에서 비록 신의칙이 헌법에 쓰여지지 않은 법원리라고 할지라도 명문규정이 없는 형법에서는 생소할 뿐만 아니라 이를 형벌구성적 해석기준으로 삼은 것은 문제가 있으므로, 대상판결의 소수의견이 정당하고, 다수의견은 변경되어야 한다.[9]

---

8) 그러한 맥락에서 대법원의 확립된 판례는 유기죄의 명문규정에 따라 작위의무의 근거를 법률과 계약 이외에 신의칙이나 조리에 기하여 인정하지 아니하고 있다.

9) 손태호, 채권양도인이 채권양도 통지 전에 변제받아 소비한 행위가 횡령죄를 구성하는지 여부, 대법원판례해설 제38호, 1999, 687면 이하는 이 판결의 연구

그럼에도 불구하고 본 전원합의체 판결이 선례가 되어 유사한 사안에 대하여 거의 확립된 판례가 되었다(대법원 2016. 12. 1. 선고 2016도6643 판결[10] 등). 다른 사안에 관하여 대법원은, "어떤 예금계좌에 돈이 착오로 잘못 송금되어 입금된 경우에는 그 예금주와 송금인 사이에 신의칙상 보관관계가 성립한다고 할 것이므로, 피고인이 송금 절차의 착오로 인하여 피고인 명의의 은행 계좌에 입금된 돈을 임의로 인출하여 소비한 행위는 횡령죄에 해당하고(대법원 2010. 12. 9. 선고 2010도891 판결), 이는 송금인과 피고인 사이에 별다른 거래관계가 없다고 하더라도 마찬가지이다"라고 한다. 이 사건에서 원심은 피고인이 피해자 사와 사이에 아무런 거래관계가 없었다는 등의 이유로 횡령의 보관관계가 성립되지 아니함을 전제로 점유이탈물횡령을 인정하였으나, 대법원은 원심판결에 횡령죄에 관한 법리를 오해하여 판결에 영향을 미친 위법이 있다고 파기 환송하였다. 그러나 위 대법원의 판단에 대하여 송금인과 예금주 사이에 아무런 관계가 없음에도 신의칙으로 위탁관계를 지나치게 확대한다는 비판이 있다.[11] 위 판결 역시 본 판결의 다수의견과 같은 맥락에서 단순히 신의칙만을 내세워 횡령죄의 처벌범위를 확장한 잘못이 있다고 할 것이다.

통설과 판례는 형법상 횡령죄가 성립하기 위한 '보관'은 위탁관계

관 보고서이고, 이 판결을 지지한다.

10) 주식회사 A(이하 'A'라고 합니다)가 교촌에프앤비 주식회사(이하 '교촌'이라고 합니다)에 대한 닭고기 납품대금 채권을 우리투자증권 주식회사에 양도하였고, 피해자 교촌이 이를 승낙하였음에도, 교촌이 착오로 납품대금을 A의 계좌로 송금한 사안에서, 대법원은 "별다른 거래관계가 없다고 하더라도 위와 같이 착오로 송금된 돈에 대하여 송금인과 예금주 사이에 신의칙상 보관관계가 성립된다고 할 것인데, 「납품대금 채권을 수탁에게 양도한 A」와 「이를 승낙한 피해자 교촌」 사이에서는 신의칙상 보관관계가 인정된다고 판단하여 피고인에게 횡령죄를 인정한 원심의 판단(서울고등법원 2016. 4. 29. 선고 2016노74 판결)이 '타인의 재물을 보관하는 자'에 관한 법리를 오해한 위법이 없다"고 판시한다.

11) 많은 학자들이 이 판결을 비판하고 있지만(김일수/서보학, 새로쓴 형법각론, 박영사, 2018, 288면 등), 이를 찬성하는 견해로는, 원혜욱, 횡령죄에 있어서의 위탁관계, 형사판례연구(14), 2006, 153면 이하 참조. 단 이 경우, 사기죄가 성립한다는 견해도 있다. 이재상, 형법각론, 박영사, 371면.

에 의한 점유일 것을 요하고, **그 재물에 대한 점유가 재물의 소유자**(또는 기타의 본권자)**와의 위탁관계에 기하여 이루어진** 것이어야 하는데, 이 경우 위탁관계는 임대차, 사용대차, 위탁, 임치 등의 계약에 의하여 발생하는 것이 보통이지만, 경우에 따라서 사무관리나 후견과 같은 법률의 규정, 관습이나 신의성실의 원칙에 의해서도 인정될 수 있다고 한다.[12]

그러나 법률이나 계약에 의한 위탁관계가 존재하는 등 보관자의 지위를 명백히 인정할 수 있는 경우 이외에 직접적인 위탁관계가 없는 때에는, 그 보관에 대한 보관자의 책임이나 기여가 인정되는 경우에 형법상 보호가치가 있는 특별한 신의칙상 구속이 있는 경우를 넘어서서[13] 단지 처벌의 필요성이나 도덕적 비난가능성만으로 단순히 신의칙 내지 조리상의 위탁관계를 지나치게 넓게 인정하여서는 아니 되고, 이는 **형사법의 대원칙인 죄형법정주의의 원칙**[14]에 반할 수 있다.

대법원은 '민사사건의 형사화' 즉, 민사상의 의무불이행[15]에 불과한 행위에 대하여 형벌을 과하는 것은 부당하다는 관점에서 배임죄의

12) 주석형법 형법각칙(6), 제4판, 332면 및 통설.

13) 판례에 의하면, 양식어업면허권자가 그 어업면허권 명의가 자기 앞으로 되어 있음을 틈타서 어업권 손실보상금을 수령하여 소비한 경우(대법원 1993. 8. 24. 선고 93도1578 판결)나 임차인이 임대인의 방해로 타인이 위탁하여 보관 중인 물건을 옮기지 못하고 임차공장 내에 그대로 두었다만 임대인은 신의칙이나 조리상 이를 보관하는 지위에 있다(손태호, 위 논문, 686면 참조). 위 사안들에서는 보관에 대한 보관자의 책임이나 기여가 인정되므로, 소유자와의 직접 위탁관계가 없어도 특별한 신의칙상 구속을 인정할 가능성이 있을 것이다.

14) 대법원 2013. 11. 28. 선고 2012도4230 판결("죄형법정주의는 국가형벌권의 자의적인 행사로부터 개인의 자유와 권리를 보호하기 위하여 범죄와 형벌을 법률로 정할 것을 요구한다. 그러한 취지에 비추어 보면 형벌법규의 해석은 엄격하여야 하고, 명문의 형벌법규의 의미를 피고인에게 불리한 방향으로 지나치게 확장해석하거나 유추해석하는 것은 죄형법정주의의 원칙에 어긋나는 것으로서 허용되지 아니한다").

15) 일반적으로 단순한 민사상 의무불이행도 자신의 약속을 어긴 배신적 행위이고 선행행위와 모순된 거동을 하는 것이므로, 널리 신의칙에 반한다고 볼 수도 있다.

신임관계를 결정하는'타인의 사무를 처리하는 자'의 범위를 제한 해석하고 있는데,[16] 아래 각주 14의 판결들은 모두 배임죄에 관한 것이지

---

16) 대법원은, 타인에 대한 채무의 담보로 제3채무자에 대한 채권에 대하여 권리질권을 설정한 경우, 질권설정자는 질권자의 동의 없이 질권의 목적된 권리를 소멸하게 하거나 질권자의 이익을 해하는 변경을 할 수 없고(민법 제352조), 질권설정자가 제3채무자에게 질권설정의 사실을 통지하거나 제3채무자가 이를 승낙한 때에는 제3채무자가 질권자의 동의 없이 질권의 목적인 채무를 변제하더라도 이로써 질권자에게 대항할 수 없으며, 질권자는 여전히 제3채무자에 대하여 직접 채무의 변제를 청구하거나 변제할 금액의 공탁을 청구할 수 있는바(민법 제353조 제2항, 제3항), 이러한 경우 질권설정자가 질권의 목적인 채권의 변제를 받았다고 하여 질권자에 대한 관계에서 타인의 사무를 처리하는 자로서 임무에 위배하는 행위를 하여 질권자에게 손해를 가하거나 손해 발생의 위험을 초래하였다고 할 수 없고, 배임죄가 성립하지도 않는다고 판단하였다(대법원 2016. 4. 29. 선고 2015도5665 판결). 또한, 대법원은, 동산의 이중매매에서 종래의 입장을 변경하고 매매의 목적물이 동산일 경우, 매도인은 매수인에게 계약에 정한 바에 따라 그 목적물인 동산을 인도함으로써 계약의 이행을 완료하게 되고 그때 매수인은 매매목적물에 대한 권리를 취득하게 되는 것이므로, 매도인에게 자기의 사무인 동산인도채무 외에 별도로 매수인의 재산의 보호 내지 관리 행위에 협력할 의무가 있다고 할 수 없다고 하면서, 동산매매계약에서의 매도인은 매수인에 대하여 그의 사무를 처리하는 지위에 있지 아니하므로, 매도인이 목적물을 매수인에게 인도하지 아니하고 이를 타에 처분하였다 하더라도 형법상 배임죄가 성립하는 것은 아니라고 하여 배임죄의 성립을 부정하였고(대법원 2011. 1. 20 선고 2008도10479 전원합의체 판결), 또한 채무자가 투자금반환채무의 변제를 위하여 담보로 제공한 임차권 등의 권리를 그대로 유지할 계약상 의무가 있다고 하더라도, 이는 기본적으로 투자금반환채무의 변제의 방법에 관한 것이고, 성실한 이행에 의하여 채권자가 계약상 권리의 만족이라는 이익을 얻는다고 하여도 이를 가지고 통상의 계약에서의 이익대립관계를 넘어서 배임죄에서 말하는 신임관계에 기초하여 채권자의 재산을 보호 또는 관리하여야 하는 '타인의 사무'에 해당한다고 볼 수 없다고 판단하였으며(대법원 2015. 3. 26. 선고 2015도1301 판결), 대물변제 예약된 부동산의 이중매매가 문제된 사안에서, 채무자가 대물변제예약에 따라 부동산에 관한 소유권을 이전해 줄 의무는 예약 당시에 확정적으로 발생하는 것이 아니라 채무자가 차용금을 제때에 반환하지 못하여 채권자가 예약완결권을 행사한 후에야 비로소 문제가 되고, 채무자는 예약완결권 행사 이후라도 얼마든지 금전채무를 변제하여 당해 부동산에 관한 소유권이전등기절차를 이행할 의무를 소멸시키고 의무에서 벗어날 수 있다. 한편 채권자는 당해 부동산을 특정물 자체보다는 담보물로서 가치를 평가하고 이로써 기존의 금전채권을 변제받는 데 주된 관심이 있으므로, 채무자의 채무

만, 배임죄와 횡령죄는 신임관계를 침해한다는 배신성에서 본질을 같이 하고,[17] 다만 행위의 객체에 있어서 횡령죄가 재물을 객체로 함에 반하여 배임죄는 재산상의 이익으로 객체를 달리 하는 점에서 구별될 뿐이므로, 횡령죄에서의 보관자 지위를 달리 판단할 이유가 전혀 없다.

또한 특히 금전은 소유와 점유가 일치하는 것이 원칙이고, 민사상 금전의 점유자가 이를 소유하는 것으로 보므로, 특별한 사정이 없는 한 금전의 소유와 점유의 관계를 형사법상 달리 판단할 이유가 전혀 없다. 별개의견이 말하는 형법상 소유권 개념은 생소하고 아직 무엇인지 확립되어 있지도 아니하다. 따라서 "채권양도인이 양도 통지 전에 채무자로부터 채권을 추심하여 금전을 수령한 경우, 채권양도의 당연한 귀결로서 그 금전을 자신에게 귀속시키기 위하여 수령할 수는 없는 것이고, 오로지 양수인에게 전달해 주기 위하여서만 수령할 수 있을 뿐이므로,[18] 양도인과 양수인 사이에서 그 금전의 소유권이 양수인에게 귀속한다"는 다수의견의 판단은 부당하고, 단지 민사상 부당이득반환의 채권관계가 발생할 뿐이라고 보아야 한다.[19]

불이행으로 인하여 대물변제예약에 따른 소유권등기를 이전받는 것이 불가능하게 되는 상황이 초래되어도 채권자는 채무자로부터 금전적 손해배상을 받음으로써 대물변제예약을 통해 달성하고자 한 목적을 사실상 이룰 수 있다. 이러한 점에서 대물변제예약의 궁극적 목적은 차용금반환채무의 이행 확보에 있고, 채무자가 대물변제예약에 따라 부동산에 관한 소유권이전등기절차를 이행할 의무는 궁극적 목적을 달성하기 위해 채무자에게 요구되는 부수적 내용이어서 이를 가지고 배임죄에서 말하는 신임관계에 기초하여 채권자의 재산을 보호 또는 관리하여야 하는 '타인의 사무'에 해당한다고 볼 수는 없다. 그러므로 채권 담보를 위한 대물변제예약 사안에서 채무자가 대물로 변제하기로 한 부동산을 제3자에게 처분하였다고 하더라도 형법상 배임죄가 성립하는 것은 아니라고 판단하고 있다(대법원 2014. 8. 21. 선고 2014도3363 판결).

17) 주석형법 형법각칙(6), 제4판, 312면.

18) 통상적으로 회사의 기관이나 타인의 대리인이 본인을 위하여 금원을 수령한 경우에는, 그 돈을 수령하여 그대로 본인에게 전달해주어야 하므로 금전 소유권은 본인에게 귀속되고, 따라서 횡령죄의 위탁 내지 보관관계가 성립될 것이지만, 이 사건의 경우, 양도인과 양수인 사이에는 단지 채권양도계약만 있었을 뿐이고, 채권양도의 당연한 귀결로 양도인이 양수인의 대리인이나 기관이 되는 것이 아니고, 그러한 약정을 묵시적으로라도 체결한 것은 아니다.

나아가 이 사건의 경우, 채권양도를 한 채무자와 채권자 사이에 채권채무관계와 채권양수도의 민사상 법률관계가 있을 뿐이고, 채무자인 양도인이 채권양도를 하였다는 것만으로 채권자인 양수인에 대하여 형법상 보호할 만한 특별한 신의칙상 구속이 발생하였다고 보기에 부족하다. 따라서 신의칙 내지 조리상 양도인이 원 채무자로부터 변제 수령한 금액을 양수인을 위하여 보관하는 지위에 있다는 다수의견의 판단은 법원리에 가탁하여 횡령죄의 **보관자** 지위를 확장하는 **유추해석** 또는 **목적론적 확장**으로서, 숨겨진 도덕적 판단에 기초한 방법론적 오류라고 할 것이다.

Ⅲ. 결어 — 평석

이 판결의 보충의견은 민법상 소유권이 아니라 **형법상 소유권 개념**을 언급하고, 횡령죄에서의 '보관'의 개념을 다수의견과 같이 해석하는 것이 구성요건상의 **어의(語義)의 객관적인 한계**를 초과한다고 볼 수 없는 이상, 죄형법정주의에 위배된다고 할 수는 없다고 한다. 그러나 **보관**(保管)이란 일상언어의 의미로는'물건을 맡아서 간직하고 관리한다'는 것인데, 이 사건의 경우, 채무자는 원 채권자인 양도인에게 자기 채무의 이행으로 금전을 교부한 것이고,[20] 양수인을 위하여 맡긴 것이 아니며, 더욱이 양수인 자신이 직접 금전을 맡긴 것도 아니다. 다수의견은 채권양도인이 양도 통지 전에 채무자로부터 채권을 추심하여 금전을 수령한 경우, 양수인에게 전달해 주기 위하여서만 수령할 수 있을 뿐이라고 하지만, 이 경우, 채무자가 원 채권자인 양도인에게 자기

19) 이민걸, 지명채권양도인이 양도통지 전에 채권의 변제로서 수령한 금전을 자기를 위하여 소비한 경우 횡령죄 또는 배임죄의 성립, 형사판례연구(8)에 의하면, 이 경우, 횡령죄의 성립에 의문을 제기하고 배임죄의 성립 가능성을 시사하고 있다.

20) 이 사건에서 채무자는 채권양도 통지를 받지 아니하여 자신의 채무이행으로 금전을 교부한 것으로 보이고, 양도 통지 등 대항요건을 갖추지 아니하여 양수인은 채무자를 상대로 본래의 채무이행을 청구할 수는 없을 것이다.

채무를 변제하는 것이고 양수인에게 전해달라고 양도인에게 돈을 맡기는 것은 아니며, 양수인이 자신을 위해서 맡고 있다가 자신에게 바로 그 돈을 지급해달라고 양도인에게 위탁을 한 것도 아니므로, 억지스러운 위탁 내지 보관관계의 설정이 아닐 수 없다. 따라서 위 사건의 경우, 단지 채권양도인이 양수인에게 부당이득반환을 해주는 채무관계가 성립된다고 할 것이며, 만일 채권양도 통지나 승낙이 있어서 대항력을 갖추었다면 양수인은 채무자를 상대로 여전히 양수채권을 청구할 수도 있는 법률관계가 성립되는 것이다.[21] 이러한 상황은 보관이라는 말과 맞지 않고, 따라서 어의의 한계를 벗어난다고 볼 것이므로, 보충의견이 오히려 법실증주의의 범위를 벗어난 것이라고 할 것이다.

결국 대상판결은 도덕적 비난 가능성 있는 이중의 채무불이행을 형사 처벌하는 것이 형사사법의 정의에 부합하는지가 논점이 되고, 거기에 8:5로 팽팽하게 대법관의 의견이 갈린 것을 보면, 무엇이 정의로운지는 합의하기 어렵다는 비판적 법실증주의의 명제를 확인할 수 있을 것이다.

[주 제 어]
횡령죄, 보관관계, 법원리, 신의성실의 원칙, 비판적 법실증주의

[Key Words]
Embezzlement, Custody, Legal Principle, Principle of good faith, Critical Legal Positivism

접수일자: 2019. 5. 24. 심사일자: 2019. 6. 10. 게재확정일자: 2019. 6. 10.

21) 채무자는 스스로 이중지급의 위험에 빠지는 것이다. 최근 서울고등법원 2018. 6. 8. 선고 2018노587 판결(확정)도 양도인이 담보조로 양수인에게 채권양도를 하였고, 채권양도의 승낙을 한 채무자가 착오로 양도인에게 채무 변제를 한 사안에서, 채권양도 승낙 후에 채무자로부터 채권을 추심한 경우에도 신의칙상 보관관계를 인정하였다.

[Abstract]

Custody of the Embezzlement — Penal law and Principle of good faith

Kim, Dae-Hwi*

In case the bond transferor collects the bonds from the debtor and receives the money before the transfer notice, the question is whether criminal punishment in charge of the embezzlement for such a double default, which is morally reprehensible, conforms to the criminal justice. About this problem, there was a tense 8:5 split in the Supreme Court's opinion, which would verify the proposition of critical legal positivism that what is just is difficult to agree on.

* Attorney at law, Chair Professor at Sejong University

형법 제357조의 '제3자'의 개념
— 대법원 2017. 12. 7. 선고, 2017도12129 판결[1] —

최 준 혁*

I. 대상판결의 소개

1. 사실관계[2]

1) 피고인의 지위

피고인은 ○○그룹 총괄회장의 장녀로서 수십 년간 ○○백화점 운영법인인 ○○쇼핑㈜ 및 ○○면세점 운영법인인 ㈜호텔○○ 등 ○○그룹의 유통 관련 계열사의 경영에 참여해 온 결과 '유통업계의 대모'로 불리며 ○○백화점과 ○○면세점 운영에 막강한 영향력을 행사하여 왔다. 특히 ○○쇼핑㈜ 백화점 사업부는 위 회사 매출의 50% 이상, ㈜호텔○○ 면세 사업부는 위 회사 매출의 80% 이상을 차지하는 핵심 사업부로서 입점업체 선정과 매장 위치 및 수수료 결정 등 업무를 담당하고, 피고인은 1993. 9.부터 현재까지 ○○쇼핑㈜ 및 ㈜호텔○○ 사내이사를 역임해 온 동시에 ○○쇼핑㈜ 사장 및 총괄 부사장, ㈜호텔○○ 면세사업부 사장 및 총괄부사장 등으로 근무하면서 주요 사항을 보고받고 결재하는 등 위의 업무를 사실상 총괄하여 왔으며, ○

* 법학박사, 인하대학교 법학전문대학원 교수

1) 이 사건에 관한 보도로 법률신문 2017. 12. 7. [판결] "딸이 받은 돈도 청탁대가로 봐야"… 대법원, 롯데 신영자 사건 '파기환송'; 리걸타임즈 2017. 12. 8. [형사] "딸 · 아들 회사가 받은 돈, 신영자가 직접 받은 것과 같아".

2) 대상판결의 1심판결인 서울중앙지방법원 제23형사부 2017. 1. 19. 선고 2016고합720판결의 판결문에 나타난 내용을 정리하였다.

○백화점과 ○○면세점의 입점 및 매장 위치 선정은 ○○쇼핑㈜ 및 ㈜호텔○○가 입점업체로부터 받는 수수료 등 매출에 영향을 미치는 중요한 사항일 뿐 아니라, 해당 업체의 매출을 좌우하는 관계로 이와 관련하여 업체 간에 치열한 경쟁이 벌어지고 있다.

또한, 피고인은 아들 S 명의로 ㈜★★★★통상(지분 100%), ㈜●●●(지분 90%), ㈜◆◆◆◆◆(지분 100%)를 설립하고, 자신을 대표이사 및 최대주주(55%), T1·T2·T3 등 딸 3명을 주주(각 15%)로 하고 설립 자본금 일부를 ㈜★★★★통상의 자금으로 충당하여 ㈜■■■■■인터내셔날을 설립한 후 ○○백화점 팀장 출신인 E를 ㈜■■■■■인터내셔날을 제외한 위 나머지 3개 회사의 대표이사로 영입하여 그를 통해 위 4개 회사의 경영과 관련된 주요 사항의 지시·결정은 물론 배당, 급여 지급 등 회사 자금 운용에 관한 재무적 사항을 결정하여 왔으며, 피고인의 자금을 S 명의로 ㈜★★★★통상 운영에 투입하고 이를 반환받는 등 피고인은 위 4개 회사의 실질적인 오너로서 이를 지배·운영하여 왔다.

2) 공소사실

(1) △△△△ 회전초밥 매장의 ○○백화점 입점 관련 배임수재죄

피고인은 ○○쇼핑㈜의 사장 및 총괄부사장으로 근무하면서 ○○백화점의 입점업체 선정 업무를 총괄해 오던 중, 2007. 1.경 공소외 A로부터 회전초밥 가게인 △△△△ 매장을 ○○백화점에 추가 입점시켜 주고 기존 △△△△ 매장에 관한 입점계약을 갱신하도록 해 주는 등 ○○백화점 입점 관련 편의를 제공해 달라는 청탁과 함께 △△△△ □□점 매장의 수익금 지급을 약속받고, 계속하여 A로부터 같은 취지의 청탁을 받아 2008. 4.경 ◇◇◇점, 2011. 1.경 ☆☆점 및 ▽▽점 매장의 수익금 지급을 약속받았다. 이에 피고인은 A로부터 2007. 2.경부터 2016. 5.경까지 1~2개월마다 1회씩 □□점 매장 수익금을 직접 또는 딸 T3을 통해 건네받는 방법으로 합계 6억 2,301만 원을, 2008.

4.경부터 2016. 5.경까지 범죄일람표 2 기재와 같이 1~3개월마다 1회씩 ◇◇◇점, ▽▽점, ☆☆점 매장 수익금을 직접 건네받는 방법으로 합계 5억 3,366만 원을 받았다. 이로써 피고인은 타인의 사무를 처리하는 자로서 그 임무에 관하여 부정한 청탁을 받고 11억 5,667만 원을 수수하였다.

(2) 공소외 2 주식회사의 ○○면세점 입점 관련 배임수재죄

피고인은 2012. 10.경 공소외 B[3]를 통해 ○○면세점 본점 입점업체로서 화장품 제조·판매업체인 공소외 2 주식회사 대표이사 C로부터 "○○면세점 내 화장품 매장을 앞쪽 좋은 곳으로 옮겨 달라"는 부탁을 받고, 그 무렵 면세사업부 사장 공소외 D에게 지시하여 2012. 11. 30.경 위 매장 위치를 고객 편의와 접근성이 좋은 곳으로 변경해 주었다. B는 공소외 2 회사로부터 화장품 매장 위치를 바꿔준 대가로 그 매장 매출액의 3%를 지급받기로 하고 2013. 1.경부터 2014. 7.경까지 총 20회에 걸쳐 662,358,050원을 입금받았다.

피고인은 2014년 상반기 ㈜★★★★통상 대표이사 공소외 E에게 B가 받고 있는 ○○면세점 매장 이동 대가를 앞으로는 위 회사로 직접 받을 것을 지시하였고, E의 지시를 받은 위 회사 전무 공소외 F는 C에게 "㈜★★★★통상은 피고인 회장님 회사인데 B와 피고인 회장님의 관계가 끝났으니 이제부터는 ㈜★★★★통상으로 돈을 달라"고 요구하였다. 이에 피고인은 2014. 9.경부터 2016. 5.경까지 공소외 2 회사로부터 ㈜★★★★통상 명의 계좌를 통해 총 22회에 걸쳐 847,672,232원을 입금받음으로써 E와 공모하여 부정한 청탁을 받고 그 대가로 합계 847,672,232원을 수수하였다.

(3) 공소외 16 주식회사의 ○○면세점 입점 관련 배임수재죄

피고인은 E에게 다른 국내 화장품 업체 등으로부터도 ○○면세점

3) 한국경제 2016. 7. 1. "도박사건은 어떻게 롯데그룹을 뒤흔들었나" (http://newslabit.hankyung.com/news/app/newsview.php?aid=201607010481i).

입점 대가를 받을 것을 지시하였고, E의 지시를 받은 ㈜★★★★통상 부장 공소외 15 등은 2014. 9.경 국내 화장품 업체인 공소외 16 주식회사 측에 "피고인의 영향력으로 ○○면세점에 입점시켜 주겠다"는 취지로 말하였다. 이에 피고인은 2015. 5.경부터 2016. 5.경까지 공소외 16 회사로부터 ○○면세점 입점 대가로 ㈜★★★★통상 명의 계좌를 통해 총 14회에 걸쳐 565,448,037원을 입금받았다.

(4) 업무상횡령과 배임

가. 피고인은 ㈜★★★★통상과 ㈜●●●을 실질적으로 지배·운영하고 있으므로 위 회사들의 법인경비가 부당하게 과다 지출되지 않도록 해야 할 업무상 임무가 있음에도 불구하고, E에게 "딸아이들이 요즘에 돈이 없어 어려워 하니 신경을 써 달라"라고 말하며, 위 회사들의 이사 및 감사로 등재되어 있으나 제대로 출근하지 않을 뿐 아니라 이사 및 감사로서의 직무를 수행하지 않는 T1, T2, T3에게 급여를 지급할 것을 지시하였다. 이에 E는 2006. 1.경부터 2011. 12.경까지 ㈜★★★★통상에서 급여 및 상여금 등 명목으로 T1에게 10억 5,332만 1,040원, T2에게 11억 7,374만 2,798원, T3에게 11억 106만 7,910원 합계 33억 2,813만 1,748원을 지급하고, 2009. 4.경부터 2011. 5.경까지 ㈜●●●에서 급여 명목으로 총 26회에 걸쳐 T1에게 합계 2억 3,400만 원을 지급하였다.

나. 피고인은 2006년 하순경 ○○ 일감 몰아주기 논란으로 인해 ㈜●●●의 ○○그룹 계열사 인쇄물 독점을 중단하는 등으로 영업이익이 현저하게 줄어들고 이로 인하여 S 명의로 지급해 오던 고액 배당과 급여 수준을 유지하게 힘들게 되었을 뿐 아니라, 실제 근무하지 않는 T1, T2, T3이 고액 급여를 받아가는 것이 문제의 소지가 있다는 E의 의견에 따라 2010. 12.경 T1, T2, T3을 ㈜★★★★통상 임원에서 사임시켜 더 이상 이들에게 급여를 줄 수 없게 되자 T1, T2, T3의 생활비 등도 충분하지 않다고 생각하고, 피고인이 실질적으로 운영하는

회사들의 법인자금을 횡령하기로 마음먹었다.

① ㈜●●● 관련 횡령

피고인은 2007. 1.경 ㈜●●● 대표이사 E에게 'S의 급여를 축소하는 대신 G를 허위 종업원으로 등재하여 G가 받는 급여를 S에게 줄 것'을 지시하였고, E는 그 지시에 따라 G를 위 회사의 허위 종업원으로 등재한 다음 그때부터 2016. 5.경까지 총 116회에 걸쳐 G의 급여 명목으로 합계 4억 3,924만 7,190원을 G의 계좌에 입금한 후 그 통장과 도장을 S의 처에게 건네주어 그녀로 하여금 위 돈을 인출하여 생활비 등으로 임의 사용하게 하였다.

② ㈜◆◆◆◆◆ 관련 횡령

피고인은 2009. 2.경 ㈜◆◆◆◆◆ 대표이사 E에게 'T2의 대출금 이자를 좀 챙겨줘야 할 것 같으니 방법을 마련해 달라'고 지시하였고, E는 그 지시에 따라 자신과 H를 위 회사의 허위 종업원으로 등재한 다음 그때부터 2009. 12.경까지 총 17회에 걸쳐 E와 H의 급여 명목으로 합계 3,774만 5,400원을 그들의 계좌에 입금한 후 이를 T2 명의의 계좌로 송금하여 그녀의 대출금이자 변제 등으로 임의 사용하였다.

③ ㈜★★★★통상 관련 횡령

피고인은 2010. 7.경 ㈜■■■■■인터내셔날을 설립하면서 그 지분 15%씩을 취득하는 T2, T3의 설립자본금 합계 1억 5,000만 원을 ㈜★★★★통상에서 가지급금으로 인출하여 납부하였다. 그 후 피고인은 2010. 12.경 ㈜★★★★통상 대표이사 E로부터 T2, T3이 위 가지급금을 아직까지 변제하지 않고 있다는 보고를 받자, E에게 "딸아이들이 요즘에 돈이 없어 어려워 하니 회사에서 좀 신경을 써 달라"고 지시하였고, E는 그 지시에 따라 그 무렵 자신의 상여금 4,150만 원을 1억 9,150만 원으로 부풀려 지급받은 다음 그 차액 1억 5,000만 원으로 T2, T3의 위 가지급금을 변제하였다.

④ ㈜■■■■■인터내셔날 관련 횡령

피고인은 2011. 1.경 피고인의 지시를 받아 ㈜■■■■■인터내셔날의 자금을 관리하고 있는 E에게 “스파를 운영하면서 T3만 챙겨주면 다른 애들이 섭섭해 할 수 있으니까 어떻게 좀 챙겨줬으면 좋겠다”고 지시하였고, E는 그 지시에 따라 H를 허위 종업원으로 등재한 다음 그때부터 2016. 5.경까지 총 65회에 걸쳐 급여 명목으로 합계 5억 5,177만 7,630원을 H의 계좌에 입금한 다음 그 통장과 도장을 T1, T2에게 건네주어 이를 생활비 등으로 임의 사용하게 하였다.

2. 사건의 경과

(1) 피고인의 주장과 1심법원의 판단

위 공소사실 중 배임수재죄에 대하여 피고인은 다음과 같이 주장하였다.

가. △△△△ 회전초밥 매장의 ○○백화점 입점에 관하여는, 매장 자체를 피고인이 받고 관리와 운영을 A가 해 주기로 한 것이므로 부정한 청탁의 대가가 아니라거나, 피고인이 받은 것은 수익금이 아니라 해당 매장의 실질적 영업권 자체이므로 가액을 산정할 수 없다고 주장하였다. 나아가 T3을 통해 받은 돈에 대해서는, T3은 피고인과 독립한 주체로서 생활하고 있어 경제적인 동일성을 인정할 수 없고 피고인이 T3의 생활비 등을 부담하는 관계에 있었다고 보기 어렵다고 하였다.

나. 공소외 2 회사의 ○○면세점 입점 관련에 관하여는 적법하고 유효한 컨설팅 용역의 대가라거나, ㈜★★★★통상이 공소외 2 회사로부터 수수료를 받은 것을 피고인이 받은 것과 동일시할 수 없다고 주장하였다.

1심법원은 피고인에게 징역 3년을 선고하면서, 공소외 16 회사의 ○○면세점 입점 관련해 받은 액수는 컨설팅의 대가이므로 배임수재죄에 해당하지 않는다고 보았고, △△△△ 회전초밥 매장의 ○○백화점 □□점 입점에 관하여 T3이 돈을 받은 점에 대해서도 T3이 피고인과 경제적 이해관계를 함께 한다고 볼 수 없다고 판단하였다.[4] 나아

4) 이렇게 판단한 근거는 아래의 다섯 가지였다.

가 공소외 2 회사의 ○○면세점 입점에 관련하여 B가 금전을 받은 부분에서는 피고인과 B가 공모했다고 보기 어렵다고 판단하였다.

(2) 2심법원의 판단

2심법원(서울고등법원 제4형사부 2017. 7. 19. 선고 2017노437 판결)은 1심판결을 파기하면서 피고인에게 징역 2년을 선고하였다. 1심판결이 선고한 무죄의 결론을 유지하면서, △△△△ 회전초밥 매장의 ○○백화점 입점 관련해서는 장부 등의 객관적 자료가 없어서 수재액을 특정할 수 없다고 판단하였다. 공소외 2 주식의 ○○면세점 입점에 관련해서 1심판결에서 유죄가 인정된 부분에 관해서도, ㈜★★★★통상이 공소외 2 회사로부터 돈을 받은 것을 피고인의 사자 또는 대리인으로 받았거나 피고인이 그만큼 지출을 면하게 되는 등 피고인이 받은 것과 동일하게 평가할 수는 없다고 보았다.5)

첫째, T3은 피고인의 1남 3녀 중의 막내로서, 그 남편 M은 미국 변호사이며, 자녀 2명이 있다. T3은 피고인과는 독립한 가정을 꾸리고 있는 것으로 보인다.
둘째, T3은 ▲▲-▲ 스파를 관리하면서 ㈜■■■■■인터내셔날로부터 2011. 1.부터 2016. 4.까지 매달 1,000~1,500만 원 정도를 받아 합계 15억 5,400만 원을 받았다. T3은 수사기관에서 2011. 3.경부터 ㈜■■■■■인터내셔날 사무실에 출근하여 직원 관리, 외국인 응대를 도와주는 등 사무실 관리와 스파 운영 업무를 하였다고 진술하였다.
셋째, T3은 그 외에도 커피숍과 식당을 운영하면서 수입을 얻었다.
넷째, T3은 약 5억 8,700만 원의 주식, 약 55억 4,300만 원의 은행 예금 등 합계 약 61억 3,000만 원 상당의 재산을 보유하고 있었으며, M은 ㈜★★★★통상의 고문으로서 임원에 준하는 급여를 받으면서, 해외 계약서 검토 등의 업무를 수행하였다.
다섯째, 위와 같이, T3 및 M은 경제활동을 통한 소득을 얻은 것으로 보이는데, 이러한 소득은 이 사건 공소사실에는 포함되지 않았고, 실제로 업무를 하지 않고 받았다고 볼 만한 사정도 없다. 그리고 T3은 피고인의 이 사건 범행으로 인하여 받게 된 재산 외에도 상당한 재산을 보유하고 있었던 것으로 보인다. 검사는 피고인의 도움으로 T3의 재산이 형성되었으므로, T3이 피고인과 경제적으로 동일한 관계라고 전제하고 있으나, 위와 같은 재산 형성이 T3 및 M의 노력 없이 전적으로 피고인의 도움만으로 이루어졌다고 인정할 증거는 없다.

5) 2심법원은 다음과 같은 근거를 제시하였다.
첫째, ㈜★★★★통상은 1994년 설립되었고 2016년 기준 자본금은 약 16억 원, 매출액은 약 743억 원이다. ㈜★★★★통상의 주식은 S가 모두 보유하고 있을

3. 대법원의 판단

대법원은 2심판결 중 유죄부분 및 ㈜★★★★통상을 통한 공소외 2 회사로부터의 배임수재 부분을 파기하고 사건을 환송하였다. 판결요지 중 [1]은 대법원이 배임수재죄에 대하여 지속적으로 설시하고 있는 법리를 반복한 것이고, 사실판단에 관한 내용은 [2] 부분이다.

> [1] 구 형법(2016. 5. 29. 법률 제14178호로 개정되기 전의 것) 제357조 제1항의 배임수재죄는 타인의 사무를 처리하는 자가 그 임무에 관하여 부정한 청탁을 받고 재물 또는 재산상 이익을 취득한 때에 성립한다. 배임수재죄의 행위주체가 재물 또는 재산상 이익을 취득하였는지는 증거에 의하여 인정된 사실에 대한 규범적 평가의 문제이다. 타인의 사무를 처리하는 자가 그 임무에 관하여 부정한 청탁을 받고 자신이 아니라 다른 사람으

뿐 피고인은 ㈜★★★★통상의 주주나 임원이 아니다. 피고인은 ㈜★★★★통상으로부터 급여 등을 지급받지 않았다. 피고인이 ㈜★★★★통상의 운영비 등을 부담하여 오지도 않았고, ㈜★★★★통상에 채무를 부담하고 있어 공소외2 주식회사로부터 지급받은 금액만큼 채무를 면하였다는 사정도 보이지 않는다.

둘째, ㈜★★★★통상이 공소외2 주식회사로부터 받은 돈은 모두 ㈜★★★★통상 계좌로 입금되었다. 계좌에 입금된 돈이 피고인에게 지급되었다는 사정은 보이지 않는다.

셋째, 2014. 9. 4.부터 2016. 4. 8.까지 공소2 주식회사로부터 ㈜★★★★통상 계좌에 입금된 돈은 약 7억 6천만 원이다. 위 기간 동안 ㈜★★★★통상 계좌에서 S 계좌로 약 14억 원이 송금되었다. 그런데 위 기간 동안 ㈜★★★★통상 계좌에 입금된 돈은 합계 약 2,148억 원, 위 계좌에서 출금된 돈은 합계 약 2,135억 원에 달한다. S는 ㈜★★★★통상의 주주이자 임원으로 상당한 급여 및 배당금을 지급받아 왔고, 공소외2 주식회사로부터 돈이 입금된 이후 지급액이 그만큼 증가하였다는 사정도 보이지 않는다. 이러한 점에 비추어 볼 때 공소외2 주식회사로부터 ㈜★★★★통상 계좌에 입금된 돈이 S에게 지급되었다고 보기 어렵다.

넷째, S는 피고인과는 독립하여 자신의 가족들과 생활하고 있다. S는 상당한 규모의 재산을 보유하고 있고, ㈜★★★★통상 등으로부터 상당한 급여 및 배당을 받고 있다. 피고인이 평소에 S의 생활비 등을 부담하고 있었던 사정은 보이지 않는다.

로 하여금 재물 또는 재산상 이익을 취득하게 한 경우에 특별한 사정이 있으면 사회통념상 자신이 받은 것과 같이 평가할 수 있다. 또한 다른 사람이 재물 또는 재산상 이익을 취득한 때에도 그 다른 사람이 부정한 청탁을 받은 자의 사자 또는 대리인으로서 재물 또는 재산상 이익을 취득한 경우나 그 밖에 평소 부정한 청탁을 받은 자가 그 다른 사람의 생활비 등을 부담하고 있었다거나 혹은 그 다른 사람에 대하여 채무를 부담하고 있었다는 등의 사정이 있어 그 다른 사람이 재물 또는 재산상 이익을 받음으로써 부정한 청탁을 받은 자가 그만큼 지출을 면하게 되는 경우 등 사회통념상 그 다른 사람이 재물 또는 재산상 이익을 받은 것을 부정한 청탁을 받은 자가 직접 받은 것과 같이 평가할 수 있는 관계가 있다면 위 죄가 성립할 수 있다.

[2] 백화점 및 면세점의 입점업체 선정 업무를 총괄하는 피고인이 입점업체들로부터 추가 입점이나 매장 이동 등 입점 관련 편의를 제공해 달라는 청탁을 받고 그 대가로 매장 수익금 등을 지급받는 방법으로 돈을 수수하였다고 하여 구 형법(2016. 5. 29. 법률 제14178호로 개정되기 전의 것)상 배임수재로 기소된 사안에서, 피고인이 입점업체 대표 甲으로부터 부정한 청탁을 받고 그 대가로 자신이 받아온 수익금을 딸에게 주도록 甲에게 지시하였다면 이는 피고인 자신이 수익금을 취득한 것과 같다고 평가하여야 하고, 피고인이 입점업체인 乙 주식회사 대표이사 丙으로부터 부정한 청탁을 받고 그 대가를 피고인이 아들 명의로 설립하여 자신이 지배하는 丁 주식회사 계좌로 돈을 입금하도록 한 이상 사회통념상 피고인이 직접 받은 것과 동일하게 보아야 하는데도, 이와 달리 보아 이 부분 공소사실을 무죄로 판단한 원심판결에 배임수재죄에서 '재물 또는 재산상 이익을 취득한 자'의 의미에 관한 법리오해의 잘못이

있다.

첫째, △△△△ 회전초밥 매장의 ○○백화점 ㅁㅁ점 입점에 관하여 피고인이 T3을 통해 A에게 돈을 받은 행위는 1심법원과 2심법원이 배임수재죄에 해당하지 않는다고 판단하였으나 대법원은 다르게 보았다. 그 근거로, ① A는 피고인에게 줄 돈을 쉽게 만들기 위해 입점 당시부터 법인 명의로 운영하던 ㅁㅁ점 매장 명의를 2007. 1.경 A의 사위 명의로 변경한 후 2007. 2.경부터 2007. 12.경까지 그 수익금을 피고인에게 직접 현금으로 건네주었다. ② A는 2008년 초경 피고인으로부터 "T3이 생활비가 조금 딸리는 것 같으니 T3한테 해 줘라"는 요구를 받고, 이때부터 2016. 5.경까지 T3에게 수익금을 현금으로 건네주었다. ③ 피고인은 S 명의로 설립하여 자신이 실질적인 사주로서 지배·운영하는 ㈜★★★★통상의 대표이사 E에게 "딸아이들이 요즘에 돈이 없어 어려워 하니 신경을 써 달라"라고 말하며, 위 회사의 임원으로 등재되어 있으나 제대로 출근하지 않고 그 직무를 수행하지도 않는 T3에게 급여를 지급할 것을 지시하여 T3에게 1,101,067,910원을 지급하게 하였다는 배임 등 공소사실에 대하여 이 사건 제1심 및 원심에서 유죄판결을 받았다 는 사실을 제시하였다. 이어서 대법원은, 위 사실관계로부터 알 수 있는 수익금 수수의 경위와 명목, 그에 관한 피고인과 A의 의사 및 피고인과 T3의 가족관계 등을 앞서 본 법리에 비추어 살펴보면, 피고인이 A로부터 부정한 청탁을 받고 자신이 받아온 수익금을 T3에게 주도록 A에게 지시하였다면 이는 피고인 자신이 수익금을 취득한 것과 같다고 평가하는 것이 옳다고 보았으며, T3이 결혼하여 독립한 가정을 이루고 있다거나 이 사건 공소사실 관련 행위로 받은 재산 외에 그녀 명의로 상당한 재산을 보유하고 있다는 등의 사정은 이러한 판단을 달리할 만한 사정이 되지 않는다고 판단하였다.

둘째, 공소외 2 회사의 ○○면세점 입점에 관하여 ㈜★★★★통상이 공소외 2 회사로부터 돈을 받은 행위에 대하여 2심법원은 배임수재죄를 인정하지 않았으나 대법원의 판단은 달랐다. 근거로서, ① 피고인은 S를 사내이사 겸 1인 주주로 한 ㈜★★★★통상을 설립하고, S에 대한 급여와 배당금이 입금되는 계좌의 통장과 인장을 위 회사 사무실 내 금고에 보관하면서 대표이사 E에게 위 계좌에 있는 돈의 입·출금과 사용을 지시해 왔다. ② 피고인은 E 등을 통하여 ㈜★★★★통상의 배당, 급여 지급 등 제반 재무적 사항과 각종 중요 사업현황 등 회사의 중요사항을 결정해 왔다. ㈜★★★★통상의 직원들은 피고인을 ㈜★★★★통상의 오너(owner)라고 대외적으로 홍보하였고, 면세점 업계에서도 피고인을 ㈜★★★★통상의 실질적인 운영자로 인식하고 있었다. ③ ㈜★★★★통상은 피고인의 지시로 피고인으로부터 입금받은 돈을 S의 대여금으로 회계처리하거나 법무법인에 ○○그룹의 지배구조에 관한 법률자문을 의뢰하여 그 비용을 지출하기도 하였다. ④ ㈜★★★★통상이 공소외2 회사로부터 받은 돈은 법인계좌로 입금된 다른 자금과 혼화되어 사용되었다.

대법원은 이러한 사실관계를 적시한 후 ㈜★★★★통상은 피고인이 S 명의를 이용하여 설립한 사실상 피고인이 지배하는 회사임을 알 수 있으므로, 피고인이 부정한 청탁을 받고 그 대가로 자신이 지배하는 회사 계좌로 돈을 입금하도록 한 이상, 이는 사회통념상 피고인이 직접 받은 것과 동일하게 보아야 한다고 판단하였다.

4. 이 판결의 쟁점

형법 제357조의 배임수증재죄에 대해서는 죄의 본질·체계적 특성, 타인의 의미, 사무의 종류, 부정한 청탁의 판단기준 및 다른 범죄와의 죄수 등 다양한 관점에서 학계로부터 의문이 제기되고 있었다.[6] 반면 이 조문이 명시하고 있는 제3자의 개념과 범위에 대한 연구는

6) 김성룡, "배임수증재죄에서 부정한 청탁 – 대법원 2015. 7. 23. 선고 2015도3080 판결 –", 법조 최신판례분석, 2017. 2., 711면.

찾기 어려웠다.

그런데 대상판결의 1심에서 피고인은 자신의 딸이 금원을 받았다고 하더라도 딸은 결혼해서 독립한 주체이므로 자신이 돈을 받은 것과 구별되며, ㈜★★★★통상이 공소외 2 회사로부터 돈을 받은 것도 자신이 돈을 받은 것이 아니라고 주장하였다. 즉 돈을 받은 사람은 제3자인데 행위 당시 형법 제357조는 제3자가 돈을 받은 경우를 규정하고 있지 않았기 때문에 무죄라는 것이다.

아래에서는 배임수재죄의 구성요건요소인 '제3자'가 어떠한 의미인지에 관하여, 뇌물죄와의 비교를 중심으로 하면서 학설과 판례의 내용을 살펴보고, 다른 나라의 입법례도 참고하면서 검토한 결과를 대상판결에 적용하겠다.

Ⅱ. 본 문

1. 배임수재죄에 관한 논의의 출발점

(1) 조문의 체계

배임수재죄와 비슷한 조문은 형법전과 특별형법에 흩어져있다. 무엇보다도 형법 제129조 이하의 수뢰죄가 있으며, 부정청탁 및 금품등 수수의 금지에 관한 법률(청탁금지법)은 "공직자등은 직무 관련 여부 및 기부·후원·증여 등 그 명목에 관계없이 동일인으로부터 1회에 100만원 또는 매 회계연도에 300만 원을 초과하는 금품등을 받거나 요구 또는 약속해서는 아니 된다"고 규정하며(제8조 제1항), 이를 위반한 공직자등을 처벌하며(제22조 제1항 제1호), "공직자등은 직무와 관련하여 대가성 여부를 불문하고 제1항에서 정한 금액 이하의 금품등을 받거나 요구 또는 약속해서는 아니 된다"고 규정하며(제8조 제2항) 이를 위반한 공직자등에게 과태료를 부과한다(제23조 제1항 제5호).

특정경제범죄 가중처벌 등에 관한 법률 제5조 제1항은 직무에 관하여 금품이나 그 밖의 이익을 수수(收受), 요구 또는 약속한 금융회사 등의 임직원을 5년 이하의 징역 또는 10년 이하의 자격정지에 처한다. 공무원이 취급하는 사건 또는 사무에 관하여 청탁 또는 알선을 한다는 명목으로 금품·향응, 그 밖의 이익을 받거나 받을 것을 약속한 자 또는 제3자에게 이를 공여하게 하거나 공여하게 할 것을 약속한 자를 5년 이하의 징역 또는 1천만원 이하의 벌금에 처하는 변호사법 제111조도 있다.

(2) 배임수재죄를 이해하는 방법

1) 뇌물죄와의 관계

이 죄는 배임죄라기보다는 공무원의 수뢰죄에 상응하는 규정으로서 사적 사무처리의 공정성과 청렴성을 보호하는데 그 목적이 있다고 설명한다.[7] 배임수재죄가 성립하기 위해서 배임행위가 있을 필요가 없다는 점에서 배임죄와 구별되는 독립된 범죄라는 설명[8]도 이러한 입장으로 보인다.

2) 배임죄와의 관계

사적 영역에서의 사무처리자의 부패문제는 가급적 본인의 책임에 맡기는 것이 합리적이며 형법전의 체계적 해석의 관점에서도 배임수재죄는 재산범죄의 일종으로 보는 것이 낫다는 견해[9]도 있다.

뇌물죄와 배임수증재죄가 유사하다는 관점에서는 보호법익을 '거래의 청렴성'으로 볼 것이나, 타인사무처리의 공정성이 더 주된 보호법익으로 보아야 한다는 설명[10]도 배임죄와의 관계를 강조하는 입장으로 볼 수 있다. 대법원의 판결 중에서도 배임수재죄가 개인적 법익에 관한 죄라는 판결을 찾을 수 있으나[11] 배임수증재죄를 재산범죄로

---

7) 배종대, 형법각론(제7판), 홍문사, 2010, 81/2.

8) 임웅, 형법각론(제6정판), 법문사, 2015, 519면.

9) 조기영, "사회복지법인 운영권 양도와 배임수재죄의 '부정한 청탁'", 형사법연구 제26권 제2호(2014), 106면. 이승호, "배임수증재죄의 본질과 '부정한 청탁'의 판단기준", 법조 제614호(2007. 11.), 109면도 참조.

10) 이상돈, 형법강론(2판), 박영사, 2017, 908면.

보는 입장이 대법원의 확립된 견해라고 보기는 어렵다.[12]

배임수재죄를 규정하고 있는 많지 않은 입법례 중 오스트리아를 이러한 관점에서 참고할 수 있다. 오스트리아형법전은 배임죄에 대한 제153조 다음에 제153조a를 규정하는데,[13] 이 조문의 입법이유는 배임죄를 보충하기 위해서였다. 제153조는 권한자의 이득의사를 요구하지 않으며 권한남용을 통해 타인의 재산에 손해가 발생하는 상황을 규율하고 있다. 그런데 오스트리아 최고법원의 판례는 권한자가 사업상대방으로부터 받은 이익을 의무에 위반하여 타인에게 이전하지 않았다면 배임죄의 손해발생이 존재한다고 일반적으로 판단하고 있어 학설

---

11) 대법원 2008. 9. 11. 선고 2008도3932 판결: 건설산업기본법 제95조의2는 "제38조의2의 규정을 위반하여 부정한 청탁에 의한 재물 또는 재산상의 이익을 취득하거나 공여한 자는 5년 이하의 징역 또는 5천만 원 이하의 벌금에 처한다"고 규정하고, 같은 법 제38조의2는 "도급계약의 체결 또는 건설공사의 시공과 관련하여 발주자, 수급인, 하수급인 또는 이해관계인은 부정한 청탁에 의한 재물 또는 재산상의 이익을 취득하거나 공여하여서는 아니 된다"고 규정하고 있는바, 위 조항은 개인적 법익에 대한 범죄가 아니라 건설업의 부조리를 방지하여 건설산업의 건전한 발전을 도모하고자 하는 사회적 법익을 그 보호법익으로 하는 것으로서, 그 행위 및 이익 귀속의 주체를 발주자, 수급인, 하수급인 또는 이해관계인(이하 '발주자 등'이라 한다)으로 명시하고 있는 데다가 형법상 배임수재죄와 달리 필요적 몰수·추징에 관한 규정도 두지 않은 점 등 제반 사항을 종합적으로 고려하여 보면, 건설산업기본법 제95조의2 위반죄는 형법상 배임수재죄의 특별규정이 아니라 그와 구성요건을 달리하는 별개의 죄라고 보아야 할 것이며, 따라서 피고인들의 위 행위가 각각의 구성요건에 해당하는지를 따져보아야 할 것이다.

12) 대법원 1998. 6. 9. 선고 96도837 판결: 배임증재죄는 타인의 사무처리에 관한 공정성과 성실성을 보호하고자 하는데 그 근본 취지가 있고, 따라서 그 보호법익은 그 사무처리자의 청렴성이라고 할 수 있으므로, 형법이 이를 배임죄와 함께 규정하고 있다고 하여 배임증재죄를 재산적 거래관계에서의 임무위배와 관련되어야 성립한다고 할 수 없다.

13) 제153조a(배임수재) 법률, 관청의 위임 또는 법률행위를 통해 인정된 타인의 재산을 처분하거나 의무를 부과하는 내용의 권한의 행사로 인하여 적지 않은 재산상의 이익을 취득하고 의무에 위반하여 이전하지 아니한 자는 1년 이하의 자유형 또는 720일수 이하의 벌금형에 처한다.
이 조문에 관한 설명으로 김정환, "건설산업기본권 위반죄(부정취득)와 배임수재죄의 관계", 형사판례연구 19권, 박영사, 2011, 558면 이하.

의 비판을 받았다. 제153조a를 신설한 이유는 타인의 손해발생이 아니라 권한자가 신의성실에 반하여 이득을 얻은 경우가 문제가 되는 사안을 배임죄보다 가볍게 처벌하기 위해서였다.[14] 다만 오스트리아 형법에서도, 두 죄의 불법은 본질적으로 동일하며[15] 제153조a는 제305조를 모델로 만들어졌고 증뢰죄(제307조)에 해당하는 규정이 배임죄 부분에 존재하지 않기 때문에 증재자를 제153조a의 공범으로 처벌할 수 없다고 설명[16]한다.

다른 한편으로, 재산범죄에 관한 형법규정에 제3자가 어떻게 위치하고 있는지를 우리의 논의에 참고할 수 있을지도 생각해 볼 수 있다. 우리형법은 강도죄 등의 재산범죄에서는 제3자의 재물 또는 재산상의 이익취득도 행위유형으로 규정하고 있으나 제329조의 절도죄에서는 이를 규정하고 있지 않은데, 불법영득의사의 내용이 자기의 소유권으로 한정될 필요는 없으며 기존 권리자의 소유권 및 점유라는 보호법익에 대한 불법적인 침해는 동일하므로 제3자의 지배하에 옮기는 행위도 절도죄에 해당한다는 설명이 일반적이다.[17] 다만 강도죄 등에서도 '제3자'라는 표지에 대하여 특별히 따로 설명하고 있지 않다.[18]

3) 부패범죄로서의 배임수재죄와 체계적 고찰

뇌물죄와 배임수증재죄를 비교하면서 전자는 공적 영역에서의 부패범죄, 후자는 사적 영역에서의 부패범죄로 이해하는 편이 적절하다고 보인다.[19] 우리 형법은 형법전의 앞부분에 뇌물죄를 규정하면서,

---

14) Fabrizy, StGB, 12. Aufl., Wien 2016, § 153a Rn. 1.
15) Bertel/Schwaighofer, Österreichisches Strafrecht Besonderer Teil II, 8. Aufl., 2008, § 304 Rz. 11.
16) Bertel/Schwaighofer, Österreichisches Strafrecht Besonderer Teil I, 10. Aufl., 2008, § 153a Rz. 5.
17) 김성돈, 형법각론(5판), 성균관대학교출판부, 2018, 293면; 임웅, 형법각론, 331면.
18) 임웅, 형법각론, 331면은 독일형법 제242조도 이득의사에서 제3자를 명시하고 있다고 설명한다. 개정 이전의 논의에 대하여 Maiwald, Der Zueignungsbegriff im System der Eigentumsdelikte, Heidelberg 1970, S. 236ff. 특히 '이기적'인 영득과 '이타적'인 경제적 처분을 구분하여 후자는 횡령이 아니라는 독일의 과거의 통설의 설명(S. 239)은 우리의 논의에 참고가 된다.

비슷한 형태로 제357조 이하에 배임수증재죄를 규정하고 있다. 수뢰죄의 주체인 '공무원 또는 중재인'은 배임수재죄의 주체인 '타인의 사무를 처리하는 자'와 대칭이며 '직무'와 '임무'도 서로 대응한다. '뇌물'과 '재물 또는 재산상의 이익'은 서로 대응하며, 뇌물죄의 행위유형은 '수수, 요구, 약속'임에 반해 배임수재죄의 행위유형은 '취득'이나 배임수재죄는 미수범처벌규정이 있다(제359조). '부정한 청탁'은 제3자뇌물제공죄(제130조)와 제357조 제1항에 규정되어 있으며, 양자는 제3자를 규정하고 있다는 점에도 동일하다. 특정경제범죄 가중처벌 등에 관한 법률의 처벌조문이나 변호사법 위반, 청탁금지법의 처벌조문의 개별구성요건요소도 뇌물죄와의 비교를 통해 그 의미를 이해할 수 있다.

2. 뇌물죄에서의 본인과 제3자

(1) 제3자에 대한 설명

제3자뇌물제공죄(제130조)의 성격이 무엇인가에 따라서 제3자의 범위가 달라진다고 학설은 설명한다. 이 죄가 실질적으로 간접수뢰를 규정한 것이라는 견해(간접수뢰죄설)[20]에 의하면 제3자는 공무원 또는 중재인과 이해관계 있는 자에 제한되어야 한다고 하며, 간접수뢰와 구별되는 독자적 수뢰죄의 일종이라는 견해(독자적 수뢰죄설)[21]에 따르면 제3자에 대한 그러한 제한이 필요없다는 것이다.

---

19) 강수진, "배임수재죄에서의 '부정한 청탁'의 의미－대법원 2011. 8. 18. 선고 2010도10290 판결 및 이른바 제약산업의 '리베이트 쌍벌제'에 대한 검토를 중심으로－", 형사법의 신동향 제33호(2011. 12.), 213면; 김정환, "건설산업기본권 위반죄(부정취득)와 배임수재죄의 관계", 557면. Eder-Rieder, Strafrechtliche und strafprozessuale Aspekte der neuen Korruptionsbestimmungen im österreichischen Strafrecht, Zeitschrift für Internationale Strafrechtsdogmatik 2/2014, 71; Korte, Bekämpfung der Korruption und Schutz des freien Wettbewerbs mit den Mitteln des Strafrechts, NStZ 1997, 513도 참조.

20) 임웅, 형법각론, 913면. 김일수/서보학, 새로 쓴 형법각론(제8판), 박영사, 2016, 664면은 이 견해가 다수설이라고 한다.

21) 김성돈, 형법각론, 767면; 배종대, 형법각론, 159/32; 이상돈, 형법강론, 1179면; 이재상/장영민/강동범, 형법각론(제10판보정판), 박영사, 2017, 43/80.

대법원은 이들 중 후자의 입장을 따르고 있다는 설명[22]도 있다. 그런데, 98도1234 판결은 "형법 제130조의 제3자뇌물제공죄를 형법 제129조 제1항의 단순수뢰죄와 비교하여 보면 공무원이 직접 뇌물을 받지 아니하고, 증뢰자로 하여금 제3자에게 뇌물을 공여하도록 하고 그 제3자로 하여금 뇌물을 받도록 한 경우에는 부정한 청탁을 받고 그와 같은 행위를 한 경우에 한하여 단순수뢰죄와 같은 형으로 처벌하고, 공무원이 직접 뇌물을 받지 아니하고, 증뢰자로 하여금 제3자에게 뇌물을 공여하도록 하고 그 제3자로 하여금 뇌물을 받도록 하였다 하더라도 부정한 청탁을 받은 일이 없다면 이를 처벌하지 아니한다는 취지로 해석하여야 할 것이다. 다만 공무원이 직접 뇌물을 받지 아니하고, 증뢰자로 하여금 다른 사람에게 뇌물을 공여하도록 하고 그 다른 사람으로 하여금 뇌물을 받도록 한 경우라 할지라도 그 다른 사람이 공무원의 사자 또는 대리인으로서 뇌물을 받은 경우나 그 밖에 예컨대 평소 공무원이 그 다른 사람의 생활비 등을 부담하고 있었다거나 혹은 그 다른 사람에 대하여 채무를 부담하고 있었다는 등의 사정이 있어서 그 다른 사람이 뇌물을 받음으로써 공무원은 그만큼 지출을 면하게 되는 경우 등 사회통념상 그 다른 사람이 뇌물을 받은 것을 공무원이 직접 받은 것과 같이 평가할 수 있는 관계가 있는 경우에는 형법 제129조 제1항의 단순수뢰죄가 성립할 것이다"고 판시하는데, 대법원의 이러한 판결내용이 학설 중 어느 입장에 따르는지에 대한 판단은 학설의 구체적인 내용 또는 적용범위를 따져본 후에 가능하다고 보인다.[23]

---

22) 이정원, "제3자 증뢰물전달죄의 구조와 문제점", 중앙대학교 법학논문집 제40집 제1호(2016), 137면은 이렇게 설명하면서, 대법원 1998. 9. 22. 선고 98도1234 판결, 대법원 2002. 4. 9. 선고 2001도7056 판결, 대법원 2004. 3. 26. 선고 2003도8077 판결 등을 예로 들고 있다.

23) 대법원은 2007년 제주도지사의 제3자수뢰죄가 문제된 사건(대법원 2007. 1. 26. 선고 2004도1632 판결: 자금의 공여자가 피고인인 제주도지사의 요구에 따라 제3자인 복지사업 목적의 재단설립을 위하여 자금을 출연하였는데 이것이 제3자뇌물로 인정됨)에서, 유죄의 근거로 "복지법인의 이사진에는 출연

독자적 수뢰죄설을 따르는 입장에서는, 간접수뢰는 제3자에 대한 뇌물공여가 공무원 본인에게 간접적으로 이익이 되는 경우를 말하며 간접적인 이익도 없을 때에는 단순수뢰죄의 간접정범 같은 것이 되겠지만, 형법이 별도의 구성요건을 둔 이유는 공무원의 본인의 이익여부와 무관하게 처벌하겠다는 의도라고 지적한다.[24]

간접수뢰죄설을 따르는 입장에서는, 간접수뢰가 간접정범을 의미하는 것은 아니며 범행수단이 간접적이라는 점과 이 죄의 범행주체와 제3자 사이의 모종의 이해관계가 얽혀있다는 의미라고 한다. 이 죄는 단순수뢰죄와 달리 범행의 수단과 객관적 범행방향이 제3자로 향하고 있어 행위자가 제3자에 대한 간접적 관심과 이해를 갖고 있는 범죄라는 설명이다.[25] 본인이 직접 수뢰하지 아니하고 제3자에게 증뢰하게 함으로써 간접적으로 수뢰하는 행위를 처벌하기 위한 규정이라는 설명[26]도 비슷한 관점이다.

제3자의 정의에 관해서 간접수뢰죄설과 독자적 수뢰죄설은 큰 차이를 보이지 않는다. 제3자뇌물제공죄에서의 제3자는 뇌물죄에서의 당해 공무원 및 그 공동정범 이외의 사람을 말한다고 설명하고 있다. 그러므로 교사범이나 종범은 제3자에 해당하며, 자연인, 법인 또는 법

자인 공소외 2측 관계자는 전혀 들어 있지 아니한 반면, 피고인의 처가 재단이사로 되어 있어 피고인이 처를 통하여 공소외 3 복지법인에 대해 사실상의 운영권을 행사할 수 있었다"고 지적한 반면, 공정거래위원장인 피고인이 이동통신회사가 속한 그룹의 구조조정본부장으로부터 당해 이동통신회사의 기업결합심사에 대하여 선처를 부탁받으면서 특정 사찰에의 시주를 요청하여 시주금 10억을 제공하게 한 사건에서는 제3자뇌물죄의 성립을 인정하면서도, 피고인과 특정 사찰과의 사이에 특별한 관계가 있었는지 여부에 대해서는 언급하지 않았다(대법원 2006. 6. 15. 선고 2004도3424 판결). 서보학, "수뢰죄와 제3자수뢰죄의 법리－박근혜·최순실의 수뢰혐의에 대한 형법적 판단－", 형사법학회 특별세미나(2017. 3. 25.) 발표문, 6면.

24) 배종대, 형법각론, 159/32.

25) 김일수/서보학, 새로 쓴 형법각론, 664면.

26) 임웅, 형법각론, 913면. 신동운, 형법각론(2판), 법문사, 2018, 147면도 제3자뇌물죄에 '부정한 청탁'을 추가한 이유는 행위수단이 간접적인 것을 강조하여 범죄의 성립을 엄격하게 제한하기 위해서라고 설명한다.

인격 없는 단체 등 그 형태를 묻지 않는다.[27] 대법원도 "공무원인 지방자치단체의 장이 그 직무에 관하여 부정한 청탁을 받고 지방자치단체에 금품을 제공하게 하였다면 공무원 개인이 그러한 금품을 취득한 경우와 동일시할 수는 없고 이는 그 공무원이 단체를 대표하는 지위에 있는 경우에도 마찬가지라고 할 것이므로, 이러한 경우에는 형법 제130조의 제3자뇌물제공죄가 성립할 수 있다"고 본다.[28]

(2) 제3자가 받았으나 본인이 받았다고 볼 경우

그러나 외형적으로는 제3자가 뇌물을 수수하지만 실질적으로 공무원이 직접 수수하는 것과 동일하게 평가할 수 있는 실질적인 관계가 있는 경우에는 제3자에 포함되지 않는다고 학설과 판례는 보고 있다.[29] 그러므로 처자나 기타 생활관계를 같이하는 가족이 받은 경우에는 단순수뢰죄가 성립한다.

대법원 1998. 9. 22. 선고 98도1234 판결의 피고인 갑은 영등포구청장으로서 영등포구청 재무과 계약과장인 피고인 을로부터 잘 보아달라는 취지로 총 9회에 걸쳐 6,600만원을 받았다는 혐의로 기소되었다. 이 사건에서는 영등포구 여성연합회 회장과 영등포구 문고 회장 등으로서 갑과 가깝게 지내는 사이인 병이 문제가 되었는데, 공소사실 중 ③ 1996. 11. 초순경 영등포구청 근처 동원참치 식당에서 받은 현금 10,000,000원과 ⑨ 1997. 5. 27.경 영등포구 목동 소재 대지주유소 근처 피자집에서 받은 현금 6,000,000원은 갑이 을에게 직접 받아 병에게 주었으나, ② 2016. 10. 초순경 여의도동 소재 여의도 세모선착장 1층 식당에서의 현금 5,000,000원과 ⑥ 1997. 2. 초순경 영등포구청 근

27) 김성돈, 형법각론, 755면; 김태명, 판례형법각론(제3판), PNC미디어, 2018, 734면; 신동운, 형법각론, 147면; 임웅, 형법각론, 914면. 일본의 설명도 이와 같다. 西田 典之/山口 厚/佐伯 仁志 (編集), 注釈刑法 第2巻－各論(1) (77条~198条), 有斐閣, 2016, 792頁.

28) 대법원 2011. 4. 14. 선고 2010도12313 판결.

29) 일본도 같은 설명이다. 浅田 和茂/井田 良 (編集), 新基本法コンメンタール刑法[第2版], 日本評論社, 2017, 425頁.

처 영등포병원 건물 1층 다방에서의 현금 3,000,000원은 을이 병에게 직접 건넸다. 대법원은 앞에서 언급한 법리를 밝히면서, '영등포구청 주변에는 갑과 병이 연인관계라는 소문이 나 있었(정작 당사자인 갑과 병은 연인관계가 아니라고 부인하고 있음)'다는 사정만으로는 ②와 ⑥을 갑이 직접 받았다고 보기에는 부족하다고 판단하였다.[30)]

대법원 2002. 4. 9. 선고 2001도7056 판결은 98도1234 판결의 판시를 반복하면서, 산악회 지부가 사업자로부터 등반대회 행사용 수건을 교부받은 것을 산악회 지부의 고문으로 있는 군수가 이를 교부받은 것과 동일시하기에는 부족하다고 보아 형법 제129조 제1항의 뇌물수수죄 성립을 부정하였는데, 그 이유는 '피고인은 위 산악회 지부의 고문으로서 위 산악회 지부가 개최하는 등반대회에 대부분 참석하여 왔고 군민들 중에는 위 산악회 지부를 피고인이 개인적으로 관리하는 사조직으로 인식하는 사람들도 있음을 알 수 있으나, 그와 같은 사정만으로 위 산악회 지부가 받은 것을 피고인이 이를 직접 교부받은 것과 동일시하기에는 부족하다 할 것'이었다.

반면, 대법원 2004. 3. 26. 선고 2003도8077 판결의 피고인 갑은 양산시장인데, 공소외 1 주식회사는 법인등기부상 그 대표이사 명의만을 갑의 동생인 공소외 2로 하여 두었을 뿐, 갑이 공소외 1 주식회사 소유의 부동산을 처분하거나, 공소외 1 회사의 운영자금을 마련하는 등 실질적으로 회사를 경영하였다. 피고인 을은 그가 실질적으로 경영하는 공소외 3 주식회사가 건축하는 이 사건 임대아파트의 조기 사용승인 등과 관련하여 갑의 협력을 기대하면서 이 사건 금원을 공소외 1 회사 명의의 예금계좌로 송금하였다. 송금의 경위도, 공소외 1 회사

30) 비슷한 사안으로 대법원 2009. 1. 30. 선고 2008도6950 판결은 대통령비서실 정책실장인 피고인 갑과 피고인 을(신정아)이 서로 아끼고 사랑하는 연인관계로서 서로 선물을 주고받는 사이였고, 을의 업무에 갑이 다소 도움을 주고자 했던 것은 인정되나, 나아가 갑이 을에게 경제적 지원을 하였던 것으로 보이지 않고 피고인들은 별도의 가계를 가지고 생활을 하였던 정도여서, 사회통념상 을이 **대학교 조교수로 임용된 것을 갑이 직접 뇌물을 받은 것과 같이 평가할 수 없다고 보았다.

의 어음결제일에 그 결제대금이 부족하여 부도위기에 몰리자, 그 결제대금을 마련할 목적으로 을로 하여금 직접 공소외 1 회사의 예금계좌에 이 사건 금원을 송금하도록 한 것으로, 위 금원이 공소외 1 회사의 어음결제대금으로 사용되어 공소외 1 회사는 부도를 면할 수 있었고, 갑은 이 사건 금원 상당액의 어음결제대금 지출의무를 면하게 되었다. 대법원은 공소외 1 회사와 갑의 관계, 을이 공소외 1 회사에 이 사건 금원을 송금하게 된 경위, 위 금원의 용도 및 그로 인하여 갑이 얻게 된 이익 등을 종합하면, 공소외 1 회사가 이 사건 금원을 송금받은 것은 사회통념상 공무원인 갑이 직접 받은 것과 같이 평가할 수 있다고 보았다.

(3) 제3자를 규정하지 않은 입법례의 해석과 입법의 변화

가. 독일형법

독일형법 제331조 이하는 프로이센형법전 제209조 이래로 공무원이 스스로 뇌물을 수수, 요구, 약속한 경우만을 처벌대상으로 규정하고 있었다.[31] 이 조문은 공무원이 직접적 또는 적어도 간접적으로 수수, 요구, 약속한 경우에만 적용된다고 해석되고 있었다.[32] 만약 공무원의 가족 등 제3자가 이익을 수수하였다면 그에 대한 공무원의 양해가 있었고 이를 통하여 적어도 공무원의 간접적 이익이 발생해야 뇌물죄가 성립한다는 것이다.[33] 즉, 독일의 판례는 간접적 이익도 이익으로 인정함으로써 조문의 문언을 약화시켰는데, 예를 들어 여자친구나 스포츠클럽, 정당에 대한 이익공여도 공무원이 그로 인해 남자친구

31) Rudolphi, Spenden an politische Parteien als Bestechungsstraftaten, NJW 1982, 1419. 다만 라드부르흐 초안(1922년 초안) 제121조 이하는 제3자의 이익수수 등도 수뢰죄로 처벌하자고 규정하였다. Durynek, Korruptionsdelikte (§§ 331 ff. StGB), BWV 2008, S. 141.

32) 예를 들어 Frank, Das Strafgesetzbuch für das Deutsche Reich, 18. Aufl., 1931, S. 749.

33) 판례와 학설에 관하여 Rudolphi/Horn/Günther/Samson (Hrsg.), Systematischer Kommentar zum Strafgesetzbuch(SK-StGB), 5. Aufl.(Nov. 1997), § 331 Rn. 22 (Rudolphi).

나 클럽원, 정당원으로서 더 나은 지위가 되었다면 간접적 이익이라는 것이다.[34] 이러한 판례는 크게 두 가지 비판을 받았다. 첫째로 뇌물죄의 규범의 보호목적의 관점에서 볼 때 뇌물을 본인이 수수/요구/약속하는지와 제3자가 수수/요구/약속하는지는 차이가 없다는 점이다. 다음으로, 이익 개념을 넓게 이해하는 판례에 따르면 결과적으로는 제331조 이하의 적용범위에 이타적 행위도 포함되게 되어 본인의 이익이라는 구성요건요소도 관철할 수 없게 된다는 점이었다.

1997년의 반부패법을 통해 형법이 개정되어 제3자도 독일형법 제331조 이하에 명시되었다. 이러한 개정을 통해 본인 또는 제3자 중 누구의 이익이 되는지가 뇌물죄의 성립에 영향을 끼치지 못하게 되었으며, 공무원이 제3자에 의한 이익수수 등을 통해 어떠한 형태로든 간접적인 이익을 얻었거나 개인적으로 더 나은 지위가 되었는지 여부도 형사소송에서 입증될 필요가 없어졌다.[35] 개정된 법조문의 해석으로, 제3자의 성립범위에는 제한이 없다고 설명한다.[36]

사인의 금품수수에 관한 독일형법 제299조는 구부정경쟁방지법 제12조를 모델로 하였는데, 구부정경쟁방지법 제12조는 뇌물죄에 관한 과거의 상태와 마찬가지로, 제3자의 이익수수 등이 종업원 또는 대리인에게 최소한 간접적으로 이익이 되어야 한다고 하였으나, 독일형법의 입법자는 개정된 제299조에서도 제3자를 명시하여 뇌물죄와 평행하게 규정하려고 시도하였다.[37]

---

34) 독일연방대법원은 BGHSt 35, 128(=NJW 1988, 2547, 2548)에서 이는 제국법원 이래 확립된 판례라고 설명한다. 다만 이는 도식적으로 인정되는 것이 아니라 개별사례에서의 상황에 따라 판단하였다. Kindhäuser/Neumann/Paeffgen (Hrsg.), Nomos Kommentar Strafgesetzbuch, 3. Aufl., 2010, §311 Rn. 41 (Kuhlen). 독일의 판례가 이러한 해석을 통해 실제로는 제3자에 대한 이익공여 등도 뇌물죄로 처벌했다는 비판은 Rudolphi, NJW 1982, 1419.

35) Deutscher Bundestag, Entwurf eines Gesetzes zur Änderung des Strafgesetzbuches, des Gesetzes gegen den unlauteren Wettbewerb, der Strafprozeßordnung und anderer Gesetze –Korruptionsbekämpfungsgesetz –, BT-Drucksache 13/3353, S. 11.

36) Fischer, StGB, 64. Aufl., 2017, § 331 Rn. 14a; Kuhlen, Die Bestechungsdelikte des §§ 331-334 StGB, JuS 2011, 676.

나. 스위스형법

2000년 개정되기 전의 스위스형법 제288조도 독일구형법과 마찬가지로 제3자의 이익수수 등을 구성요건에 명시하지 않았기 때문에, 당시의 학설은 적어도 공무원이 객관적으로 산정가능한 스스로의 이익을 간접적으로라도 얻었어야 한다고 해석하였다. 일부 학설은 경제적 성격을 지닌 이익만이 이에 해당한다고 해석하였고, 제3자가 공무원과 밀접한 관계에 있는 자이거나 공무원이 영향을 미칠 수 있는 경우에만 이 조문으로 처벌할 수 있다고 해석하였다. 그러나 새로운 스위스형법 제322^{ter}조 이하는 이러한 불명확성을 해소하여 제3자도 이익수수 등을 할 수 있다고 명시하였고, 그에 따라 공무원이 처벌되기 위해 제3자의 이익으로부터 어느 직접적 또는 간접적 이익을 얻을 필요는 없다.[38]

(4) 무관계한 제3자에 대한 일본의 설명

일본에서는 공무원과 전혀 관계가 없는 제3자에게 금원을 공여한 경우에 제3자뇌물공여죄(제197조의2)가 성립하는지가 논의되었다. 일본 최고재판소[39]는 "공무원이 그 직무에 관한 사항에 관련 청탁을 받고 이를 허락하고 제공자가 제삼자에게 제공한 이익이 그 공무원의 직무행위에 대한 보상인 성질을 가지면 족하다"고 판단하였다. 이 사안에서 경찰서장은 피의사건에 관한 청탁을 받고 마을과 격리병사조합(隔離病舍組合)에 기부금 명의로 금원을 제공하게 하였는데, 일본 최고재판소는 제3자뇌물공여죄의 성립을 인정하였다. 일본 최고재판소는 그 외에도 경찰서장이 경찰서가 사용하는 자동차의 개조비용을 부담하도록 신청한 사례, 구(區)농업위원회회장이 농지이전등에 관하여 부(府)지사에게 허가신청서에 관한 의견제시에 관한 청탁을 받고 자기가 지

37) Fischer, StGB, § 299 Rn. 17; Kindhäuser/Neumann/Paeffgen (Hrsg.), Nomos Kommentar Strafgesetzbuch, §299 Rn. 41 (Dannecker).

38) Niggli/Wiprächtiger (Hrsg.), Bassler Kommentar Strafrecht, 2. Aufl., 2007, Art. 322ter N. 28f (Mark Pieth).

39) 最判昭和29年8月20日, 刑集 第8巻8号1256頁.

부장인 농업협동조합지부에 현금을 공여하게 한 사례 등에서 이 죄가 성립한다고 보았다.[40]

(5) 소 결

가. 비교법적 검토의 결과

간접적 수뢰죄 또는 간접적 이익이란 독일 구형법처럼 공무원 자신만이 뇌물을 받거나 요구, 약속하는 주체로 행위유형이 규정되어 있을 때 이에 해당하지 않는다고 보이는 사례를 어떻게 뇌물죄로 포섭할 수 있을까 라는 문제의식에서 출발한 개념으로 보인다. 독일형법은 이제 자신과 제3자 모두를 뇌물수수의 행위주체로 명시하고 있고, 입법자의 의사와 체계적 해석 등의 관점에서 살펴보았을 때 뇌물을 수수하는 등의 행위의 주체가 이들 중 어느 하나에 해당하면 뇌물죄로 처벌할 수 있고, 제3자의 범위에 대한 특별한 제한을 다시 두지는 않는다.

다만 우리형법은 공무원 본인이 직무에 관하여 이익을 수수, 요구, 약속한 경우를 뇌물죄로 처벌하면서, 제3자뇌물공여죄의 성립을 위해서는 부정한 청탁이라는 요건도 충족되어야 한다고 규정한다. 이는 한편으로 청탁과 무관하게 본인 또는 제3자에게 뇌물을 공여, 요구, 약속하게 한 행위를 처벌하는 독일형법 제331조와 다르며, 다른 한편으로 일본형법 제197조 제1항이 수뢰죄를 5년 이하의 징역형으로 처벌하면서 제1항 단서에서 청탁을 받은 경우를 가중처벌하는 것, 그리고 제3자뇌물공여죄를 수뢰죄와 동일하게 처벌하는 제197조의2도 '청탁'을 구성요건요소로 하는 것과도 다르다. 그러므로 제3자뇌물공여죄의 '부정한 청탁'이라는 요건의 충족 여부에 관한 판단을 피하기 위해서 제3자가 뇌물을 받았으나 본인이 받은 것과 동일하다고 볼 수 있는 사안에서 일반수뢰죄가 성립한다고 해석하는 학설과 판례는, 구체적인 기준을 제시할 수 있다면 잘못된 방향이라고 보기 어려우며 법익보호 또는

40) 西田 典之/山口 厚/佐伯 仁志 (編集), 注釈刑法 第2巻－各論(1) (77条~198条), 793頁.

부패방지라는 관점에서의 정당화도 가능하다고 생각한다.

나. 제3자를 정의하려는 시도

그렇다면, 제3자를 어떻게 정의할 것인가? 수뢰죄의 주체인 공무원(또는 중재인) 본인과, 필요적 공범으로서 증뢰죄의 주체인 증뢰자를 제외한 나머지 모두를 말한다. 이때 제3자가 자연인인지 법인인지의 문제는 중요하지 않으며, 공무원과 아무런 관계가 없어도 제3자가 될 수 있다.

둘째, 제3자뇌물공여죄의 제3자는 누구나 가능하다는 점과, 제3자가 뇌물을 받았다고 보이는 특정한 경우에는 제3자의 개념이 달라져 일반수뢰죄 조문이 적용될 수 있다는 점은 논의의 층위가 서로 달라 구별할 필요가 있다.[41] '사회통념상' 공무원이 직접 받은 것과 동일하다고 '평가'할 수 있는 후자에 해당하는 예를 대법원은 크게 두 가지 들고 있는데, 하나는 제3자가 단순히 사자 또는 대리인으로 뇌물을 받은 때인데, 이때 뇌물이라는 이익은 공무원 본인에게 온전히 귀속되는

41) 가령 대법원 2016. 6. 23. 선고 2016도3540 판결의 피고인은 해군참모총장으로서 유도탄 고속함과 차기 호위함 등을 수주할 수 있도록 편의를 제공해 주는 대가로 2008년 7월 국제관함식에서 요트 행사를 한 아들의 회사를 후원해 달라고 당시 STX조선해양 사외이사이던 윤연(67) 전 해군작전사령관에게 요구해 7억7000만원을 받아낸 혐의로 지난해 3월 아들과 함께 기소됐다(사실관계는 법률신문 2016. 6. 23. 대법원 "정옥근 前 해군참모총장, '단순 수뢰죄' 성립 안 돼" https://www.lawtimes.co.kr/Legal-News/Legal-News-View?serial=101390). 이 판결에서 대법원은 "공소외 3 회사가 후원금을 받은 것을 피고인 1, 피고인 2가 직접 받은 것과 동일하게 평가할 수 없다는 이유로 후원금에 대한 단순수뢰죄가 성립하지 않는다고 보는 이상, 공소외 3 회사가 공무원이나 그 공동정범자 이외의 제3자의 지위에서 후원금을 공여받음으로써 피고인 2가 그 주주로서 간접적으로 이익을 얻게 되더라도 그러한 사실상의 경제적 이익에 관하여 위 피고인들을 뇌물의 귀속주체로 하여 단순수뢰죄가 별도로 성립한다고 볼 수는 없다. 피고인 2가 33% 지분을 보유한 주주로서 공소외 3 회사와 밀접한 이해관계를 맺고 있다고 하더라도 공소외 3 회사가 후원금을 받은 것을 위 피고인이 직접 받은 것과 동일하게 평가할 수 없는 이상, 그 금품에서 파생하는 경제적 이익을 뇌물로 직접 수수하였다고 인정하여 단순수뢰죄가 성립하였다고 보는 것은 형법이 단순수뢰죄와 제3자뇌물제공죄를 구별하여 규정한 본래의 취지에 부합하지 않는다"고 판단하였다.

상황이므로 제129조로 처벌할 수 있다. 다음으로 평소 공무원이 그 다른 사람의 생활비 등을 부담하고 있었다거나 혹은 그 다른 사람에 대하여 채무를 부담하고 있었다는 등의 사정이 있어서 그 다른 사람이 뇌물을 받음으로써 공무원은 그만큼 지출을 면하게 되는 경우 등으로서 제3자가 뇌물의 수수를 통해 얻는 이익이 본인에게도 그만큼의 이익이 되는 경우이다.

셋째, 제3자가 받았으나 본인이 받았다고 규범적으로 평가할 수 있는 경우인지의 문제와 그때의 제3자를 어느 범죄의 공동정범, 교사범 또는 방조범 중 어느 쪽으로 처벌할 것인가의 문제도 구별할 필요가 있다. 대법원은 “공무원 또는 중재인이 부정한 청탁을 받고 제3자에게 뇌물을 제공하게 하고 제3자가 그러한 공무원 또는 중재인의 범죄행위를 알면서 방조한 경우에는 그에 대한 별도의 처벌규정이 없더라도 방조범에 관한 형법총칙의 규정이 적용되어 제3자뇌물수수방조죄가 인정될 수 있다”고 판단하고 있다.[42]

3. 배임수재죄에서의 본인과 제3자

(1) 제3자에 대한 학설과 판례

배임수재죄에서의 제3자의 개념과 관련해서 먼저 살펴볼 판결은 대법원 2015. 7. 23, 선고, 2015도3080 판결[43]로서, 대법원은 “<u>타인의</u>

42) 대법원 2017. 3. 15. 선고 2016도19659 판결.

43) ○○○○○○선수협회(이하 ‘선수협’이라 한다) 사무총장인 피고인 갑이 선수들의 퍼블리시티권 사용권한을 획득하여 온라인게임에 사용하려고 한 피고인 을(게임개발회사 대표이사)과 병(게임회사 부사장으로서 퍼블리시티권 사용권한 획득업무를 위임받아 수행)으로부터 거액을 받은 사건이다. 이 사건에서 공소외 3 주식회사(이하 ‘공소외 3 회사’라고 한다)는 사실상 갑이 설립하여 운영하는 회사로 갑은 자신이 부담하여야 할 공소외 3 회사 설립자금, 대표이사 공소외 4가 사용한 법인 차량 구입비 및 임직원의 급여 등의 회사운영경비 등을 병에게 부담하게 하였고, 대법원은 갑이 그만큼의 지출을 면하게 되었으므로 위 각 돈을 직접 수수한 것과 같이 평가할 수 있다고 보았다.
이 판결의 사실관계에 관한 설명은 김성룡, “배임수증재죄에서 부정한 청탁－대법원 2015. 7. 23. 선고 2015도3080 판결－”, 703면 이하.

사무를 처리하는 사람이 그 임무에 관하여 부정한 청탁을 받았다 하더라도 자신이 아니라 다른 사람으로 하여금 재물 또는 재산상의 이익을 취득하게 한 경우에는 형법 제357조 제1항의 배임수재죄가 성립하지 아니한다(강조: 필자). 다만 그 다른 사람이 부정한 청탁을 받은 사람의 사자 또는 대리인으로서 재물 또는 재산상 이익을 취득한 경우나 그 밖에 평소 부정한 청탁을 받은 사람이 그 다른 사람의 생활비 등을 부담하고 있었다거나 혹은 그 다른 사람에 대하여 채무를 부담하고 있었다는 등의 사정이 있어, 그 다른 사람이 재물 또는 재산상 이익을 받음으로써 부정한 청탁을 받은 사람이 그만큼 지출을 면하게 되는 경우 등 사회통념상 그 다른 사람이 재물 또는 재산상 이익을 받은 것을 부정한 청탁을 받은 사람이 직접 받은 것과 동일하게 평가할 수 있는 관계가 있는 경우에는 위 죄가 성립할 수 있다"고 하였다.

이 판결에서, 배임수재죄가 뇌물죄 및 제3자뇌물공여죄와 다르다는 점을 먼저 밝히고 있다는 점은 주목할 만하다. 그러나 다음에서 설시하는 내용은 98도1234 판결과 동일하다. 학설도 배임수재죄에서의 '제3자' 개념에 관하여 뇌물죄와 특히 다른 설명을 하고 있지 않기 때문에, 학설과 판례는 제3자 개념에 관하여 뇌물죄에서의 판단기준을 동일하게 적용하고 있다고 일응 생각해도 좋을 것이다.

배임수재죄에 대한 대법원의 다른 판결들도 이러한 판단을 뒷받침한다. 대법원 2006. 12. 22. 선고 2004도2581 판결에서는 천안논산고속도로 주식회사의 직원인 피고인 갑이 고속도로 휴게소 운영권자 입찰에 참여한 피고인 을로부터 "앞으로 휴게소 운영과 관련하여 업무편의를 봐 달라."는 부정한 청탁을 받고 이에 응하여 그 대가로 이 사건 휴게소 내 제과·제빵 판매점 2개소의 영업권 시가 1,000만 원 상당을 넘겨받았다는 공소사실로 2심에서 유죄판결을 받았다. 그러나 대법원은, 이 사건 판매점에 관한 점포임대계약을 체결하여 영업권을 취득하였던 사람은 갑이 아니라 그의 처제였기 때문에, 갑이 을로부터 이 사건 판매점의 영업권을 취득하였다는 이유로 배임수증재죄의 성립을 인정할 수 있기 위해서는 갑의 처제는 판매점의 명목상 영업주에 불과하고 실질적인 영업주는 갑이었다거나 혹은 갑이 자신의 처제의 생활비나 그에 대해 채무를 부담하고 있어 이로 인해 그만큼의 지출을 면하게 되었다는 등으로 사회통념상 갑이 이를 직접 취득한 것과 같이 평가할 수 있는 관계가 있어야 한다고 판단하였다. 반면에, 대법원 2009. 3. 12. 선고 2008도1321 판결에서, 구 병역법(2004. 3. 11. 법률 제7186호로 개정되기 전의 것)상 지정업체의 대표이사인 피고인이 병역의무자를 형식적으로 당해 지정업체 소속 병역특례 산업기능요원으로 편입시킨 뒤 다른 회사에서 근무하도록 해 달라는 부정한 청탁을 받고 그 대가로 위 지정업체 명의의 계좌로 3,300만원을 송금받았는데, 피고인이 당해 지정업체의 대표이사이자 주요 주주이므로 위 지정업체가 재물 또는 재산상 이익을 받는 것은 피고인이 받는 것과 사실상 동일하게 평가할 수 있어 배임수재죄가 성립한다고 대법원은 판단하였다.

즉, 이러한 판결의 사실관계에서 행위주체만을 공무원으로 바꾸어도 대법원은 동일하게 판단했을 것이라는 추측은 지나치다고 보기 어렵다.

(2) 조문의 개정과 과거의 해석론에 관한 의문

2016년에 형법이 개정되면서 제3자도 구성요건에 명시되었다. 입법이유는 '현재 타인의 사무를 처리하는 자가 부정한 청탁을 받고 재물이나 재산상 이익을 취득한 경우 배임수재죄로 처벌하고 있으나 재물이나 재산상 이익을 본인이 아닌 제3자에게 제공하도록 한 경우에는 처벌할 수 있는 근거가 없는바, 부패행위를 방지하고 「UN 부패방지협약」 등 국제적 기준에 부합하도록 본인이 직접 재물이나 재산상의 이익을 취득하는 행위뿐만 아니라 제3자로 하여금 재물이나 재산상 이익을 취득하게 하는 행위도 처벌할 수 있도록 배임수재죄의 구성요건을 정비하고, 그 제3자가 배임수재의 정(情)을 알고 취득한 경우에는 그 제3자가 취득한 재물이나 재산상의 이익을 몰수 또는 추징할 수 있도록 하려는 것'이었다.[44] 형법개정을 통해 제3자수수도 처벌대상으로 명시되었기 때문에 앞에서 살펴보았던 과거의 해석론은 더 이상 필요없게 되었다고 학설은 판단한다.[45]

그렇다면 과거의 해석론은 어떠한 의미를 갖는가? 뇌물죄의 영역에서는 공무원 자신이 뇌물을 받을 경우에 대한 처벌조문과 제3자가 뇌물을 받을 경우의 처벌조문이 모두 존재하였고 형량도 동일하므로, 뇌물의 이익이 귀속되는 주체가 공무원 본인 또는 제3자중 어느쪽인지의 문제는 '부정한 청탁' 요건이 존재하는지 판단한 후 검토하면 된다. 하지만 배임수재죄에서는, 2015도3080 판결이 분명히 밝히는 바와 같이, 제3자가 이익을 수수한 경우에 대한 처벌조문이 처음부터 존재하지 않았다. 그러므로 타인의 사무를 처리하는 자가 자신의 임무에 관하여 제3자에게 재물 또는 재산상의 이익을 취득하게 한 경우의 '제3자'의 개념이 무엇인지에 대한 설명을 제3자뇌물공여죄에서와 동일하게 해도 좋은가에 대한 의문이 생긴다. 간접수뢰죄설과 독자적 수뢰죄설이라는 우리 학설은, 제3자뇌물공여죄가 아니라 배임수재죄를 설명하려는 시도에서 등장했어야 하는 것이 아닌가 하는 생각이다. 이러한 점에서 대상판결에서의 피고인의 문제제기를 수긍할 수 있다.

하지만, 배임수재죄에서의 제3자에 관한 해석을 제3자뇌물공여죄와 동일하게 하는 판례와 학설의 결론에 필자는 찬동하며, 비교법적 고찰의 결과를 그 논거로 들 수 있다. 대상판결에 이 결론을 적용하면, ㈜★★★★통상은 피고인이 S 명의를 이용하여 설립한 사실상 피고인이 지배하는 회사임을 알 수 있으므로, 피고인이 부정한 청탁을 받고 그 대가로 자신이 지배하는 회사 계좌로 돈을 입금하도록 한 이

44) 국가법령정보센터 홈페이지(http://www.law.go.kr/lsInfoP.do?lsiSeq=183536&dsId=&efYd=20160529&chrClsCd=010202&urlMode=lsEfInfoR&viewCls=lsRvsDocInfoR#0000: 2018. 4. 13. 최종방문)

45) 김성룡, "배임수증재죄에서 부정한 청탁－대법원 2015. 7. 23. 선고 2015도3080 판결－", 712면; 신동운, 형법각론, 1302면.

상, 이는 사회통념상 피고인이 직접 받은 것과 동일하다고 볼 수 있고 대법원의 판단은 타당하다. 다음으로 T3에게 돈을 준 것을 피고인이 직접 받은 것과 동일하게 볼 수 있는지와 관련하여, 2008도6950 판결의 기준을 적용해 보면 피고인과 T3은 별도의 가계로 생활하기는 하였으나 T3의 생활비를 피고인은 오래전부터 여러 불법적인 방법을 통해 지원해 왔고, △△△△ 회전초밥 매장의 ○○백화점 □□점 입점에 관한 돈을 T3이 받지 않았다면 그에 해당하는 다른 금원을 자신의 돈으로 지원하거나 다시 불법적인 방법을 사용하여 피고인은 T3에게 제공했을 것이라고 판단할 수 있다. 즉 피고인은 위의 행위를 통해 T3에게 '경제적 지원'을 하였고 그만큼의 이익을 피고인 본인이 얻었으므로 배임수재죄로 볼 수 있다.

4. 자기와 제3자 구별의 필요성

(1) 몰수와 추징

형법 제48조에 의하면 임의적 몰수가 원칙임에 반하여, 뇌물죄에서는 필요적 몰수이다(제134조). 배임수증재죄에서도 범인 또는 정(情)을 아는 제3자가 취득한 제1항의 재물은 몰수하며, 그 재물을 몰수하기 불가능하거나 재산상의 이익을 취득한 때에는 그 가액을 추징한다(제357조 제3항). 제3자 뇌물수수에서는 범인인 공무원이 제3자로부터 그 뇌물을 건네받아 보유한 때를 제외하고는 그 공무원으로부터 뇌물의 가액을 추징할 수 없으나, 이는 조문의 규정취지가 범인 또는 정을 아는 제3자로 하여금 불법한 이득을 보유시키지 아니하려는 데에 있어, 범인이라 하더라도 불법한 이득을 보유하지 아니한 자라면 그로부터 뇌물을 몰수, 추징할 수 없기 때문이다.[46] 즉, 이러한 해석은 이득의 실제 보유자가 누구인지에 대한 판단을 통해 나온 결과이지 자기와 제3자의 구별에서 나오는 결론이라고 볼 수는 없다.[47]

---

46) 대법원 1997. 4. 17. 선고 96도3376 전원합의체 판결.

47) 그에 관하여 대법원 2017. 4. 7. 선고 2016도18104 판결을 참조.

(2) 죄수론

뇌물죄와 배임수재죄에서 자기와 제3자를 구별하는 의미는 죄수론 문제의 해결에 있다고 생각한다. 피고인인 공무원이 자신의 직무에 관하여 몇 차례에 걸쳐 스스로 뇌물을 수수하고 제3자에게 뇌물을 수수하게 한 사안을 가정하면 형법 제129조와 제130조는 서로 다른 조문이므로 이들을 포괄해 어느 하나의 범죄로 묶기는 어려우며 제129조와 제130조가 각각 포괄일죄인지를 판단한 후 두 죄의 경합범으로 판단해야 할 것이다. 이러한 결과가 형사정책적으로 지나치게 불합리하다고 보기도 어려운데, 특정범죄 가중처벌등에 관한 법률이 규정하고 있는 뇌물액수에 따른 가중을 각각 할 수 있기 때문이다.

반면 배임수재죄에 관한 제357조는 재물 또는 재산상의 이득을 사무처리자 자신이 취득한 경우와 제3자가 취득한 경우를 하나의 조문에 규정하고 있으므로 사무처리자가 자신의 사무에 관하여 몇 차례에 걸쳐 스스로 재물을 취득하고 제3자에게도 취득하게 한 사안이라고 하더라도 포괄일죄의 요건이 충족된다면 하나의 범죄로 보아야 할 것이다.[48]

Ⅲ. 맺으며

대상판결에서의 대법원의 판단은 수긍할 수 있다. 이 글은 배임수재죄의 구성요건요소 중 해석론에서 간과되어 왔던 '제3자'라는 요건이 어떠한 의미를 갖는지 뇌물죄 등 다른 부패범죄와의 조문과 검토하면서 외국의 입법례도 참고하였다. 제3자뇌물공여죄와 배임수재죄의 제3자는 동일한 기준으로 판단해야 하는데, 뇌물 또는 재물이나 재산상 이익의 공여자 및 수수자 이외의 자는 모두 제3자가 될 수 있다

48) 나아가 배임죄와 배임수재죄는 구별되는 범죄이므로, 배임수재죄의 행위주체가 금융기관의 임직원인 경우(제5조)를 제외하면 특정경제범죄 가중처벌 등에 관한 법률의 적용대상도 되지 않는다.

는 점, 제3자가 이익을 얻었으나 규범적으로 공무원이나 사무처리자가 이익을 얻었다고 보아야 하는 사안이 존재한다는 점 모두에서 그러하다.

[주 제 어]

배임수재죄, 뇌물죄, 제3자, 수뢰죄, 제3자뇌물공여죄

[Key Words]

Bestechung, Bestechung unter Verletzung einer Treupflicht, Dritte, Passive Bestechung, Bestechung durch Drittbegünstigung

접수일자: 2019. 5. 20. 심사일자: 2019. 6. 10. 게재확정일자: 2019. 6. 10.

[참고문헌]

I. 한국문헌

1. 단행본

김성돈, 형법각론(제5판), 성균관대학교출판부, 2018.
김일수/서보학, 새로 쓴 형법각론(제8판), 박영사, 2016.
김태명, 판례형법각론(제3판), PNC미디어, 2018.
배종대, 형법각론(제7판), 홍문사, 2010.
신동운, 형법총론(제10판), 법문사, 2017.
______, 형법각론(제2판), 법문사, 2018.
이상돈, 형법강론(제2판), 박영사, 2017.
이재상/장영민/강동범, 형법각론(제10판보정판), 박영사, 2017.
임웅, 형법각론(제6정판), 법문사, 2015.
한국형사판례연구회, 형법판례 150선(제2판), 박영사, 2019.

2. 논 문

강수진, "배임수재죄에서의 '부정한 청탁'의 의미 — 대법원 2011. 8. 18. 선고 2010도10290 판결 및 이른바 제약산업의 '리베이트 쌍벌제'에 대한 검토를 중심으로 —", 형사법의 신동향 제33호(2011. 12.), 199-244면.
김성룡, "배임수증재죄에서 부정한 청탁 — 대법원 2015. 7. 23. 선고 2015도3080 판결 —", 법조 최신판례분석 2017. 2. 703-731면.
김용세, "뇌물죄의 보호법익과 구성요건체계", 형사법연구 제8권(1995), 83-97면.
김정환, "건설산업기본권 위반죄(부정취득)와 배임수재죄의 관계", 형사판례연구 19권, 박영사, 2011, 540-573면,
서보학, "수뢰죄와 제3자수뢰죄의 법리 — 박근혜·최순실의 수뢰혐의에 대한 형법적 판단 —", 형사법학회 특별세미나(2017. 3. 25.) 발표문.
이근우, "뇌물죄의 몇 가지 쟁점", 조선대학교 서석사회과학논총 제5권 제1호(2012),
이승호, "배임수증재죄의 본질과 '부정한 청탁'의 판단기준", 법조 제614호

(2007. 11.), 104-132면.

이정원, “제3자 증뢰물전달죄의 구조와 문제점”, 중앙대학교 법학논문집 제40집 제1호(2016), 133-156면.

정신교, “배임수증재죄의 ‘부정한 청탁’의 해석론”, 한국부패학회보 제22권 제3호(2017), 5-21면.

조기영, “사회복지법인 운영권 양도와 배임수재죄의 ‘부정한 청탁’”, 형사법연구 제26권 제2호(2014), 97-126면.

조원철, “회사가 받은 뇌물로 공무원과 그 아들인 주주가 간접적으로 이익을 얻게 되더라도 제3자 뇌물제공죄는 별론으로 하고 공무원과 주주의 단순수뢰죄가 성립하는 것으로 볼 수 없어”, 법률신문 2016. 7. 18.

II. 독일어문헌

1. 단행본

Bertel/Schwaighofer, Österreichisches Strafrecht Besonderer Teil I, 10. Aufl., 2008.

Bertel/Schwaighofer, Österreichisches Strafrecht Besonderer Teil II, 8. Aufl., 2008.

Deutscher Bundestag, Entwurf eines Gesetzes zur Änderung des Strafgesetzbuches, des Gesetzes gegen den unlauteren Wettbewerb, der Strafprozeßordnung und anderer Gesetze –Korruptionsbekämpfungsgesetz –, BT-Drucksache 13/3353.

Durynek, Korruptionsdelikte (§§ 331 ff. StGB), BWV 2008.

Fabrizy, StGB, 12. Aufl., Wien 2016.

Frank, Das Strafgesetzbuch für das Deutsche Reich, 18. Aufl., 1931.

Fischer, Strafgesetzbuch, 64. Aufl., 2017.

Kindhäuser/Neumann/Paeffgen (Hrsg.), Nomos Kommentar Strafgesetzbuch, 3. Aufl., 2010.

Maiwald, Der Zueignungsbegriff im System der Eigentumsdelikte, Heidelberg 1970.

Niggli/Wiprächtiger (Hrsg.), Bassler Kommentar Strafrecht, 2. Aufl., 2007.

Rudolphi/Horn/Günther/Samson (Hrsg.), Systematischer Kommentar zum Strafgesetzbuch (SK-StGB), 5. Aufl.(Nov. 1997).

Schönke/Schröder, Strafgesetzbuch, 29. Aufl., 2014.

2. 논 문

Eder-Rieder, Strafrechtliche und strafprozessuale Aspekte der neuen Korruptionsbestimmungen im österreichischen Strafrecht, Zeitschrift für Internationale Strafrechtsdogmatik 2/2014, 71.

Heinrich, Rechtsprechungsüberblick zu den Bestechungsdelikten (§§ 331-335 StGB) (1998-2003), 1. Teil, 2. Teil, NStZ 2005, 197, 256.

Hoven, Aktuelle rechspolitische Entwicklung im Korruptionsstrafrecht – Bemerkungen zu den neuen Strafvorschriften über Mandatsträgerbestechung und Bestechung im geschäftlichen Verkekr, NStZ 2015, 553.

Korte, Bekämpfung der Korruption und Schutz des freien Wettbewerbs mit den Mitteln des Strafrechts, NStZ 1997, 513.

Kuhlen, Die Bestechungsdelikte des §§ 331-334 StGB, JuS 2011, 673.

Rudolphi, Spenden an politische Parteien als Bestechungsstraftaten, NJW 1982, 1417.

Satzger, Bestechungsdelikte und Sponsoring, ZStW 115 (2003), 469.

III. 일본어문헌

西田 典之/山口 厚/佐伯 仁志 (編集), 注釈刑法 第2巻 — 各論(1) (77条~198条), 有斐閣, 2016.

浅田 和茂/井田 良 (編集), 新基本法コンメンタール刑法[第2版], 日本評論社, 2017.

[Zusammenfassung]

Die Bedeutung von 'Dritten' im Art. 357 koreanisches StGB

Choi, Jun-Hyok*

Nach Art 357 koreanisches StGB wurde bestraft, wer ein Geschäft für einen anderen führt und auf eine seine Pflicht betreffende, rechtwidrige Anstiftung hin von einem Dritten eine Sache oder einen Vermögensvorteil annimmt. Also war der Subjekt von Annahme einer Sache oder eines Vermögensvorteil nicht ein Dritte, sondern der Geschäftsführer selbst. Jetzt können die beide wegen der Gesetzesreform in 2016 Täter dieses Delikts sein.

In einer Rechtsprechung von dem koreanischen Oberstgerichtshof von 2017 behauptete die Angeklagte ohne Erfolg, als frühere Chefin eines Kaufhauses, dass sie keine Bestechung unter Verletzung einer Treupflicht gemacht hat, weil nicht sie, sondern ihre Tochter und eine mit ihr indirekt gebundene Firma Geld von Dritten angenommen haben und diese Handlungen vor der Reform passiert sind.

Wegen der ehmaligen Gesetzesfassung scheint diese Behauptung in der ersten Ansicht nicht ohne Grund. Allerdings ist die Rechtsprechung zu folgen, weil die indirekte Annahme durch Tochter und Firma mit direkten Annahme des Angeklagen aus normativen Grund gleichzustellen ist. Diese Argument kommt aus der Auslegung von Bestechungstatbestand, insbesondere in Bezug auf Abgrenzung von der passiven Bestechung mit Bestechung durch Drittbegünstigung.

* Professor in Inha University Law School

양심적 병역거부에 대한 형사처벌의 문제 검토

대상판결: 2018. 11. 1. 선고 2016도10912 전원합의체 판결 〔병역법위반〕

심 영 주*

Ⅰ. 판결 개요

1. 사실관계

피고인은 2013.7.18.경 피고인의 주거지에서 '2013.9.24.까지 육군 39사단에 현역병으로 입영하라'는 경남지방병무청장 명의의 현역입영 통지서를 받고도 입영일인 2013.9.24.부터 3일이 지나도록 입영하지 않았다.

2. 소송경과

(1) 1심의 판단

피고인은 여호와의 증인 신도로서 종교적 양심에 따라 입영을 거부한 것이므로 정당한 사유가 있다고 주장하였으나 법원은 이른바 양심에 따른 병역거부에 관하여, 헌법재판소가 입영기피행위를 처벌하는 규정인 병역법 제88조 제1항이 헌법에 위반되지 아니한다는 결정을 하였고, 대법원은 양심에 따른 병역거부가 위 조항에서 처벌의 예

* 인하대학교 법학전문대학원 강의교수

외사유로 규정한 "정당한 사유"에 해당하지 않으며, 우리나라가 가입한 '시민적 및 정치적 권리에 관한 국제규약 제18조의 규정으로부터도 양심에 따른 병역거부자들에게 위 조항의 적용을 면제받을 수 있는 권리가 도출되지 않고, 국제연합 자유권규약위원회가 권고안을 제시하였다 하더라도 이것이 어떠한 법률적 구속력을 갖는 것은 아니라고 판결한 바 있으므로 피고인의 주장을 받아들일 수 없다고 판단하였다.

(2) 2심의 판단

피고인은 여호와의 증인 신도로 종교적 양심에 따라 현역입영을 거부하였는데, 피고인의 양심적 병역거부는 헌법 제19조와 시민적 및 정치적 권리에 관한 국제규약 제18조에 의해 보장되므로, 피고인의 입영 거부에는 병역법 제88조 제1항의 정당한 사유가 있으므로 이 사건 공소사실을 유죄로 판단한 원심판결에 법리오해의 위법이 있다는 이유로 항소하였으나, 법원은 원심판단과 같이 헌법재판소 결정 및 대법원 판결의 취지에 비춰 원심판결이 정당하고 피고인의 주장이 이유 없다고 하였다.

(3) 대법원 판시 사항

[1] 병역법 제88조 제1항에서 정한 '정당한 사유'의 법적 성격(=구성요건해당성 조각사유) 및 정당한 사유가 있는지 판단할 때 고려하여야 할 사항 / 이른바 양심적 병역거부가 병역법 제88조 제1항에서 정한 '정당한 사유'에 해당하는지 여부(한정 적극) / 양심적 병역거부를 위 조항의 정당한 사유로 인정할 것인지가 대체복무제의 존부와 논리필연적인 관계에 있는지 여부(소극) / 정당한 사유로 인정할 수 있는 양심적 병역거부에서 말하는 '진정한 양심'의 의미와 증명 방법 및 정당한 사유의 부존재에 대한 증명책임 소재(=검사)

[2] 여호와의 증인 신도인 피고인이 지방병무청장 명의의 현역병입영통지서를 받고도 입영일부터 3일이 지나도록 종교적 양심을 이유로 입영하

지 않고 병역을 거부하여 병역법 위반으로 기소된 사안에서, 제반 사정에 비추어 피고인의 입영거부 행위는 진정한 양심에 따른 것으로서 구 병역법 제88조 제1항에서 정한 '정당한 사유'에 해당할 여지가 있는데도, 피고인이 주장하는 양심이 위 조항의 정당한 사유에 해당하는지 심리하지 아니한 채 양심적 병역거부가 정당한 사유에 해당하지 않는다고 보아 유죄를 인정한 원심판결에 법리오해의 잘못이 있다고 한 사례

Ⅱ. 평 석

대상판결의 쟁점은 이른바 양심적 병역거부가 병역법 제88조 제1항의 정당한 사유에 해당하는지 여부이다. 대법원 다수의견은 양심적 병역거부가 병역법상 병역기피 등 죄에서 규정하고 있는 정당한 사유에 해당한다고 보아 기존 판례 내용을 변경하고 무죄를 선고하였다. 그러나 대상판결의 다수의견의 논리와 결론은 시대변화와 사회적 요구를 이유로 한 전향적인 결정을 하기 위해 무리하게 끼워 맞춘 느낌이 있다. 대체복무제가 마련되어 있지 않은 현행법 체제에서는 무죄가 나올 수 없고, 대체복무제 마련 등을 통해 해결할 문제였다는 생각 하에 대법원 판결 내용과 논리를 범죄체계론 순서에 따라 검토해 보고자 한다.

1. 양심적 병역거부

'양심적 병역거부'란 일반적으로 평화주의나 비폭력주의를 표방하는 종교적 교리 또는 개인적 신념에 따라 집총(執銃), 전투업무나 병역(兵役), 전쟁 참여를 거부하는 행위라고 설명된다. 양심적 집총거부 또는 양심적 반전이라는 표현도 사용될 수 있으나 양심적 병역거부라는 표현을 사용하는 경우가 일반적이라고 할 수 있으며, 미국의 'conscientious objection to military service'라는 표현을 우리말로 그대로 직역한 표현이

다. 그런데 양심적 병역거부라는 용어는 '양심'이라는 표지 때문에 비난의 대상이 되기도 한다. 사회에서 인식하는 양심이라는 용어의 의미와 법률용어로서의 양심이라는 용어의 의미가 서로 다르기 때문이다. 일반적으로 양심이라고 할 때에는 도덕적 또는 윤리적이라는 긍정적인 가치판단을 포함하는 표지로 사용되고, 가치판단이 포함된 표지로서의 양심에는 이와는 대척점에 있는 비양심이라는 반가치적 판단 표지가 자리하는데, 법률용어로서의 양심은 그와 같은 가치판단이 배제된 중립적 표지로 사용된다.[1] 이와 관련하여 '양심적(良心的)'이라는 단어는 이미 단어 자체 속에 '올바른, 타당한, 도덕적인, 윤리적인'이라는 긍정적인 의미의 가치평가를 담고 있기 때문에 가치중립적인 단어가 아니라 가치평가적인 단어라고 하면서, 병역은 국민으로서 나라를 지키기 위하여 이행하여야 할 신성한 의무이므로, 사회 일반인들은 병역의무이행을 사회적으로 칭찬받을 행위로 알고 있고, 반대로 병역거부는 당연히 사회적으로 비난받을 행위로 생각하는데, '양심적'과 '병역거부'라는 두 단어를 조합하여 '양심적 병역거부'라는 용어를 사용하면, 사회 일반인들은 "군대에 가지 않겠다는 병역거부가 어떻게 양심적일 수 있는가?" 또는 "만약 병역거부가 양심적이라면, 반대로 병역의무의 이행은 비양심적이란 말인가?"라는 의문과 혼란을 가질 수 있으며, 더구나 병역을 거부하지 않고 정상적으로 선량하게 병역을 이행하는 사람들도 역시 양심의 진지한 여과과정을 거쳐서, 즉 양심에 따라 병역의무의 이행을 결정한다는 점을 고려할 때, 이 용어는 결과적으로 "양심적 병역거부자"들의 병역거부행위만을 미화(美化)한다는 비판적인 관점에서 기존의 '양심적 병역거부(conscientious objection)'라는 용어는 앞으로 더 이상 사용하지 말고, '개인적 신념에 따른 병역거부(objection to military service by individual belief)'라는 용어로 대체할 것을 제안하는 견해도 있다.[2]

1) 이광수, 대체복무제도의 모델에 관한 연구, 박영사, 2018, 1-6면.

2) 신운환, "'양심적 병역거부'라는 용어의 적절성 여부 검토와 대체 용어의 모색에 관한 소고－행정법학의 차원에서, 국방인력의 확보에 미칠 영향을 고려하여", 행정법연구, 제46호, 2016.8., 389-415면. 이에 대해 비슷한 맥락에서 '개

그런데 용어와 관련하여 '누구는 양심이 없나'와 같은 반발 등을 고려한 탓인지 국방부는 양심적 병역거부라는 표현 대신 '종교적 신념 등에 따른 병역거부'라는 표현을 쓰기로 하였다는 발표를 하기도 하였는데,[3] 이에 시민단체 등의 반발이 잇따르기도 하였고,[4] 국가인권위원회에서도 이에 대한 우려를 표명하였다.[5]

생각건대, 종교적 신념 등에 따른 병역거부라는 표현은 이른바 양심적 병역거부자의 대부분이 여호와의 증인 신도로 종교적 신념에 따라 병역거부를 한다는 점을 고려하더라도 다른 유형의 신념에 따른 병역거부를 포섭하기 어려우므로 너무 범위가 축소된 표현이고,[6] '양심'이라는 표현의 일반적인 의미와 병역법 위반과 관련된 병역거부에서 사용되어 법률상 판단의 대상이 되는 양심적 병역거부라는 표현은 의미의 혼동을 가져올 수 있으므로 '개인적 신념에 따른 병역거부'라는 표현을 사용하는 것이 적절하다고 생각된다. 그러나 아직 용어의 사용과 관련한 통일된 의견이 없는 점과 헌법재판소나 대법원에서 '양심적 병역거부'라는 표현을 사용하고 있는 점을 고려하면 논의가 완료되기까지는 대법원의 대상판결을 평석하는 본고에서는 양심적 병역거부라는 표현을 사용하는 것이 적합하다고 생각되어 양심적 병역거부라는 표현으로 통일하여 사용하기로 한다.

인적 소신에 따른 병역거부'라고 표현하는 것이 더 정확하다는 견해로는 장영수, "양심적 병역거부와 병역법 제88조 제1항 등의 '정당한 사유'의 해석", 강원법학, 제55권, 2018.10, 288면.

3) 홍수민 기자, 군대가면 비양심이냐 비판에 '양심적 병역거부' 안 쓴다, 중앙일보, 2019.1.4.자 기사(https://news.joins.com/article/23262949).

4) 연합뉴스, '종교적 병역거부' 용어변경 논란…"헌법상 '양심의 자유' 무시", 2019.1.6.자 기사(https://www.yna.co.kr/view/AKR20190106017600004?input=1195m).

5) 선명수 기자, 인권위 "국방부 '양심적 병역거부' 용어 변경에 깊은 우려", 경향신문, 2019.1.6.자 기사(http://news.khan.co.kr/kh_news/khan_art_view.html?artid=201901091021001&code=940100#csidx31a36448fdbe3f4893459d9b340013c).

6) 비록 종교적 신념 '등'이라는 표현을 쓰고 있어 종교적인 이유 외 다른 이유도 포함할 여지를 남겨두고는 있으나, 그 표지상 일반적으로는 종교적인 이유로 병역을 거부한 것으로 받아들이기가 쉽기 때문이다.

2. 헌법상 양심의 자유 문제와 정당한 사유 해당성

(1) 양심의 자유

헌법은 최상위규정이기 때문에 형법이나 형벌과 관련된 규정 역시 헌법의 일반적인 원칙이나 원리에 벗어나는 내용의 입법을 하면 위헌문제가 제기될 수 있다. 따라서 병역법 위반으로 인한 처벌과 관련한 내용을 근거로 하는 판례 내용을 살펴보기에 앞서 헌법상 양심의 자유의 의미에 대해 파악할 필요가 있다. 그런데 헌법 제19조는 '모든 국민은 양심의 자유를 가진다'고 규정하고 있으나 이러한 선언적 내용 외에 양심의 자유가 포섭하는 내용 또는 보호영역이나 그 한계 및 제한에 관해 직접적으로 규정하는 내용이 없다.[7] 따라서 해석론으로 접근할 수밖에 없을 것이다.[8]

1) 헌법재판소 판단과 해석

헌법재판소에 따르면, 헌법상 보호되는 양심은 어떤 일의 옳고 그름을 판단함에 있어 그렇게 행동하지 않고는 자신의 인격적인 존재가치가 허물어지고 말 것이라는 강력하고 진지한 마음의 소리이지 막연하고 추상적인 개념으로서의 양심은 아니며,[9] 양심의 자유는 널리 사물의 시시비비나 선악과 같은 윤리적 판단에 국가가 개입해서는 안 되는 내심적 자유는 물론 이와 같은 윤리적 판단을 국가권력에 의하여 외부에 표명하도록 강제받지 않을 자유까지 포괄한다고 설명하고 있다.[10] 헌법 제19조에서 말하는 양심의 자유는 객관적으로 입증된, 다시 말해 도덕적으로 옳은 것이라고 인정되는 양심에 부합하는 행동을 할 자유를 의미하는 것이 아니라 개인의 양심의 형성과 표현에 대해 국가의 개입을 받지 않을 자유를 의미하며,[11] 그렇기 때문에 양심

7) 이광수, 주1)의 책, 44면.

8) 이것은 양심의 자유에 대한 헌법 규정 해석 뿐 아니라 양심적 병역거부의 개념과 관련한 부분에서도 마찬가지이다.

9) 헌재 1997. 3. 27. 96헌가11.

10) 헌재 2004. 8. 26. 2002헌가1.

11) 헌재 2018. 6. 28. 2011헌바379 등 결정: "헌법상 보호되는 양심은 어떤 일의 옳고 그름을 판단함에 있어서 그렇게 행동하지 아니하고는 자신의 인격적인

의 자유는 무엇이 도덕적으로 옳은지에 대한 결론을 전제하는 것이 아니라, 이에 대한 개인의 다양한 소신을 법적으로 보호하는 것이다. 따라서 양심의 자유의 행사가 도덕적 정당성과 동일시될 수 없고, 양심범의 경우 법적 처벌을 배제하는 근거가 되기 어렵다는 주장이 제기된다.[12] 객관적 법질서가 개인의 주관적 양심을 최대한 보호해야 하지만, 개인의 양심이 객관적 가치를 침해하는 경우까지 보호할 수는 없고, 이러한 경우 양심범이라 하더라도 처벌될 수 있다는 것이다.

2) 양심의 자유의 보호영역

양심의 자유를 무제한 보호할 수 있을 것인가에 대한 문제가 양심의 자유의 보호영역에 관한 문제이다. 양심의 자유를 세세하게 구분하고 어느 영역까지 보호할 것인가에 대한 논의들이 있는 것이다.

양심상의 결정은 선과 악의 기준에 따른 모든 진지한 윤리적 결정으로 구체적 상황에서 개인이 이러한 결정을 자신을 구속하고 무조건적으로 따라야 하는 것으로 받아들이기 때문에 양심상의 심각한 갈등이 없이는 그에 반하여 행동할 수 없는 것을 말하며, 헌법 제19조가 보호하고 있는 양심의 자유는 양심형성의 자유와 양심적 결정의 자유를 포함하는 내심적 자유뿐 아니라 양심적 결정을 외부로 표현하고 실현할 수 있는 양심실현의 자유를 포함한다고 할 수 있다. 그리고 이러한 양심실현의 자유에는 양심을 표명하거나 또는 양심을 표명하도록 강요받지 않을 자유, 양심에 반하는 행동을 강요받지 않을 자유, 양심에 따른 행동을 할 자유 등이 있는데, 양심의 자유 중 양심형성의 자유는 내심에 머무르는 한 절대적으로 보호되는 기본권이지만 양심

존재가치가 허물어지고 말 것이라는 강력하고 진지한 마음의 소리로서 절박하고 구체적인 양심을 말한다. 즉, '양심상의 결정'이란 선과 악의 기준에 따른 모든 진지한 윤리적 결정으로서 구체적인 상황에서 개인이 이러한 결정을 자신을 구속하고 무조건적으로 따라야 하는 것으로 받아들이기 때문에 양심상의 심각한 갈등이 없이는 그에 반하여 행동할 수 없는 것을 말한다.".

12) 한영수, "양심적 병역거부와 병역법 제88조 제1항 등의 '정당한 사유'의 해석", 강원법학, 제55권, 2018.10., 288면; 류지영, "양심의 자유로서의 병역거부의 불법성", 법학논문집, 제40집 제2호, 2016, 247-277면.

실현의 자유는 법질서에 위배되거나 타인의 권리를 침해할 수 있기 때문에 법률에 의해 제한될 수 있는 상대적 자유라고 할 수 있다.[13] 문제가 되는 양심적 병역거부는 부작위에 의한 양심실현의 자유에 속하는 것으로 양심에 반하는 행동을 강요당하지 않을 자유이다. 왜냐하면 병역법 제88조 제1항이 형사처벌이라는 제재를 통해 양심적 병역거부자에게 양심에 반하는 행동을 사실상 강제하고 있기 때문에, 국가에 의해 양심에 반하는 행동을 강요당하지 않을 자유 내지 양심에 반하는 법적 의무를 이행하지 않을 자유라는 부작위에 의한 양심실현의 자유가 제한되게 되는 것이다.[14]

3) 대상판결의 판단

대상판결은 이와 관련하여, 양심의 자유 형태를 양심을 형성할 자유와 양심에 따라 결정할 자유인 내심의 자유와 형성된 양심에 따른 결정을 외부로 표현하고 실현할 수 있는 자유를 포함하는 양심실현의 자유로 구분하고, 헌법 제19조에서 보장하는 양심의 자유란 옳고 그른 것에 대한 판단을 추구하는 가치적, 도덕적 마음가짐을 뜻한다고 하였다. 또한 양심의 자유란 개인 소신에 따른 다양성이 보장되어야 하고 그 형성과 변경에 외부적 개입과 억압에 의한 강요가 있어서는 안되는 윤리적, 내심 영역으로, 이러한 양심은 어떤 일의 옳고 그름을 판단할 때 그렇게 행동하지 않고서는 자신의 인격적 존재가치가 파멸되고 말 것이라는 강력하고 진지한 마음의 소리로 절박하고 구체적인 것이어야 하고, 내심에서 우러나오는 윤리적 확신과 이에 반하는 외부적 법질서의 요구가 서로 회피할 수 없는 상태로 충돌될 때 침해될 수 있다고 하였다. 대상판결의 다수의견은 양심의 자유가 보장하고자 하는 대표적 영역은 상반되는 2개의 명령인 양심과 법의 각 명령이 충돌하는 경우 개인에게 그의 양심의 따를 수 있는 가능성을 부여하고자 하는 것이라는 헌재 결정 내용을 인용하면서, 양심이 개인마다

---

13) 정연주, "양심적 병역거부", 헌법학연구, 제18권 제3호, 2012, 409면 참조.

14) 정연주, 앞의 글, 410면.

형성되어 유지, 실현되는 과정과 모습이 서로 다르고 동기와 내용 역시 다양하므로 다른 헌법적 가치가 일방적으로 양심의 자유보다 우위에 있다고 말할 수 없고 반대의 경우에도 마찬가지라고 하면서 양심이 내면에 머무르는 상태에서는 다른 헌법적 가치와 충돌하지 않아 국가가 개입할 이유가 없지만 외부적으로 실현되는 경우 혼자만의 문제가 아니며 다른 헌법적 가치와 충돌가능성이 있으므로 제한이 필요하다는 점은 인정하였지만, 국가가 개인에게 양심에 반하는 작위의무를 부과하고 그 불이행에 대해 형사처벌 등의 제재를 가하여 의무이행을 강제하는 경우는 상황이 다르다고 하여 달리 판단하였다. 즉, 내면적 양심을 포기하고 국가가 부과하는 의무를 이행하거나 내면적 양심을 유지한 채 의무를 이행함으로써 자신의 인격적 존재가치를 스스로 파멸시키는 선택을 강요하는 것과 같다면서 단순한 양심 실현의 포기로 해결될 문제가 아니고 제재를 감수하지 않는 이상 내면적 양심을 포기하거나 인격적인 존재가치까지 파멸시켜야 한다면서 소극적 부작위에 의한 양심실현의 자유는 내면의 양심의 자유와 밀접한 관련이 있으므로 그 제한에 더욱 세심한 배려와 신중한 접근이 필요하다고 하였다. 따라서 소극적 부작위에 의한 양심실현에 해당하는 양심적 병역거부에 관한 규범충돌과 이의 조정 문제는 병역법상 '정당한 사유'의 문언 해석을 통해 해결해야 한다고 하였다. 그리고 양심적 병역거부자들은 헌법상 국방의 의무 자체를 부정하는 것이 아니고 병역의무를 이행하기 위한 방법으로 정한 집총 또는 군사훈련 수반행위를 할 수 없다는 이유로 그 이행을 거부하는 것일 뿐이므로, 진정한 양심에 따른 병역거부라면 병역법상 정당한 사유에 해당한다고 하였다.

4) 검 토

이러한 대상판결의 다수의견의 논리는 다음과 같은 이유에서 타당하지 않다고 생각된다. 다수의견은 병역법에서 병역의무자에게 병역의무 이행에 대한 감당능력이 있는지 여부 또는 병역의무가 과도한 부담이 되는지 여부를 판단하기 위해 병역법이 다양한 사정들을 고려하고 있다고 주장하나, 이것은 병역이행에 대한 주관적 감당능력에 관한 것이거나 단순한 개인적·주관적 사정이라고 보기 어렵다고 생각된다. 왜냐하면 병역법은 취지와 목적을 고려하면 국토방위를 위한 자원과 인력의 적정한 배치를 목적으로 제정[15]된 것이므로, 이러한 사유들은 효율적이고 안정적인 병무행정을 통한 국방에 있는 것으로 보이기 때문이다. 즉, 병역 면제 등의 사유는 병역의무 이행 과정이 육체적이고 정신적인 제약과 희생을 수반하기 때문에 심신장애나 북한이주민 등과 같이 병역의무의 이행능력과 관련한 객관적이고 가치중립적인 명백한 사정으로 제한하는 것이다.[16]

그리고 다수의견은 양심적 병역거부자들이 헌법상 국방의 의무 자체를 부정하는 것이 아니라 병역의무를 이행하는 방법으로 정한 집총 또는 군사훈련 수반행위를 할 수 없다는 이유로 그 이행을 거부하는 것일 뿐이며, 진정한 양심에 따른 병역거부라면 병역법상 정당한 사유에 해당한다고 하고 있으나, 그러한 경우라면 양심적 병역거부자들이 입영을 기피할 것이 아니라 일단 입영에 응한 후 상관의 명령에 따르지 않거나 훈련을 거부하는 등으로 양심의 자유를 표현하는 것이 맞다고 생각한다.[17] 다만 이렇게 행동할 경우 병역법상 입영기피죄로 형사처벌을 받는 것은 면할 수 있겠으나, 군형법상 항명죄와 명령위반죄가 성립하여 역시 형사처벌의 문제에 직면하게 된다는 점에서는 동

---

15) 병역법의 모태가 된 제헌 1948~1950 제4회, 의안번호010136 지정천의원 외14인 발의 병역법안 제안이유를 보면 '우리나라는 북으로 38선을 경계로 하여 공산주의와 대치하고 있고 3면이 바다로 되어 있기 때문에 국토방위를 하려면 상당한 인원이 필요하므로 이 법은 우리나라 청년에게 일정기간 국가를 위해 의무적으로 군에 복무하도록 하기 위한 것'이므로, 병역법 제정 취지와 목적은 '국토방위', '인력과 자원의 적정한 배치'에 있음을 알 수 있다.

16) 대상판결의 반대의견도 이러한 취지로 다수의견의 주장을 반박하였다.

17) 비슷한 취지로 이와 관련하여 대상판결이 인정하는 것처럼 양심적 병역거부자라고 하더라도 국방의 의무는 인정한다고 한다면 피고인에게 집총이나 군사훈련을 거부할 수 있다고 하더라도 입영이나 소집에 응할 의무는 있다고 해야 하는 것은 아닌지 문제를 제기한 견해로는 오영근, [천자평석]양심적 병역거부의 형법적 문제점, 로앤비, 2019.1.3.

일한 귀결이 될 것이다. 그러나 이렇게 할 경우 국방의 의무 자체를 부정하는 것이 아니라 병역의무를 이행하는 방법으로 정한 것을 할 수 없다는 명백한 표시를 통해 양심의 자유를 실현하는 것이 되기 때문에, 국방의 의무 자체를 부정하는 것이 아니라는 항변과 언행일치를 이룬다는 점에서 양심적 병역거부자들의 진의가 확인되고 그들의 주장이 설득력을 가지게 될 것이다. 또한 군형법상 항명죄와 명령위반죄의 경우 법정형의 정도가 병역법상 입영기피죄와 동일하거나 경하게 규정[18]하고 있으므로 이렇게 행동한다 하여도 큰 불이익이 있는 것은 아니라고 생각된다.[19]

그리고 양심의 자유가 중요한 것이며, 양심적 병역거부의 문제는 양심의 자유 문제 뿐 아니라 종교의 자유와도 연관되어 있는 기본권적 문제라 하더라도 병역법 취지와 목적을 고려할 때 헌법 제37조 제2항에 따라 기본권이 제한되는 사유로 보아 어느 정도의 제한은 불가피하다고 생각된다. 현실적으로 볼 때, 헌법상 보장되는 기본권도 국가가 유지되고 실재해야 보장되는 것이 가능할 것이기 때문이다.[20]

(2) 정당한 사유

1) 병역법 제88조 제1항의 정당한 사유의 의미

대법원은 종래에는 판결에서 병역법 제88조 제1항의 정당한 사유의 의미와 관련하여 병역법이 규정한 내용의 추상적 병역의무 자체를

---

18) 병역법상 입영의 기피 등의 경우 3년 이하의 징역을, 군형법상 항명죄도 이와 동일한 형량을, 그리고 군형법상 명령위반죄는 2년 이하의 징역이나 금고를 규정하고 있다(각 병역법 제88조, 군형법 제44조 및 제47조). 다만 이것은 법정형을 기준으로 한 것이고, 군형법을 적용받고 군사재판을 받게 될 경우 형이 무거울 것이라고 생각하는 것이 일반적인 인식일 것이다.

19) 다만 군형법이 적용될 경우, 일반법원이 아닌 군사법원에서 재판을 받게 되고 그 형의 집행도 「군에서의 형의 집행 및 군수용자의 처우에 관한 법률」에 따라 이루어진다는 점에 있어서는 차이가 있다.

20) 대법원과 헌법재판소가 기존에 병역법 제88조 제1항에 대한 판단에서 합헌이고 동 조항의 정당한 사유에 양심적 병역거부가 포함되지 않는다고 해석하였었던 것은 목적론적 해석에 입각한 것이다.

이행할 의사는 가지고 있었으나 병무청장 등의 결정으로 구체화된 병역의무를 귀책사유 없이 불이행할 수밖에 없었던 사유로 한정하여 해석, 적용하는 입장이었다.[21] 이에 따라 종교적 신념이나 양심에 따른 결정에 의해 현역 입영을 거부하는 경우 이러한 행위는 병역법 제88조 제1항에서 규정하고 있는 정당한 사유에 해당될 여지가 전혀 없었다.[22] 그러나 2004년 전원합의체 판결[23]에서는 양심적 병역거부가 헌법상 양심의 자유에 포함되지 않는다는 종래의 견해를 변경하여 양심적 병역거부를 헌법적 논의의 장으로 끌어 올렸다는 평가가 가능하다. 즉, 위 전원합의체 판결 이전과 이후로 나누어 대법원의 태도에 변화가 있다고 할 수 있는데, 위 전원합의체 판결 이전에는 양심적 병역거부가 헌법상 양심의 자유에 포함되지 않는다는 입장을 고수하였으나, 위 전원합의체 판결에서 양심적 병역거부가 헌법상 양심의 자유에 속하는 것으로 보는 입장으로 전환된 것이다. 다만, 그럼에도 불구하고 양심의 자유에 대해 헌법 제37조 제2항에 따라 제한이 가능하다고 보아 병역법 제88조가 양심적 병역거부를 처벌하는 것이 정당한 제한에 해당한다는 입장을 취하였기 때문에 결론적으로는 양심적 병역거부가 병역법 위반이라는 점에 있어서는 이전 판결들과 동일하다고 하겠다. 다시 말하자면, 2004년 전원합의체판결에서 대법원은 종래의 견해를 원칙으로 확인하면서도 병역거부자가 병역의무 이행의 거부 사유로 내세운 권리가 '헌법에 의하여 보장되고, 나아가 그 권리가 위 법률조항의 입법목적을 능가하는 우월한 헌법적 가치를 가지고 있다고 인정될 경우'를 의미한다고 하여 헌법적 관점에서 정당한 사유에 해당하는 사유를 넓게 해석할 수 있는 예외적 상황을 설시하였다.[24]

---

21) 대법원 1967. 6. 13. 선고 67도677 판결; 대법원 1990. 2. 27. 선고 88도2285 판결 등 관련 다수 판결.
22) 대법원 1969. 7. 22. 선고 69도934 판결 등.
23) 대법원 2004. 7. 15. 선고 2004도2965 판결.
24) 강태경, "양심적 병역거부의 '정당한 사유' 해석론 비판", 형사정책연구, 제29권 제3호, 2018, 46면.

2) 검 토

대상판결의 다수의견은 양심적 병역거부에 관한 규범 충돌과 조정 문제는 정당한 사유의 문언해석을 통해 해결해야 하며, 진정한 양심에 따른 병역거부라면 병역법상 정당한 사유에 해당한다고 하였다. 그러나 국방의 의무와 개인의 종교적 이유에 따른 신념이 충돌하게 된다는 점에 있어서는 이론의 여지가 없는 것으로 보이지만, 이 신념을 토대로 한 '양심'이 정당한 사유에 해당하는지는 의문이다. 정당한 사유에 해당하는 경우 구성요건해당성이 없는데, 명확성의 원칙을 고려하면 이것은 해석상 해결할 문제가 아닌 명문에 근거하여야 할 문제라고 생각되기 때문이다.

또한 다수의견은 반대의견에 대한 보충의견으로, 과거 대법원판결을 참조하여 "정당한 사유를 포함한 처벌조항에서 '정당한 사유의 부존재'는 범죄구성요건이고, 따라서 '정당한 사유'는 구성요건해당성 조각사유이다. 구성요건해당성 조각사유로서의 정당한 사유는 위법성 조각사유나 책임조각사유와는 전혀 다른 체계적 의미를 가진다. 위법성조각사유나 책임조각사유는 구성요건에 해당하는 행위에 대하여 전체 법질서의 차원 또는 사회적 평균인의 관점에서 매우 예외적으로 인정된다."고 하면서 "그러나 구성요건해당성 조각사유로서 정당한 사유를 판단할 때에는 형벌의 보충성과 죄형법정주의 원칙에 비추어 피고인의 특유한 사정을 고려할 수 있고, 정당한 사유가 없음이 명백하지 않은 경우에는 피고인에게 유리하게 해석할 필요가 있다."고 하고 있다. 그리고 "명확성이 중요한 처벌조항에서 정당한 사유라는 불확정개념이 사용된 것은 일반화하기 어려운 피고인의 고유한 특성과 피고인이 처한 특수한 사정, 입법 당시 미처 예상하기 어려운 시대상황의 변화와 발전 등을 반영하고자 한 것으로 이해해야 한다."고 하였다. 그러면서 정당한 사유를 해석할 때 그것이 구성요건해당성을 조각하는 사유로서 불확정개념이라는 점을 유념하여 피고인의 개별적·구체적 사정을 고려하고 사회적 현실과 시대상황의 변화를 반영하는 것을 통해 구체적 타당성이 실현될 수 있도록 하야 한다고 하였다.

그런데 대상판결의 다수의견이 보충의견에서 명시한 바와 같이 처벌조항에서 명확성은 매우 중요한 의미를 가지고, 다수의견이 언급하는 피고인의 고유한 특성과 피고인이 처한 특수한 사정과 같은 요소는 재판과정에서 양형 요소로 고려하게 되는 것일 뿐, 명문의 근거가 없음에도 해석범위를 확장하는 것은 명확성의 원칙에 위배되는 것이라고 생각된다. 또한, 입법 당시 미처 예상하기 어려운 시대상황의 변화와 발전 등은 법의 개정을 통해 해결해야 하는 것이고, 이를 고려하여 유무죄가 달리 판단될 부분은 아닌 것이다. 그리고 피고인이 처한 특수한 사정과 같은 요소는 형사소송절차상 재판에서의 양형 뿐 아니라 재판 이전 기소편의주의에 따라서도 참작이 될 수 있는 여지가 있을 것이므로, 이러한 부분을 통해 어느 정도 입법미비나 시대 변화 부분에 대한 보완 또는 완충이 가능한 것으로 보여진다.

3. 국제사회 규범과 양심적 병역거부

국제사회 규범에 대한 논의 정리는 양심적 병역거부 문제에 대하여 우리나라 법체계에서 법령에 의한 것으로 볼 수 있을 것인지와 관련하여 의미가 있다. 만약 법령에 의한 것이라면 양심적 병역거부의 문제가 병역법상 정당화 사유에 해당하지 않아 구성요건해당성이 인정되어 병역기피행위가 된다 하더라도, 위법성 부분에서 법령에 의한 정당행위가 되어 위법성이 조각되게 되어 처벌받지 않게 될 수 있기 때문이다.

(1) 국제규범과 국내법적 효력

구 유엔인권위원회(현 유엔인권이사회)와 유엔자유권규약위원회 등은 세계인권선언 제18조와 시민적·정치적 권리에 관한 국제규약 제18조의 해석을 통해 양심적 병역거부가 보장된다는 점을 지속적으로 확인해 왔다. 우리나라의 경우 1990년에 시민적·정치적 권리에 관한 국제규약의 사상과 양심, 종교의 자유를 보장하고 있는 제18조에 대해 유보 없이 가입을 하였고, 1993년 결의를 시작으로 결의에 참여해오면서 반대 입장을 취한 바가 없다. 그리고 우리나라가 유보 없는 가입을 했을 당시 구 유엔인권위원회는 이미 1989년 제59호 결의에서 양심적 병역거부권을 시민적·정치적 권리에 관한 규약 제18조에 규정된 사상, 양심, 종교의 자유의 정당한 권리행사로 인정한 바 있다.[25]

헌법 제6조 제1항 규정에 따르면, 헌법에 의해 체결·공포된 조약과 일반적으로 승인된 국제법규는 국내법과 같은 효력을 가진다. 이 규정 의미대로라면 우리나라가 유보 없이 가입한 국제규약은 국내법과 같은 효력을 가진다고 할 수 있으며, 시민적·정치적 권리에 관한 국제규약의 경우에도 마찬가지이다. 그리고 국제법 조약 체결 시 각국의 사정에 따라 조약의 전반적인 내용에 대해서는 찬성하나 국내 상황상 이행하기가 어려운 조문 내용이 있을 경우 유보를 하는 것을 통해 적용 예외를 받을 수 있는데, 국제법상 양심적 병역거부의 근거규정으로 제시되는 시민적·정치적 권리에 관한 국제규약에 대해서는 유보를 하지 않았다.

(2) 법원과 헌법재판소의 판단

병역법 제88조가 국제규범인 시민적·정치적 권리에 관한 국제규약에 위반하는 것인지 여부가 쟁점이 된 사건이 있었다. 대법원이 해당 규약에서 양심적 병역거부권이 당연히 도출되는 것은 아니지만, 이 규약 제18조 제1항에는 종교나 신념에 기한 결정을 외부로 표현하고 실현할 수 있는 자유도 함께 포함되어 있음이 명백하다고 하면서도 대체복무제도를 두지 않은 것 자체를 규약위반으로 평가할 수 없고 대체복무 제도의 도입 여부 등에 관해서는 가입국의 입법자에게 광범위한 재량이 부여되어야 하는데, 현재로서는 대체복무제도를 도입하기는 어렵다고 본 입법자의 판단이 현저히 불합리하다거나 명백히 잘

25) 강태경, 주24)의 글, 33-34면; 김주환, “양심적 병역거부와 대체복무”, 홍익법학, 제20권 제1호, 2019.2., 199면.

못되었다고 볼 수 없고, 양심적 병역거부자에게 병역의무 면제나 대체복무의 기회를 부여하지 않고 병역법 위반으로 처벌한다고 하여도 규약에 반한다고 해석되지 않는다고 판시한 것이다.[26] 이 판결은 시민적·정치적 권리에 관한 국제규약이라는 국제규범의 국내법적 효력을 전면 부정하지 않는 입장을 취했다는 점에서 종전 태도보다는 진전된 판결이지만, 국제규범으로부터 직접적 권리가 도출되지 않고 여전히 국내 입법을 필요로 한다는 입장을 취했다는 점에서 한계가 있다는 평가를 받는다.[27] 이와 관련하여 헌법재판소 역시 우리가 가입한 시민적·정치적 권리에 관한 국제규약의 사상과 양심 및 종교의 자유 규정에 양심적 병역거부권이 명시적으로 규정되지 않았다는 등의 이유로 해당 제18조 규정에서 바로 양심적 병역거부를 도출하고 인정할 수는 없다고 한 바 있다.[28] 그리고 헌법재판소는 자유권규약위원회의 견해에 따른 양심적 병역거부자 구제조치의 입법부작위 위헌확인에 대해 자유권규약위원회의 견해에 따른 법률을 제정할 입법의무가 피청구인인 대한민국 국회에 발생하였다고 볼 수 없으며, 이러한 입법부작위의 위헌확인을 구하는 헌법소원심판청구는 부적법하다고 보아 재판관 전원일치로 각하결정을 한 바 있는데,[29] 이것은 앞에서 언급한 대법원 판결[30]과 같은 맥락으로 이해할 수 있다.[31]

(3) 대상판결의 입장

대상판결의 다수의견은 보충의견을 통해 유엔자유권규약위원회나 유럽인권법원 등의 사례가 우리나라에 구속력을 가지는 것이 아니고, 서로 규범체계가 달라 우리나라에 그대로 적용될 수 없다는 반대의견

26) 대법원 2007. 12. 27. 선고 2007도7941 판결.
27) 이광수, 주1)의 책, 253-254면.
28) 헌재 2011. 8. 30. 2008헌가22, 2009헌가7·24, 2010헌가16·37, 2008헌바103, 2009헌바3, 2011헌바16(병합).
29) 헌재 2018. 7. 26. 2011헌마306.
30) 대법원 2007. 12. 27. 선고 2007도7941 판결.
31) 장영수, 주2)의 글, 304면.

의 논거에 대해, 다수의견이 외국이나 국제사회의 입장을 그대로 따르자는 것은 아니라고 하면서, 우리나라도 가입한 자유권규약 제18조가 사상, 양심과 종교의 자유를 보장하고 있고, 이 규약의 이행을 위한 유엔자유권규약위원회에서 1993년 일반논평 제22호에서 자유권규약 제18조로부터 양심적 병역거부권이 도출될 수 있다고 한 점에 있어 앞서 언급한 이전의 대법원 판결과 헌법재판소 결정 등을 인용[32]하면서 자유권규약에 관한 유엔자유권규약위원회 등의 해석은 존중되어야 하지만 그것이 규정 자체는 아니기 때문에 법적 구속력이 없다는 것을 인정하고, 유럽연합과 유럽인권법원의 입장[33]이 일반적으로 승인된 국제법규 또는 국제관습법이라고 볼 수는 없다면서도 이와 같은 국제사회의 태도 변화가 양심의 자유와 그 적용문제가 인류의 보편적 문제이기 때문에 우리나라에서 양심적 병역거부가 병역법 제88조 제1항의 정당한 사유에 해당하는지를 판단하는데 중요한 시사점을 제공한다고 하였다.

(4) 검 토

생각건대, 헌법 규정에 근거하여 헌법에 따라 체결된 국제법규는 국내법과 동일한 효력이 인정되어야 하지만, 규정으로 명문화된 것이 아니라 해석상 도출되는 문제라면, 해당부분에 법적 구속력이 있다고 단정하기는 어렵다 할 수 있으므로, 현재의 국내법 규정과 국제사회

32) 대법원 2007. 12. 27. 선고 2007도7941 판결; 헌재 2018. 7. 26. 2011헌마306 등 결정.

33) 유럽연합의회는 2000.12.7. 채택한 유럽연합기본권헌장 제10조 제2항에서 양심적 병역거부권이 인정되며, 그 권리의 행사가 각국의 국내법에 따른다고 정하는 것을 통해 양심적 병역거부권을 명시적으로 인정하였고, 회원국들에게 법적 구속력이 발생하였으며, 유럽인권법원은 유엔자유권규약위원회의 2006.11.3.자 견해를 주요한 근고로 삼아 양심적 병역거부가 유럽인권협약 제9조에 따라 보장된다고 판단하여 종래 이와 달리 판단하였던 유럽인권위원회의 선례를 변경하면서 진지한 종교적 신념을 이유로 병역의무를 거부하는 사람에게 대체복무를 허용하지 않고 형사처벌을 가하는 것이 민주사회에서 필요한 제한이라고 볼 수 없다고 하였다.[Bayatyan v. Armenia(Appliccation no.23459/3)].

규범을 고려하더라도 국내에 적용할 수 있는 여지는 없는 것으로 보인다. 다만, 국제사회의 태도변화가 향후 우리 법제 변경에는 영향을 줄 수는 있을 것으로 생각된다.

결론적으로 국제사회 규범을 고려한 위법성조각사유의 법령에 의한 행위로 정당화될 수 있는 정당행위를 근거로 위법성이 조각되어 양심적 병역거부가 인정될 여지는 없는 것으로 보인다.[34][35]

4. 양심범 또는 확신범에 있어서의 기대가능성

이른바 양심적 병역거부의 문제와 관련하여 형법상 책임부분에서 논의될 수 있는 쟁점은 양심범 또는 확신범의 처벌 가능 여부가 될 것이다. 기대가능성이 인정되지 않는다면 양심범 또는 확신범에게는 책임을 묻기 어렵게 될 것이기 때문이다.

(1) 양심범, 확신범의 개념

양심범과 확신범을 구별하여 보는 견해도 있고 양심범을 확신범의 특수한 형태로 보는 견해도 있으며, 사실상 구별하고 있지 않는 것으로 보이는 견해도 있다.[36] 확신범이란 객관적인 법질서에 반하는 어

34) 이와 관련하여 병역법 제88조 제1항이 특이하게도 정당한 사유가 없을 것을 구성요건에 적시하고 있는데 형법 제20조 정당행위 규정이 있음에도 불구하고 이 조항이 특별히 정당한 사유가 없을 것을 규정하여 놓은 점을 고려하면 여기에서 의미하는 정당한 사유가 형법 제20조 소정의 정당행위보다 넓은 개념으로 해석할 수 있다고 보는 입장도 있다(윤영철, "병역법 제88조 제1항과 양심적 병역거부", 비교형사법연구, 제6권 제2호, 400면 참조).

35) 헌재가 양심적 병역거부를 양심의 자유의 한 내용으로 보았고 이 양심의 자유를 자유권규약 제18조가 규정하고 있다면 자유권규약 제18조에 명시적으로 규정되어 있지 않더라도 양심적 병역거부권을 인정하여도 된다는 견해가 있는데 그 근거로 우리 헌법에서 생명권이 명시적으로 규정되어 있지 않더라도 인간의 존엄성 규정, 신체의 자유, 헌법 제37조 1항의 헌법에 열거되지 아니한 권리에 의해 생명권이 헌법상 권리로 인정될 수 있다는 점을 제시하고 있다(김병수, "형법상 정당한 사유로서 양심에 근거한 병역거부와 대체복무제도의 방향", 비교형사법연구, 제20권 제3호, 205-206면).

36) 양심범을 확신범의 특수한 형태로 보는 견해도 결국은 양심범과 확신범을 구별하고 있는 견해라 할 수 있다.

떤 행위를 윤리적, 종교적 또는 정치적 확신에서 옳다고 여기고 행위하는 자로, 양심범을 양심에 비추어 불가피하다고 판단되어 행위하는 자로 보는 견해,[37] 위법성이 아니라 책임부분에서 확신범의 문제를 언급하며, 확신범이란 실정법 규범에 위반한다는 것을 인식하면서도 행위자가 자신의 도덕적, 종교적, 정치적 신념에 의거하여 위법행위를 한 경우로 보면서 여호와의 증인 신도가 종교적 신조를 이유로 병역거부행위를 하는 것을 예로 제시하고, 위법성 인식과 관련하여 위법성 인식이 법의식의 영역에 속하는 문제이기 때문에 자신의 행위가 공동체의 윤리에 반한다고 하는 단순한 도덕적 죄의식만으로는 부족한데, 이러한 관점에서 보면 확신범은 자신의 행위가 도덕적 혹은 정치적, 종교적으로 정당하다고 확신하고 있더라도 공동체의 실정법질서에 반한다고 하는 것을 알고 있는 이상 위법성의 인식을 갖추고 있는 것이며, 자신의 양심에 비추어 정당하다고 판단하여 행위한 양심범에 있어서도 마찬가지라고 하며 여호와의 증인 병역법 위반에 대한 2004년 대법원 전원합의체 판결을 예시로 들어 확신범과 양심범을 사실상 구별하고 있지 않은 것으로 보이는 견해,[38] 그리고 양심범을 양심과 법률이 충돌하는 극단적인 종교적, 양심적 갈등상황에서 인격의 파멸을 회피하기 위해 양심의 부름에 좇아 법률에 반하는 행위를 한 행위자를 말하며, 여호와의 증인 신도가 양심의 갈등을 이유로 병역의무를 기피하거나 집총을 거부한 경우나 사고로 중상을 입은 아들에게 수혈과 수술을 하려는 의사의 조치를 종교적 이유로 저지하는 경우 등을 예로 드는 한편, 양심범이 확신범의 특수한 경우에 해당한다고 하면서 확신범이 자기의 내면적 신조와 종교적, 정치적, 사상적 확신 때문에 법률의 구속력을 무시하고 법률에 반하는 행위를 한 행위자를 말하지만 양심범의 경우는 양심의 갈등상황에서 법률을 따르면 비록 적법한 행위는 되지만 양심의 법정에서 내려지는 가장 혹독한 벌인 가책 때

37) 김성돈, 형법총론(제4판), SKKUP, 2015, 397면.
38) 임웅, 형법총론(제7전정판), 법문사 2015, 285-286면 및 313-314면.

문에 인격의 파괴와 인간실존의 몰락에 이를 수 있기 때문에 극단적 양심의 갈등상황에서 모든 사람에게 양심을 저버리고 법률을 따를 것을 기대하기란 불가능하다고 보는 견해[39] 등이 그것이다.

한편, 독일학계에서 확신범의 확신은 윤리적으로 절대적 강제력을 지니지 못하는 반편, 양심범은 당사자에게 그에 합치되는 행위를 하도록 윤리적으로 강제한다는 점에서 내적 강제의 정도가 양심범이 더 크다는 견해와 그 반대의 견해 및 우리 학계의 두 가지를 구별하는 입장과 혼용하는 입장의 병존 현상과 대법원이 두 용어를 특별한 구별 없이 사용하고 있는 것으로 보인다는 점을 고려하여 확신범과 양심범을 구별하지 않고 혼용하는 견해도 있다.[40] 이 견해는 두 가지를 구별하지 않고 혼용하면서 일반적으로 확신범은 행위자가 정치적, 종교적, 또는 윤리적 확신에 의하여 행위할 의무가 있다고 생각하여 현행 실정법에 위배되는 행위를 함으로써 성립하는 범죄로 정의내리고 있다.[41]

생각건대, 확신범에게 요구되는 확신의 정도에 따라 양심범과 구별될 수 있다고 보는 입장도 있지만 결국 두 개 개념에 큰 차이는 없고 이른바 양심적 병역거부자가 양심범이든 확신범이든 범위에 포함된다는 점에는 이론의 여지가 없는 것 같다.

(2) 기대가능성

1) 개 념

기대가능성이란 행위 당시의 구체적 사정에 비추어 보아 행위자에게 위법행위 대신에 적법행위로 나아갈 것을 기대할 수 있는 것을 말하기 때문에 적법행위의 기대가능성이 있었음에도 행위자가 위법행위로 나아갔을 경우 행위자에게 책임비난이 가능하고, 만일 적법행위를 기대할 수 없는 사정에 처하여 불가피하게 위법행위를 한 것이라

39) 김일수/서보학, 새로 쓴 형법총론(제12판), 박영사, 2014, 306-307면.
40) 안성조, “확신범에 대한 대책”, 법과 정책, 제23집 제2호, 159-160면.
41) 안성조, 앞의 글, 156면 참조.

면 책임비난이 불가능해지기 때문에 기대불가능성은 책임조각사유가 된다.[42] 다시 말하자면, 기대가능성은 책임의 표지로, 행위자에게 행위 당시의 구체적 사정으로 미루어 범죄행위 대신 적법행위를 기대할 수 있는 가능성을 의미한다. 다만 형법의 일반 법원칙으로 기대가능성을 규정한 것은 없고, 총칙 중 적법행위에 대한 기대불가능성을 이유로 면책을 규정한 조문이 있을 뿐이나, 이것이 기대가능성의 간접적인 법적 근거로 작용하고 있다.[43]

이와 관련하여 기대가능성이란 행위자에게 적법행위를 기대할 수 있는 가능성이라는 것과 대비하여 기대불가능성이란 개념은 위법성이 인정되는 행위를 한 행위자가 처해 있는 구체적 사정을 고려하여 그에 대해 적법한 행위로 나올 것을 요구할 수 없는 경우를 말한다고 할 수 있다.[44]

2) 쟁 점

기대가능성과 관련하여 제기되고 검토될 수 있는 쟁점은 다음과 같다. 기대가능성이 책임조각사유의 일반원칙이 될 수 있는가 하는 점. 즉 법률에서 열거하고 있는 기대불가능 사유 이외에 행위 당시의 구체적 사정에 비추어 적법행위에 대한 기대가능성이 없다고 판단되면 고의, 과실, 작위나 부작위를 가리지 않고 책임을 조각시킬 수 있는가 하는 점에 관한 논의(긍정설 vs 부정설), 기대가능성의 판단기준에 관한 논의가 그것이다.[45]

---

42) 임웅, 주38)의 책, 340면.

43) 배종대, 형법총론(제12판), 홍문사, 2016, 453면; 배종대, “형법전 시행 반세기의 회고－기대가능성이론의 발전과 우리 형법 50년”, 형사법연구, 제18호, 2002, 69-70면.

44) 김성돈, 주37)의 책, 397면.

45) 이와 관련하여 기대불가능사유를 규정한 법률은 해당 조문에 대한 해석론으로 적용준비를 하면 되고 기대가능성의 일반적 판단기준을 논할 필요가 없으나, 법률에 규정이 없는 초법규적 사안에 대해서는 그 구체적 판단기준이 없기 때문에 논의가 필요할 수도 있으므로, 결국 중요한 것은 초법규성이라고 할 수 있다는 견해(배종대, 주43)의 논문, 70면)가 있으나, 책임조각사유를 초법규적으로 인정할 경우 법적 안정성을 해하고 법률 적용에서 법관의 자의를

3) 체계적 지위

기대가능성이 책임의 적극적 요소라는 견해와 소극적 요소라는 견해가 대립한다. 전자는 비난가능성이 책임능력, 위법성의 인식 등의 책임조건과 동등한 위치를 차지하는 책임요소라는 견해이다. 이 견해에 따르면 기대가능성이 비난가능성의 본질적 요소라는 점을 강조하여 행위자의 책임을 인정하기 위해서는 책임능력, 위법성 인식의 존재 등과 마찬가지로 기대가능성의 존재도 확인하여야 한다. 후자는 비난가능성이 책임능력, 위법성의 인식과 동등한 위치에 있지 않고 책임능력과 위법성의 인식 등의 책임조건이 구비되면 원칙적으로 책임이 인정되고 기대가능성은 오로지 책임조각과 책임감경 여부에 관한 사유로서 고려되면 된다고 하는 견해이다. 그러나 어느 입장에 의하든 기대가능성이 없거나 적은 경우 책임이 조각되거나 감경된다는 점에서는 차이가 없고 형사소송법상 기대가능성의 입증에서 차이가 있을 수 있다.[46)]

4) 판단기준

기대가능성의 판단기준으로 행위자표준설과 평균인표준설이 대립하고 있으며 기타 국가표준설도 있으나 우리나라에서 국가표준설을 따르는 학자는 없다.[47)] 행위자 표준설은 행위 당시의 행위자의 구체적 능력을 기준으로 하여 기대가능성 여부를 판단하자는 견해이며, 평균인표준설은 위법행위를 한 행위자가 아닌 일반인 혹은 평균인이 행위자와 동일한 사정 하에 있을 때 어떻게 행위하였을 것인가를 기준으로 기대가능성을 판단하는 기준이다. 행위자 표준설에 따를 경우 기대가능성을 인정할 수 있는 경우가 거의 없게 되고, 양심적 병역거부가

광범위하게 확장하고 인정하는 결과가 될 수 있다는 점을 고려하면 초법규성을 주요 고려요인으로 삼는 것에 대해 의구심이 든다. 이와 비슷한 취지로 법관의 재량은 오직 양형에서만 가능해야 한다며 책임조각사유를 초법규적으로 인정하는 것에 대해 부정적인 입장은 박재윤 편, 주석 형법[총칙(1)](제2판), 한국사법행정학회, 2011, 202-203면.

46) 오영근, 형법총론(제4판), 박영사, 2018, 275-277면.

47) 다만, 오영근, 형법총론(제1판), 대명출판사, 2002, 470면에서는 평균인표준설과 함께 국가표준설을 적용할 것을 주장하는 입장도 있다고 하고 있다.

문제되는 확신범의 경우 기대가능성을 인정할 수 없어서 모두 불가벌이 된다. 왜냐하면 병역거부를 하는 사람들의 기본적인 입장은 당사자들의 사고방식과 입장에서는 병역의무를 다하는 적법행위를 기대하는 것 자체가 불가능하고 법률상 불법으로 규정되어 있는 의무위반행위가 불가피한 경우라 할 수 있기 때문이다.[48]

5) 검 토

죄형법정주의 원칙에 충실한다면 형법에 규정된 사유 외에 기대가능성과 관련한 초법규성을 인정하는 것은 바람직하지 않다고 생각된다. 따라서 현행 법규를 준수하고, 다른 방법을 모색하고 대안을 마련해 나가는 것을 통해 개선해 나가야 할 것이다.

Ⅲ. 결 론

병역법 취지와 목적을 고려하면 양심적 병역거부는 병역법 규정에서 입영 등 기피죄의 구성요건을 조각하는 정당화 사유에 해당한다고 볼 수 없고, 위법성 부분에서도 국내외 법규들을 검토하여도 법령에 의한 행위로 정당행위가 되어 위법성이 조각될 여지가 없다고 할 수 있고, 책임 부분에서도 책임범위가 지나치게 축소될 수 있는 부분 등을 고려하면 행위자의 개개의 사정을 고려하는 행위자 표준설을 채택하기가 어렵고 궁극적으로 평균인 표준설에 따라 기대가능성을 판단하여 책임이 인정되지 않기도 어렵다. 결국 대체복무제 도입을 통한 병역이행의 방법을 입법화하지 않은 현행 법제 하에서는 '양심적' 병역거부라 할지라도 병역법 위반이 정당화되기는 어렵다고 생각되며, 이러한 관점에서 대법원의 다수의견과 법리해석은 아쉬운 부분이다. 즉, 대상판결의 다수의견은 시대변화와 개인의 기본권 특히 인권적 문제가 중요시되는 사회분위기 등을 고려하여 성급하게 끼워맞추기식 결

48) 이수진/문채규, "종교적 행위의 형사법적 허용범위", 비교형사법연구, 제19권 제4호, 2018.1., 124면.

론을 내려 해석상 문제가 발생한 것으로 보인다. 굳이 결론을 무죄로 하려면 평균인 표준설이 아닌 행위자표준설을 택해 책임조각의 문제로 다루는 편이 더 논리적이고 설득력이 있었을 것이라 생각된다. 그러나 현행법상 무죄라는 결론이 나온 것이 무리가 있는 판단이라 하여도, 시대변화에 따라 소수자에 대한 관심이 높아지고 이들의 생각 등이 다수와 다르다고 달리 취급하면 안 된다는 생각의 발전과 인권적 측면을 고려하면, 대체복무제 등 대안 마련이 반드시 필요하며, 이를 통해 그들의 신념도 존중하고 보호할 수 있게 될 것이다. 그리고 새로운 법제나 대안 도입 이전에 이들에 대한 판단을 유죄로 하는 부분에 대한 논의는 관점을 달리 하여 평균인이나 행위자 누구를 표준으로 삼을 것인지와 무관하게 과잉방위의 면책구조로 판단하는 것[49]도 한 대안이 될 수 있을 것이라 생각된다.

[주 제 어]
양심적 병역거부, 정당한 사유, 양심범, 확신범, 기대가능성

[Key Words]
conscientious objection, justifiable cause, conscientiously motivated criminals, convicted criminals, possibility of expectation to legal act

접수일자: 2019. 5. 20. 심사일자: 2019. 6. 7. 게재확정일자: 2019. 6. 10.

---

49) 확신범이 경험하는 양심의 강제가 형법적으로 볼 때, 야간 기타 불안스러운 상황 하에서 공포, 경악, 흥분 또는 당황으로 인한 과잉방위가 기대불가능성으로 면책되는 것과 유사한 법리적 구조를 지니기 때문이라고 한다(안성조, 주40)의 글, 176면). 안성조, 같은 글, 178면 이하에서는 확신범을 초정상 도덕적 자극을 받아 현행법을 위반하는 자로 새롭게 규정하고, 이러한 해석에 따라 확신범을 특정한 부류의 사람, 다수와 다르게 생각하는 소수자로만 볼 것이 아니라 정상적인 범주의 사회적 평균인의 일원으로 보고, '양심적 거부자 중의 평균인 관점에 의해 판단'하면 된다고 한다.

[참고문헌]

강태경, “양심적 병역거부의 ‘정당한 사유’ 해석론 비판: ‘길’로서의 법 vs. ‘문’으로서의 법”, 형사정책연구, 형사정책연구원, 제29권 제3호.

김병수, “형법상 정당한 사유로서 양심에 근거한 병역거부와 대체복무제도의 방향”, 비교형사법연구, 한국비교형사법학회, 제20권 제3호.

김성돈, 형법총론(제4판), SKKUP, 2015.

김일수·서보학, 새로 쓴 형법총론(제12판), 박영사, 2014.

김예영, “하급법원과 대법원, 헌법재판소의 관계에서 본 양심적 병역거부 문제”, 사법, 사법발전재단, 38호.

김주환, “양심적 병역거부와 대체복무”, 홍익법학, 홍익대학교 법학연구소, 제20권 제1호.

류기환, “양심적 병역거부에 대한 비범죄화 가능성”, 법학연구, 한국법학회, 제52집.

류지영, “양심의 자유로서의 병역거부의 불법성: 헌법과 형법목적의 관점으로”, 법학논문집, 중앙대학교 법학연구원, 제40집 제2호.

박재윤 편, 주석 형법[총칙(1)](제2판), 한국사법행정학회, 2011.

박찬걸, “양심적 병역거부자에 대한 형사처벌의 타당성 여부”, 한양법학, 한양법학회, 제38집.

배상원, “양심적 병역거부와 병역법 제88조 제1항의 정당한 사유”, 사법, 사법발전재단, 47호.

배종대, “형법전 시행 반세기의 회고-기대가능성이론의 발전과 우리 형법 50년”, 형사법연구, 한국형사법학회, 제18호.

배종대, 형법총론(제12판), 홍문사, 2016.

신운환, “‘양심적 병역거부’라는 용어의 적절성 여부 검토와 대체 용어의 모색에 관한 소고-행정법학의 차원에서 국방인력의 확보에 미칠 영향을 고려하여”, 행정법연구, 행정법이론실무학회, 제46호.

안성조, “확신범에 대한 대책 — 예비적 고찰: 확신범에게 적법행위의 기대가능성이 있는가? —”, 법과 정책, 제주대학교 법과정책연구원, 제23집 제2호.

오영근, 형법총론(제1판), 대명출판사, 2002.

오영근, 형법총론(제4판), 박영사, 2018.

오영근, “[천자평석]양심적 병역거부의 형법적 문제점”, 로앤비, 2019.1.3.

윤영철, “병역법 제88조 제1항과 양심적 병역거부”, 비교형사법연구, 한국비교형사법학회, 제6권 제2호.

윤영철, “양심적 병역거부에 대한 형사처벌의 형법적 문제점”, 형사정책, 한국형사정책학회, 제16권 제2호.

이광수, 대체복무제도의 모델에 관한 연구, 박영사, 2018.

이수진·문채규, “종교적 행위의 형사법적 허용범위”, 비교형사법연구, 한국비교형사법학회 제19권 제4호.

이재승, “병역법 제88조 제1항의 ‘정당한 사유’의 의미”, 경희법학, 경희대학교 법학연구소, 제53권 제3호.

임웅, 형법총론(제7전정판), 법문사, 2015.

임종희, “양심적 병역거부의 형사법적 고찰”, 법이론실무연구, 한국법이론실무학회, 제6권 제4호.

장영수, “양심적 병역거부와 병역법 제88조 제1항 등의 ‘정당한 사유’의 해석”, 강원법학, 강원대학교비교법학연구소, 제55권.

장영수, “양심적 병역거부와 병역법 제88조 제1항 등의 합헌성 여부에 대한 검토”, 헌법학연구, 한국헌법학회, 제21권 제3호.

정연주, “헌재의 양심적 병역거부 결정에 대한 비판적 검토”, 헌법재판연구, 헌법재판소 헌법재판연구원, 제5권 제1호.

한인섭, “양심적 병역거부, 그 처벌의 위헌성”, 법과 정책, 제주대학교 법과정책연구원, 제21집 제3호.

한인섭·이재승 편, 양심적 병역거부와 대체복무제, 경인문화사, 2013.

[Abstract]

Review the issue of criminal punishment for conscientious objection

— Subject case: Supreme Court en banc Decision 2016Do10912 Decided November 11, 2018 —

Shim, Young-Joo*

Through Supreme Court En Banc Decision 2016Do10912 on November 1, 2018, the Supreme Court acquitted conscientious objection in opposition to precedents, considering that conscientious objection corresponds to justifiable cause prescribed in provisions related to crimes such as dodging of military service in the Military Service Act. However, the logic and conclusion of the majority opinion on this decision appears to be unreasonably fitted to make a proactive decision based on the change of the times and social demands. Under the current legal system where the alternative military service is not legislated, innocence cannot be ruled for conscientious objection, which is an issue that should be solved through the legislation of alternative military service. Moreover, it seems to be unreasonable to conclude that conscientious objection is not guilty even when the content and logic of the Supreme Court decision is examined in accordance with the crime system theory. When the intent and purpose of the Military Service Act are considered, conscientious objection cannot be a justifiable cause that excuses the requirements for the crime of dodging of military service under the Military Service Act. In terms of illegality, there is no room for making conscientious objection a legitimate act by statute in accordance with the principle of clarity and excusing illegality even when the domestic and international laws are reviewed. In terms of responsibility, it is difficult to adopt the actor

* Lecturer, Law School, Inha University

standard theory which considers the circumstances of individual actors and the possibility that the scope of responsibility can be overly reduced. Furthermore, it is difficult to not recognize the responsibility by judging the possibility of expectation to legal act based on the average person standard theory. In this respect, the majority opinion and the judicial interpretation of the Supreme Court is disappointing. It would have been more logical and persuasive to deal with it as an issue of excuse by adopting the actor standard theory instead of the average person standard theory to make a not guilty verdict. However, despite these disappointing points, the rising interest in minorities and the development of the idea that the thoughts of the minority should not be treated differently because they are different from the majority with the change of the times are positive changes. This issue should be solved through the introduction of new legislation and alternatives. In this process, finding the logic of innocence by judging the structure of immunity from excessive defense can be an alternative.

수사목적 불심검문 사안(事案)의 판단 법리

—대법원 2006. 7. 6. 선고 2005도6810 판결; 대법원 2014. 12. 11. 선고 2014도7976 판결을 대상으로—

조 인 현*

[대상판례]

1. 대법원 2006. 7. 6. 선고 2005도6810 판결(이하 '선판례')

A. 사실관계 및 사건 경과

강원도 소재 경찰서 형사계 소속 경장 등은 2004. 8경 강원도 화천읍 거주 피해자가 도난당한 자기앞수표를 추적한 끝에 위 수표를 사용한 공동피고인으로부터 자신의 동생이 피해자의 집 안방에서 100만원권 수표 3장 등을 절취하여 자신에게 주었다는 취지의 진술을 입수하였다. 이에 따라, 피고인은 피해자 거주지의 집 안방 텔레비전 장식장 밑 서랍에 놓여 있던 피해자 소유의 자기앞수표 등을 절취하였다는 범죄 혐의자로 지목되었다. 위 범죄사실로 강원도 소재 경찰서 소속 경찰관들은 피고인을 2004. 9. 4. 06:00경 긴급체포하였다. 당시 경찰관 3명은 피고인을 둘러싼 형태로 경찰관들의 차가 주차되어 있는 곳으로 데리고 가 경찰관들 중 1명이 가보면 안다고 말한 후 다른

* 서울대 법학박사(전 서울대학교 법학연구소 객원연구원)

경찰관이 차 문을 열어 차에 탑승하게 하였다. 같은 날 12:00경 위 경찰서 수사계 사무실에서, 피고인은 위 경찰서 소속 순경이 입감서류 작성을 위해 잠시 관리가 소홀한 틈을 이용하여 위 수사계 사무실을 뛰어나가 옆문을 통해 건물을 빠져나온 후 담장을 넘어 위 경찰서를 빠져나가 도주하였다.

그런데, 이 사건 공동피고인은 자신이 위 자기앞수표 3장을 주워 임의로 사용하였으나 처벌이 두려워 자신의 동생으로부터 위 수표를 받았다고 허위로 진술하였다고 자백하였다. 검찰은 공동피고인의 동생인 피고인의 절도 피의사실을 입증할 만한 추가 증거를 찾지 못하게 되자, 위 절도 피의사실에 대하여 혐의없음 처분하였으나, 위 도주사실을 새로이 인지하여 공소제기 하였다. 그 후 공판절차 단계에서는 피고인에 대하여 실시된 불심검문의 적법절차성 여부가 집중 심리되었다. 춘천지방법원은, 2004. 9. 4. 피고인에 대하여 행해진 형식상 임의동행은 그 실질이 강제연행, 즉 긴급체포에 해당한다고 보아야 할 것임에도 형사소송법에서 정한 요건이나 절차를 흠결한 것으로서 위법하다고 할 것이므로, 피고인은 형법 제145조(도주) 제1항 소정의 '법률에 의하여 체포 또는 구금된 자'가 아니라는 이유로 피고인에게 무죄를 선고하였다. 이 사건 검찰 항소 및 상고는 기각되었다.[1)]

B. 판결요지

사법경찰관이 피고인을 수사관서까지 동행한 것이 사실상의 강제연행, 즉 불법 체포에 해당하고, 불법 체포로부터 6시간 상당이 경과한 후에 이루어진 긴급체포 또한 위법하므로 피고인이 불법체포된 자로서 형법 제145조(도주) 제1항에 정한 '법률에 의하여 체포 또는 구금된 자'가 아니다. 긴급체포가 적법하려면, 피의자가 사형·무기 또는 장기 3년 이상의 징역이나 금고에 해당하는 죄를 범하였다고 의심할 만한 상당한 이유가 있고, 도망 또는 증거인멸의 염려가 있는

1) 춘천지방법원 2005. 6. 2. 선고 2005고단77 판결.

경우에 긴급을 요하여 지방법원판사의 체포영장을 받을 수 없는 때이어야 한다.[2]

C. 대법원의 판단근거

형사소송법 제199조 제1항은 임의수사의 원칙을 명시하고 있다. 수사관이 수사과정에서 임의동행하는 것은, 상대방의 신체의 자유가 현실적으로 제한되어 실질적으로 체포와 유사한 상태에 놓이게 됨에도, 영장에 의하지 아니하고 그 밖에 강제성을 띤 동행을 억제할 방법도 없어서 제도적으로는 물론 현실적으로도 임의성이 보장되지 않을 뿐만 아니라, 아직 정식의 체포·구속단계 이전이라는 이유로 상대방에게 헌법 및 형사소송법이 체포·구속된 피의자에게 부여하는 각종의 권리보장 장치가 제공되지 않는 등 형사소송법의 원리에 반하는 결과를 초래할 가능성이 크므로, 수사관이 피의자에게 동행을 거부할 수 있음을 알려 주었거나 피의자가 언제든지 자유로이 동행과정에서 이탈 또는 동행장소로부터 퇴거할 수 있었음이 인정되는 등 오로지 피의자의 자발적인 의사에 의하여 수사관서 등에의 동행이 이루어졌음이 객관적인 사정에 의하여 명백하게 입증된 경우에 한하여, 그 적법성이 인정된다.

한편 행정경찰 목적의 경찰활동으로 행하여지는 경찰관직무집행법 제3조 제2항[3] 소정의 질문을 위한 동행요구도 형사소송법의 규율을 받는 수사로 이어지는 경우에는 역시 위에서 본 법리가 적용되어야 한다.[4]

2) 춘천지방법원 2005. 8. 26. 선고 2005노429 판결.

3) 「경찰관직무집행법」(이하 경직법) 제3조 제2항－그 장소에서 제1항의 질문을 하는 것이 당해인에게 불리하거나 교통의 방해가 된다고 인정되는 때에는 질문하기 위하여 부근의 경찰서, 지구대, 파출소 또는 출장소에 동행할 것을 요구할 수 있다. 이 경우 당해인은 경찰관의 동행요구를 거절할 수 있다.

4) 대법원 2006. 7. 6. 선고 2005도6810 판결[집54(2)형,445;공2006.9.1.(257),1572].

2. 대법원 2014. 12. 11. 선고 2014도7976 판결(이하 '최근판례')

A. 사실관계 및 사건 경과

경기도 관내 수내 파출소 근무 경찰관들은 2013. 2. 21. 03:10경 '○○○' 카페에서, 술값 문제로 시비가 있다는 경비업체의 지원요청 신고를 받고 출동하였다. 경찰관들은 그곳 여종업원으로부터 대상자 갑(甲)이 술값을 내지 않고 가려다 실랑이가 있었다고 들었고, 여종업원이 피묻은 휴지를 얼굴에 대고 있는 것을 보게 되자, 갑에게 질문을 시도하였으나 갑이 질문에 응하지 않고 욕설하며 경찰관의 멱살을 잡았다. 그 후 갑은 경찰관들을 폭행하여 공무집행방해 및 상해죄로 기소되었다. 공소장에 따르면, 갑은 경찰관들의 112 신고출동, 질서유지와 범죄수사 및 범죄의 예방·진압에 관한 정당한 공무집행을 방해함과 동시에 경찰관 공소외 1, 2, 3에게 약 3주간의 치료를 요하는 경추의 염좌 및 긴장 등의 상해를 가하였다. 1심 판결에서 경찰 정복차림으로 출동한 경찰관들의 신분증 미제시 아래 실시된 불심검문에 대해 경직법 규정상 부적법하다고 판시되었다.[5] 여기서 검찰 측은, 이 사건은 이미 수사가 개시되어 불심검문 규정의 적용이 배제된다는 취지로 항소하였다. 피고인 측은 항소이유서에서, 1심판결에서와 같이 경찰관의 행위를 임의수사인 불심검문으로 볼 경우 피고인이 그 장소를 벗어나려 한 행위는 불심검문에 불응한 것으로 보아야 하고, 피고인을 임의로 가로막은 것은 불법한 공권력의 행사에 해당한다고 주장하였다. 그 후 항소심에서 1심판결이 파기되었으며, 원심 판결에 불복하여 제기한 피고인의 상고는 기각되었다. 그리하여, 이 사건 피고인에게는 경찰관의 정당한 불심검문에 대하여 공무집행을 방해한 죄로 벌금 300만원이 선고되었다.

B. 판시사항

항소심 판결에 따르면, 112 신고사건의 경우 형사소송법 제223,

---

5) 수원지방법원 성남지원 2013. 12. 11. 선고 2013고정1046 판결.

234조의 고소, 고발사건이라고 단정할 수 없고, 수사기관이 이 사건을 고소, 고발 사건으로 처리한 것으로 볼 만한 자료도 없으며(검사의 사법경찰관리에 대한 수사지휘 및 사법경찰관리의 수사준칙에 관한 규정 제55 내지 58조 참조), 사법경찰관은 범죄의 혐의가 있다고 인식하는 때에는 수사를 개시하고 지체 없이 범죄인지서를 작성하여 수사기록에 편철하여야 하는데(형사소송법 제196조 제2항 및 위 규정 제17조), 범죄인지서 등 인지수사를 개시하였다고 볼 자료도 없으므로 검사가 주장하는 바와 같이 피고인에 대하여 폭행죄, 사기죄(무전취식) 등으로 수사가 개시되었다고 볼 수 없다. 한편, 경찰관직무집행법 제3조 제1항 제1호는 범죄가 범하여졌다고 인정되는 자에 대하여 불심검문을 할 수 있다고 규정하고 있다. 어떠한 죄를 범하였다고 의심할 만한 상당한 이유가 있는 자는 거동불심자에 해당한다. 이러한 이유로 이 사건은 불심검문에 관한 경찰관직무집행법이 적용된다. 불심검문이 형사소송법의 규율을 받는 수사로 이어지는 경우에는 형사소송법이 적용되어야 하는데(대법원 2006. 7. 6. 선고 2005도6810 판결 등 참조), 이는 불심검문이 형사소송법이 규율하고 있는 엄격한 절차를 회피하기 위한 탈법수단으로 변질되는 것을 막기 위함이지 경찰관직무집행법 규정의 적용을 배제하는 취지로 해석되어서는 안 된다. 또한, 피고인은 검문하는 이유가 범죄행위에 관한 것임을 알고 있었다. 경찰관들이 범인이라고 의심되는 갑에게 질문하였으나 갑이 그 장소를 벗어나려고 하면서 불응하자 이를 막아선 정도의 유형력 행사는 그 목적 달성에 필요한 최소한도의 범위 내에서 사회통념상 용인될 수 있는 상당한 방법이다.[6)]

6) 수원지방법원 2014. 5. 29. 선고 2014노97 판결: 종합법률정보 판례.

[연　구]

Ⅰ. 문제의 제기

대상 판결들은 공통적으로 범죄 혐의점을 규명할 목적을 부정할 수 없는 불심검문(不審檢問)[7] 사안들이다. 이들 판례의 사실관계들에 따르면, 참고인 진술을 기초로 절도죄 피의사실을 규명한다든지 술값 미지불 행위자 발생 신고에 근거하여 무전취식 사기죄 혐의점을 확인할 목적으로 불심검문이 활용되었다. 불심검문은 위험발생을 방지하거나 이미 저질러진 범죄사실을 규명하기 위하여 주민생활을 통제할 수 있는 경찰작용이라고 일컬어진다.[8] 우리 사회에서 범죄의 국제화와 국제테러범죄의 확산에 따라, 불심검문 상황은 갈수록 확대되고 있다. 제정 경직법 이후 국민들의 인권 의식 수준도 크게 향상되었다. 이 때문에 경찰관의 불심검문 권한을 명확하게 규정하기 위한 경직법 개정안들이 제안되었지만, 이들 법안은 국회입법 과정에서 시민들의 반대에 부딪혀 법리적 한계를 드러냈다.[9] 특히, '선판례'에서 불심검문은 그 체계상 위치에 대하여 "한편 행정경찰 목적의 경찰활동"이라는 지극히 의례적(儀禮的) 문장으로써 판시되었다. '최근판례'에서도 행정경찰 목적의 경찰활동과 사법경찰작용에 대하여 판례의 분명한 입장은 제시되고 있지 아니하다.[10] 이에 대해, 일본에서 수사목적 직무질

---

7) 직무질문이라 함은 이은모, 형사소송법(제6판), 박영사, 2018, 199면. '불심자'="수상한 자"는 조인현, "경찰관 불심검문의 수사관련 집행현황과 제약 요인 고찰", 형사법연구, 2003, 323면.

8) 이은모, "직무질문에 있어서 유형력 행사의 법적 한계", 법학논총, 제15집, 한양대법학연구소, 1998, 311면. 2008.12.18. 이인기 의원 대표발의 경찰관직무집행법 일부 개정법률안 제안이유. 2004.5.1. 경찰청훈령 제420호 범죄수사규칙 제1조, 제48조 참조.

9) 2010.4. 국회 행정안전위원회의 「경직법 일부 개정안」에 대한 국가인권위원회의 "인권침해 소지가 많다"는 의견은 2010.5.26. 국가인권위원회 보도자료 참조. "강제적 불심검문" 개정 방안 비판은 이호중, "경찰관직무집행법상 불심검문제도의 개정논의에 대한 비판적 고찰", 형사법연구, 제21권 제3호, 2009, 125면.

문은 적극적으로 평가되고 있다.[11] 무엇보다도, 정부는 검경수사권 구조 개혁의 차원에서 사법경찰을 일반행정경찰로부터 분리시키는 방안을 추진하고 있다. 이러한 정부 방침에 대하여, 일부 학계에서는 사법경찰과 행정경찰의 분리 운영은 “경찰의 ‘현장에서의 초동조치권’을 유명무실”하게 만들거나 “십중팔구 치안공백”에 이른다는 반론이 주장되고 있다.[12] 이 때문에 불심검문과 관련하여 정부의 경찰권 개선 방안이라든가 이에 대한 학계의 반론에 대하여 주목하여야 할 핵심적인 쟁점이 무엇인지도 궁금하다. 그리하여, 수사목적 불심검문 사안에 대하여 판례의 태도를 살펴보는 것은 중요한 의미가 있다고 생각된다. 그러면 불심검문에 관한 법제 연혁에 이어 미국과 독일의 법제 운영상 특징 및 일본의 논의 상황을 살펴본 후, 대상판례의 판단법리를 고찰하기로 한다.

Ⅱ. 불심검문 제도 연혁 및 입법례

1. 불심검문 법제 연혁

현행 경직법은 일본 「경찰관직무집행법」의 영향을 받았다. 일본 경직법은 1942년 미국 「통일체포법」을 본받아 제정되었다. 일본 경직법에 도입된 일본의 직무질문 조항은 과거 경찰권 남용을 방지함에 있어서 “경찰권한에 대한 제약 규정”[13]으로서의 의의를 지녔다. 1945년 이전의 일본 경찰제도는 독일 경찰제도의 영향을 받았다. 독일 경찰제도는 일본을 통하여 한반도에도 유입되었다.[14] 독일에서는 경찰

10) 사법경찰작용도 병존함은 신동운, 신형사소송법(제5판), 법문사, 2014, 182면; 김인회, 형사소송법(제2판), 피앤씨미디어, 2018, 72면; 임동규, 형사소송법(제11판), 법문사, 2015, 155면. 이호중, 앞의 글, 114면 참조.

11) 자세히는 渡辺直行, 刑事訴訟法(第二版), 成文堂, 2013, 69頁 참조.

12) 황문규, “검경수사권 조정에 관한 법안의 비교·검토”, 형사정책, 제30권 제3호, 2018, 54면.

13) 자세히는 渡辺修, 職務質問の研究, 成文堂, 1992, 333頁 참조.

14) 신동운, “서독의 사법경찰”, 경찰고시, 1989.3, 136면.

의 직무영역이 행정행위를 담당하는 경찰과 공공에 대한 위험의 예방과 진압업무를 수행하는 경찰로 구분된다. 위험방지 및 진압에 있어서 개인에게 신체적 작용을 가하는 도구나 무기사용에 의하여 직접강제의 수단이 중시된다. 후자의 기능을 수행하는 보안경찰과 사법경찰은 위험을 방지하기 위한 직무질문 권한을 지닌다. 사법경찰은 일시체포, 신원조회나 신분확인 권한을 형사소송법에 근거하여 행사한다.[15] 이러한 경찰개념에 따라 단순 행정행위를 담담하는 경찰은 불심검문을 집행하는 업무영역으로부터 제외된다. 그러므로, 불심검문 논의에 있어서 일부 학계의 '행정경찰작용'이나 대상판례의 '행정경찰 목적의 활동'이라는 표현보다는 보안경찰작용이라는 용어가 더욱 정확한 의미라고 생각된다.[16]

1875년 일본 「태정관달(太政官達)」 제29호 「행정경찰규칙」은 불심신문(不審訊問) 제도를 규정하였다. 당시 순사(巡査)는 수상한 자에 대하여 질문을 할 수 있는 권한을 부여 받았다.[17] 그리고, 동 규칙 제1장 제1조는 행정경찰사무를 규정하였으며, 제1장 제4조는 사법경찰사무를 규정하였다.[18] 이에 따라 보안경찰, 사법경찰이 외형상 분리되었지만[19], 사법경찰의 독립은 불완전하였다. 1922년 대정형소법에 따르면, 사법경찰관리는 검사를 보좌 또는 보조하여 수사에 관여하였다. 이 때 사법경찰관리는 불심검문을 실시할 수 있었다. 일제 시대 경찰제도에서 사실상 경찰기능은 행정, 사법을 겸하고 있었기 때문이다.[20] 경찰실

15) 신동운, 앞의 글, 129면 이하 참조.

16) 신동운, 주 10)의 책, 182면; 임동규, 주 10)의 책, 155면; 이은모, 주 7)의 책, 201면. 小暮得雄, 現行犯の制止, 法律のひろば, 1968.5, 52頁 참조. 다만, 본고에서는 대상판례의 '행정경찰'표현을 감안, 편의상 행정경찰과 보안경찰 용어를 겸용하기로 한다.

17) 자세히는 宋尾浩也, 職務質問と所持品檢査, 法律のひろば, 1968.5, 53頁 이하.

18) 전후 구분 폐지는 古谷洋一, 註釋警察官職務執行法(四訂版), 立花書房, 2014, 20頁 이하.

19) 행정경찰 목적 주장은 손동권·신이철, 새로운 형사소송법(제2판), 세창출판사, 2010, 172면; 신현주, 형사소송법(신정2판), 박영사, 2002, 204면; 진계호, 형사소송법(제2판), 형설출판사, 2004, 202면 참조.

무에서 불심검문은 수사목적으로도 널리 활용되어 왔다. 불심검문을 잘 활용함으로써 범죄자 검거실적을 올린 현장경찰은 우수한 순경으로 평가되었다.[21] 전후 일본 경찰법상 행정경찰 및 사법경찰 직무 구분 역시 불명확하게 규정되었다.[22] 이 때문에 "경찰은 원래 보안경찰적인 기능과 사법경찰적인 기능을 병유하고 있다"[23]고 주장되었다.

또한, 일본 경직법의 질문 규정은[24] 1953.12.14. 제정된 한국 경직법의 불심검문 규정과 다른 점들도 존재한다. 경직법상 경찰의 소지품 검사 권한은 체포 시점을 전후로 하여 체포 이전에 영장 없이 집행할 수 있도록 규정되었다. 하지만, 일본에서 소지품 검사는 법관의 영장을 발부받아 집행할 수 있도록 규정되어 있다. 1958년 일본에서는 경직법 개정안이 임시국회에 제출되었다. 동 개정안에 따르면, 경찰관이 상당한 이유 요건에 근거하여 소지품 검사 대상을 확대하여 집행할 수 있었다. 동 개정안은 미국 「통일체포법」보다 경찰권을 확대한 것이었으므로, 결국 통과되지 못하였다.[25] 그리고, 1988.12.31. 개정된 한국 경직법 제3조 제4항에 해당하는 규정은 일본 경직법 제4조 제4항과 같다. 개정 경직법 제3조 4항은 "경찰관 신분증 제시 및 질문이나 동행의 목적과 이유 설명"에 관한 규정이다.[26] 그런데, 1988.12.31. 도입된 한국 경직법 제3조 제5항 및 제6항에 해당하는 조문은 아래의 표에서처럼 일본에는 아직 규정되어 있지 아니하다. 개정 경직법 제3조

---

20) 이런 맥락은 법정신문, 제402호, 1939. 5. 20. 게재 '司法警察獨立論' 제하 논설 참조.

21) 박민주, 신범죄수사법-불심검문편, 경육연구사, 1952.4, 4면 이하. 전후 일본은 渡邊宗太郎·杉村敏正, 新警察法と美國警察制度, 有斐閣, 1949, 10頁 이하 참조. 그러나 개정전 불심검문 법제에서 수사목적성 부정은 이용훈, "불심검문의 남용", 사법행정, 1967.5, 41면.

22) 이런 취지는 渡辺修, 大コンメンタール警察官職務執行法, 青林書院, 1993, 102頁 참조.

23) 小暮得雄, 주 16)의 글, 52頁.

24) 古谷洋一, 주 18)의 책, 50頁 이하 참조.

25) 자세히는 宋尾浩也, 주 17)의 글, 56頁 이하.

26) 서정범·이영돈, 경찰관직무집행법 개정방향에 관한 연구, 치안연구소, 2003, 9면.

제5항은 “경찰관은 제2항에 따라 동행한 사람의 가족이나 친지 등에게 동행한 경찰관의 신분, 동행 장소, 동행 목적과 이유를 알리거나 본인으로 하여금 즉시 연락할 수 있는 기회를 주어야 하며, 변호인의 도움을 받을 권리가 있음을 알려야 한다”라고 규정하고 있다. 그리고 동법 제3조 제6항은 “동행 후 6시간 초과 금지”를 규정하고 있다.[27]

[한국과 일본의 불심검문 규정 비교]

제정 경직법[28]	일본 경직법[29]
제2조: ① 경찰관은 수상한 거동 기타 주위의 사정을 합리적으로 판단하여 어떠한 죄를 범하였거나 또는 범하려 하고 있다고 의심할 만한 상당한 이유가 있는 자 또는 이미 행하여진 범죄 혹은 행하여지려고 하는 범죄에 관하여 그 사실을 안다고 인정되는 자를 정지시켜 질문할 수 있다. ② 그 장소에서 전항의 질문을 하는 것이 본인에게 불리하거나 또는 교통의 방해가 된다고 인정되는 때에는 질문하기 위하여 그 자에 부근의 경찰서, 지서, 파출소 또는 출장소에 동행할 것을 요구할 수 있다. ③ 전 2항에 규정하는 자는 형사소송에 관한 법규에 의하지 아니하고는 신체를 구속당하지 아니하며 또 그 의사에 반하여 경찰서, 지서, 파출소 또는 출장소에 동행되거나 답변을 강요당하지 아니한다. ④ 제1항에 규정된 자가 질문을 받을 때에 경찰관은 피질문자에 대하여 그 신체에 흉기의 소지여부를 조사할 수 있다.	제2조(질문): ① 경찰관은, 이상한 거동 기타 주위의 사정으로 합리적으로 판단하여 어떠한 범죄를 범하거나 범하려 하고 있다고 의심하기에 족한 상당한 이유가 있는 자 또는 이미 행하여진 범죄에 대하여, 혹은 범죄가 행하여지려고 하고 있는 것에 대하여 알고 있다고 인정되는 자를 정지시켜 질문할 수 있다. ② 그 장소에서 전항의 질문을 하는 것이 본인에 대해서 불리하거나, 또는 교통의 방해가 된다고 인정되는 경우에 있어서는, 질문하기 위하여 그 자에게 부근의 경찰서, 파출소 또는 주재소에 동행할 것을 요구할 수 있다. ③ 전 2항에 규정하는 자는, 형사소송에 관한 법률의 규정에 의하지 않는 한, 신병을 구속당하거나 또는 그 의사에 반하여 경찰서, 파출소 혹은 주재소에 연행당하거나 혹은 답변을 강요당하지 아니한다. ④ 경찰관은 형사소송에 관한 법률에 의하여 체포되어 있는 자에 대하여는 그 신체에 대하여 흉기를 소지하고 있는지 여부를 조사할 수 있다.

27) 1988.12.31. 경직법 제2차 개정에서 새로운 적법절차 규정들이 도입되었다.: 자세히는 서정범·이영돈, 앞의 책, 9면 이하 참조.

한편, 미국 경찰은 독립된 경찰수사권 구조에 따라 경찰 내부의 행정경찰작용 및 사법경찰작용은 서로 유기적 관계에 있다. 이러한 미국 경찰제도의 영향을 받은[30] 현행 경직법 제3조 제1항은 「형사소송법」 제195조 "범죄의 혐의"를 전제로 한다.[31] 미국의 「통일체포법」을 비롯한 경찰 실무를 참고하여 제정된 일본 경직법의 영향에 따라, 불심검문은 경찰관 직무 영역에 있어서 수사경과에 속한다. 그리하여 현행 경직법에 따른 불심검문 대상자는 "죄를 범하였거나 또는 범하려 하고 있는 자"에 해당하는 상당한 이유가 있을 것을 구비요건으로 한다. 그리고 불심검문 대상자로서 참고인 구비요건은 "이미 행하여진 범죄나 행하여지려고 하는 범죄행위에 관한 그 사실을 안다고 인정되는 자"로 파악된다.[32] 더욱이 「경찰법」 제3조 및 경직법 제2조 제1항에 의한 경찰관 직무범위는 범죄의 예방, 진압 이외에 수사를 포함한다.[33] 또한, 불심검문은 수사 개시 이전단계에서 행하여진다. 현장경찰은 범죄신고 즉시 현장에 출동하여야 하며, 경찰법 제3조에 따라 범죄의 예방, 진압, 체포 및 수사 의무가 있다.

2. 외국의 수사목적 불심검문 제도 운영

불심검문에 대해 미국, 독일 입법 형식은 모두가 수사목적 경찰작용 근거를 두고 있다. 미국에서는 불심검문은 처음부터 수사목적으로 집행될 수 있다. 독일은 수사로 이어지는 불심검문에 대하여 그러한 경찰관의 직무집행은 형소법 절차에 따를 것을 입법적으로 강제하고 있다. 아래에서는 외국의 수사목적 불심검문 제도에 대하여 살펴보기

---

28) 일본 경직법의 "직역"이라는 점은 서정범·이영돈, 앞의 책, 4면 이하. 경직법 제2차 개정에 의하여 불심검문의 제3조로 변경은 같은 책, 9면.
29) 古谷洋一, 주 18)의 책, 50頁.
30) 미군정기 "영미법계제도의 경찰로 전환"은 한국경찰사편찬위원회편, 한국경찰사 Ⅰ, 내부부 치안국, 1972, 928면.
31) 신동운, 주 10)의 책, 182면.
32) 경찰실무전서, 경찰대학, 1998, 59면, 255면.
33) 신동운, 주 10)의 책, 182면.

로 한다.

(1) 미국의 불심검문 제도

가. 「통일체포법」이후 불심검문 제도

불심검문 대상자의 범죄관련성이 있을 때 적용 근거로서 입법된 미국 「통일체포법」 제2조, 제3조의 문언은 다음과 같다.34)

"통일체포법 제2조(질문과 유치): ① 경찰관은 집 밖에 있는 어느 사람이 범죄를 범하고 있거나 범죄를 범하였거나 범죄를 범하려 하고 있다고 의심할 합리적인 근거가 있는 경우 이 자를 정지시켜 그 자의 성명, 주소, 외출 용무 및 행선지를 그에게 요구할 수 있다. ② 그렇게 질문을 받고 경찰관이 납득하도록 자신의 신원을 증명할 수 없거나 또는 자신의 행위를 설명할 수 없는 자는 유치되어 다시 질문 및 조사를 받을 수 있다. ③ 본조에 의해 규정된 전체의 유치 기간은 2시간을 초과해서는 안 된다. 이 유치는 체포는 아니고 또한 공식기록에 체포로서 기록되는 것은 아니다. 유치가 종료되면 그렇게 유치된 사람은 석방되어야 하거나 또는 어떤 범죄로 체포되고 기소되는 것이다.

동법 제3조(무기의 수색, 체포되지 않은 자들): 경찰관은 제2조에 규정된 바에 따라 질문을 하기 위해 정지시키거나 또는 유치한 어느 사람이 흉기를 휴대하는 것이 위험하다고 믿을 합리적인 근거가 있는 경우에는 언제라도 어떤 흉기나 밀수품을 수색할 수 있다. 만약 경찰관이 무기를 발견한 경우에는 질문 완료시까지 그 무기를 압수하여 보관할 수 있다. 질문 완료시에는 그것을 반환하든가 또는 그 자를 체포하는 것이다. 무기의 불법소지에 대해서는 체포가 행하여질 수 있다."

미국에서 불심검문은 범죄와 관련하여 합리적인 근거 없이 집행

34) The Uniform Arrest Act: 井上正仁/渡辺咲子/田中開 編, 刑事訴訟法制定資料全集－昭和刑事訴訟法編(9), 信山社出版社, 2015, 138頁 이하.

될 수 없다. 1942년 공포된 미국 「통일체포법」에는 불심검문에 대한 범죄 관련성이 전제되어 있다.[35] 동법 제2조와 제3조는 과거의 경찰 실무를 반영하여 입법되었다.[36] 동법에 명시된 법적 근거에 따르면, 경찰관은 어떤 자가 범죄를 저질렀거나, 저지르고 있거나 저지르려고 하고 있다고 의심함에 대해 합리적인 이유가 있을 때 그 자를 정지시킬 수 있다. 경찰관은, 그 혐의자가 자신의 행위에 대해 해명하는 것을 납득하지 못하였다면, 그 혐의자를 억류 조치하고 나아가서 질문을 할 권한이 있는데, 이 때 걸리는 시간은 2시간 이내이다. 그 후 그 혐의자는 억류 조치에서 풀려나거나 체포되어야 하는 것이다.[37] 요컨대, 동법은 경찰관의 불심검문에 따른 유치 기간을 2시간으로 제한하고 기한 내 상당한 이유를 충족하여야[38] 범죄혐의자를 체포할 수 있도록 규정하였다. 이러한 「통일체포법」에 준하는 법규정은 미국의 연방 주에서도 제정되었다. 예컨대, 경찰관이 대상자를 정지시켜 질문할 수 있는 법규정은 1964년 뉴욕주에서도 제정되었다.[39] 그리하여 뉴욕주에서는 독자적인 법규정에 의하여 경찰관은 대상자가 어떤 중죄나 기타 특정한 범행을 저질렀거나 저지르려고 하였을 때 그 자를 정지시켜 질문할 수 있었다.

나. 범죄행위관련 상당성 판단 기준

미국은 불심검문을 실시하기 위한 판단기준을 판례법을 통하여 발달시키고 있다.[40] 미국에서는 판례의 정지 및 검색 법리에 따라 경찰관의 불심검문 실무가 구체화되었다.[41] 경찰관은 불심검문에 임하

---

35) 자세히는 *Police power to stop, frisk, and question suspicious persons*(Editorial Comments), Columbia Law Review, Vol. 65 No. 5, 1965, p. 854 참조.

36) 김재광, 경찰관직무집행법의 개선방안 연구, 한국법제연구원, 2003, 33면.

37) *Police power to stop, frisk, and question suspicious persons,* 주 35)의 글, p. 854 이하.

38) 상당성 인부론은 *Police power to stop, frisk, and question suspicious persons*, 앞의 글, p. 848 이하 참조.

39) *Police power to stop, frisk, and question suspicious persons,* 앞의 글, p. 854 이하 참조.

40) 같은 견해는 이영돈, "불심검문에서 정지의 요건과 한계", 법학논집(이화여대), 제18권 제4호, 2014, 169면.

41) 본고에서 미국의 "정지 및 검색"에 대해, 불심검문 용어를 겸용하기로 한다.

여 상당한 이유를 근거로 직무를 수행한다. 상당한 이유라는 표현의 법적 의미는 1964년 People v. Rivera 사건 판결에서 본격적으로 다루어졌다.[42] 이 사건 뉴욕 항소법원 판결에 따르면, 불심검문을 실시한 형사(the detective)의 검색은 옷의 외부를 두드리는 것에 지나지 않고, 수색은 아니라고 설시되었다. 그런데 그 형사가 피고인에게서 정확하게 총이라고 믿은 그 단단한 물체를 만졌던 때로부터 체포를 위한 상당한 이유가 있었던 것이라고 판시되었다.[43] 다만, 검색 단계에서도 상당한 이유가 필요할 것인지에 대하여 소극적 견해와 적극적 견해가 대립하였다. 여기에서, 이 사건 판례의 소극설에 따르면, 합리적인 의심과 상당한 이유의 개념 범위는 불심검문 직무집행의 진행 경과에 따라 구분되었다. 이에 따라 경찰관이 합리적인 의심을 해소하기 위하여 불심검문을 실시하더라도, 그러한 불심검문 실시 이후에 체포로 나아가기 위해서는 상당한 이유가 충족되어야 하였다.[44] 이에 대해, 이 사건 판례의 적극설에 의하면,[45] "검색은 수색"을 뜻한다. 그리고 불심검문에 있어서 일시적 정지 및 질문은 허용될 수 있지만 검색 즉 수색할 권리는 수반하지 아니한다. 그리하여, 이 사건 불심검문은, 형사가 상당한 이유 없이 총기를 수색한 결과에 이르러, 개인의 기본권을 침해하게 되므로 수정헌법 제4조에 반하였다.

그 이후 Rivera 사건 판결에서 다루어진 검색 개념의 엄격한 해석

---

42) 사실관계는 다음과 같다. 뉴욕시의 사복 형사가 순찰중 2명의 대상자들을 정지시켜 경찰관 신분을 밝히고 자신을 보호하기 위해 그들의 옷의 외부를 두드렸다. 그 형사는 총기처럼 느껴지는 어떤 딱딱한 물체를 발견하고 실탄이 전부 장전된 22구경 권총 한 자루를 꺼내었다. 피고인은 총기를 숨겨 소지한 혐의로 체포 및 기소되었다.: 자세히는 Police power to stop, frisk, and question suspicious persons, 주 34)의 글, p. 848 이하 참조.

43) 자세히는 *Police power to stop, frisk, and question suspicious persons*, 주 35)의 글, p. 849 참조.

44) 이런 맥락은 *Police power to stop, frisk, and question suspicious persons*, 앞의 글, p. 849 참조.

45) 소수의견임은 *Police power to stop, frisk, and question suspicious persons*, 위의 글, p. 850 이하 참조.

론은 1968년 미국연방대법원의 Terry v. Ohio 사건 판결에서 또다시 제기되었다.[46] 뉴욕 항소법원 판결에서 제기된 소수의견과 같은 맥락에서 주장되었던 소수의견으로서, 검색은 수색과 동일하게 파악된다는 적극설은 1968년 미국연방대법원의 테리 사건 판결에 의하여[47] 채용되지 못하였다. 이 사건 미국연방대법원 판결을 계기로 검색 단계에서 비록 체포 요건에 준하는 상당성 이유 표지는 충족되지 아니하더라도, 경찰관의 불심검문은 수정헌법 제4조에 어긋나지 아니하는 것이라고 해석되었다. 요컨대, 미국 연방대법원 판결에서 경찰관이 상당한 이유 없이 대상자를 체포하였다면, 그 절차는 위법하다고 판시되었다. 하지만 이 사건 미국연방대법원 판결에서 합리적 의심에 따른 불심검문에는 상당한 이유가 인정된다고 새겨졌다.[48]

생각건대, 미국의 불심검문은 형사소송 절차에 근거하여 집행된다. 이는 불심검문의 수사목적성을 긍정하는 것이다. 미국에서 불심검문을 집행하는 경찰관은 미국판례에서 "형사"라는 용어로 지칭됨으로써 일반 경찰관과 다른 의미로 판시되었다. 또한, 불심검문 사유로서 상당성이라는 구비요건은 범죄관련성을 전제하였다. 미국의 Terry v. Ohio 사건 판결에서는 그 직전 뉴욕주 사건 판결에서 논란되었던 불심검문에 대하여 상당성 요건을 충족하여야 하는지가 판단되었다. 여기에서, 불심검문은 반드시 상당한 이유를 구비하지 아니하더라도 합리적인 이유만으로도 충분하다고 판시되었다.[49] 이 사건 판결 이후 미

---

46) 사실관계는 다음과 같다. 미국 오하이오 주의 클리브랜드에서 사복 순찰중이던 경찰관 맥패든은 신분을 밝히고 3사람의 의심스러운 자들에게 이름을 물었다. 그는 Terry가 입고 있던 옷의 외부를 가볍게 두드렸다. 그는 Terry의 외투 왼쪽 가슴부분의 호주머니로부터 38구경 권총 한 자루를 빼내었다. 그 후 Terry는 무기를 숨겨 소지한 혐의로 기소되었다.: 자세히는 Dressler, Joshua/Thomas Ⅲ, George C., Criminal Procedure(6th Edition), West Academic, 2017, p. 389 이하 참조.

47) 자세히는 Dressler, Joshua/Thomas Ⅲ, George C., 앞의 책, p. 393 이하 참조.

48) 이런 맥락은 Dressler, Joshua/Thomas Ⅲ, George C., 앞의 책, p. 400 이하 참조. Dripps, Donald A./Boyce, Ronald N./Perkins, Rollin M., Criminal Law and Procedure, Foundation Press, 2017, p. 1410 참조.

국에서 불심검문은 상당한 이유에는 미치지 못하더라도 합리적 의심이 있을 때 수사목적으로 집행되고 있다. 또한, 이러한 직무집행 과정에서 증거가 위법하게 수집되었다면, 그러한 증거를 배제하는 형사재판이 요청되었다.[50] 미국의 불심검문 과정에서 체포되지 아니한 자들에 대하여 집행된 검색은, 무엇보다도 경찰관 자신의 신변보호 목적에 기인하였을 때 그러한 검색은 수정헌법 제4조에 반하지 아니한다.[51] 다음으로, 대륙법계 불심검문 제도와 관련하여 일본 구(舊) 경찰법에 영향을 준[52] 독일의 불심검문 관련 규정[53]을 살펴보기로 한다.

(2) 독일의 불심검문 제도

가. 독일 「통일경찰법 모범초안」의 실제

우리나라에서 미군정기 1945.10.9. 미군정 법령 제11호에 의거, 일제시대의 '경찰악법'이 폐지되었음에도 불구하고 경찰제도는 대륙법으로부터 영미법계 제도로 전면적으로 전환되지는 못하였다.[54] 독일의 신원확인규정은 한국 경직법 제3조의 불심검문에 상응한다. 독일 「통일경찰법 모범초안」에 근거한 신원확인조치는 표준조치에 속한다. 이러한 표준조치는 행정행위로서 집행된다. 신원확인을 위해 직무질문을 받는 자는 성명, 생년월일, 출생지, 주소, 국적 등을 진술하여야 한다. 경찰관은 직무질문 대상자의 진술로는 신원파악을 하기 어려울 때, 제3자에게 질문을 할 수 있다.[55] 이러한 신원확인은 대상자의 범

49) Dressler, Joshua/Thomas Ⅲ, George C., 앞의 책, p. 400 참조. Dripps, Donald A./Boyce, Ronald N./Perkins, Rollin M., 앞의 책, p. 1410 참조.

50) Dripps, Donald A./Boyce, Ronald N./Perkins, Rollin M., 앞의 책, p. 1410 참조.

51) 자세히는 Dressler, Joshua/Thomas Ⅲ, 주 46)의 책, p. 398 이하 참조.

52) 한국경찰사편찬위원회편, 주 30)의 책, 928면 참조.

53) 독일 통일경찰법초안의 '표준적 직무행위' 지칭은 정하중, "독일경찰법의 체계와 한국 경찰관직무집행법의 개선방향(下)", 사법행정, 1994.3, 12면.

54) 해방후 좌익교란 이유는 한국경찰사편찬위원회편, 주 30)의 책, 928면 참조.

55) Söllner, Sebastian, Polizei- und Ordnungsrecht Kommentar(2. Auflage), Carl Heymanns Verlag, 2017, S. 168 이하. Süss, Stefan, Die Zusammenarbeit zwischen der Bundespolizei und den Länderpolizeien und ihre verfassungsrechtlichen Grenzen(2. Auflage), 2016, S. 245 참조.

죄 관련성이나 위험 방지 목적을 전제로 하여 실시된다.[56] 그리하여 독일에서는 영미법계 불심검문과 달리 질문의 대상 범위가 신원확인 사항으로 제한되어 있을 뿐만 아니라, 신원확인에 있어서도 범죄 등과 관련성 없는 일반적 신원확인의 직무 집행은 부정된다. 특히, 독일 경찰의 신원확인에 있어서 수사목적의 직무집행은[57] 형사소송절차에 따른다. 독일 경찰의 신원확인은 「통일경찰법 모범초안」과 형사소송법에 이중의 법적근거를 두고 있다. 또한, 독일에서는 경직법상 수사목적 불심검문 진행에 필요한 법적 근거로서 검문소 운영 및 일제단속 규정이 도입되어 있다.[58] 그리고 독일경찰의 불심검문 대상범위가 기본권을 과도하게 침해하지 아니하도록 필요불가결한 최소한의 부분으로 제한되어 있으므로 자연스럽게 적법절차를 준수할 수 있는 제도가 구비되어 있다.

나. 법제 운영의 특징

독일 연방경찰은 연방범죄수사국과 연방국경수비대를 운영하고 있다. 독일 기본법 제30조 및 제70조에 따라 주(洲)의 경찰고권은 입법사항에 관하여 절대적이다. 그리하여 독일의 각 주는 연방경찰법과 별개의 독자적인 경찰법을 제정한다.[59] 각 주의 경찰법은 독일연방헌법재판소 판결에 상응하여야 한다. 1983.12.15. 독일연방헌법재판소의 “국세(國勢) 조사법 위헌 판결”은 독일 경찰법 개정에 큰 영향을 주었다.[60] 독일주민들의 신원정보를 수집하기 위하여 1982년에 제정되었던 「국세 조사법」은 정보의 자기결정권에 반하는 위헌법률로 판시되었

56) Schenke, Wolf-Rüdiger, Polizei- und Ordnungsrecht(10., neu bearbeitete Auflage), C.F.Müller, 2018, S. 69 이하.

57) 독일 경찰법모범초안(Musterentwurf eines einheitlichen Polizeigesetzes des Bundes und der Länder in der Fassung des Vorentwurfs zur Änderung des MEPolG)은 신원확인의 범죄관련성을 규정하고 있다.: Knemeyer, Franz-Ludwig, Polizei- und Ordnungsrecht (5., erweiterte Auflage), C.H.BECK'SCHE VERLAGSBUCHHANDLUNG, MÜNCHEN, 1993, S. 409 이하.

58) Knemeyer, Franz-Ludwig, 앞의 책, S. 261면 이하.

59) 신동운, 주 14)의 글, 128면 이하 참조.

60) 자세히는 Schenke, Wolf-Rüdiger, 주 56)의 책, S. 104 이하 참조.

다.[61] 동법은 독일의 '인구, 직업, 주택과 작업장의 조사에 관한 법률'을 말한다. 동법 제9조는 제1항부터 제3항까지에서 국세 조사에 대해 "신고 기록부들의 정정이나 상급관청에 전달 및 이용"할 수 있도록 규정하였다. 이 법규정에 대해 독일연방헌법재판소는 "1983년 독일 국세 조사법 제9조 제1항부터 제3항은 기본법의 일반적 인격권에 반한다. 동법 제9조 제1항에 따르면, 불이익금지가 참작될 수 없다. 그리고 동법 제2항 및 제3항에서는, 전달된 개인 정보자료가 행정집행목적으로 사용될 수 있는데, 동법에 규정된 목적의 불명확성 등으로 기본법에 의하여 보호되는 일반적 인격권과 정보의 자기결정권이 침해된다"라고 판시하였다.[62] 이에 따라, 독일 경찰단계의 개인 정보자료 수집 등 신원확인에 있어서 법치국가적 원칙에 따라 개인의 인격권을 보호할 것과 정보의 자기결정권을 보호할 것이 요청되었다.[63] 정보의 자기결정권은 독일 기본법 제1조 제1항 및 제2조 제1항[64]에 근거하여 도출된다.[65] 그리고, 독일에서는 수사목적으로 실시되는 경찰관의 범죄혐의점에 대한 질문은 수사의 특별한 형태[66]로 파악되었다. 여기에서 질문은 신원확인 사항도 포함할 수 있으며, 범죄수사를 위한 신원확인 역시 독일 형소법에 근거한다.[67] 다음은 독일 형소법과 위 독일 연방헌법재판소 판결을 반영하여 규정된 1986.3.12.「통일경찰법 모범초안」의 신원확인과 관련한 경찰관 직무조치 사항들이다.

---

61) 1983.4. 이후 집행에 대해 BVerfG, Urt. v. 15.12.1983.－1 BvR 209/83: NJW, 1984, Heft 8, S. 419 이하 참조.

62) BVerfG, Urt. v. 15.12.1983.－1 BvR 209/83: NJW, 1984, Heft 8, S. 419 이하.

63) Schenke, Wolf-Rüdiger/서정범 역, 독일경찰법론, 세창출판사, 2001, 313면.

64) 독일 기본법 제1조 제1항－인간의 존엄성은 훼손될 수 없다. 이를 존중하고 보호하는 것은 모든 국가권력의 의무이다.
동법 제2조 제1항－모든 사람은, 다른 사람의 권리를 침해하지 않고 헌법질서나 도덕률에 반하지 않는 한, 자신의 인격을 자유로이 발현할 권리를 가진다.

65) Schenke, Wolf-Rüdiger/서정범 역, 주 63)의 책, v. 이하.

66) Söllner, Sebastian, 주 55)의 책, S. 168 참조.

67) 같은 견해는 이관희, "독일의 통일경찰법모범초안에 있어서 몇 가지 문제", 경찰대 논문집, 1993, 111면.

독일 「형사소송법」 제163조 제1항 — 경찰관청과 경찰공무원은 범행을 조사하고 모든 신속한 명령을 하여 사건의 은폐를 방지해야 한다.[68]

독일 「형사소송법」상 경찰의 신원확인 및 개인정보 수집 규정[69]

동법 제111조 — 중대한 범죄수사 목적 검문과 관련하여, 검문소에서는 누구나 그의 신원확인과 그 신체와 소지품에 대한 수색에 응할 의무가 있다. 검문소를 설치하는 명령은 법관이 한다. 검찰과 검찰수사관은 지체하면 위험할 우려가 있는 경우에 검문소 설치를 명할 수 있다. 동법 제163조의 b — 경찰공무원은 누군가가 범행의 혐의가 있으면, 그의 신원을 확인하기 위하여 필요한 조치를 할 수 있다. 그 혐의자의 신원을 확인할 수 없거나 현저히 곤란하게 될 경우에 그를 억류할 수 있다. 법원의 통제를 받아 혐의자의 신체와 그가 소지하는 물건의 수색과 식별조치의 집행도 허용된다. 범행의 규명에 필요한 경우에 그 한도에서 범행의 혐의가 없는 사람의 신원도 확인할 수 있다. 동법 제163조의 c 제2항 — 신원확인을 위한 자유박탈은 총 12시간을 초과해서는 안 된다. 동법 제163조의 e — 검문 시의 관찰수배에 있어서, 중대한 범행의 경우 차량의 표지판, 선박, 항공기 또는 컨테이너의 등록번호나 외부 식별표지의 수배가 가능하다. 조우한 경우에는 수배된 사람의 동행인, 제2항에 따라 수배된 운송수단의 운전자 또는 제2항에 따라 수배된 컨테이너의 이용자의 개인정보도 보고할 수 있다.

독일 「통일경찰법 모범초안」에 의한 신원확인 규정[70]

동법 제9조 제1항 제2호 — 경찰은 다음과 같은 경우 대상자의 신원을 확인할 수 있다. 사람이 어떠한 장소에 체류하고 있을 때, 그 곳에서 다음과

68) 번역은 독일법연구회 역, 독일형사소송법, 사법발전재단, 2017, 258면 이하에 따랐다.

69) 독일법연구회 역, 앞의 책, 142면 이하 참조.

70) Schenke, Wolf-Rüdiger, 주 56)의 책, S. 405 이하 참조.

> 같은 것이 인정될 수 있는 때 a) 범죄의 음모, 예비, 실행이 행해지거나 b) 필요한 체류의 허가 없이 사람을 만나거나 c) 범인을 은닉하거나 또는 매춘을 하는 때 그러하다.
> 동법 제9조 제1항 제4호 — 검문소에서 경찰은 범행을 저지하기 위하여 신원을 확인할 수 있다.
> 동법 제9조 제2항 — 경찰은 신원을 확인하기 위하여 신분증을 제시하도록 요구할 수 있다. 신원이 확인되지 않거나 또는 현저히 곤란한 경우 대상자를 유치할 수 있다.

독일 형사소송법상 "경찰관청과 경찰공무원"은 행정경찰과 사법경찰기능을 수행하는 모든 경찰을 뜻한다. 동법에 따라 독일의 사법경찰은 초동 수사를 담당한다. 그리고 독일형사소송법에 따라 중대한 범죄수사 목적의 검문을 실시할 수 있다. 또한, 범행 규명에 필요한 한도에서 혐의가 없는 사람의 신원과 개인정보도 수집될 수 있다. 억류를 위한 자유박탈 조치는 비례성 원칙에 따르고, 수색 및 식별조치는 대상자의 의사에 반하지 아니할 것을 규정하고 있다. 신원확인을 위하여 자유박탈에 걸리는 기간은 총 12시간을 초과하지 아니하는 범위에서 이루어진다. 독일의 신원확인, 질문, 일제검문 및 검문소 운영 제도는[71] 현행 경직법상의 불심검문에 있어서 집행되는 직무 유형과 유사하다. 이는 독일의 집행경찰 운영제도가 과거 일본을 통하여 우리나라에 계수되었기 때문이라고 생각된다.[72] 독일에서 수사목적 신원확인의 법적 근거는 형소법에도 명시[73]되었다. 수사목적 신원확인에 있어서 특히 인격권 및 정보의 자기결정권이 존중되어야 하며, 헌법적합성에 반하지 아니할 것이 요청된다. 그런데, 본고의 대상판결에서는 수사목적 직무질문에 대해 형소법의 법리가 엄격히 적용되어야 한다는 논지가 판시사항에 의하여 강조되고 있을 뿐이다.

71) 자세히는 Söllner, Sebastian, 주 55)의 책, S. 156 이하.
72) 자세히는 신동운, 주 14)의 글, 130, 136면.
73) 신동운, 앞의 글, 135면.

(3) 일본의 수사목적 직무질문 동향

가. 일본 경직법의 특징

일본 경직법은 2차 세계대전 이전과[74] 이후의 법규정을 달리한다. 종전(終戰) 이전의 일본「행정경찰규칙」제1조는 행정경찰사무와 관련하여, "인민의 흉해를 예방하여 안녕을 보전"할 것을 규정하였다. 동 규칙 제4조는 사법경찰사무와 관련하여, "법률에 위배하는 자가 있을 때 그 범인을 탐색 체포할 것"을 규정하였다. 그러나 전후(戰後)에 일본 경직법 제1조 제1항은 "경찰관은 경찰법에서 규정하는 개인의 생명, 신체 및 재산의 보호, 범죄의 예방, 공안의 유지 등의 직권직무를 충실하게 수행할 것"을 규정하였다. 이로써 전쟁 이전에 행정 및 사법경찰로 구분되었던 법령상 근거는 사라졌다.[75] 일본의 경찰법은 전후 연합국 총사령부 최고사령관 맥아더의 서한(書翰)에 따른 경찰제도 개혁의 기본방침에 입각하여 1947.12.8. 제정되었다.[76] 이에 따라, 현행 일본 경직법은 미국 경찰제도와「통일체포법」의 영향을 받아 행정경찰과 사법경찰 작용의 직무를 통합 규정하였다. 일본 경찰의 수사권은 미국에서처럼 독립되어 있다. 하지만, 일본에서도 아직까지 수사 목적 직무질문에 대하여 명확한 근거 규정은 없다. 다만, 일본경찰은 초동수사 단계에서 사실상 수사목적 직무질문을 실시하고 있다.

나. 수사목적 직무질문의 실제

① 일본 판례의 입장

일본최고재판소는 오래 전부터 일본 경직법상 직무질문에 대해 수사목적성을 부정하지 아니하였다. 다음은 1955.7.19. 선고된 일본최고재판소 판결이다. 이 사건의 사실관계 및 판결논지는 다음과 같다. 사법경찰관 2인이 상해 사건 범인수사를 주된 목적으로 하여 나고야

74) 프로이센 경찰법 영향은 宋尾浩也, 주 17)의 글, 57頁.

75) 古谷洋一, 警察官職務執行法の概要, 講座警察法 第一巻(關根謙一 外 6人 編), 立花書房, 2014, 20, 270頁 이하.

76) 出口雄一, 前後法制改革と占領管理體制, 慶應義塾大學出版會株式會社, 2017, 177頁 이하 참조.

시내 공원을 사복으로 순찰중 밀담하고 있는 피고인 갑(甲) 외 3명에게 경찰관이라는 뜻을 알리고 질문을 하였다. 갑은 이에 응하지 않고 도망하였지만, 뒤쫓아와 질문하려고 접근한 경찰관들에게 상해를 입히고 공무집행을 방해하였다. 일본최고재판소는 경찰관들의 직무집행을 적법하다고 판시하였다.[77] 또한, 1978.6.20. 선고된 일본 최고재판소 제3소법정 판결의 사실관계 및 논지는 다음과 같다. 경찰관 갑은 4인조 은행강도사건 강탈범을 검거하기 위해 검문중 오전 0시 10분경 운전자와 남자 2인이 탄 차량을 정지시켜 직무질문을 시작하였다. 운전자는 동승경위를 설명하였지만 남자 2명은 묵비하였다. 갑은 묵비한 남자 2명을 경찰차량에 탑승시켜 경찰서로 동행하였다. 경찰관 을은 승낙 없이 동행한 한명의 가방을 열자, 그 안에 대량의 지폐가 들어있고 피해은행의 돈다발도 보였다. 그리하여, 경찰관들은 동승객들을 강도용의로 긴급체포하였다. 이 사건에서 일본 최고재판소는 "직무질문 내지 소지품검사는 범죄의 예방, 진압 등을 목적으로 하는 행정경찰상의 작용이다"라고 판시하였다.[78]

그런데, 직무질문에 대해 수사이전의 방범활동으로서 행정경찰 책무를 강조한 일본 최고재판소 판결에 대해, 후속 판결에서는 수사목적 경찰활동의 긍정례들이 판시된다. 1978.9.7. 판시된 일본 최고재판소 판결에 따르면, "경직법의 해석상 허용한도를 초과한 위법으로 평가된 소지품 검사의 결과 발견된 마약소지를 이유로 한 현행범 체포와 마약 압수가 행해진 경우, 수사절차인 체포 및 압수도 위법성을 지닌다."[79] 즉 경찰관이 승낙 없이 상의(上衣) 안의 호주머니에 손을 넣어 소지품을 꺼낸 행위에 있어서, 경직법상 직무질문의 위법성은 수사

---

77) 最判昭和30.7.19刑集9卷9号1908頁: 半谷恭一, 職務質問, 捜査法大系Ⅰ(熊谷弘 外 2人 編), 日本評論社, 1973, 8頁 이하.

78) 刑集 32卷 4号 670頁: 判例時報 896号, 14頁; 長沼範良, 所持品検査, 別册ジュリスト, 232号, 2017, 10頁 참조.

79) 最判昭和53·9·7刑集 32券 6号, 1672頁: 酒巻匡, 刑事訴訟法, 有斐閣, 2015, 39頁. 後藤昭·白取祐司, 新·コンメンタール刑事訴訟法(第3版), 日本評論社, 2018, 450頁.

절차의 위법성으로 직결되어 있다.[80] 그리하여 이 사건 판결은 직무질문의 수사목적성을 긍정한 사례라고 평가할 수 있다. 그런가 하면, 1979.4.6. 판시된 일본 최고재판소 결정도 경찰관이 수사목적을 숨기고 소변을 배뇨시켜, 채취하는 행위를 적법하다고 하였다.[81] 이 사건 일본 최고재판소 판결에서는 수사목적 의도 아래 집행된 직무질문은 위법하지 아니한 것이라고 판시되었다. 일본 학계에서도 경직법상 직무질문은 수사목적을 달성하기 위한 수단으로도 활용되는 것이라고 주장된다.

② 직무질문의 수사목적성 근거

일본의 지배적 견해들은 제각기 다양한 논거들에 입각하여[82] 직무질문을 수사목적으로 집행할 수 있다고 해석한다. 이러한 논거는 다음과 같다. 첫째, 전후 일본 경직법은 경찰수사권을 보장하는 미국「통일체포법」의 영향을 받았다.[83] 전후 일본에는 미국「통일체포법」의 "정지시켜 질문하는" 권한[84]이 도입되었다. 이 때문에 일본 경직법을 오직 행정목적을 실현하기 위한 수단이라고 보는 것은 적절하지 아니하다.[85] 둘째, 일본 형사소송법상 범죄수사는 사법경찰관의 담당직무이다. 여기에서 '사법경찰'은 과거 행정경찰과 사법경찰의 구분 방식에 따른 사법경찰과 동일하게 이해하는 것은 타당하지 아니하다.[86] 무엇

80) 最判昭和53·9·7刑集 32券 6号, 1672頁: 井上正仁 監修, 裁判例コンメンタール刑事訴訟法(第2卷), 立花書房, 2017, 54頁 参조.

81) 最決昭和54.4.6裁集214·301: 井上正仁 監修, 앞의 책, 56頁 참조.

82) 영미법계처럼 행정 및 사법경찰의 비구별은 田宮裕, 刑事訴訟法 Ⅰ, 有斐閣, 1975, 96頁; 酒巻匡, 주 79)의 책, 39頁 이하; 平野龍一, 刑事訴訟法, 有斐閣, 1972, 86頁. 행정 및 사법경찰작용 병유론은 渡辺直行, 주 11)의 책, 69頁 참조; 河上和雄, 大コメンタール刑事訴訟法(第4卷, 第二版), 青林書院, 2013, 19頁. 행정경찰활동의 위법은 수사도 위법함은 後藤昭·白取祐司, 주 79)의 책, 450頁. 사법적 억제론은 白取祐司, 刑事訴訟法(第九版), 日本評論社, 2017, 106頁.

83) 出口雄一, 주 76)의 책, 176頁 이하 참조.

84) 宋尾浩也, 주 17)의 글, 55頁.

85) 古谷洋一, 주 18)의 책, 21頁. 일본 하급심 판결들은 渡辺修, 주 22)의 책, 48頁 이하.

86) 자세히는 渡辺修, 앞의 책, 67頁 이하.

보다 현재 범죄수사는 전부 행정부의 소관 사무이다. 일본 경직법 개혁 이후 법령상 행정경찰과 사법경찰의 구분 근거는 더 이상 존재하지 아니한다.[87] 셋째, 경직법은 수사활동에 관한 규정도 포함한다. 임의수사의 한계를 일탈하지 아니한 경찰관의 직무수행을 방해하면 공무집행방해죄에 해당한다.[88] 그리고, 이미 행하여진 범죄에 대해서의 직무질문은 경찰의 책무[89]에 포함된다. 넷째, 이론적으로는, 행정경찰권의 행사에 위법이 있으면 행정경찰권의 범위내에서 처리하여야 할 것이라는 견해가 다음과 같이 주장되었다. 원래 직무질문은 행정행위의 성질을 지닌다. 이 때문에 이론상 경찰관은 질문하기 위하여 대상자를 정지시키고 소지품을 검사하거나 동행을 요구할 수 있다. 이 과정에서 대상자의 의사 및 행동을 제약하는 경찰강제적 측면이 부정될 수 없다. 행정경찰활동으로서 행하여지고 있는 경찰관의 행위가 소급해서 사법경찰활동으로 되거나, 범죄수사 개시 이전의 행정경찰권의 행사가 갑자기 사법경찰권의 행사로 될 수 있어야 할 리는 없다.[90] 그런데, 이 견해는 그 후에 행정경찰권의 행사가 수사목적의 측면을 가지는 것을 부정하는 것은 아니라고 수정되었다. 그리하여 이 견해에 따르면, 직무질문은 부차적으로 수사목적으로도 기능하고 있다고 주장된다.[91]

요컨대 일본의 지배적 견해에 따르면, 과거에는 사법경찰 및 수사에 관한 권한은 형소법에 의해 정하여졌지만, 전후 제정된 경찰법상으로도 범죄수사활동을 행하는 것이 금지되는 것은 아니다.[92] 그리하여 직무질문에 있어서 객관적으로 어느 시점에서 경찰관이 사용한 구체적 수단은 수사이기도 하며, 형소법도 적용될 수 있다.[93] 그리고, 직무

87) 이런 취지는 古谷洋一, 주 18)의 책, 20頁 이하.
88) 자세히는 渡辺直行, 주 11)의 책, 62頁.
89) 자세히는 古谷洋一, 주 75)의 글, 272頁.
90) 河上和雄, 大コメンタール警察官職務執行法, 青林書院, 1993, 82頁 이하.
91) 河上和雄, 주 82)의 책, 18頁 이하.
92) 자세히는 古谷洋一, 주 75)의 글, 22頁 이하.
93) 이런 맥락은 酒巻匡, 주 79)의 책, 39頁 참조.

질문의 정지 수단에 대해서도 그 적용 기준은, 임의수사에 있어서의 유형력행사의 적합성 여부 판단기준과 실질적으로 같은 것이라고 볼 수 있다.[94] 따라서 행정경찰활동과 사법경찰활동이라는 양자를 구별하는 표준도 애매하여, 결국 "행정경찰활동의 위법성은 수사까지도 위법"[95]으로 해석하여야 할 것이다.

다음으로, 수사목적 부정설은 행정경찰과 사법경찰 구별론에 근거한다. 이에 따라, 수사목적 만의 탐문 등의 행위는 일본 경직법 제2조에서 말하는 행정경찰권 행사로서의 직무질문은 아니라고 주장된다.[96] 일본 학계의 일부 견해에서[97] 일본 경직법 제2조의 직무질문은 행정목적[98] 실현에 토대를 두었다고 주장된다. 하지만, 일본 학계 다수의 견해에서 경직법상 직무질문에 관한 수사목적성은 배제되지는 아니한다. 대륙법계에서 명확하게 분리되어 있는 행정 및 사법경찰 기능은 영미법계에서는 그러하지 아니하다. 그리고 미국 「통일체포법」에 기초하여 제정된 일본 경직법에 있어서 직무질문은 수사목적을 달성하기 위하여서도 이용되어야 할 요소를 가지고 있다.[99]

3. 결 어

한국의 불심검문 규정은 일본과 비교하여 적지 아니하게 다른 특징을 지니고 있다. 제정 경직법 제3조의 불심검문은 본래적으로 소지품 검사에 대해 영장 없이 경찰권을 집행할 수 있도록 규정하였다. 이는 체포영장을 발부받아야 소지품을 검사할 수 있도록 규정한 일본과 다르다. 또한, 한국의 불심검문 제도는 독자적인 입법 보완을 거쳐 임의동행에 있어서 가족에 대한 통보 제도, 변호인의 조력을 받을 권리

94) 자세히는 酒巻匡, 앞의 책, 42頁 참조.
95) 後藤昭·白取祐司, 주 79)의 책, 433頁 참조.
96) 渡辺修, 주 22)의 책, 69頁.
97) 半谷恭一, 주 77)의 글, 10頁; 松本時夫 外 3人 編, 條解 刑事訴訟法(第四版增補版), 弘文堂, 2016, 373頁.
98) 半谷恭一, 앞의 글, 10頁 이하 참조.
99) 田宮裕, 주 82)의 책, 96頁.

를 도입하였다. 이러한 법규정은 수사목적 직무 수행에 있어서 적법절차 준수를 위하여 요청된다. 이와 같이 경직법 제3조는 일본에서 보다 훨씬 더 사법경찰작용의 법적 근거를 확대하여 규정하고 있다.

그리고 미국 「통일체포법」은 미국 경찰의 수사관행을[100] 명문으로 규정하였다. 그리하여 동법에 근거한 경찰관의 권한은 범죄수사 목적으로 활용되고 있다.[101] 독일에서는 경찰관의 범죄수사를 위한 신원확인은 형사소송법에 근거하여 집행된다. 일본의 범죄수사에서도 경찰관 불심검문의 역할은 커다란 비중을 차지한다.[102] 그리고, 일본에서는 수사목적 직무질문에 관한 긍정적 논의가 활발하다. 일본의 수사목적 직무질문에 대한 긍정적 논의는 보안경찰과 사법경찰의 병존설에 이론적 바탕을 두고 있다.[103] 일본판례에서 직무질문은 행정경찰작용으로 취급되지만, 이러한 일본 판례의 입장은 전후(戰後) 일본 경직법상 직무질문의 연원을 미국의 「통일체포법」에 두고 있는 입법 의도를 도외시 하는 것이라고 할 수 있다.[104] 더욱이, 일본 판례의 태도는 행정 및 사법경찰 구별론을 전제로 한 위법성 단절을 인정하지 않는다.[105] 그러면 경찰실무상 수사목적으로 집행되고 있는 불심검문에 대해 판례의 태도를 살펴보기로 한다.

Ⅲ. 대상판례의 수사목적 불심검문 허용 범위 연구

1. 수사목적 불심검문 인정 여부

(1) 판단 법리 검토

불심검문의 행정경찰 목적론은 판례의 입장이다. 이러한 판례의

100) 宋尾浩也, 주 17)의 글, 55頁.
101) 이런 취지는 渡辺修, 주 13)의 책, 312頁 이하.
102) 渥美東洋, 刑事訴訟を考える, 日本評論社, 1992, 12頁 이하. 平野龍一, 주 82)의 책, 86頁.
103) 자세히는 渡辺修, 주 13)의 책, 335頁 이하.
104) 이런 맥락은 田宮裕, 주 82)의 책, 96頁 참조.
105) 渡辺修, 주 22)의 책, 65頁.

태도는 '대법원 2005도6810 판결'에 기초하고 있는데, 판례에서 불심검문의 체계상 위치를 행정경찰 목적 만으로 근거지울 사유가 전혀 제시되어 있지 아니하다. 위 판례에 따르면, 사법경찰관들은 참고인 진술에 의거하여 대상자를 절도죄 혐의자로 지목한 후 수사할 목적으로 불심검문하였다. 사법경찰관들은 대상자를 경찰서에 데려와 혐의사실을 확인하기 위하여 불심검문에 관한 임의동행 형식의 수사기법을 활용하였다. 이러한 불심검문은 대상판결에서 원칙적으로 위법하다고 보여진다.[106]

> "수사관이 수사과정에서 임의동행하는 것은, 상대방의 신체의 자유가 현실적으로 제한되어 실질적으로 체포와 유사한 상태에 놓이게 됨에도, 임의성이 보장되지 않을 뿐만 아니라, 상대방에게 헌법 및 형사소송법이 체포·구속된 피의자에게 부여하는 각종의 권리보장 장치가 제공되지 않는 등 형사소송법의 원리에 반할 가능성이 크다."

하지만, 경찰관의 임의동행은 극히 제한된 범위에서 적법하다고 여겨진다. 대상판례에서 적법성 인정은 "수사관이 피의자에게 동행을 거부할 수 있음을 알려 주었거나 피의자가 언제든지 자유로이 동행과정에서 이탈 또는 동행장소로부터 퇴거할 수 있었음이 인정되는 등 오로지 피의자의 자발적인 의사에 의하여 수사관서 등에의 동행이 이루어졌음이 객관적인 사정에 의하여 명백하게 입증된 경우"로 국한된다.[107] 이와 같이 임의 동행 형식의 경찰수사기법에 대한 '선판례'의 적법성 판단기준은 극히 엄격하게 새겨진다.

그리고 '최근판례'에 따르면, 경찰관들은 대상자에게 무전취식 사기죄 등 혐의사실을 확인하려고 질문을 시도하였다. 여기에서 대법원은 행정경찰 목적 불심검문 취지의 '선판례'에 기초하여 "이 사건은

---

106) 신동운, 주 10)의 책, 2014, 1329면.
107) 신동운, 앞의 책, 1330면.

불심검문에 관한 경찰관직무집행법이 적용된다. 불심검문이 형사소송법의 규율을 받는 수사로 이어지는 경우에는 형사소송법이 적용되어야 할 것"이라고 하였다. 그리고 "경찰관들로서는 참고인들에 대한 확인절차를 거쳐 피고인이 범인이라고 의심할 만한 상당한 이유가 있었으므로 검문에 불응하는 피고인을 막아선 정도로 유형력을 행사한 것은 그 목적 달성에 필요한 것으로 범죄수사 및 범죄의 예방·진압에 관한 정당한 공무집행"이라고 함으로써, 불심검문의 수사목적성을 사실상 긍정하였다. 이 사안에서, 대법원은 불심검문의 적법성에 대해, 대상자가 자신의 범죄행위에 관한 경찰관의 검문임을 알고 있었다고 보이는 경우 신분증 제시가 없더라도 위법하지 않다고 판단하였다.[108)]

요컨대, 경찰관의 불심검문이 수사목적 직무집행에 있어서 형사소송절차를 회피하기 위하여 탈법수단으로 변질되지 아니하도록 적법절차 준수 여부가 엄격하게 판단된다고 보여진다. 그리하여 '선판례'에서 "사법경찰관이 피고인을 동행한 것은 강제연행이므로, 피고인은 적법하게 체포 또는 구금된 자가 아니다"라고 판시되었다.[109)] 또한, 대법원은 경직법 제3조 제2항 소정의 질문을 위한 동행 요구에 대하여 수사목적성을 긍정하였다. 그럼에도 불구하고, 이 사건에 있어서 경직법 소정의 질문을 위한 임의동행 요구는 행정경찰 목적으로 집행되었다고 판시되었다. 그리고 수사절차의 위법성에 기인하여 피고인의 도주죄는 무죄로 판시되었다. 대법원이 행정목적 만으로 집행되어야 하는 불심검문 절차에 대해, 수사목적 불심검문에 대한 법적 효과와 동일하게 형사소송법상의 법리를 적용하였기 때문이라고 생각된다. 즉 대법원은 모든 불심검문에 대해, 이를 오직 행정경찰 목적으로 행하여지는 경찰작용이라고 단정함으로써 실무상 수사목적으로 집행되기도 하는 불심검문의 실체적 사실을 도외시 한다.

또한, 다른 판례들에서도 불심검문의 수사목적 집행은 원칙적으

---

108) 신동운, 판례분석 신형사소송법 III[증보판], 법문사, 2017, 259면.

109) 춘천지방법원 2005. 8. 26. 선고 2005노429 판결.

로 부정되지 아니한다. '대법원 2012도11162 판결'에서 대법원은 "주취운전이라는 범죄행위에 대한 증거 수집을 위한 수사절차로서의 의미를 가지는 음주측정 등의 수사목적으로 피고인을 데려가면서 현행범 체포나 임의동행에 관한 동의를 얻는 등의 적법요건을 갖추지 않았다." 고 판시하였다. 그리고, 위 대법원 판결에서 수사목적 불심검문의 위법성이 인정되었다.[110] '대법원 2011도13999 판결'에서도 불심검문은 강도강간미수 사건의 용의자를 탐문하기 위한 것이었다고 판시되었다.[111] 특히, 대법원의 위 강도강간미수 사건례에서 사법경찰의 직무영역에 속하는 "용의자 탐문"은 불심검문의 직무집행이라고 판시되었다.[112]

(2) 하급심 판결 등 불일치 문제

'선판례'에서는 수사목적 불심검문을 허용하는지 아니면 허용할 수 없는지에 대하여 대법원의 판시이유가 전혀 제시되어 있지 아니하였다. 이 사건 판결에서 대법원은 수사로 이어지는 경찰활동에 대하여 형사소송법에 따른 적법절차 판단기준을 엄격하게 적용하였다. 이 판례의 사실관계에 따르면, 경찰은 범죄예방을 위한 직무질문의 업무 수행이 아니라 처음부터 절도죄 피의자를 검거하거나 혐의사실을 확인하기 위한 수사목적의 직무를 집행하였다. 그럼에도 불구하고, 사법경찰관이 새벽에 귀가하는 피의자를 체포하기 위하여 집행한 불심검문은 보안경찰활동 성격을 배제할 수 없다는 취지로 보여진다. 이러한 '선판례'는 후속 사건에서 불심검문의 보안경찰작용 논리에 대한 하급

110) 신동운, 판례분석 신형사소송법 Ⅱ[증보판], 법문사, 2014, 781면 이하.
111) 이 사건의 사실관계에 따르면, 2009.7.15. 및 같은 달 16일 새벽 누구인가 대전 서구에서 귀가중인 여성을 끌고가 강간을 시도하였다. 위 사건 용의자의 인상착의가 신고되었다. 2009. 7. 17. 사복 경찰관들은 용의자를 탐문하기 위하여 대상자 갑(甲)을 불심검문하였다. 갑은 인상착의가 용의자와 상당 부분 일치하였을 뿐 아니라 경찰관이 질문하려고 하자 막바로 도망하였다.: 대전지방법원 2011. 9. 29. 선고 2010노2749 판결[미간행] 참조.
112) 일본과 다른 특징임은 渡辺修, 주 22)의 책, 69頁 참조.

심 판단을 구속하고 있다.[113]

그런데, '최근판례'는 수사목적 불심검문을 인정하는 취지로 보여진다. 이 판례의 취지에 따르면, 범죄를 범하였다고 인정되는 자에 대하여 적용되어야 할 경직법상의 불심검문은 탈법수단으로 변질되어서는 안 된다. 이러한 논지는 불심검문의 위법은 수사로도 위법함을 말한다. 또한, 이 사건 불심검문은 보안경찰작용과 사법경찰작용이 동시에 이루어지고 있으므로, 이른바 행정목적과 수사목적 집행단계를 물리적으로 분리할 수 없었기 때문이라고 생각된다. 하급심 판결에서도 불심검문의 수사목적성이 배제되지 아니한다. 다수의 하급심 판결들은 불심검문에 대한 사법경찰작용의 성격을 정면에서 부정하고 있지 아니하다.[114] 따라서, '선판례'와 '최근판례'간에는 수사목적 불심검문에 대한 판단법리에 있어서 미세한 변화가 보여진다.

2. 학계의 논의 상황

(1) 행정경찰목적을 수사단계와 분리하는 입장

'최근판례'에서 대법원은 '대법원 2005도6810 판결'을 근거로 "불심검문은 수사로 이어지는 경우에는 형사소송법이 적용되어야 하는데, 이는 불심검문이 형사소송법이 규율하고 있는 엄격한 절차를 회피하기 위한 탈법수단으로 변질되는 것을 막기 위함이지 경찰관직무집행법 규정의 적용을 배제하는 취지로 해석되어서는 안 된다"고 하였다. 또한, 피고인은 카페에서, 술값 문제로 시비가 있다는 신고를 받고 출동한 순경의 멱살을 잡아 흔들고, 경사의 턱과 가슴을 때렸다. 그런데, 이 사건 1심 판결에 따르면,[115]

113) 서울남부지방법원 2017. 11. 2. 선고 2017노609 판결 참조.

114) 대전지방법원 서산지원 2017. 1. 19. 선고 2016고정169 판결; 부산지방법원 2016. 7. 28. 선고 2016노1442 판결; 전주지방법원 군산지원 2007. 6. 8. 선고 2007고합33 판결 참조.

115) 수원지방법원 성남지원 2013. 12. 11. 선고 2013고정1046 판결.

> "경찰관들은 그 어느 누구도 신분을 표시하는 증표를 제시하거나 소속, 성명 등을 밝히지 않았다. 이러한 경찰관의 직무집행은 경찰관직무집행법 제3조 제4항(신분증 제시 등)을 어긴 것으로 부적법하고, 수내파출소에서의 경찰관의 직무집행도 이러한 위법한 직무집행의 연속이므로 역시 부적법하다."

이에 대해, 검사는 항소이유서에서 이미 사기죄와 폭행죄 혐의사실로 수사가 개시되어 불심검문 규정의 적용이 배제된다고 주장하였다. 이는 경찰관의 신분증 미제시와 결부된 불심검문의 위법성은 수사단계의 위법성과 단절된다는 취지이었다. 이 때문에 불심검문 단계의 위법은 사법경찰작용의 위법은 아니라고 주장된다. 이러한 항소 취지는 경찰행정활동 단계로부터 수사단서 확보 이후 수사개시 단계를 분리하는 학계의 보안경찰작용설의 입장과 유사한 논리이다. 본질적으로 불심검문의 체계적 위치와 관련하여 보안경찰작용설은 범죄예방을 위하여 경찰권을 적극적으로 행사할 수 있다는 입장이다. 즉 경찰관의 행정경찰활동과 사법경찰활동은 분리된다는 전제 아래, 불심검문은 경찰행정활동만으로 집행된다. 그리고, 수사단서로서의 불심검문은 범죄예방 목적에 그칠 뿐만 아니라, 불심검문 단계에서는 수사 그 자체의 성격은 완전히 부정된다.[116] 하지만, 대상판례들의 판결논지에 따르자면, 이들 사안의 불심검문에 대하여 행정경찰작용의 위법성은 사법경찰작용의 위법성에도 영향을 미친다. 다만, '최근판례'에서는 정복경찰관들의 신분증 미제시에 대해 그 정당성이 참작되었다. 그렇다면, 대상판례는 불심검문에 관한 판단법리에 있어서 학계의 보안경찰작용설의 입장과 다르게 사실상 수사목적성을 인정하는 것이라고 생각된다.

116) 손동권·신이철, 주 19)의 책, 172면 참조; 수사에 경직법 적용 배제는 진계호, 주 19)의 책, 202면 참조. 이러한 보안경찰작용설에 대해서는 비판적 견해가 많다.: 불심검문의 수사밀접은 배종대 외 3인 공저, 형사소송법(제2판), 홍문사, 2016, 85면; 입법의도에 반함은 정웅석·백승민, 형사소송법, 대명출판사, 2012, 88면; 이은모, 주 7)의 책, 200면; 김인회, 주 10)의 책, 72면.

(2) 수사목적 불심검문 긍정론

수사목적 불심검문을 긍정하는 견해에 따르면, 다음과 같은 법규정에 의하여 경찰관의 불심검문은 수사목적성을 겸한다.[117] 경찰관은 경찰법 제3조를 근거로 "국민의 생명·신체 및 재산의 보호, 범죄의 예방·진압 및 수사" 임무를 수행한다. 또한, 경직법 제3조에 의하여 경찰관은 범죄예방 및 진압과 범죄수사의 종합적인 기능을 수행한다. 요컨대, 수사목적 불심검문 긍정론은 그 이론적 배경을 "불심검문의 체계상 위치에 관한 병존설"에 기저하는 견해이다.[118] 학계의 병존설에 따르면, 불심검문은 사법경찰작용이 내포되어 있으므로, 범죄 수사 및 검거의 중요한 단서로서 수사의 개시로 직결될 수 있다. 하지만, 학계의 보안경찰작용설만으로는 불심검문은 행정경찰활동 단계의 위법성은 수사의 위법과 단절되므로 적법절차성에 역행한다.[119] 특히 불심검문의 적법절차성 판단법리는 학계의 병존설에 의하여 본격적으로 논의되고 있다. 병존설에 따르자면, 적법절차를 위반하는 불심검문에 의여 취득된 결과는 위수증에 해당한다.[120] 이에 따라, 불심검문의 위법성 판단기준은 다음과 같은 법리에 근거한다.

117) 경찰법 제3조－국가경찰의 임무는 다음 각호와 같다. 제1호 국민의 생명·신체 및 재산의 보호 제2호 범죄의 예방·진압 및 수사: 대구고법 1973. 3. 5. 선고 72노1074 판결 참조. 신동운, 주 10)의 책, 182면 이하. 김인회, 앞의 책, 72면. "불특정범죄" 대상임은 정신교, "불심검문의 적법성의 한계와 개선방안", 법학논총(숭실대), 제29집, 2013, 407, 416면 참조. "경직법에 의하여 불심검문 대상자는 답변을 강요당하지 않으므로 임의수사에 속한다"는 주장은 김충남, 경찰수사론(제3판), 박영사, 2008, 86면. 한편, 수사목적 집행은 권한남용이라는 주장은 이승민, 프랑스의 경찰행정, 경인문화사, 2014, 279면 참조.

118) 자세히는 신동운, 앞의 책, 182면. 김인회, 형사소송법(제2판), 피앤씨미디어, 2018, 72면. 정웅석·백승민, 주 116)의 책, 88면.

119) 행정경찰과 사법경찰 구별 불가는 渡辺修, 주 13)의 책, 338頁.

120) 이런 맥락에서, 행정경찰의 위법성은 수사까지도 위법은 後藤昭·白取祐司, 주 79)의 책, 450頁.

3. 수사목적 불심검문에 관한 적용 법리

(1) 직무상 "유형력 행사의 상당성" 판단기준

경직법 제3조 제1항은 불심검문 제약 요건으로서 "상당한 이유"를 규정하고 있다. 이러한 "상당한 이유"는 범행의 합리적 의심으로 충족된다. 대상판례에서 불심검문에 있어서 사회통념상 용인될 수 있는 상당한 방법 충족 정도는 미국 연방대법원 테리 판결에서 설시된 상당성 판단 법리와 흡사하다. '최근판례'의 상당한 방법에 대한 판단 기준은 '대법원 2011도13999 판결'에서 판시된 상당성 기준과 동일하다.[121] '대법원 2011도13999 판결'에서 법원은, 경직법 제3조 제1항 '상당한 이유'가 있는 자를 정지시켜 질문할 수 있는 불심검문 대상과 관련하여, "이때 상당성은 일반인이 경찰관의 입장이라면 당연히 그렇게 생각하였을 것이라고 인정되는 정도의 객관성을 요하되, 형사소송법상의 체포 또는 구속에서 요구하는 상당성보다는 약한 정도의 합리적인 가능성"이라고 해석하였다.[122] 그리하여 상당성을 충족하는 불심검문은 범행의 경중, 범행과의 관련성, 상황의 긴박성, 혐의의 정도, 질문의 필요성 등에 비추어 그 목적 달성에 필요한 최소한의 범위 내에서 집행된다. 그리하여 경찰관의 불심검문은 형사소송법상 체포의 법적 의미보다는 약한 정도의 유형력 행사이어야 할 것이라고 평가할 수 있다.

경찰관의 불심검문 관행은 독립된 경찰수사권의 전통에 바탕을 둔 미국과 일본의 영향을 받았다.[123] 일본의 경찰법은 미국의 경찰제도를 참고하여 제정되었기 때문이다. 불심검문 대상자인지를 객관적·

121) 대법원 2014. 12. 11. 선고 2014도7976 판결 [공2015상,160].

122) 이 사건의 사실관계에 따르면, 2009.7.15. 및 같은 달 16일 새벽 누구인가 대전 서구에서 귀가중인 여성을 끌고가 강간을 시도하였다. 위 사건 용의자의 인상착의가 신고되었다. 2009. 7. 17. 사복 경찰관들은 용의자를 탐문하기 위하여 대상자 갑(甲)을 불심검문하였다. 갑은 인상착의가 용의자와 상당 부분 일치하였을 뿐 아니라 경찰관이 질문하려고 하자 막바로 도망하였다.: 대전지방법원 2011. 9. 29. 선고 2010노2749 판결【상해·공무집행방해】[미간행] 참조.

123) 渡邊宗太郎·杉村敏正, 주 21)의 책, 서문, 10頁 참조.

합리적인 기준에 따라 판단하여야 하나, 반드시 불심검문 대상자에게 형사소송법상 체포나 구속에 이를 정도의 혐의가 있을 것을 요한다고 할 수는 없다. 그리고 경찰관은 불심검문 대상자에게 질문을 하기 위하여 범행의 경중, 범행과의 관련성, 상황의 긴박성, 혐의의 정도, 질문의 필요성 등에 비추어 목적 달성에 필요한 최소한의 범위 내에서 사회통념상 용인될 수 있는 상당한 방법으로 대상자를 정지시킬 수 있고 질문에 수반하여 흉기의 소지 여부도 조사할 수 있다. 경찰관은 질문을 하기 위하여 범행의 경중, 범행과의 관련성, 상황의 긴박성, 혐의의 정도, 질문의 필요성 등에 비추어 정지시킬 수 있고 조사할 수 있다. 이러한 경찰활동은 경직법 제3조의 상당성 요건을 구비하여야 한다. 그러므로 경찰관의 불심검문은 상당한 이유를 충족하지 아니하면 위법성을 지닌다.

(2) 수사 행위의 실질설 취지에 맞게 위법성 여부를 판단

'최근판례'에서, 피신고자에 대한 무전취식 사기죄 성립 여부는 다루어지지 아니하였다. 그리고 경찰관 신분증의 제시 없이 이루어진 불심검문에 있어서도 경직법 제3조에 의한 불심검문이 형사절차의 탈법수단으로 이용되지 아니하는 한, 그러한 불심검문은 수사목적으로 활용될 수 있다고 여겨진다. 그런데, 검사는 이 사건에서 수사가 개시되었으므로 불심검문 규정의 적용이 배제된다고 주장하였다. 이러한 검찰측 취지에 따르자면, 신분증의 제시 없이 이루어진 불심검문은 위법한 경직법상의 직무집행이지만, 이 사안은 불심검문으로부터 수사 진행 단계로 전환함으로써 경직법상 위법성을 치유하게 된다.[124] 그러나, 이 사건 판례는 선판례인 '대법원 2005도6810 판결'에서 설시된 법리를 따르고 있다. 선판례에서 경직법에 따라 집행된 수사목적 불심검문은 임의수사의 진행과 마찬가지의 형태로 보여진다. 선판례의 도주죄 피고인에 대하여 임의수사의 법리가 준수되지 아니하였다는 논지에 따

124) 부정적으로는 後藤昭·白取祐司, 주 79)의 책, 450頁 참조.

라, 적법절차 위반에 기인하여 무죄판결이 선고되었기 때문이다. 그리하여 불심검문 직무집행의 위법은 수사절차의 위법으로 판시되었다.

또한, '최근판례'에서 신고를 받고 출동한 사법경찰리는 수사보조로서의 직무기능을 수행한다. 형사소송법 제196조 제5항은 경사, 경장, 순경은 사법경찰리로서 "수사의 보조"를 하여야 한다고 규정하고 있다. 동법은 불심검문이 수사로 이어질 수 있는 상황에 대하여 형소법상의 근거 규정으로 활용될 수 있다. 이 조항은 수사로 이어지는 불심검문의 실효성을 담보할 수 있는 법적 의미를 지니고 있다. 또한, 동법규정은 경사, 경장, 순경에 의한 불심검문이 사법경찰작용이나 수사단서로서 기능할 수 있는 근거이기도 하다.

특히 '대법원 2000도 2968판결'에 따르면, 범죄인지 절차를 거치기 전에 범죄의 혐의가 있다고 보아 수사 개시의 행위가 있었을 때에는, 이때에 범죄가 인지된 것으로 본다. 대상자에게 범죄혐의가 있다고 판단되면 그 이후에 진행되는 조사활동은 실제적으로 수사에 포함된다. 그러한 조사는 정식 인지절차 없이 수사 개시에 이르더라도 적법하다.[125] 이러한 논지는 수사와 내사의 구별기준에 관한 이른바 실질설에 입각한 것으로서, 범죄 인지절차 없이 범죄혐의자에 대하여 실시되는 조사일지라도 이러한 조사활동은 수사에 포함된다. 이러한 판단 법리에 준하여 수사목적 불심검문 역시 사실상 사법경찰작용이라고 보여진다. 따라서 수사목적으로 집행되는 불심검문은 형사소송절차를 엄격하게 적용하여야 할 직무행위라고 생각된다.[126]

(3) 경찰권 남용에 따른 인권 및 권리 침해를 방지

'최근판례'에서 불심검문 대상자의 사기죄 혐의사실이 규명되지 아니하였다. 판례는 수사기관이 이 사건을 고소, 고발 사건으로 처리하거나 인지수사로 기록한 자료가 없다고 하였다. 이는 경찰활동의 수

125) 대법원 2001. 10. 26. 선고 2000도2968 판결[공2001.12.15.(144),2633] 종합법률정보 참조.

126) 신동운, 판례분석 신형사소송법, 법문사, 2007, 680면 참조.

사편의적 방편에 기인하였던 것으로 여겨진다. 그리고 수사목적 불심검문은 형사소송법의 규율을 받아야 하므로 대상자에게 자발적 임의성이 보장되어야 하고 각종 권리 보장장치가 제공되어야 할 것이라고 한다. 그렇다면, 경찰관의 불심검문에 있어서 인권침해를 방지하고 시민의 권리 보장을 위하여 수사목적 불심검문에 대하여 다음과 같은 통제 방안이 요청된다.

첫째, 대상자에게 방어권이 보장되어야 한다. 그 이유는 다음과 같다. 불심검문은 그 결과가 상급직위에 있는 행정경찰의 지휘 감독을 받아 이루어진다. 경찰의 수사목적 불심검문은 역시 부분적으로 행정경찰작용의 성격을 지니고 있다. 그러므로 수사목적 불심검문은 행정경찰의 영향을 받을 수 있다. 둘째, 수사목적 불심검문은 법치국가적 기준 아래 엄격하게 통제되어야 한다. 2010년 국회의원에 의하여 입법제안된 경직법 개정안의 소지품 검사 조항(안 제3조 제2항)은 흉기 이외에 그밖의 위험한 물건의 소지 여부도 조사할 수 있도록 대상물을 확대하였다. 이에 대해 인권위는 국민의 신체의 자유, 사생활의 비밀과 자유를 침해할 소지가 크다고 판단하였다. 개정안의 신원확인에 관한 규정(동 개정안 제3조의 2)에 대해 인권위는 과잉금지원칙, 진술거부권 및 개인정보자기결정권을 침해한다고 판단하였다.[127] 또한, 독일연방헌법재판소는 이른바 국세 조사법 판결에 의해 주민들에 대한 신원정보의 수집 및 확인은 정보의 자기결정권을 침해한다고 판시하였다. 따라서, 수사목적 불심검문에 있어서 인권침해나 인격권 및 정보의 자기결정권 등의 개인적 권리에 반하는 경찰작용은[128] 위법수사로 귀결될 것이라고 생각된다.

127) 2010.4. 국회 행정안전위원회의 「경직법 일부 개정안」에 대한 국가인권위원회의 의견: 2010.5.26. 국가인권위원회 보도자료 참조.

128) 오상방위 판단 여부는 이용식, "위법성조각사유의 전제사실의 착오에 대한 대법원판례의 이해구조", 형사판례연구 [24], 박영사, 2016, 179면 이하 참조.

Ⅳ. 결 론

일제시대의 행정경찰활동은 사법경찰 목적을 위하여 남용되었다. 이 때문에 효당 엄상섭은 "수사관헌의 억압적인 직무집행은 수사의 결과를 진상으로부터 멀리 떠나게 할 것"이라고 주장하면서 "일제시대 이래의 악습을 완전하게 시정할 것"을 제창하였다.[129] 그리하여, 법치국가적 원칙이나 시민의 정당한 권리 보장[130]에 반하는 수사목적 불심검문은 경찰관의 직무집행상의 위법성이 인정되어야 한다. 여기서, 시민의 정당한 권리로는 정보의 자기결정권이 대표적이다. 부수적 권리로는 인간의 존엄과 사생활의 자유 및 인격권, 자기부죄 금지 및 진술거부권, 변호인의 조력을 받을 권리가 포함될 수 있다.[131]

본고에서는 수사목적 불심검문 사안의 판단법리와 관련하여 외국 불심검문 제도의 특징이 정밀하게 고찰되었다. 무엇보다도 우리의 경직법상 불심검문의 연혁과 기원은 보안경찰과 사법경찰작용의 명확한 구별 없이 집행되어 왔던 미국의 불심검문과 밀접하게 관련된다. 제정 경직법은 일본을 통하여 간접적으로 미국의 「통일체포법」의 영향을 받았다. 제정 경직법상 "상당한 이유" 요건은 미국 법제의 실무 운용과도 동일하게 해석된다. 특히, 독일의 불심검문 제도 운영은 일제시대 이후 불심검문 실제에 있어서 연혁적으로 중요한 부분을 차지하고 있다. 더욱이 독일판례의 인권 보장 원칙이나 인격권과 정보의 자기결정권 보호 법리는 우리 판례에서의 판단 법리 발달을 위하여 모범적이라고 생각된다. 수사목적성과 관련한 법규정들에 있어서 일본 경직법은 우리 경직법과 다른 점들도 밝혀졌다. 따라서 외국의 제도 운영 동향은 불심검문 판단법리에 많은 시사점을 주고 있다.

---

129) 신동운 편저, 효당 엄상섭 형사소송법논집, 서울대학교출판부, 2005, 220면 이하 참조.

130) 신동운, 주 126)의 책, 680면.

131) 2010.4. 국회 행정안전위원회의 「경직법 일부 개정안」에 대한 국가인권위원회의 의견: 2010.5.26. 국가인권위원회 보도자료 참조.

검찰과 경찰의 직무 영역에서는 수사권 구조개혁에 관한 논의도 활발하게 이루어지고 있다. 이는 경찰의 법적지위 향상에 기인한다. 그런데, 경찰관 불심검문 실무에서는 영장 없이 이루어지는 수사목적 직무집행이 용인된다. '선판례'에서도 절도죄 피고인은 경직법 제3조 제1항 소정의 "어떠한 범죄를 범하였다고 의심할 만한 상당한 이유가 있는 자"이었다. 즉 범인검거를 위한 불심검문의 직무가 수행되었다. 그럼에도 불구하고 대법원은 행정경찰 목적에 의하여 경직법 소정의 불심검문이 집행되는 것으로 새긴다. '최근판례'에서 보안경찰작용설에 입각한 검사 항소이유서는 수사단서 이전의 불심검문의 위법성은 사법경찰작용에 의한 수사진행 단계의 위법과 단절된다는 주장이었다. 그러나 대법원의 판단에 따르면, 불심검문의 위법성은 검찰측 주장과 달리 수사의 위법에 해당하였다. 그렇다면, 판례의 불심검문에 대한 단순 행정경찰 목적의 경찰활동 취지는 병존설에 입각한 판단법리로 판례의 변경이 이루어져야 할 것이라고 생각된다. 법원은 불심검문의 수사목적성을 실제적으로 인정할 때 비로소 경찰권 남용에 대해 법치국가 원칙을 철저히 구현할 수 있을 것이라고 여겨지기 때문이다.

모든 불심검문에 있어서 경찰관의 직무집행이 행정경찰 목적의 경찰활동에 기인한 단순 행정처분으로 새겨진다면, 법치국가적 원리를 구현함에 있어서 다양한 결함을 내포할 수 있다. 첫째, 대상판례의 판단 법리에 비추어 볼 때, 불심검문은 오히려 범죄퇴치에 비효과적일 수 있다. 독일 경찰의 신원확인 법제 실무에서[132] 경찰권 남용은 수사진행의 위법성에 영향을 미칠 위험성은 크지 아니하다. 독일의 불심검문에 관한 법규정은 인격권 및 정보의 자기결정권 보호 취지의 독일 연방헌법재판소 판결에 기인하여 신원확인 정도로 축소되어 있기 때문이다. 또한, 현행 경직법상 불심검문에 관한 법규정은 일본과 다르다.[133] 이 때문에 1978년 일본 최고재판소가 직무질문을 행정행위로

132) 본고의 Ⅱ. 2. "나. 독일의 불심검문 제도" 참조.
133) 본고의 Ⅱ. 2. "다. 일본의 수사목적 직무질문 동향" 참조.

해석하였지만, 일본의 해석례는 우리의 수사목적 불심검문에 그대로 원용되어서는 안 된다. 둘째, 행정경찰 목적설에 의한 직무집행은 시민의 정당한 권리를 침해하더라도 소송 과정상의 적법절차만을 일탈하지 아니하는 한 경찰권 남용은 묵인될 수밖에 없다. 이러한 권리 침해는 인권침해 논란을 발생시킬 수 있다. 셋째, '최근판례'의 사안에서처럼 경찰실무상 보안 및 사법경찰작용을 명확하게 분리하여 직무를 집행하는 것은 현실적으로 곤란하다. 오히려 수사목적 불심검문에 대하여 판례의 태도는, 처음부터 형사소송법상 적법절차가 엄격하게 준수될 수 있도록 불심검문에 대해 사법경찰작용을 인정하는 방향으로 전환하여야 할 것이다. 따라서, 불심검문에 있어서 수사 목적이나 사법경찰작용을 적극적으로 해석하는 판단 법리는 경찰권 남용 및 인권침해를 방지함으로써 실체적 진실발견을 효과적으로 이루어낼 수 있을 것이라고 생각된다.

[주 제 어]
수사목적 불심검문, 수사실질설, 병존설, 통일체포법, 상당한 이유, 신원확인.

[Key Words]
stop and frisk, investigative stop, the reasonable ground to suspect, probable cause, human rights.

접수일자: 2019. 5. 20. 심사일자: 2019. 6. 9. 게재확정일자: 2019. 6. 10.

[참고문헌]

Ⅰ. 단행본

김인회, 형사소송법(제2판), 피앤씨미디어, 2018.
김재광, 경찰관직무집행법의 개선방안 연구, 한국법제연구원, 2003.
김충남, 경찰수사론(제3판), 박영사, 2008.
박민주, 신범죄수사법-불심검문편, 경육연구사, 1952.4.
배종대 외 3인 공저, 형사소송법(제2판), 홍문사, 2016.
손동권·신이철, 새로운 형사소송법(제2판), 세창출판사, 2010.
신동운, 신형사소송법(제5판), 법문사, 2014.
신동운, 판례분석 신형사소송법, 법문사, 2007.
신동운, 판례분석 신형사소송법 Ⅱ[증보판], 법문사, 2014.
신동운, 판례분석 신형사소송법 Ⅲ[증보판], 법문사, 2017.
신동운 편저, 효당 엄상섭 형사소송법논집, 서울대학교출판부, 2005.
신현주, 형사소송법(신정2판), 박영사, 2002.
이승민, 프랑스의 경찰행정, 경인문화사, 2014.
이은모, 형사소송법(제6판), 박영사, 2018.
임동규, 형사소송법(제11판), 법문사, 2015.
정웅석·백승민, 형사소송법, 대명출판사, 2012.
진계호, 형사소송법(제2판), 형설출판사, 2004.

Schenke, Wolf-Rüdiger(서정범 역), 독일경찰법론, 세창출판사, 2001.
한국경찰사편찬위원회편, 한국경찰사 Ⅰ, 내부부 치안국, 1972.
경찰실무전서, 경찰대학, 1998.

古谷洋一, 註釋警察官職務執行法(四訂版), 立花書房, 2014.
渡辺修, 職務質問の研究, 成文堂, 1992.
渡辺修, 大コンメンタール警察官職務執行法, 青林書院, 1993.
渡辺直行, 刑事訴訟法(第二版), 成文堂, 2013.

渡邊宗太郎·杉村敏正, 新警察法と美國警察制度, 有斐閣, 1949.

渥美東洋, 刑事訴訟を考える, 日本評論社, 1992.

田宮裕, 刑事訴訟法 Ⅰ, 有斐閣, 1975.

白取祐司, 刑事訴訟法(第九版), 日本評論社, 2017.

松本時夫 外 3人 編, 條解 刑事訴訟法(第四版增補版), 弘文堂, 2016.

宇藤崇 外 2人 共著, 刑事訴訟法(第二版), 有斐閣, 2018.

井上正仁/渡辺咲子/田中開 編, 刑事訴訟法制定資料全集 — 昭和刑事訴訟法編(9), 信山社出版社, 2015.

井上正仁 監修, 裁判例コンメンタール刑事訴訟法(第2巻), 立花書房, 2017.

酒巻匡, 刑事訴訟法, 有斐閣, 2015.

出口雄一, 前後法制改革と占領管理體制, 慶應義塾大學出版會株式會社, 2017.

平野龍一, 刑事訴訟法, 有斐閣, 1972.

河上和雄, 大コメンタール警察官職務執行法, 青林書院, 1993.

河上和雄, 大コメンタール刑事訴訟法(第二版), 青林書院, 2012.

後藤昭·白取祐司, 新·コンメンタール刑事訴訟法(第3版), 日本評論社, 2018.

Joshua Dressler/George C. Thomas Ⅲ, Criminal Procedure(6th Edition), West Academic, 2017.

Donald A. Dripps/Ronald N. Boyce/Rollin M. Perkins, Criminal Law and Procedure, Foundation Press, 2017.

Franz-Ludwig Knemeyer, Polizei- und Ordnungsrecht(5., erweiterte Auflage), C.H.BECK'SCHE VERLAGSBUCHHANDLUNG, MÜNCHEN, 1993.

Sebastian Söllner, Polizei- und Ordnungsrecht Kommentar(2. Auflage), Carl Heymanns Verlag, 2017.

Stefan Süss, Die Zusammenarbeit zwischen der Bundespolizei und den Länderpolizeien und ihre verfassungsrechtlichen Grenzen(2. Auflage), 2016.

Wolf-Rüdiger Schenke, Polizei- und Ordnungsrecht(10., neu bearbeitete Auflage), C.F.Müller, 2018.

Ⅱ. 논 문

서정범·이영돈, 경찰관직무집행법 개정방향에 관한 연구, 치안연구소, 2003.

신동운, 서독의 사법경찰, 경찰고시, 1989.3.

이관희, 독일의 통일경찰법모범초안에 있어서 몇 가지 문제, 경찰대 논문집, 1993.

이영돈, 불심검문에서 정지의 요건과 한계, 법학논집(이화여대), 제18권 제4호, 2014.

이용식, 위법성조각사유의 전제사실의 착오에 대한 대법원판례의 이해구조, 형사판례연구 [24], 박영사, 2016.

이용훈, 불심검문의 남용, 사법행정, 1967.5.

이은모, 직무질문에 있어서 유형력 행사의 법적 한계, 법학논총, 제15집, 한양대법학연구소, 1998.

이호중, 경찰관직무집행법상 불심검문제도의 개정논의에 대한 비판적 고찰, 형사법연구, 제21권 제3호, 2009.

정신교, 불심검문의 적법성의 한계와 개선방안, 법학논총(숭실대), 제29집, 2013.

정하중, 독일경찰법의 체계와 한국 경찰관직무집행법의 개선방향(下), 사법행정, 1994.3.

조인현, 경찰관 불심검문의 수사관련 집행현황과 제약 요인 고찰, 형사법연구, 2003.

황문규, 검경수사권 조정에 관한 법안의 비교·검토, 형사정책, 제30권 제3호, 2018.

법정신문, 제402호, 1939.5.20.

古谷洋一, 警察官職務執行法の概要, 講座警察法 第一卷(關根謙一 外 6人 編), 立花書房, 2014.

半谷恭一, 職務質問, 捜査法大系 I (熊谷弘 外 2人 編), 日本評論社, 1973.

小暮得雄, 現行犯の制止, 法律のひろば, 1968.5.

宋尾浩也, 職務質問と所持品檢查, 法律のひろば, 1968.5.

長沼範良, 所持品検査, 別冊ジュリスト, 232号, 2017.

Police power to stop, frisk, and question suspicious persons, Columbia Law Review, Vol. 65 No. 5, 1965.

[Abstract]

A study on the grounds for court's ruling in trials about investigative stop and frisk

Cho, In-Hyun*

This study examines what it is like to be the Court's Ruling about investigative stop and frisk. In this article I discussed also the differences between the provisions of the Korean Stop and Frisk and that of the other countries such as U.S.A., Germany and Japan. The police officer used to stop and frisk for purposes of investigation when the circumstances justify suspicion but fall short of probable cause. The suspected might be arrested only if there was something close to probable cause for the police officer to believe that he had committed an offense. However, criminal trials has been required to exclude illegally obtained evidence from investigative stop and frisk. According to the Court's Ruling, any investigation, having been taken place before recognition process, could be considered as a part of the investigation scope. The investigative stop might be regarded as investigative activities. There, the excessive violation of human rights should be strictly forbidden. As a result, the more neutral scrutiny of a judge might be required in trials about investigative stop. Therefore the rule of law doctrine has to be respected as follows. Firstly, the rights of the people shouldn't be restricted excessively to maintain safety and order of public, but the fundamental human rights must be protected. Secondly, the privacy and freedom of people are citizen's privilege to enjoy his social lives. Thus no citizens shall not be unfairly or illegally violated by the police power.

* Ph. D. in Law at SNU and Former Visiting Researcher of the SNU Law Research Institute

Lastly, We must always keep attention to protect the rights of the people in those investigative activities from being unfairly infringed by the police authority.

자유심증주의의 범위와 한계

황 태 정*

[대상판결] 대법원 2012. 9. 27. 선고 2012도2658 판결
〈판결1: 노숙인사건〉
대법원 2013. 9. 12. 선고 2013도4381 판결
〈판결2: 산낙지사건〉

[사실관계 및 재판경과]

〈판결1: 노숙인사건〉

① 사실관계

피고인은 1997. 11. 18.경 남편 A와 결혼식을 올리고 혼인신고를 하지 아니한 채 동거하던 중 1998. 11. 6.경 딸 B를 낳았다. 피고인은 A의 인감도장을 무단사용하여 속칭 '차치기' 등의 방법으로 사기행각을 벌이다가 1999. 10. 15.경 부산지방법원에서 징역 8개월을 선고받아 형이 확정되었고, 이로 인해 혼인관계가 파탄되어 A와 헤어지게 되었다. 이후 딸 B가 급성 림프구성 백혈병으로 투병하게 되면서 생활이 궁핍해진 피고인은 2005. 12. 13.경 기초생활보장 수급자 및 의료보호 대상자로 지정받게 되었고, 다시 어학원·커피점 등을 운영하다가 실패하면서 채무가 다수의 금융기관에 걸쳐 합계 106,000,000원 상당에

* 경기대학교 경찰행정학과 교수, 법학박사

이르렀다.

한편 피고인은 2003년경부터 당시 대학생이던 13살 연하의 내연남 C와 사귀면서 관계 유지를 위해 많은 돈을 소비하였고, 경제적으로 더욱 어려운 상황에 처하게 되었다. 2010. 1.경 결혼 경력 및 혼외자의 존재가 알려지면서 내연남 C로부터 결별을 통보받은 피고인은, C에게 임신했다고 거짓말을 하고 허위의 태아 사진을 C와 그 여자친구에게 보내 이들을 헤어지게 하는 등 C와의 관계 복원에 과도한 집착을 보였다. 피고인은 그 무렵 여러 금융기관으로부터 창업자금 등 명목으로 약 1억원 상당의 금원을 편취하였으나 이를 채무변제, 생활비, 유흥비 등으로 모두 탕진하여 극심한 경제적 어려움에 처해 있었고, 형사사건으로 기소되어 재판이 진행 중이었으나 합의할 능력이 되지 않아 구속될 위기에 처하게 되자, C와의 관계 복원 및 새출발을 위해 많은 자금과 새로운 신분을 필요로 하게 되었다.

이에 피고인은 거액의 생명보험에 가입한 다음, 사회적 유대관계가 단절된 여성 노숙인을 구해 살해한 후 자신이 사망한 것처럼 위장하여 보험금을 수령함으로써 일거에 모든 어려움을 해결하기로 마음먹었다. 피고인은 경제적 능력이 없음에도 2010. 3. 8.경부터 자신을 피보험자로, 자신의 노모를 보험수익자로 하여 여러 보험사에 3,350,000,000원 상당의 생명보험을 가입하였고, 매달 보험료로 합계 3,083,260원을 납부하였다.

피고인은 2010. 4. 7.경부터 자신의 집에서 인터넷을 통해 '메소밀', '그라목손 냄새', '살인방법', '사망신고절차', '부산 여성노숙인', '여성노숙인쉼터', '살충제', '부산 원예용 살충제', '메소밀 냄새', '메소밀 중독', '메소밀 음독', '메소밀 100㎖ 음독', '아질산나트륨', '살충제농약음독', '농약음독', '파라코', '질식사' 등의 검색어를 입력하고 이와 관련된 사이트 접속 및 문서, 뉴스기사 등을 검색하였다.

피고인은 2010. 5. 27.경부터 인터넷을 통해 무연고 여성노숙인을 물색하던 중 2010. 5. 30. 대구 소재 모 여성노숙인쉼터를 방문하여 피해자(여, 26세)를 만났고, 피해자에게 연락하는 가족이나 지인이 없다는 점을 확인한 후 "내가 운영하는 어린이집의 보모로 근무하면 월급으로 130만 원을 주고 가까운 대학에서 공부시켜 보육사 자격증까지 취득하게 해 주겠다."라고 속여 2010. 6. 16. 19:00경 피해자를 자신의 승용차에 태워 부산으로 데리고 왔다.

피고인은 그 다음날인 2010. 6. 17. 05:00경 피해자를 부산 모 병원 응급실에 태우고 와서 당직의사 및 간호사에게 피해자가 심장이 좋지 않았던 것처럼 말하였는데, 당시 피해자는 이미 사망한 상태였다. 피고인은 위 병원에 환자의 이름을 피해자가 아닌 피고인으로 하여 접수하였다. 피해자의 사망이 확인된 후 피고인은 피해자가 머물고 있던 노숙인쉼터에 이 사실을 알리지 않고 화장장에서 사체의 인적사항을 피고인의 이름으로 하여 접수하였고, 검안의사에게 피해자의 사망원인을 심장질환으로 인한 돌연사라고 이야기하여 피고인 명의의 사체검안서를 발부받아 피해자를 화장한 후 재를 해운대구 청사포 바닷가에 뿌렸다.

피해자의 사망 후 피고인은 인터넷으로 심근경색으로 인한 사망과 보험금 지급 등에 관한 내용을 검색하였고, 피고인 명의의 사망신고를 한 후 이를 근거로 보험회사에 보험금을 청구하였으며, 피해자의 가방에서 절취한 주민등록증을 이용하여 피해자의 이름으로 운전면허시험에 응시하였다.

② 재판경과

피고인에 대한 살인죄의 공소사실에 대하여 제1심[1] 유죄(무기징역), 항소심[2] 무죄,[3] 상고심[4] 유죄 취지 파기환송, 파기환송심[5] 유죄

1) 부산지방법원 2011. 5. 31. 선고 2010고합856, 872, 873 판결.
2) 부산고등법원 2012. 2. 8. 선고 2011노335 판결.
3) 살인의 공소사실에 대해서는 무죄가 선고되었으나 공·사문서위조 및 동행사, 절도, 사기, 사체유기 등의 공소사실에 대하여 유죄가 인정되어 징역 5년이 선고되었다.
4) 대법원 2012. 9. 27. 선고 2012도2658 판결.

(무기징역), 환송심 후 상고심[6] 유죄(무기징역)로 진행되었다. 이 사건의 핵심은 직접증거가 없는 경우 정황증거만으로 유죄를 선고할 수 있느냐였고, 법원은 정황증거의 신빙성(증명력)과 관련하여 심급마다 서로 다른 판단을 하였다.

제1심판결은 나타난 제반 정황증거만으로 살인죄를 인정하였다. 즉 ① 피해자가 돌연사나 자살하였을 가능성이 없는 점, ② 피고인에게서 피해자를 살해할 동기가 있었다고 충분히 추정되는 점, ③ 쉼터를 출발하여 피해자가 사망할 때까지 피해자와 함께 있었던 유일한 사람이 피고인이므로 피해자가 제3자에 의하여 살해되었을 가능성이 없는 점, ④ 피고인이 피해자를 부산으로 데려온 경위와 피고인이 피해자를 응급실에 데려간 경위 등 당일의 행적, ⑤ 피해자의 사망을 전후한 무렵의 피고인의 주장이 전혀 합리성이 없고 신빙할 수 없는 점, ⑥ 피고인의 보험가입 경위나 인터넷 검색 경과, ⑦ 피고인이 응급실 의료진이나 사체검안 의사에게 피해자의 심장에 이상이 있었던 것처럼 허위 진술을 하였던 점, ⑧ 응급실에서부터 피고인이 피해자인 양 행세를 하였고 피해자의 사체를 화장한 후 보험금을 청구한 경위 등 제반 사정을 종합하여 피고인의 살인 혐의에 대하여 유죄를 인정하였다.

그러나 사건의 경과 중 유일하게 살인죄의 공소사실에 대해 무죄를 선고한 항소심판결은 피해자의 돌연사 가능성[7]과 자살 가능성[8]을

---

5) 부산고등법원 2013. 3. 27. 선고 2012노524 판결.

6) 대법원 2013. 6. 27. 선고 2013도4172 판결.

7) 피해자가 키 144.4cm, 몸무게 51.2kg으로 상당한 과체중이었던 사실, 잦은 음주 등으로 평소 간의 상태가 좋지 않았던 사실, 자궁미성숙으로 월경이 없어 여성호르몬제를 복용하였던 사실, 불우한 가정환경 등으로 우울증을 앓고 있었던 사실, 여러 종류의 치료약을 복용하고 있었던 사실 등을 종합하면, 비록 가능성은 크지 않으나 피해자가 급성간성혼수나 심근경색 등의 원인으로 돌연사하였을 개연성이 전혀 없다고 단정하기는 어렵다고 판단하였다.

8) 피해자가 가정불화로 쉼터에 입소한 사실, 남자친구와 다투거나 여러 차례 헤어진 적도 있는 사실, 직장생활 부적응 등 사회적·경제적 어려움과 인간관계의 고통을 겪고 있었던 사실, 여성으로서 월경이 없고 자궁미성숙 등으로 인하여 여성호르몬제를 복용해야만 하고 아기를 가질 수 없는 상태였던 사

배제하기 어렵고, 타살 가능성[9]을 확신하기 어렵다는 이유로 피고사건에 대하여 무죄를 선고하였다.

대법원은 제반 정황증거로 볼 때 피고인의 살해 동기가 충분함에도 돌연사나 자살 가능성이 있다는 이유로 항소심법원이 무죄를 선고한 것은 잘못이라고 보았고, 무죄로 인정하기 위한 심리를 다하지 않은 위법을 지적하며 원심을 파기환송하였다. 우선 상고심 재판부는 피해자의 돌연사나 자살 가능성을 합리적으로 배제할 수 없다는 근거로 원심이 든 사유들이 기록에 나타나는 피해자의 행동이나 건강상태, 피고인의 행적 등에 비추어 모순되는 점들이 많으므로 그와 관련된 전후의 사실관계 등에 대하여 원심으로서는 좀 더 세밀하게 심리하였어야 한다고 지적하였다. 그리고 피해자의 타살 가능성과 관련하여서는 검사가 피해자의 사망원인으로 주장하였던 메소밀을 복용할 경우 사망에 이르기까지 걸리는 시간, 메소밀을 물이나 맥주 등에 탈 경우 냄새나 색깔·맛 등으로 용이하게 알아채기 어려운지 여부, 치사량에 이를 정도가 되려면 어느 정도 분량을 타야 하는지, 그리고 피해자의 타액이 앞가슴 부분까지 흘러나온 증상 등이 메소밀 등의 독극물을 복용한 사체에서 흔히 발견되는 현상인지 여부 등에 관하여도 심도 있게 심리하였어야 한다고 지적하였다. 환송심은 이러한 대법원의 취지를 받아들여 파기환송의 취지에 따라 피고인에 대한 살인죄를 유죄로 인정하였다.

이에 피고인은 검사의 공소사실 불특정[10]과 이로 인한 방어권 행

실, 친구 및 가족관계의 어려움 등으로 인하여 우울증을 앓고 있었던 사실 등을 종합한다면 미약하나마 피해자가 우발적·충동적으로 약물 등을 사용하여 자살을 결행하였을 가능성도 전혀 배제하기는 어렵다고 판단하였다.

9) 피해자의 사체에서 농약 등 약물의 냄새가 나지 않았고, 피부에 외상 기타 타살을 의심할 만한 흔적이 없었으며, 병원으로 후송될 당시에도 독극물 등에 의한 사망을 추정할 만한 토사물 등이 피해자의 의복이나 몸 또는 차량에서 발견되지 아니하였다는 응급실 의사·간호사, 사체검안의, 장례절차 관련자의 진술을 종합하여 볼 때 피해자가 타살되었다고 쉽사리 확신하기 어렵다고 판단하였다.

10) 애초 검찰이 제시한 공소사실은 피고인이 피해자 몰래 물이나 술 등 음료수

사에 지장 초래, 간접사실만에 의한 유죄인정을 문제 삼아 다시 상고하였다. 그러나 환송심 후 상고심은 "공소사실에 피고인이 피해자를 살해한 장소가 부산 불상의 장소로, 살해 방법이 불상의 방법으로 되어 있는 것은 상고이유의 주장과 같으나, 범행시간이 2010. 6. 17. 02:30경부터 04:00경까지로 특정되어 있고, 피고인의 범행동기와 피고인이 연구한 살해방법과 피해자를 물색한 정황, 피해자와의 접촉 경위 등이 자세하게 적시되어 있어 이 사건 살인의 공소사실을 특정할 수 있으므로, 피고인의 방어권 행사에 지장이 있다고 볼 수 없어 공소제기의 효력에는 영향이 없다."라고 판시함으로써 환송심의 유죄판단을 유지하였다.

〈판결2: 산낙지사건〉

① 사실관계

피고인은 2008. 3.경부터 애인 A와, 2009. 2.경부터 이 사건 피해자와, 2010. 2.경부터 또 다른 애인 B와 교제하는 등 다수의 여성과 교제하는 관계를 맺고 있었다. 피고인은 A·B의 가족과 만남을 가진 것은 물론 A에게 2회 이상 임신중절을 하게 하였고, B와도 둘이 여행을 다니고 모텔에 투숙하는 등 깊은 관계를 맺어오고 있었다.

피고인은 사건 당시 신용불량자로 일정한 직업이나 소득이 없었고, 연인관계였던 A·B 및 지인들로부터 수천만 원의 금원을 차용하여 채무 변제를 독촉받는 등 금전적으로 궁핍한 상태에 있었음에도 불구하고, 고급 수입 승용차를 구입하는 등 형편에 비하여 과다한 금전소비를 하고 있었다. 피고인은 2010. 3. 중순경 피해자 명의로 2억원의 생명보험에 가입하였고, 2010. 4. 초순경 보험수익자를 법정상속인에서 피고인으로 변경하였다.

에 메소밀 등 독극물을 넣고 피해자로 하여금 이를 마시게 하여 독극물 중독 등으로 사망하게 하여 살해한 것이라는 취지였는데, 2011. 5. 3. 불상의 장소에서 불상의 방법으로 살해한 것이라는 내용으로 공소장을 변경하였다.

피고인은 2010. 4. 18. 저녁 피해자와 술을 마시고 만취한 피해자와 함께 모텔에 투숙하였는데, 모텔에 들어가서 술을 더 마시기로 하고 술과 함께 안주로 산낙지 4마리를 구입하여 2마리는 통으로, 2마리는 잘라 포장하여 가지고 갔다. 피고인은 2010. 4. 19. 04:20경 모텔 프런트에 "여자친구가 낙지를 먹다가 숨을 쉬지 않는다."라며 119에 신고해 줄 것을 요청하였고, 모텔 종업원이 신고 후 뛰어내려와 도움을 요청하는 피고인과 함께 현장에 와서 피해자를 확인하자, 피해자를 업고 뛰어 인근 병원으로 후송하였다.

모텔 종업원은 사건 현장은 흐트러짐이 없었고 피해자는 잠을 자듯 반듯하게 누워 있었으며, 피고인이 피해자의 입에서 낙지를 꺼내는 등의 행위를 보지 못하였다고 일관되게 진술하였다. 그러나 피고인은 피해자가 먹은 것이 통낙지였는지 낙지다리였는지, 피해자의 입에서 낙지를 빼냈는지 의료진이 빼내는 것을 보았는지에 대해 사람에 따라 진술을 달리하거나 번복하는 등 일관성 없는 모습을 보였다.

피고인은 사건 이틀 후인 2010. 4. 21. 신한은행에 피고인 명의의 계좌를 개설하였고, 2010. 4. 29. 위 계좌에서 보험금 13만원을 송금하여 납부하였다. 피고인은 피해자가 병원에 입원해 있는 동안 피해자의 생모, 생부와 계모, 남동생 등에게 보험가입사실, 보험수익자, 보험금액 등에 대해 수차례 거짓말을 하였고, 보험설계사인 고모에게 피해자의 부모가 보험금에 대하여 어떤 권리를 가지는지 문의하였다.

피고인은 피해자가 뇌사상태로 입원중인 2010. 5. 2.에도 B를 계속 만나고 B의 가족과 산행을 하였으며, 2010. 5. 5. 피해자가 사망하자 위 생명보험의 보험금을 청구하여 2010. 7. 23. 위 계좌로 보험금 2억 51만 원을 송금받았다. 피고인은 보험금을 지급받자 피해자의 가족과 일체의 연락을 끊었고, 지급받은 보험금으로 채무를 변제하고 지인에게 별다른 이유 없이 금원을 지급하거나 애인 B에게 승용차를 사 주기도 하는 등으로 상당히 짧은 시간 내에 대부분의 보험금을 소비하였다.

② 재판경과

피고인에 대한 살인죄의 공소사실에 대하여 제1심[11] 유죄(무기징역), 항소심[12] 무죄,[13] 상고심[14] 무죄로 법원의 의견이 엇갈렸다. 이 사건의 쟁점 역시 정황증거만으로 유죄를 인정할 수 있는지, 있다면 그러한 유죄인정에 어떠한 요건이 필요한지 하는 점이었다.

제1심은 피고인의 진술이 일관성이 없고 정황과 일치하지 않아 믿기 어렵고,[15] 피해자가 평온하게 누워있었던 것은 피고인이 유형력을 행사하였음에도 피해자가 이에 저항하지 못하였던 것으로 보이고, 피해자의 신체나 사건현장에 그러한 저항의 흔적이 거의 남지 않은 것은 만취한 피해자의 미약한 저항을 피고인이 압도적으로 제압하였기 때문으로 보이며, 피고인의 범행 전후의 행동[16]이 의심스러운 점을

11) 인천지방법원 2012. 10. 11. 선고 2012고합325 판결.

12) 서울고등법원 2013. 4. 5. 선고 2012노3561 판결.

13) 살인 외에 절도, 사기, 사문서위조 및 동행사의 죄로 기소되었다. 항소심에서 살인, 사기, 사문서위조 및 동행사는 무죄로 판단되었으나, 절도에 대하여 유죄가 인정되어 징역 1년 6개월이 선고되었다. 상고심은 원심의 판단을 유지하였다.

14) 대법원 2013. 9. 12. 선고 2013도4381 판결.

15) ① 피해자가 평온한 표정으로 하늘을 향해 반듯하게 누워 있었고 술자리가 흐트러지지 않았던 점, ② 피고인이 낙지를 빼낸 것을 본 사람이 없고 병원 의료진에서도 낙지를 빼낸 적은 없으며, 법의학자들은 음식물의 연하작용 때문에 낙지로 인한 질식의 경우 이를 손으로 빼내는 것은 매우 어렵다고 하고 있는 점, ③ 피해자가 먹은 것이 통낙지인지 낙지 다리인지에 관하여 피고인의 진술이 번복된 점, ④ 피해자는 매우 심한 치아우식증으로 인하여 저작기능이 극도로 저하되어 있었음에도 산낙지를 먹었다는 것이 이해하기 어려운 점 등을 근거로 들고 있다.

16) ① 피고인이 신용불량자로 지속적 소득 없이 연인관계였던 A·B 등 주변 지인들로부터 금원을 차용하여 채무변제를 독촉받았고 이에 대하여 피고인이 "돈이 나올 곳이 있다."라고 말하였던 점, ② 피해자가 피고인을 통하여 보험에 가입한 경위나 수익자변경 경위가 이례적이며, ③ 피고인이 모텔 종업원에게 119 신고를 요청한 것은 오히려 피해자의 호흡과 맥박이 정지할 때까지 시간을 끄는 동시에 목격자를 만들기 위한 것이라고 의심된다는 점, ④ 피고인이 보험금을 수령한 이후 상당히 짧은 시간 내에 보험금을 소비하고 피해자의 가족들에게 보험금의 수령 등에 관하여 거짓말을 하기도 하였으며, 피

들어, 피고인에 대한 살인죄의 공소사실에 관하여 유죄로 판단하였다.

그러나 이에 대하여 항소심은 ① 피해자의 직접사인이 '질식'에 의한 것이라는 점을 인정하면서, ② 질식의 원인이 비구(鼻口)폐색에 의한 것인지 기도(氣道)폐색에 의한 것인지 여부와 관련하여 피해자에게 외상이 없어 사망원인을 확신할 수 없고, ③ 피고인의 진술번복, 피해자의 신체조건(치아우식증), 법의학자들의 소견 등이 피고인이 주장하는 기도폐색의 가능성을 전면적으로 배제할 수는 없다는 이유로 피고인에게 살인죄의 유죄를 인정한 제1심의 판단을 뒤집고 무죄로 판단하였다.

[연 구]

Ⅰ. 들어가며

형사재판에 있어서 유죄의 인정은 법관으로 하여금 합리적인 의심을 할 여지가 없을 정도로 공소사실이 진실한 것이라는 확신을 가지게 할 수 있는 증명력을 가진 증거에 의하여야 한다. 자유심증주의를 규정한 형사소송법 제308조가 증거의 증명력을 법관의 자유판단에 의하도록 한 것은 그것이 실체적 진실발견에 적합하기 때문이므로, 이러한 확신을 가질만한 심증을 형성하는 증거가 없다면 설령 피고인에게 유죄의 의심이 있다 하더라도 피고인의 이익으로 판단하여야 함이 당연하다. 다만, 그와 같은 심증이 반드시 직접증거에 의하여 형성되어야만 하는 것은 아니고 경험칙과 논리법칙에 위반되지 아니하는 한 간접증거에 의하여 형성될 수도 있다는 것이 대법원판례의 확고한 입장이다.[17)]

해자가 중환자실에 있을 때 보험금의 수령에 관하여 문의하기도 한 점, ⑤ 피해자가 병원에 입원하여 있는 동안 B와 그 가족을 만나 등산을 하는 등으로 보아 피고인이 진심으로 사고에 충격을 받은 것으로 보이지는 않는 점 등을 들고 있다.

17) 대법원 1999. 10. 22. 선고 99도3273 판결; 대법원 1998. 11. 13. 선고 96도1783 판

나아가 이러한 간접증거는 개별적으로는 범죄사실에 대한 완전한 증명력을 가지지 못하더라도 전체 증거를 상호 관련 하에 종합적으로 고찰할 경우 그 단독으로는 가지지 못하는 종합적 증명력이 있는 것으로 판단되면 그에 의하여도 범죄사실을 인정할 수 있다.[18] 따라서 사실심법관은 사실인정에 있어 공판절차에서 획득한 인식과 조사된 증거를 남김없이 고려하여야 하며, 특히 간접증거는 이를 개별적·고립적으로 평가하여서는 아니 되고 모든 관점에서 빠짐없이 상호 관련시켜 종합적으로 평가하고, 치밀하고 모순 없는 논증을 거쳐야 한다.[19] 대법원은 이러한 취지에서 "개별적 의문점에 기하여 그 전체가 갖는 종합적 증명력을 부인하고, … 정황증거 및 유죄에 관한 다른 간접증거들의 증명력을 모두 배척한 채 무죄를 선고한" 경우 원심판결을 심리미진 또는 채증법칙 위반을 이유로 파기한 바 있다.[20]

최근 우리나라에서도 사건의 정황에 관한 간접증거만으로 공소가 제기되어 주목된 사건들이 있었다. 이른바 '부산 노숙인사건', '인천 산낙지사건' 등으로 불리는 이 사건들은 피고인이 피해자를 살해하였다는 부분에 관한 목격자나 물적 증거 등의 직접증거는 없고, 피해자의 사체는 수사기관의 수사 착수 이전에 이미 화장되었으며, 이와 관련된 여러 종류의 간접증거들만 존재하는 사건들이었다. 이 사건들에서 각 심급의 재판부는 사건의 사실관계에 대하여는 대체로 일치된 의견을 보이면서도 간접증거의 증명력과 각 간접증거 사이의 연결 결합관계에 대하여 다른 평가를 내렸고, 그 결과 동일한 사실관계에 대하여 재판부별로 유·무죄라는 극단적 판단이 오고갔다.

형사재판에서 사실심법관의 증거판단과 심증형성과정은 그 일신전속적 특성상 서로 다를 수 있다는 점을 인정하지 않을 수 없지만,

---

결; 대법원 1997. 7. 25. 선고 97도974 판결; 대법원 1993. 3. 23. 선고 92도3327 판결 등.

18) 대법원 1999. 10. 22. 선고 99도3273 판결.
19) 대법원 2004. 6. 25. 선고 2004도2221 판결.
20) 대법원 1998. 11. 13. 선고 96도1783 판결.

유사해 보이는 사안에서 나타나는 서로 다른 증거판단이나 상이한 유·무죄의 판단은 일차적으로는 법원의 재판, 나아가서는 사법 전반에 대한 신뢰에 타격을 줄 수 있다는 점에서 이러한 편차를 적절한 기준에 따라 줄여나가고자 하는 노력이 필요하다고 할 것이다. 아래에서는 이러한 문제의식 아래 자유심증주의와 그 기준으로서의 합리적 의심에 관한 국내외의 입법례와 판례의 동향을 살펴보고, 이를 통해 법관의 자유심증과 그 기준에 대한 합리적 방향성을 검토해 보고자 한다.

Ⅱ. 법관의 자유판단

1. 자유심증주의의 의의 및 연혁

자유심증주의란 증거의 증명력을 적극적 또는 소극적으로 법률로 규정하지 않고 법관의 자유판단에 맡기는 원칙을 말한다. 증거의 평가를 자유롭게 한다는 의미에서 증거평가자유의 원칙이라고도 한다. 우리 헌법 제103조는 "법관은 헌법과 법률에 의하여 그 양심에 따라 독립하여 심판한다."라고 규정하고 있고, 이러한 헌법의 취지에 따라 형사소송법은 "증거의 증명력은 법관의 자유판단에 의한다."(제308조)라고 규정함으로써 자유심증주의가 증거평가의 기본원칙임을 밝히고 있다.

자유심증주의는 증거에 대한 증명력의 평가에 법률적 제약을 가하는 법정증거주의와 대립하는 개념으로, 중세 및 절대왕정시대의 형사소송구조인 규문절차에 존재하였던 법정증거주의를 타파하고 근대적 형사소송체제로 이전하면서 확립된 원칙이다. 법정증거주의의 의도는 사실인정에 있어서 법관의 자의를 배제하고 유죄판결을 신중히 하고자 하는 데 있었으나, 증거의 증명력을 획일적으로 판단하도록 함으로써 구체적 사건에 있어서 실체진실의 발견과 피고인의 방어권 보장에 오히려 부당한 결과를 초래하였다.[21]

21) 규문절차에서는 유죄판결을 하기 위해서는 피고인의 자백이 있거나 2명 이상

18세기 후반 프랑스혁명을 전후하여 인간의 이성을 중시하는 합리주의 그리고 천부인권사상을 기본으로 하는 계몽주의 사상이 전개되면서, 법정증거주의 역시 법관의 이성과 양심에 따라 판결을 하도록 하는 자유심증주의로 전환할 것이 주장되었다.[22] 이러한 논의의 결과 1808년 치죄법(治罪法, Code d'instruction criminelle)이 자유심증주의를 채택하면서 이후 자유심증주의는 독일 형사소송법을 비롯한 대륙법계 여러 나라의 형사소송법에서 실체적 진실주의와 함께 증거법의 기본원리로서 지위를 가지게 되었다.

2. 자유심증의 구성요소: 주관적 확신과 객관적 토대

자유심증주의에 의하여 법관이 자유롭게 판단할 수 있는 것은 증거의 증명력이다. 여기서 증거는 형사소송법상 증거능력이 인정된 증거이며, 증명력이란 증거능력과 구분되는 개념으로 요증사실을 인정하기 위한 실질적 가치이다. 증명력 있는 증거는 증거 그 자체가 진실일 가능성을 말하는 증거의 신용력(信用力)과, 신용력을 전제로 요증사실을 인정할 수 있는 가능성, 즉 추인력(追認力)을 가져야 한다. 이 두 요소는 모두 법관의 자유판단의 대상이 된다. 따라서 법관은 증명력 판단에 있어 외부적·법률적 구속 없이 재량에 따라 자유롭게 증거를 취사선택할 수 있고, 증거능력이 인정된 증거라도 이를 채택하지 않거나 모순된 증거 중 한쪽을 선택할 수도 있다.

의 독립적인 증인이 있어야 하는 제한이 있었다. 이에 따라 법관이 유죄라는 확신을 가지는 때에도 자백이나 2인 이상의 독립적 증인의 존재라는 요건을 갖추지 못하면 무죄판결을 할 수밖에 없었고, 또한 2인 이상의 독립적 증인이라는 요건을 갖추는 것이 쉽지 않으므로 재판은 주로 '증거의 왕'이라고 불리는 자백에 의존하게 됨으로써 자백을 얻기 위한 잔학한 고문이 이루어질 수밖에 없게 되었다.

22) 다만, 자유심증주의로 전환함에 따라 우려되는 법관의 자의적 판단에 대한 대책으로 법관의 판단영역 중 사실관계 판단 영역에 주권자인 국민을 참여하게 하는 배심제를 도입하거나, 상소제도를 도입함으로써 자의적 재판에 대한 상급심에 의한 통제를 가능하도록 하였다. 나아가 유죄판결에는 증거의 요지나 판결이유를 기재하게 함으로써 통제장치를 마련하였다.

이러한 법관의 재량은 주관적 측면과 객관적 측면으로 나누어 살펴볼 수 있다. 먼저 법관은 직접주의, 구술주의, 변론주의 등 소송원칙에 따라 전개되는 공판 과정에서 범죄사실에 관한 주관적 확신을 형성해야 한다. 이러한 주관적 확신은 인간의 경험칙상 추정되는 객관적 가능성과 일치하는 경우가 많을 것이지만 반드시 그러한 것은 아니며, 객관적 가능성이 심지어 고도의 개연성에 이르는 경우라 하더라도 법관의 주관적 확신을 구속할 수는 없다. 또한 이러한 주관적 확신은 극히 인격적인 것이므로 타인의 확신이나 생각으로 대체될 수 없다. 다만, 이러한 주관적 확신은 객관적인 사실에 기초하여야 하는 것으로서 단순한 추정이나 직관에 의해 형성되어서는 안 된다. 법관은 자의적 판단을 방지하기 위해 합리적인 객관적 토대 위에서 상호주관적 방식으로 증거판단을 하여야 하며, 법관의 심증 또한 사실적 토대에 기초하여 합리적 논증을 거쳐 형성되어야 한다. 즉 법관의 주관적 확신과 이를 뒷받침할 객관적 토대, 이 두 가지는 법관에 의한 증거판단의 합리성을 보장하기 위한 최소조건이라고 할 수 있다.[23]

3. 자유심증의 한계요소

그러나 증명력 판단에 관한 법관의 자유재량이 무제한적인 것은 아니고, 이것이 법관의 '자의(恣意)'를 의미하는 것이 아님은 명백하다. 즉 법관의 자유심증은 법관이 합리성에 기초하여 경험법칙이나 논리법칙에 따른 가치선택을 한다는 것을 의미하는 것이고, 법관이 이성에 기초하여 합리적이고 과학적인 기준에 의거 직업적 양심에 따라 판단한다는 의미에서 합리적·과학적 심증을 의미한다고 할 수 있다.[24]

대법원 또한 "증거의 증명력은 법관의 자유판단에 맡겨져 있으나 그 판단은 논리와 경험칙에 합치하여야 하고, … 증명력이 있는 것으

23) 변종필, "자유심증주의와 그 내재적 한계", 사법행정 제38권 제10호(1997.10), 한국사법행정학회, 8-9면.
24) 박미숙, "자유심증주의", 형사정책연구 제7권 제2호(1996·여름호), 한국형사정책연구원, 164-165면.

로 인정되는 증거를 합리적인 근거가 없는 의심을 일으켜 이를 배척하는 것은 자유심증주의의 한계를 벗어나는 것으로 허용될 수 없다." 라고 판시하여 논리와 경험칙을 법관의 증거판단을 제한하는 원리로 제시하고 있다.

가. 논리법칙

논리법칙이란 선험적으로 자명한 사유법칙 또는 사고법칙을 말한다. 일정한 증거에 의해 어떤 판단을 하고, 그 판단에 따라 다시 다른 판단에 이르게 되는 일련의 사유과정을 가리키는 말이라 할 수 있다. 논리규칙이나 수학적 공리가 이에 해당하며, 논리규칙의 예로는 동일성규칙, 모순배제규칙, 제3판단배제규칙, 충분한 근거규칙 등이 있다. 그러한 논리법칙에 따른 법관의 증거판단은 일관되며 모순이 없어야 한다. 따라서 모순되거나 일관성 없는 진술에 의한 유죄인정은 논리법칙에 반한다. 논리법칙의 오류에 속하는 예로는, 있을 수 있는 분명한 가능성들을 다루지 않은 경우, 개연성에 불과한 것을 필연적이라 추론하는 경우, 판단과정에 제거할 수 없는 모순이 들어있는 경우, 개념혼동, 순환논법, 논리적 비약 등 사유법칙을 개별적으로 위반한 경우, 불가능한 추론을 하는 경우, 계산착오 등을 들 수 있다. 따라서 증거로부터 비약된 심증형성, 증거와 상반되는 사실인정, 상반되는 증거가 있음에도 일방 증거는 인용하고 타방 증거는 배척하면서 그에 대한 합리적 설명이 없는 경우, 어떤 증거평가와 관련하여 몇 개의 추론을 할 수 있음에도 하나의 추론만을 하여 다른 추론의 가능성을 무시하거나, 다른 추론을 하지 않은 데 대해 논증을 하지 않는 경우 등은 논리법칙 위반한 사례에 속한다.[25]

나. 경험법칙

경험법칙이란 일상생활의 경험이나 개별적 생활현상에 대한 관찰

25) 변종필, "자유심증주의와 그 내재적 한계", 사법행정 제38권 제10호(1997.10), 한국사법행정학회, 13면.

및 그것의 귀납적 일반화를 통해 얻어진 규칙성을 띤 일체의 지식을 말한다. 즉 '개별적인 경험으로부터 귀납적으로 얻어지는 인과의 관계나 사물의 성상 등에 대하여 가언적 판단의 형식으로 표현된 명제'라고 할 수 있다. 경험칙은 일상에 속하는 것으로부터 전문적인 과학법칙에 이르기까지 다양하며, 자연법칙, 인간의 사고 작용을 지배하는 논리법칙, 수학적 원리, 사회생활에 있어서의 도의·조리, 관례, 거래상의 관습[26] 등을 포함한다.

경험법칙은 여러 분류로 나눌 수 있겠으나 크게는 일반적 경험법칙과 과학적 경험법칙으로 나누어 볼 수 있다. 일반적 경험법칙은 구체적 사실이 아닌 판단의 자료로 기능하는 지식 또는 법칙이라는 점에 그 특징이 있고, 이러한 측면에서 경험칙은 본질적으로 추상성·객관성·보편성을 갖는다.[27] 다만, 이러한 일반적 경험법칙은 개개의 사상을 관찰하여 그 공통점을 추출하여 인식하는 귀납적 판단으로부터 성립되는 명제이기 때문에 그 판단의 확실성에 차이가 존재한다는 점, 원칙적으로 가정적 판단에 해당하기 때문에 그것이 어떤 전제를 조건으로 하는 것인 경우 당해 사실인정에 있어서 구체적 사정이 그 전제를 충족하고 있는 경우에 한해 당해 경험법칙을 사용할 수 있다는 점 등은 일반적 경험법칙의 한계라 할 수 있다.[28]

이처럼 보편타당성을 가진 경험법칙만이 자유로운 증거판단의 기준이 되어야 하므로 보편성이 없는 개인적 경험은 법관의 심증형성에 고려되어서는 안 되며, 반대로 일반적으로 승인된 자연법칙이나 보편

26) 대법원 1977. 4. 12. 선고 76다1124 판결. "사실인 관습은 일상생활에 있어서의 일종의 경험칙에 속하는 것으로 그 유무를 판단함에는 당사자의 주장이나 입증에 구애됨이 없이 법관 스스로의 직권에 의하여 이를 판단할 수 있다 할 것인바 피고 공사가 애당초 평균임금의 개념에 상여금이 포함되지 않음을 전제로 하여 퇴직금 규정을 제정하고 이것이 그 후 사실인 관습으로 확립되었다 함은 이를 인정할 수 없다."

27) 이용우, "판례를 통해서 본 경험칙", 재판자료 제25집, 법원행정처, 1985, 123-126면.

28) 정용인, "사실오인과 경험칙", 형사증거법(상), 재판자료 제22집, 법원행정처, 1984, 112면.

성이 확고하게 입증된 경험법칙, 이른바 과학적 경험법칙은 법관의 심증형성에 상당한 무게로 고려되어야 한다. 이는 법관이 스스로 그러한 사실을 검증할 수 없거나 그것에 의심을 품고 있는 경우라도 마찬가지이다. 예컨대 유전자검사나 혈액형검사 등 과학적 증거방법은 그 전제로 하는 사실이 모두 진실임이 입증되고 그 추론의 방법이 과학적으로 정당하여 오류의 가능성이 전무하거나 무시할 정도로 극소한 것으로 인정되는 경우에는 법관이 사실인정을 함에 있어 상당한 정도로 구속력을 가진다. 따라서 사실인정이 사실심의 전권이라 하더라도 아무런 합리적 근거 없이 함부로 이러한 증거를 배척하는 것은 자유심증주의의 한계를 벗어나는 것으로서 허용될 수 없고,[29] 같은 맥락에서 친자관계 확인을 위한 혈액감정의 결과, 기계에 의한 속도측정의 결과 등에 대해서는 법관은 주관적 불신을 이유로 그 증명력을 부인할 수 없다. 그러나 반대로 과학지식 자체의 합법칙성이 증명될 수 없는 경우에는 법관은 이를 심증형성의 기초로 삼아서는 안 된다.[30]

Ⅲ. 합리적 의심이 없는 정도의 증명

전술한 바와 같이 자유심증주의는 사실인정의 합리성을 그 이념으로 한다. 자유심증주의에 있어서 자유가 자의(恣意)를 의미할 수는 없으며, 사실인정이 법관의 전단이 되어서는 안 된다는 점에는 이론의

29) 대법원 2007. 5. 10. 선고 2007도1950 판결. “DNA분석을 통한 유전자검사 결과는, 충분한 전문적인 지식과 경험을 지닌 감정인이 적절하게 관리·보존된 감정자료에 대하여 일반적으로 확립된 표준적인 검사기법을 활용하여 감정을 실행하고 그 결과의 분석이 적정한 절차를 통하여 수행되었음이 인정되는 이상 높은 신뢰성을 지닌다 할 것이고, 특히 유전자형이 다르면 동일인이 아니라고 확신할 수 있다는 유전자감정 분야에서 일반적으로 승인된 전문지식에 비추어 볼 때, 피고인의 유전자형이 범인의 그것과 상이하다는 감정결과는 피고인의 무죄를 입증할 수 있는 유력한 증거에 해당한다.”

30) 권오걸, “자유심증에서의 경험칙과 한계”, 법학연구 제48집(2012.11), 한국법학회, 235면.

여지가 없다. 즉 자유심증주의도 실체적 진실발견에 필요한 한도에서만 허용되는 것으로 법관의 자유판단도 객관적이고 합리적일 것을 요한다. 결국 자유심증주의의 문제는 법관의 내적 심증형성과정과 그 합리성 여부로 귀착하고, 결국 합리성의 객관적 검증방법을 찾아내는 것이 중요한 과제가 된다. 2007년 개정 형사소송법은 법관의 심증형성의 객관적 기준, 즉 증명의 정도에 대하여 "범죄사실의 인정은 합리적인 의심이 없는 정도의 증명에 이르러야 한다."라는 명문의 규정(제307조 제2항)을 신설함으로써 이러한 심증형성의 객관적 기준을 마련하였다. 이는 종래의 학설과 대법원판례[31)]에서 확립되어 온 원칙을 명문화한 데 의의가 있다.

그러나 법관의 자유판단 기준에 관한 규정이 명문화되었지만 여기서 '합리적 의심'이 과연 무엇인지, 또 어떤 경우에 어떠한 기준에 따라 '합리적 의심이 없는 정도의 증명'이 이루어지는 것인지에 대해서는 이 조항 자체만으로는 아직 분명하게 드러나고 있지 않다. 특히 「국민의 형사재판 참여에 관한 법률」에 의하여 2008년부터 국민참여재판이 본격적으로 시작되었는데, 여기서 법관 외에 일반 시민이 배심원으로서 형사재판 심리에 참여하고 유무죄에 대한 평결을 하게 됨으로써 배심원의 심증과 법관의 심증의 관계도 새로운 검토과제가 되었다. 이러한 상황에서 이 원칙의 발원지라 할 수 있는 미국의 '합리적 의심을 넘어서는 증명'(proof beyond reasonable doubt), 프랑스 형사소송법의 '내심의 확신'(intime conviction), 독일 형사소송법의 '자유로운 확신'(freie Überzeugung) 등 관련 규정[32)]을 비교법적으로 검토하고 그 구체적인 함의를 다시 조명할 필요가 생기게 되었다.[33)]

31) 대법원 1982. 12. 28. 선고 82도263 판결 이후 다수의 판결.

32) 참고로 우리 형사소송법의 자유심증주의가 유래한 프랑스 형사소송법 제427조는 "내적 확신(intime conviction)에 따라 판단한다."라고 규정하고 있고, 독일 형사소송법 제261조는 "법원은 심리의 총체에서 얻어진 자유로운 확신(freie Überzeugung)에 따라 증거조사의 결과를 판단한다."라고 규정하고 있다.

33) 김종률, "합리적 심증과 과학적 사실인정", 형사법의 신동향 제26호(2010), 대검찰청, 9-10면.

1. 외국의 입법례

가. 미 국

미국에서는 합리적 의심의 문제가 주로 판사의 배심원에 대한 설명과 관련하여 논의되고 있다. 미국 법원에서는 유·무죄의 평결을 하는 배심원이 평의에 들어가기 전에 법관이 피고인을 유죄로 함에는 합리적 의심이 없는 증명이 있어야 한다는 취지 및 그 개념에 대한 설명이 이루어지게 되는데, 그 설명이 적절한 것인지 즉 헌법상 요구에 따른 증명기준에 대하여 배심이 오해할 가능성이 있었다고 하는 점이 상소이유가 되고, 다투어진다. 즉 미국의 상소심에서는 당해 사건에서 증명기준의 구체적 적용의 당부가 쟁점이 되는 것이 아니라, 사실인정자가 증명기준 그 자체를 정확히 이해했는지 여부가 법적으로 다투어진다.[34] 헌법은 검사의 증명의무를 배심원에게 설명하기 위하여 사용하는 단어에 어떤 특별한 제한을 두고 있지 않지만,[35] 전체적으로 볼 때 설명이 배심원에게 합리적 의심의 개념을 올바르게 전할 수 있으면 족하다고 보고 있다.[36][37]

미국의 형사절차에서도 유죄 판결을 위하여 '합리적인 의심을 넘어서는 증명'(proof beyond reasonable doubt)이 있어야 한다고는 하고 있으나, 그 의미가 단순하거나 명쾌하지는 않다.[38] 일반적으로 합리적인

34) 배심제 하에서는 합리적인 사람으로 구성된 배심원단이 사실판단자로서 만장일치로 결정한 것은 합리적인 판단이라는 가정에 기초하고 있으므로 제3자인 상소심 판단자가 합리적인 의심이 없는 증명 유무를 판단하는 것은 곤란하기 때문이다(김종률, "합리적 심증과 과학적 사실인정", 형사법의 신동향 제26호(2010), 대검찰청, 19-20면).

35) Taylor v. Kentucky, 436 U.S. 478, 485-486 (1978).

36) Holland v. United States, 348 U.S. 121, 140 (1954).

37) 강동우, "형사법상 합리적 의심에 관한 연구", 홍익대학교 법학연구소, 홍익법학 제14권 제1호(2013), 427면.

38) 유죄판결을 위해서는 합리적인 의심의 여지없이 증명해야 한다는 것이 헌법상의 요청임에도 불구하고 그 내용이 무엇인지 그리고 증명수준은 어느 정도여야 하는지에 대해서 명확히 밝혀진 바가 없다. 미국에서 이에 관한 주요한

의심을 넘어서는 정도의 증명이란 '형사재판에서 유죄판결을 받을 수 있는 정도의 충분한 증명'(substantial proof)을 의미한다고 한다. 합리적인 의심을 넘어서는 증명 기준에서는 일반적인 수준보다는 상대적으로 높은 증명을 요구한다는 것이다.[39)]

이른바 Webster 판결[40)]이 이에 관한 판결의 전형으로 알려져 있다. Webster 판결에서 재판장 쇼(Shaw) 판사는 '합리적 의심'(reasonable doubt)을 '개연적 확실성'(moral certainty) 수준의 확신으로 표현하면서 '단순히 가능한 의심'(mere possible doubt)은 이에 해당하지 않지만, 그렇다고 '절대적 확실성'(absolute certainty) 수준을 요구하는 것도 아니라고 판시하고 있다.[41)] 이후 미국의 많은 법원에서 이 기준을 따르고 있다.[42)] 이후 미국 연방대법원은 이른바 Victor 판결[43)]에서 합리적인 의

연구로는 Charles R. Nesson, Reasonable Doubt and Permissive Inferences: The Value of Complexity, 92 Harv. L. Rev. 1187(1979); Jon O. Newman, Beyond "Reasonable Doubt", 68 N.Y.U. L. Rev. 979(1993); Hisham M. Ramadan, The Challenge of Explaining "Reasonable Doubt", 40 No. 1 Crim. Law Bulletin ART 1 (2004) 등 참조. 강우예, "과학증거의 자유심증주의 제한에 대한 비판적 고찰", 형사법연구 제25권 제1호(2013), 한국형사법학회, 348-349면에서 재인용.

39) Curley v. United States, 160 F.2d 229 (D.C. Cir.), cert. denied, 331 U.S. 837 (1947)(이후 연방법원의 판결은 대체로 이 판결의 취지에 따르고 있다).

40) Commonwealth vs. John W. Webster, 59 Mass. 295 (1850)

41) "합리적 의심(reasonable doubt)은 단순히 가능한 의심(mere possible doubt)이 아니다. 이는 모든 증거를 전체적으로 비교하고 고려한 후에, 배심원들이 기소된 내용이 진실이라는 것에 대해 개연적 확실성(moral certainty) 정도의 변치 않는 확신을 느끼는 것을 말한다. 모든 사람은 그가 유죄로 증명되기 전까지 무죄로 추정된다는 이익을 받는다. 만약 검사의 입증에도 불구하고 합리적 의심이 남는 경우에는 피고인은 무죄추정의 이익을 받을 권리를 갖게 되는 것이다. 증거는 사실이 진실이라고 하는 것을 합리적 확실성(reasonable certainty) 그리고 개연적 확실성(moral certainty) 정도까지 증명하여야 하는 것이며, 이것이 합리적 의심의 여지가 없는 증명이다. 왜냐하면 대부분을 개연적 성질(moral nature)의 고려에 따르고 있는 법이 이것 이상의 것을 요구하여 절대적 확실성(absolute certainty)을 요구하게 된다면 정황증거는 완전히 배제될 것이기 때문이다."

42) 강동우, "형사법상 합리적 의심에 관한 연구", 홍익대학교 법학연구소, 홍익법학 제14권 제1호(2013), 429-430면.

43) Victor v. Nebraska, 511 U.S. 1 (1994).

심을 넘어서는 증명은 중대한 의심(substantial doubt)을 넘은 증명을 의미한다는 표현을 사용하고 있다. 오코너(O'Connor) 대법관은 여기서 의심이 중대하다는 것은 양적으로 일정한 수준의 의심을 의미하기 보다는 의심이 존재(a doubt's existence)하는 상태 자체를 가리킨다고 하고 있다.[44)]

요컨대 미국의 법원들은 오해의 소지가 있는 용어의 앞뒤 문장(문맥)에 보충적인 설명을 넣어 해당 문구의 사용에 따르는 불확실성을 불식시키고 있다. 즉 수학적으로 즉 몇 %의 의심이 합리적 의심인가에 대하여 고민하는 것이 아니라, 합리적 의심이라는 것은 '개연적 확실성'(moral certainty)이라고 표현한 뒤에 이에 해당하지 않는 '단순한 가능성'(mere possibility), '공허한 상상'(bare imagination), '공상 속의 추측'(fanciful conjecture), '가공의 의심'(imaginary doubt), '절대적 확실성'(absolute certainty) 등을 하나씩 제거하여 나아감으로써 이러한 표현을 헌법의 범위 내로 포섭하고 있는 것이다.[45)]

나. 독 일

독일에서 자유심증주의는 자유로운 증거평가(freie Beweiswürdigung)[46)] 라는 표제로 규정되어 있는 독일 형사소송법 제261조[47)]에 의해 규율

44) "상당한 의심(substantial doubt)을 합리적 의심과 동일시하는 것은 무죄선고를 위해 필요한 의심의 정도를 높이는 경향이 있다는 점에 동의한다. 실제로 상당한(substantial)은 외견상이 아닌(not seeming) 혹은 감상적이지 않은(not imaginary) 것을 의미하고, 다른 한편으로는 높은 정도라는 것을 의미할 수도 있다. 하지만 이러한 모든 애매모호함은 그것이 쓰여 있는 문장의 앞뒤 맥락의 문구를 읽는 것으로 제거된다. '단순한 가능성'(mere possibility), '공허한 상상'(bare imagination), '공상 속의 추측'(fanciful conjecture)에서 발생하는 의심과 구분되는 것과 달리 합리적 의심은 실질적인 의심(actual doubt) 그리고 상당한 의심(substantial doubt)이다."

45) 강동우, "형사법상 합리적 의심에 관한 연구", 홍익대학교 법학연구소, 홍익법학 제14권 제1호(2013), 432-433면.

46) 독일 형사소송법 제261조가 우리 형사소송법 제308조와 동일한 내용을 가진다고 평가하여 그 표제어도 자유심증주의로 번역하고 있는 경우도 있다(법무부, 독일형사소송법, 2012, 201면 참조).

47) 제261조(자유심증주의) 법원은 심리 전체로부터 얻어진 자유로운 확신(신념)에

된다. 독일은 사실인정과 관련하여 형사소송법 제261조가 '법원(법관)의 자유로운 확신'(richterliche freie Überzeugung)이라는 별도의 심사기준을 제공하고 있다는 데 특징이 있다.

독일 법원이 일정한 심사기준에 따라 '확신' 여부를 심사하기 시작한 것은 1927년 2월 15일 제국법원 제1형사부 판결[48] 때부터였다. 이 판결에서 제국법원은 사건의 진상이 혐의사실과 다를 수 있는 가능성을 '절대적으로 배제하는' 그러한 '절대적으로 확실한 지식'이란 인간의 인식의 불완전성으로 인하여 불가능하며, 그렇게 높은 정도의 확실성을 요구하게 되면 판결은 전혀 불가능하게 될 것이라고 설시하였다. 제국법원은 이와 함께 '확신'과 관련하여 "일반적으로 행해지는 것처럼, 법관도 현재 사용가능한 인식수단을 가능한 한 철저하고(erschöffend)[49] 양심에 따라 적용함으로써 얻을 수 있는 정도의 개연성에 만족하여야 한다. 그러한 정도의 개연성은 진실로서 간주되며, 그렇게 조사된 정도의 개연성이 존재한다는 인식하는 자의 의식은 진실에 대한 확신으로서 간주된다."라고 판시하였다.[50]

독일 연방대법원에서 처음으로 '합리적 의심'(vernünftiger Zweifel)이라는 개념이 등장한 것은 1950년에 와서였다. 연방대법원은 1950년 11월 28일 판결[51]에서 형사소송법 제261조에서 말하는 '확신'에 대하여 "법관의 확신이란, 정확한 자연과학적 탐구의 결과처럼 직접적인 이해에 바탕을 두는 사유에 근거하는 것이 아니라, 정신과학적 인식의 특

따라 증거조사의 결과에 관하여 재판한다. §261 (freie Beweiswürdigung) Über das Ergebnis der Beweisaufnahme entscheidet das Gericht nach seiner freien, aus dem Inbegriff der Verhandlung geschöpften Überzeugung.

48) RGSt, Urteil vom 15.2.1927 (RGSt 61, 202ff.).

49) "erschöffend"는 "모든 가능한 수단이 소진될 때까지"라는 뜻을 갖는다.

50) RGSt 61 202(206). 그밖에 RG JW 1929, 892; 1930, 761; 1933, 454; 1935, 543; BGHSt 5, 34(37); BGH NJW 1953, 83; 122 등(김유근, "합리적인 의심없는 정도의 증명"의 의미와 사례연구－독일 형사소송법상의 이론적 논의와 실무를 중심으로－", 신임검사 교육을 위한 '합리적 의심을 넘는 증명'의 의미 및 미국·독일의 사례연구(2011년 대검찰청 용역연구과제), 35-36면에서 재인용).

51) BGH, Urteil vom 28.11.1950 – 2 StR 42/50 (NJW 1951, 122).

수성에 상응하여, 사건경위의 전체적인 맥락에 관하여 그 이유들을 얼마나 명확하게 형량하여 판단하는가라는 판단의 정도의 차이에 근거하는 것이다. 따라서 법관의 확신에 대해서는, '더 이상 합리적인 의심이 제기되지 않을 정도의 생활경험상 충분한 정도의 확실성'[52]이 존재할 것이 필요하고, 이것으로 충분하다고 할 것이다(ein nach der Lebenserfahrung ausreichendes Maß an Sicherheit …, dem gegenüber vernünftiger Zweifel nicht mehr lauten werden können). 피고인이 범인이 아닐 '이론적인' 혹은 '추상적인' 가능성은 그의 유죄판결의 장애요인이 되지 못한다. 그러한 가능성은 인간의 인식의 불완전성으로 인하여 전적으로 배제될 수 없는 것이기 때문에 (이에 구속받게 되면) 모든 법관의 진실발견은 불가능하게 된다. 법관의 자유로운 확신에 대한 이러한 견해는 상급법원의 판례에 의하여 견지되어 왔다."라고 판시하고 있다.

이처럼 독일 판례의 태도는 대체로 사실심법관의 개인적 확신을 자유심증주의의 유일한 기준으로 보는 이른바 주관설을 견지하여 왔다. 그러나 이러한 태도는 점차 판결에 대한 충분한 객관적 기초를 요구하면서 순수하게 주관적인 견해를 제한하는 방향으로 변화하고 있으며, 최근의 독일 연방대법원 판결[53]은 확신 형성에 있어 자유심증을 객관화하는 방식으로 확정된 사태에 대한 '고도의 개연성'(hoher Grad von Wahrscheinlichkeit)을 요구하고 있다.[54]

---

52) 이와 동일한 표현을 사용하는 것으로서 이하의 연방법원 판례들과 최근의 BGH, NStZ-RR 2009, 248; 210; 2007, 86; 2005, 149를 들 수 있다(김유근, "합리적인 의심없는 정도의 증명"의 의미와 사례연구－독일 형사소송법상의 이론적 논의와 실무를 중심으로－", 신임검사 교육을 위한 '합리적 의심을 넘는 증명'의 의미 및 미국·독일의 사례연구(2011년 대검찰청 용역연구과제), 40면에서 재인용).

53) BGH NJW 1990, 2073, 2074; 김선화, 형사소송에서 자유심증주의에 관한 이론적 연구, 고려대학교 대학원 박사학위논문, 2005, 102면에서 재인용.

54) 김종률, "합리적 심증과 과학적 사실인정", 형사법의 신동향 제26호(2010), 대검찰청, 22면.

다. 일 본

일본 형사소송법 제317조는 “사실의 인정은 증거에 의한다.”(事実の認定は、証拠による)라고 규정하고, 제318조는 “증거의 증명력은 재판관의 자유로운 판단에 맡긴다.”(証拠の証明力は、裁判官の自由な判断に委ねる)라고 규정한다. 다만, ‘자유로운 판단’의 의미에 대해서는 우리나라와 마찬가지로 논란이 있는데, 일본 최고재판소 판례는 증명의 기준으로 ‘합리적 의심을 넘어서는 증명’(合理的な疑いを超えた証明) 또는 ‘합리적 의심이 개입할 여지가 없다’(合理的な疑いを差し挟む余地がない) 등의 표현을 사용하고 있다. 일본 최고재판소가 증명기준에 관하여 구체적으로 판시한 사례로는 1948(소화23)년 판결과 1973(소화48)년 판결, 2007(평성19)년 판결 등이 있다.[55]

먼저 1948년 판결[56]에서 최고재판소는 유죄판결에 필요한 심증에 관하여 통상인이라면 누구라도 의심을 품지 않는 정도의 ‘진실의 고도의 개연성’을 가져야 한다고 판시하고 있다. 소송상의 증명은 자연과학자의 실험에 따르는 이른바 논리적 증명이 아니라 이른바 역사적 증명이고, 논리적 증명이 ‘진실’ 그 자체를 목표로 하는 것에 반하여 역사적 증명은 ‘진실의 고도의 개연성’이 있으면 충족된다는 것이다.

이어 1973년 판결[57]은 이전 판례에서의 ‘고도의 개연성’ 개념을

55) 일본 판례의 선정은 강동우, “형사법상 합리적 의심에 관한 연구”, 홍익대학교 법학연구소, 홍익법학 제14권 제1호(2013), 433면 이하를 참조하였다.

56) 最判昭和23年8月5日、刑集2巻9号1123頁。“원래 소송상의 증명은 자연과학자의 실험에 따르는 이른바 논리적 증명은 아니고, 이른바 역사적 증명이다. 논리적 증명은 ‘진실’ 그 자체를 목표로 하는 것에 반하여 역사적 증명은 ‘진실의 고도의 개연성’이 있으면 충족된다. 바꾸어 말하면, 통상인이라면 누구라도 의심을 품지 않는 정도로 진실한 것 같다는 확신을 얻는 것으로 증명이 되었다고 하는 것이다. 그러니까 논리적 증명에 대해서는 당시의 과학의 수준에서는 반증이라는 것을 수용할 여지가 존재하지 않는 것이지만, 역사적 증명인 소송상의 증명에 대해서는 통상 반증의 여지가 남아 있다. 여기에서 피고인에게 절도의 의사 즉 영득의사가 있었다고 하는 것이 통상인이라면 누구라도 용이하게 추단할 수 있기 때문에, 충분한 새로운 사실로 반증을 하지 않는 한, 판시한 사실에 관한 원심의 판단은 도저히 움직일 수 없이 확실한 것이다.”

유지하면서도 '개연성'이 반대사실의 존재 가능성을 부정하는 것은 아니라는 점을 상기시키며, 위에서 말한 '고도의 개연성'이라는 것은 반대사실의 존재의 가능성을 허용하지 않을 정도의 확실성을 지향한 후 '범죄의 증명은 충분'하다고 하는 확신적인 판단에 근거하는 것이어야 한다고 판시하였다.

2007년 판결[58]에서 일본 최고재판소는 유죄를 입증할 직접적인

---

57) 最判昭和48年12月13日、判時725号194頁。"'의심스러울 때는 피고인의 이익으로'라는 원칙은 형사재판에 있어서 철칙인 것은 말할 필요도 없지만, 사실인정에 곤란한 문제가 발생한 경우에 이를 결단력을 발휘하여 해결하려 하지 않고 본 원칙을 이용하여 안이하게 도피하는 것이라면 이것은 본 원칙의 남용이라고 하여야 한다. 그리고 이것은 정황증거에 의해 요증사실을 배척하는 경우에도 아무런 차이가 없다. 왜냐하면 정황증거에 따른 요증사실을 추단하는 경우에 약간의 의심이 남아 있다고 하여 범죄의 증명이 없다고 한다면 정황증거에 따른 범죄사실의 인정은 대부분 불가능하다고 말해야 하기 때문이다. 그런데 재판상 사실인정은 자연과학의 세계에 있어서의 증명과는 달리 상대적인 역사적 진실을 탐구하는 작업이기 때문에 형사재판에 있어 '범죄의 증명이 있다'고 하는 것은 '고도의 개연성'이 인정되는 경우를 말하는 것으로 해석된다. 그러나 '개연성'은 반대사실의 존재 가능성을 부정하는 것은 아니기 때문에 단순한 개연성에 안주한다면 생각하지 않은 오판에 빠질 위험이 있다는 것을 주의하여야 한다. 따라서 위에서 말한 '고도의 개연성'이라는 것은 반대사실의 존재의 가능성을 허용하지 않을 정도의 확실성을 지향한 후 '범죄의 증명은 충분'하다고 하는 확신적인 판단에 근거하는 것이어야 한다. 특히 이러한 원리는 본건의 경우와 같이 오로지 정황증거에 의한 간접사실로부터 추론하여 범죄사실을 인정한 경우에 있어서는 보다 한층 강화되어야 한다."

58) 最判平成19年10月16日、刑集61巻7号677頁。"형사재판에서 유죄를 인정하기 위해서는 합리적 의심의 여지가 없는 입증이 필요하다. 여기에 합리적인 의심의 여지가 없는 입증이라고 하는 것은 반대 사실이 존재하는 의심을 전혀 남기지 않는 경우를 말하는 것이 아니고, 추상적인 가능성으로서는 반대사실이 존재한다는 의심의 여지가 있어도 건전한 사회 상식에 비추어 보아 그 의심에 합리성이 없다고 일반적으로 판단되는 경우에는 유죄 인정을 가능하게 하는 취지이다. 그리고 이것은 직접증거에 의해서 사실인정을 해야 할 경우와 정황증거에 의해서 사실인정을 해야 할 경우는 차이가 있으면 안 된다. 본건은 오로지 정황증거에 의해 사실인정을 해야 할 사안이지만 원판결이 인정하는 제1심판결은 앞에서 본 각 정황증거를 종합하여 피고인이 본 사건을 행하였다는 것에 대하여 합리적 의심의 여지가 없는 정도로 증명되었다고 판단한 것이어서 동 판단은 정당하다고 인정된다."

증거가 없음에도 불구하고 간접증거에 의한 증명으로 유죄를 선고하면서 ① 유죄 인정에 필요하게 되는 입증의 정도로서의 '합리적 의심의 여지가 없는 증명'을 제시하고, ② 이러한 '합리적 의심의 여지가 없는 증명'의 판단기준으로 '반대 사실이 존재하는 의심을 전혀 남기지 않는 경우를 말하는 것이 아니라, 추상적인 가능성으로서는 반대사실이 존재한다는 의심의 여지가 있어도 건전한 사회 상식에 비추어 보아 그 의심에 합리성이 없다고 일반적으로 판단되는 경우'를 제시하고 있다.

요컨대 2007년 판결은 1973년 판결이 '고도의 개연성'이 필요하다고 하고 있던 것과 달리 '합리적인 의심이 없을 정도의 증명'이 필요하다는 표현을 사용함으로써 증명의 정도에 필요한 기준을 좀 더 명확하게 제시하고 있고 있다. 다만, 여기서 고도의 개연성이라는 기준은 긍정적 평가를 축적해가는 접근법인 반면, 합리적 의심을 넘는 정도의 증명기준은 부정적 평가를 지워가는 접근방법으로 양자가 동일한 판단의 양면을 말하는 것으로 그 증명의 정도는 큰 차이가 없다고 본다.[59)]

2. 우리 대법원판례의 태도

대법원은 일찍이 범죄사실의 증명을 위해 (범죄사실의 존재의) '고도의 개연성'에 대한 심증을 요구하고 있었다.[60)]

1980년대 초반 대법원은 형사증거법 영역에서 증거우위의 원칙이 적용되지 않는다는 점을 명백히 하면서, 증명을 위한 기준으로 '합리적 의심을 배제할 정도의 확신'이라는 기준을 처음 제시하였다.[61)]

59) 조현욱, "형사재판에서 범죄사실을 유죄로 인정하기 위한 심증형성의 정도에 있어 합리적 의심－대법원 2008.3.13. 선고 2007도10754 판결－", 홍익법학 제13권 제2호(2012), 홍익대학교 법학연구소, 453면.

60) 대법원 1979. 12. 26. 선고 77도2381 판결. "범죄사실의 증명은 고도의 개연성에 대한 심증을 갖게 되었을 때 비로소 그 증명이 있다 할 것이다."

61) 대법원 1982. 12. 28. 선고 82도263 판결. "피고인을 유죄로 단죄하기 위한 증거의 증명력은 합리적인 의심을 배제할 정도의 확신을 가져올 수 있는 것이

이후의 판례는 여기서 한 걸음 더 나아가 '합리적 의심을 배제할 정도의 확신' 기준과 함께 이러한 확신에 이르지 못할 경우 '의심스러울 때는 피고인의 이익으로' 원칙이 적용된다는 점을 명확히 하였다.[62]

1990년대 초반 대법원은 논리칙과 경험칙을 하나의 객관적 기준으로 제시하기 시작하였다. 신빙성 없는 증거를 채택하거나 증명력이 인정되는 증거를 합리적 이유 없이 배척하는 것은 (논리와) 경험칙에 반하고 판결에 영향을 미친 위법이 있다는 점을 지적한 것이다.[63]

1994년 대법원은 이전까지의 '합리적 의심'의 범위에 '합리성이 없는 모든 가능한 의심'이 포함되지 않는다는 점을 설시함으로써 '합리적 의심'의 범위에 대해 최초로 언급하였다. 이와 함께 법관의 심증형성의 객관적 토대를 제한하는 기준으로 '논리와 경험칙'을 명확히 언급하면서, 증명력이 있는 것으로 인정되는 증거를 합리적인 근거가 없는 의심을 일으켜 이를 배척하는 것은 자유심증주의의 한계를 벗어나는 것이라는 점을 분명히 하였다.[64]

어야 하며 단지 반대증거보다 우월한 정도의 증명력으로서는 부족하다." 같은 취지 대법원 1983. 5. 10. 선고 82도2279 판결.

62) 대법원 1986. 2. 25. 선고 85도2686 판결. "형사재판에 있어서 유죄의 증거는 단지 우월한 증명력을 가진 정도로서는 부족하고 법관으로 하여금 합리적인 의심을 할 여지가 없을 정도의 확신을 생기게 할 수 있는 증명력을 가진 것이어야 하며, 이와 같은 증거가 없다면 설사 피고인에게 유죄의 의심이 간다고 하여도 피고인의 이익으로 판단할 수밖에 없다." 같은 취지 대법원 1986. 4. 8. 선고 86도106 판결; 대법원 1986. 8. 19. 선고 86도1080 판결; 대법원 1993. 12. 21. 선고 93도1817 판결 등.

63) 대법원 1993. 1. 15. 선고 91도3307 판결. "원심이 그 설시 증거들로 이 사건 공소사실을 인정한 데에는, 부적절하거나 신빙성 없는 증거들에 터잡아 경험칙에 반하여 사실을 인정하고 피고인의 주장에 부합하는 증거를 합리적인 이유 없이 배척함으로써 판결에 영향을 미친 위법이 있다."

64) 대법원 1994. 9. 13. 선고 94도1335 판결. "증거의 증명력은 법관의 자유판단에 맡겨져 있으나 그 판단은 논리와 경험칙에 합치하여야 하고, 형사재판에 있어서 유죄로 인정하기 위한 심증형성의 정도는 합리적인 의심을 할 여지가 없을 정도여야 하나, 합리성이 없는 모든 가능한 의심을 배제할 정도에 이를 것까지 요구하는 것은 아니며, 증명력이 있는 것으로 인정되는 증거를 합리적인 근거가 없는 의심을 일으켜 이를 배척하는 것은 자유심증주의의 한계를 벗어나는 것으로 허용될 수 없다." 같은 취지 대법원 1998. 11. 13. 선고

2000년대에 들면서 대법원은 기존에 '합리적 의심'의 기준에서 '합리성 없는 의심'을 배제하여 그 범위를 좁힌 데 이어, '합리적 의심'의 대상을 다시 '요증사실과 양립할 수 없는 사실의 개연성'에 대한 것으로 축소하였고,[65] 2006년에는 이에 더하여 '단순히 관념적인 의심이나 추상적인 가능성에 기초한 의심'은 합리적 의심에 포함된다고 할 수 없다는 점을 명시함으로써 합리적 의심의 범위를 더욱 좁히고 있다.[66]

한편 대법원은 특히 진술증거의 경우 물증이 없고 피고인이 범죄

96도1783 판결; 대법원 2003. 10. 23. 선고 2003도3797 판결 등.

65) 대법원 2000. 2. 25. 선고 99도1252 판결. "형사재판에 있어서 유죄의 인정은 법관으로 하여금 합리적인 의심을 할 여지가 없을 정도로 공소사실이 진실한 것이라는 확신을 가지게 할 수 있는 증명력을 가진 증거에 의하여야 하고, 이러한 정도의 심증을 형성하는 증거가 없다면 설령 피고인에게 유죄의 의심이 간다 하더라도 피고인의 이익으로 판단할 수밖에 없으나, 여기에서 말하는 합리적인 의심이라 함은 모든 의문, 불신을 포함하는 것이 아니라 논리와 경험법칙에 따라 요증사실과 양립할 수 없는 사실의 개연성에 대한 합리성 있는 의문을 의미하는 것이고, 한편 법관의 심증이 반드시 직접증거에 의하여 형성되어야만 하는 것이 아니라 경험법칙과 논리법칙에 위반되지 않는 한 간접증거에 의하여 형성되어도 되는 것이다." 같은 취지 대법원 2004. 6. 25. 선고 2004도2221 판결.

66) 대법원 2004. 6. 25. 선고 2004도2221 판결. "증거의 증명력은 법관의 자유판단에 맡겨져 있으나 그 판단은 논리와 경험칙에 합치하여야 하고, 형사재판에 있어서 유죄로 인정하기 위한 심증형성의 정도는 합리적인 의심을 할 여지가 없을 정도여야 하나, 이는 모든 가능한 의심을 배제할 정도에 이를 것까지 요구하는 것은 아니며, 증명력이 있는 것으로 인정되는 증거를 합리적인 근거가 없는 의심을 일으켜 이를 배척하는 것은 자유심증주의의 한계를 벗어나는 것으로 허용될 수 없다 할 것인바, 여기에서 말하는 합리적 의심이라 함은 모든 의문, 불신을 포함하는 것이 아니라 논리와 경험칙에 기하여 요증사실과 양립할 수 없는 사실의 개연성에 대한 합리성 있는 의문을 의미하는 것으로서, 피고인에게 유리한 정황을 사실인정과 관련하여 파악한 이성적 추론에 그 근거를 두어야 하는 것이므로 단순히 관념적인 의심이나 추상적인 가능성에 기초한 의심은 합리적 의심에 포함된다고 할 수 없다." 같은 취지 대법원 2006. 11. 23. 선고 2006도5407 판결; 대법원 2008. 12. 11. 선고 2008도7112 판결; 대법원 2009. 12. 24. 선고 2009도11349 판결; 대법원 2011. 1. 27. 선고 2010도12728 판결; 대법원 2012. 5. 24. 선고 2010도5948 판결; 대법원 2014. 5. 16. 선고 2013도14656 판결; 대법원 2017. 1. 25. 선고 2016도15526 판결 <이태원살인사건> 등.

사실을 부정하는 경우와 관련하여, 이를 입증하기 위한 진술증거에 대해 증거능력이 인정될 것, 진술의 신빙성이 있을 것 등을 요구하면서, 진술의 신빙성 판단기준으로 내용의 합리성, 객관적 상당성, 전후의 일관성 등을 제시하고 있으며,[67] 나아가 그의 인간됨, 그 진술로 얻게 되는 이해관계 유무 등도 아울러 살펴보아야 한다고 하고 있다.[68]

요컨대 현재의 대법원판례는 '합리적 의심을 배제할 정도의 확신'의 해석과 관련하여, '합리적 의심'의 범위에서 최초로 '합리성이 없는 모든 가능한 의심'을 제외하였고, '합리적 의심'의 대상을 다시 '요증사실과 양립할 수 없는 사실의 개연성'에 대한 것으로 축소하였으며, 이어 '단순히 관념적인 의심이나 추상적인 가능성에 기초한 의심' 역시 그 범위에서 배제함으로써 유죄의 증명에 필요한 '합리적 의심'의 정도를 합리화하고 있다고 할 수 있다.[69]

---

67) 대법원 2006. 5. 26. 선고 2005도1904 판결. "형사재판에서 유죄의 인정은 법관으로 하여금 합리적인 의심을 할 여지가 없을 정도로 공소사실이 진실한 것이라는 확신을 가지게 할 수 있는 증명력을 가진 엄격한 증거에 의하여야 할 것이고, 그러한 의심을 배제할 수 없는 한 유죄판결을 할 수는 없으며, 뇌물죄에 있어서 수뢰자로 지목된 <u>피고인이 수뢰사실을 시종일관 부인하고 있고 이를 뒷받침할 만한 객관적인 자료 등 물증이 없는 경우에 금품공여자와 전달자의 진술은 증거능력이 있어야 함은 물론 합리적인 의심을 배제할 만한 신빙성이 있어야 하고, 신빙성이 있는지 여부를 판단함에 있어서는 그 진술내용 자체의 합리성, 객관적 상당성, 전후의 일관성 등을 아울러 살펴보아야 할 것</u>이다." 같은 취지 대법원 2002. 6. 11. 선고 2000도5701 판결.

68) 대법원 2008. 12. 11. 선고 2008도7112 판결. "뇌물죄에 있어서 수뢰자로 지목된 피고인이 수뢰사실을 시종일관 부인하고 있고 이를 뒷받침할 만한 객관적인 자료 등 물증이 없는 경우에, 금품공여자의 진술은 증거능력이 있어야 함은 물론 <u>합리적 의심을 배제할 만한 신빙성이 있어야 하고, 신빙성이 있는지 여부를 판단함에 있어서는 그 진술내용 자체의 합리성, 객관적 상당성, 전후의 일관성 등 뿐만 아니라 그의 인간됨, 그 진술로 얻게 되는 이해관계 유무 등도 아울러 살펴보아야</u> 한다."

69) 이는 미국 법원이 합리적 의심을 '개연적 확실성'(moral certainty)이라고 표현한 뒤에 이에 해당하지 않는 '단순한 가능성'(mere possibility), '공허한 상상'(bare imagination), '공상 속의 추측'(fanciful conjecture), '가공의 의심'(imaginary doubt), '절대적 확실성'(absolute certainty) 등을 제외하는 것과 유사한 태도라 할 것이다.

Ⅳ. 마치며: 사안의 검토 및 결론

대상판례의 두 사건은 피해자의 시신이 부검 없이 화장됨으로써 살인의 직접증거 없이 간접증거만으로 유·무죄 여부를 결정해야 했었다는 점, 제1심에서 유죄가 인정되었다가 항소심에서 번복되어 무죄가 되었던 점 등에서 공통점을 갖는다. 그러나 두 사건 모두 피해자의 사망 원인이 명확히 밝혀지지 아니하였음에도 대법원(노숙인사건의 경우 환송심 후 상고심)이 보인 태도는 사뭇 달랐다.

1. 과학적 증거 관련

먼저 과학적 증거의 채택 및 증명력 판단에 있어 노숙인사건의 경우에는 피해자의 사망원인으로 추정되는 농약(메소밀) 중독의 외부적 증상 정도 외에 과학적 증거의 증명력이 거의 문제되지 않은 반면, 산낙지사건의 경우 직접사인이 무엇인지, 직접사인에 이르게 된 질식의 유형이 무엇이었는지 등 과학적 증거의 채부 및 증명력과 관련된 다양한 문제가 제기되었다.

대법원판례는 “과학적 증거방법이 당해 범죄에 관한 적극적 사실과 이에 반하는 소극적 사실 모두에 존재하는 경우에는 각 증거방법에 의한 분석결과에 발생할 수 있는 오류가능성 및 그 정도, 그 증거방법에 의하여 증명되는 사실의 내용 등을 종합적으로 고려하여 범죄의 유무 등을 판단하여야 하고, 여러 가지 변수로 인하여 반증의 여지가 있는 소극적 사실에 관한 증거로써 과학적 증거방법에 의하여 증명되는 적극적 사실을 쉽사리 뒤집어서는 안 된다.”라고 판시한 바 있다.[70)]

증거의 분석과 그 과정에서 발생할 수 있는 오류의 가능성은 그 존재 자체만을 문제 삼을 일이 아니라, 오류의 정도와 내용을 종합적으로 검토하여야 한다. 이러한 점에서 산낙지사건의 경우 비구폐색으로 인한 질식사의 가능성과 기도폐색에 의한 질식사의 가능성을 판단

70) 대법원 2009. 3. 12. 선고 2008도8486 판결.

함에 있어 양자가 내용과 방향에서 균형을 이루고 있는지 의문의 여지가 있다. 즉 비구폐색의 가능성은 피고인의 유죄를 입증하는 방향으로, 기도폐색의 가능성은 피고인의 무죄를 입증하는 방향으로 작용할 것인데, 항소심법원은 전자의 판단에 있어서는 "기본적으로 입 주위에 아무런 상처가 없는 비구폐색에 의한 사망은 매우 드물지만 아주 불가능한 것은 아니"라는 전문가의 진술 중 원칙적 상황을 택한 반면, 후자의 판단에 있어서는 피고인의 일관성 없는 진술을 "술에 취해 그랬을 가능성이 있다", 저작능력이 극도로 저하되어 있던 피해자지만 "낙지를 먹었을 가능성을 배제할 수 없다", 연하작용으로 목구멍에서 꺼내는 것이 거의 불가능하지만 "이러한 가능성도 전혀 배제할 수는 없다"라고 판시하는 등 극도로 예외적인 상황을 채택하고 있다.

'의심스러울 때는 피고인의 이익으로'(in dubio pro reo) 원칙에 따라 명료한 확증이 없는 경우 피고인에게 유리한 방향으로 해석하여야 함은 당연하다. 그러나 이러한 과정은 당연히 논리법칙과 경험법칙에 의한 체계적·종합적 해석에 의해 뒷받침되어야 한다. 그리고 이러한 판단에는 우리 대법원판례가 ① 유죄의 확신에 필요한 '합리적 의심'의 범위에 '합리성이 없는 모든 가능한 의심'의 여지가 없을 것을 요구하고 있지 않고, 증명력이 있는 것으로 인정되는 증거를 합리적인 근거가 없는 의심을 일으켜 이를 배척하는 것은 자유심증주의의 한계를 벗어나는 것으로 허용될 수 없다고 하고 있는 점,[71] ② 형사재판에 있어 심증형성은 반드시 직접증거에 의하여 형성되어야만 하는 것은 아니고 간접증거에 의할 수도 있는 것이며, 간접증거는 이를 개별적·고립적으로 평가하여서는 아니 되고 모든 관점에서 빠짐없이 상호 관련시켜 종합적으로 평가하고, 치밀하고 모순 없는 논증을 거쳐야 한다고 하고 있는 점[72] 등이 고려되어야 할 것이다.

71) 대법원 2004. 6. 25. 선고 2004도2221 판결 등 다수.
72) 대법원 2004. 6. 25. 선고 2004도2221 판결 등 다수.

2. 범행동기 관련

노숙인사건에서 대법원판결은 다양한 형태의 범행동기[73]를 언급하면서 이들을 종합적으로 고려할 때 피해자의 사망이 살해의사를 가진 피고인의 행위로 인한 것임이 합리적인 의심의 여지없이 충분히 증명되었다고 판단한 반면, 산낙지사건의 경우 노숙인사건에 못지않은 다수의 설득력 있는 범행동기가 있었음에도 이러한 사정이 충분히 판결에 고려되고 있지 않다. 그러나 두 사건에서 나타나는 범행동기에 본질적인 차이가 인정된다고 보아야 할 것인지는 의문이다.

73) 해당 대법원판결은 ① 피고인에게 피해자를 살해할 만한 동기가 충분히 있었던 것으로 보이는 점, ② 피고인이 이 사건 무렵 3개월여 전부터 경제적으로 매우 어려운 상황에서 거액의 월 보험료를 납입하면서까지 피고인을 피보험자로 하는 다수의 생명보험에 집중 가입하고, 여러 차례 독극물과 살인 방법, 사망신고절차, 사망보험금 등에 대해 알아보는 한편, 거짓말을 하면서까지 계획적으로 피해자에게 접근하였던 점, ③ 피고인은 피해자가 대구를 떠나 사망하기까지 사이에 피해자와 함께 있었던 유일한 사람인데, 피해자가 돌연사하였거나 자살하였을 가능성은 거의 없고, 제3자에 의하여 살해되었을 가능성도 없는 점, ④ 피해자의 사체에 어떠한 외력의 흔적이 없었던 점에 비추어 볼 때, 피해자가 타살되었다면 독극물에 의하여 사망할 가능성이 가장 큰데, 피고인이 이 사건 범행 무렵 여러 차례 독극물에 대해 인터넷 검색을 하였고(특히, 메소밀을 반복적으로 검색하였다), 이 사건 발생일로부터 약 2주 후인 2010. 7. 초순경 메소밀을 소지하고 있었던 점, ⑤ 메소밀은 비교적 소량으로 짧은 시간 안에 사망에 이르게 할 수 있는 독극물로 물이나 맥주 등에 탈 경우 냄새나 색깔, 맛 등으로 쉽게 알아채기 어렵고, 피고인은 피해자를 데리고 응급실에 오기 직전까지 피해자와 맥주를 마셨다고 진술하고 있으며, 실제 응급실 도착 당시 피해자에게서 술 냄새가 날 정도로 피해자가 술을 마신 상태였던 점, ⑥ 피해자가 응급실에 실려 왔을 때 가슴 쪽까지 많은 양의 타액이 흘러나온 흔적이 있었는데, 이는 메소밀 중독 시의 주요 증상인 과도한 타액분비와 일치하는 점, ⑦ 피해자 사망 직전·직후의 피고인의 행동 및 이후의 피고인으로 신분이 바꾸어진 피해자에 대한 사망신고, 보험금 청구 및 피해자 명의의 운전면허취득 과정 등에 비추어 볼 때, 피고인이 병원에서 피해자 사망사실을 확인한 후 갑자기 보험금을 청구하기 위하여 자신과 피해자의 신분을 바꾸었다기보다는 처음부터 치밀하게 계획을 세우고 이와 같은 일련의 행동 및 절차를 취하였다고 보여지는 점, ⑧ 이 사건 당일의 행적을 비롯하여 피해자의 사망 전후의 피고인의 행적에 대한 피고인의 변소를 믿기 어려운 점 등 환송심(부산고등법원 2013. 3. 27. 선고 2012노524 판결)이 인정한 내용을 그대로 받아들였다.

대법원판례는 “범행에 관한 간접증거만이 존재하고 더구나 그 간접증거의 증명력에 한계가 있는 경우, 범인으로 지목되고 있는 자에게 범행을 저지를 만한 동기가 발견되지 않는다면 … 간접증거의 증명력이 그만큼 떨어진다고 평가하는 것이 형사 증거법의 이념에 부합하는 것이라 할 것이다.”라고 판시하여 범행의 동기가 간접증거의 증명력에 영향을 줄 수 있음을 설시하고 있다.[74]

범행동기가 없는 경우 간접증거의 증명력이 저하된다는 의미는 적어도 범행동기의 존재가 간접증거의 증명력에 정(正)의 영향을 주고 있다는 뜻으로 이해해도 좋을 것이다. 또한 이러한 경우에는 우리 대법원판례가 특히 물증이 없고 피고인이 범죄사실을 부정하는 사안에서 이를 입증하기 위한 제3자의 진술증거를 평가함에 있어서는 진술의 신빙성 판단기준으로 내용의 합리성, 객관적 상당성, 전후의 일관성 등 외에 관계자의 인간됨, 해당 진술로 얻게 되는 이해관계 유무 등도 아울러 살펴보아야 한다고 하고 있는 점이 고려될 필요가 있을 것이다.[75]

3. 소 결

요컨대 산낙지사건에서 피해자의 사망원인이 질식으로 판명된 이상, 질식의 원인이 된 것이 어떤 행위였는가는 과학법칙 자체에 대한 객관적 평가뿐 아니라 범행동기에 대한 주관적 평가를 거쳐 종합적으로 판단하였어야 할 것으로 생각된다. 정황증거가 허용되려면 정황사실이 요증사실에 대한 개연성을 증대시킨다는 관련성이 인정되어야 하고, 이러한 정황증거는 피고인이 무죄라는 합리적 가설을 배제할 만한 실질이 있어야 한다. 다만, 이러한 관련성과 실질성에 대한 요구가 피고인의 유·무죄에 대한 모든 비합리적 가설까지 배제하는 것이어야 한다고는 할 수 없다.

---

74) 대법원 2006. 3. 9. 선고 2005도8675 판결.

75) 대법원 2008. 12. 11. 선고 2008도7112 판결 등 다수.

'의심스러울 때는 피고인의 이익으로'라는 법언은 법관의 자유심증을 인도하는 밤바다의 등대와 같은 역할을 한다. 하지만 등대가 자유심증이라는 배의 목적지는 아니다. 중요한 것은 등대의 경고를 잘 새기면서 안전하게 목적지인 항구에 도달하는 것이다. 이러한 관점에서 "형사재판에 있어서 유죄로 인정하기 위한 심증형성의 정도는 합리적인 의심을 할 여지가 없을 정도여야 하나, 합리성이 없는 모든 가능한 의심을 배제할 정도에 이를 것까지 요구하는 것은 아니며, 증명력이 있는 것으로 인정되는 증거를 합리적인 근거가 없는 의심을 일으켜 이를 배척하는 것은 자유심증주의의 한계를 벗어나는 것으로 허용될 수 없다."라고 판시하고 있는 대법원판결[76]의 취지를 다시금 되새겨 볼 필요가 있을 것이다.

[주 제 어]

자유심증, 간접증거, 정황증거, 증명력, 합리적 의심이 없는 정도의 증명

[Key Words]

Free Evaluation of Evidence, Indirect Evidence, Circumstantial Evidence, Probative Power, Proof beyond Reasonable Doubt

접수일자: 2019. 5. 25. 심사일자: 2019. 6. 14. 게재확정일자: 2019. 6. 14.

76) 대법원 1994. 9. 13. 선고 94도133 판결.

[참고문헌]

권오걸, 사실인정과 형사 증거법, 중앙대학교 출판부, 2014.

김성룡, 법적 논증의 기초, 경북대학교 출판부, 2007.

변종필, 형법해석과 논증, 세창출판사, 2012.

강동우, “형사법상 합리적 의심에 관한 연구”, 홍익법학 제14권 제1호(2013), 홍익대학교 법학연구소.

강우예, “과학증거의 자유심증주의 제한에 대한 비판적 고찰”, 형사법연구 제25권 제1호(2013), 한국형사법학회.

권영법, “정황증거에 의한 유죄의 인정”, 형사법의 신동향 제46호(2015), 대검찰청.

권영법, “형사소송에서 합리적 의심과 입증에 관한 새로운 검토”, 저스티스 제147호(2015.04), 한국법학원.

권오걸, “자유심증에서의 경험칙과 한계”, 법학연구 제48집(2012.11), 한국법학회.

김종률, “합리적 심증과 과학적 사실인정”, 형사법의 신동향 제26호(2010), 대검찰청.

박미숙, “자유심증주의”, 형사정책연구 제7권 제2호(1996 · 여름), 한국형사정책연구원.

배문범, “시신 없는 살인사건에 있어서 간접증거에 의한 사실인정”, 동아법학 제59호(2013.05), 동아대학교 법학연구소.

변종필, “간접증거에 의한 유죄 인정”, 비교형사법연구 제5권 제2호(2003), 한국비교형사법학회.

변종필, “자유심증주의와 그 내재적 한계”, 사법행정 제442호(1997), 한국사법행정학회.

이용우, “판례를 통해서 본 경험칙”, 재판자료 제25집, 법원행정처, 1985.

조현욱, “형사재판에서 범죄사실을 유죄로 인정하기 위한 심증형성의 정도에 있어 합리적 의심 — 대법원 2008.3.13. 선고 2007도10754 판결 —”, 홍익법학 제13권 제2호(2012), 홍익대학교 법학연구소.

조현욱, “형사재판에 있어 합리적 의심의 판단기준에 관한 연구—특히 대법원판결을 중심으로—”, 법학연구 제16집 제1호(2013.03), 인하대학교 법학연구소.

[Abstract]

Free Evaluation of Evidence: Scope and Limitations

Hwang, Tae-Jeong*

The cause of the crime should be judged synthetically through a subjective evaluation of the motive of the crime as well as an objective evaluation based on the laws of science. In order to make a guilty judgment based on indirect evidence(circumstantial evidence), the evidence must be strictly related to the facts that require proof(factum probandum), and it should be a practical matter to rule out the rational hypothesis that the accused is not guilty. However, it can not be said that the demand for such relevance and substantivity should exclude all irrational hypotheses on the accused.

The legal maxim 'in dubio pro reo' serves as the lighthouse of the night sea, which leads the judgment to the right destination, but the lighthouse is not the destination of the ship named 'Free Evaluation of Evidence'. The important thing is to take the lighthouse warning and head for the right destination. From this perspective, it will be necessary to appreciate the intent of Supreme Court's decision, which states that "The recognition of guilt in a criminal trial shall be based on the proof beyond reasonable doubt. It does not, however, require a degree to exclude all possible doubts that are not rational. It is not permissible to exclude evidence with probative power based on suspicion without reasonable grounds because it is beyond the limitations of the Principle of Free Evaluation of Evidence."

* Professor, Department of Police Administration, Kyonggi University. Ph.D. in Law

항소심이 양형부당을 이유로 제1심판결을 파기하는 경우에 관하여*

백 원 기**

[대상판결] 대법원 2015. 7. 23. 선고 2015도3260 전원합의체 판결

Ⅰ. 판결문

【피 고 인】 피고인 1 외 1인
【상 고 인】 피고인들
【변 호 인】 법무법인 청라 외 5인
【원심판결】 인천지법 2015. 2. 5. 선고 2014노4186 판결
【주 문】 상고를 모두 기각한다.
【이 유】 상고이유(상고이유서 제출기간이 경과한 후에 제출된 각 탄원서의 기재는 상고이유를 보충하는 범위 안에서)를 판단한다.

1. 유죄판단에 위법이 있다는 취지의 주장에 대하여(생략)

2. 양형판단에 위법이 있다는 취지의 주장에 대하여

가. 형사소송법 제361조의5 제15호는 "형의 양정이 부당하다고 인정할 사유가 있는 때"를 항소이유의 하나로 들고 있고, 그 항소이유가

* 본 논문은 2015년도 국립인천대학교 자체연구비 지원에 의해 작성되었다.
** 국립인천대학교 법학부 교수

인정되는 경우에 항소심은 제364조 제6항에 따라 제1심판결을 파기하고 다시 판결하여야 하므로, 항소심은 판결 당시까지 제출된 모든 자료를 토대로 적정한 양형을 하여 제1심의 형의 양정이 부당한지 여부를 가려야 한다.

양형부당은 원심판결의 선고형이 구체적인 사안의 내용에 비추어 너무 무겁거나 너무 가벼운 경우를 말한다. 양형은 법정형을 기초로 하여 형법 제51조에서 정한 양형의 조건이 되는 사항을 두루 참작하여 합리적이고 적정한 범위 내에서 이루어지는 재량 판단으로서, 공판중심주의와 직접주의를 취하고 있는 우리 형사소송법에서는 양형판단에 관하여도 제1심의 고유한 영역이 존재한다. 이러한 사정들과 아울러 항소심의 사후심적 성격 등에 비추어 보면, 제1심과 비교하여 양형의 조건에 변화가 없고 제1심의 양형이 재량의 합리적인 범위를 벗어나지 아니하는 경우에는 이를 존중함이 타당하며, 제1심의 형량이 재량의 합리적인 범위 내에 속함에도 항소심의 견해와 다소 다르다는 이유만으로 제1심판결을 파기하여 제1심과 별로 차이 없는 형을 선고하는 것은 자제함이 바람직하다.

그렇지만 제1심의 양형심리 과정에서 나타난 양형의 조건이 되는 사항과 양형기준 등을 종합하여 볼 때에 제1심의 양형판단이 재량의 합리적인 한계를 벗어났다고 평가되거나, 항소심의 양형심리 과정에서 새로이 현출된 자료를 종합하면 제1심의 양형판단을 그대로 유지하는 것이 부당하다고 인정되는 등의 사정이 있는 경우에는, 항소심은 형의 양정이 부당한 제1심판결을 파기하여야 한다.

그런데 항소심은 제1심에 대한 사후심적 성격이 가미된 속심으로서 제1심과 구분되는 고유의 양형재량을 가지고 있다고 보아야 하므로, 항소심이 그 자신의 양형판단과 일치하지 아니한다고 하여 양형부당을 이유로 제1심판결을 파기하는 것이 앞서 본 바와 같은 이유로 바람직하지 아니한 점이 있다고 하더라도 이를 두고 양형심리 및 양형판단 방법이 위법하다고까지 할 수는 없다. 그리고 위와 같은 원심의 판단에 그 근거가 된 양형자료와 그에 관한 판단 내용이 모순 없이 설시되어 있는 경우에는 양형의 조건이 되는 사유에 관하여 일일이 명시하지 아니하여도 위법하다고 할 수 없다(대법원 1994. 12. 13. 선고 94도2584 판결 등 참조).

나. 한편 형사소송법 제383조 제4호에 의하면, 사형, 무기 또는 10년 이상의 징역이나 금고가 선고된 사건에서만 양형부당을 사유로 한 상고가 허용되며, 사실심법원이 양형의 기초 사실에 관하여 사실을 오인하였다거나 양형의 조건이 되는 정상에 관하여 심리를 제대로 하지 아니하였다는 사유를 들어 원심판결을 다투는 것은 양형부당 취지의 주장에 해당한다(대법원 1988. 1. 19. 선고 87도1410 판결, 대법원 2013. 9. 26. 선고 2013도7876 판결 등 참조).

다. 피고인들은 양형의 기초 사실에 관한 사실오인이나 법리오해, 심리미진 등으로 인하여 원심판결에 죄형균형 원칙 내지 책임주의 원칙을 위반한 위법이 있다고 주장하고 있으나, 그 사유를 앞서 본 법리들과 원심판결 이유에 비추어 살펴보면 위 주장은 실질적으로 원심의 양형이 부당하다는 취지에 불과하다.

따라서 피고인들에 대하여 형사소송법 제383조 제4호에서 정한 형보다 가벼운 형이 선고된 이 사건에서 위 주장을 비롯하여 원심이 정한 형이 너무 무거워서 부당하다는 취지의 주장은 적법한 상고이유가 되지 못한다.

3. 결 론

그러므로 상고를 모두 기각하기로 하여 주문과 같이 판결한다. 이 판결에는 대법관 박보영, 대법관 김신, 대법관 권순일의 반대의견이 있는 외에는 관여 법관의 의견이 일치하였다.

4. 대법관 박보영, 대법관 김신, 대법관 권순일의 반대의견은 다음과 같다.

가. 제1심의 양형판단이 적정한 양형의 폭 범위 내에서 이루어진 것이라면 항소심은 이를 존중하여야 하지만, 제1심의 양형심리 과정에서 나타난 양형의 조건이 되는 사항과 양형기준 등에 비추어 제1심의 양형판단이 재량의 합리적인 한계를 벗어났다고 평가되거나 항소심의 양형심리 과정에서 현출된 자료를 종합하면 제1심의 양형판단을 그대로 유지하는 것이 부당하다고 인정되는 등의 사정이 있다면 항소심으로서는 제1심판결을 파기하여야 한다는 다수의견에는 전적으로 견해를 같이 한다.

그러나 다수의견이 설시하는 위와 같은 사정이 인정되지 않는데도 제1심판결을 파기하거나, 제1심의 양형판단을 뒤집을 만한 사정에 관한 심리와 판단, 이유설시를 제대로 하지 아니한 채 제1심판결을 파기한 항소심의 부당성을 다투는 주장은 항소심의 양형심리와 양형판단 및 파기이유 설시의 위법성을 지적하는 취지로서 적법한 상고이유라고 평가하여야 할 것이므로, 이와 달리 평가하는 다수의견에는 찬성할 수 없다.

나. 행정청의 재량이 인정되는 이른바 재량행위에 대한 사법심사는, 행정청의 재량에 의한 공익판단의 여지를 감안하여 원칙적으로 재량권의 일탈이나 남용이 있는지 여부만을 대상으로 하는 것이 원칙이고, 재량권의 일탈이나 남용이라고 평가되지 않는 한 법원은 이를 취소할 수 없다. 재량적 행정행위와 비교해 볼 때, 사법작용인 제1심의 양형판단도 재량권의 합리적인 한계를 벗어났다고 평가되지 않는 한 최대한 존중되어야 함은 너무나 당연한 일이다.

종래 항소심은 제1심의 양형이 적정한 양형의 폭 범위 내에 있음에도 불구하고 단지 그것이 항소심이 가장 적절하다고 판단하는 형량과 일치하지 아니한다는 이유로 제1심판결을 파기하면서 제1심과 별로 차이 없는 형을 선고하거나 본형을 그대로 유지한 채 그 집행만을 유예하는 사례가 많이 있었는데, 이러한 항소심 실무관행은 제1심의 양형을 최대한 존중하는 태도와는 거리가 먼 것으로서 남항소를 조장하고 종국적으로는 사법에 대한 신뢰를 저해할 수 있다는 측면에서 정책적으로 바람직하지 않을 뿐만 아니라, 항소이유가 없음에도 항소이유가 있다고 잘못 판단한 것이므로 특별한 사정이 없는 한 '위법'한 것으로 평가해야 한다.

다. 다수의견은, 제1심의 양형이 부당하다는 항소심의 판단은 특별한 사정이 없는 한 '위법'하다고 평가할 수 없다고 해석하고 있으나, 쉽사리 수긍하기 어렵다. 상고심은 항소심이 제1심판결에 대한 항소이유가 있는지 여부를 제대로 판단하였는지 여부, 항소심에서 항소이유가 있다고 판단하여 제1심판결을 파기하였을 경우 그에 대한 적절한 심리와 판단이 이루어졌는지 및 파기이유 기재가 충분한지 여부 등을 법률심으로서 심사할 권한이 있다. 따라서 항소심이 제1심판결을 파기할 수 없는 경우임에도 제1심판결을 파기하였다면 이는 항소이유가 없음에도 항소이유가 있다고 잘못 판단한 것이므로, 당연히 상고심의 심사대상이 된다고 보아야 한다. 이는 항소심이 선고한 형량이 부당한지 여부를 심사하는 것이 아니라 항소이유에 대한 판단이 제대로 이루어졌는지를 심사하는 것이므로 양형부당의 문제가 아니라 법령 위반의 문제로 보아야 한다.

다수의견과 같이 양형에 있어서의 이른바 '폭의 이론'을 수용하여 제1심의 양형이 적정한 양형의 폭 범위 내에서 이루어진 것이라면 이를 존중하여야 한다고 하면서도 항소심이 이를 위반하여도 적법한 상고이유로 볼 수는 없다고 해석하는 것은, 다수의견이 밝힌 법리의 규범력을 스스로 포기하는 것과 다를 바 없다.

라. 나아가 항소심이 제1심의 양형판단을 뒤집을 만한 특별한 사정이 인정되는 객관적이고 합리적인 근거를 파기이유로 설시하지 않았다면 이 또한 법령 위반으로 평가할 수 있다.

형사소송법 제39조는 "재판에는 이유를 명시하여야 한다. 단, 상소를 불허하는 결정 또는 명령은 예외로 한다."고 규정하고 있으나, 그 이유 기재의 정도에 관하여는 형사소송법 제323조가 유죄판결에 명시될 이유에 관하여 규정하고 있을 뿐 다른 규정은 없으므로, 어느 재판에 어느 정도의 이유 기재를 요하느냐는 그 재판의 성격에 따라 결정할 수밖에 없다(대법원 1996. 11. 14.자 96모94 결정 등 참조).

종래와 같이 10년 이상의 형이 선고되지 않는 한 항소심은 무제한의 양형재량을 가진다고 해석하지 않고, 제1심의 양형판단이 재량의 합리적인 한계를 벗어났다고 평가되거나 항소심의 양형심리 과정에서 현출된 자료를 종합하면 제1심의 양형판단을 그대로 유지하는 것이 부당하다고 인정되는 등의 사정이 있는 경우에만 항소심이 제1심과 양형판단을 달리할 수 있다고 해석하는 이상, 항소심이 제1심의 양형을 파기하는 경우에 제1심의 양형을 파기할 만한 사정에 관한 객관적이고 합리적인 근거의 기재를 요구하는 것은 당연한 것이다.

예컨대 항소심이 제1심과 동일한 양형조건을 나열한 후 이에 대한 평가만을 달리하여 '제1심의 양형이 부당하다'는 이유로 제1심판결을 파기한다면 그러한 판결을 받은 당사자로서는 쉽게 승복하지 못할 것이다. 이는 제1심판결을 왜 파기하였는지에 관한 아무런 이유가 없는 것과 다를 바 없기 때문이다. 따라서 항소심은 제1심과 양형판단을 달리할 경우 양형에 대한 충실한 심리를 한 후 제1심의 양형이 구체적으로 어떤 점에서 어떻게 부당하다는 것인지, 항소심에서 현출된 새로운 양형조건이 피고인에 대한 양형판단에 어떠한 영향을 미치는 것인지 등에 관하여 구체적으로 기재할 필요가 있다.

다수의견이 원용하고 있는 대법원 1994. 12. 13. 선고 94도2584 판결은 "이 사건 범행의 동기, 범행의 도구 및 수법, 피고인의 성행, 전과, 연령, 직업과 환경 등의 양형의 조건을 참작하면 제1심의 형량이 적절하다고 판단된다."는 이유로 항소기각의 판결을 선고하여도 위법이 아니라는 취지로서, 제1심판결을 파기하는 경우에는 보다 구체적인 파기이유를 설시하여야 한다는 반대의견에 오히려 부합하는 선례로 봄이 타당하다.

요컨대, 제1심의 양형판단이 항소심에서 그대로 유지되는 경우와 제1심의 양형판단이 항소심에서 파기되는 경우에 있어서 항소심 이유 기재의 정도는 달라질 수밖에 없다. 이는 사실오인의 항소이유를 배척할 때에는 간단히 '사실오인의 항소이유는 이유 없다'고만 하여도 무방하지만, 항소이유를 받아들일 경우에는 구체적으로 어떤 점에서 제1심의 사실인정이 잘못되었는지를 밝혀야 하는 것과 마찬가지이다.

마. 제1심과 원심의 판결이유와 기록에 의하면, 다음 사실을 알 수 있다.(생략)

바. 위와 같은 소송의 경과와 제1심과 원심의 판결이유를 위와 같은 법리에 비추어 살펴보면, 제1심 양형심리 과정에서 나타난 형법 제51조의 제반 양형조건 등에 비추어 제1심의 양형판단이 재량의 합리적인 한계를 벗어났다거나, 항소심의 양형심리 과정에서 현출된 자료를 더하여 보더라도 제1심의 양형판단을 번복할 정도의 사정변경이 있다고 보기 어렵다. 더욱이 원심은 제1심과 별다른 사정변경이 없는 상황에서 제1심보다 중한 형을 선고하면서도 그러한 양형판단의 근거가 되는 사정에 대하여 추가적인 심리를 하지 않았을 뿐만 아니라 원심이 설시한 이유만으로는 원심이 어떠한 이유와 근거로 동일한 양형조건에 대한 평가를 달리하였다는 것인지도 알 수 없다.

따라서 원심의 위와 같은 판단에는 항소심의 양형심리와 양형판단 및 파기이유의 설시에 관한 법리를 오해하여 판결에 영향을 미친 잘못이 있으므로, 이 사건은 파기되어야 한다.

이상과 같이 다수의견에 반대하는 취지를 밝힌다.

대법원장 양승태(재판장)
대 법 관 민일영 이인복 이상훈 김용덕 박보영 고영한 김창석 김신(주심) 김소영 조희대 권순일 박상옥

[판시사항]

[1] 제1심과 비교하여 양형의 조건에 변화가 없고 제1심의 양형이 재량의 합리적인 범위를 벗어나지 않는 경우, 항소심이 이를 존중하여야 하는지 여부(적극) 및 항소심이 형의 양정이 부당한 제1심판결을 파기하여야 하는 경우

[2] 항소심이 자신의 양형판단과 일치하지 않는다고 하여 양형부당을 이유로 제1심판결을 파기하는 경우, 양형심리 및 양형판단 방법이 위법한지 여부(소극) 및 원심판단에 근거가 된 양형자료와 그에 관한 판단 내용이 모순 없이 설시되어 있더라도, 양형의 조건이 되는 사유를 일일이 명시하지 아니하면 위법한지 여부(소극)

[판결요지]

[1] 양형부당은 원심판결의 선고형이 구체적인 사안의 내용에 비추어 너무 무겁거나 너무 가벼운 경우를 말한다. 양형은 법정형을 기초로 하여 형법 제51조에서 정한 양형의 조건이 되는 사항을 두루 참작하여 합리적이고 적정한 범위 내에서 이루어지는 재량 판단으로서, 공판중심주의와 직접주의를 취하고 있는 우리 형사소송법에서는 양형판단에 관하여도 제1심의 고유한 영역이 존재한다. 이러한 사정들과 아울러 항소심의 사후심적 성격 등에 비추어 보면, 제1심과 비교하여 양형의 조건에 변화가 없고 제1심의 양형이 재량의 합리적인 범위를 벗어나지 아니하는 경우에는 이를 존중함이 타당하며, 제1심의 형량이 재량의 합리적인 범위 내에 속함에도 항소심의 견해와 다소 다르다는 이유만으로 제1심판결을 파기하여 제1심과 별로 차이 없는 형을 선고하는 것은 자제함이 바람직하다.

그렇지만 제1심의 양형심리 과정에서 나타난 양형의 조건이 되는 사항과 양형기준 등을 종합하여 볼 때에 제1심의 양형판단이 재량의 합리적인 한계를 벗어났다고 평가되거나, 항소심의 양형심리 과정에서 새로이 현출된 자료를 종합하면 제1심의 양형판단을 그대로 유지

하는 것이 부당하다고 인정되는 등의 사정이 있는 경우에는, 항소심은 형의 양정이 부당한 제1심판결을 파기하여야 한다.

[2] [다수의견] 항소심은 제1심에 대한 사후심적 성격이 가미된 속심으로서 제1심과 구분되는 고유의 양형재량을 가지고 있으므로, 항소심이 자신의 양형판단과 일치하지 아니한다고 하여 양형부당을 이유로 제1심판결을 파기하는 것이 바람직하지 아니한 점이 있다고 하더라도 이를 두고 양형심리 및 양형판단 방법이 위법하다고까지 할 수는 없다. 그리고 원심의 판단에 근거가 된 양형자료와 그에 관한 판단 내용이 모순 없이 설시되어 있는 경우에는 양형의 조건이 되는 사유에 관하여 일일이 명시하지 아니하여도 위법하다고 할 수 없다.

[대법관 박보영, 대법관 김신, 대법관 권순일의 반대의견] 상고심은 항소심이 제1심판결에 대한 항소이유가 있는지를 제대로 판단하였는지 여부, 항심에서 항소이유가 있다고 판단하여 제1심판결을 파기하였을 경우 그에 대한 적절한 심리와 판단이 이루어졌는지 및 파기이유 기재가 충분한지 여부 등을 법률심으로서 심사할 권한이 있다. 따라서 항소심이 제1심판결을 파기할 수 없는 경우임에도 제1심판결을 파기하였다면 이는 항소이유가 없음에도 항소이유가 있다고 잘못 판단한 것이므로, 당연히 상고심의 심사대상이 된다. 이는 항소심이 선고한 형량이 부당한지 여부를 심사하는 것이 아니라 항소이유에 대한 판단이 제대로 이루어졌는지를 심사하는 것이므로 양형부당의 문제가 아니라 법령 위반의 문제로 보아야 한다.

나아가 항소심이 제1심의 양형판단을 뒤집을 만한 특별한 사정이 인정되는 객관적이고 합리적인 근거를 파기이유로 설시하지 않았다면 이 또한 법령 위반으로 평가할 수 있다. 요컨대, 제1심의 양형판단이 항소심에서 그대로 유지되는 경우와 제1심의 양형판단이 항소심에서 파기되는 경우에 항소심 이유 기재의 정도는 달라질 수밖에 없다. 이는 사실오인의 항소이유를 배척할 때에는 간단히 '사실오인의 항소이유는 이유 없다'고만 하여도 무방하지만, 항소이유를 받아들일 경우에는 구체적으로 어떤 점에서 제1심의 사실인정이 잘못되었는지를 밝혀야 하는 것과 마찬가지이다.

Ⅱ. 판례검토

1. 사실의 개요 — 사실관계

피고인 1은 2011년 11월 [마약류관리에관한법률위반죄]로 징역 10월을 선고받아 2012년 4월 그 형의 집행을 마쳤다. 그는 누범 기간 중에 피고인 2와 함께 주범으로서 인터넷에 불법 도박 사이트를 개설하여 운영하였다. 그가 운영한 도박 사이트는 게임 종류에 따라 A, B, C 사이트 등으로 구성되어 있었다.

그 후 피고인 1은 A 불법 사이트 부분에 대해 기소되어[1] 2014년 1월 도박개장죄 등으로 징역 1년을 선고받아 2014년 3월 확정되었다. 그 사건의 항소심 선고 이후 시점에 검사는 별건으로 B 사이트, C 사이트 부분에 대해 그를 [도박개장죄] 및 [게임산업진흥에관한법률위반죄]로 기소하였다.[2]

2. 사건의 경과

제1심 법원은 2014년 11월 피고인들에 대한 이 사건[3] 공소사실 중 무죄로 판단한 일부 공소사실을 제외한 나머지 공소사실을 유죄로 인정하였다 :

먼저 피고인 1에게 징역 10개월을 선고하면서 양형의 이유에서 "이 사건 범행은 이 사회 전체의 건전한 근로정신을 훼손하고 다수의 피해자를 양산하며 그 범행동기가 우발적이거나 생계유지에 있기보다는 그릇된 욕심을 채우기 위해 사전에 계획된 점 등에 비추어 보면

1) 이 부분에 관한 사건을 제1사건이라 칭하기로 한다.
2) 이를 위 제1사건에 대비하여 제2사건과 제3사건이라 부르기로 한다.
3) 이 사건은 제2사건과 제3사건이다.

그 죄질이 가볍지 아니하고 피고인이 이 사건 범행의 주범인 점, 피고인이 누범기간 중에 이 사건 범행을 행하여 일부 범행을 부인하는 점 등은 불리한 정상이고, 게임에 참가한 자들도 불법 게임물이라는 것을 알았다는 점, 피고인이 판시 확정된 죄와 같이 판결 받았을 경우의 양형을 고려하고 피고인의 환경 등 제반 사정을 참작한다."고 설시하였다.

다음 피고인 2에게 징역 8개월을 선고하면서 양형의 이유에서 "피고인은 집행유예 기간 중에 이 사건 범행을 저질렀고 동종의 전과가 있는 점, 가담의 정도가 가볍지 아니한 점, 그로부터 수익을 얻은 점, 피고인의 제반 환경 등 제반 사정을 참작한다."고 설시하였다.

그 후 제1심 판결에 대하여 피고인들과 검사가 모두 항소하였고, 원심은 별다른 증거조사나 피고인신문 없이 제1회 공판기일에 변론을 종결한 후, 제1심이 설시한 양형의 이유와 유사한 사정을 설시하면서 '제1심의 형은 다소 가벼워서 부당하다'는 이유[4]만으로 검사의 양형부당 주장을 받아들여 2015년 2월 제1심판결을 파기하면서 피고인 1에게 징역 4년을, 피고인 2에게 징역 1년 6개월을 선고하였다.

Ⅲ. 판례해설

1. 서 언

본 판례해설의 대상이 된 대법원 판결은 대법원이 2015년도에 선고한 판결 중에서도 중요하게 평가되는 전원합의체 판결[5]이다. 이는

4) 이러한 양형판단에 대해 항소심법원이 제시한 이유는 다음과 같다: 이 사건 범행은 인터넷 불법 도박사이트를 계획적, 조직적으로 운영한 것으로 그 사회적 파급력을 고려하면 죄질이 매우 불량하다고 할 것인데, 피고인 1은 이 사건 범행의 주범으로서 자신의 잘못을 반성하고 있다고 보기 어렵고, 누범기간 중에 이 사건 범행을 저지른 점에 비추어 엄중히 처벌하지 않을 수 없다. 그 밖에 사후적 경합범인 점, 이 사건 범행으로 인한 수익 정도, 이 사건 범행에 이르게 된 동기 및 경위, 범행 전후의 정황, 연령, 성행, 환경 등 기록에 나타난 양형의 조건이 되는 여러 사정을 참작하여 보면, 원심이 피고인들에게 선고한 형은 다소 가벼워서 부당하다.

"양형부당은 원심판결의 선고형이 구체적인 사안의 내용에 비추어 너무 무겁거나 너무 가벼운 경우를 말한다. 양형은 법정형을 기초로 하여 형법 제51조에서 정한 양형의 조건이 되는 사항을 두루 참작하여 합리적이고 적정한 범위 내에서 이루어지는 재량 판단으로서, 공판중심주의와 직접주의를 취하고 있는 우리 형사소송법에서는 양형판단에 관하여도 제1심의 고유한 영역이 존재한다. 이러한 사정들과 항소심의 사후심적 성격 등에 비추어 보면, 제1심과 비교하여 양형의 조건에 변화가 없고 제1심의 양형이 재량의 합리적인 범위를 벗어나지 않는 경우에는 이를 존중함이 타당하며, 제1심의 형량이 재량의 합리적인 범위 내에 속함에도 항소심의 견해와 다소 다르다는 이유만으로 제1심판결을 파기하여 제1심과 별로 차이 없는 형을 선고하는 것은 자제함이 바람직하다."라고 [양형판단의 원칙]을 천명하고 있다.

그러면서 본 판결의 다수의견은 "제1심의 양형심리 과정에서 나타난 양형의 조건이 되는 사항과 양형기준 등을 종합하여 볼 때에 제1심의 양형판단이 재량의 합리적인 한계를 벗어났다고 평가되거나, 항소심의 양형심리 과정에서 새로이 현출된 자료를 종합하면 제1심의 양형판단을 그대로 유지하는 것이 부당하다고 인정되는 등의 사정이 있는 경우에는, 항소심은 형의 양정이 부당한 제1심판결을 파기하여야 한다."고 하여 <항소심이 제1심판결을 파기해야 할 필요성>을 강조하고 있다.

그러나 본 판결의 반대의견은 "다수의견이 설시하는 위와 같은 사정이 인정되지 않는데도 제1심판결을 파기하거나, 제1심의 양형판단을 뒤집을 만한 사정에 관한 심리와 판단, 이유설시를 제대로 하지

5) 직접 본 판결만을 주제로 평석하거나 이론적으로 다룬 학술진흥재단 공인 등재(후보)지 학술지 논문으로는 [신동운, 양형판단과 형사항소심의 구조 - 대법원 2015. 7. 23. 선고 2015도3260 전원합의체 판결에 대한 평석 -, 서울대학교 법학, 제57권 제4호, 2016.12. 197-224면]과 [한상규, 형사 항소심의 양형 판단 통제 - 대법원 2015.7.23. 선고 2015도3260 전원합의체 판결, 강원법학, 50호, 2017.02, 937-971면]이 있다. 본 논문의 학술적인 평석을 위해 학술진흥재단 공인학술지에 게재된 학술논문만을 인용하기로 한다.

아니한 채 제1심판결을 파기한 항소심의 부당성을 다투는 주장은 항소심의 양형심리와 양형판단 및 파기이유 설시의 위법성을 지적하는 취지로서 적법한 상고이유라고 평가하여야 할 것이므로, 이와 달리 평가하는 다수의견에는 찬성할 수 없다."고 주장하고 있다.

본 판결은 법원의 입장에서 보면 항소심의 양형판단 원칙을 명확하게 설정한 판결이라고 규정할 수 있겠으나, 대법원이 그 양형판단의 기준을 명확하게 제시하지 못한 점에서 비판받아야 마땅하다고 본다. 무엇보다 이 판결은 항소심이 제1심판결을 파기해야 할 필요성과 그 판단의 기본적인 해석론에 입각하여 그 판단 기준에 관한 다수의견과 반대의견의 대립을 통하여 그 일반적인 법감정과 상식은 무엇인가라는 연구과제를 제시하고 있다고 본다.

결국 본 판결에서 극명하게 대립하고 있는 다수의견과 반대의견의 입장 차이를 좁히고 형사절차법정주의 원칙을 준수하면서 오로지 국민의 입장에서 이를 정리하는 것이 본 논문의 실익이라고 하겠다.

2. 본 판결 다수의견의 요지

본 판결에서 다수의견은 양형판단에 위법이 있다는 취지의 주장에 대하여 "형사소송법 제361조의5 제15호는 <형의 양정이 부당하다고 인정할 사유가 있는 때>를 항소이유의 하나로 들고 있고, 그 항소이유가 인정되는 경우에 항소심은 제364조 제6항에 따라 제1심판결을 파기하고 다시 판결하여야 하므로, 항소심은 판결 당시까지 제출된 모든 자료를 토대로 적정한 양형을 하여 제1심의 형의 양정이 부당한지 여부를 가려야 한다."고 하여 [양형판단의 기본전제]를 천명하고 있다.

먼저 다수의견은 항소심의 사후심적 성격 등에 비추어 볼 때 제1심과 비교하여 양형의 조건에 변화가 없고 제1심의 양형이 재량의 합리적인 범위를 벗어나지 아니하는 경우에는 이를 존중함이 타당하다고 본다. 따라서 다수의견은 제1심의 형량이 재량의 합리적인 범위 내에 속함에도 항소심의 견해와 다소 다르다는 이유만으로 제1심판결을 파기하여 제1심과 별로 차이 없는 형을 선고하는 것을 자제해야 한다는 점을 강조하고 있다.

다음 다수의견은 제1심의 양형심리 과정에서 나타난 양형의 조건이 되는 사항과 양형기준 등을 종합하여 볼 때에 제1심의 양형판단이 재량의 합리적인 한계를 벗어났다고 평가되거나, 항소심의 양형심리 과정에서 새로이 현출된 자료를 종합하면 제1심의 양형판단을 그대로 유지하는 것이 부당하다고 인정되는 등의 사정이 있는 경우에, 항소심은 형의 양정이 부당한 제1심판결을 파기해야 한다고 본다.

그런데 다수의견은 항소심은 제1심에 대한 사후심적 성격이 가미된 속심으로서 제1심과 구분되는 고유의 양형재량을 가지고 있다고 보아야 한다는 전제 아래, 항소심이 그 자신의 양형판단과 일치하지 아니한다고 하여 양형부당을 이유로 제1심판결을 파기하는 것이 바람직하지 아니한 점이 있다고 하더라도 이를 두고 양형심리 및 양형판단 방법이 위법하다고까지 할 수는 없다고 본다. 또 위와 같은 원심의 판단에 그 근거가 된 양형자료와 그에 관한 판단 내용이 모순 없이 설시되어 있는 경우에는 양형의 조건이 되는 사유에 관하여 일일이 명시하지 않아도 위법하다고 할 수 없다고 주장하고 있다.[6]

마지막으로 다수의견은 양형부당과 상고심의 관계에 관하여 "형사소송법 제383조 제4호에 의하면, 사형, 무기 또는 10년 이상의 징역이나 금고가 선고된 사건에서만 양형부당을 사유로 한 상고가 허용되며, 사실심 법원이 양형의 기초 사실에 관하여 사실을 오인하였다거나 양형의 조건이 되는 정상에 관하여 심리를 제대로 하지 아니하였다는 사유를 들어 원심판결을 다투는 것은 양형부당 취지의 주장에 해당한다"[7]고 판단하고 있다.[8]

6) 대법원 1994. 12. 13. 선고 94도2584 판결 등 참조.

7) 대법원 1988. 1. 19. 선고 87도1410 판결, 대법원 2013. 9. 26. 선고 2013도7876 판결 등 참조.

8) 이 점에 관하여는 본 판결에서 반대의견도 다른 견해를 제시하고 있지 않다.

3. 본 판결 반대의견의 요지

본 판결에서 반대의견은 기본적으로 제1심의 양형판단이 적정한 양형의 폭 범위 내에서 이루어진 것이라면 항소심은 이를 존중해야 하나, 제1심의 양형판단이 재량의 합리적인 한계를 벗어났다고 평가되거나 그 양형판단을 그대로 유지하는 것이 부당하다고 인정되는 등의 사정이 있으면 다수의견과 마찬가지로 항소심이 제1심판결을 파기하여야 한다는 견해를 취하고 있다.

그러나 반대의견은 다수의견이 이러한 사정이 인정되지 않는데도 제1심판결을 파기하거나, 제1심의 양형판단을 뒤집을 만한 사정에 관한 심리와 판단, 이유설시를 제대로 하지 아니한 채 제1심판결을 파기한 항소심의 부당성을 다투는 주장은 항소심의 양형심리와 양형판단 및 파기이유 설시의 위법성을 지적하는 취지로서 적법한 상고이유라고 평가하여야 할 것이므로, 이와 달리 평가하는 다수의견에는 찬성할 수 없다고 한다.[9)]

또 반대의견은 다수의견이 제1심의 양형이 부당하다는 항소심의 판단은 특별한 사정이 없는 한 '위법'하다고 평가할 수 없다고 해석하

9) 또 반대의견은 "행정청의 재량이 인정되는 이른바 재량행위에 대한 사법심사는, 행정청의 재량에 의한 공익판단의 여지를 감안하여 원칙적으로 재량권의 일탈이나 남용이 있는지 여부만을 대상으로 하는 것이 원칙이고, 재량권의 일탈이나 남용이라고 평가되지 않는 한 법원은 이를 취소할 수 없다. 재량적 행정행위와 비교하여 볼 때, 사법작용인 제1심의 양형판단도 재량권의 합리적인 한계를 벗어났다고 평가되지 않는 한 최대한 존중되어야 함은 너무나 당연한 일이다."라고 판단하고 있다. 이러한 판단을 전제로 "종래 항소심은 제1심의 양형이 적정한 양형의 폭 범위 내에 있음에도 불구하고 단지 그것이 항소심이 가장 적절하다고 판단하는 형량과 일치하지 아니한다는 이유로 제1심판결을 파기하면서 제1심과 별로 차이 없는 형을 선고하거나 본형을 그대로 유지한 채 그 집행만을 유예하는 사례가 많이 있었는데, 이러한 항소심 실무관행은 제1심의 양형을 최대한 존중하는 태도와는 거리가 먼 것으로서 남항소를 조장하고 종국적으로는 사법에 대한 신뢰를 저해할 수 있다는 측면에서 정책적으로 바람직하지 않을 뿐만 아니라, 항소이유가 없음에도 항소이유가 있다고 잘못 판단한 것이므로 특별한 사정이 없는 한 '위법'한 것으로 평가하여야 한다."고 주장한다.

고 있으나 수긍하기 어렵다고 주장한다. 반대의견은 상고심[10]이 항소심을 법률심으로 심사할 권한이 있다는 전제 아래 "항소심이 제1심판결을 파기할 수 없는 경우임에도 제1심판결을 파기하였다면 이는 항소이유가 없음에도 항소이유가 있다고 잘못 판단한 것이므로, 당연히 상고심의 심사대상이 된다고 보아야 한다."고 주장하고 있다. 그 이유는 상고심은 항소심이 선고한 형량이 부당한지 여부를 심사하는 것이 아니라 항소이유에 대한 판단이 제대로 이루어졌는지를 심사하는 것이므로 양형부당의 문제가 아니라 법령 위반의 문제로 보아야 한다는 것이다.

반대의견은 "다수의견과 같이 양형에 있어서의 이른바 '폭의 이론'을 수용하여 제1심의 양형이 적정한 양형의 폭 범위 내에서 이루어진 것이라면 이를 존중하여야 한다고 하면서도 항소심이 이를 위반하여도 적법한 상고이유로 볼 수는 없다고 해석하는 것은 다수의견이 밝힌 법리의 규범력을 스스로 포기하는 것과 다를 바 없다."고 비판하고 있다. 또한 항소심이 제1심의 양형판단을 뒤집을 만한 특별한 사정이 인정되는 객관적이고 합리적인 근거를 파기이유로 설시하지 않았다면 이 또한 법령 위반으로 평가할 수 있다고 본다.

4. 본 판결의 다수의견과 반대의견이 대립하는 논점

본 판결에서 다수의견은 "항소심은 제1심에 대한 사후심적 성격이 가미된 속심으로서"라고 하여 항소심을 사후심적 성격이 가미된 속심으로 보고 있다. 또 이 점에 관하여 반대의견도 별 다른 견해를 제시하지 않고 있다. 또 다수의견과 반대의견은 <제1심과 비교하여 양형의 조건에 변화가 없고 제1심의 양형이 재량의 합리적인 범위를 벗어

10) 본 판결에서 반대의견은 상고심이 "제1심판결에 대한 항소이유가 있는지 여부를 제대로 판단하였는지 여부, 항소심에서 항소이유가 있다고 판단하여 제1심판결을 파기하였을 경우 그에 대한 적절한 심리와 판단이 이루어졌는지 및 파기이유 기재가 충분한지 여부 등을 법률심으로서 심사할 권한이 있다." 고 적시하고 있다.

나지 않는 경우, 항소심이 이를 존중하여야 하는가>라는 점에 관하여는 이견이 없다.

그러나 항소심이 자신의 양형판단과 일치하지 않는다고 하여 양형부당을 이유로 제1심판결을 파기하는 경우, <양형심리와 양형판단 방법이 위법한가의 여부>와 원심판단에 근거가 된 양형자료와 그에 관한 판단 내용이 모순 없이 설시되어 있더라도, <양형의 조건이 되는 사유를 일일이 명시하지 아니하면 위법한가의 여부>에 관하여는 이견을 드러내고 있다.

먼저 다수의견은 (1) 항소심을 사후심적 성격이 가미된 속심으로 보고 있으며, (2) 속심으로서 항소심은 고유한 양형재량을 갖고 있다고 판단하고, (3) 항소심의 양형판단에 양형사유를 일일이 명시할 필요가 없다고 주장하고 있다.

다음 반대의견은 (1) 다수의견과 같이 항소심을 사후심적 성격이 가미된 속심으로 보고 있으나, (2) 항소심의 양형재량에 한계가 있으며 이를 벗어난 양형판단은 위법한 것으로 판단하고, (3) 양형부당으로 제1심 판결을 파기할 때에는 양형사유를 명시하여야 한다고 강조하고 있다.

이와 같이 본 판결에서 다수의견과 반대의견이 대립하는 여러 논점에 관하여 아래에서 상세히 비교하고 분석해보기로 한다.

5. 현행 형사소송법의 항소심 구조

항소란 제1심 판결[11]에 불복하여 제2심 법원에 상소하는 것을 말한다. 항소는 오판으로 인하여 불이익을 받는 당사자의 구제를 주목적으로 한다. 현행법상 상고심의 구조가 사후심이라는 점에 대해서는 이견이 없으나, 항소심의 구조에 대해서는 [원칙적 사후심이라는 견해]와 [원칙적 속심이라는 견해]가 대립하고 있다.

11) 항소는 제1심 판결에 대한 상소이므로 결정·명령에 대해서는 상소할 수 없다.

(1) 학설의 입장

1) **사후심설**: 현행 항소심의 구조는 원칙적으로 사후심[12]이나, 예외적으로 속심의 성질을 가진다고 보는 견해[13]로 다음과 같은 점을 근거로 들고 있다.

먼저 제정 당시 형사소송법과는 달리 제1심 절차가 진술조서를 중심으로 한 공판심리방식에서 증인신문을 중심으로 하는 공판심리방식으로 전환함으로써 공판중심주의, 직접주의, 구술주의가 강화되었으므로 항소심을 제1심처럼 심리하는 것은 불필요하고 소송경제와 신속한 재판에 반한다.

다음 항소이유를 원칙적으로 원심판결의 법령위반·사실오인·양형부당으로 한정하고 있으며, 이유불비·이유모순을 항소이유로 하고 있다.[14] 또 항소법원은 항소이유에 포함된 사유에 대해서만 심판하여야 한다.[15] 항소법원은 항소이유 없음이 명백한 때에는 변론 없이 항소를 기각할 수 있다.[16]

2) **속심설**: 현행 항소심의 구조는 속심[17]을 원칙으로 하고 있다는

12) 사후심제도는 원판결의 당부만을 심사하므로 소송경제와 신속한 재판의 이념에 부합하며, 항소법원의 업무량을 크게 절감할 수 있다는 장점이 있다. 반면에 제1심에서 철저한 심리가 이루어지지 못한 경우 실체적 진실발견과 피고인 구제라는 상소제도 본래의 취지를 살릴 수 없고, 원판결 이후에 나타난 사실을 판단자료에서 제외시킴으로써 구체적 타당성을 잃기 쉽다는 단점이 있다.

13) 강구진, 형사소송법원론, 학연사, 1982. 562면; 김기두, 형사소송법, 박영사, 1987. 299면; 손동권/신이철, 형사소송법, 세창출판사, 2015, 762면; 정영석/이형국, 형사소송법, 법문사, 1996. 459면; 차용석/최용성, 형사소송법, 21세기사, 2015. 755면.

14) 형사소송법 제361조의5.

15) 동법 제364조 제1항.

16) 동법 동조 제5항.

17) 속심제도는 원판결의 심증을 이어받아 필요한 범위 안에서 심리를 속행한다는 점에서 소송경제를 도모할 수 있으며, 원심판결 이후에 발생한 새로운 사실이나 증거도 판단의 자료로 활용할 수 있다는 점에서 실체적 진실발견과 피고인 보호에 유리하다는 장점이 있다. 반면에 원판결의 소송자료에 대한 심증을 이어받는 것은 구두변론주의와 직접주의에 반하고, 소송지연과 상소

견해로 다음과 같은 점을 근거로 들고 있다. 다수 학자들이 다음의 논거로 이를 주장하고 있다.[18]

먼저 이념적으로 항소심은 제2의 사실심이어야 하고, 사실심은 실체적 진실발견에 그 본질이 있으므로 항소심은 속심이어야 한다. 제1심에서 공판중심주의와 직접주의가 강화되었다 하더라도, 제1심 판결에서 진실을 완전히 가리는 것은 기대하기 어렵다. 또 항소심은 제1심 판결 후에 나타난 자료에 대해서도 자유롭게 사실심리와 증거조사를 할 수 있으며, 원판결 후에 이루어진 피해보상이나 피해자와의 합의도 항소심판단의 자료가 될 수 있다.

다음 항소이유 중 판결 후 형의 폐지나 변경 또는 사면이 있을 때[19]와 재심청구의 사유가 있을 때[20]는 명백히 속심적 성격을 드러낸다. 형사소송법이 인정하고 있는 가장 중요한 항소이유인 사실오인[21]과 양형부당[22]은 순수한 사후심에서는 찾아보기 어려운 항소이유이다. 또 항소심의 심판범위는 원칙적으로 항소이유에 포함된 사유에 제한되지만, 항소법원은 판결에 영향을 미친 사유에 관하여 항소이유에 포함되지 아니한 경우에도 직권으로 심판할 수 있다.[23] 항소심이 항소이유가 있다고 인정한 때에 파기자판을 원칙으로 하고 있는 것[24]은 속심적 성격에 해당한다.

권남용의 위험은 여전히 남아있으며, 복심과 사후심의 약점을 모두 가질 수 있다는 단점이 있다.

18) 배종대/이상돈/정승환/이주원, 형사소송법, 홍문사, 2011, 825면; 백형구, 형사소송법, 율곡출판사, 2004, 831면; 송광섭, 형사소송법, 유스티니아누스, 2003. 63면; 신동운, 형사소송법, 법문사, 2008, 48면; 신현주, 형사소송법, 박영사, 2010, 766면; 신양균, 형사소송법, 법문사, 2009, 1023면; 이재상, 형사소송법, 2012, 759면; 이은모, 형사소송법, 박영사, 2010. 65면; 임동규, 형사소송법, 법문사, 2015, 755면.

19) 형사소송법 제361조의5 제2호.

20) 동법 동조 제13호

21) 동법 동조 제14호

22) 동법 동조 제15호

23) 동법 제364조 제2항

24) 동조 제6항

3) 사 견: 본인은 <항소심의 구조>를 명확하게 판단하기 위하여 2007년 대폭적으로 개정되어 공판중심주의가 강화된 점을 고려하면서 현행 형사소송법을 올바로 해석해야 된다고 본다. 이러한 시각에서 항소심을 원칙적으로 속심으로 보는 견해가 옳다고 본다. 그 이유는 항소심은 실체적 진실발견을 위한 사실심이기 때문이다. 또한 항소심은 제2의 사실심이며 최후의 사실심으로서 제1심이 모두 밝힐 수 없는 실체적 진실을 최대한 규명해야 하기 때문이다.

(2) 판례의 견해

과거의 판결을 보면 대법원은 항소심의 구조에 관하여 "완전한 사후심에 그치는 것이라고는 볼 수 없다"[25]고 적시하면서, 반면 "현행 항소심의 구조가 반드시 속심의 성격을 가진 것이라고만 단정할 수 없다"[26]고 판단했다. 곧 항소심이 사후심과 속심의 성격을 모두 갖고 있다는 입장을 취하면서 원칙적으로 사후심인가 속심인가의 여부에 관해 명백한 태도를 밝히지 않았던 것이다.

그 후 대법원은 항소심이 원칙적으로 속심으로서 사후심적 요소를 가진 조문들은 남상소의 폐해를 억제하고 소송경제상의 필요에서 항소심의 속심적 성격에 제한을 가한 것에 불과하다고 판시하였다.[27] 항소심이 사후심적 성격이 가미된 속심이라고 명시적으로 언급한 결정도 있다.[28] 종합적으로 보면 대법원은 항소심의 구조가 원칙적 속심, 예외적 사후심 성격을 갖는 것으로 보고 있다.

특히 <증인 진술의 신빙성 유무에 관한 제1심의 판단을 항소심이 뒤집을 수 있는가의 여부>에 관하여 대법원은 [우리 형사소송법이 공

25) 대법원 1966. 5. 17. 선고 66도125 판결 참조.
26) 대법원 1972. 10. 10. 선고 72도1832 판결 참조.
27) "현행 형사소송법상 항소심은 기본적으로 실체적 진실을 추구하는 면에서 속심적 기능이 강조되고 있고, 다만, 사후심적 요소를 도입한 형사소송법의 조문들이 남상소의 폐단을 억제하고 항소법원의 부담을 감소시킨다는 소송경제상의 필요에서 항소심의 속심적 성격에 제한을 가하고 있음에 불과하다"고 판시하였다. 대법원 1983. 4. 26. 선고 82도2829 판결 참조.
28) 대법원 2002. 12. 3. 선고 2002모265 결정 참조.

판중심주의의 한 요소로서 채택하고 있는 실질적 직접심리주의의 정신에 따라 제1심과 항소심의 신빙성 평가 방법의 차이를 고려할 때 제1심 판결내용과 제1심에서 적법하게 증거조사를 거친 증거들]을 그 판단기준을 제시하고 있다. 곧 "제1심 증인이 한 진술의 신빙성 유무에 관한 제1심의 판단이 명백하게 잘못되었다고 볼 만한 특별한 사정이 있거나, 제1심 증거조사 결과와 항소심 변론종결시까지 추가로 이루어진 증거조사 결과를 종합하면, 제1심 증인이 한 진술의 신빙성 유무에 관한 제1심의 판단을 그대로 유지하는 것이 현저히 부당하다고 인정되는 예외적인 경우가 아니라면, 항소심으로서는 제1심 증인이 한 진술의 신빙성 유무에 관한 제1심의 판단이 항소심의 판단과 다르다는 이유만으로 이에 관한 제1심의 판단을 함부로 뒤집어서는 안 된다"고 판시하였다.[29]

본 판결에서 다수의견은 "항소심은 제1심에 대한 사후심적 성격이 가미된 속심으로서"라고 하여 항소심을 사후심적 성격이 가미된 속심으로 보고 있다. 또 이 점에 관하여 반대의견도 별 다른 견해를 제시하지 않고 있다.

6. 항소심이 제1심판결을 파기하는 경우

(1) 양형부당의 의미

공판중심주의와 직접주의에 입각하고 있는 우리 형사소송법에서는 양형판단에 관하여도 제1심의 고유한 영역이 존재한다. 여기서 양형판단은 법정형을 기초로 하여 형법 제51조에서 정한 양형의 조건이 되는 사항을 두루 참작하여 합리적이고 적정한 범위 내에서 이루어지는 재량 판단을 말한다. 양형부당은 원심판결의 선고형이 구체적인 사안의 내용에 비추어 너무 무겁거나 너무 가벼운 경우를 말한다.

본 판결에서 다수의견은 "형사소송법 제361조의5 제15호는 "형의 양정이 부당하다고 인정할 사유가 있는 때"를 항소이유의 하나로 들

29) 대법원 2012. 6. 14. 선고 2011도5313 판결 참조.

고 있고, 그 항소이유가 인정되는 경우에 항소심은 제364조 제6항에 따라 제1심판결을 파기하고 다시 판결하여야 하므로, 항소심은 판결 당시까지 제출된 모든 자료를 토대로 적정한 양형을 하여 제1심의 형의 양정이 부당한지 여부를 가려야 한다."고 판시하고 있다. 이 부분에 관하여 반대의견 역시 특별히 다른 견해를 드러내지 않고 있다.

(2) 양형심리 및 양형판단 방법의 위법 여부 판단 필요성

본 판결에서 다수의견은 "항소심의 사후심적 성격 등에 비추어 보면, 제1심과 비교하여 양형의 조건에 변화가 없고 제1심의 양형이 재량의 합리적인 범위를 벗어나지 않는 경우에는 이를 존중함이 타당하며, 제1심의 형량이 재량의 합리적인 범위 내에 속함에도 항소심의 견해와 다소 다르다는 이유만으로 제1심판결을 파기하여 제1심과 별로 차이 없는 형을 선고하는 것은 자제함이 바람직하다."고 한다.

또 다수의견은 제1심의 양형심리 과정에서 나타난 양형의 조건이 되는 사항과 양형기준 등을 종합하여 볼 때에 제1심의 양형판단이 재량의 합리적인 한계를 벗어났다고 평가되거나, 항소심의 양형심리 과정에서 새로이 현출된 자료를 종합하면 제1심의 양형판단을 그대로 유지하는 것이 부당하다고 인정되는 등의 사정이 있는 경우에, 항소심은 형의 양정이 부당한 제1심판결을 파기해야 한다고 본다.

본 판결에서 반대의견도 기본적으로 제1심의 양형판단이 적정한 양형의 폭 범위 내에서 이루어진 것이라면 항소심은 이를 존중해야 하나, 제1심의 양형판단이 재량의 합리적인 한계를 벗어났다고 평가되거나 그 양형판단을 그대로 유지하는 것이 부당하다고 인정되는 등의 사정이 있으면 다수의견과 마찬가지로 항소심이 제1심판결을 파기하여야 한다는 견해를 취하고 있다.

(3) 원심판단 근거가 된 양형자료와 그에 관한 판단 내용의 설시 필요성

다수의견은 항소심은 제1심에 대한 사후심적 성격이 가미된 속심

으로서 제1심과 구분되는 고유의 양형재량을 가지고 있다고 보아야 한다는 전제 아래, 항소심이 그 자신의 양형판단과 일치하지 아니한다고 하여 양형부당을 이유로 제1심판결을 파기하는 것이 바람직하지 아니한 점이 있다고 하더라도 이를 두고 양형심리 및 양형판단 방법이 위법하다고까지 할 수는 없다고 본다.

그러나 반대의견은 다수의견이 이러한 사정이 인정되지 않는데도 제1심판결을 파기하거나, 제1심의 양형판단을 뒤집을 만한 사정에 관한 심리와 판단, 이유설시를 제대로 하지 아니한 채 제1심판결을 파기한 항소심의 부당성을 다투는 주장은 항소심의 양형심리와 양형판단 및 파기이유 설시의 위법성을 지적하는 취지로서 적법한 상고이유라고 평가하여야 할 것이므로, 이와 달리 평가하는 다수의견에는 찬성할 수 없다고 한다.

또 반대의견은 "제1심의 양형판단이 항소심에서 그대로 유지되는 경우와 제1심의 양형판단이 항소심에서 파기되는 경우에 있어서 항소심 이유 기재의 정도는 달라질 수밖에 없다."고 주장한다. 반대의견은 <사실오인의 항소이유를 배척할 때에는> 간단히 '사실오인의 항소이유는 이유 없다'고만 하여도 무방하지만, <항소이유를 받아들일 경우에는> 구체적으로 어떤 점에서 제1심의 사실인정이 잘못되었는지를 밝혀야 하는 것과 동일하다고 본다.

(4) 양형의 조건이 되는 사유를 일일이 명시하여야 하는가의 여부

본 판결에서 다수의견은 "원심의 판단에 그 근거가 된 양형자료와 그 에 관한 판단 내용이 모순 없이 설시되어 있는 경우에는 양형의 조건이 되는 사유에 관하여 일일이 명시하지 않아도 위법하다고 할 수 없다"[30]고 주장하고 있다.

---

30) 반대의견은 "다수의견이 원용하고 있는 대법원 1994. 12. 13. 선고 94도2584 판결은 "이 사건 범행의 동기, 범행의 도구 및 수법, 피고인의 성행, 전과, 연령, 직업과 환경 등의 양형의 조건을 참작하면 제1심의 형량이 적절하다고 판단된다."는 이유로 항소기각의 판결을 선고하여도 위법이 아니라는 취지로

그러나 반대의견은 "제1심의 양형판단이 재량의 합리적인 한계를 벗어났다고 평가되거나 항소심의 양형심리 과정에서 현출된 자료를 종합하면 제1심의 양형판단을 그대로 유지하는 것이 부당하다고 인정되는 등의 사정이 있는 경우에만 항소심이 제1심과 양형판단을 달리할 수 있다고 해석하는 이상, 항소심이 제1심의 양형을 파기하는 경우에 제1심의 양형을 파기할 만한 사정에 관한 객관적이고 합리적인 근거의 기재를 요구하는 것은 당연한 것이다."라고 주장하고 있다.

더 나아가 반대의견은 항소심이 제1심과 동일한 양형조건을 나열한 후 이에 대한 평가만을 달리하여 '제1심의 양형이 부당하다'는 이유로 제1심판결을 파기한다면 그러한 판결을 받은 당사자로서는 쉽게 승복하지 못할 것이며, 이는 제1심판결을 왜 파기하였는지에 관한 아무런 이유가 없는 것과 다를 바 없기 때문이다."라고 비편한다. 이러한 시각에서 반대의견은 논리필연적으로 "항소심은 제1심과 양형판단을 달리할 경우 양형에 대한 충실한 심리를 한 후 제1심의 양형이 구체적으로 어떤 점에서 어떻게 부당하다는 것인지, 항소심에서 현출된 새로운 양형조건이 피고인에 대한 양형판단에 어떠한 영향을 미치는 것인지 등에 관하여 구체적으로 기재할 필요가 있다."고 적시하고 있다.

7. 결 론

현행 형사소송법의 항소심구조에 관하여 본 판결의 다수의견은 "항소심은 제1심에 대한 사후심적 성격이 가미된 속심"이라고 적시해 항소심을 사후심적 성격이 가미된 속심으로 보고 있다. 또 이 점에 관하여 반대의견도 별 다른 견해를 제시하지 않고 있다. 결국 항소심은 원칙적으로 속심이라는 주장이다. 현재 다수 학자들도 이러한 주장을 지지하고 있다. 또 본 판결의 다수의견과 반대의견은 <제1심과 비교

서, 제1심판결을 파기하는 경우에는 보다 구체적인 파기이유를 설시하여야 한다는 반대의견에 오히려 부합하는 선례로 봄이 타당하다."고 지적하고 있다. 대법원 1994. 12. 13. 선고 94도2584 판결 등 참조.

하여 양형의 조건에 변화가 없고 제1심의 양형이 재량의 합리적인 범위를 벗어나지 않는 경우, 항소심이 이를 존중하여야 하는가>라는 점에 관하여도 이견이 없다.

먼저 <항소심의 구조>에 관하여 본인도, 2007년에 대폭적으로 개정되어 공판중심주의가 강화된 현행 형사소송법의 해석에 따를 때, 항소심을 원칙적으로 속심으로 보는 견해가 옳다고 본다. 그 이유는 항소심은 실체적 진실발견을 위한 사실심이기 때문이다. 또한 항소심은 제2의 사실심이며 최후의 사실심으로서 제1심이 모두 밝힐 수 없는 실체적 진실을 최대한 규명해야 하기 때문이다.

다음 <항소심이 제1심 판결을 존중해야 할 법적 의무가 있는가의 여부>에 관하여 본인은 항소심이 제1심과 비교하여 양형의 조건에 변화가 없고 제1심의 양형이 재량의 합리적인 범위를 벗어나지 않는더고 판단한 경우 이를 존중해야 한다고 본다.

본 판결에서 다수의견은 “제1심의 형량이 재량의 합리적인 범위 내에 속함에도 항소심의 견해와 다소 다르다는 이유만으로 제1심판결을 파기하여 제1심과 별로 차이 없는 형을 선고하는 것은 자제함이 바람직하다.”고 한다. 그러나 다수의견은 여기서 이것을 자제함이 바람직하다고 판시하고 있는데 이는 옳지 않다고 하겠다. 자제하는 것이 바람직한 것이 아니라 이것은 항소심이 하지말아야 할 것이라고 표현해야 할 것이다.

그런데 <항소심이 행사하는 양형상 재량권의 한계>에 관해서는 다수의견과 반대의견은 첨예하게 대립하고 있다. 곧 전자는 속심으로서 항소심은 고유한 양형재량을 갖고 있다고 판단하는데 반하여, 후자는 항소심의 양형재량에는 한계가 있으며 이를 벗어난 양형판단은 위법한 것으로 보고 있다.

이 점에 관하여 본인은 항소심의 양형재량권이 고유한 성질을 갖고 있음에도 불구하고 제한적으로 행사되어야 한다는 필요성에 입각해 이에 반한 경우 위법한 것으로 보아야 한다는 반대의견이 타당하다고 본다. 이 점에서 "공판중심주의와 직접주의에 입각하고 있는 우리 형사소송법에서는 양형판단에 관하여도 제1심의 고유한 영역이 존재한다."고 하면서도 항소심의 양형재량권을 폭넓게 인정하는 다수의견은 비판받아야 한다. 결국 형법 제51조에 의거한 양형판단은 법정형을 기초로 하여 양형의 조건이 되는 사항을 모두 참작해 합리적이고 적정한 범위 내에서 이루어지는 재량 판단으로서 제1심과 항소심이 개별적으로 해야 할 판단인 것이다.

문제는 [원심판결의 선고형이 구체적인 사안의 내용에 비추어 너무 무겁거나 너무 가벼운 경우] 곧 양형부당의 경우 발생한다. 곧 본 판결에서 <항소심이 자신의 양형판단과 일치하지 않는다고 하여 양형부당을 이유로 제1심판결을 파기하는 경우, 양형심리와 양형판단 방법이 위법한가의 여부>와 <원심판단에 근거가 된 양형자료와 그에 관한 판단 내용이 모순 없이 설시되어 있더라도, 양형의 조건이 되는 사유를 일일이 명시하지 아니하면 위법한가의 여부>에 관하여는 이견을 드러내고 있다.

먼저 <항소심이 자신의 양형판단과 일치하지 않는다고 하여 양형부당을 이유로 제1심판결을 파기하는 경우, 양형심리와 양형판단 방법이 위법한가의 여부>에 관하여 다수의견은 항소심이 자신의 양형판단과 일치하지 아니한다고 하여 양형부당을 이유로 제1심판결을 파기하는 것이 바람직하지 않더라도 이를 두고 양형심리 및 양형판단 방법이 위법하다고까지 할 수는 없다고 본다.

이에 반해 반대의견은 항소심이 제1심의 양형판단을 그대로 유지하는 것이 부당하다고 인정되는 등의 사정이 인정되지 않는데도 제1심 판결을 파기하거나, 제1심의 양형판단을 뒤집을 만한 사정에 관한 심리와 판단, 이유설시를 제대로 하지 아니한 채 제1심판결을 파기한 경우에, 그 부당성을 다투는 주장은 항소심의 양형심리와 양형판단 및 파기이유 설시의 위법성을 지적하는 취지로서 적법한 상고이유라고 평가해야 한다는 이유로 다수의견을 비판하고 있다.

이 점에 관하여는 본인은 반대의견이 타당하다고 본다. 그 이유는 항소심이 제1심의 양형판단이 재량의 합리적인 한계를 벗어났다고 평가하거나, 항소심의 양형심리 과정에서 새로이 현출된 자료를 종합하면 제1심의 양형판단을 그대로 유지하는 것이 부당하다고 인정되는 등의 사정이 있는 경우가 아님에도 불구하고 제1심판결을 파기하거나, 제1심의 양형판단을 뒤집을 만한 사정에 관한 심리와 판단, 이유설시를 제대로 하지 아니한 채 제1심판결을 파기한 때는 항소심의 양형심리와 양형판단 또 그 파기이유 설시의 위법성이 있다고 볼 수 있기 때문이다.

다음 <원심판단에 근거가 된 양형자료와 그에 관한 판단 내용이 모순 없이 설시되어 있더라도, 양형의 조건이 되는 사유를 일일이 명시하지 아니하면 위법한가의 여부>에 관하여 다수의견은 “원심의 판단에 그 근거가 된 양형자료와 그에 관한 판단 내용이 모순 없이 설시되어 있는 경우에는 양형의 조건이 되는 사유에 관하여 일일이 명시하지 않아도 위법하다고 할 수 없다”고 주장하고 있다.

이에 반해 반대의견은 “제1심의 양형판단이 재량의 합리적인 한계를 벗어났다고 평가되거나 항소심의 양형심리 과정에서 현출된 자료를 종합하면 제1심의 양형판단을 그대로 유지하는 것이 부당하다고 인정되는 등의 사정이 있는 경우에만 항소심이 제1심과 양형판단을 달리할 수 있다고 해석하는 이상, 항소심이 제1심의 양형을 파기하는 경우에 제1심의 양형을 파기할 만한 사정에 관한 객관적이고 합리적인 근거의 기재를 요구하는 것은 당연한 것이다.”라고 강조하고 있다.

이 점에 관하여도 본인은 반대의견이 타당하다고 본다. 그 이유는 항소심이 제1심의 양형을 파기하는 경우 제1심 판결의 양형을 파기할 만한 사정에 관한 객관적이고 합리적인 근거를 기재해야 하는데, 이 경우에 원심판단에 근거가 된 양형자료와 그에 관한 판단 내용을 설명하기 위하여 양형의 조건이 되는 형법 제51조에 관한 사항을 적시할 수 밖에 없기 때문이다.

결론적으로 본판결의 다수의견은 2007년 대폭 개정된 형사소송법의 방향, 곧 공판중심주의와 직접주의 정신을 제대로 반영하지 못하고 있는 점에서 비판받아 마땅하다. 더 나아가 항소심의 양형재량을 지나치게 폭넓게 인정하는 다수의견의 주장은 논리필연적으로 3심구조에서 최종심인 상고심의 부담을 크게 증가시키는 결과를 초래할 수 있다는 점에서 큰 문제를 드러내고 있다. 따라서 항소심은 제1심의 양형판단이 재량의 합리적인 한계를 벗어났다고 평가되거나 항소심의 양형심리 과정에서 현출된 자료를 종합하면 제1심의 양형판단을 그대로 유지하는 것이 부당하다고 인정되는 경우에만 제1심 판결을 파기해야 할 것이다.

[주 제 어]
항소심, 양형부당, 파기판결

[Mot clef]
appel, rejet, injustice de fixation des peines

접수일자: 2019. 5. 20. 심사일자: 2019. 6. 10. 게재확정일자: 2019. 6. 10.

[참고문헌]

1. 국내문헌

주석형사소송법, 강구진외 2인, 사법행정학회, 1998
강구진, 형사소송법원론, 학연사, 1982.
김기두, 형사소송법, 박영사, 1987.
배종대/이상돈/정승환/이주원, 신형사소송법, 홍문사, 2011.
백형구, 형사소송법, 율곡출판사, 2004.
손동권/신이철, 형사소송법, 세창출판사, 2015
송광섭, 형사소송법, 유스티니아누스, 2010..
신현주, 형사소송법, 박영사, 2005.
신양균, 형사소송법, 법문사, 2009.
신동운, 형사소송법, 법문사, 2011
이재상, 형사소송법, 박영사, 2012.
이은모, 형사소송법, 박영사, 2010.
임동규, 형사소송법, 법문사, 2015.
정영석/이형국, 형사소송법, 법문사, 1996.
차용석/최용성, 형사소송법, 21세기사, 2015.
신동운, 양형판단과 형사항소심의 구조 — 대법원 2015.7.23. 선고 2015도3260 전원합의체 판결에 대한 평석, 서울대 법학, 제57권 제4호, 2016.12., 197-224면.
한상규, 형사 항소심의 양형 판단 통제 — 대법원 2015.7.23. 선고 2015도3260 전원합의체 판결, 강원법학, 50호, 2017.2., 937-971면.

2. 프랑스문헌

Code procédure pénale, Dalloz, paris, 2011.
Stefani, Levasseur et Bouloc, Procédure pénale, Dalloz, 2010.
Pradel, Procédure pénale, Cujas, 2008.
Serge Guinchard et Jacques Buisson, Procédure pénale, Litec, 2008.

Pascal Lemoine, Ministère public, Juris- Classeur, Procédure pénale, 2003.
Cour europeenne des droits de l'homme, http://cmiskp,echr,coe.int,
Conseil constitutionnel.fr, http://www.conseil-constitutionnel.fr.

3. 독일문헌

StGB, Beck-Texte, 38.Auf., 2002.
Schoenke/Schroeder/Cramer/Sternberg-Lieben,Strafgesetzbuch Kommentar, 26.Aufl., 2001.
Wessels/Hillenkamp, Strafrecht, Besonderer Teil/ 1 , 27. Aufl., 2003.
Lackner/Kühl, Strafgesetzbuch, 24. Aufl. 2001.

4. 영미문헌

Ashworth, Principles of Criminal Process, Oxford, London. 2008.
Clarkson & Keating, Criminal Procedure: Text and Materials, Sweet & Maxwell, London. 2006.
Johnson, Criminal Law Cases, Materials and Text, West, 2005.
LaFave & Scott, Criminal Procedure, West, 2004.

[Abstact]

Essai critique sur l'arrêt de la Cour suprême coréene, jugé l'accord de puissance de corps, du 23 juillet 2015.

Baek, Won-ki*

En general, la cour d'appel de l'ordre judiciaire est une juridiction de droit commun du second degré. Elle examine un litige déjà jugé, par exemple par un tribunal correctionnel ou un tribunal de grande instance. Lorsqu'une des parties n'est pas satisfaite du jugement, elle fait appel1. Alors que les juridictions de première instance rendent un « jugement », une cour d'appel rend un « arrêt », qui peut confirmer ou annuler le jugement initial. Après un arrêt de la cour d'appel, il est possible d'exercer un pourvoi en cassation. S'il est recevable, l'affaire n'est pas jugée une troisième fois mais il est vérifié que les règles du droit ont bien été appliquées.

Selon l'article 508 du Code de procedure penal francais "S'il rejette la requête, le jugement est exécutoire et le tribunal se prononce au fond ; aucun recours n'est recevable contre l'ordonnance du président et l'appel n'est alors jugé qu'en même temps que l'appel formé contre le jugement sur le fond. Si, dans l'intérêt de l'ordre public ou d'une bonne administration de la justice, le président fait droit à la requête, il fixe la date à laquelle l'appel sera jugé. La cour doit statuer dans le mois qui suit l'ordonnance du président, sans que puisse être soulevée devant elle une exception tirée de ce que l'appel formé contre la décision entreprise ne serait pas suspensif; l'exécution du jugement est suspendue dans ce dernier cas jusqu'à ce qu'intervienne l'arrêt de la cour."

* Prof. de l'universite nationale d'Incheon, Docteur en droit de l'Univ. Paris 2(1989)

Aussi en droit de procedure pénal coréen, l'acuse et Procureur peut se former l'appel contre le jugement du tribunal de premiere instance. En effet La cour d'appel peut- elle casser dans le cas d'injustice de fixation des peines? L'arrêt de la cour suprême coréene, jugé l'accord de puissance de corps, du 23 juillet 2015. a décidé que "La cour d'appel peut casser dans le cas d'injustice de fixation des peines a condition que cette injustice aparrait absolue." En effet, cet arrêt de la cour suprême coréene n'a pas changé son opinion posterieure, malheureusement, sans l'explication concrete. De ce point de vue, il est naturel de critiquer la constatation de cet arrêt de la cour suprême coréen.

2018년도 형법판례 회고

오 영 근*

Ⅰ. 머리말

2018년 선고된 대법원 형사판결 중 2019. 4. 29. 현재 대법원 종합법률정보 사이트[1]에 등록되어 있는 대법원 형사판결은 모두 150건이다. 이것은 2015. 1. 1.~2015. 12. 31.까지 선고된 것으로 등록된 219건, 2016. 1. 1.~12. 31.까지 선고된 것으로 등록된 164건, 특히 2017. 1. 1.~12. 31.까지 선고된 것으로 등록된 314건에 비해서 현저히 적다고 할 수 있다.

그러나 대법원이 2019. 1. 1.부터 대법원판결서 인터넷열람 제도[2]를 시행함에 따라 형사판결문을 접할 수 있는 기회가 넓어질 수 있을 것이다. 그렇더라도 대법원 종합법률정보 사이트에 좀 더 많은 대법원 판결을 게재하고 그 전부에 대한 하급심판결이 모두 링크될 수 있도록 해야 할 것이다.

위의 2018년 대법원 형사판결 중 전원합의체 판결 및 결정은 모두 7건이다. 이중 2개의 판결과 1개의 결정은 형사소송법적 쟁점을 다룬 것들이다.

---

* 한양대학교 법학전문대학원 교수

1) https://glaw.scourt.go.kr/wsjo/panre/sjo060.do#1548648740496. 2019. 1. 27. 검색.

2) 판결서 인터넷열람 제도란 '판결서 인터넷열람' 서비스를 이용하여 확정된 민·형사사건의 비실명 처리된 판결서를 인터넷을 통하여 검색 열람·복사할 수 있는 제도이다. 2013년 1월 1일부터 확정된 형사사건에 대해서 '판결서 인터넷열람' 서비스에서 법원명과 사건번호와 당사자를 입력하면 누구든지 판결서를 열람할 수 있다고 한다.
http://www.scourt.go.kr/portal/information/finalruling/guide/index.html.

4건의 전원합의체 형법판결 중 양심적 병역거부에 대한 판결은 종전의 견해를 변경한 것이고, 부동산의 이중매매와 배임죄에 대한 판결은 종전의 견해를 그대로 유지한 것이다. 보이스피싱 피해금의 무단 인출에 대한 판결은 새로운 쟁점에 대한 판결이다. 대법원의 판례 중에는 변경을 요하는 판례들이 많은데 기존 판례의 입장을 변경한 판결이 1건에 불과한 것은 매우 아쉽다고 할 수 있다.

매년 느끼는 것이지만, 대법원판결들을 보면 형법해석의 원리들을 머리로는 이해하고 있지만, 가슴으로까지 느끼지는 못한 것 같다. 이것은 대법원이 모든 분야의 법령을 해석, 적용해야 하는 현행제도의 문제이기도 하다. 현행제도는 종합병원에서 한 의사가 내과, 외과 등 모든 분야를 진료하는 것과 다름이 없다. 착오송금된 돈을 계좌명의인이 무단인출한 경우 횡령죄를 인정하는 것은 일반상식에는 맞을지 모른다. 그러나 재물과 재산상 이익을 엄격히 구분하는 입장과 자기모순된다는 아픔을 느끼지 못한다면 형법전문가라고 하기 어렵다. 이러한 의미에서 사법농단의 계기가 되었던 상고법원의 도입보다는 대법원 나아가 법원의 전문화가 더 바람직한 제도라고 생각된다.

이하에서는 앞에서 언급한 150건의 판결 중 전원합의체 판결 4건과 대법원이 파기환송한 판결들을 중심으로 필자가 임의로 선정한 판결들에 대해 살펴보기로 한다.[3)]

Ⅱ. 대법원 전원합의체 판결

1. 부동산 이중매매와 배임죄

– 대법원 2018. 5. 17. 선고 2017도4027 전원합의체 판결 –

(1) 판결요지

[다수의견] 부동산 매매계약에서 중도금이 지급되는 등 계약이 본

3) 이 글의 대상판결에 대한 좀더 자세한 평석은 로앤비 천자평석(http://www.lawnb.com/Info/ContentList)에 게재되어 있다.

격적으로 이행되는 단계에 이른 때에 … 매도인은 매수인에 대하여 매수인의 재산보전에 협력하여 재산적 이익을 보호·관리할 신임관계에 있게 된다. 그때부터 매도인은 배임죄에서 말하는 '타인의 사무를 처리하는 자'에 해당한다고 보아야 한다. 그러한 지위에 있는 매도인이 … 그 부동산을 제3자에게 처분하고 제3자 앞으로 그 처분에 따른 등기를 마쳐 준 행위는 … 매수인과의 신임관계를 저버리는 행위로서 배임죄가 성립한다.

[반대의견] 배임죄에서 '타인의 사무'는 먼저 문언의 통상적 의미에 비추어 볼 때, 타인에게 귀속되는 사무로서 사무의 주체가 타인이어야 한다. 즉 본래 타인이 처리하여야 할 사무를 그를 대신하여 처리하는 것이어야 한다. 계약의 일방 당사자가 상대방에게 계약의 내용에 따른 의무를 성실하게 이행하고, 그로 인해 상대방은 계약상 권리의 만족이라는 이익을 얻는 관계에 있더라도 그 의무의 이행이 위와 같은 의미의 '타인의 사무'에 해당하지 않는다면, 그것은 '자기의 사무'에 불과할 뿐이다. … (부동산 매매계약에서) 매도인에게 등기협력의무가 있다거나 매수인의 재산취득사무에 협력할 의무가 있다고 주장해도 그 '협력의무'의 본질은 소유권이전의무를 달리 표현한 것에 지나지 않는다.

(2) 평 석

다수의견보다는 반대의견의 논거가 훨씬 설득력이 있다고 생각된다.

우선 재산보전 협력의무나 등기 협력의무 등 타인의 사무에 대한 협력의무는 논리적으로 타인의 사무가 아니라 자기의 사무이다.

판례는 이중양도 계약을 체결하고 계약금과 중도금까지 수령해야 배임죄의 실행착수를 인정한다(대법원 1983. 10. 11. 선고 83도2057 판결). 그러나 실행의 착수시기에 관한 주관적 객관설을 따른다면 배임죄의 실행의 착수시기는 중도금 수령시가 아니라 계약시라고 해야 할 것이다. 제2차 매수인에게 등기를 이전해주겠다는 매도인의 범행계획을 고려하면 계약시에 이미 법익침해의 직접적 행위가 개시되었다고 할 수 있기 때문이다.

중도금 수령시설의 근거는 제2차 매수인으로부터 중도금을 수령하면 매도인이 제1차 매수인이나 제2차 매수인 중 어느 한 사람에 대해서는 등기를 이전해줄 수 없는 상황에 처한다는 것이라고 생각된다. 그러나 이것은 기수시기를 정하는 논리로는 혹시 타당할지 몰라도 실행의 착수시기를 정하는 논리로는 별 설득력이 없다.

대상판결의 행간에서 읽을 수 있는 일치된 의견은 매수인이 부동산취득을 위해 지급한 금액을 담보할 수 있는 민사적, 행정적 수단을 마련하고, 부동산 이중매매는 배임죄가 아니라 민법상의 계약위반 문제로 다루는 것이라고 할 수 있다.

2. 대포통장 명의인의 보이스피싱 피해금 무단인출과 횡령죄

- 대법원 2018. 7. 19. 선고 2017도17494 전원합의체 판결 -

(1) 사실관계 및 재판의 경과

피고인 甲은 자기 명의로 개설된 예금계좌의 예금통장과 체크카드, OTP카드 등 접근매체를 보이스피싱 조직원 K에게 양도하였다. K는 피해자 A에게 보이스피싱을 하여 甲 명의의 계좌로 613만원을 송금하게 하였다. 그런데 甲은 별도로 만들어 소지하고 있던 체크카드를 이용하여 그 중 300만원을 임의로 인출하였다.

甲은 사기방조죄 및 주위적으로는 K의 재물, 예비적으로는 A의 재물 횡령죄로 기소되었다. 항소심은 사기방조에 대해 무죄를, 甲과 K 및 甲과 A 사이에 위탁관계를 인정할 수 없다는 이유로 횡령에 대해서도 무죄를 선고하였다.

대법원 전원합의체는 9 대 4의 의견으로 항소심 판결 중 횡령죄 무죄부분을 파기하였다.

(2) 판결요지

[다수의견] 계좌명의인은 착오로 송금·이체된 돈에 대하여 송금의뢰인을 위하여 보관하는 지위에 있다고 보아야 한다. … 계좌명의인 甲은 사기피해자 A와 사이에 아무런 법률관계 없이 송금·이체된 사기피해금 상당의 돈을 피해자 A에게 반환해야 하므로, A를 위하여 사기피해금을 보관하는 지위에 있다고 보아야 하고, 만약 甲이 그 돈을 영득할 의사로 인출하면 A에 대한 횡령죄가 성립한다. 이때 계좌명의인 甲이 사기의 공범이라면 그가 송금·이체된 돈을 인출하더라도 이는 자신이 저지른 사기범행의 실행행위에 지나지 아니하여 별도로 횡령죄를 구성하지 않는다.[4]

한편 보이스피싱 범인 K는 甲의 예금반환청구권을 자신이 사실상 행사할 수 있어 그 돈을 인출할 수 있는 상태에 이르렀다는 의미일 뿐 예금 자체를 취득한 것이 아니고, 甲과 보이스피싱 범인 K 사이의 위탁관계는 횡령죄로 보호할 만한 가치가 없으므로, 甲의 인출행위는 보이스피싱 범인 K에 대한 관계에서는 횡령죄가 되지 않는다.

[별개의견] (착오송금·이체에서와 달리) K의 보이스피싱 사기죄는 피해자 A가 甲의 계좌에 돈을 송금·이체함으로써 기수에 이르고 이때에 A는 그 돈에 대한 소유권을 상실하므로, 계좌명의인 甲과 사기피해자 A 사이에는 아무런 위탁관계가 존재하지 않고, 甲이 K의 보이스피싱 범행을 알지 못한 이상 甲과 K 사이의 약정이 무효라거나 돈의 보관이 불법원인급여에 해당한다고 볼 뚜렷한 근거는 없기 때문에 甲은 위탁관계에 의해 K의 돈을 보관하는 자라고 할 수 있다.

[반대의견] 계좌명의인 甲과 접근매체 양수인 K 사이의 위탁관계는 형법상 보호할 만한 가치 있는 신임에 의한 것이 아니고, 계좌명의인 甲과 송금인 A 사이에는 아무런 위탁관계가 없으므로 甲의 인출행위는 K나 A에 대해 횡령죄가 성립하지 않는다.

4) 이러한 경우를 다룬 것으로, 전윤경, 형사법의 신동향, 제52권, 2016, 80-116면.

(3) 평 석

보이스피싱 범인 K가 甲 명의의 계좌를 양수하여 보이스피싱에 사용하는 것은 금융실명법상 5년 이하의 징역 등에 처해지는 범죄이다(제3조 제3항, 제6조 제1항). 따라서 K와 甲 사이의 위탁관계는 형법상 보호할 가치가 없다고 해야 한다.[5)]

예컨대 어느 가게에 처음 온 손님이 잊고 간 지갑을 가게주인이 가진 경우 횡령죄가 아니라 점유이탈물횡령죄가 성립한다고 해야 할 것이다. 마찬가지로 착오로 송금된 돈을 재물이라고 보더라도, 계좌명의인이 그것을 무단 인출한 때에는 횡령죄가 아니라 점유이탈물횡령죄의 문제로 보아야 할 것이다.

한편 착오송금 사건이나 대상판결의 사건에서도 계좌명의인이 취득한 것은 재물이 아니라 재산상 이익인 예금채권이다. 따라서 甲이 송금된 돈을 무단인출한 행위는 횡령죄가 아니라 배임죄의 문제로 다루어야 하고, 甲과 A 사이에 신임관계를 인정할 근거는 없으므로 배임죄도 인정하지 말아야 할 것이다.

3. 국민체육진흥법 제26조 제2항 제1호의 적용범위

- 대법원 2018. 10. 30. 선고 2018도7172 전원합의체 판결 -

(1) 사실관계 및 재판의 경과

피고인들은 국내에서는 접속이 불가능한 해외 S스포츠토토 베팅사이트의 운영업체와 중계계약을 체결하여 필리핀 마닐라에 컴퓨터와 인터넷 통신기기 등을 갖추어 놓고 16개가량의 중계사이트를 개설하였다. 피고인들은 불특정 다수의 내국인들을 회원으로 모집하고 회원들로 하여금 중계사이트를 통해 해외 S베팅사이트에서 제공하는 각종 스포츠 경기의 승부에 베팅을 하게 하여 베팅이 적중할 경우 미리 정

5) 같은 취지로, 문영식, "사기이용계좌(대포통장) 명의인이 전기통신금융사기(보이스피싱) 피해금을 임의로 인출한 경우 횡령죄의 성부", 형사법의 신동향, 제62권, 2019, 198면.

해진 비율에 따라 환전을 해주고, 적중하지 못하면 베팅금을 자신들이 취득하는 방법으로 중계사이트를 운영하였다.

피고인들은 국민체육진흥법 제26조 제1항 위반죄로 기소되어 항소심에서 유죄가 선고되었으나, 대법원은 피고인들과 해외 사이트 운영자들과의 공모관계가 인정되지 않는다는 이유로 항소심판결을 파기하고 사건을 원심법원으로 환송하였다.[6] 환송 후 국민체육진흥법 제26조 제1항 위반의 공소사실을 국민체육진흥법 제26조 제2항 제1호 위반의 공소사실로 변경하는 내용의 공소장변경이 이루어졌고, 서울중앙지방법원 합의부는 피고인들에게 유죄를 선고하였다.

피고인들이 다시 상고하였으나, 대법원 전원합의체는 8 대 5의 의견으로 피고인들의 재상고를 기각하였다.[7]

> 국민체육진흥법 제26조(유사행위의 금지 등)
> ① 서울올림픽기념 국민체육진흥공단과 수탁사업자가 아닌 자는 체육진흥투표권 또는 이와 비슷한 것을 발행(정보통신망에 의한 발행을 포함한다)하여 결과를 적중시킨 자에게 재물이나 재산상의 이익을 제공하는 행위(이하 "유사행위"라 한다)를 하여서는 아니 된다.
> ② 누구든지 다음 각 호의 어느 하나에 해당하는 행위를 하여서는 아니 된다.
> 1. 정보통신망을 이용하여 체육진흥투표권이나 이와 비슷한 것을 발행하는 시스템을 설계·제작·유통 또는 공중이 이용할 수 있도록 제공하는 행위
> 2. 유사행위를 위하여 해당 운동경기 관련 정보를 제공하는 행위
> 3. 유사행위를 홍보하거나 체육진흥투표권 또는 이와 비슷한 것의 구매를 중개 또는 알선하는 행위

6) 대법원 2017. 11. 14. 선고 2017도13140 판결.

7) 피고인들은 도박공간개설죄로도 공소제기되었고, 이에 대해서는 유죄가 인정되었다.

(2) 판결요지

[다수의견] 국민체육진흥법상 관련 규정의 입법 취지, 내용, 불법 스포츠 도박 사업을 규제하는 법의 체계 및 형벌법규 해석의 원칙 등을 종합하면, 정보통신망을 이용하여 체육진흥투표권 등을 발행하는 시스템에서 경기의 승부에 걸기 위하여 체육진흥투표권 등의 구매에 없어서는 안 되는 게임머니를 그 시스템 운영자를 통하여 미리 확보해 두었다가 이용자들에게서 돈을 받고 이를 충전시켜 주는 행위는, 제1호 행위 중 위 발행 시스템을 공중이 이용할 수 있도록 제공하는 행위로 볼 수 있다. 위와 같은 방법으로 게임머니를 충전시켜 주는 행위는 위 발행 시스템에 대한 공중의 이용에 필수적인 기능을 하는 것으로 평가할 수 있기 때문이다.

[반대의견] 법 제26조 제2항 제1호는 …, '정보통신망을 이용하여 체육진흥투표권 등을 발행하는 시스템'을 설계·제작·유통 또는 공중의 이용에 제공하는 행위를 금지하고 있다. 따라서 체육진흥투표권 등을 발행하는 시스템 그 자체가 아니라 별도의 중계사이트를 통하여 체육진흥투표권 등을 발행하는 시스템에 접속이 용이하도록 링크를 제공하는 행위는 법 제26조 제2항 제3호에 규정한 '중개 또는 알선하는 행위'에 해당할 뿐 위 조항의 구성요건에 해당한다고 볼 수 없다.

(3) 평 석

대상판결에서는 "피고인들은 내국인의 해외 베팅사이트에 대한 직접적인 접근·이용이 곤란한 점을 이용하여 해외 베팅사이트 운영자들과 계약을 체결한 후 아래와 같은 방식으로 이 사건 중계사이트를 개설·운영하였다", "회원이 베팅에 실패하면 게임머니를 잃게 되고, 그 게임머니 상당의 수익은 이 사건 중계사이트 측과 해외 베팅사이트 측이 일정 비율로 나누어 갖는다"라는 부분이 있다. 이에 의하면 해외 S베팅 사이트 운영자와 피고인들 사이의 공모관계가 충분히 인정되어 공소장을 변경할 필요 없이 제26조 제1항 위반죄의 유죄를 인정할 수 있었을 것이다.

공소장이 변경된 후 대상판결에서의 쟁점은 불특정 다수인에게 국내 중계사이트를 통해 해외 S베팅사이트를 이용하도록 하는 것이 '해외 S베팅사이트 시스템'을 공중이 이용할 수 있도록 제공하는 행위에 속하는지 여부이다. 이에 대해서는 반대의견보다는 다수의견의 결론이 타당하다고 생각된다.

도박사이트 시스템의 '설계, 제작 및 유통 행위'와 '공중이 이용할 수 있도록 제공하는 행위'는 그 의미가 같다고 할 수 없다. 도박사이트 시스템을 설계, 제작, 유통하는 행위는 도박사이트의 관리, 운영체제의 전부 또는 일부를 대상으로 하는 경우가 일반적일 것이다. 이에 비해 도박사이트 시스템을 공중이 이용할 수 있도록 제공하는 행위는 도박사이트 운영체제 그 자체를 대상으로 하는 것이 아니라 문언상으로도 도박사이트에 접속, 이용할 수 있도록 하는 것을 의미한다고 할 수 있다. 이러한 의미에서 대상판결의 사건과 관련하여서는 '도박사이트를 공중이 이용할 수 있도록 하는 행위', '도박사이트 시스템을 공중이 이용할 수 있도록 하는 행위' 및 '도박사이트 시스템을 공중이 이용할 수 있도록 제공하는 행위' 사이에는 아무런 차이가 없다고 할 수 있다.

4. 양심적 병역거부의 형법적 효과

- 대법원 2018. 11. 1. 선고 2016도10912 전원합의체 판결 -

(1) 사실관계 및 재판의 경과

피고인은 현역병입영통지서를 받았으나 자신이 여호와의 증인 신도로서 종교적 양심을 이유로 입영일부터 3일이 지나도록 입영하지 않았다. 피고인은 병역법 제88조 제1항의 입영기피등죄로 기소되었다. 제1심과 항소심은 피고인에게 유죄를 선고하였으나, 대법원 전원합의체는 9 대 4의 의견으로 항소심판결을 파기하였다.

(2) 판결요지

[다수의견] 병역법 제88조 제1항은 국방의 의무를 실현하기 위하여 현역입영 또는 소집통지서를 받고도 정당한 사유 없이 이에 응하지 않은 사람을 처벌함으로써 입영기피를 억제하고 병력구성을 확보하기 위한 규정이다. 위 조항에 따르면 정당한 사유가 있는 경우에는 피고인을 벌할 수 없는데, 여기에서 정당한 사유는 구성요건해당성을 조각하는 사유이다. 이는 형법상 위법성조각사유인 정당행위나 책임조각사유인 기대불가능성과는 구별된다.

병역의무의 부과와 구체적 병역처분 과정에서 고려되지 않은 사정이라 하더라도, 입영하지 않은 병역의무자가 처한 구체적이고 개별적인 사정이 그로 하여금 병역의 이행을 감당하지 못하도록 한다면 병역법 제88조 제1항의 '정당한 사유'에 해당할 수 있다고 보아야 한다. 설령 그 사정이 단순히 일시적이지 않다거나 다른 이들에게는 일어나지 않는 일이라 하더라도 마찬가지이다.

[반대의견] 병역법과 그 시행령상의 입영 및 징집의 의미, 입영연기 및 지연입영 제도의 취지와 사유 등을 종합해 보면, 현역병입영과 관련하여 처벌규정의 '정당한 사유'란 입영통지에 기해 지정된 기일과 장소에 집결할 의무를 부과받았음에도 즉시 이에 응하지 못한 것을 정당화할 만한 사유로서, 병역법에서 입영을 일시적으로 연기하거나 지연시키기 위한 요건으로 인정된 사유, 즉 질병, 재난 등과 같은 개인의 책임으로 돌리기 어려운 사유로 한정된다고 보아야 한다.

(3) 평 석

대상판결에 많은 의문이 있지만,[8] 여기에서는 다음의 두 가지만 언급하기로 한다.

---

8) 이 판결에 대한 상세한 평석으로, 심영주, "양심적 병역거부 – 대법원 2018. 11. 1. 선고 2016도10912 전원합의체 판결 –", 한국형사판례연구회 2019년 3월 발표회 발표논문.

첫째, 대상판결에서 문제된 행위는 입영이나 소집에 응하지 않은 것이다. 그러나 양심적 병역거부는 입영이나 소집에 응한 후 군사훈련이나 집총을 거부하는 단계에서야 문제된다고 할 수 있다. 이것은 결국 병역법 제88조가 아니라 군형법상 항명죄(제44조)나 명령불복종죄(제47조)로 문제되는 것이라고 할 수 있다.

둘째, 일반적으로 '정당한 사유'가 규정되어 있지 않은 죄를 범한 양심범의 경우 위법성조각이나 책임조각의 문제 혹은 양형의 문제로 다루어질 것이다.[9] 예컨대 종교적 양심을 이유로 자녀에 대한 수혈을 거부한 부모에게 유기치사죄를 인정하지 않는다고 하더라도[10] 유기죄의 법률상 보호의무를 부정하여 유기죄의 구성요건해당성이 없다고 할 것이 아니라 기대불가능성의 문제로 다루어야 할 것이다, 만약 이것이 옳다고 한다면, 병역법 제88조가 '정당한 사유'를 규정하고 있다고 하여도 양심적 병역거부에 대해서도 같은 논리를 적용해야 할 것이다. 따라서 병역법 제88조의 정당한 사유는 대상판결의 반대의견과 같이 제한적으로 해석해야 하고, 양심적 병역거부까지 포함시켜서는 안 될 것이다.

Ⅲ. 총칙 관련 판례

1. 사망한 사람에 대한 의료법상 비밀누설죄의 성립여부

- 대법원 2018. 5. 11. 선고 2018도2844 판결 -

(1) 판결요지

사람의 사망 후에 사적 영역이 무분별하게 폭로되고 그의 생활상

9) 이것은 독일에서도 마찬가지라고 한다. 손동권, "형법상 양심범처벌(良心犯處罰)의 문제점－독일의 이론 및 판례(判例)를 중심으로－", 안암법학, 제2권, 1994, 309-345면; 박중규. "양심범, 확신범 그리고 격정범에 대한 책임해석론의 내용－독일의 해석론을 논의 대상으로－", 비교형사법연구, 제2권, 2000, 27-41면.

10) 대법원 1980. 9. 24. 선고 79도1387 판결은 무모에게 유기치사죄를 인정하였는데, 대상판결의 취지를 이 사건에 적용한다면 유기치사죄를 인정하지 않을 수도 있을 것이다.

이 왜곡된다면 살아있는 동안 인간의 존엄과 가치를 보장하는 것이 무의미해질 수 있다. 사람은 적어도 사망 후에 인격이 중대하게 훼손되거나 자신의 생활상이 심각하게 왜곡되지 않을 것이라고 신뢰하고 그러한 기대 속에서 살 수 있는 경우에만 인간으로서의 존엄과 가치가 실효성 있게 보장되고 있다고 말할 수 있다.

(2) 평 석

대상판결의 결론은 타당하지만, 다음과 같은 해석론상, 입법론상 문제점을 지적할 수 있다.

첫째, 대상판결은 의료법상 비밀누설죄의 보호법익에 개인의 비밀뿐만 아니라 비밀유지에 관한 공공의 신뢰도 포함된다고 한다. 그러나 후자와 같은 공공의 이익도 보호법익에 포함된다고 하면 동범죄가 사회적 법익에 대한 죄로서의 성격도 갖게 되어 친고죄(제88조 제1항 제1호 단서)로 규정한 것과 맞지 않는다.

둘째, 대상판결은 논거 중 하나로 국민의 건강을 보호하고 증진한다고 하는 의료법의 목적을 제시하고 있다. 그러나 국민의 건강을 보호하고 증진한다는 목적은 오히려 동법이 살아있는 사람에게만 적용되고 사망한 사람에게는 적용될 수 없다는 논거가 될 것이다.

셋째, 형법상 업무상비밀누설죄에 대해서는 자격정지가 규정되어 있으나 의료법상의 비밀누설죄에 대해서는 자격정지가 규정되어 있지 않다. 양죄는 일반 대 특별의 관계에 있으므로 의료법상의 비밀누설죄가 우선 적용된다고 할 수 있다. 따라서 비의료인의 업무상비밀누설죄나 의료인의 의료법상 비밀이 아닌 다른 비밀 누설죄에 대해서는 자격정지를 과할 수 있지만, 의료인의 의료법상 비밀누설죄에 대해서는 자격정지를 과할 수 없다. 따라서 의료법상의 비밀누설죄는 폐지해야 할 것이다.

2. 성폭력처벌법상 카메라등이용촬영죄의 대상

- 대법원 2018. 8. 30. 선고 2017도3443 판결 -

(1) 사실관계 및 재판의 경과

피고인은 피해자와 성관계를 하면서 합의하에 촬영한 동영상 파일을 컴퓨터로 재생하여 모니터에 나타난 영상을 휴대전화 카메라로 촬영한 후 그 중 사진 3장을 피해자의 의사에 반하여 친구의 휴대전화를 이용하여 피해자 부인의 휴대전화로 발송하였다.

대법원은 피고인에게 유죄를 선고한 항소심판결을 파기하였다.

(2) 판결요지

성폭력처벌법 제14조 제1항이 촬영의 대상을 '다른 사람의 신체'로 규정하고 있으므로, 위 제2항의 촬영물 또한 '다른 사람의 신체'를 촬영한 촬영물을 의미한다고 해석하여야 하는데, '다른 사람의 신체에 대한 촬영'의 의미를 해석할 때 위 제1항과 제2항의 경우를 달리 볼 근거가 없다. 따라서 다른 사람의 신체 그 자체를 직접 촬영한 촬영물만이 위 제2항에서 규정하고 있는 촬영물에 해당하고, 다른 사람의 신체 이미지가 담긴 영상을 촬영한 촬영물은 이에 해당하지 아니한다.

(3) 평 석

대상판결은 사진파일이 촬영물에 해당하지 않는다는 이유로 무죄를 선고해야 했고, 사진파일이 촬영물에 해당된다고 한다면 피고인에게 유죄를 인정하는 것이 더 타당할 것이다. 제14조 제1항에 규정된 행위는 다른 사람의 신체를 '촬영하는 행위'이지 '직접 촬영하는 행위'가 아니기 때문이다.

2018년 개정 성폭력특별법 제14조는 '촬영물 또는 복제물(복제물의 복제물을 포함된다)'이라고 규정하여, 대상판결의 사건에서 피고인의 행위와 같은 행위도 처벌할 수 있는 가능성을 열어 놓았다. 그러나 촬영물 또는 복제물에 영상이나 사진파일과 같은 전자기록등 특수매체기록이 포함되는지 여전히 문제될 수 있으므로 입법론적 보완을 요한다.

3. 부정청탁금지법상 처벌규정의 문제점

- 대법원 2018. 10. 25. 선고 2018도7041 판결 -

(1) 사실관계 및 재판의 경과

대상판결은 소위 '돈봉투만찬'으로 알려진 사건에 대한 것으로서 서울중앙지검장인 피고인은 법무부 소속 부장검사 등에게 식사와 격려금을 제공하여 부정청탁금지법 제8조 제5항 위반죄로 기소되었다. 제1심법원, 항소심법원 및 대법원은 모두 피고인에게 무죄를 선고하였다.

(2) 판결요지

청탁금지법은 제2조 제2호에서 '공직자등'에 관한 정의 규정을 두고 있을 뿐 '상급 공직자등'의 정의에 관하여는 명문 규정을 두고 있지 않고, '상급'은 사전적으로 '보다 높은 등급이나 계급'을 의미할 뿐 직무상 명령·복종관계에서의 등급이나 계급으로 한정되지 아니한다. 처벌규정의 소극적 구성요건을 문언의 가능한 의미를 벗어나 지나치게 좁게 해석하게 되면 피고인에 대한 가벌성의 범위를 넓히게 되어 죄형법정주의의 파생원칙인 유추해석금지원칙에 어긋날 우려가 있으므로 법률문언의 통상적인 의미를 벗어나지 않는 범위 내에서 합리적으로 해석할 필요가 있다.

(3) 평 석

대상판결의 입장은 타당하다고 할 수 있고, 피고인은 부정청탁금지법이라는 과잉입법의 희생자라고 할 수 있을 것이다.

부정청탁금지법이라는 과잉입법이 이루어진 데에 대한 제1차적 책임은 법원에게 있다. 판례는 수뢰죄(형법 제129조 제1항)의 '직무와 관련하여'를 '직무 혹은 직무행위를 대가로'라고 부당하게 축소해석한다.[11]

---

11) 예를 들어 판례는 "직무에 관하여 수수된 것으로 족하고 개개의 직무행위와 대가적 관계에 있을 필요는 없고"라고 하여 직무관련성의 직무와의 대가관계

이 때문에 소위 '평소관리'라고 하는 평상시의 향응이나 금품 수수행위 등의 대부분을 처벌하지 못하게 되었다. 평소관리에 대해 '직무관련성'은 인정할 수 있지만, '직무행위와의 대가관계'까지 인정하기는 어렵기 때문이다. 이 때문에 부정청탁금지법이 도입되었다고 할 수 있다.

그러나 부정청탁금지법은 의욕과잉으로 인해 수많은 문제점을 지니게 되었다. 그 중 극히 일부만 지적하면 다음과 같다.

첫째, 청탁금지법 제8조 제1항은 직무와 관련이 없는 경우에도 공직자등을 형사처벌할 수 있도록 하고 있는데 이것은 헌법상 과잉금지원칙과 평등원칙에 위반된다.

둘째, 청탁금지법 제8조 제3항 제1호의 처벌 예외규정의 문제이다. 평소 상급공직자가 격려금, 식사, 향응 등을 제공한 경우 구체적 사건처리에서 하급공직자가 상급공직자의 부당한 명령이나 지시 또는 청탁을 거절하기 어렵기 때문이다.

셋째, 청탁금지법 제8조 제3항 제4호는 공직자등과 민법 제777조의 친족(8촌 이내의 혈족, 4촌 이내의 인척, 배우자)이 제공하는 금품등에 대한 예외를 인정하고 있다. 그런데 나날이 핵가족화하고 있는 오늘날 8촌의 친족이란 평소에는 남이고, 부정청탁에서는 친족일 것이다.

부정청탁금지법은 '더치페이'를 장려하기 위한 것이라고 한다. 그러나 이러한 목적은 '더치페이'를 하지 않은 사람들을 처벌하는 방법이 아니라 '더치페이'를 한 사람들에게 혜택을 주는 방법으로 달성해야 할 것이다.

4. 특수폭행치상죄의 형벌과 입법론상 문제점
- 대법원 2018. 7. 24 선고 2018도3443 판결 -

(1) 판결요지

2016. 1. 6. 형법 개정으로 특수상해죄가 형법 제258조의2로 신설

로 해석한다(대법원 2014. 1. 29. 선고 2013도13937 판결 외 다수판결).

됨에 따라 문언상으로 형법 제262조의 '제257조 내지 제259조의 예에 의한다'는 규정에 형법 제258조의2가 포함되어 특수폭행치상의 경우 특수상해인 형법 제258조의2 제1항의 예에 의하여 처벌하여야 하는 것으로 해석될 여지가 생기게 되었다. … 그러나 형벌규정 해석에 관한 법리와 폭력행위 등 처벌에 관한 법률의 개정 경과 및 형법 제258조의2의 신설 경위와 내용, 그 목적, 형법 제262조의 연혁, 문언과 체계 등을 고려할 때, 특수폭행치상의 경우 형법 제258조의2의 신설에도 불구하고 종전과 같이 형법 제257조 제1항의 예에 의하여 처벌하는 것으로 해석함이 타당하다.

(2) 평 석

강도치사상죄의 주체에는 단순강도와 특수강도가 모두 포함되는 것에서 보듯이 진정결과적가중범에서는 행위태양보다는 발생된 결과를 중심으로 형벌을 정하는 것이 좀 더 논리적이므로, 대상판결의 결론은 타당하다.

다만, 사망이 아니라 상해의 결과는 기본범죄보다 중하다고 하기 어렵다. 그럼에도 불구하고 상해의 결과가 발생하는 경우 형벌을 대폭 가중하고 있다. 예를 들어 강도치상죄의 경우 법정형이 무기 또는 7년 이상이므로(제337조) 경미한 상해가 발생해도 집행유예가 불가능하다는 심각한 문제점이 있다. 따라서 입법론적으로는 '-치상죄'를 전면적으로 폐지하거나 중상해의 결과를 발생시킨 경우로 한정해야 할 것이다.

Ⅳ. 각칙 관련 판례

1. 유기죄에서 법률상 또는 계약상 보호의무

– 대법원 2018. 5. 11. 선고 2018도4018 판결 –

(1) 판결요지

유기죄에 관한 형법 제271조 제1항에서 말하는 법률상 보호의무에는 민법 제826조 제1항에 근거한 부부간의 부양의무도 포함된다.

(2) 평 석

도로교통법 제54조의 교통사고 발생시 사상자 구호조치의무, 경찰관직무집행법 제4조의 보호조치의무 등은 직접적으로 요부조자의 생명·신체의 안전을 보호할 의무이다. 그런데 민법 제826조 제1항의 부부간 부양의무는 정상적인 혼인생활을 유지하기 위한 일반적, 경제적 의무를 의미하는 것으로서, 직접적으로 생명·신체의 안전을 보호하기 위한 의무라고 보기 어렵다. 따라서 이 규정에서 유기죄의 법률상의 보호의무를 도출하기 위해서는 무언가 특별한 근거가 필요하다고 할 수 있다.

계약의 주된 내용이 생명·신체의 안전을 보호하는 것이 아닌 경우 그 계약의 부수의무로서 유기죄의 계약상의 보호의무까지 도출할 수 있는가에 대해, 판례는 "… 당해 계약관계의 성질과 내용, 계약당사자 기타 관련자들 사이의 관계 및 그 전개양상, 그들의 경제적·사회적 지위, 부조가 필요하기에 이른 전후의 경위, 필요로 하는 부조의 대체가능성을 포함하여 그 부조의 종류와 내용, 달리 부조를 제공할 사람 또는 설비가 있는지 여부 기타 제반 사정을 고려하여 위 '계약상의 부조의무'의 유무를 신중하게 판단하여야 한다"고 한다.[12)]

이러한 판례의 입장은 유기죄의 법률상의 보호의무에 대해서도 그대로 적용될 수 있을 것이다. 따라서 법률상 부부 사이에서도 유기죄의 법률상 또는 계약상 보호의무가 인정되지 않거나, 사실혼관계인 경우에도 법률상 또는 계약상의 보호의무가 인정되거나, 나아가 사실혼에도 못 미치는 정도의 관계에서도 법률상 또는 계약상의 보호의무가 인정될 수도 있을 것이다.

이와 같이 유기죄의 법률상 또는 계약상 보호의무는 법률과 계약이라는 형식적인 발생근거 뿐만 아니라 유기죄의 보호법익을 감안한

---

12) 대법원 2011. 11. 24. 선고 2011도12302 판결.

실질적인 발생근거를 종합적으로 고려하여 결정해야 한다.[13]

2. 피해자를 도구로 한 강제추행죄
- 대법원 2018. 2. 8. 선고 2016도17733 판결 -

(1) 사실관계 및 재판의 경과

피고인은 7회 및 11회에 걸쳐 각각 피해자 A와 피해자 B를 협박하여 피해자들로 하여금 스스로 가슴 사진, 성기 사진, 가슴을 만지는 동영상, 성기에 볼펜을 삽입하여 자위하는 동영상 등을 촬영하도록 하여 이를 전송받았다.

피고인은 아동·청소년에 대한 강제추행죄의 간접정범(아동·청소년의 성보호에 관한 법률 제7조 제3항, 형법 제298조, 형법 제34조)으로 기소되었다. 대법원은 피고인에게 무죄를 선고한 항소심판결을 파기하였다.

(2) 판결요지

강제추행죄는 사람의 성적 자유 내지 성적 자기결정의 자유를 보호하기 위한 죄로서 정범 자신이 직접 범죄를 실행하여야 성립하는 자수범이라고 볼 수 없으므로, 처벌되지 아니하는 타인을 도구로 삼아 피해자를 강제로 추행하는 간접정범의 형태로도 범할 수 있다. 여기서 강제추행에 관한 간접정범의 의사를 실현하는 도구로서의 타인에는 피해자도 포함될 수 있으므로, 피해자를 도구로 삼아 피해자의 신체를 이용하여 추행행위를 한 경우에도 강제추행죄의 간접정범에 해당할 수 있다.

(3) 평 석

이 사건에서 피고인을 간접정범이 아니라 직접정범이라고 할 수

---

13) 같은 취지로 구체적 사건에서 법률상 또는 계약상 의무의 범위를 확정하는 것이 중요하다는 주장으로, 서효원, “유기죄의 주체인 법률상, 계약상 보호의무 있는 자의 범위”, 법조, 제66권 제1호, 2017, 369면 이하; 류전철, “유기죄에 대한 해석론의 비판적 고찰”, 비교형사법연구, 제6권 제2호, 2004, 72면 이하 등.

도 있을 것이다. 강제추행죄는 반드시 피고인이 피해자의 신체에 접촉할 것을 요하는 범죄가 아니므로, 피고인의 강요행위 그 자체를 강제추행 행위라고 볼 수 있기 때문이다. 그렇다면 간접정범이니 자수범이니 하는 복잡한 개념을 동원하지 않고서도 피고인에게 강제추행죄를 인정할 수도 있을 것이다.

한편 피고인은 피해자 A 및 B 모두에게 성기에 볼펜을 삽입하여 자위하는 행위를 하도록 하였다. 그런데 이러한 행위는 단순히 강제추행죄가 아니라 유사강간죄에 해당된다. 따라서 검사는 강제추행죄 뿐만 아니라 유사강간죄로도 기소했어야 했어야 했고, 법원도 공소장변경을 요구했어야 했을 것이다.

3. 명예훼손죄에서 전파가능성과 고의의 인정문제

– 대법원 2018. 6. 15. 선고 2018도4200 판결 –

(1) 판결요지

불미스러운 소문의 진위를 확인하고자 (R에게) 질문을 하는 과정에서 타인(A)의 명예를 훼손하는 발언을 하였다면 이러한 경우에는 그 동기에 비추어 명예훼손의 고의를 인정하기 어렵다. … 전파가능성을 이유로 명예훼손죄의 공연성을 인정하는 경우에는 적어도 범죄구성요건의 주관적 요소로서 미필적 고의가 필요하므로 전파가능성에 대한 인식이 있음은 물론 나아가 그 위험을 용인하는 내심의 의사가 있어야 한다.

(2) 평　석

대상판결의 논리에는 다음과 같은 심각한 문제점이 있다.

첫째, 대상판결은 전파가능성설을 따르지만 이 사건에서는 전파가능성이 없다고 하였다. 그러나 피고인이 A에 대해 R에게 말한 내용은 지금 이 글을 읽는 우리에게까지 전파되어 있다.

둘째, 대상판결은 피고인이 전파가능성을 인용하지 않았다고 한다. 그러나 피고인이 R에게 당부한 이유는 전파가능성을 인용하였기 때문에 현실적으로 전파가 되는 결과의 발생을 막기 위한 목적에서라고 할 수 있다.

셋째, 대상판결은 피고인에게 A의 사회적 평가를 저하시킬 의도나 그러한 결과가 발생할 것을 인식하지 않았다고 한다. 그러나 피고인이 R에게 자신이 한 말을 A에게 말하지 말라고 당부한 것은 자신의 말이 A의 명예를 훼손할 만한 사실이라는 것을 인식·인용하였기 때문이라고 할 수 있다.

넷째, 대상판결은 피고인이 A의 비위사실을 확인하기 위해 질문하는 과정에서 말을 한 것이므로 명예훼손죄의 고의가 인정되지 않는다고 한다. 그러나 명예훼손죄에서 사실의 적시는 질문하는 형식으로 하는 것도 포함되므로, 명예훼손죄의 고의를 인정해야 한다.

4. 타 금융기관 대출신청 사실의 불고지와 사기죄의 성립여부
– 대법원 2018. 8. 1. 선고 2017도20682 판결 –

(1) 판결요지

피고인이 A 저축은행에 대출을 신청하여 심사를 받을 당시 동시에 다른 저축은행에 대출을 신청한 상태였는데도 A저축은행으로부터 다른 금융회사에 동시에 진행 중인 대출이 있는지에 대하여 질문을 받자 ‘없다’고 답변하였고, A저축은행으로부터 대출을 받은 지 약 6개월 후에 신용회복위원회에 대출 이후 증가한 채무를 포함하여 프리워크아웃을 신청한 사안에서, 피고인은 A저축은행에 대하여 다른 금융회사에 동시에 진행 중인 대출이 있는지를 허위로 고지하였고, A저축은행이 제대로 된 고지를 받았더라면 대출을 해주지 않았을 것으로 판단되며, 그 밖에 피고인의 재력, 채무액, 대출금의 사용처, 대출일부터 약 6개월 후 프리워크아웃을 신청한 점과 그 경위 등의 사정을 종합하면, 기망행위, 기망행위와 처분행위 사이의 인과관계와 편취의 고의가 인정된다고 볼 여지가 있다.

(2) 평 석

대상판결에는 다음과 같은 문제점이 있다.

첫째, 사기죄의 기망행위는 거래의 신의칙에 반하는 기망행위여야 한다. '고수익, 고위험'이란 말에서 보듯이 일반은행보다 훨씬 높은 이자율(이 사건에서는 연 27.7%이다)로 대출하여 고수익을 올리는 저축은행은 그에 따른 고위험도 감수해야 한다. 따라서 이러한 상황에서는 피고인의 불고지를 거래의 신의칙에 반하는 기망행위라고 하기 어렵다.

둘째, 피고인이 B은행에 대출신청을 하였다면 A은행이 대출을 하지 않았을 것이라고 단정하기도 어렵다.

셋째, 신용회복위원회의 프리워크아웃이 금융채무불이행자로 전락하지 않도록 사전 지원해 주는 제도라는 점을 감안한다면 프리워크아웃신청은 피고인에게 사기고의의 존재가 아니라 부존재의 근거라고 해야 한다.

넷째, 고수익을 올리는 금융기관의 무책임한 대출에 대해 법원이 너무 쉽게 채무자에게 사기죄를 인정하는 것은 형사사법기관을 금융기관의 수금사원으로 전락시키는 것이다.

5. 배임죄에서 임무위배행위와 손해발생

- 대법원 2018. 2. 13. 선고 2017도17627 판결 -

(1) 판결요지

회사의 대표이사 등이 임무에 위배하여 회사로 하여금 다른 사업자와 용역계약을 체결하게 하면서 적정한 용역비의 수준을 벗어나 부당하게 과다한 용역비를 정하여 지급하게 하였다면 다른 특별한 사정이 없는 한 통상 그와 같이 지급한 용역비와 적정한 수준의 용역비 사이의 차액 상당의 손해를 회사에 가하였다고 볼 수 있다. … 그러나 적정한 수준에 비하여 과다한지 여부를 판단할 객관적이고 합리적인 평가 방법이나 기준 없이 단지 임무위배행위가 없었다면 더 낮은 수준의 용역비로 정할 수도 있었다는 가능성만을 가지고 재산상 손해발생이 있었다고 쉽사리 단정하여서는 안 된다.

(2) 평 석

대상판결은 이 사례에서 임무위배행위가 있었지만 손해발생이 충분히 증명되지 않았다는 취지로 판시하고 있다. 그러나 좀 더 엄밀하게 말하면, 이 사례에서 재산상 손해발생 여부는 임무위배행위 여부와 직결되어 있다. 만약 용역비 자체가 적정한 것이라면 재산상 손해발생이 없는 것은 물론이지만, 임무위배행위도 없다고 해야 한다.

임무위배행위는 있지만 손해발생이 없는 경우란 예컨대 회사규정상으로는 금지되어 있는 업체와 용역계약을 체결하였지만 용역비는 적절한 경우를 말한다. 동일한 대출한도를 초과하였다고 하여 반드시 배임죄가 성립하는 것은 아니라고 한 판례[14]도 같은 취지이다.

6. 단순집회 참가와 일반교통방해죄의 성립여부

— 대법원 2018. 5. 11. 선고 2017도9146 판결 —

(비교판결: 대법원 2018. 1. 24. 선고 2017도11408 판결)

(1) 판결요지

집회 및 시위에 관한 법률에 따른 신고 없이 이루어진 집회에 참석한 참가자들이 차로 위를 행진하는 등으로 도로 교통을 방해함으로써 통행을 불가능하게 하거나 현저하게 곤란하게 하는 경우에 일반교통방해죄가 성립한다. 그러나 이 경우에도 참가자 모두에게 당연히 일반교통방해죄가 성립하는 것은 아니고, 실제로 참가자가 집회·시위에 가담하여 교통방해를 유발하는 직접적인 행위를 하였거나, 참가자의 참가 경위나 관여 정도 등에 비추어 참가자에게 공모공동정범의 죄책을 물을 수 있는 경우라야 일반교통방해죄가 성립한다.

14) 대법원 2008. 6. 19. 선고 2006도4876 전원합의체 판결.

(2) 평 석

그동안 단순집회참가자에 대해 집시법(제5조, 제22조 등)이나 도로교통법(제9조, 제157조)상의 벌칙규정을 적용하지 않고 형법상의 일반교통방해죄(제185조)까지 적용하는 것은 부당하다는 비판이 꾸준히 제기되어 왔다. 그럼에도 불구하고 대상판결은 종래의 입장을 그대로 유지하고 있다.

형법 제185조는 10년 이하의 징역 또는 1천 500만원 이하의 벌금이라는 무거운 형벌을 규정하고 있으므로, 매우 엄격하게 해석해야 한다. 예컨대 한, 두 사람이 편도 일차선의 도로 위를 걸어가거나, 다수인이 도로 위를 행진한다고 하더라도 차들이 오면 비켜주는 방식으로 행진하는 경우 그것이 집시법 위반이라고 할 수 있더라도 기타 방법에 의한 교통방해라고 쉽게 단정해서는 안 된다. 따라서 도로에서의 불법집회의 경우에도 단순 참가자에 대해서는 일반교통방해죄를 적용하지 말아야 할 것이다.

그럼에도 불구하고 대법원은 '기타 방법'을 넓게 해석하고, 형법 제185조의 보호의 정도를 추상적 위험범으로 파악하고, 여기에 암묵적·순차적 공모라는 개념을 사용하여 단순가담자에게도 일반교통방해죄를 적용하고 있다. 이 세 가지는 모두 형법의 해석논리로서는 바람직하지 않다.[15]

7. 통신매체이용음란죄에서 '성적 욕망의 만족'

- 대법원 2018. 9. 13. 선고 2018도9775 판결 -

(1) 판결요지

성폭력처벌법 제13조에서 '자기 또는 다른 사람의 성적 욕망을 유발하거나 만족시킬 목적'에서 '성적 욕망'에는 성행위나 성관계를 직접

15) 같은 입장으로, 조현욱, "차량교통이 통제된 도로에서 진행된 집회·시위에 참가한 사람에 대한 일반교통방해죄 성립 여부", 저스티스, 제168호, 2018, 331면 이하.

적인 목적이나 전제로 하는 욕망뿐만 아니라, 상대방을 성적으로 비하하거나 조롱하는 등 상대방에게 성적 수치심을 줌으로써 자신의 심리적 만족을 얻고자 하는 욕망도 포함된다. 또한 이러한 '성적 욕망'이 상대방에 대한 분노감과 결합되어 있더라도 달리 볼 것은 아니다.

(2) 평 석

대상판결에는 다음과 같은 문제점이 있다.

첫째, 대상판결은 통신매체이용음란죄의 보호법익을 성적 자기결정권 뿐만 아니라 일반적 인격권의 보호, 사회의 건전한 성풍속 확립 등도 포함된다고 한다. 그러나 통신매체이용음란죄의 보호법익을 이렇게 넓게 파악하는 것은 형법해석의 엄격성원칙과 성폭력범죄와 성풍속에 관한 죄를 엄격히 구별하고 있는 우리 형법의 입장과 맞지 않는다.

둘째, 대상판결은 "'성적 욕망'에는 … 상대방을 성적으로 비하하거나 조롱하는 등 상대방에게 성적 수치심을 줌으로써 자신의 심리적 만족을 얻고자 하는 욕망도 포함된다"고 한다. 그러나 이러한 해석은 문언의 가능한 의미를 벗어난 것이라고 할 수 있다. 상대방에게 성적 수치심을 주어 '다른 심리적 만족을 얻으려는 것'과 '성욕의 만족을 얻으려는 것'과는 '심리적 만족'과 '성욕의 만족'이라는 문언의 의미만큼 큰 차이가 있기 때문이다.

셋째, 과학적으로도 인간이 성욕을 느끼고 만족시키는 과정에서 성중추의 긴장이나 성선(性腺)의 분비 등과 같은 여러 가지 신체적 반응이 나타난다고 한다. 그런데 피고인이 문자메세지를 보낼 때에 분노중추의 긴장이나 분노선(憤怒腺)의 분비 등이 있었을지는 모르겠지만, 성충추의 긴장이나 성선의 분비 등과 같은 신체적 반응들이 있었을지 의문이다.

[주 제 어]

부동산 이중매매, 양심적 병역거부, 보이스피싱, 배임죄, 횡령죄, 사기죄

[Key Words]

the double selling of the real estate, the conscientious objector, the voice phishing, the breach of trust, the embezzlement

접수일자: 2019. 5. 20. 심사일자: 2019. 6. 8. 게재확정일자: 2019. 6. 10.

[Abstract]

The Reviews of the Criminal Cases of the Korean Supreme Court in 2018

OH, Young-Keun*

In the year of 2018, 150 criminal cases by the Korean Supreme Court(KSC) are registered on the internet homepage of the Court (https://glaw.scourt.go.kr/wsjo/intesrch/sjo022.do#//). 4 criminal law cases of which are decided by the Grand Panel. In this paper, above 4 cases and other several cases are reviewed which seem to be comparatively important to the author. Most of the reviews are constituted as follows: 1. The Fact of the Case, 2. The Summary of Decision and 3. The Note. But in some reviews the fact of the case are omitted.

The contents of this paper is as follows;

Ⅰ. Introduction

Ⅱ. The Cases of the Grand Panel of the Korean Supreme Court

In this chapter, 4 cases of the Grand Panel are reviewed. The subjects of the cases are 'the double selling of the real estate and the breach of trust', 'the embezzlement in the voice phishing crime', 'the reasonable interpretation of the concept of internet site system', 'the criminal liability of the conscientious objector'.

Ⅲ. The Cases relating to General Part of Criminal Law

In this chapter, 4 cases are reviewed. The subjects of all cases are

---

* Professor, School of Law, Hanyang University, Ph.D in Law.

related to how to interpret the criminal provisions reasonably observing the strict interpretation principle of the criminal law.

Ⅳ. The Cases relating to Special Part of Criminal Law

7 Cases are reviewed in this Chapter. The crimes which are the subjects of the reviews are the abandonment, the indecent assault, the libel and slander, the fraud, the breach of trust and etc.

일본의 사기죄에 관한 최근 대법원 판례의 경향에 대해서

코이케 신타로(小池 信太郎)*

1. 시작하기

한국의 전통 있는 형사판례연구회에서 발표하게 되어 발표자로서 매우 영광스럽게 생각하며, 감사의 말씀을 드린다. 의뢰 받은 주제는 일본의 재산범에 관한 최근 판례이지만, 재산범 전체를 다룬다면 모든 내용을 다루게 되어 내용이 부실해질 수 있기 때문에, 특히 중요한 경향을 보이고 있는 사기죄의 분야를 다루고자 한다.

일본 형법 제246조는, 제1항에서 "사람을 기망하여 재물을 교부받은 자는 10년 이하의 징역에 처한다." 제2항에서는 "전항의 방법에 따라, 재산상 불법의 이익을 득하거나, 타인에게 이것을 득하게 한 자도 전항과 같다."라고 규정하고 있다. 전자는 재물을 객체로 하는 사기죄이며, '1항 사기'라고 부른다. 후자는 재산상 이익을 객체로 하는 사기이며, '2항 사기'라고 부른다.

사기죄가 성립하는 전형적인 예는 대가의 지불에 관해 속인 경우이다. 대금을 지불할 의사나 능력이 없는데도 있다고 거짓말을 하여 상품을 교부 받으면 1항 사기죄, 동일한 수단으로 호텔에서 숙박이나 택시운송과 같은 역무·서비스를 받으면 2항 사기죄이다.

---

* 일본 케이오대학(慶應義塾大学) 교수

그렇다면, 대가를 지불하지만, 예를 들어 자기의 속성·신분이나 취득 후의 용도를 속여 재물이나 이익을 교부 받는 행위에 대해서 사기죄가 성립하는 것은 어떠한 경우인가. 이 문제에 관해서 최근 사회정세의 변화를 받아들여, 종래에는 생각하기 어려웠던 사기죄에 의한 사건이 입건·처벌되고 있어, 최고재판소의 중요한 판례가 계속해서 나오고 있다. 예를 들어, 타인명의를 이용하거나 타인에게 양도할 의도를 숨기고 은행구좌를 개설하는 사례나 폭력단원이 그 신분을 숨기고 골프장을 이용한 사례가 그 대상이다. 최고재판소는 사기죄 성립을 인정하는 판단을 많은 사례에서 시인하고 있지만, 최근 폭력단원의 골프장 이용에 관하여 같은 날 유죄판례와 무죄판례가 각 1건씩 나와, 처벌범위의 확대에 대해 신중한 자세가 엿보이는 등 흥미로운 경향을 보이고 있다.

이에 본고에서는 먼저 이 문제에 관해 종래 학설의 논의를 간단히 살펴본 후(2.), 타인명의·타인양도 의도로 물건을 취득(3.) 및 폭력단원의 신분은닉(4.)에 관한 최근 최고재판소 판례의 전개에 대해 소개하고자 한다. 이어 현재 판례이론과 여기서 의도하고 있는 신중한 운용방안을 언급하고, 또한 이론적 과제를 제시(5.)하고자 한다.[1)]

---

1) 일본의 판례소개라고 하는 본고의 주제를 고려할 때 문헌의 개별적 인용은 재판실무가의 것을 우선한다. 연구자에 의한 최근(1989년 이후 판례)의 논문 또는 체계서 등으로는, 荒木泰貴 「詐欺罪における間接的損害について」慶應法学37号 近刊予定, 井田良 「詐欺罪における財産的損害について」法曹時報66巻11号(2014年) 1쪽 이하, 同 『講義刑法学 · 各論』(2016年) 272쪽 이하, 木村光江 「現代社会と財産犯の保護法益」法学会雑誌(首都大学東京)56巻1号(2015年) 115쪽 이하, 杉本一敏 「詐欺罪における被害者の『公共的役割』の意義」『野村稔先生古稀祝賀論文集』(2015年) 301쪽 이하, 高橋則夫『刑法各論〔第2版〕』(2014年) 323쪽 이하, 冨川雅満 「詐欺罪における被害者の確認措置と欺罔行為との関係性(1)~(3 · 完)」法学新報 (中央大学)122巻3=4号(2015年) 183쪽 이하, 5=6号(2015年) 35쪽 이하, 7=8号(2016年) 223쪽 이하, 長井圓 「詐欺罪における形式的個別財産説の理論的構造」法学新報(中央大学)121巻11=12号(2015年) 359쪽 이하, 成瀬幸典 「詐欺罪の保護領域について」刑法雑誌54巻2号(2015年) 281쪽 이하, 橋爪隆 「詐欺罪における『人を欺』く行為について」法学教室434号(2016年) 94쪽 이하, 星周一郎 「詐欺罪」法学教室418号(2015年) 28쪽 이하, 松原芳博「法益侵害と意思侵害」

2. 사기죄에 있어서 '재산상 손해'를 둘러싼 종래의 논의

상당의 대가 제공에도 불구하고 사기죄가 성립하는 문제에 대해서 종래에는 대체로 다음과 같은 논의가 있었다.

즉, 사기죄의 성립에는 ① 사람을 기망하는 행위, ② 그것에 의한 상대방의 착오, ③ 착오에 의한 교부·처분 행위, ④ 그것에 의한 재물·이익의 취득이 필요하지만, 이에 더하여 재산범인 이상 ⑤ '재산상 손해'의 발생도 요구된다. 다만, 사기죄는 배임죄(제247조)와 달리 개별 재산에 대한 죄이기 때문에, 피해자의 개별 재산(재물·재산상의 이익)의 상실 자체가 재산적 손해가 된다는 것이 전통적인 통설이다. 다만, 그러한 이해를 형식적으로 관철하면(형식적 개별 재산설), 예를 들어 미성년자가 연령을 속여 성인잡지 등을 구입하는 사례에서도, 사실을 이야기하면 교부되지 않았던 재물의 상실이 있는 이상 사기죄의 성립이 폭넓게 인정될 수 있지만, 그것은 부당하다. 이에 개별 재산의 상실이 실질적으로도 재산적 손해라고 평가할 수 있는 경우에만, 사기죄의 성립을 인정해야 할 것이다(실질적 개별 재산설).

이러한 입장에서는 미성년자에 의한 성인잡지 구입사례에서는 대금지불에 의해 서점주의 경제적 거래목적이 달성된 이상, 실질적 손해가 부정될 수 있다. 의사자격을 가지지 않은 자가 파견의로 위장하여

『生田勝義先生古稀祝賀論文集 · 自由と安全の刑事法学』(2014年) 48쪽 이하, 同『刑法各論』(2016年) 274쪽 이하, 松宮孝明 「詐欺罪と機能的治安法」『生田勝義先生古稀祝賀論文集 · 自由と安全の刑事法学』(2014年) 361쪽 이하, 同『刑法各論講義〔第4版〕』(2016年) 264쪽 이하, 山内竜太 「詐欺罪および窃盗罪における被害者の確認措置の規範的意義」法学政治学論究(慶應義塾大学)111号 近刊予定, 山口厚 「詐欺罪に関する近時の動向について」研修794号(2014年) 3쪽 이하, 同 「欺く対象による詐欺罪処罰の限定」『新判例から見た刑法(第3版)』(2015年) 278쪽 이하, 山中敬一 「詐欺罪における財産的損害と取引目的」法学新報(中央大学)121巻11=12号(2015年) 397쪽 이하, 和田俊憲 「詐欺罪における『財産的損害』」安田拓人ほか『ひとりで学ぶ刑法』(2015年) 164쪽 이하 등을 참조. 이전의 문헌에 대해서는 이들 문헌의 주를 참조하기 바란다. 판례평석에 대해서는 각 판례의 최고재판소 조사관에 의한 해설(이하에서 인용하는)의 말미에서 열거하고 있다.

환자를 무료로 진료하고, 증상에 적합한 판매약을 정가로 판매한 행위에 대해서 사기죄 성립을 부정한 예전 판례(大決 昭和3年12月21日刑集7巻772쪽)는 필요한 약을 상당액으로 얻는다고 하는 상대방의 거래목적이 달성되었기에 실질적 손해가 없다고 하는 이유로 지지된다. 한편 의사 또는 지사(知事) 지정업자라고 가장하여, 실제로는 용이하게 입수할 수 있는 시판의 전기안마기(바이브레터)를 일반에게 입수 곤란한 난치병에 특효성이 있는 특수치료기라고 속여 정가로 판매한 행위에 대해서는 그러한 특수치료기를 저가로 입수하고자 하는 상대방의 거래목적이 달성되지 않았음을 이유로 실질적인 손해를 긍정하였다. 따라서 사기죄 성립을 인정한 판례(最決昭和34年9月28日刑集13巻11号2993쪽)도 지지된다.

이와 같이 문제를 '재산적 손해'에 위치지우면서 그 발생 유무를 피해자의 경제적인 거래목적의 달성·미달성을 기준으로 판단하는 입장은 사기죄의 재산범적 성격을 중시하여 그 성립의 범위를 구분할 수 있다는 관점에서 학설상 유력시되어 왔다.[2)]

---

2) 널리 보급된 체계서에서 이러한 입장을 취하는 것으로서, 西田典之『刑法各論〔第6版〕』(2012年) 203쪽(同 204쪽의 「피해자가 획득하고자 하여 실패한 것을 경제적으로 평가하여 손해라고 말할 수 있는가」라고 하는 구절이 유명하다. 다만, 同 206쪽 이하는 후술하는 2002년 결정, 2010년 결정의 결론을 긍정한다). 최근의 명시적인 주장으로서, 高橋 · 前掲注1) 323쪽 이하, 田山聡美「詐欺罪における財産的損害」『曽根威彦先生 · 田口守一先生古稀祝賀論文集 · 下巻』(2014年) 157쪽 이하, 松原 · 前掲注1)『刑法各論』 274쪽 이하 등. 실질적 개별 재산설의 취지를 사기죄에 있어서의 이른바 법익 관계적 착오의 내용으로서 주장하는 입장의 대표적인 논고로서, 佐伯仁志「詐欺罪の理論的構造」山口厚ほか『理論刑法学の最前線』(2006年) 104쪽 이하. 또한, 기망수단을 이용하여 청부대금을 본래의 지불시기보다 이전에 수령하는 행위에 대해서 사기죄가 성립하기 위해서는 기망수단을 이용하지 않았던 경우에 얻었을 것으로 추정되는 청부대금의 지불은 「사회통념상의 개별 지불」이라고 말할 수 있을 정도의 기간, 지불시기를 앞당기는 것을 요한다고 한 最判平成13年7月19日刑集55巻5号 371쪽은, 실질적 개별 재산설을 강하기 위하고 하고 있었다(朝山芳史「判解」『最高裁判所判例解説刑事篇(平成13年度)』〔2004年〕 136쪽 참조). 다만, 동판결의 사례는 본고에서 다루고 있는 사례유형과는 실질적인 문제상황을 달리하고 있다는 평가가 최근 유력시 되고 있다.(樋口亮介 「判批」山口厚=佐

그리고 사기죄에 따른 입건의 실무도, 어떤 시기까지는 그러한 입장에서 이해하기 쉬운 면이 있었다. 예를 들면 가명이나 차명에 의한 은행계좌 개설은 사실상 횡행하고 있었지만, 그것에 대해서 형사사건으로서의 입건은 하지 않았다. 직접적으로 타인명의라고 말하면 구좌 개설은 거부될 수 있었다는 것뿐으로, 형식적 개별 재산설의 의미에서의 손해는 긍정될 수 있을지도 모른다. 그러나 은행으로서는 예금 명의가 어떠하든 간에, 통장발행 등의 부담을 상회하는 예금을 획득하는 것으로 경제적 거래 목적은 충분히 달성되어, 실질적인 재산상 손해가 없다고도 말할 수 있다. 그 때문에 사기죄가 성립하지 않는다고 생각한다면, 이는 실질적 개별 재산설이 기능하고 있다고 하는 이해가 가능하였다.

3. 타인명의·타인양도 의도의 물건 취득에 관한 최고재판소 판례

가. 2002년 결정 · 2007년 결정(예금통장)

그런데 1990년대부터 2000년대에 걸쳐 은행계좌가 돈세탁이나 보이스피싱 등의 부정한 목적으로 이용되는 것의 방지라고 하는 관점에서 각종의 통달이나 법규제 등을 통해 금융기관에서의 본인확인 등을 철저히 하게 되자 상황이 변화하였다.

최고재판소의 판례에서 그 선례가 된 것은 타인의 건강보험증을 이용하여 그 타인이 되어 은행 구좌를 개설하고, 예금통장을 교부받은 사례에 관한 것이다. 이 사건의 항소심판결은 은행은 부정한 "구좌 개설에 의해 직접적으로 재산상 손해를 입었다는 사실"은 없고, 타인 명의에 의한 구좌개설은 "금융질서에 관한 규제를 위한 법규에 저촉될 수 있어도 사기죄에는 해당하지 않는다."고 판시하였다. 그러나 最決平成14年10月21日刑集56巻8号670쪽은 이것을 파기하고 사기죄의 성립을 인정하였다.[3]

伯仁志編『刑法判例百選Ⅱ各論』〔2014年〕 101쪽 참조).

3) 담당조사관에 의한 해설로서, 宮崎英一 「判解」『最高裁判所判例解說刑事篇(平

이후 타인에게 양도할 의도가 있음에도 그것을 숨기고 자기명의로 은행구좌를 개설하여, 예금통장과 현금카드를 교부받은 사례에 관한 最決平成19年7月17日刑集61卷5号521쪽이 등장하였다. 동결정은 당해 은행은 보통예금규정 등에서 통장 등의 양도를 금지하고 있고, 응대한 행원도 양도목적의 구좌개설이라는 것을 알았다면 응대하지 않았을 것이라고 하는 "사실관계 하에 있어서는 은행지점의 행원에게 예금구좌 개설 등을 신청하는 것 자체, 신청한 본인이 그것을 자신이 이용할 의사임을 밝히고 있다고 할 수 있기 때문에, 예금통장 및 현금카드를 제3자에게 양도할 의도였음에도 그것을 숨기고 상기의 신청을 한 행위는 사기죄에 있어서 사람을 기망하는 행위에 해당하고 이것에 의해 예금통장 및 현금카드 교부를 받은 행위는 형법 제246조 제1항 사기죄를 구성한다."고 판시하였다.

이러한 판례에 따라, 당해 거래로부터 직접적으로 생긴 경제적인 플러스(예금 획득)가 마이너스(통장발행의 부담)를 상회한다는 것만으로 실질적인 재산상 손해 내지 사기죄의 성립을 부정하는 해석은 실무상 부정되게 되었다. 덧붙여서 판단의 중점을 '재산적 손해'가 아니라, '기망행위'에 두는 판례의 태도가 명확해져 갔다. 즉 2007년 결정을 담당했던 최고재판소 조사관의 해설에 따르면, 부정한 구좌개설에 따른 예금통장의 교부 자체가 재산적 손해가 되는 것은 2002년 결정에서 확립되었기 때문에 그 점은 2007년 결정에서는 전제가 되었다고 한다.[4] 이러한 바탕 하에 사기죄의 '기망행위'는 상대방이 재산적 처분행위를 행하기 위한 판단의 기초가 되는 중요한 사실을 속이는 것을 말하는 바, 양 결정은 최근의 은행실무를 고려해 볼 때 구좌개설자가 각 명의자 본인인지의 여부(2002년 결정), 타인에게 양도할 의도인지의 여부(2007년 결정)가 각각 중요사실에 해당한다고 평가한 것으로 여겨진다.[5] 이러한 점의 중요성은 돈세탁이나 보이스피싱 방지라고 하는 국

成14年度)』(2005年) 239쪽 이하.

4) 前田巌「判解」『最高裁判所判例解説刑事篇(平成19年度)』(2011年) 319쪽.

가적 관점에서 나온 것으로, 피해자인 은행의 경제적 득실에 관계하지 않기 때문에 사기죄에 의한 처벌을 근거지우지 않는다고 하는 학설의 비판에 대해서는, 국가적 관점에서의 규제라 하더라도 은행이 거래 약관에 규정하는 등 하여 현재 그것을 중시하여 재산적 처분의 판단을 하는 이상, 그러한 점에 관한 기망으로부터의 형법적 보호를 부정할 이유는 없고, 또한 금융기관은 그 공익성, 공공성으로부터 구좌가 부정 이용되어 시스템의 신뢰가 깨어지는 것을 방지할 이익을 가지고 있으며, 이것이 각종 규제강화에 의해 보다 강조되고 있다는 반론이 제기되고 있다.[6]

또한 2002년 결정 사례에서는 타인으로 행사한다고 하는 명확한 작위에 의한 기망행위가 있었던 것에 비해, 2007년 결정은 자기 명의의 구좌개설 신청 시에 양도의도를 은닉한 것만으로 기망행위를 한 것이 되는가라고 하는 문제에 대해서 "구좌 개설 등을 신청하는 것 자체, 신청한 본인이 그것을 자신이 이용할 의사라고 표시하고 있는 것"이라고 판시하여, 이른바 거동에 의한 기망의 구성을 취했다는 점에서 주목할 만하다.

거동에 의한 기망이라는 것은 일정한 상황에서의 일정한 거동이 사회통념상 당연히 일정한 표시를 포함하고 있다고 해석되기 때문에, 그것에 반하는 의도를 숨기고 당해 거동을 하면 작위에 의한 기망행위로서 평가되는 것을 말한다. 무전취식 의사를 숨기고, 주문하는 경우가 전형적이다. 그와 같은 구성의 실익은, 부작위로 구성하면 그것을 기망행위로 인정하기 위해서는 작위의무(진실 고지의무)의 인정이 필요하지만, 거동에 의한 기망은 작위이기 때문에 고지의무를 특별히 문제로 할 필요가 없다는 점에 있다.[7] 이러한 점에서 2007년 결정은

---

5) 前田 · 前掲注4) 320쪽 이하.

6) 前田 · 前掲注4) 331쪽 注17. 각 사건의 행위시 및 그 후의 법적 규제의 상황을 포함한 상세한 분석으로서, 杉本 · 前掲注1) 306쪽 이하.

7) 거동에 의한 기망을 둘러싼 판례·학설에 대한 상세한 내용은, 野原俊郎 「判解」法曹時報68巻4号(2016年) 1148쪽 이하(후술하는 2014년 무죄판결의 조사관

예금구좌의 양도가 금지되어 명의자 본인이 이용해야하는 것은 계약상 그리고 법령상 당연히 전제된 사회상식이라는 이해를 전제로 반대의도를 숨기고 구좌개설을 신청한 행위는 거동에 의한 기망에 해당한다고 평가한 것이라고 해석되고 있다.[8]

이에 따라 2007년 결정 및 그것을 둘러싼 논의에 의해 상대방에 직접적으로 경제적 피해를 주지 않는 거래를 자신 또는 부정한 용도를 숨기고 신청한 행위가 '기망행위'에 해당하는지를, 기망사항의 중요성과 거동에 의한 기망 해당성이라고 하는 범위에서 검토하여, 거기에서 말하는 기망사항의 중요성을 공적 규제의 강화를 포함하는 당해 거래업무를 둘러싼 사회정세 변화를 고려하여 판단한 방법이 제시되게 되었다.

나. 2010년 결정(탑승권)

이러한 방법은 이후의 판례에 정착되어 간다. 2007년 결정에 이어 중요한 위치를 점하고 있는 판례가 공항의 국제선 체크인카운터에서 탑승권 교부를 받은 자가 그 당시 캐나다에의 불법입국을 기도하여 환승 구역 내에서 대기하고 있는 다른 자에게 양도하여, 그 자를 탑승시킬 의도를 숨기고 있었다고 하는 사례에 관한 最決平成22年7月29日 刑集64巻5号829쪽이다.

본 건 변호인은 피고인들은 정규의 운임을 지불한 이상, 항공사에

해설)을 참조. 동 1158쪽은 판단 기준에 대해서 "우선은 거동에 의한 의사표시의 법률적 해석을 기본으로 하여, 종래의 당사자간의 거래관계·기본계약, 계약시의 확인내용(확인사항), 또한 거래 관행, 사회적 이해 등을 종합적으로 고려하여 해당 거동이 묵시적으로 표시하는 사항(묵시적으로 포함하는 의사표시)을 해석해야 할 것이다"고 한다.

8) 前田 · 前掲注4) 324쪽 이하. 또한 최고재판소는 자신의 은행구좌에 잘못된 송금이 있다는 것을 알게 된 수취인이 그 사정을 숨기고 창구에서 인출한 사례에 대해서는 부작위에 의한 기망으로 보고, 신의칙상의 고지의무를 인정하여 1항사기죄의 성립을 긍정하였다(最決平成15年3月12日刑集57巻3号 322쪽). 동결정의 조사관 해설로서, 宮崎英一 「判解」『最高裁判所判例解説刑事篇(平成15年度)』(2006年) 112쪽 이하.

재산적 손해가 발생하지 않았다는 점 등을 주장하여 사기죄의 성부를 다투었다.

그러나 동결정은 탑승권 교부 당시, 여권이나 항공권 제시에 의한 "엄격한 본인 확인이 이루어지고 있었다는 것은 항공권에 성명이 기재되어 있는 승객 이외의 자의 항공기에의 탑승이 항공기 운항의 안전상 중대한 폐해를 초래할 위험성을 포함하는 것이었다는 점과 본건 항공사가 캐나다 정부로부터 불법입국을 방지하기 위해 탑승권 발권을 적절히 행하는 것을 의무지우고 있었다는 점 등에서 해당 승객 이외의 자를 항공기에 탑승시키지 않는 것이 본건 항공사의 항공운송사업의 경영상 중요성을 가지고 있었기 때문으로, 본 건 담당자들은 상기 확인을 할 수 없는 경우에는 탑승권을 교부하지 않았다"는 점 및 담당자들은 다른 자를 탑승시킬 의도를 알았다면 교부에 응하지 않았다는 점을 적시한 후에, "이상과 같은 사실관계에서 본다면 탑승권 교부를 청구하는 자 자신이 항공기에의 탑승할지의 여부는 본 건 담당자들에 있어서 그 교부 판단의 기초가 되는 중요한 사항이라고 할 수 있기 때문에 자신의 탑승권을 다른 자에게 양도하여 그 자를 탑승시킬 의도임에도 이를 숨기고 본 건 담당자들에 대하여 탑승권 교부를 청구한 행위는 사기죄에 있어 사람을 기망하는 행위에 다름아니고, 이것에 의해 교부를 받은 행위는 형법 제246조 제1항 사기죄를 구성한다."고 판시하였다.

본 결정은 2002년 결정이나 2007년 결정과 유사한 문제점을 포함하는 사례에 있어서 '기망행위'라고 하는 것은 '교부 판단의 기초가 되는 중요한 사항'을 속이는 것이라는 이해를 명시적으로 확인하였다.[9] 게다가, 항공권에 성명이 기재된 자 (항공사 탑승을 승인 한 자) 이외의 사람이 탑승하거나 중요 사항으로 평가함에 있어, 운항의 안전 폐해 (즉 납치 테러 등의 위험) 및 불법 입국 방지를 위해 캐나다 정부가 적절한 발권을 의무화했던 것을 구체적으로 적시하여 항공사의 "경영상

---

9) 增田啓祐「判解」『最高裁判所判例解説刑事篇(平成22年度)』(2013年) 187쪽.

의 중요성을 갖고 있었다"는 판시가 주목된다.10) 한편, 다른 사람을 탑승시킬 의도를 단순히 감추고 있던 것이 거동에 의한 기망에 해당하는 것에는 언급하고 있지 않지만, 여권 확인 등의 탑승 수속 내용에서하고 탑승권을 교부를 청구하는 행위 자체 스스로가 탑승하는 취지의 의사 표시라고 평가되는 것이 당연한 전제라고 해석하고 있다.11)

이에 따라 2002년 決定, 2007년 決定 및 2010년 決定에 의해 신분이나 부정한 용도를 은닉한 사례에 관한 사기죄 성부의 판단방법이 판례상 정착되었다. 그리고 이 3건의 구체적 판단에 대해 말하자면, 사례판단의 형식을 취하고는 있지만, 최근 은행이나 항공사의 업무실태를 고려한다면, 타인명의 또는 타인에게 양도할 의도로 구좌개설이나 국제선 탑승권의 교부를 받은 행위에 대해서 사기죄가 성립한다는 판단은 거의 일반적인 타당성을 갖는다고 해도 무방하다. 이에 대해 당해 사항에 대한 심사태도에 대해서 업자에 따라 편차가 있는 경우에는 사기죄의 성부(중요사항성, 거동에 의한 기망 해당성)의 판단을 당해 업자의 구체적 대응에 따라 신중하게 하지 않으면 안 된다는 것이 후술하는 최근 판례에 의해 명확해 진다.

4. 폭력단원의 신분은닉에 관한 최고재판소 판례

가. 2014년 3월 유죄결정/ 무죄판결(골프장이용)

'폭력단원 거절'의 각종 시설에 신분을 숨기고 (요금을 지불하여) 이용한 폭력단원을 사기죄로 소추한다고 하는 것은 예전에는 생각하기 어려웠다. 그러나 2000년대에 정부의 지침과 각 현의 폭력단 배제조례의 제정 등에 의해 폭력단 배제를 위한 사회적 노력이 진행됨에 따라 형사사건으로서의 입건도 이루지게 되었다. 그리고 그 당부를 둘러싼 논의가 계속되던 중, 최고재판소는 폭력단원 골프장 이용에 대해

10) 부연하는 것으로서, 增田 · 前揭注9) 283쪽 이하.
11) 增田 · 前揭注9) 186쪽.

서 동일한 날에 유죄판례(最決平成26年3月28日刑集68巻3号646쪽)와 무죄판례(最判平成26年3月28日刑集68巻3号582쪽)를 내어 큰 주목을 받았다.

유죄가 되었던 판례는 나가노현(長野県) 내의 골프장 회원인 A가 폭력단원 X와 함께 플레이를 하였으나, A는 이용을 신청할 때에 동반자가 폭력단원인 것을 신고하지 않았고, 이에 대해서 X와 공모하였다고 하는 사건이다(상고사건의 피고인은 X). 본건 골프장에서는 약관에서 폭력단원의 이용을 금지할 뿐만 아니라, 입회시 폭력단 관계자 등을 동반·소개하지 않는 취지의 계약서에 서명 날인을 하도록 하고 있으며, A도 그 절차를 거쳐 회원이 되었다. 시설 이용은 본래 각 이용자가 자필서명하여 신청하는 것으로 되어 있었으나, 본건 당일 A는 X 등 동반자의 성명을 교차시키는 등 난잡하게 작성한 표를 프론트 담당자에게 건네어 대서(代書)시키는 이례의 방법을 취하여 X 자신은 프론트를 거치지 않고 플레이를 하였다. A는 종업원으로부터 동반자가 폭력단 관계자인지의 여부를 다시 확인하지는 않았고, 스스로 적극적인 허위의 신청도 하지 않았다. 이러한 사실관계 하에서 상기 최고재판소 결정은 골프장에서의 폭력단관계자 이용거절은 일반이용객이 두려워하여 이용객이 감소하는 점이나 "신용, 품격 등이 훼손되는 것을 미연에 방지하고자 하는 의도에 의한 것으로, 골프클럽의 경영상의 관점"에 의한 것이라는 점, 본 건 골프장에서도 상기 약관이나 입회시 서약 등의 방안을 강구하고 있었다는 점, 본 건에서도 폭력단원인 것을 알았다면 그 시설이용에 응하지 않았을 것이라는 점을 적시하면서, "이상과 같은 사실관계에서 볼 때, 입회시 폭력단 관계자의 동반, 소개하지 않는다는 취지의 서약을 한 본 건 골프클럽 회원인 A가 동반자의 시설이용을 신청한 것 자체가 그 동반자가 폭력단 관계자가 아니다는 것을 보증하는 취지의 의사를 표한 이상, 이용객이 폭력단 관계자인지 여부는 본 건 골프클럽 종업원에게 있어서 시설이용 가부판단의 기초가 되는 중요한 사항이기 때문에, 동반자가 폭력단 관계자임에도 이것을 신고하지 않고 시설이용을 신청한 행위는 그 동반자가 폭력단 관계자가 아니라는 것을 종업원에게 오신시키는 것으로 사기죄에서 말하는 사람을 기망한 행위에 다름이 없고, 이것에 의해 시설이용계약을 성립시켜 A와 의사를 통한 피고인이 시설이용을 한 행위가 형법 제246조 제2항 사기죄를 구성한다"고 판시하였다.

무죄가 되었던 판례는 폭력단원 Y가 그 신분을 숨기고 미야기현(宮城県) 내의 두개의 골프장을 방문객으로서 이용한 사건이다. Y는 골프장 ①에서는 스스로 예약을 하여 당일에도 스스로 신청하여 플레이를 하고, 골프장 ②에서는 예약한 회원에게 권유를 받아 당일은 스스로 신청하여 플레이를 하였다. 양 골프장에서는 약관 등에 폭력단원의 거절을 규정하고, 그 취지를 입간판으로 설치하는 등 하고 있었지만, 그것 이상으로 신청시에 서면으로 폭력단 관계자가 아니라는 것을 서약하게 하는 등의 확인조치를 강구하지는 않았다. 같은 현 내의 주변 골프장에서도 폭력단배제조치는 철저하게 이루지지 않았다. 이러한 사실관계를 전제로, 상기 최고재판소 판결은 폭력단 관계자가 방문객으로 이용 신청한 자체는 "신청자가 당연히 폭력단관계자가 아니라는 것까지 표하고 있다고는 인정되지 않는다. 그렇다면, 본 건에서 신청행위는 사기죄에서 말하는 사람을 기망하는 행위에 해당"하지 않고, 또한 골프장 ②에서의 신청은 회원의 예약을 전제로 하고 있다는 점에 대해서도 "예약 등에 동반자가 폭력단 관계자가 아니라는 것의 보증의 취지를 명확하게 파악할 수 있을지는 의문"으로 "폭력단 관계자가 아니라는 것의 의사표시까지 포함하는 거동이 있었다고 평가하기에는 곤란"하다고 하는 등으로 판시하여, 유죄의 원판결을 파기하고, 무죄의 자판을 하였다.[12)]

이 양 판례는 '기망행위'에 해당하는지의 여부를 기망대상의 중요사항성 및 거동에 의한 기망 해당성의 관점에서 판단하는 방법을 답

12) 또한 본판결에서는 골프장②에 관해서는 회원에 의한 예약을 전제로 신청하고 있는 이상, 거동에 의한 기망을 긍정할 수 있다고 하는 小貫芳信 재판관의 반대의견이 첨부되어 있다.

습하였다. 이런 관점 하에 각 골프장에서 신청자가 폭력단 관계자가 아니고, 폭력단관계자를 동반·소개도 하지 않는다는 취지의 서약을 하게 하는 등의 실효적인 확인조치가 강구되어 있었는가라고 하는 점을 유죄·무죄의 결정 기준으로 하였다는 점이 특징적이다.

본 건에 앞선 판례의 사안(부정한 구좌개설, 국제선 탑승권 발행)에서는 신중한 본인확인 등에 의한 부정이용방지의 노력이 법적 의무로까지 높아져, 업무의 공익성을 자각하는 각 은행, 항공사는 경영방침으로서 그것을 교부판단의 기초로 당연히 규정하고 있기 때문에 중요사항성은 거의 일반적으로 인정되고 있다고 평가할 수 있다. 또한 이러한 실무의 정착에 따라, 신청은 자기명의 또는 자기이용목적이 아니면 안 된다는 것이 사회 상식화되었기 때문에 허위를 명시적으로 언급하지 않아도 거동에 의한 기망으로 일반적으로 평가된다.

반면 골프장과 같은 오락·서비스업에서의 폭력단 배제에 아직 거기까지의 일반성은 없다. 확실히 폭력단 배제의 사회적 요청은 강화되어 가고 있고, 어떤 골프장이 실효적 확인조치를 강구함으로써 그 점을 중시하여 이용 가부를 판단한다면, 이용객의 감소나 신용, 품격의 저하 방지라고 하는 경영상 관점에서의 방침으로서 형법상의 요보호성도 인정될 수 있다. 또한 이를 위해서 이루어지는 입회시 서약에 의해 폭력단 배제가 회원과 골프장 사이에 공통의 양해가 됨으로써 이용신청 자체가 폭력단 관계자를 동반하지 않는다는 것을 암묵을 전제로 하는 거동으로 인정되게 된다.[13] 그러나 이러한 확인조치는 법적으로 의무화된 것은 아니고, 어디까지 본격적으로 시책을 강구를 할 것인지는 것은 골프장 별로 또한 지역의 차가 크다.[14] 표면적으로는 폭

13) 2014년 3월 결정의 조사관에 의한 설명으로서, 野原俊郎 「判解」法曹時報68巻4号(2016年) 1184쪽(重要事項性), 同 1178쪽(挙動該当性) 참조. 또한 2014년의 양 판례에 있어서의 고려요소를 일람하여 검토한 것으로서, 冨川雅満 「判批」法学新報(中央大学)123巻1=2号(2016年) 207쪽 이하.

14) 宮崎英一 「詐欺罪の保護領域について」刑法雑誌54巻2号(2015年) 328쪽, 334쪽 참조. 松宮孝明 「挙動による欺罔と詐欺罪の故意」『町野朔先生古稀記念 · 刑事法 · 医事法の新たな展開 · 上巻』(2014年) 537쪽 이하는 이 점을 강조하여, 주요사항

력단 배제를 말하고 있지만 실효적인 확인조치를 강구하고 있지 않는 골프장에 대한, 또는 동지역 골프장에서 이용을 허가 또는 묵인한 경험을 전제로 하는 이용신청은 폭력단 관계자에 의한 이용이 아니라는 취지의 표시라고는 당연한 것으로 해석되지는 않고[15] (또는 적어도 행위자의 고의가 의문시되기 쉽고), 또한 그러한 골프장에서는 결국 그러한 점이 중요사항으로서 취급되지 않았다고 하는 평가가 타당할 수 있다.[16] 이러한 사정을 고려하여 양 판례에서는 구체적인 골프장 상황에 따른 판단에 중점을 두게 되었다고 해석된다.

나. 2014년 4월 결정(예금통장)

골프장 이용에 관한 두 판례 직후에 폭력단원에 의한 은행구좌 개설에 관한 最決 平成26年4月7日刑集68卷4号715쪽이 등장하였다.

사안은 폭력단원인 피고인이 은행 업무를 하는 우체국 담당직원에게 "나는 신청서 3번째 장 뒷면의 내용(반사회적 세력이 아니라는 것 등)에 표명·확약한 후, 신청하였습니다."라는 기재가 있는 '이름'란에 자기의 성명을 기입한 신청서를 제출하여 자기명의의 구좌개설을 신청하고, 동 직원으로부터 통장을 교부받았다고 하는 사안이다. 본 결정은 상기 은행은 기업의 사회적 책임 등의 관점에서 반사회적 세력 배제에 대처하고 있고, 정부 지침을 바탕으로 약관을 개정하고, 폭력단원으로부터 저금의 신규 예입 신청을 거절하는 취지를 규정하고 있

인지의 여부가 불명확한 경우에는 그것을 중요하다고 생각하는 당사자 측에 확인의무가 있다는 취지를 주장한다.

15) 野原 · 前揭注7) 1160쪽 이하 참조. 野原 · 前揭注13) 1179쪽은, 시설이용 신청의 전제로서 입회계약(기본계약) 시에 폭력단 배제에 관한 서약을 하고 있었는지의 여부라고 하는 점의 차이를 특히 강조한다.

16) 宮崎 · 前揭注1) 331쪽 참조. 동논문은 그러한 이해의 바탕 하에 이러한 종류의 사안에서는 거동해당성과 중요사항성은 일방이 긍정되면 타방도 긍정되고, 일방이 부정되면 타방도 부정되는 관계에 있다고 하여, 최고재판소의 무제판례에서는 - 명시적으로 부정된 것은 거동해당성뿐이지만 - 중요사항성도 부정된다고 하는 판단도 생각할 수 있다고 주장한다.(이 점에 대해서는 杉本 · 前揭注1) 319쪽 참조).

었다는 점, 신청서에는 자신이 폭력단원 등이 아니라는 것 등을 표명, 확약하는 기재가 마련되어 있어 본건 직원은 그 기재를 손가락으로 써서 제시하는 방법으로 피고인이 폭력단원 등이 아니라는 것을 확인하고 있으며, 피고인이 폭력단원 등인 것을 알았다면 구좌개설 등에 응하지 않았다는 점을 적시한 후에, "이상과 같은 사실관계 하에 있어서는 종합구좌의 개설 및 이에 수반되는 종합구좌통장 및 현금카드 교부를 신청한 자가 폭력단원을 포함한 반사회적 세력인지의 여부는 본건 직원들에 있어서 그 교부 판단의 기초가 되는 중요한 사항이기 때문에 폭력단원인 자가 자기가 폭력단원이 아니라는 것을 표명·확약하여 상기 신청을 하는 행위는 사기죄에서 말하는 사람을 기망한 행위에 해당하고, 이에 따라 종합구좌통장 및 현금카드 교부를 받은 행위는 형법 제246조 제1항 사기죄를 구성한다."고 판시하였다.

본 결정은 약관의 규정, 신청서의 기재, 담당직원에 의한 확인절차를 엄수했다는 사정을 고려하여 신청자가 폭력단원 등이 아니라는 것이 "교부 판단의 기초가 되는 중요한 사항"이라는 것을 인정하였다. 또한 폭력단원이 아니라는 것을 표명, 확약하는 부동문자가 있는 신청서에 서명 날인하여 신청하였기 때문에 거동에 의한 기망에 해당한다는 것은 명백하다고 생각되었기 때문에 그 점에 관해서 언급은 없었다고 해석되고 있다.[17]

5. 판례 이론의 현상과 이론적 과제

가. 판례 이론의 개요와 그 신중한 운용의 요청

이상에서 살펴본 최근 최고재판소 판례의 요점을 정리해 보면 다음과 같다. 먼저 판례는 상당의 대가(예금의 예입이나 대금)가 제공되고 당해 거래에 의해 직접적으로는 피해자에게 경제적인 피해가 발생하

17) 駒田秀和「判解」法曹時報68巻5号(2016年) 1449쪽 注52. 적극적 작위에 의한 기망을 인정한 것이라고 하는 평가도 있다(예를 들면, 佐藤陽子「判批」刑事法ジャーナル42号〔2014〕110쪽).

지 않는다고 생각되는 경우에도 사기죄 성립을 부정하지 않는다. 학설상 유력한 '실질적 개별 재산설'을 명시적으로 부정하지는 않아도, 그것과는 조금 거리를 두고 개별 재산의 상실 자체를 손해로 인정하는 전통적 통설(형식적 개별 재산설)을 기조로 하는 것으로 보인다. 오히려 문제의 중점을 '기망행위'에 두는 판례의 태도가 분명해 지고 있다.[18] 이런 관점 하에서 판단의 축적을 통해 '기망행위'라고 하는 것은 '교부(재산적 처분)의 판단의 기초가 되는 중요한 사항'에 대해서 속이는 것을 말한다고 하는 정의가 명확히 도출되고 있다. 또한 당해 사항에 대해서 은닉한 것에 지나지 않는 사안에 대해서는 '거동에 의한 기망'에 해당하는가라고 하는 관점이 더해져, 무죄판단의 기준이 되는 등으로 기능하고 있다. 이러한 중요사항성 + 거동해당성의 구체적 인정을 통해 사기죄의 성부를 구분하고자 하는 것이 현재 판례이론의 기본적인 접근이다.

특히 재판실무가는 최근 판례에 의해 새로운 해석론이 제시되어, 판례이론의 내용이 변화한 것은 아니라고 이해하는 경향에 있다. '기망행위'가 교부의 판단의 기초가 되는 중요한 사항에 관한 속임이어야만 하는 점이나 거동에 의한 기망이라는 개념은 그것 자체로서는 예전부터 승인되어 왔다. 일련의 판례에 있어서의 구체적 판단도 전통적인 기준을 공적인 규제나 사회적인 대응을 포함한 사회 정세의 변화를 고려하여 운용한 결과에 지나지 않는다는 것이다.[19]

이러한 운용에 의해 처벌범위가 부당하게 확대되는 것은 아닌가라고 하는 우려에는 중요사항성·거동에 의한 기망해당성의 신중한 인정에 의해 대처하는 것이 고려되고 있다. 예를 들면, 탑승권 사례에

18) 다만, 문제의 체계적 위치 지움(「기망행위(중요사항성)」, 「(법익관계적) 착오」, 「재산적 손해」의 어느 것을 논할 것인지)이 입장의 실질적 내용을 직접적으로 좌우하는 것은 아니라고 하는 인식이 최근 학성에서는 널리 공유되고 있다.(예를 들면, 井田 · 前掲注1) 法曹時報 3001쪽 이하, 杉本 · 前掲注1) 305쪽, 橋爪 · 前掲注1) 103쪽 등).

19) 宮崎 · 前掲注1) 335쪽 참조. 학설로서 이러한 판례의 내재적 이해를 강조하는 것으로서, 成瀬 · 前掲注1) 286쪽.

관한 2010년 결정의 조사관 해설에서는, 동결정은 국제선 사안이었지만 그러한 사정이 국내선인 경우에는 미치지 않을 것이라고 하고 있다. 항공권이나 탑승권이 기명식이라는 점에서는 당해 승객 본인의 탑승이 요구되고 있는 것이 확실하지만 국내선에서는 테러 등 보안상의 염려가 보다 약하고 불법입국방지의 요청도 없다는 점에서 엄격한 본인 확인 절차는 취하고 있지 않다. 이러한 점이 결론을 좌우할 여지가 있다고 하는 것이다.[20] 실제로 이루어진 판단으로서는 폭력단원의 골프장 이용에 관한 2014년 3월의 유죄·무죄의 두 판례가 사회정세가 변화하는 중에도 피해자(구체적인 골프장)가 당해 사회적 요청(폭력단 배제)에 어디까지 진지하게 관심을 기울였는가를 고려한 신중한 죄책 인정의 가능성 및 필요성을 보여주었다고 할 수 있다.[21]

다수의 학설이 사기죄 성립을 부정해야 한다는 전형적인 예로서 언급해 온 미성년자에 의한 성인잡지나 술, 담배 구입사례에 대해서는 그 가게가 청소년 건전육성에 진지하게 노력하는 견지에서 미성년자에게는 판매하지 않는 방침을 철저히 하여, 신분증명서의 제시를 일일이 체크하는 등의 실효적인 확인조치를 하고 있는 (그럼에도 그것을 빠져나간) 경우에는 사기죄 성립의 여지는 부정되지 않을 것이다.[22] 다

20) 增田 · 前揭注9) 191쪽 참조.

21) 또한 본보고가 다루는 판례와 유사한 문제를 포함하는 것으로서 휴대전화숍에서 휴대전화단말기를 타인에게 양도할 의도를 숨기고 구입하는 사례가 있다. 이에 대해서 최고재판소 판례는 아직 존재하지 않지만, 東京高判平成24年12月13日高刑集65巻2号21쪽이 있다. 동판결은 판매점의 점장이 피고인의 의도에 의심을 가지면서도 그렇더라고 상관없다고 하는 의사로 판매교부하였다는 피의사실을 이유로 사기미수죄의 성립을 인정하는 것에 그치고 있다. 본판결과 골프장 이용의 무죄판결을 대비하면서 기망행위는 있기만 미수로 해야하는 경우와 원래 기망행위 자체는 부정되어 무죄가 되어야 하는 경우의 구별을 논하는 것으로서, 宮崎 · 前揭注1) 331쪽 이하 참조.

22) 前田 · 前揭注4) 332쪽 注17은, 「소화(昭和) 시대(おおらかな時代; 역자주)」에는 타당하였던 사기죄를 부정하는 합의는 부동이 아니고, 법규제나 사회정세를 고려하여 엄격하게 성인에게만 판매를 하는 판매자에 대해서 감행한 경우는 사기죄의 성립이 인정된다고 하는 해석이 오히려 자연스러운 것이라고 주장한다. 駒田 · 前揭注17) 1448쪽 注50은 개별 구체적 판단이라는 점을 강조한다.

만, 가게마다 취급의 차이가 아직 극히 크다는 점도 있기 때문에 고의를 포함한 입증 면에서도 배려하여 실제의 입건은 이루어지지 않고 있는 현상인식이 있는 것이라고 생각된다.

나. 이론적 과제

판례이론의 이해와의 관계에서 남아 있는 이론적 과제로서는 먼저, 은행구좌의 부정이용방지나 폭력단 배제라고 하는 국가적·사회적 요청을 둘러싼 사회정세의 변화를 중시하여 사기죄의 성부를 판단하는 것으로, 동죄가 이른바 국가적·사회적 법익에 대한 범죄로 변질해 가는 것은 아닌가라는 점이 지적되고 있다.[23] 그러나 상술한 바와 같이 당해 요청을 강하게 내면화하여 실제로 그 점을 중시한 재산적 처분의 판단을 하고 있는 피해자만이 사기죄에 의한 보호를 받는 것으로, 어디까지나 개인적 법익에 대한 범죄로서의 성질은 유지되고 있다는 반론은 가능할 것이다.[24]

더욱 문제가 되는 것은 '교부 판단의 기초가 되는 중요한 사항'으로서 인정될 수 있는 범위로는 어떠한 이론적 제약이 있는가라고 하는 점이다. 이러한 점에 관하여, 앞서 언급한 2014년 4월 결정의 담당 조사관은 일련의 판례를 분석하여, "① 재산적 처분을 함에 있어서, 기망한 사실의 존부를 고려하는 목적이나 이유에 객관적 합리성이 있을 것, ② 당해 사실의 존부를 확인하는 체제나 운용을 취하고 있고, 교부자가 당해 사실에 큰 관심을 가지고 노력하고 있는 것이 외부적으로도 명확히 되어 있을 것 ③ 당해 사안에 있어서도 당해 사실에 관한 착오가 없다면 재산적 처분을 하지 않았다고 하는 현실적 구체적 인과관계가 있고, 그 목적이 중요성을 가지고 있다는 점 등을 고려"하고 있다고 설명하고 있다.[25] 여기에서는 당해 교부행위를 행한

23) 예를 들면, 松原 · 前掲注1) 『刑法各論』280쪽. 松宮 · 前掲注1) 「詐欺罪と機能的治安法」 361쪽 이하는, 사기죄는 2002년 결정 이래의 일련의 판례에 의해 폭력단 통제, 출입국관리, 금융관리, 경제활동의 통제라고 하는 치안정책의 수단으로 변하고 있다고 강하게 비판한다.

24) 예를 들면, 山口 · 前掲注1)『新判例から見た刑法』 294쪽 참조.

자가 사실을 알았다면 교부하지 않았을 것이라고 하는 주관적 관계(③)만으로는 중요사항성을 긍정하지 않고, 그 목적·이유의 합리성(①)과 체제·운용면에서의 담보(②)의 고려에 따라 일정한 객관적 한정이 고려되고 있는 것이 된다.[26]

특히 ①에 관해서, 2010년 결정 및 2014년 3월 결정은 탑승자의 동일성이나 폭력단 관계자의 여부라고 하는 사정이 항공사나 골프장의 '경영상'의 중요성을 가지고 있다는 것을 언급하고 있고, 부정한 구좌개설에 관한 판례(2002년, 2007년, 2014년 4월 결정)에 대해서도 명시적 언급은 하고 있지 않지만 동일한 평가가 가능할 것으로 생각된다.[27] 다만, 그 '경영상의' 관점에 어떠한 이론적 의의가 있는지에 대해서는 이해가 나뉠 수 있다.[28]

먼저, 사기죄의 재산범으로서 성격으로부터 간접적·추상적이라고는 해도, 피해자의 경제적 이해로 환원할 수 있는가라는 관심에 한하여 중요사항성을 긍정하는 근거가 될 수 있기 때문에, "경영상"의 중요성의 착안은 그것을 반영하는 것이라고 이해할 수 있다.[29] 그러나 거기에 대해서는, 이른바 기부금사기(자선활동을 위해 속이고 금전을 편취하는 경우)도 당연히 사기죄가 된다면, 일반적으로 피해자가 재산 교부에 있어 경제적 관점에서 관심을 가진 사항만이 중요사항이 되는 것이 아니라는 의문이 있을 수 있다.[30] 이에 반드시 경제적이 아니라

25) 駒田 · 前掲注17) 1438쪽.
26) 駒田 · 前掲注17) 1447쪽 참조.
27) 宮崎 · 前掲注1) 328쪽.
28) 다양한 이해의 가능성에 대해서, 駒田 · 前掲注17) 1446쪽 참조.
29) 예를 들면, 大塚裕史 「判批」山口厚＝佐伯仁志編『刑法判例百選Ⅱ各論』(2014年) 103쪽 참조.
30) 예를 들면, 長井 · 前掲注1) 376쪽, 橋爪隆 「詐欺罪成立の限界について」『植村立郎判事退官記念 · 現代刑事法の諸問題(1)』(2011年) 186쪽 참조. 2000년 결정의 원판결은 항공회사는 발권의 불비에 의해 불법입국을 하게 한 경우, 캐나다 정부의 최고액인 3천달러를 지불해야 한다는 점 등을 지적하고 있었던 것에 비해, 최고재판소는 그러한 점에의 언급을 피하고 있다. 이러한 점도 반드시 경제적 손실과의 관계를 문제로 하지 않는 입장을 나타낸 것이라고 해석할 수 있다.(山口 · 前掲注1)研修 4쪽, 橋爪 · 前掲注1) 106쪽 참조).

도 사회적으로 중요한 관심 사항이라면 중요사항으로서 고려할 수 있는 바, 일련의 판례와 같은 업무상 거래의 장면에서는 당해 유형의 업무에 있어서 일정한 합리성을 가지고 일반적으로 중시되고 있는지가 문제될 수 있다는 이해도 제시되고 있다.[31] 다만, 이러한 이해에 대해서도 원래 재산적 처분 판단의 기초로서 무엇을 중시할 것인지는 법익주체의 자유이고, 사회적인 중요성이 인정되는 관심에 한해서 형법적 보호가 주어진다고 하는 것에도 실제로는 이유가 없다고 하지만, 최근 적지 않은 논고에 의해 제시되고 있다.[32)]

이에 따라 교부의 판단의 기초로서 무엇을 중요시할 것인지는 피해자가 결정해도 좋다는 것이고, 경제적 또는 사회적인 관점에서의 중요성에 한정되지 않는다고 하는 이해를 취할 경우 일련의 판례가 '경영상의 중요성'으로 언급한 것은 이러한 사안의 성질에서 유래하는 것으로 생각할 수 있을 것이다.

즉 일련의 판례 사안에서는 엄밀하게는 담당직원을 피기망자·교부행위자로 하여 기업체를 실질적 피해자로 하는 사기가 문제되었던 사안이 의미를 가진다. 담당직원은 개인적 관심이 아니라, 그 소속 기업체의 경영방침에 따라 재산처분의 판단을 해야 하는 지위에 있었다는 점에서 당해 사항이 '경영상'의 관점 하에서 중요한 것인가라는 것

31) 橋爪·前揭注30) 187쪽 이하, 同·前揭注1) 106쪽 참조. 또한, 山口·前揭注1)硏修 10쪽은 피해자의「개별적인 선호를 넘어선… 유형적 의의·중요성을, 개개의 사안에 있어서 일반예방적 관점을 고려하면서 실질적인 근거에서 평가·판단하는 수밖에 없다」고 한다.

32) 長井圓「証書詐欺罪の成立要件と人格的財産概念」板倉宏博士古稀祝賀論文集編集委員会編『現代社会型犯罪の諸問題』(2004年) 338쪽 이하, 同·前揭注1) 369쪽 이하, 足立友子「詐欺罪における『欺罔』と『財産的損害』をめぐる考察」川端博ほか編『理論刑 法学の探究⑥』(2013年) 160쪽 이하, 井田·前揭注1) 法曹時報 3013쪽 이하(特に3014쪽注54), 成瀨·前揭注1) 288쪽 등 참조. 井田·前揭 3011쪽은, 예를 들면 살인을 실행할 예정이 없음에도 청부를 받아 그 보수로서 금액을 편취하는(재물교부가 불법원인급부에 해당하는) 사례와 같이 피해자가 추구한 목적이 전혀 법적 보호를 받을 수 없는 경우라고 하더라도 사기죄가 일반적으로 부정되지 않는다는 점을 예로 들고 있다.

이 부각되게 되었다고 생각된다. 그렇다고 한다면 일반론으로서는 상기의 중요사항상의 3가지 판단기준 중 기망행위 사실의 존부를 중시하는 목적이나 이유의 객관적인 합리성(상기①)의 실체법적 의의는 약하고, 피해자가 당해 사항에 진지하게 관심을 가지고 노력하고 있다는 점의 인정근거로서의 의의가 인정되는 것에 지나지 않게 될 것이다.[33][34]

6. 결 론

일본의 판례 이론에 대해 은행 예금제도의 적정한 운용과 폭력단 배제라고 하는 목적을 위해 형법의 사기죄를 이용하는 것에 대한 원칙적인 비판이 힘을 얻으며 이루어지고 있다. 그러나 이러한 비판이 미래의 재판 실무에 큰 전환을 촉구하기에는 이르지 못할 것이다. 판례 실무는 사기죄는 원칙적으로 널리 적용될 수 있는 것이라는 이해를 전제로 처벌 범위의 한정은 개별 사안에 있어서 신중한 사실 인정

33) 山口 · 前掲注1) 『新判例から見た刑法』 295쪽은 2010년 결정과 2014년 결정에 대해서 「사업자가 행하는 사업에 관한 『경영상의 관점』 내지 『경영상의 중요성』은 기망대상이 된 사항이 『교부의 판단의 기초가 되는 중요한 사항』이 된다는 것을 근거지우는 것으로 되어 있으나」, 「사안이 다르면 다른 고려가 가능 · 필요하게 되기 때문에, 교부자가 사업자가 아닌 사안에 대한 판단에 관해서는 앞으로의 판단에 유보되어 있다」고 주장한다. 成瀬 · 前掲注1) 289쪽 이하는, 「대량 · 익명 · 비개성적 거래」보다도 「소량 · 대면 · 개성적 거래」의 쪽이 피해자의 주관적 자유가 널리 보호된다고 한다. 橋爪 · 前掲注1)106쪽 注47는, 「개인이 오로지 사적인 목적으로 개인 소유의 재물을 교부하는 경우에는 일반적 · 객관적인 관점을 집어 넣을 여지가 없기 때문에 오로지 사적인 관심사라고 하더라도 『중요한 사항』으로 평가될 여지가 있다」고 한다. 또한 同 「詐欺罪の実質的限界について」法学教室435号(2016年) 104쪽도 참조.

34) 다른 방향성으로서, 長井圓 · 前掲注1) 384쪽은 피해자의 주관적 선호를 기본적으로는 널리 보호하는 입장을 취하면서 「공존의 법리」에서의 제약을 주장하여, 폭력단원에 의한 골프장 이용에 대해서는 골프장 측의 이익과 폭력단원이라고 하더라도 골프를 즐기는 이익의 조정이 필요하다고 하여, 결론적으로 사기죄 해당성을 의문시 한다. 일반화 하면 「기망행위」에서 말하는 중요사항성은 원칙적으로는 피해자가 현재 중시하고 있는지를 기준으로 판단하지만, 그러한 사항을 중시하는 동기 · 목적이 차별적인 경우 등 부당한 경우에는 예외라고 할 수 있을 것이다.

에 맡긴다고 하는 방향으로 이미 방향을 전환하고 있다. 이러한 일본의 동향이 유사한 조문을 가지고 있는 한국의 법률가의 눈에 어떻게 비칠지는 매우 흥미로운 부분이다. 여러 선생님들의 고언을 부탁하는 바이다.

[주 제 어]
일본형법, 일본판례, 사기죄, 사람을 기망하는 행위, 기망행위, 교부 판단의 기초가 되는 중요한 사항, 거동에 의한 기망, 재산적 손해

[참고문헌]

(본고에서 다룬 최고재판소 판례의 조사관 해설)

宮崎英一「判解」『最高裁判所判例解説刑事篇(平成14年度)』(2005年) 239쪽 이하.

前田巌「判解」『最高裁判所判例解説刑事篇(平成19年度)』(2011年) 308쪽 이하.

増田啓祐「判解」『最高裁判所判例解説刑事篇(平成22年度)』(2013年) 171쪽 이하.

野原俊郎「判解」『最高裁判所判例解説刑事篇(平成26年度)』(2017年) 125쪽 이하.

同「判解」『最高裁判所判例解説刑事篇(平成26年度)』(2017年) 157쪽 이하.

駒田秀和「判解」『最高裁判所判例解説刑事篇(平成26年度)』(2017年) 185쪽 이하.

(연구자에 의한 논문 등)

본고 注1、2、14에서 인용한 것 외에 탈고 후에 접한 것으로서

足立友子『詐欺罪の保護法益論』(弘文堂, 2018年).

上嶌一高「詐欺罪における交付の判断の基礎となる重要な事項の意義」山口厚ほか編『西田典之先生献呈論文集』(有斐閣, 2017年) 361쪽 이하.

齋野彦弥「詐欺罪における損害の意義」山口厚ほか編『西田典之先生献呈論文集』(有斐閣, 2017年) 383쪽 이하.

杉本一敏「詐欺罪をめぐる日本の議論の現在」甲斐克則編『日中刑法総論·各論の先端問題』(2018年) 199쪽 이하.

冨川雅満「詐欺罪における欺罔概念と被害者の共同答責」(博士論文·中央大学)(2017年).

林幹人「欺罔行為について」山口厚ほか編『西田典之先生献呈論文集』(有斐閣, 2017年) 347쪽 이하.

[Abstract]

A Study on the Recent Trends of Supreme Court Cases on Japan's Fraud

Koike, Shintaro

In the past 15 years, the Supreme Court of Japan has made important decisions on fraud (Article 246 of the Japanese Penal Code), whether it establishes the crime when a defendant deceives about his/her identity or use and obtains a property or profit with consideration. Traditional theoretical arguments are summarized and recent development of judicial precedents by the Supreme Court is reviewed in this article. Presented cases are opening a bank account under a false identity, receiving a boarding pass at the airport check-in desk by concealing the intention of letting another on board, and playing golf while hiding his status as an organized crime group (boryokudan) member. In such cases, the majority of criminal law scholars are conventionally inclined to deny criminal liability for fraud, for there is no "property damage" which is unwritten requirement of the crime. In most cases mentioned above, however, the Supreme Court has concluded that the defendants were guilty of fraud. Here, the emphasis is placed not on the element of "property damage", but on those of "fraudulent act". According to the Court, it is to be examined, whether the content of the deceit is decisively relevant for the victim to determine the delivery of the property and whether the hiding of his true identity or use can be interpreted as an implicative false representation. Also, the Court made different decisions on the similar cases under the same criteria. One defendant was guilty because of the victim's strict policy of boryokudan exclusion, but the other was not.

日本における詐欺罪に關する近年の判例の展開について

小池信太郎(慶應義塾大學)

はじめに

日本刑法246条は，1項で「人を欺いて財物を交付させた者は，10年以下の懲役に処する」，2項で「前項の方法により，財産上不法の利益を得，又は他人にこれを得させた者も，同項と同様とする」と定めている。前者は，財物を客体とする詐欺罪であり，「一項詐欺」と呼ばれる。後者は，財産上の利益を客体とする詐欺罪であり，「二項詐欺」と呼ばれる。

詐欺罪が成立する典型例は，対価の支払いに関して偽る場合である。代金を支払う意思や能力がないのにあると嘘をついて商品の交付を受ければ一項詐欺罪，同じ手段でホテルにおける宿泊やタクシーによる運搬といった役務·サービスを受ければ二項詐欺罪である。

では，対価を支払うものの，例えば自己の属性·身分や取得後の用途を偽って財物や利益の交付を受ける行為について詐欺罪が成立するのはいかなる場合か。この問題に関して，近年，社会情勢の変化を受けて，かつては考えにくかったような詐欺罪による立件·処罰が行われるようになり，最高裁判所の重要な判例が相次いでいる。例えば，他人名義を用いて，又は他人に譲渡する意図を秘して銀行口座を開設する事例や暴力団員がその身分を秘してゴルフ場を利用する事例が対象である。

最高裁は，詐欺罪成立を認める判断を多くの事例で是認しているが，最近，暴力団員のゴルフ場利用に関し，同じ日付で有罪判例と無罪判例を各1件出し，処罰範囲の拡大に対して慎重な姿勢もうかがわせるなど，興味深い動向を示している。

そこで本報告では，まずこの問題に関する従来の学説の議論を簡単に振り返った上で(Ⅰ)，他人名義・他人譲渡意図での物の取得(Ⅱ)および暴力団員の身分秘匿(Ⅲ)に関する近年の最高裁判例の展開について紹介する。続いて，現在の判例理論とそこで意図されている慎重な運用の在り方に言及しつつ，理論的課題を示す(Ⅳ)こととしたい[1)]。

---

1) 日本の判例の紹介という本稿のテーマに鑑み，文献の個別的引用は裁判実務家のものを優先する。研究者による最近(後掲平成26年判例以降)の論文又は体系書等として，荒木泰貴「詐欺罪における間接的損害について」慶應法学37号近刊予定，井田良「詐欺罪における財産的損害について」法曹時報66巻11号(2014年)1頁以下，同『講義刑法学・各論』(2016年)272頁以下，木村光江「現代社会と財産犯の保護法益」法学会雑誌(首都大学東京)56巻1号(2015年)115頁以下，杉本一敏「詐欺罪における被害者の『公共的役割』の意義」『野村稔先生古稀祝賀論文集』(2015年)301頁以下，高橋則夫『刑法各論〔第2版〕』(2014年)323頁以下，冨川雅満「詐欺罪における被害者の確認措置と欺罔行為との関係性(1)〜(3・完)」法学新報 (中央大学)122巻3＝4号(2015年)183頁以下，5＝6号(2015年)35頁以下，7＝8号(2016年)223頁以下，長井圓「詐欺罪における形式的個別財産説の理論的構造」法学新報(中央大学)121巻11＝12号(2015年)359頁以下，成瀬幸典「詐欺罪の保護領域について」刑法雑誌54巻2号(2015年)281頁以下，橋爪隆「詐欺罪における『人を欺』く行為について」法学教室434号(2016年)94頁以下，星周一郎「詐欺罪」法学教室418号(2015年)28頁以下，松原芳博「法益侵害と意思侵害」『生田勝義先生古稀祝賀論文集・自由と安全の刑事法学』(2014年)48頁以下，同『刑法各論』(2016年)274頁以下，松宮孝明「詐欺罪と機能的治安法」『生田勝義先生古稀祝賀論文集・自由と安全の刑事法学』(2014年)361頁以下，同『刑法各論講義〔第4版〕』(2016年)264頁以下，山内竜太「詐欺罪および窃盗罪における被害者の確認措置の規範的意義」法学政治学論究(慶應義塾大学)111号近刊予定，山口厚「詐欺罪に関する近時の動向について」研修794号(2014年)3頁以下，同「欺く対象による詐欺罪処罰の限定」『新判例から見た刑法(第3版)』(2015年)278頁以下，山中敬一「詐欺罪における財産的損害と取引目的」法学新報(中央大学)121巻11＝12号(2015年)397頁以下，和田俊憲「詐欺罪における『財産的損害』」安田拓人ほか『ひとりで学ぶ刑法』(2015年)164頁以下など。以前の文献については，これらの文献の注を参照されたい。判例評釈類については，各判例の最高裁判所調査官による解説(以下で引用する)の末尾に列挙されて

I 詐欺罪における「財産的損害」をめぐる従来の議論

相当対価の提供にもかかわらず詐欺罪が成立するかという問題をめぐって，従来，おおむね次のような議論がなされてきた。

すなわち，詐欺罪の成立には，①人を欺く行為，②それによる相手方の錯誤，③錯誤に基づく交付·処分行為，④それによる財物·利益の取得が必要であるが，それらに加えて，財産犯である以上，⑤「財産的損害」の発生も要求される。ただ，詐欺罪は背任罪(247条)とは異なり個別財産に対する罪であるから，被害者の個別の財産(財物·財産上の利益)の喪失自体が財産的損害となる，というのが伝統的な通説である。もっとも，その理解を形式的に貫くと(形式的個別財産説)，例えば未成年者が年齢を偽って成人雑誌等を購入する事例でも，本当のことを話せば交付されなかった財物の喪失がある以上，広く詐欺罪の成立が認められうるが，それは不当である。そこで，個別財産の喪失が実質的にも財産的損害と評価できる限りで詐欺罪の成立を認めるべきであるというのである(実質的個別財産説)。

そうした立場からは，未成年者による成人雑誌購入事例では代金支払いにより書店主の経済的な取引目的は達成される以上，実質的損害が否定されうる。医師資格を有しない者が派遣医を装って患者を無料で診察し，症状に適した売薬を定価で販売した行為について詐欺罪の成立を否定した古い判例(大決昭和3年12月21日刑集7巻772頁)は，必要な薬を相当額で得るという相手方の取引目的が達成されており実質的損害がないという理由で支持される。一方，医師又は知事指定業者であるように装い，実際には容易に入手できる市販の電気あんま器(「ドル·バイブレーター」)を一般に入手困難な難病に特効性のある特殊治療器と偽って定価で販売する行為については，そうした特殊治療器を安価で入手するという相手方の取引目的の不達成を理由に実質的損害が肯定される。

いる。

よって，詐欺罪成立を認めた判例（最決昭和34年9月28日刑集13巻11号2993頁）も支持される。

このように，問題を「財産的損害」に位置づけつつ，その発生の有無を被害者の経済的な取引目的の達成・不達成を基準に判断する立場は，詐欺罪の財産犯的性格を重視してその成立範囲を画することができるという見地から，学説上有力化していた[2]。

そして，詐欺罪による立件の実務も，ある時期まではそうした立場から理解しやすい面があった。例えば，偽名や借名による銀行口座の開設は事実上横行していたが，それについて刑事事件としての立件はなされていなかった。正面から他人名義と述べれば口座開設は拒まれえた限りで，形式的個別財産説の意味での損害は肯定されるかもしれない。しかし，銀行としては，預金名義がどうあれ，通帳発行等の負担を上回る預金を獲得することで経済的な取引目的は十分に達成され，実質的な財産的損害がないともいえる。それゆえに詐欺罪は成立しないと考えれば，まさに実質的個別財産説が機能しているという理解が可能だったの

---

2) 広く普及した体系書でこの立場をとるものとして，西田典之『刑法各論〔第6版〕』（2012年）203頁（同204頁の「被害者が獲得しようとして失敗したものが，経済的に評価して損害といいうるものか」というフレーズが有名である。ただし，同206頁以下は後述の平成14年決定，平成22年決定の結論を肯定する）。最近の明示的主張として，高橋・前掲注1）323頁以下，田山聡美「詐欺罪における財産的損害」『曽根威彦先生・田口守一先生古稀祝賀論文集・下巻』（2014年）157頁以下，松原・前掲注1）『刑法各論』274頁以下など。実質的個別財産説の趣旨を，詐欺罪におけるいわゆる法益関係的錯誤の内容として主張する立場の代表的論考として，佐伯仁志「詐欺罪の理論的構造」山口厚ほか『理論刑法学の最前線』（2006年）104頁以下。なお，欺罔手段を用いて請負代金を本来の支払時期より前に受領する行為について詐欺罪が成立するには，欺罔手段を用いなかった場合に得られたであろう請負代金の支払いとは「社会通念上別個の支払い」といいうる程度の期間，支払時期を早めることを要するとした最判平成13年7月19日刑集55巻5号371頁は，実質的個別財産説を強く意識していた（朝山芳史「判解」『最高裁判所判例解説刑事篇（平成13年度）』〔2004年〕136頁参照）。ただし，同判決の事例は，本稿で扱うような事例類型とは実質的な問題状況を異にしているとの評価が近時有力となっている（樋口亮介「判批」山口厚＝佐伯仁志編『刑法判例百選Ⅱ各論』〔2014年〕101頁参照）。

である。

Ⅱ　他人名義·他人譲渡意図での物の取得に関する最高裁判例

1　平成14(2002)年決定·平成19(2007)年決定(預金通帳)

ところが，1990年代から2000年代にかけて，銀行口座がマネーロンダリングや振り込め詐欺等の不正な目的に利用されることの防止という観点から，各種の通達や法規制等を通じて金融機関における本人確認等の徹底が求められるようになると，状況が変化した。

最高裁の判例でその先駆けとなったのは，他人の健康保険証を用いてその他人に成りすまして銀行口座を開設し，預金通帳の交付を受けた事例に関するものである。この事件の控訴審判決は，銀行は不正な「口座の開設により直ちに財産的な損害を生じるといった関係にはな」く，他人名義による口座開設は，「金融秩序に関する規制のための法規に触れることはあり得るにしても，詐欺罪には当たらない」などと判示した。しかし，最決平成14年10月21日刑集56巻8号670頁はこれを破棄して詐欺罪の成立を認めた[3)]。

その後，他人に譲渡する意図であるのにこれを秘して自己名義で銀行口座を開設し，預金通帳とキャッシュカードの交付を受けた事例に関する最決平成19年7月17日刑集61巻5号521頁が現れた。同決定は，当該銀行は普通預金規定等で通帳等の譲渡を禁止しており，応対した行員も譲渡目的での口座開設と分かれば応じることはなかったという「事実関係の下においては，銀行支店の行員に対し預金口座の開設等を申し込むこと自体，申し込んだ本人がこれを自分自身で利用する意思であることを表しているというべきであるから，預金通帳及びキャッシュカードを第三者に譲渡する意図であるのにこれを秘して上記申込みを行う行為

3)　担当調査官による解説として，宮崎英一「判解」『最高裁判所判例解説刑事篇(平成14年度)』(2005年)239頁以下。

は，詐欺罪にいう人を欺く行為にほかならず，これにより預金通帳及びキャッシュカードの交付を受けた行為が刑法246条1項の詐欺罪を構成する」と判示した。

これらの判例により，当該取引から直接的に生じる経済的なプラス(預金獲得)がマイナス(通帳発行の負担)を上回るというだけで実質的な財産的損害ないし詐欺罪の成立を否定する解釈は実務上否定されることとなった。加えて，判断の重点を「財産的損害」ではなく，「欺く行為」に置く判例の態度が明らかになっていく。すなわち，平成19年決定を担当した最高裁判所調査官の解説によると，不正な口座開設に伴う預金通帳の交付自体が財産的損害になることは平成14年決定で確立し，ゆえにその点は平成19年決定では前提にされたという[4]。その上で，詐欺罪にいう「欺く行為」とは，相手方が財産的処分行為をなすための判断の基礎となるような重要な事実を偽ることをいうところ，両決定は，近年の銀行実務に鑑みて，口座開設者が名義人本人であるか否か(平成14年決定)，他人に譲渡する意図であるか否か(平成19年決定)がそれぞれ重要事実にあたると評価したものであるとされる[5]。それらの点の重要性はマネーロンダリングや振り込め詐欺の防止という国家的見地からのもので，被害者である銀行の経済的な損得に関わらないから詐欺罪による処罰を根拠づけないという学説の批判に対しては，国家的見地からの規制であっても，銀行が取引約款にとり込むなどして現にそれを重視して財産処分の判断をしている以上，その点に関する欺罔からの刑法的保護を否定する理由はない，さらに金融機関はその公益性・公共性から口座が不正利用されてシステムの信頼が害されることを防止する利益を有しており，これが各種の規制強化により高められている，といった反論がなされている[6]。

---

4) 前田巌「判解」『最高裁判所判例解説刑事篇(平成19年度)』(2011年)319頁。

5) 前田・前掲注4)320頁以下。

6) 前田・前掲注4)331頁注17。各事件の行為時およびその後の法的規制の状況を含めた詳細な分析として，杉本・前掲注1)306頁以下。

また，平成14年決定の事例では他人に成りすますという明らかな作為による欺く行為があったのに対し，平成19年決定は，自己名義の口座開設の申込みに際し譲渡意図を秘匿していただけで欺く行為をしたことになるかという問題について，「口座の開設等を申し込むこと自体，申し込んだ本人がこれを自分自身で利用する意思であることを表している」と述べて，いわゆる挙動による欺罔の構成をとった点でも注目される。

挙動による欺罔とは，一定の状況における一定の挙動が社会通念上当然に一定の表示を包含していると解されるため，それに反する意図を秘して当該挙動に出れば作為による欺く行為として評価される場合をいう。無銭飲食の意思を秘して注文するような場合が典型である。そのような構成の実益は，不作為と構成すると，それを欺罔行為と認定するためには作為義務(真実の告知義務)の認定が必要になるが，挙動による欺罔は作為であるため告知義務を特に問題とする必要がないという点にある[7)]。そうしたところ，平成19年決定は，預金口座の譲渡が禁止され，名義人本人が利用すべきことは契約上も法令上も当然の前提とされ社会常識となっていたという理解を前提に，反対の意図を秘して口座開設を申し込んだ行為は挙動による欺罔にあたると評価したものと解されている[8)]。

こうして，平成19年決定およびそれをめぐる議論により，相手方に

---

7) 挙動による欺罔をめぐる判例・学説について詳しくは，野原俊郎「判解」法曹時報68巻4号(2016年)1148頁以下(後述の平成26年無罪判決の調査官解説)を参照。同1158頁は判断基準について，「まずは挙動による意思表示の法律的解釈を基本とし，従前からの当事者間の取引関係・基本契約，契約の際の確認内容(確認事項)，さらには取引慣行，社会的理解等を総合的に考慮して，当該挙動が黙示的に表示する事項(黙示的に包含する意思表示)を解釈すべきことになろう」とする。

8) 前田・前掲注4)324頁以下。なお，最高裁は，自己の銀行口座に誤った振込みがあることを知った受取人がその事情を秘して窓口で引き出した事例については，不作為による欺罔とし，信義則上の告知義務を認めて一項詐欺罪の成立を肯定した(最決平成15年3月12日刑集57巻3号322頁)。同決定の調査官解説として，宮崎英一「判解」『最高裁判所判例解説刑事篇(平成15年度)』(2006年)112頁以下。

直ちに経済的被害を与えるわけではない取引を自己の身分又は不正な用途を秘して申し込む行為が「欺く行為」にあたるかを，欺罔事項の重要性と挙動による欺罔該当性という枠組みで検討し，そこでいう欺罔事項の重要性を公的規制の強化を含む当該取引業務を取り巻く社会情勢の変化を踏まえて判断する手法が示されることとなった。

2　平成22(2010)年決定(搭乗券)

そうした手法は，その後の判例において定着していく。平成19年決定に続く判例として重要な位置を占めるのが，空港の国際線チェックインカウンターで搭乗券の交付を受けた者が，その際，カナダへの不法入国を企図してトランジットエリア内で待機している他の者に渡してその者を搭乗させる意図を秘していたという事例に関する最決平成22年7月29日刑集64巻5号829頁である。

本件の弁護人は，被告人らは正規の運賃を支払っている以上，航空会社に財産的損害は発生していないなどとして，詐欺罪の成否を争った。

しかし，同決定は，搭乗券の交付に際し，パスポートや航空券の呈示による「厳重な本人確認が行われていたのは，航空券に氏名が記載されている乗客以外の者の航空機への搭乗が航空機の運航の安全上重大な弊害をもたらす危険性を含むものであったことや，本件航空会社がカナダ政府から同国への不法入国を防止するために搭乗券の発券を適切に行うことを義務付けられていたこと等の点において，当該乗客以外の者を航空機に搭乗させないことが本件航空会社の航空運送事業の経営上重要性を有していたからであって，本件係員らは，上記確認ができない場合には搭乗券を交付することはなかった」こと，および，係員らは他の者を搭乗させる意図が分かっていれば交付に応じることはなかったことを適示した上で，「以上のような事実関係からすれば，搭乗券の交付を請求する者自身が航空機に搭乗するかどうかは，本件係員らにおいてその交付の判断の基礎となる重要な事項であるというべきであるから，自己に対する搭乗券を他の者に渡してその者を搭乗させる意図であるのにこれを秘して本件係員らに対してその搭乗券の交付を請求する行為は，詐欺罪にいう人を欺く行為にほかならず，これによりその交付を受けた行為が刑法246条1項の詐欺罪を構成する」と判示した。

本決定は，平成14年決定や平成19年決定と類似の問題点を含む事例において，「欺く行為」とは，「交付の判断の基礎となる重要な事項」を偽ることをいうとの理解を明示的に確認した[9)]。その上で，航空券に氏名が記載された者（航空会社が搭乗を承認した者）以外の者が搭乗するかが重要事項であると評価するに際して，運航の安全上の弊害（つまりハイジャック，テロ等の危険）および不法入国防止のためカナダ政府によって適切な発券を義務づけられていたことを具体的に摘示して，航空会社の「経営上重要性を有していた」と判示したことが注目される[10)]。他方で，他人を搭乗させる意図を単に秘していたことが挙動による欺罔にあたることには言及していないが，パスポートの確認等の搭乗手続の内容からして，搭乗券の交付を請求する行為自体，自らが搭乗する旨の意思表示と評価されることが当然の前提であると解されている[11)]。

こうして，平成14年決定，平成19年決定および平成22年決定により，身分や不正な用途を秘匿する事例に関する詐欺罪の成否の判断手法が判例上定着した。そして，この3件の具体的判断についていえば，事例判断の形式をとってはいるが，近年の銀行や航空会社の業務の実態からすると，他人名義又は他人に譲渡する意図での口座開設や国際線搭乗券の交付を受ける行為について詐欺罪が成立するという判断はほぼ一般的な妥当性を有するといってよい。それに対し，当該事項に対する審査態

9) 増田啓祐「判解」『最高裁判所判例解説刑事篇（平成22年度）』（2013年）187頁。
10) 敷衍するものとして，増田・前掲注9）283頁以下。
11) 増田・前掲注9）186頁。

度について業者によりばらつきがあるような場合には，詐欺罪の成否(重要事項性，挙動による欺罔該当性)の判断を当該業者の具体的な対応に応じて慎重に行わなければならないことが，次にみる最近の判例により明らかとなる。

Ⅲ 暴力団員の身分秘匿に関する最高裁判例

1 平成26(2014)年3月有罪決定 / 無罪判決(ゴルフ場利用)

「暴力団員お断り」の各種施設を身分を隠して(料金を支払って)利用した暴力団員を詐欺罪で訴追するということは，かつては考えにくかった。しかし，2000年代に政府の指針や各県の暴力団排除条例の制定等により暴力団排除に向けた社会的取組みが進行するにつれて，刑事事件としての立件も行われるようになった。そして，その当否をめぐって議論が行われる中，最高裁は，暴力団員のゴルフ場利用につき，同じ日付で有罪判例(最決平成26年3月28日刑集68巻3号646頁)と無罪判例(最判平成26年3月28日刑集68巻3号582頁)を出し，大きな注目を集めた。

有罪とされたのは，長野県内のゴルフ場の会員であるAが暴力団員Xを伴ってプレーしたが，Aは利用を申し込む際に同伴者が暴力団員であることを申告せず，それについてXも共謀していたという事件である(上告事件の被告人はX)。本件ゴルフ場では，約款で暴力団員の利用を禁止するだけではなく，入会の際に，暴力団関係者等を同伴・紹介しない旨の誓約書に署名押印させており，Aもその手続を経て会員となっていた。施設利用は本来各利用者が自署して申し込むこととされていたが，本件当日，Aは，Xら同伴者の氏・名を交錯させるなど乱雑に書き込んだ表をフロント係に渡して代書させる異例の方法をとり，X自身はフロントに寄らずにプレーした。Aは，従業員から同伴者に暴力団関係者がいないか改めて確認されたことはなく，自ら積極的に虚偽の申出もしていなかった。

こうした事実関係の下で，上記最高裁決定は，ゴルフ場による暴力団関係者の利用拒絶は，一般利用客が畏怖して利用客が減少することや「信用，格付け等が損なわれることを未然に防止する意図によるものであって，ゴルフ倶楽部の経営上の観点から」のものであること，本件ゴルフ場でも上記の約款や入会時の誓約などの方策を講じていたこと，本件でも暴力団員であることが分かれば，その施設利用に応じることはなかったことを摘示した上で，「以上のような事実関係からすれば，入会の際に暴力団関係者の同伴，紹介をしない旨誓約していた本件ゴルフ倶楽部の会員であるAが同伴者の施設利用を申し込むこと自体，その同伴者が暴力団関係者でないことを保証する旨の意思を表している上，利用客が暴力団関係者かどうかは，本件ゴルフ倶楽部の従業員において施設利用の許否の判断の基礎となる重要な事項であるから，同伴者が暴力団関係者であるのにこれを申告せずに施設利用を申し込む行為は，その同伴者が暴力団関係者でないことを従業員に誤信させようとするものであり，詐欺罪にいう人を欺く行為にほかならず，これによって施設利用契約を成立させ，Aと意を通じた被告人において施設利用をした行為が刑法246条2項の詐欺罪を構成する」と判示した。

無罪とされたのは，暴力団員Yがその身分を秘して宮崎県内の2つのゴルフ場をビジター客として利用した事件である。Yは，ゴルフ場①では自ら予約の上，当日も自ら申し込んでプレーし，ゴルフ場②では予約した会員に誘われて当日は自ら申し込んでプレーした。両ゴルフ場では，約款等で暴力団員の拒絶を定め，その旨の立看板を設置するなどしていたが，それ以上に，申込みの際に書面で暴力団関係者でないことを誓約させるなどの確認措置を講じてはいなかった。同県内の周辺のゴルフ場でも暴力団排除措置は徹底されていなかった。こうした事実関係を前提に，上記最高裁判決は，暴力団関係者であるビジター客による利用申込み自体は，「申込者が当然に暴力団関係者でないことまで表しているとは認められない。そうすると，本件における…申込み行為は，詐欺罪にいう人を欺く行為には当たら」ず，また，ゴルフ場②における申込みは会員の予約を前提としている点についても「予約等に同伴者が暴力団関係者でないことの保証の趣旨を明確に読み取れるかは疑問」であり「暴力団関係者でないことの意思表示まで包含する挙動があったと評価することは困難」であるなどと判示して，有罪の原判決を破棄し，無罪の自判をした12)。

この両判例は，「欺く行為」にあたるかを，欺く対象の重要事項性および挙動による欺罔該当性の観点から判断する手法を踏襲した。その下で，各ゴルフ場で，申込者が暴力団関係者ではなく，暴力団関係者を同伴・紹介もしない旨誓約させるなどの実効的な確認措置が講じられていたかという点を有罪・無罪の決め手としたことが特徴的である。

本件に先立つ判例の事案(不正な口座開設，国際線搭乗券の発行)にあっては，厳重な本人確認等による不正利用防止の努力が法的義務にまで高められ，業務の公益性を自覚する各銀行・航空会社は経営方針としてそれを交付の判断の基礎に当然に取り込んでいるために，重要事項性はほぼ一般的に認められるとの評価が可能である。また，そうした実務の定着により，申込みは自己名義かつ自己利用目的でなければならないことが社会常識化するため，虚偽を明示的に述べなくとも挙動による欺罔とほぼ一般的に評価されよう。

それに対し，ゴルフ場のような娯楽・サービス業における暴力団排除にまだそこまでの一般性はない。たしかに，暴力団排除の社会的要請は強まっており，あるゴルフ場が実効的な確認措置を講じることでその点を重視して利用の許否の判断をしていれば，利用客の減少や信用，格付けの低下の防止といった経営上の観点からのものとして刑法上の要保護性も認められうる。また，そのためになされる入会の際の誓約により

12) なお，本判決には，ゴルフ場②に関しては，会員による予約を前提に申し込んでいる以上，挙動による欺罔を肯定できるとする小貫芳信裁判官の反対意見が付されている。

暴力団排除が会員とゴルフ場の間で共通の了解となることで，利用申込み自体，暴力団関係者を同伴していないことを暗黙の前提とする挙動と認められることになる[13]。しかし，そうした確認措置は法的に義務づけられているわけではなく，どこまで本気で取り組むかは，ゴルフ場ごとの差や地域差が大きい[14]。表向きは暴力団排除を掲げていても実効的な確認措置を講じていないゴルフ場に対する，又は同地域のゴルフ場で利用を許可又は黙認された経験を前提とする利用申込みは，暴力団関係者による利用でない旨の表示とは当然には解釈できず[15]（あるいは少なくとも行為者の故意が疑問視されやすく），またそうしたゴルフ場では，結局のところその点が重要事項として扱われていなかったという評価が妥当しうる[16]。こうした事情から，両判例では，具体的なゴルフ場の状況に応じた判断に重点が置かれることになったと解される。

2　平成26(2014)年4月決定(預金通帳)

ゴルフ場利用に関する2判例の直後に，さらに暴力団員による銀行口座の開設に関する最決平成26年4月7日刑集68巻4号715頁が登場した。

13) 平成26年3月決定の調査官による説明として，野原俊郎「判解」法曹時報68巻4号(2016年)1184頁(重要事項性)，同1178頁(挙動該当性)参照。なお，平成26年3月の両判例における考慮要素を一覧にして検討したものとして，冨川雅満「判批」法学新報(中央大学)123巻1=2号(2016年)207頁以下。

14) 宮崎英一「詐欺罪の保護領域について」刑法雑誌54巻2号(2015年)328頁，334頁参照。松宮孝明「挙動による欺罔と詐欺罪の故意」『町野朔先生古稀記念・刑事法・医事法の新たな展開・上巻』(2014年)537頁以下はこの点を強調し，重要事項か否かが不明確な場合には，それを重要と考える当事者の側に確認義務がある旨を主張する。

15) 野原・前掲注7)1160頁以下参照。野原・前掲注13)1179頁は，施設利用申込の前提として，入会契約(基本契約)に際して暴力団排除に関する誓約をしていたか否かという点の差異を特に強調する。

16) 宮崎・前掲注1)331頁参照。同論文はそうした理解から，この種の事案では，挙動該当性と重要事項性は，一方が肯定されれば他方も肯定，一方が否定されれば他方も否定されるような関係にあるとし，最高裁の無罪判例では一明示的に否定されたのは挙動該当性だけであるが一重要事項性も否定されるという判断も考えられるところであると述べる(この点に関し，杉本・前掲注1)319頁も参照)。

事案は，暴力団員である被告人が，銀行の業務を行う郵便局の担当局員に，「私は，申込書３枚目裏面の内容(反社会的勢力でないことなど)を表明･確約した上，申込みます。」と記載のある「おなまえ」欄に自己の氏名を記入した申込書を提出して，自己名義の口座開設を申し込み，同局員から通帳等の交付を受けたというものである。本決定は，上記銀行は企業の社会的責任等の観点から反社会的勢力排除に取り組んできており，政府指針を踏まえて約款を改定し，暴力団員からの貯金の新規預入申込みを拒絶する旨定めていたこと，申込書には自己が暴力団員等でないことなどを表明，確約する記載が設けられ，本件局員はその記載を指でなぞって示すなどの方法により被告人が暴力団員等でないことを確認しており，被告人が暴力団員だと分かれば口座開設等に応じることはなかったことを摘示した上で，「以上のような事実関係の下においては，総合口座の開設並びにこれに伴う総合口座通帳及びキャッシュカードの交付を申し込む者が暴力団員を含む反社会的勢力であるかどうかは，本件局員らにおいてその交付の判断の基礎となる重要な事項であるというべきであるから，暴力団員である者が，自己が暴力団員でないことを表明，確約して上記申込みを行う行為は，詐欺罪にいう人を欺く行為に当たり，これにより総合口座通帳及びキャッシュカードの交付を受けた行為が刑法246条1項の詐欺罪を構成する」と判示した。

本決定は，約款の定め，申込書の記載，担当局員による確認手続の励行といった事情から，申込者が暴力団員等でないことが「交付の判断の基礎となる重要な事項」であると認定した。また，暴力団員でないことを表明，確約する不動文字のある申込書に署名押印しての申込みであるため，挙動による欺罔にあたることは明白と考えられたために，その点に関する言及はなされなかったと解されている[17]。

---

17) 駒田秀和「判解」法曹時報68巻5号(2016年)1449頁注52。積極的作為による欺罔を認めたものとの評価もある(例えば，佐藤陽子「判批」刑事法ジャーナル42号〔2014〕110頁)。

Ⅳ　判例理論の現状と理論的課題

1　判例理論の概要とその慎重な運用の要請

以上でみてきた近年の最高裁判例の要点をまとめると，次のようになる。まず，判例は，相当対価(預金の預入れや代金)が提供され，当該取引により直接的には被害者に経済的な被害が生じないと思われるような場合にも詐欺罪の成立を否定しない。学説上有力化していた「実質的個別財産説」を明示的に否定はしないまでも，それとはやや距離をとり，個別財産の喪失自体で損害を認める伝統的通説(「形式的個別財産説」)を基調とするようである。むしろ問題の重点を「欺く行為」に置く判例の態度が明らかになっている[18)]。その下で，判断の積み重ねを通じて，「欺く行為」とは，「交付(財産的処分)の判断の基礎となる重要な事項」について偽ることをいう，という定義が明確に打ち出されている。また，当該事項について秘匿したにとどまる事案では，「挙動による欺罔」にあたるかという観点が加わり，現に無罪判断の決め手となるなど，機能している。この重要事項性＋挙動該当性の具体的認定を通じて詐欺罪の成否を画していこうとするのが現在の判例理論の基本的なアプローチである。

とくに裁判実務家は，近年の判例により新たな解釈論が示され，判例理論の内容が変化したわけではない，と理解する傾向にある。「欺く行為」が交付の判断の基礎となる重要な事項に関する偽りでなければならないことや挙動による欺罔という概念は，それ自体としては古くから承認されてきた。一連の判例における具体的判断も，伝統的な基準を，公的な規制や社会的な取組みを含む社会情勢の変化を踏まえて運用した

---

18)　もっとも，問題の体系的位置づけ(「欺く行為(重要事項性)」「(法益関係的)錯誤」「財産的損害」のいずれで論じるか)が立場の実質的内容を直ちに左右するものではないという認識が近時の学説においては広く共有されている(例えば，井田・前掲注1)法曹時報3001頁以下，杉本・前掲注1)305頁，橋爪・前掲注1)103頁など)。

結果にすぎないというのである[19)]。

そうした運用により処罰範囲が不当に拡大するのではないかという懸念には，重要事項性・挙動による欺罔該当性の慎重な認定により対処することが考えられている。例えば，搭乗券の事例に関する平成22年決定の調査官解説においては，同決定は国際線の事案であったが，その射程は国内線の場合には及ばないであろうとされている。というのは，航空券や搭乗券が記名式であることからは，当該乗客本人の搭乗が求められていることはたしかであるが，国内線ではテロ等の保安上の懸念はやや弱く，不法入国防止の要請もないこともあり，厳重な本人確認の手続はとられていない。そのことが結論を左右する余地があるというのである[20)]。実際になされた判断としては，暴力団員のゴルフ場利用に関する平成26年3月の有罪・無罪の2判例が，社会情勢が変化する中でも被害者(具体的なゴルフ場)が当該の社会的要請(暴力団排除)にどこまで真剣な関心を寄せていたかを考慮した慎重な罪責認定の可能性および必要性を示したものということができる[21)]。

学説の多くが詐欺罪の成立を否定すべき典型例として言及してきた未成年者による成人雑誌や酒・タバコの購入事例については，その店が青少年の健全育成に真剣に取り組む見地から未成年者には販売しない方針を徹底し，身分証明書の呈示を逐一求めるなど実効的な確認措置を講じている(のにそれをかいくぐった)場合には詐欺罪成立の余地は否定さ

---

19) 宮崎・前掲注1)335頁参照。学説としてこうした判例の内在的理解を強調するものとして，成瀬・前掲注1)286頁。

20) 増田・前掲注9)191頁参照。

21) さらに本報告が扱う判例と類似の問題を含むものとして，携帯電話ショップで携帯端末を他人に譲渡する意図を秘して購入する事例がある。それについては最高裁の判例はまだ存在しないが，東京高判平成24年12月13日高刑集65巻2号21頁がある。同判決は，販売店の店長が被告人の意図に薄々感づきながらそれでも構わないという意思で販売交付した疑いを理由に，詐欺未遂罪の成立を認定するにとどめている。本判決とゴルフ場利用の無罪判決を対比しながら，欺く行為はあるが未遂とすべき場合とそもそも欺く行為自体否定されて無罪となるべき場合の区別を論じるものとして，宮崎・前掲注1)331頁以下参照。

れないということになろう[22)]。ただ，店ごとの取扱いの差異がまだきわめて大きいこともあり，故意を含む立証面にも配慮して，実際の立件は行われていないという現状認識になると思われる。

2　理論的課題

判例理論の理解との関係で残された理論的課題としては，まず，銀行口座の不正利用防止や暴力団排除といった国家的・社会的要請をめぐる社会情勢の変化を重視して詐欺罪の成否を判断することで，同罪がいわば国家的・社会的法益に対する罪に変質してしまうのではないかということが指摘されている[23)]。しかし，上述のように，当該要請を強く内面化して，現にその点を重視した財産的処分の判断を行っている被害者だけが詐欺罪による保護を受ける限りで，あくまで個人的法益に対する罪としての性質は維持されているとの反論は可能であろう[24)]。

さらに問題となるのは，「交付の判断の基礎となる重要な事項」として認められうる範囲には何らかの理論的な制約があるかということである。この点に関して，前掲平成26年4月決定の担当調査官は，一連の判例を分析して，「①財産的処分をするに当たり，偽られた事実の存否を考慮する目的や理由に客観的な合理性があること，②当該事実の存否を確認する体制や運用がとられており，交付者が当該事実に大きな関心を寄せていることが外部的にも明らかになっていること，③当該事案にお

22) 前田・前掲注4) 332頁注17は，「おおらかな時代」には妥当した詐欺罪を否定するコンセンサスは不動ではなく，法規制や社会情勢を踏まえ，成人のみへの販売を励行する販売者に対して敢行された場合は詐欺罪の成立は妨げられないという解釈がむしろ自然であると述べる。駒田・前掲注17) 1448頁注50は，個別具体的判断であることを強調する。

23) 例えば，松原・前掲注1)『刑法各論』280頁。松宮・前掲注1)「詐欺罪と機能的治安法」361頁以下は，詐欺罪は平成14年決定以来の一連の判例により暴力団統制，出入国管理，金融管理，経済活動の統制といった治安政策の手段と化しているとして強く批判する。

24) 例えば，山口・前掲注1)『新判例から見た刑法』294頁参照。

いても，当該事実に関する錯誤がなければ財産的処分を行わなかったという現実的具体的因果関係があり，その目的が重要性を持っていたことなどを考慮」していると説明する[25]。そこでは，当該交付行為を行った者が本当のことを知ったら交付しなかったであろうという主観的関係(③)だけでは重要事項性を肯定せず，その目的・理由の合理性(①)と体制・運用面における担保(②)の考慮により，一定の客観的限定が図られていることになる[26]。

とりわけ①に関して，平成22年決定および平成26年3月決定は，搭乗者の同一性や暴力団関係者であるか否かという事情が航空会社やゴルフ場の「経営上」の重要性を有していたことに言及しており，不正な口座開設に関する判例(平成14年，19年，26年4月決定)についても，明示的な言及はしていないものの同様の評価も可能と思われる[27]。ただ，この「経営上の」観点にいかなる理論的意義があるのかについては理解が分かれうる[28]。

まず，詐欺罪の財産犯としての性格から，間接的・抽象的にではあっても，被害者の経済的利害に還元できる関心に限って重要事項性を肯定する根拠となしうるのであって，「経営上」の重要性への着目はそのことの反映であるという理解がありうる[29]。しかし，それに対しては，いわゆる寄付金詐欺(慈善活動のためと偽って金銭を騙し取るような場合)も当然に詐欺罪になることからすると，一般的に，被害者が財産の交付にあたり経済的見地から関心を払った事項だけが重要事項たりうるわけではないとの疑問がありうる[30]。そこで，必ずしも経済的でなくと

---

25) 駒田・前掲注17)1438頁。
26) 駒田・前掲注17)1447頁参照。
27) 宮崎・前掲注1)328頁。
28) 様々な理解の可能性について，駒田・前掲注17)1446頁参照。
29) 例えば，大塚裕史「判批」山口厚＝佐伯仁志編『刑法判例百選Ⅱ各論』(2014年)103頁参照。
30) 例えば，長井・前掲注1)376頁，橋爪隆「詐欺罪成立の限界について」『植村立郎判事退官記念・現代刑事法の諸問題(1)』(2011年)186頁参照。平成22年決定の原判

も，社会的に重要な関心であれば重要事項として考慮できるところ，一連の判例のような業務上の取引の場面では，当該類型の業務において一定の合理性をもって一般的に重視されているかが問われるという理解も示されている[31]。もっとも，そうした理解に対しても，そもそも財産的処分の判断の基礎として何を重視するかは法益主体の自由であり，社会的な重要性が認められる関心に限って刑法的保護が与えられるということにも実は理由がないのではないかという疑問が，近時少なからぬ論考によって示されるに至っている[32]。

そうして，交付の判断の基礎として何を重要視するかは被害者が決めてよいことであり，経済的又は社会的な見地からの重要性に限定されないという理解をとる場合，一連の判例が「経営上の重要性」に言及したのは，それらの事案の性質に由来すると考えることになろう。すなわち，一連の判例の事案では，厳密には担当職員を被欺罔者・交付行為者とし，企業体を実質的被害者とする詐欺が問題となっていたことが意味を持つ。担当職員は，個人的関心ではなく，その属する企業体の経営方

決は，航空会社は，発券の不備によって不法入国をさせてしまった場合，カナダ政府に最高額で3000ドルを支払わなければならないことなどをも指摘していたのに対し，最高裁はその点への言及を避けている。このことも，必ずしも経済的損失との関係を問題にしない立場のあらわれと解しうる（山口・前掲注1）研修4頁，橋爪・前掲注1）106頁参照）。

31) 橋爪・前掲注30）187頁以下，同・前掲注1）106頁参照。なお，山口・前掲注1）研修10頁は，被害者の「個別的な選好を超えた…類型的意義・重要性を，個々の事案について，一般予防的見地をも考慮しつつ，実質的な根拠から評価・判断していくほかない」とする。

32) 長井圓「証書詐欺罪の成立要件と人格的財産概念」板倉宏博士古稀祝賀論文集編集委員会編『現代社会型犯罪の諸問題』（2004年）338頁以下，同・前掲注1）369頁以下，足立友子「詐欺罪における『欺罔』と『財産的損害』をめぐる考察」川端博ほか編『理論刑法学の探究⑥』（2013年）160頁以下，井田・前掲注1）法曹時報3013頁以下（特に3014頁注54），成瀬・前掲注1）288頁など参照。井田・前掲3011頁は，例えば殺人を実行するつもりがないのに請け負ってその報酬として金銭を騙し取る（財物交付が不法原因給付にあたる）ケースのように，被害者の追求した目的が全く法的保護に値しない場合であっても詐欺罪が一般に否定されていないことを引き合いに出す。

針に従って財産処分の判断をすべき地位にあったことから，当該事項が「経営上」の観点の下で重要かということがクローズアップされることとなったと考えられるのである。そうだとすれば，一般論としては，上記の重要事項性の3つの判断基準のうち，偽られた事実の存否を重視する目的や理由の客観的な合理性(上記①)の実体法的意義は弱く，被害者が当該事項に真剣に関心を払っていることの認定根拠としての意義が認められるにとどまることになろう[33][34]。

おわりに

日本の判例理論に対して，銀行預金制度の適正な運用や暴力団排除という目的のために刑法の詐欺罪を用いることに対する原理的批判はなお有力に行われている。しかし，そうした批判が将来の裁判実務に大きな転換を迫ることにはなりえないであろう。判例実務は，詐欺罪は原理

33) 山口・前掲注1)『新判例から見た刑法』295頁は，平成22年決定と平成26年3月決定について，「事業者が行う事業に関した『経営上の観点』ないし『経営上(の)重要性』は，欺く対象となった事項が『交付の判断の基礎となる重要な事項』となることを理由づけるものとなっている」が，「事案が異なれば違った考慮が可能・必要となるため，交付者が事業者でない事案についての判断に関しては今後の判断に留保されている」と述べる。成瀬・前掲注1)289頁以下は，「大量・匿名・非個性的取引」よりも「少量・対面・個性的取引」の方が被害者の主観的自由が広く保護されるとする。橋爪・前掲注1)106頁注47は，「一個人がもっぱら私的な目的で個人所有の財物を交付するような場合には，一般的・客観的な観点を差し挟む余地がないから，もっぱら私的な関心事であっても，『重要な事項』と評価される余地がある」とする。さらに，交付が不法原因給付となる場合について検討する同「詐欺罪の実質的限界について」法学教室435号(2016年)104頁も参照。

34) 異なる方向性として，長井圓・前掲注1)384頁は，被害者の主観的選好を基本的には広く保護する立場をとりながら，「共存の法理」からの制約を主張し，暴力団員によるゴルフ場利用については，ゴルフ場側の利益と暴力団員ではあってもゴルフを楽しむ利益の調整が必要であるとして，結論的に詐欺罪該当性を疑問視する。一般化すれば，「欺く行為」にいう重要事項性は，原則としては被害者が現に重視しているかを基準に判断するが，その事項を重視する動機・目的が差別的であるなど不当である場合は例外ということになろう。

的には広く適用されうるものであるとの理解を前提に，処罰範囲の限定は，個別事案における慎重な事実認定に委ねるという方向ですでに舵を切ってしまっている。こうした日本の動向が，類似の条文を持つ韓国の法律家の目にどのように映るかは興味深いところである。諸先生方のご教示を賜れれば幸いである。

<参考文献>

(本稿でとりあげた最高裁判例の調査官解説)

宮崎英一「判解」『最高裁判所判例解説刑事篇(平成14年度)』(2005年)239頁以下

前田巌「判解」『最高裁判所判例解説刑事篇(平成19年度)』(2011年)308頁以下

増田啓祐「判解」『最高裁判所判例解説刑事篇(平成22年度)』(2013年)171頁以下

野原俊郎「判解」『最高裁判所判例解説刑事篇(平成26年度)』(2017年)125頁以下

同「判解」『最高裁判所判例解説刑事篇(平成26年度)』(2017年)157頁以下

駒田秀和「判解」『最高裁判所判例解説刑事篇(平成26年度)』(2017年)185頁以下

(研究者による論文等)

本稿注1、2、14に引用したもののほか、脱稿後に接したものとして

足立友子『詐欺罪の保護法益論』(弘文堂、2018年)

上嶌一高「詐欺罪における交付の判断の基礎となる重要な事項の意義」山口厚ほか編『西田典之先生献呈論文集』(有斐閣、2017年)361頁以下

齋野彦弥「詐欺罪における損害の意義」山口厚ほか編『西田典之先生献呈論文集』(有斐閣、2017年)383頁以下

杉本一敏「詐欺罪をめぐる日本の議論の現在」甲斐克則編『日中刑法総論・各論の先端問題』(2018年)199頁以下

冨川雅満「詐欺罪における欺罔概念と被害者の共同答責」(博士論文・中央大学)(2017年)

林幹人「欺罔行為について」山口厚ほか編『西田典之先生献呈論文集』(有斐閣、2017年)347頁以下

최근 일본의 형사소송법 관련 판례 동향

오기소 료(小木曾 綾)*

1. 보고 개요

본고에서는 일본 형사소송법 관련 최근의 중요 판례 몇 가지를 간단히 소개하고, 또한 특히 주목 받고 있는 GPS단말기를 이용한 수사에 관한 일본의 상황을 언급하고자 한다.[1)]

2. 주요 판례 소개

범죄수사 수단의 다양화에 따라 수사에 관한 흥미로운 사례가 나타나고 있는 한편, 피해자보호, 공판전정리절차, 재판원제도 등, 새롭게 도입된 다양한 제도에 대한 재판소의 판단이 축적되고 있다. 이하에서는 이에 대해서 소개하고자 한다.

가. 수 사

형사소송법 제197조 제1항 단서에는 '강제처분'을 법률로 정해야 한다는 것을 규정하고 있다. 강제처분 법정주의로 불리는 이 제도의

* 일본중앙대학 대학원 법무연구과 교수, 동연구과장. 형법학회이사, 사법시험고사(考査)위원, 법제심의회 임시위원 등을 맡고 있음.

1) 본고는 2017년 2월 6일 한국형사판례연구회에서 발표한 것으로, 이후 내려진 일본 최고재판소 대법정 판결을 포함하여 가필한 것이다.

목적은 범죄수사에 필요한 수단 중 개인의 권리를 제한하는 것에 대해서는 미리 주권자인 국민이 의회를 통해 행정부(수사기관)에 그 권한을 주는 동시에, 그 실시를 위한 절차를 정하여 수사기관이 그에 따라 수사활동을 할 것을 요구하는 점에 있다.[2] 현행 형사소송법 제정 당시부터 규정된 강제처분으로는 체포·구속, 수색·압류, 검증·감정이 있다. 그러나 과학기술의 진보에 따라 수사기법도 다양화되었기 때문에 증거보전수단으로서의 사진·비디오 촬영이나 함정수사 등 어떠한 수사기법이 법률의 규정을 필요로 하는 '강제처분'인지에 대해서는 장기간 논쟁이 있었으며, 【最決 1976년 3월 16일 刑集 30권 2호 제187쪽】은 경찰서 임의동행 후 사정청취 중에 방을 나가려고 하는 피의자의 팔을 잡은 경찰관의 행위가 강제처분에 해당하는지 여부가 다투어진 사안에서 "개인의 의사를 제압하고 신체, 주거, 재산 등에 제약을 가하여 강제적으로 수사목적을 실현하는 행위"를 '강제처분'으로 정의하였다.

신체, 주거, 재산에 제약을 가하는 수사방법은 구체적으로는 체포·구속, 수색·압류에 다름이 아니기 때문에, 이러한 정의는 당시 형소법이 규정하고 있는 강제처분의 성질을 설명한 것에 불과한 것이지만 대상자의 의사를 대상자의 의사를 제압하는 것을 입법이 필요한 처분의 기준으로 한다면 대상자가 인식하지 못하는 동안에 행해진 행위, 예를 들어 통신감청은 입법을 필요로 하지 않는 것이 된다. 그러나 대상자가 인식하지 못하는 동안에 행해진 행위야말로 개인의 권리를 침해하는 정도=개인의 자유에 대한 개입의 정도가 크기 때문에 이를 의회의 수권(授權)을 필요로 하지 않는 행위라고 할 것은 아니다. 이러한 점에서 '개인의 중요한 권리이익을 실질적으로 제약하는 행위'를 강제처분으로 이해하는 학설이 유력하게 주창되었고,[3] 이러한 논의를 배경으로 1999년에 통신감청법이 제정되어, 이에 따라 대상자의

2) 小木曽「強制処分法定主義の現代的意義」駒澤大学法学論集58号 125쪽.
3) 井上正仁『刑事訴訟法の争点』54쪽.

의사를 제압하지 않는 수사행위도 법률로 규정할 필요가 있는 강제처분에 포함되게 되었다(형소법 제222조의2 참조).

수사활동의 강제처분성, 즉 그 활동에 대하여 구체적인 수권규정이 필요한지 여부와 관련한 최근의 판례로는 자동차 번호판 판독시스템에 관한 판례(東京高判 2005년 1월 19일 判示 898호 157쪽), 피의자의 현관문 부근에서의 비디오 촬영에 관한 판례(東京地判 2005년 6월 2일 判示 1930호 174쪽), 피의자가 공공도로 위에 내놓은 쓰레기의 영치에 관한 판례(最決 2008년 4월 15일 刑集 62권 5호 1398쪽), 화물 발송인이나 화물 수취인이 인식하지 못하는 사이의 택배물의 X-선 검사에 관한 판례(最決 2009년 9월 28일 刑集 63권 7호 868쪽) 등이 있는데, 이러한 판례는 모두 미국 연방대법원의 '사생활 보호의 합리적 기대이론(expectation of privacy)'에서 영향을 받은 것으로 보인다. 이 점에 대해서는 이하에서 상세히 후술한다.

나. 공판에 관한 판례

증거법에 있어서 흥미로운 점은 동종전과에 의한 범인성의 입증(最判 2012년 9월 7일 刑集 66권 9호 907쪽, 最決 2013년 2월 20일 형집 67권 2호 1쪽)과 관련된 판단이다.

이 중에서 전자는 피고인이 금품절취의 목적으로 피해자의 주거에 침입하여 현금 1,000엔 및 컵라면 1개(시가 약 100엔 상당)를 절취하고, 동 주거에 방화하고자 실내에 있던 석유스토브 안에 들어 있는 등유를 실내 카펫 위에 뿌려 불을 붙여 현재 사람이 주거로 사용하고 있는 주거의 일부를 소실하였고, 이에 주거침입, 절도, 현주건조물 등 방화의 사실로 기소된 사안이다. 피고인에게는 15건의 절도죄 및 미수를 포함하여 11건의 현주건조물 등 방화의 전과(이하 전과방화(前科放火)라고 한다)가 있고, 검사는 공판전 정리절차에서 피고인은 절도 목적으로 주거에 침입하였으나 원하는 금품을 얻지 못한 일로 화가 나서 방화에 이르렀다고 하는 전과방화와 같은 동기에 의해 본 건 방화에 이르렀으며, 또한 본 건 방화, 전과방화 모두 특수한 수단과 방법으로 저질러졌다는 것을 주장하고, 이 사실을 증명하기 위해 전과에 관한 판결서 등본, 전과의 수사단계에서 작성된 방화에 관한 피고인의 진술조서 등본 등의 조사를 청구하였다. 제1심 법원은 본 건 방화의 사실을 입증하기 위한 증거로서 전과증거는 전부 '관련성 없다'고 하여 이 증거청구를 기각하였으나, 항소심은 전과방화 11건의 동기는 모두 절도를 시도하여 원하는 금품을 얻지 못한 것에 대한 화를 해소하기 위한 것으로, 11건 중에서 10건은 모두 침입한 거실 내에서 방화한 것이고, 그 중에서 7건은 범행 현장 근처에 있었던 스토브 내에 있는 등유를 뿌린 것으로서 피고인에게는 이러한 방화에 이르게 된 계기, 수단, 방법에 있어서 상기와 같은 특징적인 행동 경향이 현저하게 나타나고 있어 본 건 방화의 동기, 수단은 전과방화와 특징적인 유사성이 있다고 인정되기 때문에 동종전과의 존재는 피고인이 본 건 방화의 범인이라는 것을 증명하는 증거로서 관련성이 있다고 하여 전과증거의 조사를 인정하는 판단을 내렸다.

이에 대하여 최고재판소는 "동종전과 … 는 피고인의 범죄성향이라고 하는 실증적 근거가 불충분한 인격평가와 연결되기 쉽고, 이 때문에 사실인정에 오인이 있을 우려가 있(기 때문에 전과 입증은 그것) … 에 의해 증명하고자 하는 사실에 대해서 … 잘못된 사실인정에 이를 우려가 없다고 인정되는 때에 비로소 증거로 허용된다고 해석해야 한다. 본 건과 같이 전과증거를 피고인과 범인의 동일성의 증명에 이용하는 경우에 대해서 말하자면, 전과에 관한 범죄 사실은 현저한 특징을 가지며, 또한 그것이 기소에 관한 범죄사실과 상당한 정도로 유사하다는 점에서 그 자체로 양자의 범인이 동일하다고 하는 것을 합리적으로 추인하도록 하는 것으로, 비로소 증거로 채용할 수 있다고 할 것이지만…, 절도의 목적으로 주거에 침입하여 기대한 만큼의 재물을 절취할 수 없었기 때문에 방화에 이르는 것이 방화의 동기로서 특히 특별한 특징을 가지고 있다고는 말할 수 없고, 다만 침입한 거실

내에 있는 석유스토브의 등유를 뿌려 방화하였다고 하는 양태도 그다지 특수한 것이라고는 말할 수 없으며, 이러한 유사점을 가지는 본 건 방화의 범행이 피고인에 의한 것이라고 추인하도록 하는 힘은 그다지 강한 것이라고는 생각할 수 없다"고 판시하여 본 건의 경우의 전과입증은 허용되지 않는다고 판시하였다.

일본법에서의 전과입증의 가부는 영미법과 동일하게 해석되고 있다.[4] 즉 전과의 존재는 특정 사건의 공소사실의 존재를 합리적으로 추인하게 하는 것이 아니라 사실 인정자에게 예단을 하게 할 우려가 있기 때문에 원칙적으로 그러한 입증은 허용되지 않는다. 다만, 예를 들어 사기죄에서의 기망 의도 등 주관적 사정의 입증이나 특정한 사람밖에 할 수 없는 특수한 수법에 의해 범죄가 실행되고 있는 것에 대해서는 전과가 있다는 사실로부터 공소사실의 존재를 추인하는 것에 일정한 합리성이 있다고 할 수 있기 때문에 전과 입증이 허용된다.

위와 같은 사안의 경우 분명히 피고인에게는 동종전과가 있고 수법도 유사하지만, 예컨대 과거에 동일한 동기로 방화를 한 적이 있다고 하더라도,[5] 동일한 동기의 존재를 가지고 본 건 방화가 피고인에 의한 것이라고 추인하는 것은 경솔한 판단일 뿐만 아니라 석유스토브의 등유를 뿌려 불을 낸 것이 타인이 흉내 낼 수 없을 정도로 특수한 수법이라고 할 수 없다고 하는 것이 최고재판소의 판단이다.

검찰관이 합리적인 의심을 넘어 공소사실을 입증하는 책임을 부담하고, 그것이 달성되지 않을 때에는 피고인이 아무리 의심스럽더라도 무죄판결을 선고하지 않으면 안 된다고 하는 무죄추정의 원칙에 따른 올바른 판단이라고 평가할 수 있다.

---

4) See, e.g., Broun, (2006) McCormick on Evidence, 6thed., §190, Thomson/West.

5) 예를 들어, 근무하고 있던 자동차 회사에서 해고된 자가 그 회사가 제조하는 자동차만을 노려서 이에 흠집을 내고 방화하여 유죄판결을 받은 경우가 있으며, 그 이후 동일한 사건이 다발적으로 발생하고 있는 경우에는 해고로 인한 원한을 풀기 위하여 특정한 자동차를 방화하고 있다는 것으로 추인되어 그 동기의 존재가 공소사실(새로운 방화)의 존재를 합리적으로 추인하도록 하는 것은 있을 수 있다.

다. 재판원제도

국민참여재판이 도입된 한국에서도 관심이 높을 것으로 생각되는 것은 재판원제도의 합헌성에 대한 판단이다.

【最大判 2011년 11월 16일 刑集 65권 8호 1285쪽】은 재판원제도가 헌법에 위반되지 않는다고 하는 판단에서 "형사재판에 국민이 참가하여 민주적 기반의 강화를 도모하고, 헌법에서 규정하고 있는 인권보장을 완수하면서, 증거에 근거하는 사실을 명확히 하여 개인의 권리와 사회의 질서를 확보한다고 하는 형사재판의 사명을 완수하는 것은 결코 양립할 수 없는 것은 아니다 … 국민의 사법참여와 적정한 형사재판을 실현하기 위한 제 원칙은 조화시키는 것이 충분히 가능하고, … 국민의 사법참가에 관한 제도의 합헌성은 구체적으로 마련된 제도가 적정한 형사재판을 실현하기 위한 제 원칙에 대한 저촉 여부에 따라 결정되어야 하는 것으로 … 헌법은 일반적으로 국민의 사법참가를 허용하고 있으며, 이를 채용하는 경우에는 … 배심제로 할 것인지 참심제로 할 것인지를 포함하여 그 내용을 입법정책에 위임하고 있다"고 판시하고 있다.

헌법 제32조가 보장하는 것은 '「재판소」에서 재판을 받을 권리'가 있다는 것과 재판소법 제3조 제3항이 배심제도를 부정하고 있지 않다는 것, 재판원법이 평결을 재판관 및 재판원의 양쪽 의견을 포함하여 과반수에 의한 것으로 하고 있는 것 등으로부터(제67조 제1항), 신분이 보장되는 직업재판관에 의한 재판을 받을 권리가 헌법상 보장되어 있다고 하더라도 재판원재판에서의 평결에는 재판관의 의견이 필수적인 것으로 되어있기 때문에 재판소를 어떻게 구성할지는 입법정책의 문제로서 헌법문제는 아니라고 하는 것이다.

또한, 【最判 2012년 2월 13일 刑集 66권 4호 482쪽】은 각성제 밀수입 사안에서 피고인을 무죄로 한 제1심 재판원재판에 사실오인이 있다고 한 항소심판결에 대해서 "항소심이 제1심 판결에 사실오인이 있다고 하기 위해서는 제1심 판결의 사실인정이 논리법칙과 경험칙 등에 비추어볼 때 불합리하다는 것을 구체적으로 보여줄 필요가 있다"고 하였다. 재판원이 재판에 참가하는 이상, 미국의 배심 판단과 동일하게 제1심 판단이 존중되지 않으면 안 된다. 다만, 재판원법에 의한다고 하더라도 그 판단이 불합리하다면 이를 고수할 필요는 없지만 거기에는 상당한 이유의 설명이 필요하다고 한다.

일본의 재판원재판에서는 재판원은 재판관과 합동하여 사실과 양형에 대해서 판단하고 그 판결에 대해서는 당사자의 사실오인이나 양형부당을 이유로 한 상소가 인정되고 있다(형소법 제381조, 제382조). 따라서 제도상, 재판원이 참여하여 내린 유죄·무죄나 양형판단을 상소심이 뒤집는 것은 금지되어 있지 않지만, 국민을 사실인정과 양형판단에 참여하도록 하고 있는 이상, 재판원재판의 결과는 존중되어야 한다는 해석은 당연한 것이다. 다만, 일본의 상소심은 사후심으로, 그 역할은 원래 제1심 법원의 판단에 흠결이 있는지 여부를 심사하는 것에 그친다. 이 상소심의 역할은 재판관재판인지, 재판원재판인지에 관계없이 상소심이 심사심의 역할을 넘어선 재판을 하는 것이 허용되지 않는 것은 재판원재판 도입 전후에 있어서 변함이 없다. 다만, 제1심의 판단이 불합리한 경우까지 이것을 유지한다면 재판의 공정성을 해하는 것이 되기 때문에 이것을 바로 잡는 한도에서 상소심이 관여하게 된다.

이 외에 【最判 2014년 7월 24일 刑集 68권 6호 925쪽】은 아동을 학대치사한 부모의 재판에서 두 피고인에게 징역 10년이라는 검찰구형을 상회하는 징역 15년을 선고한 제1심 재판원재판을 유지한 항소심판결을 파기자판하여 10년과 8년의 징역에 처하는 판단을 내렸다.[6]

---

6) 이러한 판단이나 재판원제도의 의의에 대해서는 小木曽「韓日の刑事裁判への国民参加制度の状況と今後の課題」『日韓の刑事司法上の重要課題』, 同「刑事裁判への国民参加の意義およびその正当性」『裁判員裁判に関する日独比較法の検討』(中央大学出版部)를 참조하기 바란다.

3. 특별히 주목을 받은 최근 판례

가. GPS 수사와 강제처분 법정주의

앞서 언급한 바와 같이 일본의 수사활동은 먼저, 강제처분 법정주의(형소법 제197조 제1항 단서)에 의한 민주적 통제에 따르며, 이러한 바탕 위에 법률로 규정된 강제처분에는 원칙적으로 재판관에 의한 사전심사가 요건으로 되어 있어, 임의수사에 대해서는 이익형량에 의한 그 상당성·적법성을 판단한다고 하는 범위에서 규율된다. 이에 따라 명문의 규정이 없는 수사방법은 우선 그것이 법률상 근거를 필요로 하는 강제처분으로 보아야 할 것인지 여부가 명백히 밝혀지지 않으면 안 되기 때문에 임의수사와 강제처분의 구별기준이 논의되어 왔다. 이 때 종래의 논의는 그 정의는 그렇다고 하더라도 주로 수사기관이 개인에게 간섭하는 시점에 주목하여 어떤 행위가 강제처분에 해당하는지 여부를 판단해 왔다.[7] 예를 들면, 도주하려는 상대방의 팔을 잡는 행위,[8] 시위참가자의 사진을 촬영하는 행위,[9] 상의 주머니에 손을 넣는 행위,[10] 소지품 가방의 내용물을 살펴보는 행위[11]와 같은 경우이다.

이에 대하여, GPS를 이용한 수사는 지금까지 보다도 훨씬 용이하게 개인을 지속적으로 감시하고 그 정보를 축적하는 것이 기술적으로 가능하게 된다는 점에서 수사기관의 개인에 대한 간섭 시점에만 주목한 것은 불충분한 것은 아닌가라고 하는 지적이 제기되고 있다. 인적자원을 대량으로 투입하지 않고 저비용으로 목적을 달성할 수 있다는 점에서는, 종래에는 당연히 임의수사의 범주에 들어간다고 생각되어 온

---

7) 무엇보다도, 緑大輔「監視型捜査における情報取得時の法的規律」法律時報 87巻 5号 65쪽에서 지적하고 있는 바와 같이, 통신감청은 일정한 시간을 대상으로 하는 통신을 계속 듣는다는 점, 통신내용이 취득된다는 점, 비밀리에 행해진다는 점 등에 주목하여 종래의 강제처분과는 다른 규율을 적용받고 있다.

8) 最決 昭和51年 3月 16日 刑集 30巻 2号 187쪽.

9) 最大判 昭和44年 12月 24日 刑集 23巻 12号 1625쪽.

10) 最判 昭和53年 9月 7日 刑集 32巻 6号 1672쪽.

11) 最判 昭和53年 6月 20日 刑集 32巻 4号 670쪽.

미행과 같은 수사수법과도 구별되는 것으로 생각된다. 정부기관이 개인의 생활을 지속적으로 감시하는 것이 가능하다고 한다면, 이에 대해서는 모두가 우려를 가지고, 어떠한 규율이 필요하다고 생각할 것이다.

미국에서는 수사기관이 마약거래 피의자의 아내 명의의 자동차에 GPS 추적 장치를 장착하는 것을 허가하는 영장을 재판관으로부터 받아, 그 단말기 신호에 의해 4주에 걸쳐서 50에서 100 피트 오차범위 내에서 자동차의 위치를 특정하고 2,000쪽에 달하는 데이터 보고서를 얻었다고 하는 사례에서 차량에 GPS 단말기의 설치가 개인의 헌법상 보호되는 영역에 대한 물리적인 침해가 된다는 것을 이유로 하여 영장의 효력 외에 단말기 설치에 의한 감시활동은 허용되지 않는다고 한 【United States v. Jones, 565 U.S.__(2012)】가 있다.

나. 사생활 보호의 합리적 기대 이론

그런데 한국에서 전개되고 있는 '사생활 보호의 합리적 기대' 이론은 일본에서도 받아들여지고 있다.

도청(wiretapping)에 의한 전화 감청과 옆방의 음성을 증폭하는 장치를 벽면에 부착하는 행위가 헌법 수정 4조가 금지하는 불합리한 수색·압수에 해당하는지가 문제가 된 【Olmstead v. United States, 277 US 438 (1928)】과 【Goldman v. United States, 316 US 129 (1942)】에서는 주거 및 사무실 등 헌법상 보호된 영역에의 '물리적 침해'이 아니고 '물건'이 압류되지 않은 점을 이유로 그와 같은 행위는 수정 4조가 금지하는 행위가 아니라고 하였다. 개인이 지배하는 자산과 부동산에 대한 정부의 물리적 침해만을 헌법상의 수색·압수로 간주하고, 그것을 수반하지 않는 수사기관의 행위는 수정 4조의 규율 대상 외라는 것이다. 당시는 사람들이 정당하게 보유하는 것이 허용되지 않는 몰수 대상물 외에는 압류를 허용하지 않는다고 하는 mere evidence rule이 채용되고 있었기에, 여기에서 제시되었던 것은 재산권 불가침을 보호하는 것을 목적으로 한 수색·압수의 법리였다. 그러나 Olmstead에서는 “수정 4조는 물건만을 보호하는 것이 아니라 인간의 정신 활동, 사상·신조를 보호하려고 한 것이며, 정부로부터 간섭받지 않을 권리(right to be let alone)를 보호하기 위해서는 정당한 이유가 없는 개인정보에 대한 정부의 침해는 그것이 어떠한 방법이든지 간에 수정 4조 위반으로 간주되어야 한다.”는 취지의 Brandeis 재판관의 반대의견이 첨부되어 있다.

그 후, 수정 4조의 적용 범위는 점차 ‘물리적 침해에 의한 유체물의 점유’에서 ‘비물리적인 무체물의 압수’로 확대되어 갔으며, 그 이론적 근거는 【Katz v. United States 389 US 347 (1967)】에서 확립되었다.

피의자가 통화하고 있는 전화박스에 도청장치와 녹음장치를 설치하는 것이 수정 4조의 수색·압수에 해당하는지가 다투어진 동 사건에서 미국 연방대법원은 전화박스에의 물리적 침해가 없다는 점을 이유로 이것을 수색·압수에 해당하지 않는다고 한 하급심 판단을, ① 무체물도 수정 4조의 압수의 대상이 되고, ② 수정 4조가 보호하는 것은 장소가 아니라 사람이라고 판시하여 파기한 것이다. 그 보충의견 중에서 Harlan 재판관이 대략 다음과 같이 기술한 것이 사생활 보호의 합리적 기대이다. “한 개인이 수정 4조에 따라 보호되는지의 여부를 판단하기 위해서는 두 물음에 답해야 한다. 첫째, 개인이 주관적으로 사생활 보호의 기대를 가지고 있는가하는 것이고, 둘째, 그 개인의 주관적 기대를 사회가 합리적인 것으로 인정하는가이다. 주거에서는, 사람은 대부부의 경우에 사생활 보호의 기대를 가지고 있으나, 공중의 눈에 노출된 상태에 있는 물건이나 언동은 그것을 타인의 눈에 노출시키지 않는다는 의사를 표시하지 않는 한 수정 4조의 보호가 미치지 않는다.”[12)]

이에 따라 수정 4조가 보호하는 권리는 재산권을 주장할 수 있는 헌법상 보호된 영역에의 물리적 침해뿐만 아니라, 사람이 침해·감시·

---

12) Katz v. United States, 389 U.S. 347 (1967) at 361.

방해받지 않는다고 하는 주관적 사생활을 가지며, 또한 그것을 보호하는 것에 대해서 사회 구성원의 합의를 얻을 수 있는 범위(객관적 사생활이 보호되는 범위)에의 비물리적인 침해로부터도 보호된다고 하는 법리가 제시되었던 것이다.

일본의 최고재판소는 추정컨대 이와 같은 법리의 영향을 받아서 공중의 눈에 개방된 장소와 그렇지 않은 장소에서 개인이 감시·방해받지 않을 권리, 사생활의 침해정도에 따라 사안을 처리해 왔다. 예를 들어, 【最決 2008년 4월 15일 刑集 62권 5호 1398쪽】은 경찰관이 피고인 및 그의 아내가 자택 근처의 공공도로 위에 있는 쓰레기 집하장에 내놓은 쓰레기봉투를 회수하여 해당 쓰레기봉투 안의 내용을 경찰서 내에서 확인하고, 강도사건 이후 은행의 ATM기기의 방범비디오에 촬영된 인물이 착용하고 있던 것과 유사한 오리털 조끼, 손목시계 등을 발견하여, 이것들을 영치하였다고 하는 사안으로, 최고재판소에서는 수사기관은 "피고인이 범인이라고 의심할만한 합리적인 사유"가 있으며, "배출된 쓰레기에 대해서는 통상 그대로 수집되어 타인에게 그 내용이 노출되지 않을 것이라는 기대가 있다고 하더라도 수사의 필요가 있는 경우에는 형소법 제221조에 따라 이를 유류물로 영치할 수 있다"고 판시하고 있다.

또한, 【最決 2009년 9월 28일 刑集 63권 7호 868쪽】은 각성제 밀매 피의사실에 대한 내사를 진행하고 있는 경찰관이, 이에 관여한 것으로 의심되는 사무소에 배달될 예정에 있는 택배 화물 중에서 의심스러운 물건을 빌려서 그 내용을 파악하기 위해 5회에 걸쳐 택배 화물 각 1개를 영업소에서 빌려서 간사이공항 내에 있는 오사카 세관에서 X-선 검사를 한 결과, 미세한 고형물이 균등하게 채워져 있는 직사각형의 봉지 그림자가 관찰된 사안으로, 이러한 조사가 진행될 시에 경찰관은 아무런 영장도, 화물 발송인이나 화물 수취인의 승낙도 받지 않은 상황이었지만, 최고재판소는 "본건의 X-선 검사는 화물 발송인의 의뢰에 따라 택배업체의 운송과정 하에 있는 화물을 수사기관이 수사목적을 달성하기 위해 화물 발송인이나 화물 수취인의 승낙 없이 이를 외부에서 X-선을 쬐어 내용물의 그림자를 관찰한 것이지만, 그 그림자에 의해 화물 내용물의 형태나 재질을 짐작하는 것이 가능한 이상, 내용물에 따라서는 그 품목 등을 상당한 정도로 구체적으로 특정 하는 것이 가능하고, 화물 발송인이나 화물 수취인의 내용물에 대한 사생활 등을 크게 침해하는 것이기 때문에 검증으로서의 성질을 가지는 강제처분에 해당하는 것으로 해석된다. 그리고 본건의 X-선 검사에 대해서는 검증허가영장을 발부받는 것이 가능하였으며, 검증허가영장에 의하지 않고 이를 행한 본건 X-선 검사는 위법하다고 말하지 않을 수 없다"고 판시하고 있다.

다. 2017년 3월 15일 대법정 판결

이러한 사생활 보호의 합리적 기대 이론은 공중의 눈에 노출되는 장소와 그렇지 않은 장소에서의 사생활 보호의 기대에 차이를 두고 후자를 두껍게 보장하는 것이지만, GPS 수사는 공중의 눈에의 노출 여부에 관계없이 위치정보를 지속적으로 파악하는 것에 따른 개인의 활동과 생활 상황의 감시가 허용되는 것인가라는 문제를 제시하고 있다.

【最大判平成29年3月15日刑集71巻3号13쪽】는 공범과 공모하여 범행에 사용하는 자동차를 훔쳐 이동하면서 점포에 침입하여 의류 등을 도용하는 훔치는 수법으로 총 400만 엔이 넘는 자동차등의 절도 및 침입절도를 반복하였다고 하는 사안에서 수사관이 범행의 전모를 해명하기 위해 약 6개월 반에 걸쳐 피고인과 공범 외에 피고인의 지인도 사용할 가능성이 있었던 자동차 등 19대에, 동 인들의 동의 없이, 또한 재판관의 어떠한 심사를 거치지 않고 GPS 단말기 16개를 설치하여 그 이동 상황을 파악하였다고 하는 사안이다. 원심의 판시에 따르면 각 차량에 GPS 발신기가 부착되어 있었던 최단이 보름 정도이고 최장은 모두 합하여 약 3개월에 이르고 있었다. 위치정보의 취득 상황을 살펴보면, 1개의 단말기가 합계 약 3개월 동안 행해진 검색 횟수가 총

1,200회를 상회하여 검색할 수 없는 부분을 제외하면 1,000회 이상 위치정보가 취득되고 있었으며, 또한 6개에 대해서는 수개월 동안 약550회 내지 800회의 검색이 이루어져 약 480회 내지 약 680회 위치정보가 취득되고 있다. 또한 경찰관들은 발신기를 설치하는 때에 차량이 정차되어 있었던 노상 외에, 관리자 등의 승낙을 받지 않고 슈퍼주차장, 유료주차장이나 러브호텔 주차장에 들어가는 경우도 있었다.

제1심 오사카 지방법원은 검증영장을 취득해야 했음에도 그렇게 하지 않은 점 등을 이유로 이를 불법이라고 판단하였으나 항소심은 "이와 같은 GPS 수사가 대상 차량 사용자의 사생활을 크게 침해하는 것으로서 강제처분에 해당되어 영장 없이 이것을 행하였다고 하는 점에 있어서 위법이라고 해석할 여지가 없는 것은 아니"고, "본 건 GPS 수사의 실시에는 영장이 필요하였다고 해석하더라도 그 발부의 실체적 요건은 충족되었다고 생각할 수 있다"는 점과 "본 건 GPS 수사가 진행되고 있었던 무렵까지 이를 강제처분으로 해석하는 사법판단이 제시되거나, 정착되지는 않았다고 하는 점" 등을 들어 이 사건 수사에 중대한 위법은 없었다고 판시하고 있다.

대법정 판결은 GPS 수사는 ① "대상 차량 및 그 사용자의 소제와 이동 상황을 일일이 파악하는 것을 가능하게" 하고, "이러한 수사기법은 개인의 행동을 지속적, 망라적으로 파악하는 것을 필연적으로 수반하기 때문에 개인의 프라이버시를 침해할 수 있는 것이며, 또한 그러한 침해를 가능하게 하는 장비를 개인의 소지품에 몰래 장착하여 행하는 점에서 공도(公道)상의 소재를 육안으로 파악하거나 카메라로 촬영하는 것과 같은 방법과는 달리 공권력에 의한 사적 영역의 침해를 수반한다", ② 헌법 제35조가 보장하는 것은 "'주거, 서류 및 소지품' 에 한정되지 않고 이에 준하는 사적 영역에의 '침해' 받지 않을 권리가 포함 된다", ③ 그렇다면 "개인의 사생활의 침해를 가능하게 하는 장비를 그 소지품에 몰래 장착함으로써 합리적으로 추인되는 개인의 의사에 반하여 그 사적 영역을 침해하는 수사방법인 GPS 수사는 개인의 의사를 제압하여 헌법이 보장하는 중요한 법적 이익을 침해하는 것으로서 형소법상 특별한 근거규정이 없는 한 허용되지 않는 강제처분에 해당"하고, ④ "현행범 체포 등의 영장을 요하지 않는 것으로 되어 있는 처분과 동일시할 사정이 있다고 인정하는 것도 곤란하기 때문에 영장이 없으면 할 수 없는 처분"이라고 하였고, 더 나아가 ⑤ "GPS 수사는 정보기기의 화면 표시를 읽어 들여 대상 차량의 소재와 이동 상황을 파악한다는 점에서 형소법 상의 '검증'과 유사한 성질을 가지지만, 대상 차량에 GPS 장치를 설치하여 대상 차량 및 그 사용자의 소재의 검색을 한다는 점에서 '검증'으로 볼 수 없는 성질을 가진다", ⑥ "만약 검증허가장을 발부 받아, 또는 그것과 함께 수색허가장을 발부 받아 실시한다고 하더라도, GPS 수사는 GPS 단말기를 장착한 대상 차량의 소재의 검색을 통해서 대상 차량 사용자의 행동을 지속적, 망라적으로 파악하는 것을 필연적으로 수반하는 것으로서, GPS 단말기를 장착해야 하는 차량 및 죄명을 특정하는 것만으로는 피의사실과 관계가 없는 사용자 행동의 과도한 파악을 억제할 수 없고, 재판관에 의한 영장청구의 심사를 필요로 하게 된 취지를 충족 할 수 없다는 우려"가 있으며, 또한 "피의자들에게 알리지 않고 몰래하는 것이 아니라면 의미가 없고 사전 영장 제시를 하는 것은 상정할 수 없고", "이를 대체하는 공정성을 담보할 수 있는 수단이 제도적으로 확보되지 않는다면 적정 절차의 보장이라고 하는 관점에서 문제가 있다", ⑦ "수사의 실효성에도 배려하면서 어떠한 수단을 선택할 것인지의 여부는 형소법 197조 1항 단서의 취지에 비추어 볼 때, 일차적으로는 입법부에 맡겨져 있다고 해석된다. 만일 법해석에 의해 형소법 상의 강제처분으로서 허용하는 경우, 이상과 같은 문제를 해소하기 위해 판사가 발하는 영장에 다양한 조건을 붙일 필요가 있게 되는데, 사안별로 영장청구심사를 담당하는 재판관의 판단에 따라 다양한 선택지 중에서 적확한 조건의 선택이 이루어지지 않는 한 승인할 수 없는 강제처분을 인정하는 것은 … 동항 단서의 취지에 부합하지 않기" 때문에 "그 특성에 착안하여 헌법, 형소법의 제 원칙에 부합하는 입법적인 조치를 강구하는 것이 바람직하다."고 판시하였다(다만, 구체적인 사안으로서는 본 건 GPS 수사 이외의 수사에 의해 얻어진 증거에 근거하여 피고인을 유죄로 인정한 1심 판결은 정당하고, 1심 판결을 유지한 원판결의 결론 에 잘못은 없다고 하였다).

이에 대해서는 입법적인 조치가 강구되어야 한다는 법정 의견에 찬동하면서, 법제화까지는 일정한 시간을 필요로 한다는 점에서 그 동안 재판관의 심사를 받아 GPS 수사를 실시하는 것이 완전히 부정되어야 하는 것이 아니고, 그러한 경우 고도의 사법적 판단 하에 극히 한정된 매우 중대한 범죄의 수사를 위한 고도의 필요성이 요구된다고 하는 보충의견이 있다.

라. 남겨진 과제[13)]

위 사안에서 사용된 GPS 수사는 수사 기관이 민간업체와 계약하여 단말기를 입수하고 그 위치정보의 검색 횟수에 따라 요금을 지불한다. 필자가 시도해 보았던 것으로는 일정 횟수/월 검색이 정액으로 되어져 있고 그것을 초과하면 1회 검색 할 때마다 정해진 요금을 지불하는 구조로 되어 있었다. PC와 휴대전화로 사이트에 접속하여 검색을 하면 수십 초 후 정확한 시간에 10미터 이내의 오차로 단말기의 위치가 지도상에 표시된다. 단말기가 콘크리트 등으로 가려져 있으면 검색 불능이 되거나, 오차가 커지게 되는 경우도 있다. 본 건의 검색 횟수는 3개월에 1,200회 실시하였다고 하는 것인데, 이것은 단순히 월

13) 본 대법정 판결 및 GPS 수사에 관해서는 많은 문헌이 있으나, 우선적으로 指宿信『GPS捜査とプライバシー保護』現代人文社(2018), 笹倉宏紀ほか 「強制·任意·プライヴァシー(続)」法律時報90巻1号 54쪽, 緑大輔 「監視型捜査」月刊法学教室446号 24쪽, 亀石倫子「GPS捜査大法廷判決にいたるまでの弁護活動」自由と正義68巻10号 8쪽,「GPS捜査の課題と展望<特集>」刑事法ジャーナル53号 26쪽 등. 또한, 稲谷龍彦『刑事手続におけるプライバシー保護』弘文堂(2017)은 이 문제에 관한 새로운 시점을 제공하고 있다.

평균으로 계산하면 400회, 하루 평균으로는 13회, 24시간으로는 2시간에 1~2회 정도 검색되었다는 결론이 된다.[14)]

그런데, 대법정 판결은 헌법 35조가 보장하는 것은 "'주거, 서류 및 소지품'에 한정하지 않고 이에 준하는 사적 영역에의 '침해' 받지 않을 권리"를 포함한다고 하면서, GPS 수사는 "대상 차량 및 그 사용자의 소재와 이동 상황을 일일이 파악하는 것을 가능하게" 하고 "이러한 수사방법은 개인의 행동을 지속적, 망라적으로 파악하는 것을 필연적으로 수반하기 때문에, 개인의 프라이버시를 침해할 수 있는 것이며, 또한 그러한 침해를 가능하게 하는 장비를 개인의 소지품에 몰래 장착하여 실시하는 점에서 공도(公道)상의 소재를 육안으로 파악하거나 카메라로 촬영하는 것과 같은 방법과는 달리, 공권력에 의한 사적 영역에의 침해를 수반한다"고 판시하고 있다.

'주소, 서류, 소지품'에의 침해를 받지 않을 권리를 보장하는 헌법 35조의 보장이 그 이외의 '사적 영역'에의 침해를 받지 않을 권리에도 미친다고 한 부분은 미국 연방대법원이 Katz 사건에서 헌법 수정 4조가 보장하는 것은 장소가 아니라 사람이라고 판시한 것을 상기시키며, 35조의 보호 범위를 물리적으로 침해 가능한 것 이외에도 확대하는 것을 명확히 언급하였다는 점에서 평가할 수 있다. 다만, 구체적 사안 해결에는 불필요한 문제를 포함하여, 보호되어야 할 권리 및 그것에의 침해 태양에 대해서는 본 판결은 많은 질문을 남기고 있다.

먼저 대법정 판결에서 언급하고 있는 '사적 영역'에의 '침해'가 무엇을 가리키는 것인지가 명확하지 않다. '영역'이라고 하는 일본어는 일반적으로 물리적인 범위를 가리키는 용어이지만, 대법정 판결이 헌법 35조의 보장 대상은 주거·서류·소지품에 한정되지 않는다고 명시하면서, 개인의 행동을 계속적, 망라적으로 파악하는 것을 필연적으로

14) 미국 Jones에서는 몇 초마다 위치정보가 수사기관의 컴퓨터에 전송되고 있었다고 보고되고 있어 그 감시 밀도에 상당한 차이가 있다는 점을 지적할 수 있다.

수반하는 GPS 수사는 공도(公道)상의 소재를 육안으로 파악하거나 카메라로 촬영하는 것과 같은 방법과는 다르다고 하고 있다는 점에서 '사적 영역'은은 개인이 물리적으로 지배하고 있는 영역뿐만 아니라 "개인이 정부기관의 감시·침해를 받지 않는다고 하는 기대"를 포함하는 것으로 해석해도 무방할 것으로 생각된다. 이 때, 개인이 점유하는 차량이 '사적 영역'이라는 것과 거기에 GPS 단말기를 부착하기 위해서 개인의 주거지 내 등에 들어가는 것이 '침해'라고 하는 것은 당연한 것으로, 그렇다면 그 차량 내부에 침해하지 않고, 또한 그 외관과 기능을 손상시키지 않고 단말기를 부착하는 것도 '침해'라고 볼 수 있을 것인가?[15] 이것을 '침해'라고 볼 경우 어떤 자동차의 소유자가 단말기 설치에 동의하였다고 해서, 수사기관의 감시 대상이 그 차량의 이용자인 경우에 그것을 '침해'로 보는 것일까.

다음으로 개인의 행동이 파악되지 않는다고 하는 기대는 공도(公道)상과 그렇지 않은 장소에서 구별되는 것인가? 이것이 종래의 사생활 보호의 합리적 기대 이론과의 차이점이다. 예를 들어, 개인의 용모가 함부로 촬영되지 않을 권리라고 한다면(最大判昭44年12月24日刑集23卷12号1625頁), 주거 내와 공도(公道)상을 구별하는 것은 의미가 있다.[16] 일반적으로 사생활 보호의 기대는 타인에게 보여지는 것을 예측할 수 있는 장소에서는 낮고, 그렇지 않은 장소에서는 높기 때문이다. 그러나 개인의 행동은 공도(公道)상이나 주거, 직장 등 사이를 오가는 것으로 그러한 행동을 파악되지 않은 권리라고 하는 의미에서는 대상자가 공도(公道)상과 그 이외의 장소에 있는 경우를 구별할 이유는 없는 것이 아닐까, 즉 대상자가 공도(公道)상에 있다고 해서 '행동이 파악되지 않을 기대'가 저하되는 것은 아니지 않는가라고 라고 생각되지만, 본 판결은 공도(公道)상과 그렇지 않은 곳을 구분하고 있는 것으로 생각된다.

---

15) Jones에서는 이것을 '침입'으로 보았다.
16) 이 사건에서는 데모 진행에 참가하고 있는 자의 용모를 촬영하는 행위의 적법성 여부가 문제가 되었다.

또한, 개인의 행동을 지속적, 망라적으로 파악하는 것을 필연적으로 수반하는 수사라고 하는 것이라면, 위치정보의 파악보다도 어디에서 누구를 만나, 무엇을 하고 있는지를 현재 확인하는 육안으로의 미행이 GPS 위치정보에 비해 훨씬 질과 양이 높은 감시가 가능하지만, 이에 대해서는 판사의 관여 없이 이루어지고 있으며, 그 것을 문제시하는 견해(육안으로의 미행이 강제처분이라는 주장)는 없으며, 본 판결도 그것을 언급하지 않고 있다. 보다 취득 정보가 많은 미행에 대해서는 법률의 수권을 필요로 하지 않고, 보다 적은 GPS 수사에 그것을 필요로 하는 이유는 어디에 있는 것인가?

이에 대한 하나의 대답은 미행은 그것에 엄청난 인적 자원이 필요하기 때문에 현실적으로 24시간 365일 감시는 불가능하지만, GPS는 그러한 자원이 필요 없기 때문에 어떤 시점에서의 정보량은 미행보다 적다고 하더라도 누적적인 개인의 행동 파악이 가능하게 된다고 하는 것이다.[17)]

또한, 정보의 축적이라는 관점에서 본다면, 개인의 행동을 계속적·망라적으로 파악하는 것을 가능하게 한다고 하는 판시를 고려할 때 어느 정도의 정보가 입수·축적이 되면 이를 법률의 근거 따라 실시해야 하는 수사로 볼 것인가라고 하는 의문도 생긴다. 본 판결은 개인 정보를 축적할 '가능성이 있다'는 점에 주목하여 실제로 축적되는 정보의 양에 관계없이 이를 법률의 근거를 필요로 하는 수사라고 생각하고 있는지도 모르겠지만, 그렇다면 역시 육안으로의 미행과의 구별이 모호하게 되는 것이 아닌가라고 생각된다.

이와 같이 대법정 판결이 '사적 영역'에의 '침해'라고 하고 있는 것의 내용은 아직 명확하지 않다고 할 수 있다. 명확한 것은 대법정 판결의 보충의견을 전제로 하더라도 일본에서는 GPS 수사가 법률 제정까지는 사실상 실시할 수 없게 되었다고 하는 것이다.[18)]

---

17) 다만 그것은 침해되는 권리의 질이나 침해 태양의 분석과는 다른 시점이다.

18) 실무상 GPS 수사는 두 가지 경우에서 사용되어 왔다. 하나는 본 판결과 같은

본 판결의 사안은 사회적인 주목도 높고, 언론을 통해 GPS 수사가 사회적으로 널리 알려진 이상, 종래와 같은 GPS 수사방법은 더 이상 실효성이 높지 않다고 생각한다. 한편, GPS를 이용한 내비게이션은 이제 자동차의 표준장비이고, 차량의 위치정보를 이른바 휴대전화의 위치정보와 같이 취득하는 것도 기술적으로 가능할 것이기 때문에 법률을 제정하는 것이라면, 그러한 기술의 전개나 취득한 정보의 이용제한 등을 시야에 넣어 고려하는 것이 필요할 것이다.

4. 과거 10년의 중요 판례

부록으로서, 일본의 과거 10년간의 판례에서 필자가 중요하다고 생각하는 것을 열거해 둔다.

1) 경찰서에서의 유치(東京高判平成21年7月1日判タ1314号302頁)
2) 의료행위로서의 채뇨(最決平成17年7月19日刑集59巻6号600頁)
3) 자동차 번호판 판독 시스템(東京高判平成17年1月19日判示898号157頁)
4) 피의자의 현관문 부근에서의 비디오 촬영(東京地判平17年6月2日判示1930号174頁)
5) 쓰레기의 영치(最決平成20年4月15日刑集62巻5号1398頁)
6) 피의자의 주거를 수색하는 도중에 도착한 피의자 앞으로 보낸 화물의 수색(最決平成19年2月8日刑集61巻1号1頁)
7) 택배의 X-선 검사(最決平成21年9月28日刑集63巻7号868頁)
8) 접견실이 없음을 이유로 한 접견거부(最判平成17年4月9日民集59巻3号

피의자 등이 운전하는 차량에의 단말기 설치이고, 다른 하나는 통제배달(Controlled delivery) 실시 시에 대상 화물 안에 GPS 단말기를 넣어 이것을 추적하는 경우이다. 수사기관은 본 판결 후 양자에 대하여 그 실시를 중지하였지만 양자 모두 본 판결의 금지의 범위에 들어가야 하는 것인지의 여부는 검토가 필요할 것이다. 또한, 본 판결이 내려지기 전에 검증 영장을 취득하고 GPS 수사를 실시한 사례가 있으며, 본 판결의 논리에 따르면, 검증 영장에 의하더라도 GPS 수사는 규율할 수 없기 때문에 이것은 위법이라고 하는 것이 되지만, 치바(千葉) 지방재판소는 중대한 위법이 없다고 하여 GPS 수사결과 입수된 증거를 배제하지 않았다(2018년 8월 30일 日本経済新聞).

563頁)

9) 피의자와 변호인과의 접견 내용의 조사(福岡高判平成23年7月1日判時2127号9頁)

10) 일시적인 국외 도항에 의한 공소시효의 정지(最決平成21年10月20日判タ1314号144頁)

11) 재판원제도의 합헌성(最大判平成23年11月16日判時2136号3頁)

12) 범죄피해자가 형사재판을 통해 피해회복을 도모할 권리(東京地判平成21年12月21日判タ1328号85頁)

13) 피해자 특정사항의 비공개와 재판의 공개원칙(最決平成20年3月5日判タ1266号149頁)

14) 비디오 링크 및 차폐를 통한 증인보호(最判平成17年4月14日刑集59巻3号259頁)

15) 소인변경의 필요 여부(最決平成24年2月29日刑集66巻4号589頁)

16) 공판전정리절차에서의 피고인의 주장명시의무(最決平成25年3月18日刑集67巻3号325頁)

17) 조사 과정 등을 기록한 수사관 메모의 증거개시(最決平成19年12月25日刑集61巻9号895頁)

18) 경찰관이 수사과정에서 작성하여 보관하고 있는 메모의 증거개시(最決平成20年6月25日刑集62巻6号1886頁)

19) 경찰관이 피의자의 조사에 관하여 작성한 메모의 증거개시(最決平成20年9月30日刑集62巻8合2753頁)

20) 조사 상황을 기록한 DVD의 증거능력(東京地判平19年10月10日判タ1255号134頁など)

21) 증언거부와 진술불능요건(東京高判平成22年5月27日河刑集63巻1号8頁, 東京高判平成22年5月27日判タ1341号250頁)

22) 퇴거강제처분을 받은 외국인의 진술조서의 증거능력(東京高判平成20年10月16日高刑集1巻4号1頁, 東京高判平成21年12月1日判タ1324号277頁)

23) 수사공조 요청에 근거하여 중국 국내에서 작성된 진술서의 증거

능력(最判平成23年10月20日裁時1542号14頁)

24) 범행 재현사진의 증거능력(最決平成17年9月27日刑集59巻7号753頁)

25) 사인작성의 화재원인에 관한 보고서의 증거능력(最決平成20年8月27日刑集62巻7号2702頁)

26) 원진술자의 서명날인이 없는 진술녹취서의 탄핵증거로서의 증거능력(最判平成18年11月7日刑集60巻9号561頁)

27) 임의적이지 않은 자백과 파생증거의 증거능력(東京高判平成25年7月23日判時2201号141頁)

28) 정황증거에 의한 사실인정(最判平成22年4月27日刑集64巻3号233頁)

29) 동종전과 등에 의한 범인성의 입증(最判平成24年9月7日刑集66巻9号907頁, 最決平成25年2月20日刑集67巻2号1頁)

30) DNA 감정을 유일한 증거로 한 유죄인정(横浜池判平成24年7月20日判タ1386号379頁)

31) 합리적인 의심을 넘어서는 증명의 의의(最決平成19年10月16日刑集61巻7号677頁)

32) 피고인의 책임능력의 인정(最判平成20年4月25日刑集62巻5号1559頁, 最決平成21年12月8日裁時1497号15頁)

33) 공범의 존재가 의심되는 경우의 단독범 기소와 심리의 범위(最決平成21年7月21日刑集63巻6号762頁)

34) 사형의 양형판단(最判平成20年2月29日判示1999号153頁)

35) 무죄판결 후 구속의 가부(最決平成19年12月13日刑集61巻9号843頁)

36) 재판원재판에서의 항소심의 심리 방식(最判平成24年2月13日刑集66巻4号482頁)

37) 재판원재판에서의 양형과 항소심에서의 심사 방식(最判平成26年7月24日刑集68巻6号925頁)

38) 항소심에서의 직권조사의 범위(最決平成25年3月5日刑集67巻3号267頁)

39) 아시카가(足利) 사건 재심 무죄판결(宇都宮地判平成22年3月26日判時2084号157頁)

[주 제 어]
일본 형사소송법, 일본판례, 수사에 관한 일본판례, 공판에 관한 일본판례, 재판원제도, GPS 수사, 강제처분 법정주의, 사생활 보호의 합리적 기대 이론

[Abstract]

Some Reflections on recent Supreme Court Cases in Japan

Ryo, Ogiso

The Supreme Court of Japan has delivered some interesting as well as important opinions in recent years, including GPS investigations, lay judge criminal procedure, admissibility of criminal records as evidence. This article reports some of them briefly, and then focuses on the Supreme Court decision on GPS investigations delivered in March 2017.

Article 197 of Law of Criminal Procedure demands that "coercive" investigation measures should be specially prescribed in a statute. To investigate serial theft case, police attached a GPS tracker to suspect's vehicles for six months without judicial approval. The question is whether the installation of a GPS tracking device on suspect's vehicle violates individual rights whatsoever that should be written in a statute. Opinion of the Court held that it invades individual's privacy and should not be engaged without statutory bases. However, the Court didn't specify whether it constitutes a trespass, nor how it violates reasonable expectation of privacy, how it is different from a tail, etc.

After the decision, National Police Agency ordered not to engage GPS investigations, and sooner or later, the Japanese Government must enact comprehensive GPS legislation.

近年の日本の刑事訴訟法に關する判例の動向

小木曾 綾*

1. はじめに

本稿では，日本の刑事訴訟法に関する近年の重要判例のいくつかを簡単に紹介したうえ，特に注目されるGPS端末を用いた捜査に関する日本の状況を述べることとする[1]。

2. 主要判例紹介

犯罪捜査手段の多様化に伴って捜査に関する興味深い事例が現れている一方，被害者保護，公判前整理手続，裁判員制度など，新たに採用された諸制度に関する裁判所の判断が積み重ねられている。これらについて簡単に紹介する。

1) 捜査に関する裁判例

刑事訴訟法197条1項但書は，「強制の処分」を法定すべきことを定めている。強制処分法定主義と呼ばれるこの制度の目的は，犯罪捜査に必要な手段のうち，個人の権利を制限するものについては，あらかじめ主権者たる国民が議会を通じて行政府（捜査機関）にその権限を与えるとともに，その実施のための手続を定め，捜査機関がそれに従って捜査

---

* 中央大学大学院法務研究科教授，同研究科長。刑法学会理事，司法試験考査委員，法制審議会臨時委員などを務める。

1) 本稿は，2017年2月6日の韓国刑事判例研究会での報告に，その後出された最高裁判所大法廷判決も踏まえて加筆したものである。

活動をすることを求める点にある[2]。現行刑事訴訟法制定当時から定められていた強制の処分とは，逮捕・勾留，捜索・差押え，検証・鑑定であるが，科学技術の進歩に伴って捜査手法も多様化することから，証拠保全手段としての写真・ビデオ撮影やおとり捜査など，どのような捜査手法が法律の定めを必要とする「強制の処分」なのかについて長年の論争があり，最決昭和51年3月16日刑集30巻2号187頁は，警察署への任意同行後，事情聴取中に部屋を出ていこうとする被疑者の腕に手をかけた警察官の行為が強制処分に当たるのかどうかが争われた事案で，「個人の意思を制圧し，身体住居，財産等に制約を加えて強制的に捜査目的を実現する行為」を「強制の処分」と定義した。

身体，住居，財産に制約を加える捜査方法は，具体的には逮捕・勾留，捜索・差押えに他ならないので，この定義は，当時の刑訴法が定めていた強制処分の性質を説明したにとどまるものだが，対象者の意思を制圧することを立法が必要な処分の基準とすると，対象者が不知の間に行われる行為，例えば電子通信の傍受は立法を必要としないことになる。しかし，対象者が不知の間に行われる行為こそ，個人の自由への介入程度の大きいものとみるべきであるから，これを議会の授権を要しない行為とすべきではない。そこで，「個人の重要な権利利益を実質的に制約する行為」を強制処分と理解するといった学説が有力に唱えられるようになり[3]，こうした議論も背景に， 1999年には通信傍受法が制定され，これによって，対象者の意思の制圧がない捜査行為も，法律の定めが必要な強制処分に含まれることとなった（刑訴法222条の2参照）。

捜査活動の強制処分性，すなわちその活動に具体的な授権規定が必要であるか否かに関連する近時の裁判例としては，自動車ナンバー読取りシステムに関するもの（東京高判平成17年1月19日判示898号157頁），被疑者の玄関ドア付近のビデオ撮影に関するもの（東京地判平17

2) 小木曽「強制処分法定主義の現代的意義」駒澤大学法学論集58号125頁。
3) 井上正仁『刑事訴訟法の争点』54頁。

年6月2日判示1930号174頁），被疑者が公道上に出したゴミの領置に関するもの（最決平成20年4月15日刑集62巻5号1398頁），荷送り人や荷受人不知の間の宅配便のエックス線検査に関するもの（最決平成21年9月28日刑集63巻7号868頁）などがあるが，こうした裁判例には，いずれも，アメリカ合衆国最高裁判所の「プライバシーの期待理論（expectation of privacy）」の影響がみられる。この点については後に詳述する。

2）公判に関する裁判例

証拠法について興味深いのは，同種前科による犯人性の立証（最判平成24年9月7日刑集66巻9号907頁，最決平成25年2月20日刑集67巻2号1頁）に関する判断である。

このうち前者は，被告人が，金品窃取の目的で被害者住居に侵入し，現金1,000円およびカップ麺1個（時価約100円相当）を窃取し，同住居に放火しようと考え，室内にあった石油ストーブ内の灯油を室内のカーペット上に撒布して点火し，現に人が住居に使用している住居の一部を焼損した，として住居侵入，窃盗，現住建造物等放火の各罪の被疑事実で起訴された事案である。被告人には，15件の窃盗罪ならびに未遂を含む11件の現住建造物等放火罪の前科（以下「前科放火」という）があり，検察官は，公判前整理手続において，被告人は，窃盗目的で住居に侵入したものの欲するような金品が得られなかったことに立腹して放火に及ぶという前科放火と同様の動機に基づいて本件放火に及んだものであり，かつ，本件放火，前科放火いずれも特殊な手段方法でなされたものであると主張し，この事実を証明するため，前科に係る判決書謄本，前科の捜査段階で作成された放火に関する被告人の供述調書謄本などの取調べを請求した。第1審裁判所は，本件放火の事実を立証するための証拠として前科証拠は全て「関連性なし」としてこの証拠請求を却下したが，控訴審は，前科放火11件の動機は，いずれも窃盗を試みて欲するような金品が得られなかったことに対する腹立ちを解消することにあり，11件のうち10件は，いずれも侵入した居室内において放火したものであり，うち7件は，犯行現場付近にあったストーブ内の灯油を撒布したものであって，被告人には，このような放火に至る契機，手段，方法において上記のような特徴的な行動傾向が顕著に現れており，本件放火の動機，手段は前科放火と特徴的な類似性があると認められるから，同種前科の存在は，被告人が本件放火の犯人であることを証明する証拠として関連性があるとして，前科証拠の取調べを認める判断を下した。

これについて最高裁は，「同種前科・・・は，被告人の犯罪性向といった実証的根拠の乏しい人格評価につながりやすく，そのために事実認定を誤らせるおそれがあ（るため，前科立証はそれ）・・・によって証明しようとする事実について・・・誤った事実認定に至るおそれがないと認められるときに初めて証拠とすることが許されると解するべきである。本件のように，前科証拠を被告人と犯人の同一性の証明に用いる場合についていうならば，前科に係る犯罪事実が顕著な特徴を有し，かつ，それが起訴に係る犯罪事実と相当程度類似することから，それ自体で両者の犯人が同一であることを合理的に推認させるようなものであって，初めて証拠として採用できるものというべきである・・・が，窃盗の目的で住居に侵入し，期待したほどの財物が窃取できなかったために放火に及ぶということが，放火の動機として特に際だった特徴を有するものとはいえないし，また，侵入した居室内に石油ストーブの灯油を撒いて火を放つという態様もさほど特殊なものとはいえず，これらの類似点が持つ，本件放火の犯行が被告人によるものであると推認させる力は，さほど強いものとは考えられない。」と判示して，本件における前科立証は許されないと判示した。

日本法における前科立証の可否は，英米法のそれと同じように解されている[4)]。すなわち，前科の存在は，特定事件の公訴事実の存在を合理的に推認させるものではなく，事実認定者に予断を生じさせる虞があるので，原則としてその立証は許されない。ただし，例えば詐欺罪にお

4) See, e.g., Broun, (2006) McCormick on Evidence, 6th ed., §190, Thomson/West.

ける欺罔の意図など主観的事情の立証や，特定の者しかなしえない特殊な手口によって犯罪が実行されていることついては，前科があることから公訴事実の存在を推認することに一定の合理性があると言ってもよいので，前科立証が許される。

上記事案の場合，たしかに被告人には同種前科があり，手口も似通っているものの，たとえ過去に同様の動機で放火をしたことがあるにせよ[5]，同じ動機の存在をもって本件放火が被告人によるものであると推認するのは早計であるのみならず，石油ストーブの灯油を撒いて火を放つことが余人に真似できないほど特殊な手口とは言えない，というのが最高裁の判断である。

検察官は合理的な疑いを超えて公訴事実を立証する責任を負い，それが果たされないときには，被告人がいかに怪しくとも無罪判決を言い渡さなければならない（刑訴法336条），という無罪推定の原則に従った正しい判断であると評価することができる。

3）裁判員制度

国民参与裁判が導入された貴国でも関心が高いと思われるのは，裁判員制度の合憲性についての判断である。

最大判平23年11月16日刑集65巻8号1285頁は，裁判員制度が憲法に違反しないとの判断の中で，「刑事裁判に国民が参加して民主的基盤の強化を図ることと，憲法の定める人権の保障を全うしつつ，証拠に基づいて事実を明らかにし，個人の権利と社会の秩序を確保するという刑事裁判の使命を果たすこととは，決して相容れないものではない・・・国民の司法参加と適正な刑事裁判を実現するための諸原則とは，十分調和させることが可能であり，・・・国民の司法参加に係る制度の合憲性

5）例えば，勤務していた自動車会社を解雇された者が，その会社の製造する自動車だけを狙って，これに傷をつけたうえ放火して有罪判決を受けたことがあり，その後，同様の事件が多発しているような場合には，解雇された恨みを晴らすため特定の自動車に放火していることが推認され，その動機の存在が公訴事実（あらたな放火）の存在を合理的に推認させるということはあるであろう。

は，具体的に設けられた制度が，適正な刑事裁判を実現するための諸原則に抵触するか否かによって決せられるべきもので・・・憲法は，一般的には国民の司法参加を許容しており，これを採用する場合には・・・陪審制とするか参審制とするかを含め，その内容を立法政策に委ねている」と判示している。

憲法32条が保障するのは「『裁判所』において裁判を受ける権利」であることや，裁判所法3条3項が陪審制度を否定していないこと，裁判員法が評決を裁判官および裁判員の双方の意見を含む過半数によることとしていることなどから（67条1項），身分保障のある職業裁判官による裁判を受ける権利が憲法上保障されているとしても，裁判員裁判における評決には裁判官の意見が必須とされているので，裁判所をいかに構成するかは立法政策の問題で憲法問題ではないというのである。

また，最判平24年2月13日刑集66巻4号482頁は，覚せい剤の密輸入事案で，被告人を無罪とした第1審裁判員裁判に事実誤認があるとした控訴審判決について，「控訴審が第1審判決に事実誤認があるというためには，第1審判決の事実認定が論理則，経験則等に照らして不合理であることを具体的に示すことが必要である」とした。裁判員が裁判に参加する以上，アメリカ合衆国の陪審の判断と同じように，第1審の判断が尊重されなければならない。ただ，裁判員法の下でも，その判断が不合理であるならば，これを墨守する必要はないのだが，それには，もっともな理由の説明の必要があるというのである。

日本の裁判員裁判では，裁判員は裁判官と合同で事実と量刑について判断し，その判決に対しては，当事者による事実誤認や量刑不当を理由とした上訴が認められている（刑訴法381条，382条）。したがって，制度上，裁判員が加わってした有罪・無罪や量刑の判断を上訴審が覆すことは禁じられていないものの，国民がわざわざ事実認定や量刑判断に加わる以上，裁判員裁判の結果は尊重されるべきであるとの解釈は自然である。また，日本の上訴審は事後審であって，その役割は元来，第1審裁判所の判断に瑕疵があるかどうかを審査するにとどまる。この上訴審の役割は，裁判官裁判であると裁判員裁判であるとを問わないのであって，上訴審が審査審の役割を超えた裁判をすることが許されないのは，裁判員裁判導入の前後で変わらない。ただし，第1審の判断が不合理な場合まで，これを維持すれば裁判の公正が害されることになるので，これを正す限度で上訴審が関与するのである。

このほか，最判平成26年7月24日刑集68巻6号925頁は，子供を虐待死させた両親の裁判において，両被告人に懲役10年の検察官求刑を上回る懲役15年を言い渡した第1審の裁判員裁判を維持した控訴審判決を破棄自判して，10年と8年の懲役に処する判断を下している[6)]。

3. 特に注目される近時の裁判例

(1) GPS捜査と強制処分法定主義

先に述べたように，日本の捜査活動は，まず，強制処分法定主義（刑訴法197条1項但書）による民主的コントロールに服し，そのうえで，法定された強制処分には原則として裁判官による事前審査が要件とされ，任意捜査とされるものについては，利益衡量によってその相当性・適法性を判断する，という枠組みで規律される。そこで，明文に定めのない捜査方法は，まず，それが法律上の根拠を必要とする強制処分とみるべきものであるかどうかが明らかにされなければならないことになり，任意捜査と強制処分の区別基準が論じられてきた。この際，従来の議論は，その定義はどうあれ，主として捜査機関が個人に干渉する時点に注目して，ある行為が強制処分に当たるかどうかを判断してきた[7)]。例えば，逃げようとする相手の腕に手をかける行為[8)]，デモ参加者

---

6) これらの判断や，裁判員制度の意義については，小木曽「韓日の刑事裁判への国民参加制度の状況と今後の課題」『日韓の刑事司法上の重要課題』，同「刑事裁判への国民参加の意義およびその正当性」『裁判員裁判に関する日独比較法の検討』（中央大学出版部）を参照されたい。

7) もっとも，緑大輔「監視型捜査における情報取得時の法的規律」法律時報87巻5号

の写真を撮影する行為[9]，上着のポケットに手を入れる行為[10]，所持品のバッグの中身を一瞥する行為[11]，といった具合である。

これに対して，GPSを利用した捜査は，これまでよりもはるかに容易に，個人を継続的に監視し，その情報を蓄積することが技術的に可能になることから，捜査機関の個人への干渉時点のみに注目したのでは不十分なのではないか，という関心が生まれている。人的資源を大量につぎ込まずに低コストで目的を達成し得るという点では，従来，当然に任意捜査の範疇に入ると考えられてきた尾行といった捜査手法とも一線を画すものであるように思われる。政府機関が個人の生活を継続的に監視することができるとすれば，それには，誰もが何かしらの懸念を抱き，なんらかの規律が必要であると考えるであろう。

アメリカ合衆国では，捜査機関が，麻薬取引の被疑者の妻名義の車にGPS追跡装置を装着することを許可する令状を裁判官から得て，その端末信号により，4週間にわたって，50から100フィートの誤差で車の位置が特定され，2000頁余に及ぶデータ報告書を得たという事例で，車両へのGPS端末の取付けが個人の憲法上保護された領域への物理的な侵入となることを理由として，令状の効力外の端末取付けによる監視活動は許されないとしたUnited States v. Jones, 565 U.S. __ (2012)がある。

(2) プライバシーの期待理論

ところで，同国で展開される「プライバシーの期待」理論は日本でも受け入れられている。

ワイヤー・タッピングによる電話の傍受や，隣室の音声を増幅する装置を壁にとりつける行為が，合衆国憲法修正4条の禁ずる不合理な捜

65頁が指摘するように，通信傍受は，一定時間対象通信を聴き続ける点，通信内容が取得される点，秘密裏に行われる点などに注目して，従来の強制処分とは異なる規律を受けている。

8) 最決昭和51年3月16日刑集30巻2号187頁。

9) 最大判昭和44年12月24日刑集23巻12号1625頁。

10) 最判昭53年9月7日刑集32巻6号1672頁。

11) 最判昭53年6月20日刑集32巻4号670頁。

索・押収に当たるかが問われたOlmstead v. United States, 277 U.S. 438 (1928)やGoldman v. United States, 316 U.S. 129 (1942)では，住居や事務所といった憲法上保護された領域への「物理的な侵入」がなく，「物」が差し押さえられていないことを理由に，そのような行為は修正4条の禁止する行為ではないとされていた。個人の支配する動産・不動産への政府の物理的侵入だけを憲法上の捜索・押収とみなし，それを伴わない捜査機関の行為は，修正4条の規律対象外であるというのである。当時は，人が正当に保有することが許されない没収対象物の他は差押えを許さないというmere evidence ruleが採用されていたこととも相俟って，そこで示されたのは，財産権の不可侵を保護することを目的とした捜索・押収の法理であった。ただし，Olmsteadには，「修正4条は，物だけを保護するのではなく，人の精神活動，思想・信条を保護しようとしたものであり，政府から干渉されない権利（right to be let alone）を保護するためには，正当理由のないプライバシーへの政府の侵入は，それがいかなる方法であれ，修正4条違反と看做されなければならない。」という趣旨のBrandeis裁判官の反対意見が付されていた 。

その後，修正4条の射程は，次第に「物理的な侵入による有体物の押収」から，「非物理的な無対物の押収」にも拡大される途をたどり，その理由づけはKatz v. United States, 389 U.S. 347 (1967)で理論的に確立することになる 。

被疑者が通話している電話ボックスに傍受装置と録音装置をとりつけることが修正4条の捜索・押収に当たるかが争われた同事件で，合衆国最高裁判所は，電話ボックスへの物理的な侵入がないことを理由にこれを捜索・押収に当たらないとした下級審判断を，（1）無体物も修正4条の押収の対象となる，（2）修正4条が保護するのは，場所ではなく人である，と判示して破棄したのである。その補足意見の中で，Harlan裁判官が概要次のように述べたのが，プライバシーの期待の法理である。「ある個人が修正4条によって保護されるかどうかを判断するには，二つの問いに答えなければならない。一つ目は，個人が主観的にプライバシーの期待をもっているかであり，二つ目は，その個人の主観的期待を社会が合理的なものと認めるか，である。住居では，人は多くの場合にプライバシーの期待を有するが，公衆の目に触れる状態にある物や言動は，それを他の人の目に曝さないとの意思が示されない限り，修正4条の保護が及ぶことはない」[12]。

これによって，第4修正が保護する権利は，財産権を主張できる憲法上保護された領域への物理的な侵入のみならず，人が侵入・監視・干渉されないという主観的プライバシーを有し，かつ，それを保護することについて社会の人々の合意が得られる範囲（客観的プライバシーが保護される範囲）への非物理的な侵入からも保護されるという法理が示されたのである。

日本の最高裁判所は，おそらくこのような法理の影響を受けて，公衆の目に触れる場所とそうでない場所における個人の監視・干渉されない権利の差や，プライバシーへの侵入程度に応じて事案を処理してきた。例えば，最決平成20年4月15日刑集62巻5号1398頁は，警察官が，被告人およびその妻が自宅付近の公道上にあるごみ集積所に出したごみ袋を回収し，そのごみ袋の中身を警察署内で確認して，強盗事件の後，銀行のATMの防犯ビデオに写っていた人物が着用していたものと類似するダウンベスト，腕時計等を発見し，これらを領置した，という事案であるが，最高裁は，「排出されたごみについては，通常，そのまま収集されて他人にその内容が見られることはないという期待があるとしても，捜査の必要がある場合には，刑訴法221条により，これを遺留物として領置することができる」と述べている。

また，最決平成21年9月28日刑集63巻7号868頁は，覚せい剤密売の被疑事実で内偵捜査を進めていた警察官が，関与が疑われる事務所に配達される予定の宅配便荷物のうち不審なものを借り出してその内容を把

12) Katz v. United States, 389 U.S. 347 (1967) at 361.

握すべく，5回にわたって，宅配便荷物各1個を営業所から借り受け，関西空港内大阪税関においてエックス線検査を行った結果，細かい固形物が均等に詰められている長方形の袋の射影が観察されたという事案であり，これに際して，警察官は何らの令状も荷送人や荷受人の承諾も得ていなかったのであるが，最高裁は「本件エックス線検査は，荷送人の依頼に基づき宅配便業者の運送過程下にある荷物について，捜査機関が，捜査目的を達成するため，荷送人や荷受人の承諾を得ることなく，これに外部からエックス線を照射して内容物の射影を観察したものであるが，その射影によって荷物の内容物の形状や材質をうかがい知ることができる上，内容物によってはその品目等を相当程度具体的に特定することも可能であって，荷送人や荷受人の内容物に対するプライバシー等を大きく侵害するものであるから，検証としての性質を有する強制処分に当たるものと解される。そして，本件エックス線検査については検証許可状の発付を得ることが可能だったのであって，検証許可状によることなくこれを行った本件エックス線検査は，違法であるといわざるを得ない。」と判示している。

(3) 平成29年3月15日大法廷判決

こうしたプライバシーの期待理論は，公衆の目に晒される場所とそうでない場所でのプライバシーの期待に差を設け，後者をより厚く保障するものであるが，GPS捜査は，公衆の目に触れる場所であるとないとを問わず，位置情報を継続的に把握することによる個人の活動や生活状況の監視が許されるのか，という問題を提示している。

最大判平成29年3月15日刑集71巻3号13頁は，共犯者と共謀のうえ，犯行に使用する自動車を盗み出し，それで移動しながら店舗に侵入して衣類等を盗むという手口で，総額400万円を超える自動車等の窃盗や侵入盗を繰り返したという事案で，捜査官が，犯行の全容解明のため，約6か月半にわたって，被告人，共犯者のほか，被告人の知人も使用する可能性のあった自動車等19台に，同人らの承諾なく，かつ，裁判官の何らの審査を経ることなくGPS端末16個を取り付けて，その移動状況を把握したというものである。原審判示によると，各車両にGPS発信器が取り付けられていた期間は，最短のもので半月程度，最長のものは合計でおおむね3か月近くにわたっていた。位置情報の取得状況をみると，1個の端末については，合計約3か月の間行われた検索回数が合計1200回を上回り，検索不能分を除くと1000回以上位置情報が取得されており，また，6個については，数か月の間に約550回ないし約800回検索がなされ，約480回ないし約680回位置情報が取得されている。なお，警察官らは，発信器を取り付ける際などに，車両がとめられていた路上のほか，管理者等の承諾を得ることなくスーパーの駐車場，コインパーキングやラブホテルの駐車場に立ち入ったこともあった。

第1審大阪地裁は，検証令状を取得すべきであったのにそれをしていないことなどを理由にこれを違法と判断したが，控訴審は，「このようなGPS捜査が，対象車両使用者のプライバシーを大きく侵害するものとして強制処分に当たり，無令状でこれを行った点において違法と解する余地がないわけではな」く，「本件GPS捜査の実施には令状が必要であったと解してみても，その発付の実体的要件は満たしていたと考え得る」ことや，「本件GPS捜査が行われていた頃までに，これを強制処分と解する司法判断が示されたり，定着したりしていたわけではなかったこと」などを挙げて，本件捜査に重大な違法はなかったと判示している。

大法廷判決は，GPS捜査は，①「対象車両及びその使用者の所在と移動状況を逐一把握することを可能に」し，「このような捜査手法は，個人の行動を継続的，網羅的に把握することを必然的に伴うから，個人のプライバシーを侵害し得るものであり，また，そのような侵害を可能とする機器を個人の所持品に秘かに装着することによって行う点において，公道上の所在を肉眼で把握したりカメラで撮影したりするような手法とは異なり，公権力による私的領域への侵入を伴う」，②憲法35条が保障するのは，「『住居，書類及び所持品』に限らずこれらに準ずる私的領域に『侵入』されることのない権利が含まれる」，③そうすると，「個人のプライバシーの侵害を可能とする機器をその所持品に秘かに装着することによって，合理的に推認される個人の意思に反してその私的領域に侵入する捜査手法であるGPS捜査は，個人の意思を制圧して憲法の保障する重要な法的利益を侵害するものとして，刑訴法上，特別の根拠規定がなければ許容されない強制の処分に当た」り，④「現行犯人逮捕等の令状を要しないものとされている処分と同視すべき事情があると認めるのも困難であるから，令状がなければ行うことのできない処分」であるとし，さらに進んで，⑤「GPS捜査は，情報機器の画面表示を読み取って対象車両の所在と移動状況を把握する点では刑訴法上の『検証』と同様の性質を有するものの，対象車両にGPS端末を取り付けることにより対象車両及びその使用者の所在の検索を行う点において，『検証』では捉えきれない性質を有する」，⑥「仮に，検証許可状の発付を受け，あるいはそれと併せて捜索許可状の発付を受けて行うとしても，GPS捜査は，GPS端末を取り付けた対象車両の所在の検索を通じて対象車両の使用者の行動を継続的，網羅的に把握することを必然的に伴うものであって，GPS端末を取り付けるべき車両及び罪名を特定しただけでは被疑事実と関係のない使用者の行動の過剰な把握を抑制することができず，裁判官による令状請求の審査を要することとされている趣旨を満たすことができないおそれがあ」り，また，「被疑者らに知られず秘かに行うのでなければ意味がなく，事前の令状呈示を行うことは想定でき」ず，「これに代わる公正の担保の手段が仕組みとして確保されていないのでは，適正手続の保障という観点から問題が残る」，⑦「捜査の実効性にも配慮しつつどのような手段を選択するかは，刑訴法197条1項ただし書の趣旨に照らし，第一次的には立法府に委ねられていると解される。仮に法解釈により刑訴法上の強制の処分として許容するのであれば，以上のような問題を解消するため，裁判官が発する令状に様々な条件を付す必要が生じるが，事案ごとに，令状請求の審査を担当する裁判官の判断により，多様な選択肢の中から的確な条件の選択が行われない限り是認できないような強制の処分を認めることは，・・・同項ただし書の趣旨に沿』わ」ないので，「その特質に着目して憲法，刑訴法の諸原則に適合する立法的な措置が講じられることが望ましい。」と判示した。（ただし，具体的な事案としては，本件GPS捜査以外の捜査によって得られた証拠に基づき被告人を有罪と認定した第１審判決は正当であり，第１審判決を維持した原判決の結論に誤りはない，とした）。

これには，立法的な措置が講じられるべきであるとの法廷意見に賛同しつつ，法制化までには一定の時間を要することから，それまでの間，裁判官の審査を受けてGPS捜査を実施することが全く否定されるべきものではなく，その場合，高度の司法判断の下，ごく限られた極めて重大な犯罪の捜査のための高度の必要性が要求される，とする補足意見がある。

(4) 残された課題[13)]

上記事案で用いられたGPS捜査は，捜査機関が民間業者と契約して端末を入手し，その位置情報の検索回数に応じた料金を支払う。筆者の試したものでは，一定回数／月の検索が定額で，それを超えると一回検索するごとに決まった料金を支払う仕組みになっていた。PCや携帯で，サイトにアクセスして検索をかけると，十数秒して正確な時で10メートル以内の誤差で端末の位置が地図上に示される。端末上がコンクリート等で覆われていると検索不能だったり，誤差が大きくなったりする。本件の検索回数は3か月で1,200回ということだが，これを単純に月平均すると400回，日の平均では13回，24時間では2時間に1〜2回程度検索された

13) 本代法廷判決およびGPS捜査に関しては，数々の文献があるが，さしあたり，指宿信『GPS捜査とプライバシー保護』現代人文社（2018），笹倉宏紀ほか「強制・任意・プライヴァシー（続）」法律時報90巻1号54頁，緑大輔「監視型捜査」月刊法学教室446号24頁，亀石倫子「GPS捜査大法廷判決にいたるまでの弁護活動」自由と正義68巻10号8頁，「GPS捜査の課題と展望＜特集＞」刑事法ジャーナル53号26頁など。また，稲谷龍彦『刑事手続におけるプライバシー保護』弘文堂（2017）は，この問題に関する新たな視点を提供している。

ということになる[14]。

さて，大法廷判決は，憲法35条が保障するのは，「『住居，書類及び所持品』に限らずこれらに準ずる私的領域に『侵入』されることのない権利」を含む，としたうえで，GPS捜査は「対象車両及びその使用者の所在と移動状況を逐一把握することを可能に」し，「このような捜査手法は，個人の行動を継続的，網羅的に把握することを必然的に伴うから，個人のプライバシーを侵害し得るものであり，また，そのような侵害を可能とする機器を個人の所持品に秘かに装着することによって行う点において，公道上の所在を肉眼で把握したりカメラで撮影したりするような手法とは異なり，公権力による私的領域への侵入を伴う」と述べている。

「住所，書類，所持品」への侵入を受けない権利を保障する憲法35条の保障が，それ以外の「私的領域」への侵入を受けない権利にも及ぶ，といった部分は，アメリカ合衆国最高裁判所がKatz事件で，合衆国憲法修正4条が保障するのは場所ではなくて人であると判示したことを思い起こさせ，35条の保護の範囲を物理的に侵入可能なもの以外にも拡大することを明言した点で評価できる。ただし，具体的事案解決には不要な問題も含め，保護されるべき権利およびそれへの干渉態様については，本判決は多くの問いを残している。

まず，大法廷判決のいう「私的領域」への「侵入」が何をさすのかが明らかではない。「領域」という日本語は，通常，物理的な範囲を指す語であるが，大法廷判決が，憲法35条の保障対象は住居・書類・所持品に限らないと明示したうえ，個人の行動を継続的，網羅的に把握することを必然的に伴うGPS捜査は，公道上の所在を肉眼で把握したりカメラで撮影したりするような手法とは異なる，としていることから，「私的領域」は，個人が物理的に支配している領域のみならず，「個人が政府

14) アメリカ合衆国のJonesでは，数秒ごとに位置情報が捜査機関のコンピュータに送信されていたというから，その監視密度にはかなりの差があることは指摘できよう。

機関の監視・干渉を受けないとの期待」を含むものと解してよいと思われる。このとき，個人の占有する車両が「私的領域」であることや，それにGPS端末を取りつけるために個人の住居敷地内等に立ち入ることが「侵入」であることはもちろんとして，では，その車両内部に侵入せず，また，その外観や機能を損なうことなく端末を取りつけること自体も「侵入」とみることになるのだろうか[15)]。これを「侵入」とみた場合，ある車両の所有者が端末取付けに同意したとして，捜査機関の監視対象がその車両の利用者である場合に，なおそれを「侵入」とみるのだろうか。

次いで，個人の行動が把握されないという期待は，公道上とそうでない場所で区別されるのかどうか。これが，従来のプライバシーの期待理論との相違である。例えば，個人の容ぼうがみだりに撮影されない権利であれば（最大判昭44年12月24日刑集23巻12号1625頁），住居内と公道上を区別することには意味がある[16)]。一般的に言って，プライバシーの期待は，他者に見られることが予測できる場では低く，そうでない場では高いからである。しかし，個人の行動は，公道上や住居，職場等の間を行き来するものであって，その行動を把握されない権利という意味では，対象者が公道上とそれ以外の場所にいる場合を区別する理由はないのではないか，つまり，対象者が公道上にいるからといって，「行動を把握されない期待」が低下するわけではないのではないかと思われるのだが，本判決は公道上とそうでない場所を区別しているようにも思われる。

加えて，個人の行動を継続的，網羅的に把握することを必然的に伴う捜査，ということであれば，位置情報の把握よりも，どこで誰と会い，何をしているかを現認する目視の尾行の方がGPSの位置情報に比べはるかに質・量が高い監視が可能であるが，これは裁判官の関与なしに行

15) Jonesでは，これを「侵入」とみた。
16) この事件では，デモ行進に参加している者の要望を撮影する行為の適法性が問われた。

われており，そのことを問題視する見解（目視の尾行が強制処分であるとの主張）はないし，本判決もそれには触れていない。より取得情報が多いはずの尾行には法律の授権を必要とせず，より少ないGPS捜査にそれを必要とする理由はどこにあるのか。

これへの一つの答えは，尾行は，それに膨大な人的資源が必要とされるため，現実的に24時間365日の監視は不可能であるが，GPSにはそうした資源がいらないため，ある時点での情報量は尾行より少なくとも，累積的な個人の行動把握が可能になる，ということであろう[17]。

さらに，情報の累積という観点からすると，個人の行動を継続的・網羅的に把握することを可能にする，という判示から，どの程度の情報が入手・蓄積されると，それを法律の根拠に基づいて行うべき捜査とみるのか，という疑問も生ずる。本判決は，個人情報を蓄積する「可能性のある」点に注目して，実際に蓄積される情報量にかかわらず，これを法律の根拠を必要とする捜査と考えているのかもしれないが，そうすると，やはり，目視の尾行との区別が曖昧になるようにも思われる。

このように，大法廷判決が「私的領域」への「侵入」としているものの内容は，未だ明確でないと言わざるを得ない。はっきりしているのは，大法廷判決の補足意見を前提としても，日本ではGPS捜査が，法律制定までは事実上実施できなくなったということである[18]。

本判決の事案は，社会的な注目も高く，メディアを通じてGPS捜査が

17) ただし，それは干渉される権利の質や干渉態様の分析とは異なった視点である。

18) 実務上，GPS捜査は二つの場面で用いられてきた。一つは，本判決のような被疑者等の運転する車両への端末取付けであり，もう一つはコントロールド・デリバリーの実施の際に，対象貨物の中にGPS端末を入れてこれを追尾する場合である。捜査機関は，本判決の後，両者についてその実施を停止したが，双方ともに本判決の禁止の射程に入るべきものかどうかは，検討が必要であろう。なお，本判決が下される前に，検証令状を取得してGPS捜査を行った事例があり，本判決の論理に従えば，検証令状によってもGPS捜査は規律できないから，これは違法ということになるが，千葉地方裁判所は，重大違法がないとしてGPS捜査の結果入手された証拠を排除しなかった（2018年8月30日日本経済新聞）。

社会的に知れ渡った以上，従来のようなGPS捜査手法にはもはや実効性が高くないと思われる。他方，GPSを利用したナビゲーションは今や自動車の標準装備であり，車両の位置情報をいわば携帯電話の位置情報と同じように取得することも技術的には可能であろうから，法律を制定するのであれば，そうした技術の展開や，取得された情報の利用制限等を視野に入れることが必要になるであろう 。

4. 過去10年の重要判例

付録として，日本の過去10年の裁判例で筆者が重要と考えるものを列挙しておく。

1) 警察署における留置き（東京高判平成21年7月1日判タ1314号302頁）
2) 医療行為としての採尿（最決平成17年7月19日刑集59巻6号600頁）
3) 自動車ナンバー読取りシステム（東京高判平成17年1月19日判示898号157頁）
4) 被疑者の玄関ドア付近のビデオ撮影（東京地判平17年6月2日判示1930号174頁）
5) ゴミの領置（最決平成20年4月15日刑集62巻5号1398頁）
6) 被疑者の住居を捜索中に届いた被疑者宛て荷物の捜索（最決平成19年2月8日刑集61巻1号1頁）
7) 宅配便のエックス線検査（最決平成21年9月28日刑集63巻7号868頁）
8) 接見室がないことを理由とした接見拒否（最判平成17年4月9日民集59巻3号563頁）
9) 被疑者と弁護人との接見内容の取調べ（福岡高判平成23年7月1日判時2127号9頁）
10) 一時的な国外渡航による公訴時効の停止（最決平成21年10月20日判タ1314号144頁）
11) 裁判員制度の合憲性（最大判平成23年11月16日判時2136号3

頁）

12） 犯罪被害者が刑事裁判を通じて被害回復を図る権利（東京地判平成21年12月21日判タ1328号85頁）

13） 被害者特定事項の非公開と裁判の公開原則（最決平成20年3月5日判タ1266号149頁）

14） ビデオリンクおよび遮蔽による証人保護（最判平成17年4月14日刑集59巻3号259頁）

15） 訴因変更の要否（最決平成24年2月29日刑集66巻4号589頁）

16） 公判前整理手続における被告人の主張明示義務（最決平成25年3月18日刑集67巻3号325頁）

17） 取調べの経過等を記録した捜査官メモの証拠開示（最決平成19年12月25日刑集61巻9号895頁）

18） 警察官が捜査の過程で作成し保管するメモの証拠開示（最決平成20年6月25日刑集62巻6号1886頁）

19） 警察官が被疑者の取調べに関して作成したメモの証拠開示（最決平成20年9月30日刑集62巻8合2753頁）

20） 取調べ状況を記録したDVDの証拠能力（東京地判平19年10月10日判タ1255号134頁など）

21） 証言拒絶と供述不能要件（東京高判平成22年5月27日河刑集63巻1号8頁，東京高判平成22年5月27日判タ1341号250頁）

22） 退去強制処分を受けた外国人の供述調書の証拠能力（東京高判平成20年10月16日高刑集1巻4号1頁，東京高判平成21年12月1日判タ1324号277頁）

23） 捜査共助要請に基づき中国国内で作成された供述書の証拠能力（最判平成23年10月20日裁時1542号14頁）

24） 犯行再現写真の証拠能力（最決平成17年9月27日刑集59巻7号753頁）

25） 私人作成の火災原因に関する報告書の証拠能力（最決平成20年

8月27日刑集62巻7号2702頁）

26）原供述者の署名押印のない供述録取書の弾劾証拠としての証拠能力（最判平成18年11月7日刑集60巻9号561頁）

27）不任意自白と派生証拠の証拠能力（東京高判平成25年7月23日判時2201号141頁）

28）状況証拠による事実認定（最判平成22年4月27日刑集64巻3号233頁）

29）同種前科等による犯人性の立証（最判平成24年9月7日刑集66巻9号907頁，最決平成25年2月20日刑集67巻2号1頁）

30）DNA鑑定を唯一の証拠とした有罪認定（横浜池判平成24年7月20日判タ1386号379頁）

31）合理的な疑いを超える証明の意義（最決平成19年10月16日刑集61巻7号677頁）

32）被告人の責任能力の認定（最判平成20年4月25日刑集62巻5号1559頁，最決平成21年12月8日裁時1497号15頁）

33）共犯者の存在が疑われる場合の単独犯起訴と審理の範囲（最決平成21年7月21日刑集63巻6号762頁）

34）死刑の量刑判断（最判平成20年2月29日判示1999号153頁）

35）無罪判決後の勾留の可否（最決平成19年12月13日刑集61巻9号843頁）

36）裁判員裁判における控訴審の審理のあり方（最判平成24年2月13日刑集66巻4号482頁）

37）裁判員裁判における量刑と控訴審での審査のあり方（最判平成26年7月24日刑集68巻6号925頁）

38）控訴審における職権調査の範囲（最決平成25年3月5日刑集67巻3号267頁）

39）足利事件再審無罪判決（宇都宮地判平成22年3月26日判時2084号157頁）

刑事判例研究 總目次
(1권~27권)

[刑事判例硏究(1)]

[刑事判例硏究(2)]

[刑事判例研究(3)]

[刑事判例研究(4)]

[刑事判例硏究(5)]

[刑事判例硏究(6)]

[刑事判例研究(7)]

[刑事判例研究(8)]

[刑事判例研究(10)]

[刑事判例研究(12)]

[刑事判例研究(14)]

[刑事判例研究(15)]

[刑事判例硏究(16)]

[刑事判例硏究(17)]

[刑事判例研究(18)]

[刑事判例研究(20)]

[刑事判例硏究(21)]

[刑事判例研究(22)]

[刑事判例研究(23)]

[刑事判例硏究(24)]

[刑事判例研究(25)]

한국형사판례연구회 2018년도 발표회

○ 제304회 형사판례연구회(2018.01.08)

한연규 검사: 사법경찰관의 조사자증언과 수사상 진술의 증거활용

이원상 교수: 강간죄 적용범위에 대한 문제점 고찰

○ 제305회 형사판례연구회(2018.02.05)

이상한 교수: 상호명의신탁과 횡령죄

오영근 교수: 2017년도 형법판례 회고

○ 제306회 형사판례연구회(2018.03.05)

이경렬 교수: 퇴사와 배임

권순건 판사: 급여형태로 취득한 범죄수익의 추징

○ 제307회 형사판례연구회(2018.04.02)

강우예 교수: 참고인신문조서에 대한 신빙성 판단의 성격과 효과
— 특신상태의 의미에 대한 분석을 중심으로 —

이주원 교수: 교통사고처리특례법상 처벌특례의 인적 적용범위

○ 제308회 형사판례연구회(2018.05.14)

최준혁 교수: 형법 제357조의 해석론

홍승희 교수: 명예훼손죄에서 사실과 의견의 구분

○ 제309회 형사판례연구회(2018.06.18)

<대법원 형사법연구회 공동학술회의>

이완형 판사
류부곤 교수 : 배임죄에서 계열사 지원행위와 경영판단의 한계

황태정 교수
정성민 판사 : 법관의 자유심증주의에 대한 비판적 고찰

○ 제310회 형사판례연구회(2018.07.02)

장영민 교수: 형사판례연구 관견 — 재검토해 본 몇 가지 판례 —

최호진 교수: 비트코인에 대한 몰수 가능성

○ 제311회 형사판례연구회(2018.09.10)

김영환 교수: 독일법 계수의 두 가지 결과현상들
— 개념법학과 일반조항에로의 도피 —

김영기 검사: 파업의 불법성과 업무방해 성립요건

○ 제312회 형사판례연구회(2018.10.01)

이완규 변호사: 배임죄와 주주총회 결의의 한계

우인성 판사: 집회부대물의 철거와 공무집행방해에 관한 사례

○ 제313회 형사판례연구회(2018.11.21)

<사법정책연구원 공동학술회의>

류부곤 교수
하상익 판사 : 주관적 고의의 객관적 구성

이상민 검사
이성은 판사 : 의사결정의 자유와 간접정범 형태의 강제추행죄의 성부

○ 제314회 형사판례연구회(2018.12.03)

김대휘 고문: 횡령죄의 보관관계 — 형법과 신의칙

한국형사판례연구회 회칙

1997. 11. 03. 제정

2006. 12. 04. 개정

2007. 12. 10. 개정

2011. 12. 05. 개정

2013. 12. 02. 개정

제 1 장 총 칙

제 1 조 [명칭]

본회는 한국형사판례연구회(이하 '본회'라 함)라 한다.

제 2 조 [주소지]

본회는 서울특별시에 주소지를 둔다.

제 3 조 [목적]

본회는 형사판례를 연구하고 회원 상호간의 의견교환을 장려·촉진·지원함으로써 형사법학 및 형사판례의 발전을 도모함을 목적으로 한다.

제 4 조 [사업]

본회는 전조의 목적을 달성하기 위하여 다음의 사업을 한다.

1. 형사판례연구
2. 월례연구발표회 및 토론회 개최
3. 학술지 '형사판례연구' 및 기타 간행물의 발간
4. 기타 본회의 목적에 적합한 사업

제 2 장 회 원

제 5 조 [회원]

본회의 회원은 본회의 목적에 찬동하는 자로서, 다음 각 호에 따라 구성한다.

1. 정회원은 판사, 검사, 변호사, 대학의 전임강사 이상의 자, 박사학위 소지자 기타 이와 동등한 자격을 갖추었다고 인정되는 자로서 정회원 3인 이상의 추천과 이사회의 승인을 얻은 자로 한다.
2. 준회원은 대학원 박사과정 이상의 연구기관에서 형사법학 및 유관분야를 연구하는 자로서 정회원 1인 이상의 추천과 이사회의 승인을 얻은 자로 한다.
3. 기관회원은 대학도서관 기타 형사법학을 연구하는 유관기관으로 정회원 3인 이상의 추천과 이사회의 승인을 얻은 기관으로 한다.

제 6 조 [권리의무]

회원은 본회의 각종 사업에 참여할 수 있는 권리를 가지며 회칙준수, 총회와 이사회 의결사항의 이행 및 회비납부의 의무를 진다.

제 7 조 [자격상실]

회원 중 본회의 목적에 위배되거나 품위를 손상시키는 행위를 한 자는 이사회의 결의에 의하여 제명할 수 있다.

제 3 장 총 회

제 8 조 [종류와 소집]

① 총회는 정기총회와 임시총회로 하고, 회장이 이를 소집한다.

② 정기총회는 매년 하반기 중에 소집함을 원칙으로 한다.

③ 임시총회는 회장이 필요하다고 인정하거나, 이사회의 의결이 있거나, 재적회원 2/5 이상의 요구가 있을 때에 소집한다.

④ 총회의 소집은 적어도 회의 7일 전에 회의의 목적을 명시하여 회원들에게 통지하여야 한다. 다만 긴급하다고 인정되는 사유가 있는 때에는 예외로 한다.

제 9 조 [권한]

총회의 의결사항은 다음과 같다.

1. 회칙의 제정 및 개정에 관한 사항

2. 회장·부회장 및 감사의 선임에 관한 사항
3. 예산 및 결산의 승인에 관한 사항
4. 기타 회장이 이사회의 의결을 거쳐 회부한 사항

제10조 [의결]
총회의 의결은 출석회원 과반수의 찬성으로 한다.

제4장 이 사 회

제11조 [구성 및 소집]
① 이사회는 회장, 부회장 및 이사로 구성한다.
② 회장·부회장은 당연직 이사로서, 각각 이사회의 의장·부의장이 된다.
③ 이사회는 회장이 필요하다고 인정하거나 이사 3인 이상의 요구가 있을 때에 회장이 소집한다.

제12조 [권한]
이사회는 다음 사항을 심의·의결한다.
1. 사업계획에 관한 사항
2. 재산의 취득·관리·처분에 관한 사항
3. 총회의 소집과 총회에 회부할 의안에 관한 사항
4. 총회가 위임한 사항
5. 기타 회장이 회부한 본회 운영에 관한 중요사항

제13조 [의결]
이사회의 의결은 재적이사 과반수의 출석과 출석이사 과반수의 찬성으로 한다.

제14조 [상임이사회]
① 회장은 이사회의 효과적인 운영을 위하여 이사 중에서 총무, 연구, 연구윤리, 출판, 섭외, 재무, 법제, 홍보의 업무를 전담할 상임이사를 위촉할 수 있다.
② 상임이사회는 회장, 부회장, 상임이사로 구성한다.
③ 회장은 상임이사회를 소집하고 그 의장이 된다.

④ 이사회는 필요하다고 인정되는 경우에는 그 권한을 상임이사회에 위임할 수 있으며, 회장은 긴급하다고 인정되는 사유가 있는 경우에는 이사회의 권한을 상임이사회로 하여금 대행하게 할 수 있다.
⑤ 상임이사회의 의결은 재적상임이사 과반수의 출석과 출석상임이사 과반수의 찬성에 의한다.

제5장 임 원

제15조 [종류]
본회에 다음의 임원을 둔다.
1. 회장 1인
2. 부회장 4인
3. 이사 5인 이상 40인 이내
4. 감사 2인

제16조 [임원의 선임]
① 회장은 부회장 및 상임이사 중에서 이사회의 추천을 받아 총회에서 선임한다.
② 부회장은 이사 중에서 이사회의 추천을 받아 총회에서 선임한다.
③ 이사는 회장의 추천을 받아 총회에서 선임한다.
④ 감사는 이사회의 추천을 받아 총회에서 선임한다.

제17조 [임원의 직무]
① 회장은 본회를 대표하고 회무 전반을 관장한다.
② 부회장은 회장을 보좌하고, 회장 유고시에 그 직무를 대행한다.
③ 이사는 이사회의 구성원으로서 중요 회무를 심의·의결한다.
④ 감사는 본회의 사업과 회계를 감사하여 정기총회에 보고한다.

제18조 [임원의 임기]
① 임원의 임기는 2년으로 하되 중임할 수 있다.
② 임원이 궐위된 때의 후임자의 임기는 전임자의 잔임기간으로 한다.

제19조 [고문]
① 본회의 발전을 위하여 약간 명의 고문을 둘 수 있다.

② 고문은 이사회의 의결을 거쳐 회장이 위촉한다.

제20조 [간사]

① 회장의 명을 받아 회무를 처리하기 위하여 간사 약간 명을 둘 수 있다.

② 간사는 회장이 임명한다.

제21조 [위원회]

① 본회에 편집위원회와 연구윤리위원회를 둔다.

② 본회 사업의 효율적인 추진을 위하여 이사회의 의결을 거쳐 필요한 분과위원회를 둘 수 있다.

제 6 장 재 무

제22조 [재정]

① 이 회의 재정은 회원의 회비, 기부금, 보조금 및 기타 수입으로 한다.

② 회비의 액수는 이사회가 정한다.

제23조 [예산과 결산]

재정에 관한 수입과 지출은 매년도마다 예산으로 편성하여 총회의 결의를 얻어야 하고 결산은 다음 연도 총회에 보고하여야 한다.

부칙(1997. 11. 03)

제 1 조

발기인 및 발기인 3인 이상의 추천을 받아 이 회의 회원이 되기를 승낙한 자는 제 5 조 제 2 항의 규정에 불구하고 회원이 된다.

부칙(2006. 12. 04)

제 1 조 [시행일]

이 회칙은 이사회의 승인이 있은 날부터 시행한다.

부칙(2007. 12. 10)

제 1 조 [시행일]
이 회칙은 이사회의 승인이 있은 날부터 시행한다.

부칙(2011. 12. 05.)

제1조 [시행일]
이 회칙은 이사회의 승인이 있은 날부터 시행한다.

부칙(2013. 12. 02.)

제1조 [시행일]
이 회칙은 이사회의 승인이 있은 날부터 시행한다.

한국형사판례연구회 편집위원회 규정

1997. 11. 03. 제정

2006. 12. 04. 개정

2007. 12. 10. 개정

2013. 12. 02. 개정

제 1 조 [목적]

이 규정은 한국형사판례연구회(이하 '본회'라 함) 회칙 제 4 조 제 3 호에 규정된 학술지 기타 간행물의 발간을 위한 편집위원회(이하 '위원회'라 함)의 구성과 운영에 관한 사항을 정함을 목적으로 한다.

제 2 조 [구성]

위원회는 편집위원장을 포함한 10인 이내의 편집위원으로 구성한다.

제 3 조 [편집위원의 선임 및 임기]

① 편집위원장은 본회의 출판담당 상임이사로 한다.

② 편집위원은 본회의 회원 중에서 이사회가 선임한다.

③ 편집위원의 임기는 2년으로 하되, 연임할 수 있다.

제 4 조 [업무]

위원회의 주요업무는 다음 각 호와 같다.

1. 본회의 학술지 '형사판례연구'의 편집 및 출판
2. '형사판례연구' 원고의 접수 및 게재여부 심사
3. 기타 간행물의 편집 및 출판
4. 편집위원회의 업무와 관련된 지침의 제정

제 5 조 [운영]

① 이 위원회는 위원장 또는 편집위원 과반수의 요구가 있는 경우에 위원장이 소집한다.

② 이 위원회의 의결은 편집위원 과반수의 출석과 출석위원 과반수의

찬성에 의한다.

③ 편집위원장은 위원회의 업무를 효율적으로 수행하기 위하여 편집간사를 둘 수 있다.

제 6 조 [투고원고의 심사]

① 위원회는 '형사판례연구' 기타 간행물에 투고된 원고를 심사하여 그 게재여부를 의결한다.

② 위원회는 '형사판례연구'에 투고되는 원고의 작성 및 문헌인용방법, 투고절차 등에 관한 지침(투고지침)을 제정할 수 있다.

③ 위원회는 '형사판례연구'에 투고된 원고의 심사기준 및 절차에 관한 지침(심사지침)을 제정할 수 있다.

④ 제1항의 원고 게재여부에 관한 의결은 '可', '否', '수정후 재심의'로 나눈다.

⑤ '수정후 재심의'로 의결된 원고가 수정·투고된 때에는 위원회는 그 재심의를 위원장 또는 약간 명의 위원에게 위임할 수 있고, 재심의의 결정은 '可' 또는 '否'로 한다.

제 7 조 [형사판례연구의 발간]

① '형사판례연구'는 연 1회 발간하며, 발간일자는 매년 6월 30일로 한다.

② 학술대회 발표논문 기타 학회에서 개최하는 학술발표회에서 발표된 논문은 '형사판례연구'의 별책으로 발간할 수 있다.

제 8 조 [개정]

이 규정의 개정은 이사회의 승인을 받아야 한다.

부칙(2006. 12. 04)

제 1 조 [시행일]

이 규정은 이사회의 승인이 있은 날부터 시행한다.

부칙(2007. 12. 10)

제 1 조 [시행일]

이 규정은 이사회의 승인이 있은 날부터 시행한다.

부칙(2013. 12. 02)

제 1 조 [시행일]

이 규정은 이사회의 승인이 있은 날부터 시행한다.

한국형사판례연구회 심사지침

2006. 12. 04. 제정

2007. 12. 10. 개정

제 1 조 [목적]

이 지침은 한국형사판례연구회 편집위원회 규정 제 6 조 제 3 항에 규정된 '형사판례연구' 투고원고에 대한 심사기준 및 절차에 관한 지침을 정함을 목적으로 한다.

제 2 조 [원고모집의 공고]

① 편집위원장은 매년 1월 중에 각 회원에게 전자우편으로 '형사판례연구'에 대한 원고를 모집하는 공문을 발송하고, 본 학회 홈페이지(http://www.kaccs.com)에 원고모집에 관한 사항을 게시한다.

② 원고모집을 공고함에 있어서는 투고절차, 논문작성 및 문헌인용방법, 심사기준 및 절차에 관한 기본적인 사항을 고지하여야 한다.

제 3 조 [원고접수]

① 편집간사는 원고를 접수하고, 각 투고자에게 전화 또는 전자우편으로 접수결과를 통보한다.

② 편집간사는 투고자의 인적사항, 논문제목, 접수일자, 분량 등을 기재한 접수결과표를 작성하여 투고원고를 편집위원장에게 송부한다.

③ 편집위원장은 투고원고가 편집위원회가 정한 투고지침에 현저히 위배된다고 판단하는 경우에는 투고자에게 수정을 요구할 수 있다.

제 4 조 [심사위원의 선정 및 심사원고 송부]

① 편집위원장은 각 투고원고에 대해 3인의 심사위원을 선정하고, 각 심사위원에게 심사기한을 정하여 심사원고를 송부한다.

② 심사위원을 선정함에 있어서는 해당분야에 대한 심사위원의 전문성을 고려하고 심사의 공정성을 기할 수 있도록 유의한다.

③ 심사원고에는 투고자의 인적사항이 기재되어서는 안 되며, 이미 기재되어 있는 경우에는 그 내용 가운데 인적 사항을 추론할 수 있

는 부분을 삭제한다.

제5조 [투고원고에 대한 심사]

① 심사위원은 투고원고를 심사하고 심사평가서를 작성하여 심사기간 내에 이를 편집위원장에게 송부한다.

② 심사위원은 투고원고를 심사함에 있어서는 다음의 각 호의 사항을 기준으로 한다.

1. 일반연구의 논문의 경우에는 주제의 창의성, 연구방법의 적절성, 내용의 완결성, 논문작성 및 문헌인용방법의 정확성, 연구결과의 학문적 기여도
2. 번역논문의 경우에는 번역의 필요성, 번역의 정확성 및 학문적 기여도

제6조 [투고원고에 대한 게재여부의 결정]

① 편집위원장은 심사위원의 심사평가가 완료된 후 투고원고에 대한 게재여부의 결정을 위한 편집회의를 개최한다.

② 편집위원장은 심사결과표를 작성하여 편집회의에 보고하고, 편집회의에서는 이를 토대로 게재여부를 결정한다. 다만 투고원고의 게재여부에 대한 최종결정이 있을 때까지 투고자 및 심사위원의 인적사항이 공개되지 않도록 유의하여야 한다.

③ 투고원고에 대한 게재여부의 결정은 다음 각 호의 기준에 의한다.

1. 3인의 심사위원 모두 게재 '可' 의견을 내거나, 2인의 심사위원이 게재 '可' 그리고 1인이 '수정후 재심의' 의견을 낸 때에는 게재 '可'로 결정한다. 다만 수정을 조건으로 할 수 있다.
2. 1인의 심사위원이 게재 '可' 의견을 내고 2인이 '수정후 재심의' 의견을 내거나 3인의 심사위원이 모두 '수정후 재심의' 의견을 낸 때에는 '수정후 재심의' 결정을 한다.
3. 투고원고에 대한 심사결과 심사위원 중 1인 이상이 게재 '否' 의견을 낸 경우에는 게재하지 아니한다. 다만 2인이 게재 '可' 의견을 내고 1인이 게재 '否' 의견을 낸 때에는 '수정후 재심의' 결정을 할 수 있다.

④ 수정원고에 대한 심사는 편집위원회 규정 제6조 제4항에 따라 편집위원장이 직접 또는 약간 명의 심사위원에게 위임하여 게재 '可' 또는 '否'로 결정한다. 다만 '수정후 재심의'결정된 원고에 대하여 투고자가 수정을 거부한 경우에는 '否'로 결정한다.

⑤ 편집위원장은 게재결정이 내려진 투고원고가 타인의 원고를 표절한 것이거나 이미 다른 학술지에 게재한 사실이 있는 것으로 밝혀진 때에는 게재결정을 취소한다.

제 7 조 [심사결과의 통보, 이의신청]

① 편집위원장은 편집회의 후 즉시 각 투고자에게 결정결과 및 이유 그리고 사후절차를 내용으로 하는 공문을 발송한다.

② 게재 '否' 결정을 받은 투고자는 편집위원장에게 이의신청을 할 수 있으며, 편집위원장은 이의신청에 대해서 인용 또는 기각여부를 결정한다.

③ 편집위원장이 이의신청에 대해 인용결정을 한 때에는 심사위원을 다시 선정하고 심사를 의뢰하여 그 결과에 따라 게재 '可' 또는 '否' 결정을 한다.

제 8 조 [최종원고의 제출, 교정 및 편집]

① 게재 '可'의 결정을 통보받은 투고자는 정해진 기간 내에 최종원고를 작성하여 편집간사에게 제출한다.

② 최종원고에 대한 교정 및 편집에 관한 사항은 편집위원장이 결정하며, 필요한 때에는 교정쇄를 투고자에게 송부하여 교정을 하게 할 수 있다.

제 9 조 [논문게재예정증명서의 발급]

편집위원장은 '형사판례연구'의 발행 이전에 최종적으로 게재가 결정된 원고에 대하여 투고자의 신청이 있는 경우에는 '논문게재예정증명서'를 발급한다.

제10조 ['형사판례연구' 게재논문의 전자출판]

'형사판례연구'에 게재된 논문의 전자출판과 관련된 사항은 편집위원회의 결정에 따른다.

부칙(2006. 12. 04)

제 1 조 [시행일]
이 지침은 '형사판례연구' 제15권 발행시부터 적용한다.

부칙(2007. 12. 10)

제1조 [시행일]
이 지침은 '형사판례연구' 제16권 발행시부터 적용한다.

한국형사판례연구회 투고지침

2006.12.04. 제정

2007.12.10. 개정

2011.12.05. 개정

제 1 조 [목적]

이 지침은 한국형사판례연구회 편집위원회 규정 제 6 조 제 2 항에 규정된 '형사판례연구' 투고원고에 대한 논문작성, 문헌인용방법 및 투고절차에 관한 사항을 정함을 목적으로 한다.

제 2 조 [논문제출]

① 투고원고는 다른 학술지에 발표되지 않은 것으로서 형법, 형사소송법 및 행형법 등 형사법 분야에 관한 것이어야 한다.

② 투고자는 원고마감기한 내에 투고신청서와 함께 원고파일 및 심사용 출력원고 3부를 편집간사에게 직접 또는 등기우편으로 제출한다. 다만 심사용 출력원고에는 필자가 누구임을 알 수 있는 사항(성명, 소속, 직위, 연구비지원 등)이 기재되어서는 안 된다.

③ 원고파일은 한글 프로그램으로 다음 각 호의 형식에 따라 작성하여 플로피디스켓 또는 전자우편으로 제출한다.

1. 용지종류 및 여백 : A4, 위쪽 35mm, 오른쪽 및 왼쪽 30mm, 아래쪽 30mm
2. 글자모양 및 크기 : 휴먼명조체 11포인트(단 각주는 10포인트)
3. 줄간격 : 160%

④ 투고원고의 분량은 원고지 120매 이하를 원칙으로 하며 이를 초과하는 경우 초과게재료를 납부하여야 한다.

⑤ 투고원고가 이 지침에 현저히 위반되는 경우 편집간사는 투고자에게 수정을 요구할 수 있다.

⑥ 편집간사는 투고원고의 접수결과를 편집위원장에게 보고하고, 투고자에게 전화 또는 전자우편으로 접수결과를 통보한다.

제 3 조 [논문작성방법]

① 투고원고의 작성에 있어서는 편집위원회 규정 및 이 지침에 규정된 사항을 준수하여야 한다.

② 투고원고는 다음 각 호의 내용으로 구성되어야 한다.

1. 제목(한글 및 외국어)
2. 저자명, 소속기관(한글 및 외국어). 저자(공동저자 포함)의 소속 기관은 각주 형태로 표기한다.
3. 목차
4. 본문(항목번호는 Ⅰ, 1, (1), 가, ①, A의 순서로 함)
5. 주제어(5단어 내외의 한글 및 외국어)
6. 초록(500단어 내외의 외국어)

③ 투고원고의 내용은 원칙적으로 국문으로 작성되어야 한다. 다만 외국인의 원고 기타 논문의 특성상 외국어로 작성되어야 하는 것은 외국어로 작성할 수 있으나 국문으로 된 번역문을 첨부하여야 한다.

④ 제 2 항 각 호의 외국어는 영어, 독일어, 프랑스어, 중국어, 일본어 중의 하나로 작성한다.

⑤ 저자가 2인 이상인 경우에는 책임저자와 공동저자의 구분을 명시하여야 한다.

제 4 조 [논문작성시 유의사항]

투고원고를 작성함에 있어서는 다음 각 호의 사항에 유의하여야 한다.

1. 국내외의 문헌을 인용함에 있어서는 최신의 문헌까지 인용하되 가급적 교과서 범주를 넘어서 학술논문 수준의 문헌을 인용하고, 교과서의 경우에는 출판연도와 함께 판수를 정확하게 기재한다.
2. 외국법에 관한 논문이 아닌 한 국내의 학술논문을 인용하여 국내 학설의 현황을 파악할 수 있도록 하고, 외국문헌은 필요한 한도 내에서 인용한다.
3. 이론이나 학설을 소개하는 경우 일부 문헌만을 근거로 삼지 않고 될수록 많은 문헌을 인용하여 다수설 및 소수설의 평가가 정확

히 되도록 유의한다.

4. 기존의 학설을 비판하거나 새로운 학설을 주장하는 경우 그 근거되는 논의상황이 국내의 상황인지 또는 외국의 상황인지를 명확하게 구별하고, 자신의 주장이 해석론인지 형사정책적 제안인지도 분명히 제시한다.
5. 원고는 원칙적으로 한글로 작성하며 한자와 외국어는 혼동이 생길 수 있는 경우에만 괄호 안에 넣어서 표기한다.
6. 외국의 논문이 번역에 가깝게 게재논문의 기초가 되어서는 안 된다.

제 5 조 [문헌인용의 방법]

다른 문헌의 내용을 인용하는 경우에는 다음 각 호의 방식에 의하고, 각주에서 그 출처를 밝혀야 한다.

1. 인용되는 내용이 많은 경우에는 별도의 문단으로 인용하고, 본문과 구별되도록 인용문단 위와 아래를 한 줄씩 띄우고 글자크기를 10포인트 그리고 양쪽 여백을 4ch(칸)으로 설정한다.
2. 인용되는 내용이 많지 않은 경우에는 인용부호(“ ”)를 사용하여 표시한다.
3. 인용문의 내용 중 일부를 생략하는 경우에는 생략부호(…)를 사용하고, 내용을 변경하는 경우에는 변경표시([ ])를 하여야 한다.
4. 인용문의 일부를 강조하고자 할 때에는 국문은 밑줄을 쳐서 표시하고 영문은 이탤릭체를 사용한다.

제 6 조 [각주의 내용]

① 각주에서는 원칙적으로 한글을 사용하여야 하고, 인용되는 문헌이 외국문헌인 경우에도 저자명, 논문제목, 서명 또는 잡지명, 발행지, 출판사 등과 같은 고유명사를 제외한 나머지는 한글로 표기한다. 특히 See, Cf, Ibid, Supra, Hereinafter, et al, etc, Vgl, Dazu, Siehe, a.a.O., f(ff), usw 등과 같이 외국어로 된 지시어는 사용하지 않는다.

② 인용문헌이 여러 개인 경우에는 각각의 문헌 사이에 세미콜론(;)을 표기하여 구분한다.

③ 문헌을 재인용하는 경우에는 원래의 문헌을 표시한 후 괄호 안에

참조한 문헌을 기재한 후 '재인용'이라고 표시한다.

④ 제1항 내지 제3항 및 제7조 내지 제11조에 규정된 이외의 사항에 대하여는 한국법학교수협의회에서 결정한 「논문작성 및 문헌인용에 관한 표준(2000)」에 따른다.

제 7 조 [인용문헌의 표시]

① 인용되는 문헌이 단행본인 경우에는 저자, 서명, 판수, 발행지 : 출판사, 출판연도, 면수의 순서로 기재한다. 다만 발행지와 출판사는 생략할 수 있다.

② 인용되는 문헌이 논문인 경우에는 저자, 논문제목, 서명(잡지인 경우에는 잡지명, 권수 호수), 발행지 : 출판사, 출판연월, 면수의 순서로 기재한다. 다만 발행지와 출판사는 생략할 수 있고, 월간지의 경우에는 권수와 호수 및 출판년도 대신에 'ㅇㅇㅇㅇ년 ㅇ월호'로 기재할 수 있다. 그리고 논문 제목은 동양문헌인 때에는 인용부호(" ")안에 기재하고, 서양문헌인 때에는 별도의 표시 없이 이탤릭체로 표기한다.

예) 김종서, "현행 지방자치관계법의 비판적 검토", 인권과 정의 1992년 3월호, 99쪽.

③ 서명 및 잡지명은 그 명칭의 전부를 기재하여야 한다. 다만 외국문헌의 경우 처음에는 그 전부를 표기하고 이후부터는 약어로 기재할 수 있다.

④ 저자가 두 명인 경우에는 저자명 사이에 가운데점(·)을 표시하고, 세 명 이상인 경우에는 대표 저자만을 표기한 후 '외(外)'라고 기재한다.

⑤ 인용문헌이 편집물인 경우에는 저자명 뒤에 '편(編)'이라고 기재한다.

⑥ 인용문헌이 번역물인 경우에는 저자명 뒤에 사선(/)을 긋고, 번역자의 이름을 기입한 뒤 '역(譯)'이라고 기재한다.

예) Karl Larenz·Claus-Wilhelm Canaris/허일태 역, 법학방법론, 2000, 120쪽.

⑦ 기념논문집, 공청회자료집 등은 서명 다음에 콜론(:)을 표시하고 그 내용을 표시한다.

예) 현대형사법의 쟁점과 과제 : 동암 이형국 교수 화갑기념논문집

제 8 조 [판례의 표시]

① 판례는 선고법원, 선고연월일, 사건번호 및 출처의 순서로 개재하되, 출처는 괄호 안에 표기한다.

예) 대법원 1996. 4. 26. 선고 96다1078 판결(공 1996상, 1708), 대전고법 2000. 11. 10. 선고 2000노473 판결(하집 2000(2), 652)

② 판례의 출처는 다음 각 호와 같이 약어를 사용하여 표시한다.

1. 법원공보(또는 판례공보) 1987년 125면 이하 → 공 1987, 125
2. 대법원판례집 제11권 2집 형사편 29면 이하 → 집11(2), 형 29
3. 고등법원판례집 1970년 형사·특별편 20면 이하 → 고집 1970, 형특 20
4. 하급심판결집 1984년 제 2 권 229면 → 하집 1984(2), 229
5. 판례카드 3675번 → 카 3675
6. 헌법재판소판례집 제5권 2집 14면 이하 → 헌집5(2), 14
7. 헌법재판소공보 제3호 255면 → 헌공3, 255
8. 판례총람 형법 338조 5번 → 총람 형338, 5

③ 외국판례는 당해 국가에서 일반적으로 사용되는 표기방법에 따른다.

제 9 조 [법령의 표시]

① 법령은 공식명칭을 사용하여야 하며, 띄어쓰기를 하지 않고 모두 붙여 쓴다.

② 법령의 이름이 긴 경우에는 '[이하 ○○○이라고 한다]'고 표시한 후 일반적으로 사용되는 약칭을 사용할 수 있다.

예) 성폭력범죄의처벌및피해자보호등에관한법률[이하 성폭력특별법이라고 한다]

③ 법령의 조항은 '제○조 제○항 제○호'의 방식으로 기재하며, 필요한 경우에는 본문, 단서, 전문 또는 후문을 특정하여야 한다.

④ 법령이 개정 또는 폐지된 때에는 그 연월일 및 법령 호수를 기재하여야 한다.

예) 형사소송법(1995. 12. 29. 법률 제5054호로 개정되고 1997. 12.

13. 법률 제5435호로 개정되기 이전의 것) 제201조의2 제1항

⑤ 외국의 법령은 당해 국가에서 일반적으로 사용되는 표기방법에 따른다.

제10조 [기타 자료의 표시]

① 신문에 실린 자료는 작성자와 기사명이 있는 경우 저자명, “제목”, 신문명, 연월일자, 면을 표시하고, 작성자와 기사명이 없는 경우에는 신문명, 연월일, 면을 표시한다.

예) 박상기, “부동산 명의신탁과 횡령죄”, 법률신문, 1997. 10. 27, 14쪽.

② 인터넷 자료는 저자명, “자료명”, URL, 검색일자를 표시한다.

예) 박영도 외, “법률문화 및 법률용어에 관한 국민여론 조사”,

http://www.klri.re.kr/LIBRARY/library.html, 2002. 6. 1.검색.

제11조 [동일한 문헌의 인용표시]

① 앞의 각주에서 제시된 문헌을 다시 인용할 경우에는 저자명, 주 ㅇ)의 글(또는 책), 면의 순서로 표기한다.

② 바로 앞의 각주에서 인용된 문헌을 다시 인용하는 경우에는 앞의 글(또는 앞의 책), 면의 순서로 표기한다.

③ 하나의 각주에서 동일한 문헌을 다시 인용할 경우는 같은 글(또는 같은 책), 면의 순서로 표기한다.

제12조 [표 및 그림의 표시]

표와 그림은 <표 1>, <그림 1>의 방식으로 일련번호와 제목을 표시하고, 표와 그림의 왼쪽 아랫부분에 그 출처를 명시하여야 한다.

제13조 [편집위원회의 결정통보 및 수정원고 제출]

① 편집위원회는 투고원고에 대한 심사위원의 평가가 완료된 후 편집회의를 개최하여 투고원고에 대한 게재여부를 결정하고 투고자에게 그 결과를 서면 또는 전자우편으로 통지한다.

② 편집위원회가 투고원고에 대하여 ‘수정후 재심의’ 결정을 한 경우 투고자는 정해진 기간 내에 수정원고를 제출하여야 한다.

제14조 [학회비 및 게재료 납부]

① 편집위원회에 의해 게재결정된 투고원고는 투고자가 당해 연도 회

비를 납부한 경우에 한하여 학회지에 게재될 수 있다.

② 편집위원회에 의해 게재결정된 투고원고의 투고자는 다음 각 호의 구분에 의하여 게재료를 납부하여야 한다.

1. 교수 및 실무가: 편당 20만원
2. 강사 기타: 편당 10만원

③ 투고원고(외국어 초록 포함)의 분량이 원고지 120매를 초과하고 150매 이하인 경우에는 1매당 3천원, 150매를 초과하는 경우에는 1매당 5천원의 초과게재료를 납부하여야 한다.

제15조 [논문연구윤리 준수]

① 투고원고는 논문연구윤리 확인서에 포함된 논문연구윤리를 준수하여야 한다.

② 투고원고는 논문연구윤리 확인서를 제출한 경우에 한하여 학회지에 게재될 수 있다.

제16조 [논문사용권 등 위임동의서 제출]

투고원고는 논문사용권 및 복제·전송권 위임동의서를 제출한 경우에 한하여 학회지에 게재될 수 있다.

제17조 [중복게재의 제한]

① '형사판례연구'에 게재된 논문은 다른 학술지에 다시 게재할 수 없다.

② 편집위원회는 제 1 항에 위반한 투고자에 대하여 결정으로 일정기간 투고자격을 제한할 수 있다.

부칙(2006. 12. 04)

제 1 조 [시행일]

이 지침은 '형사판례연구' 제15권 발행시부터 적용한다.

부칙(2007. 12. 10)

제 1 조 [시행일]

이 지침은 '형사판례연구' 제16권 발행시부터 적용한다.

부칙(2011.12.05.)

제1조 [시행일]
이 지침은 '형사판례연구' 제20권 발행시부터 적용한다.

한국형사판례연구회 연구윤리위원회 규정

2007. 12. 10. 제정

2008. 06. 02. 개정

제 1 조 [목적]

이 규정은 연구윤리위반행위의 방지 및 건전한 연구윤리의 확보를 위한 기본적인 원칙과 방향을 제시하고, 한국형사판례연구회(이하 '본회'라 함) 회원의 연구윤리위반행위에 대한 조치와 절차 등을 규정함을 목적으로 한다.

제 2 조 [연구윤리위반행위]

연구윤리위반행위는 다음 각 호의 하나에 해당하는 것을 말한다.

1. "위조" — 존재하지 않는 데이터 또는 연구결과 등을 허위로 만들어 내는 행위
2. "변조" — 연구의 재료·장비·과정 등을 인위적으로 조작하거나 데이터를 임의로 변형·삭제함으로써 연구의 내용 또는 결과를 왜곡하는 행위
3. "표절" — 타인의 아이디어, 연구의 내용 또는 결과 등을 정당한 승인 또는 인용 없이 도용하는 행위
4. "부당한 논문저자 표시" — 연구내용 또는 결과에 대하여 과학적·기술적 공헌 또는 기여를 한 사람에게 정당한 이유 없이 논문저자 자격을 부여하지 않거나, 과학적·기술적 공헌 또는 기여를 하지 않은 자에게 감사의 표시 또는 예우 등을 이유로 논문저자 자격을 부여하는 행위
5. "중복게재" — 과거에 공간된 논문 등 저작물을 중복하여 출판하는 행위

6. "조사방해·부정은폐"—본인 또는 타인의 연구윤리위반행위의 의혹에 대한 조사를 고의로 방해하거나 제보자에게 위해를 가하는 행위

제 3 조 [연구윤리위원회]

① 연구윤리위반행위의 조사·의결을 위하여 연구윤리위원회(이하 '위원회'라 함)를 둔다.

② 연구윤리위원회는 연구윤리위원장을 포함한 10인 이내의 위원으로 구성한다.

③ 연구윤리위원장(이하 '위원장'이라 함)은 본회의 연구윤리담당 상임이사로 한다.

④ 연구윤리위원(이하 '위원'이라 함)은 본회 회원 중에서 이사회가 선임한다.

⑤ 연구윤리위원의 임기는 1년으로 하며, 연임할 수 있다.

제 4 조 [연구윤리위원회의 조사]

① 위원장은 다음 각 호의 경우 위원회에 연구윤리위반 여부의 조사를 요청하여야 한다.

1. 제보 등에 의하여 연구윤리위반행위에 해당한다는 의심이 있는 때
2. 본회 회원 10인 이상이 서면으로 연구윤리위반행위에 대한 조사를 요청한 때

② 제보의 접수일로부터 만 5년 이전의 연구윤리위반행위에 대해서는 이를 접수하였더라도 처리하지 않음을 원칙으로 한다. 단, 5년 이전의 연구윤리위반행위라 하더라도 피조사자가 그 결과를 직접 재인용하여 5년 이내에 후속 연구의 기획·수행, 연구결과의 보고 및 발표에 사용하였을 경우와 공공의 복지 또는 안전에 위험이 발생하거나 발생할 우려가 있는 경우에는 이를 처리하여야 한다.

③ 연구윤리위반행위의 사실 여부를 입증할 책임은 위원회에 있다. 단, 피조사자가 위원회에서 요구하는 자료를 고의로 훼손하였거나 제출을 거부하는 경우에 요구자료에 포함되어 있다고 인정되는 내용의 진실성을 입증할 책임은 피조사자에게 있다.

④ 위원회는 제보자와 피조사자에게 의견진술, 이의제기 및 변론의 권리와 기회를 동등하게 보장하여야 하며 관련 절차를 사전에 알려주어야 한다.

제 5 조 [연구윤리위원회의 의결]

① 위원회의 연구윤리위반결정은 재적위원 과반수의 출석과 출석위원 3분의 2 이상의 찬성으로 의결한다.

② 조사·의결의 공정을 기하기 어려운 사유가 있는 위원은 당해 조사·의결에 관여할 수 없다. 이 경우 당해 위원은 재적위원의 수에 산입하지 아니한다.

제 6 조 [제보자의 보호]

① 제보자는 연구윤리위반행위를 인지한 사실 또는 관련 증거를 위원회에 알린 자를 말한다.

② 제보자는 구술·서면·전화·전자우편 등 가능한 모든 방법으로 제보할 수 있으며 실명으로 제보함을 원칙으로 한다. 단, 익명의 제보라 하더라도 서면 또는 전자우편으로 논문명, 구체적인 연구윤리위반행위의 내용과 증거를 포함하여 제보한 경우 위원회는 이를 실명 제보에 준하여 처리하여야 한다.

③ 위원회는 제보자가 연구윤리위반행위 신고를 이유로 부당한 압력 또는 위해 등을 받지 않도록 보호해야 할 의무를 지니며 이에 필요한 시책을 마련하여야 한다.

④ 제보자의 신원에 관한 사항은 정보공개의 대상이 되지 않으며, 제보자가 신고를 이유로 제 3 항의 불이익을 받거나 자신의 의지에 반하여 신원이 노출될 경우 위원회 및 위원은 이에 대한 책임을 진다.

⑤ 제보자는 연구윤리위반행위의 신고 이후 진행되는 조사 절차 및 일정 등을 알려줄 것을 위원회에 요구할 수 있으며, 위원회는 이에 성실히 응하여야 한다.

⑥ 제보 내용이 허위인 줄 알았거나 알 수 있었음에도 불구하고 이를

신고한 제보자는 보호 대상에 포함되지 않는다.

제 7 조 [피조사자의 보호]

① 피조사자는 제보 또는 위원회의 인지에 의하여 연구윤리위반행위의 조사대상이 된 자 또는 조사 수행 과정에서 연구윤리위반행위에 가담한 것으로 추정되어 조사의 대상이 된 자를 말하며, 조사과정에서의 참고인이나 증인은 이에 포함되지 아니한다.

② 위원회는 검증 과정에서 피조사자의 명예나 권리가 부당하게 침해되지 않도록 주의하여야 한다.

③ 연구윤리위반행위에 대한 의혹은 판정 결과가 확정되기 전까지 외부에 공개되어서는 아니 된다.

④ 피조사자는 연구윤리위반행위의 조사·처리절차 및 처리일정 등을 알려줄 것을 위원회에 요구할 수 있으며, 위원회는 이에 성실히 응하여야 한다.

제 8 조 [예비조사]

① 예비조사는 연구윤리위반행위의 의혹에 대하여 조사할 필요가 있는지 여부를 결정하기 위한 절차를 말하며, 신고 접수일로부터 30일 이내에 착수하여야 한다.

② 예비조사 결과 피조사자가 연구윤리위반행위 사실을 모두 인정한 경우에는 본조사 절차를 거치지 않고 바로 판정을 내릴 수 있다.

③ 예비조사에서 본조사를 실시하지 않는 것으로 결정할 경우 이에 대한 구체적인 사유를 결정일로부터 10일 이내에 제보자에게 문서 또는 전자우편으로 통보한다. 단, 익명제보의 경우는 그러하지 않다.

④ 제보자는 예비조사 결과에 대해 불복하는 경우 통보를 받은 날로부터 30일 이내에 위원회에 이의를 제기할 수 있다.

제 9 조 [본조사]

① 본조사는 연구윤리위반행위의 사실 여부를 입증하기 위한 절차를 말하며, 예비조사에서 본조사의 필요성이 인정된 경우 즉시 착수하여야 한다.

② 위원회는 제보자와 피조사자에게 의견진술의 기회를 주어야 하며, 본조사결과를 확정하기 이전에 이의제기 및 변론의 기회를 주어야 한다. 당사자가 이에 응하지 않을 경우에는 이의가 없는 것으로 간주한다.

③ 제보자와 피조사자의 이의제기 또는 변론 내용과 그에 대한 처리 결과는 조사결과 보고서에 포함되어야 한다.

제10조 [판정]

① 판정은 본조사결과를 확정하고 이를 제보자와 피조사자에게 문서 또는 전자우편으로 통보하는 절차를 말하며, 본조사에 의하여 연구윤리위반이 인정된 경우 즉시 하여야 한다.

② 예비조사 착수 이후 판정에 이르기까지의 모든 조사 일정은 6개월 이내에 종료되어야 한다.

③ 제보자 또는 피조사자가 판정에 불복할 경우에는 통보를 받은 날로부터 30일 이내에 본회 회장에게 이의신청을 할 수 있으며, 본회 회장은 이의신청 내용이 합리적이고 타당하다고 판단할 경우 이사회의 결정으로 임시 조사위원회를 구성하여 재조사를 실시하여야 한다.

제11조 [위원회의 권한과 의무]

① 위원회는 조사과정에서 제보자·피조사자·증인 및 참고인에 대하여 진술을 위한 출석을 요구할 수 있고 피조사자에게 자료의 제출을 요구할 수 있으며, 이 경우 피조사자는 반드시 이에 응하여야 한다.

② 위원회 및 위원은 제보자의 신원 등 위원회의 직무와 관련하여 알게 된 사항에 대하여 비밀을 유지하여야 한다.

제12조 [조사의 기록과 정보의 공개]

① 위원회는 조사 과정의 모든 기록을 음성, 영상, 또는 문서의 형태로 5년 이상 보관하여야 한다.

② 조사결과 보고서는 판정이 끝난 이후 공개할 수 있다. 단, 증인·참고인·자문에 참여한 자의 명단 등은 당사자에게 불이익을 줄 가능성이 있을 경우 공개하지 않을 수 있다.

제13조 [연구윤리위반행위에 대한 조치]
위원회가 연구윤리위반행위로 결정한 때에는 다음 각 호의 조치를 취하여야 한다.

1. 투고원고를 '형사판례연구' 논문목록에서 삭제
2. 투고자에 대하여 3년 이상 '형사판례연구'에 논문투고 금지
3. 위반사항을 한국형사판례연구회 홈페이지에 1년간 공고
4. 한국학술진흥재단에 위반내용에 대한 세부적인 사항 통보

제14조 [연구윤리에 대한 교육]
위원회는 본회 회원의 연구윤리의식을 고취시키기 위하여 연구수행과정에서 준수해야 할 연구윤리 규범, 부정행위의 범위, 부정행위에 대한 대응방법 및 검증절차 등에 관한 교육을 실시하여야 한다.

제15조 [규정의 개정]
이 규정의 개정은 이사회의 의결에 의한다.

부칙(2008. 06. 02)

제 1 조 [시행일]
이 규정은 이사회의 의결이 있은 날부터 시행한다.

한국형사판례연구회 임원명단

한국형사판례연구회 회원명부

2019년 6월 현재

〈학 계〉

성 명	직 위	근 무 처	우편번호	주 소	직장/자택 전화번호
강 기 정	교수	창원대 법학과	51140	경남 창원시 의창구 창원대학로 20	055-213-3203
강 동 범	교수	이화여대 법학전문대학원	03760	서울 서대문구 이화여대길 52	02-3277-4480
강 석 구	선임 연구 위원	형사정책 연구원	06764	서울 서초구 태봉로 114	02-3460-5128
강 수 진	교수	고려대 법학전문대학원	02841	서울 성북구 안암동 145	02-3290-2889
강 우 예	교수	한국해양대 해사법학부	49112	부산 영도구 태종로 727	051-410-4393
권 오 걸	교수	경북대 법학전문대학원	41566	대구 북구 대학로 80	053-950-5473
권 오 봉	교수	부산대 법학전문대학원	46241	부산 금정구 부산대학로63번길 2	051-510-1574
권 창 국	교수	전주대 경찰행정학과	55069	전북 전주시 완산구 천잠로 303	063-220-2242
김 대 근	연구 위원	형사정책 연구원	06764	서울 서초구 태봉로 114	02-3460-5175
김 대 원	초빙교수	성균관대 법학전문대학원	03063	서울 종로구 성균관로 25-2	02-760-0922
김 봉 수	교수	전남대 법학전문대학원	61186	광주 북구 용봉로 77	062-530-2278

성 명	직 위	근 무 처	우편번호	주 소	직장/자택 전화번호
김 선 복	교수	부경대 법학과	48513	부산 남구 용소로 45	051-629-5441
김 성 돈	교수	성균관대 법학전문대학원	03063	서울 종로구 성균관로 25-2	02-760-0343
김 성 룡	교수	경북대 법학전문대학원	41566	대구 북구 대학로 80	053-950-5459
김 성 은	교수	강원대 법학전문대학원	24341	강원 춘천시 강원대학길 1	033-250-6539
김 성 천	교수	중앙대 법학전문대학원	06974	서울 동작구 흑석로 84	02-820-5447
김 영 철	교수	건국대 법학전문대학원	05029	서울 광진구 능동로 120	02-2049-6047
김 영 환	교수	한양대 법학전문대학원	04763	서울 성동구 왕십리로 222	02-2220-0995
김 유 근	연구위원	형사정책연구원	06764	서울 서초구 태봉로 114	02-3460-5182
김 인 선	명예교수	순천대 법학과	57922	전남 순천시 중앙로 255	061-750-3430
김 인 회	교수	인하대 법학전문대학원	22212	인천 남구 인하로 100	032-860-8965
김 재 봉	교수	한양대 법학전문대학원	04763	서울 성동구 왕십리로 222	02-2220-1303
김 재 윤	교수	전남대 법학전문대학원	61186	광주 북구 용봉로 77	062-530-2240
김 재 희	연구교수	이화여대 법학연구소	03760	서울 서대문구 이화여대길 52	02-3277-2636
김 정 환	교수	연세대 법학전문대학원	03722	서울 서대문구 연세로 50	02-2123-3003

성 명	직 위	근 무 처	우편번호	주 소	직장/자택 전화번호
김 종 구	교수	조선대 법학과	61452	광주광역시 동구 필문대로 309	062-230-6703
김 종 원	명예교수	성균관대 법학과	03063	서울 종로구 성균관로 25-2	02-760-0922
김 태 명	교수	전북대 법학전문대학원	54896	전북 전주시 덕진구 백제대로 567	063-270-4701
김 택 수	교수	계명대 경찰법학과	42601	대구 달서구 달구벌대로 1095	053-580-5468
김 한 균	연구위원	형사정책연구원	06764	서울 서초구 태봉로 114	02-3460-5163
김 혁 돈	교수	가야대 경찰행정학과	50830	경남 김해시 삼계로 208번지	055-330-1145
김 형 준	교수	중앙대 법학전문대학원	06974	서울 동작구 흑석로 84	02-820-5452
김 혜 경	교수	계명대 경찰행정학과	42601	대구 달서구 달구벌대로 1095	053-580-5956
김 혜 정	교수	영남대 법학전문대학원	38541	경북 경산시 대학로 280	053-810-2616
김 희 균	교수	서울시립대 법학전문대학원	02504	서울 동대문구 서울시립대로 163	02-6490-5102
남 선 모	교수	세명대 법학과	27136	충북 제천시 세명로 65	043-649-1231
노 수 환	교수	성균관대 법학전문대학원	03063	서울시 종로구 성균관로 25-2	02-760-0354
도 중 진	교수	충남대 국가안보융합학부	34134	대전 유성구 대학로 99번지	042-821-5297
류 부 곤	교수	경찰대 법학과	31539	충남 아산시 신창면 황산길 100-50	041-968-2763

성 명	직 위	근 무 처	우편번호	주 소	직장 자택 전화번호
류 석 준	교수	영산대 공직인재학부	50510	경남 양산시 주남로 288	055-380-9423
류 인 모	교수	인천대 법학과	22012	인천 연수구 아카데미로 119	032-835-8324
류 전 철	교수	전남대 법학전문대학원	61186	광주 북구 용봉로 77	062-530-2283
류 화 진	교수	영산대 공직인재학부	50510	경남 양산시 주남로 288	055-380-9448
문 성 도	교수	경찰대 법학과	31539	충남 아산시 신창면 황산길 100-50	041-968-2562
민 영 성	교수	부산대 법학전문대학원	46241	부산 금정구 부산대학로63번길 2	051-510-2514
박 강 우	교수	충북대 법학전문대학원	28644	충북 청주시 서원구 충대로 1	043-261-2622
박 광 민	교수	성균관대 법학전문대학원	03063	서울 종로구 성균관로 25-2	02-760-0359
박 기 석	교수	대구대 경찰행정학과	38453	경북 경산시 진량읍 대구대로 201	053-850-6182
박 미 숙	선임 연구위원	형사정책 연구원	06764	서울 서초구 태봉로 114	02-3460-5166
박 상 기	교수 법무부 장관	연세대 법학전문대학원 법무부	03722 13809	서울 서대문구 연세로 50 경기도 과천시 관문로 47 정부과천청사	02-2123-3005 02-2110-3000
박 상 진	교수	건국대 공공인재대학 경찰학과	27478	충북 충주시 충원대로 268	043-840-3429
박 성 민	교수	경상대 법과대학	52828	경남 진주시 진주대로 501	055-772-2035
박 수 희	교수	가톨릭관동대 경찰행정학과	25601	강원 강릉시 범일로 579번길 24	033-649-7336

성 명	직 위	근 무 처	우편번호	주 소	직장/자택 전화번호
박 찬 걸	교수	대구가톨릭대 경찰행정학과	38430	경북 경산시 하양읍 하양로 13-13	053-850-3339
백 원 기	교수	인천대 법학과	22012	인천 연수구 아카데미로 119	032-835-8328
변 종 필	교수	동국대 법학과	04620	서울 중구 필동로1길 30	02-2260-3238
서 거 석	교수	전북대 법학전문대학원	54896	전북 전주시 덕진구 백제대로 567	063-270-2663
서 보 학	교수	경희대 법학전문대학원	02447	서울 동대문구 경희대로 26	02-961-0614
성 낙 현	교수	영남대 법학전문대학원	38541	경북 경산시 대학로 280	053-810-2623
소 병 철	석좌교수	농협대학교	10292	경기도 고양시 덕양구 서삼릉길 281	031-960-4000
손 동 권	교수	건국대 법학전문대학원	05029	서울 광진구 능동로 120	02-450-3599
손 지 영	전문위원	법과인간행동연구소, 법무법인 케이에스앤피	06606	서울 서초구 서초중앙로24길16	02-596-1234
송 광 섭	교수	원광대 법학전문대학원	54538	전북 익산시 익산대로 460	063-850-6373
승 재 현	연구위원	형사정책연구원	06764	서울 서초구 태봉로 114	02-3460-5164
신 가 람	박사과정	연세대	03722	서울 서대문구 연세로 50	02-2123-8644
신 동 운	명예교수	서울대 법학전문대학원	08826	서울 관악구 관악로 1	02-880-7563
신 양 균	교수	전북대 법학전문대학원	54896	전북 전주시 덕진구 백제대로 567	063-270-2666

성 명	직 위	근 무 처	우편번호	주 소	직장 자택 전화번호
심 영 주	강사	인하대 법학전문대학원	22212	인천광역시 남구 인하로 100 인하대학교 로스쿨관	032-860-7920
심 재 무	교수	경성대 법학과	48434	부산 남구 수영로 309	051-663-4518
심 희 기	교수	연세대 법학전문대학원	03722	서울 서대문구 연세로 50	02-2123-6037
안 경 옥	교수	경희대 법학전문대학원	02447	서울 동대문구 경희대로 26	02-961-0517
안 성 조	교수	제주대 법학전문대학원	63243	제주 제주시 제주대학로 102	064-754-2988
안 성 훈	연구위원	형사정책 연구원	06764	서울 서초구 태봉로 114	02-3460-5182
안 원 하	교수	부산대 법학전문대학원	46241	부산 금정구 부산대학로63번길 2	051-510-2502
오 경 식	교수	강릉원주대 법학과	25457	강원 강릉시 죽헌길 7	033-640-2211
오 병 두	교수	홍익대 법학과	04066	서울 마포구 와우산로 94	02-320-1822
오 영 근	교수	한양대 법학전문대학원	04763	서울 성동구 왕십리로 222	02-2220-0994
원 재 천	교수	한동대 법학과	37554	경북 포항시 북구 흥해읍 한동로 558	054-260-1268
원 혜 욱	교수	인하대 법학전문대학원	22212	인천 남구 인하로 100	032-860-7937
유 용 봉	교수	한세대 경찰행정학과	15852	경기 군포시 한세로 30	031-450-5272
윤 동 호	교수	국민대 법학과	02707	서울 성북구 정릉로 77	02-910-4488

성 명	직 위	근 무 처	우편번호	주 소	직장/자택 전화번호
윤 용 규	교수	강원대 법학전문대학원	24341	강원 춘천시 강원대학길 1	033-250-6517
윤 종 행	교수	충남대 법학전문대학원	34134	대전광역시 유성구 대학로 99번지	042-821-5840
윤 지 영	연구위원	형사정책 연구원	06764	서울 서초구 태봉로 114	02-3460-5136
윤 해 성	연구위원	형사정책 연구원	06764	서울 서초구 태봉로 114	02-3460-5156
은 숭 표	교수	영남대 법학전문대학원	38541	경북 경산시 대학로 280	053-810-2615
이 강 민	조사위원	대법원 법원도서관	10413	경기도 고양시 일산동구 호수로 550	031-920-3697
이 경 렬	교수	성균관대 법학전문대학원	03063	서울 종로구 성균관로 25-2	02-760-0216
이 경 재	교수	충북대 법학전문대학원	28644	충북 청주시 서원구 충대로 1	043-261-2612
이 경 호	전 교수	한국해양대 해사법학부	49112	부산 영도구 태종로 727	051-410-4390
이 근 우	교수	가천대 법학과	13120	경기 성남시 수정구 성남대로 1342	031-750-8728
이 기 헌	교수	명지대 법학과	03674	서울 서대문구 거북골로 34	02-300-0813
이 동 희	교수	경찰대 법학과	31539	충남 아산시 신창면 황산길 100-50	041-968-2662
이 상 문	교수	군산대 해양경찰학과	54150	전북 군산시 대학로 558	063-469-1893
이 상 용	교수	명지대 법학과	03674	서울 서대문구 거북골로 34	02-300-0817

성 명	직 위	근 무 처	우편번호	주 소	직장/자택	전화번호
이 상 원	교수	서울대 법학전문대학원	08826	서울 관악구 관악로 1		02-880-2618
이 상 한	초빙교수	충북대학교 법학전문대학원	28644	충북 청주시 서원구 충대로 1		043-261-2620
이 상 현	교수	숭실대 국제법무학과	06978	서울 동작구 상도로 369		02-820-0486
이 순 욱	교수	전남대 법학전문대학원	61186	광주 북구 용봉로 77		062-530-2225
이 승 준	교수	충북대 법학전문대학원	28644	충북 청주시 서원구 충대로 1		043-261-3689
이 승 현	연구위원	형사정책연구원	06764	서울 서초구 태봉로 114		02-3460-5193
이 승 호	교수	건국대 법학전문대학원	05029	서울 광진구 능동로 120		02-450-3597
이 영 란	명예교수	숙명여대 법학과	04310	서울 용산구 청파로47길 100		02-710-9494
이 용 식	교수	서울대 법학전문대학원	08826	서울 관악구 관악로 1		02-880-7557
이 원 경	외래교수	숭실사이버대 법·행정학과	06978	서울특별시 동작구 상도로 369		02-828-5450
이 원 상	교수	조선대 법학과	61452	광주광역시 동구 필문대로 309		062-230-6073
이 유 진	선임연구위원	청소년정책연구원	30147	세종특별자치시 시청대로 370 세종국책연구단지 사회정책동(D동)		044-415-2114
이 윤 제	전 교수 주몬트리올총영사	주 몬트리올 대한민국 총영사관	1250	Rene-Levesque Bld. West, Suite 3600(36층), Montreal Quebec, Canada, H3B 4W8		(1-514) 845-2555

성 명	직 위	근 무 처	우편번호	주 소	직장/자택 전화번호
이 은 모	교수	한양대 법학전문대학원	04763	서울 성동구 왕십리로 222	02-2220-2573
이 인 영	교수	백석대 경찰학부	31065	충남 천안시 동남구 문암로 76	041-550-2124
이 정 념	교수	숭실사이버대 법·행정학과	06978	서울 동작구 상도로 369 미래관 B101호	02-828-5450
이 정 민	교수	단국대 법학과	16890	경기 용인시 수지구 죽전로 152	031-8005-3973
이 정 원	교수	영남대 법학전문대학원	38541	경북 경산시 대학로 280	053-810-2629
이 정 훈	교수	중앙대 법학전문대학원	06974	서울 동작구 흑석로 84	02-820-5456
이 주 원	교수	고려대 법학전문대학원	02841	서울 성북구 안암동 5가 1번지	02-3290-2882
이 진 국	교수	아주대 법학전문대학원	16499	경기 수원시 영통구 월드컵로 206	031-219-3791
이 진 권	교수	한남대 경찰행정학과	34430	대전 대덕구 한남로 70	042-629-8465
이 창 섭	교수	제주대 법학전문대학원	63243	제주 제주시 제주대학로 102	064-754-2976
이 창 현	교수	한국외대 법학전문대학원	02450	서울 동대문구 이문로 107(이문동 270)	02-2173-3047
이 천 현	선임 연구위원	형사정책 연구원	06764	서울 서초구 태봉로 114	02-3460-5125
이 충 상	겸임교수	인하대 법학전문대학원	22212	인천 남구 인하로 100	032-860-7914
이 태 언	전 교수	부산외대 법학과	46234	부산 금정구 금샘로 485번길 65	051-509-5991

성 명	직 위	근 무 처	우편번호	주 소	직장 자택 전화번호
이 호 중	교수	서강대 법학전문대학원	04107	서울 마포구 백범로 35	02-705-7843
이 희 경	연구교수	성균관대 글로벌리더학부	03063	서울특별시 종로구 성균관로 25-2	02-760-0191
임 정 호	부연구 위원	형사정책 연구원	06764	서울 서초두 태봉로 114	02-3460-5150
임 창 주	교수	서영대학교 사회복지행정과	10843	경기도 파주시 월롱면 서영로 170	031-930-9560
장 규 원	교수	원광대 경찰행정학과	54538	전북 익산시 익산대로 460	063-850-6905
장 성 원	교수	세명대 법학과	27136	충북 제천시 세명로 65	043-649-1208
장 승 일	강사	전남대 법학전문대학원	61186	광주 북구 용봉로 77	062-530-2207
장 연 화	교수	인하대 법학전문대학원	22212	인천 남구 인하로 100	032-860-8972
장 영 민	명예교수	이화여대 법학전문대학원	03760	서울 서대문구 이화여대길 52	02-3277-3502
전 지 연	교수	연세대 법학전문대학원	03722	서울 서대문구 연세로 50	02-2123-5996
전 현 욱	연구 위원	형사정책 연구원	06764	서울 서초구 태봉로 114	02-3460-9295
정 도 희	교수	경상대 법학과	52828	경남 진주시 진주대로 501	055-772-2042
정 승 환	교수	고려대 법학전문대학원	02841	서울 성북구 안암동5가 1번지	02-3290-2871
정 영 일	교수	경희대 법학전문대학원	02447	서울 동대문구 경희대로 26	02-961-9142

성 명	직 위	근 무 처	우편번호	주 소	직장/자택 전화번호
정 웅 석	교수	서경대 법학과	02713	서울 성북구 서경로 124	02-940-7182
정 준 섭	교수	숙명여대 법학과	04310	서울 용산구 청파로47길 100	02-710-9935
정 진 수	전 선임 연구위원	형사정책 연구원	06764	서울 서초구 태봉로 114	02-3460-5282
정 한 중	교수	한국외대 법학전문대학원	02450	서울 동대문구 이문로 107	02-2173-3258
정 행 철	명예교수	동의대 법학과	47340	부산 부산진구 엄광로 176	051-890-1360
정 현 미	교수	이화여대 법학전문대학원	03760	서울 서대문구 이화여대길 52	02-3277-3555
조 국	교수 민정수석	서울대 법학전문대학원 청와대 대통령비서실	08826 03048	서울 관악구 관악로 1 서울특별시 종로구 청와대로 1	02-880-5794 02-730-5800
조 균 석	교수	이화여대 법학전문대학원	03760	서울 서대문구 이화여대길 52	02-3277-6858
조 병 선	교수	청주대 법학과	28503	충북 청주시 청원구 대성로 298	043-229-8221
조 인 현	연구원	서울대 법학연구소	08826	서울 관악구 관악로 1	02-880-5471
조 준 현	전 교수	성신여대 법학과	02844	서울 성북구 보문로 34다길 2	02-920-7122
조 현 욱	학술 연구교수	건국대 법학연구소	05029	서울 광진구 능동로 120	02-450-3297
주 승 희	교수	덕성여대 법학과	01369	서울 도봉구 쌍문동 419	02-901-8177
천 진 호	교수	동아대 법학전문대학원	49236	부산 서구 구덕로 225	051-200-8509

성 명	직 위	근 무 처	우편번호	주 소	직장/자택 전화번호
최 민 영	연구위원	형사정책연구원	06764	서울 서초구 태봉로 114	02-3460-5178
최 병 각	교수	동아대 법학전문대학원	49236	부산 서구 구덕로 225	051-200-8528
최 병 문	교수	상지대 법학과	26339	강원 원주시 우산동 660	033-730-0242
최 상 욱	교수	강원대 법학전문대학원	24341	강원 춘천시 강원대학길 1	033-250-6516
최 석 윤	교수	한국해양대 해양경찰학과	49112	부산 영도구 태종로 727	051-410-4238
최 우 찬	교수	서강대 법학전문대학원	04107	서울 마포구 백범로 35	02-705-8404
최 준 혁	교수	인하대 법학전문대학원	22212	인천 남구 인하로 100	032-860-7926
최 호 진	교수	단국대 법학과	16890	경기 용인시 수지구 죽전로 152	031-8005-3290
탁 희 성	선임 연구위원	형사정책연구원	06764	서울 서초구 태봉로 114	02-3460-5161
하 태 영	교수	동아대 법학전문대학원	49236	부산 서구 구덕로 225	051-200-8573
하 태 훈	교수	고려대 법학전문대학원	02841	서울 성북구 안암동5가 1번지	02-3290-1897
한 상 돈	교수	아주대 법학전문대학원	16499	경기 수원시 영통구 월드컵로 206	031-219-3786
한 상 훈	교수	연세대 법학전문대학원	03722	서울 서대문구 연세로 50	02-2123-5998
한 영 수	교수	아주대 법학전문대학원	16499	경기 수원시 영통구 월드컵로 206	031-219-3783

성 명	직 위	근 무 처	우편번호	주 소	직장/자택 전화번호
한 인 섭	교수 원장	서울대 법학전문대학원 형사정책연구원	08826 06764	서울 관악구 관악로 1 서울 서초구 태봉로 114	02-880-7577 02-575-5282
허 일 태	명예교수	동아대 법학전문대학원	49236	부산 서구 구덕로 225	051-200-8581
허 황	부연구위원	한국형사정책연구원	06764	서울특별시 서초구 태봉로 114	02-3460-5124
홍 승 희	교수	원광대 법학전문대학원	54538	전북 익산시 익산대로 460	063-850-6469
황 만 성	교수	원광대 법학전문대학원	54538	전북 익산시 익산대로 460	063-850-6467
황 문 규	교 수	중부대 경찰행정학과	32713	충청남도 금산군 추부면 대학로 201	041-750-6500
황 윤 정	석사과정	연세대	03722	서울 서대문구 연세로 50	02-2123-8644
황 정 인	경정	형사정책 연구원	06764	서울 서초구 태봉로 114	02-3460-5170
황 태 정	교수	경기대 경찰행정학과	16227	경기 수원시 영통구 광교산로 154-42	031-249-9337
황 호 원	교수	한국항공대 항공교통물류 우주법학부	10540	경기 고양시 덕양구 항공대학로 76	02-300-0345

〈변 호 사〉

이 름	직 위	근 무 지	우편번호	주 소	직장/자택 전화번호
강 민 구	대표 변호사	법무법인 진솔	06605	서울 서초구 서초중앙로 148 김영빌딩 11층	02-594-0344

이 름	직 위	근 무 지	우편번호	주 소	직장 자택 전화번호
강 용 현	대표 변호사	법무법인 태평양	06132	서울 강남구 테헤란로 137 현대해상빌딩 17층	02-3404-1001 (3404-0184)
고 제 성	변호사	김&장 법률사무소	03170	서울 종로구 사직로8길 39 세양빌딩 김앤장 법률사무소	02-3703-1117
김 영 운	변호사	법무법인 정앤파트너스	06640	서울특별시 서초구 서초중앙로 52 영진빌딩 5층	02-583-0010
김 용 헌	파트너 변호사	법무법인 대륙아주	06151	서울 강남구 테헤란로 317 동훈타워 7,8,10-13,15,16층	02-563-2900
곽 무 근	변호사	법무법인 로고스	06164	서울 강남구 테헤란로 87길 36(삼성동 159-9 도심공항타워 14층)	02-2188-1000 (2188-1049)
권 광 중	고문 변호사	법무법인 광장	04532	서울 중구 남대문로 63 한진빌딩	02-2191-3031
권 태 형	변호사	김&장 법률사무소	03170	서울 종로구 사직로8길 39 세양빌딩	02-3703-1114 (3703-4980)
권 태 호	변호사	법무법인 청주로	28625	청주시 서원구 산남동 산남로 64 엔젤변호사 B/D 7층	043-290-4000
금 태 섭	국회의원	국회	07233	서울 영등포구 의사당대로 1 국회의원회관 933호	02-784-9761
김 광 준	변호사	김광준 법률사무소	42013	대구 수성구 동대구로 351	053-218-5000
김 광 준	변호사	법무법인 태평양	06132	서울 강남구 테헤란로 137 현대해상빌딩 17층	02-3404-1001 (3404-0481)
김 남 현	변호사	법무법인 현대 노원분사무소	08023	서울 양천구 신월로 385 동진빌딩 302호	02-2606-1865
김 대 휘	대표 변호사	법무법인 화우	06164	서울 강남구 영동대로 517 아셈타워 22층	02-6003-7120

이 름	직 위	근 무 지	우편번호	주 소	직장/자택 전화번호
김 동 건	고문 변호사	법무법인 천우	06595	서울 서초구 서초대로41길 20, 화인빌딩 3층	02-591-6100
김 동 철	대표 변호사	법무법인 유앤아이	35240	대전 서구 둔산중로 74 인곡타워 3층	042-472-0041
김 상 헌	대표이사	NHN	13561	경기 성남시 분당구 불정로 6 NAVER그린팩토리	1588-3830
김 상 희	변호사	김상희 법률사무소	06596	서울 서초구 서초대로 49길 18 상림빌딩 301호	02-536-7373
김 성 준	변호사	김성준 법률사무소	01322	서울 도봉구 마들로 735 율촌빌딩 3층	02-3493-0100
김 영 규	변호사	법무법인 대륙아주	06151	서울 강남구 테헤란로 317 동훈타워	02-563-2900 (3016-5723)
김 종 형	대표 변호사	법무법인 서울센트럴	06595	서울 서초구 법원로 15 정곡빌딩 서관 517호	02-537-41000
김 주 덕	대표 변호사	법무법인 태일	06595	서울 서초구 법원로3길 25 태흥빌딩 4층	02-3481-4200
김 진 숙	변호사	법무법인 바른	06181	서울 강남구 테헤란로 92길 7 바른빌딩	02-3476-5599 (3479-2381)
김 진 환	변호사	법무법인 새한양	06595	서울 서초구 법원로 15, 306호(서초동, 정곡서관)	02-591-3440
김 희 옥	고문 변호사	법무법인 해송	06606	서울 서초구 서초대로 301 동익성봉빌딩 9층	02-3489-7100 (3489-7178)
문 성 우	대표 변호사	법무법인 바른	06181	서울 강남구 테헤란로 92길 7 바른빌딩	02-3476-5599 (3479-2322)
문 영 호	변호사	법무법인 태평양	06132	서울 강남구 테헤란로 137 현대해상빌딩 17층	02-3404-1001 (3404-0539)
박 민 식	변호사	법무법인 에이원	06646	서울특별시 서초구 반포대로30길 34, 5층 (서초동, 신정빌딩)	02-521-7400

이 름	직 위	근 무 지	우편번호	주 소	직장/자택 전화번호
박 민 표	변호사	변호사 이성보 박민표 법률사무소	05050	서울시 서초구 반포대로 34길 14, 정명빌딩 401호, 501호	02-534-2999
박 영 관	변호사	법무법인 동인	06620	서울 서초구 서초대로74길 4 삼성생명서초타워 17층	02-2046-1300 (2046-0656)
박 혜 진	변호사	김&장 법률사무소	03170	서울 종로구 사직로8길 39 세양빌딩	02-3703-1114 (3703-4610)
백 승 민	고문 변호사	백승민 법률사무소	06596	서울 서초구 서초중앙로 125, 606호 (서초동, 로이어즈타워)	02-587-0053
백 창 수	변호사	법무법인 정률	06069	서울 강남구 학동로 401 금하빌딩 4층	02-2183-5500 (2183-5539)
서 우 정	변호사	김&장 법률사무소	03170	서울 종로구 사직로8길 39 세양빌딩	02-3703-1114 (3703-1788)
석 동 현	대표 변호사	법무법인 대호	06134	서울 강남대로 테헤란로 119 대호레포츠빌딩 6층	02-568-5200
선우 영	대표 변호사	법무법인 세아	06164	서울 강남구 삼성동 159-1 트레이드타워 205호	02-6000-0040 (6000-0089)
손 기 식	고문 변호사	법무법인 대륙아주	06151	서울 강남구 테헤란로 317 동훈타워	02-563-2900
손 기 호	사무총장	대한법률구조공단	39660	경북 김천시 혁신2로 26	054-810-0132
신 남 규	고문 변호사	법무법인 인	06233	서울 강남구 테헤란로8길 8 동주빌딩 11층	02-523-2662
신 용 석	변호사	법무법인 동헌	06595	서울 서초구 법원로1길 5 우암빌딩 3층	02-595-3400
여 훈 구	변호사	김&장 법률사무소	03170	서울 종로구 사직로8길 39 세양빌딩	02-3703-1114 (3703-4603)

이 름	직 위	근 무 지	우편번호	주 소	직장 / 자택 전화번호
오 세 인	변호사	변호사오세인 법률사무소	61441	서울 서초구 서초중앙로 160, 법률센터 501호	02-2477-5400
원 범 연	변호사	법무법인 강남	06593	서울 서초구 서초중앙로 203 OSB빌딩 4층	02-6010-7000 (6010-7021)
유 병 규	법무팀장	삼성SDS	05510	서울 송파구 올림픽로35길 125 삼성SDS 타워	02-6115-3114
윤 병 철	변호사	법무법인 화우	06164	서울 강남구 영동대로 517 아셈타워 22층	02-6182-8303
윤 영 석	변호사	산솔합동법률 사무소	18453	경기 화성시 동탄반석로 196 아이프라자 905호	031-360-8240
윤 재 윤	파트너 변호사	법무법인 세종	04631	서울 중구 퇴계로 100 스테이트타워 남산 8층	02-316-4114 (316-4205)
이 건 종	변호사	법무법인 화우	06164	서울 강남구 영동대로 517 아셈타워 22층	02-6003-7542
이 광 재	변호사	법무법인 보람	05044	서울 광진구 아차산로 375 크레신타워 507호	02-457-5522
이 기 배	대표 변호사	법무법인 로월드	06647	서울 서초구 서초대로 254 오퓨런스빌딩 1602호	02-6223-1000
이 명 규	변호사	법무법인 태평양	06132	서울 강남구 테헤란로 137 현대해상빌딩 17층	02-3404-1001 (3404-0131)
이 상 철	변호사	법무법인 민주	06604	서울 서초구 서초중앙로 215 홍익대 강남관 2,3,7층	02-591-8400
이 승 현	파트너 변호사	법무법인 지평	03740	서울 서대문구 충정로 60 KT&G 서대문타워 10층	02-6200-1804
이 완 규	변호사	법무법인 동인	06620	서울 서초구 서초대로74길 4 (서초동), 삼성생명 서초타워 15, 17, 18층	02-2046-0668
이 용 우	상임고문 변호사	법무법인 로고스	06164	서울 강남구 테헤란로 87길 36(삼성동 159-9 도심공항타워빌딩 14층)	02-2188-1001

이 름	직 위	근 무 지	우편번호	주 소	직장/자택 전화번호
이 용 주	국회의원	국회	07233	서울 영등포구 의사당대로 1 국회의원회관 532호	02-784-6090
이 재 홍	변호사	김&장 법률사무소	03170	서울 종로구 사직로8길 39 세양빌딩	02-3703-1114 (3703-1525)
이 종 상	법무팀장	LG그룹	07336	서울 영등포구 여의대로 128 LG트윈타워	02-3277-1114
이 훈 규	고문 변호사	법무법인(유) 원	06253	서울 강남구 강남대로 308 랜드마크타워 11층	02-3019-3900 (3019-5457)
이 흥 락	변호사	법무법인 로고스	06164	서울 강남구 테헤란로 87길 36(삼성동 도심공항타워 8/14/16층)	02-2188-1069
임 동 규	변호사	엘아이엠법률 사무소	06253	서울 서초구 법원로3길 15, 401호(서초동,영포빌딩)	02-592-7001
전 주 혜	변호사	법무법인 태평양	06132	서울 강남구 테헤란로 137 현대해상빌딩 17층	02-3404-1001 (3404-0153)
정 구 환	변호사	법무법인 남부제일	07301	서울 영등포구 영신로34길 30	02-2635-5505
정 동 기	고문 변호사	법무법인 바른	06181	서울 강남구 테헤란로 92길 7 바른빌딩	02-3476-5599 (3479-2423)
정 동 욱	고문 변호사	법무법인 케이씨엘	03151	서울 종로구 종로5길 58 석탄회관빌딩 10층	02-721-4000 (721-4471)
정 석 우	변호사	법무법인 동인	06620	서울 서초구 서초대로74길 4 삼성생명서초타워 17층	02-2046-1300 (2046-0686)
정 소 연	변호사	법률사무소 보다	07332	서울 영등포구 여의대방로65길 23 1508호	02-780-0328
정 점 식	변호사	법무법인 아인	06634	서울 서초구 서초중앙로 118, 4층(카이스시스템빌딩)	02-3486-9700
정 진 규	대표 변호사	법무법인 대륙아주	06151	서울 강남구 테헤란로 317 동훈타워	02-563-2900

이 름	직 위	근 무 지	우편번호	주 소	전화번호 직장 자택
조 영 수	변호사	법무법인 로월드	06647	서울 서초구 서초대로 254 오퓨런스빌딩 1602호	02-6223-1000
최 교 일	국회의원	국회	07233	서울 영등포구 의사당대로 1 국회의원회관 934호	02-784-4195
최 근 서	변호사	최근서 법률사무소	06595	서울 서초구 법원로2길 15 길도빌딩 504호	02-532-1700
최 길 수	변호사	법률사무소 베이시스	06594	서울 서초구 서초중앙로 119 세연타워 11층	02-522-3200
최 동 렬	변호사	법무법인 율촌	06180	서울 강남구 테헤란로 518 (섬유센터 12층)	02-528-5200 (528-5988)
최 성 진	변호사	법무법인 세종	04631	서울 중구 퇴계로 100 스테이트타워 남산 8층	02-316-4114 (316-4405)
최 운 식	대표 변호사	법무법인 대륙아주	06151	서울 강남구 테헤란로 317 동훈타워	02-563-2900 (3016-5231)
최 재 경	변호사	변호사 최재경 법률사무소	06164	서울 강남구 영동대로 511 삼성트레이드타워 4305호	02-501-3481
최 정 수	대표 변호사	법무법인 세줄	06220	서울 강남구 테헤란로 208 안제타워 17층	02-6200-5500
최 철 환	변호사	김&장 법률사무소	03170	서울 종로구 사직로8길 39 세양빌딩	02-3703-1114 (3703-1874)
추 호 경	고문 변호사	법무법인 대륙아주	06151	서울 강남구 테헤란로 317 동훈타워	02-563-2900 (3016-5242)
한 영 석	변호사	변호사 한영석 법률사무소	06593	서울 서초구 반포4동 45-11 (화빌딩 502호)	02-535-6858
홍 석 조	회장	BGF리테일	06162	서울 강남구 테헤란로 405	1577-3663
황 인 규	대표이사	CNCITY 에너지	34800	대전광역시 중구 유등천동로 762	042-336-5100

〈법 원〉

이 름	직 위	근 무 지	우편번호	주 소	직장/자택 전화번호
권 순 건	부장판사	창원지방법원	51456	경남 창원시 성산구 창이대로 681	055-266-2200
권 창 환	판사	서울남부지방법원	08088	서울시 양천구 신월로 386	02-2192-1114
김 광 태	부장판사	서울고등법원	06594	서울 서초구 서초중앙로 157	02-530-1114
김 기 영	헌법재판관	헌법재판소	03060	서울 종로구 북촌로 15(재동 83)	02-708-3456
김 대 웅	부장판사	서울고등법원	06594	서울 서초구 서초중앙로 157	02-530-1114
김 동 완	판사	광주고등법원	61441	광주 동구 준법로 7-12	02-530-1114
김 우 진	부장판사	서울고등법원	06594	서울 서초구 서초중앙로 157	02-530-1114
김 정 원	수석부장연구관	헌법재판소	03060	서울 종로구 북촌로 15(재동 83)	02-708-3456
김 형 두	부장판사	서울고등법원	06594	서울 서초구 서초중앙로 157	02-530-1114
김 희 수	재판연구관	대법원	06590	서울 서초구 서초대로 219	02-3480-1100
김 희 철	부장판사	창원지방법원 통영지원	53029	경남 통영시 용남면 동달안길 67	055-640-8500
남 성 민	부장판사	광주고등법원	61441	광주 동구 준법로 7-12	062-239-1114
박 진 환	부장판사	서울중앙지법	06594	서울 서초구 서초중앙로 157	02-530-1114
송 민 경	판사	서울고등법원	06594	서울 서초구 서초중앙로 157	02-530-1114

이 름	직 위	근 무 지	우편번호	주 소	직장/자택 전화번호
송 영 승	판사	서울고등법원	06594	서울 서초구 서초중앙로 157	02-530-1114
오 기 두	부장판사	청주지방법원	28624	충북 청주시 서원구 산남로62번길 51	043-249-7114
오 상 용	부장판사	서울남부지방법원	08088	서울 양천구 신월로 386	02-2192-1114
우 인 성	부장판사	수원지방법원 여주지원	12638	경기도 여주시 현암동 640-10(현암로 21-12)	031-880-7500
유 현 정	판사	수원지방법원	16512	경기도 수원시 영통구 법조로 105	031-210-1114
윤 승 은	부장판사	서울고등법원	06594	서울 서초구 서초중앙로 157	02-530-1114
이 규 훈	부장판사	광주지방법원	61441	광주광역시 동구 준법로 7-12(지산2동)	062-239-1114
이 민 걸	부장판사	서울고등법원	06594	서울 서초구 서초중앙로 157	02-530-1114
이 승 련	민사제1 수석부장 판사	서울중앙지방법원	06594	서울시 서초구 서초중앙로 157	02-530-1114
이 정 환	판사	서울고등법원	06594	서울 서초구 서초중앙로 157	02-530-3114
이 창 형	부장판사	서울고등법원	06594	서울 서초구 서초중앙로 157	02-530-3114
임 경 옥	판사	인천지방법원 부천지원	14602	경기 부천시 원미구 상일로 129	032-320-1114
한 경 환	부장판사	서울중앙지법	06594	서울 서초구 서초중앙로 157	02-530-1114
한 대 균	부장판사	대전지방법원 천안지원	31198	충남 천안시 동남구 청수14로 77	041-620-3000

이 름	직 위	근 무 지	우편번호	주 소	직장/자택 전화번호
황 민 웅	판사	서울북부지방법원	01322	서울 도봉구 마들로 749	02-910-3114

〈검 찰〉

이 름	직 위	근 무 지	우편번호	주 소	직장/자택 전화번호
고 석 홍	검사	대전고검	35237	대전 서구 둔산중로 78번길 15	042-472-3224
고 홍	검사장	울산지검	44643	울산 남구 법대로 45	052-257-0100
구 태 연	부장검사	법무부	13809	경기 과천 관문로 47 정부과천청사 1동	02-2110-3229
권 순 범	검사장	전주지검	54889	전북 전주 덕진구 사평로 25	063-271-1001
권 순 철	차장검사	서울동부지검	05856	서울 송파구 정의로 30	02-2204-4000
권 익 환	검사장	서울남부지검	08088	서울 양천구 신월로 390	02-3219-4200
김 기 준	부장검사	청주지검	28624	충북 청주시 서원구 산남로70번길 51	043-299-4393
김 석 우	중경단장	서울남부지검	08088	서울 양천구 신월로 390	02-3219-4507
김 영 기	증권범죄합수단장	서울남부지검	08088	서울 양천구 신월로 390	02-3219-2302
김 윤 섭	형사7부장	서울중앙지검	06594	서울 서초구 반포대로 158	02-530-4536
노 진 영	형사2부장	전주지검	54889	전북 전주 덕진구 사평로 25	063-271-4309

이 름	직 위	근 무 지	우편번호	주 소	직장/자택 전화번호
류 장 만	연구위원	법무연수원 용인분원	16913	경기 용인 기흥구 구성로 243	031-288-2225
박 수 민	검찰연구관	대검찰청	06590	서울 서초구 반포대로 157	02-3480-3900
박 종 근	2차장검사	부산지검	47510	부산 연제구 법원로 15	051-506-4323
박 지 영	지청장	수원지검 여주지청	12638	경기 여주 현암로 21-11	031-880-4301
백 재 명	검사	서울고검	06594	서울 서초구 반포대로 158	02-530-3048
봉 욱	차장검사	대검찰청	06590	서울 서초구 반포대로 157	02-3480-2000
송 삼 현	검사장	서울남부지검	08088	서울 양천구 신월로 390	02-3219-4311
서 민 주	검사	서울서부지검	08088	서울 마포구 마포대로 174	02-706-0069
신 승 희	검사	부산지검	47510	부산광역시 연제구 법원로 15	051-606-4352
심 우 정	차장검사	서울고검	06594	서울 서초구 반포대로 158	02-530-3202
안 미 영	교수	법무연수원	16913	경기 용인시 기흥구 구성로 243	031-288-2300
안 성 수	검사	서울고검	06594	서울 서초구 반포대로 158	02-530-3114
유 혁	검사	부산고검	47510	부산 연제구 법원로 15	051-606-3300
이 상 진	부장검사	부산지검	47510	부산 연제구 법원로 15	051-606-3300

이 름	직 위	근 무 지	우편번호	주 소	직장/자택 전화번호
이 선 욱	검사	서울고검	06594	서울 서초구 반포대로 158	02-530-3098
이 선 훈	검사	수원고검	16512	수원 영통구 법조로 91	031-5182-3498
이 승 호	검사	대검찰청	06590	서울 서초구 반포대로 157	02-3480-2000
이 자 영	검사	부산지검	47510	부산광역시 연제구 법원로 15	051-606-3300
이 주 형	차장검사	대구고검	42027	대구 수성구 동대구로 366	053-753-2345
전 승 수	검사	법무부 법무연수원	27873	충북 진천군 덕산면 교연로 780	043-531-1600
정 진 기	차장검사	의정부지검	11616	경기 의정부 녹양로 34번길 23	031-876-0002
정 혁 준	검사	인천지검	22220	인천 남구 소성로 163번길 49	032-861-5023
조 상 준	형사부장	대검찰청	06590	서울 서초구 반포대로 157	02-3480-5331
조 은 석	원장	법무연수원	27873	충북 진천군 덕산면 교연로 780	043-531-1600
조 지 은	검사	대구서부지청	42635	대구 달서구 장산남로 40	053-570-4451
조 희 진	전 검사장	서울동부지검	05856	서울 송파구 정의로 30	02-2204-4000
차 맹 기	지청장	의정부지검 고양지청	10413	경기 고양시 일산동구 장백로 213	031-909-4000
최 기 식	1차장검사	대구지검	42027	대구 수성구 동대구로 366	053-740-4302

이 름	직 위	근 무 지	우편번호	주 소	직장/자택 전화번호
최 순 호	검사	전주지검	54889	전북 전주시 덕진구 사평로 25	063-271-0872
최 인 호	검사	부산고검	47510	부산 연제구 법원로 15	051-506-3208
최 창 호	부장검사	서울서부지검	04207	서울 마포구 마포대로 174	02-3270-4483
한 연 규	검사	창원지검	51456	경남 창원시 성산구 창이대로 669	055-239-4355
한 웅 재	검사	대구지검 경주지청	38145	경북 경주시 화랑로 89	054-740-4576
한 제 희	교수	법무연수원 용인분원	16913	경기 용인 기흥구 구성로 243	031-288-2321
홍 완 희	검사	대구지검	42027	대구 수성구 동대구로 366	053-740-4223
황 병 주	특별 감찰단장	대검찰청	06590	서울 서초구 반포대로 157	02-3480-3820
황 철 규	검사장	부산고검	47510	부산 연제구 법원로 15	051-506-3208

刑事判例研究 [27]

2019년 6월 20일 초판인쇄
2019년 6월 30일 초판발행

편 자 한국형사판례연구회
발행인 안종만·안상준
발행처 (주) 박영사
서울특별시 종로구 새문안로3길 36, 1601
전화 (733)6771 FAX (736)4818
등록 1959. 3. 11. 제300-1959-1호(倫)

www.pybook.co.kr e-mail: pys@pybook.co.kr

편자와 협의하여 인지첩부 생략함

ISBN 979-11-303-3452-3
978-89-6454-587-4(세트)
ISSN 1225-6005 27

정 가 50,000원